澳门回归二十年经验丛书

澳门回归二十年
教育改革的法规构建

郭晓明◎编著

SPM
南方出版传媒
广东经济出版社
·广州·

图书在版编目（CIP）数据

澳门回归二十年教育改革的法规构建／郭晓明编著．—广州：
广东经济出版社，2019.12
（澳门回归二十年经验丛书）
ISBN 978-7-5454-7084-0

Ⅰ．①澳… Ⅱ．①郭… Ⅲ．①教育改革-法规-研究-澳门
Ⅳ．①D927.659.216.4

中国版本图书馆CIP数据核字（2019）第268960号

出 版 人：李 鹏
责任编辑：杨 芳 张晶晶
责任技编：陆俊帆

澳门回归二十年教育改革的法规构建
AOMEN HUIGUI ERSHINIAN JIAOYU GAIGE DE FAGUI GOUJIAN

出版发行	广东经济出版社（广州市环市东路水荫路11号11~12楼）
经销	全国新华书店
印刷	广东鹏腾宇文化创新有限公司 （珠海市高新区科技九路88号七号厂房）
开本	787毫米×1092毫米 1/16
印张	41.75
字数	795千字
版次	2019年12月第1版
印次	2019年12月第1次
书号	ISBN 978-7-5454-7084-0
定价	168.00元

广东经济出版社网址：**http://www.gebook.com** 微博：**http://e.weibo.com/gebook**
图书营销中心地址：广州市环市东路水荫路11号11楼
电话：（020）87393830 邮政编码：510075

澳门经验主题鲜明，内涵丰富

——在《澳门回归二十年经验丛书》研讨会上的发言

（代总序）

2019 年，澳门迎来回归祖国 20 周年。过去的 20 年，在中央政府和祖国内地的大力支持下，在澳门特别行政区政府和行政长官的带领下，在澳门社会各界人士的齐心协力、团结奋斗下，澳门社会安定，经济社会快速发展，取得了一系列令人瞩目的成果。

在此，我想就“澳门经验”这个命题谈一点个人体会。

首先，我认为“一国两制”方针在澳门的伟大实践，是澳门 20 年发展所取得的首要的也是最重要的经验。“一国两制”的成功实践，为进一步完善与澳门特别行政区基本法实施相配套的制度和法律体系，不断夯实依法治澳的制度基础，为进一步打造勤政、廉洁、高效、公正的法治政府，使澳门特别行政区发展始终沿着法治轨道推进，为进一步强化澳门公职人员队伍建设和管理，不断增强依法履职能力奠定了坚实基础。总结“一国两制”在澳门 20 年实践的成功经验，是新时代开启依法治澳新征程的必然要求。

其次，澳门同祖国内地的交流合作关系，是澳门经验的重要内涵。澳门回归的 20 年，是与祖国内地全面交流的 20 年，是与祖国内地深度合作的 20 年，是与祖国内地同呼吸共命运的 20 年。总结这 20 年来澳门同祖国内地关系持续稳定、良性互动所取得的成功经验，是澳门与祖国内地进一步深化交流合作，共同肩负实现中华民族伟大复兴中国梦的历史使命的必然要求。

再次，澳门走经济适度多元可持续发展道路，是澳门经验的重要内涵。澳门回归祖国之后，澳门特别行政区政府坚守“一国”之本，善用“两制”之利，抓住国家全面深化改革的重大机遇，紧紧围绕建设“世界旅游休闲中心”和“中国与葡语国家商贸合作服务平台”的目标定位，充分运用中央支持澳门发展的各项政策，顶层设计，周密部署，稳步推动经济适度多元可持续发展的总体战略，使澳门经济社会发展呈现出良好局面。总结20年来澳门经济社会繁荣发展所取得的成功经验，是在区域合作中进一步拓宽澳门发展空间，增强澳门发展动力，提升澳门自身发展素质能力，努力实现与祖国内地共同发展、共同进步的必然要求。

最后，由澳门灿烂文化的历史底蕴和当代传承所凝聚的爱国爱澳社会主流价值观，是澳门经验的重要内涵。20年来，澳门特别行政区政府秉持“从人文关怀出发，以文化铸造城市的灵魂”之理念，有效保护文化遗产，弘扬优秀传统文化，扶持文创产业发展，促进多层面文化交流，走出了一条澳门文化多元发展之路，闯出了一条利用澳门历史文化资源创新文化产业发展之路。而基于澳门文化积淀所凝练的爱国爱澳、包容共济、务实进取的优良传统，成为20年来澳门社会良性发展的力量源泉。总结20年来澳门文化历久弥新、文化事业欣欣向荣所取得的成功经验，是澳门坚持道路自信、理论自信、制度自信、文化自信的必然要求，是澳门同胞加深民族自豪感与爱国爱澳情怀、增强投身“一国两制”事业责任感与使命感的必然要求。

毫无疑问，20年来澳门走过了不平凡的发展历程，其所积累的经验是多方面的，其内涵是丰富的，其意义是深远的，是值得澳门同胞和全国各族人民珍惜和铭记的。在澳门回归祖国20年之际，我们对这些经验作全面、系统、科学的总结，不仅是为了回顾过往岁月，更是为了继往开来，为澳门全面准确贯彻“一国两制”方针，沿着正确的方向行稳致远，为实现“两个一百年”奋斗目标、实现中华民族伟大复兴的中国梦，为澳门拥有更加美好的明天夯实理论基础，提供思想源泉。

在此，我们要感谢广东经济出版社、澳门启元出版社，这两家出版社以高度的责任感和敏锐的洞察力，把《澳门回归二十年经验丛书》列入重点选题。这一选题站位高、立意远，既有很高的理论价值，更有鲜明的实践意义。

李国强

中国社会科学院中国历史研究院副院长，研究员

目　录

第一部分　澳门教育法概说

第二部分　宪法与基本法的相关规定

第三部分　高等教育制度

第四部分 非高等教育制度

第一部分　澳门教育法概说

回归以来，不论是高等教育还是非高等教育，澳门的教育法和教育制度都发生了根本性的变革。本着为历史负责的态度，学术界有必要收集回归以来澳门教育法演变的重要文献，包括一些重要法规在起草和公开咨询过程中的重要文献，整理出版，传诸后世，不仅为有兴趣的研究者提供相对完整的原始资料，留下研究的线索，还起到记录历史、保存历史文献的作用。

一、教育法研究对澳门教育发展的极端重要性

澳门回归以来，进入“一国两制”“澳人治澳”高度自治的新时代，教育制度经历了整体性的重要变革，也衍生了许多问题。例如，在最宏观的层面，《中华人民共和国澳门特别行政区基本法》（简称《基本法》）第五条规定：“澳门特别行政区不实行社会主义的制度和政策，保持原有的资本主义制度和生活方式，五十年不变。”那么澳门回归之前的教育制度是什么性质的？有没有殖民教育的成分？如果有，是否仍要维持“五十年不变”？再如，《基本法》第一百二十一条规定：“澳门特别行政区政府自行制定教育政策，包括教育体制和管理、教学语言、经费分配、考试制度、承认学历和学位等政策，推动教育的发展。”换言之，特别行政区政府已获许可证管理特别行政区的教育事务，“制定教育政策”和“推动教育的发展”均为“高度自治”范围以内的事务。但是，澳门作为一个特别行政区，年轻人作为国民的一分子，国家的教育权体现在哪里？地方的教育权有无限度？二者边界何在？

在教育实践的具体议题上，问题就更多了。澳门基础教育法的发展自 20 世纪 70 年代以来经历了两个重要阶段，分别以 1991 年颁布的《澳门教育制度》（第 11/91/M 号法律）和 2006 年的《非高等教育制度纲要法》（第 9/2006 号法律）为标志，二者在性质上都属于“教育基本法”，它们与其他子法的关系，即澳门教育法的体系到底应该如何安排呢？再如，在特别行政区政府与私立学校的关系上，澳门的独特之处是私立学校占绝对主力，承担国民教育的主要责任，因而政府几乎为其无偿提供所有经费。但是，私立学校在澳门历来享有教学、行政和财政三大自主权，政府如何对市民负责，保证公款得到合理及有效运用？另外，澳门的非高等教育在学制、教育经费、免费教育、义务教育、职业技术教育、特殊教育以及课程领导制度、教学人员的职业保障和专业发展等方面，正从制度上进行全面调整；《高等教育制度》（第 10/2017 号法律）也刚刚在立法会通过，配套法规正在加紧研拟中，其中任何一条法规，都有许多问题亟待深入研究。

可见，澳门教育法的研究既涉及澳门教育实践中许多问题的解决，也影响“一国两制”在教育领域的全面落实。

然而，该领域的研究多年来不尽如人意，未引起足够的重视，更缺乏高水平的成果，以致在近年来相关法规的起草和修订过程中，一些重要问题的决断往往缺乏深入论证，或“为改而改”，效果不彰。出现上述情况可能首先与教育法本身的地位有关，在法学研究领域，教育法显然没有民法、刑法等部门法的显赫地位，在世界各地都不受重视；当然，还有一个原因，在澳门成文的、完整的教育法产生于20世纪90年代，短短的几十年，研究根底自然浅，资料尤其有限。

澳门教育法的研究文献包括两个部分：一是20世纪90年代和回归以来澳门已先后颁布实施的各类教育法规，包括现行的，也包括已被废止但对研究澳门教育法的发展有重要价值的法律、法规；二是一些重要法规在起草及公开咨询过程中所留下的重要文献，尤其是2006年颁布的《非高等教育制度纲要法》（第9/2006号法律）、2012年实施的《非高等教育私立学校教学人员制度框架》（第3/2012号法律），以及2017年在立法会通过的《高等教育制度》（第10/2017号法律）三部主要法律，在起草过程中的不同版本，在公开咨询过程中的公众意见，在立法会审议过程中所积累的重要文献，以及个别法律为修订而进行的前期研究成果。其中，包括立法会审议过程中的文献，如立法会相关常设委员会完成讨论后所起草的“意见书”，以及政府最初提交和最后修订的法案文本，对于了解法律的立法原意、讨论中的各种争议及其最后的处理情况至关重要。

另外，《中华人民共和国宪法》（简称《宪法》）和《基本法》共同构成澳门的宪制性基础，从法源上看，它们是澳门教育法及其体系的直接来源，所有教育法的规定均不能与其相抵触。尤其在处理国家的教育权和地方教育权的关系，以及理解国家“授权”和澳门教育事务“高度自治”的关系时，必须同时考虑《宪法》和《基本法》的相关规定。一般来说，《宪法》有关教育的规定包括四个方面，即国家的教育政策；举办教育的权利和义务；受教育的权利和义务；中央与地方教育权限的分配。

教育政策与教育法规紧密相连，回归以来非高等教育范畴的重要教育政策文本，包括《非高等教育阶段“爱国爱澳”教育实施纲要》《非高等教育范畴德育政策》《非高等教育范畴语文教育政策》《非高等教育发展十年规划（2011—2020年）》。

二、澳门教育法的发展历史与特点

在澳门长达400多年的历史中，澳葡政权在非高等教育方面主要关注葡萄牙人子弟的教育，广大华裔族群的教育主要由私立学校承担，而私营教育机构是完全自主生存和发展的，因而澳门的教育法长期以来是以非成文的、“潜制度”的方式存在的。

1991年8月29日通过的第11/91/M号法律《澳门教育制度》第一次在澳门建立起一套比较系统的教育法，为处理各教育参与主体（包括政府、办学实体、学校、教师、学生、家长等）的关系，促进学校及整个教育系统的发展，规范教育行政的运作，保障教育资源的投入和教育民主的实现以及推行免费教育，提供了制度前提，在澳门教育发展的历史中具有里程碑式的意义。

关于澳门教育法规的演变，可以说在20世纪前，澳门基本没有成文的教育法规。因为葡萄牙人管治澳门期间长期不关心中国人的事务，教育基本放任自流。进入20世纪后情况逐渐开始转变，1914年曾在“华务专理局”创立“华视学会”，负责管理华人学校。1939年，因抗战期间澳门学校急剧增加，曾颁布训令，规定对私立学校严加管理。1945年，在民政总局设立“教育督导处”取代“华视学会”。1946年规定任何私立学校必须在政府立案才可运作。

20世纪70年代以前，澳葡时代的教育政策有两个特点：其一，不资助不教授葡萄牙语的学校，不承认华人学校发出的学历证书；其二，主要考虑少数葡萄牙籍居民，而非占大多数的华人居民。所以，1976年以前的教育法规多数是为了规范葡萄牙学制的葡萄牙文学校和公立学校，主要涉及小学教育章程、中学教育法、中学教学大纲、职业技术教育教师培训等。

1976年《澳门组织章程》颁布，并通过选举产生第一届立法会，澳门开始拥有立法自治权，通过“双轨立法”，教育立法开始本地化。1976—1987年，澳门颁布的5条法律、65条法令①当中，涉及教育行政部门的法令有11条，关于公立学校的法令达48条[涉及教师、学校章程与工程、课程、学生奖（助）学金、学校工程、九年免费教育等]。而与私立学校有关的主要包括第11/77/M号法律《给予不牟利教育事业适当扶助》；第65/84/M号法令《给予不牟利私立学校若干资助方式》；第26/86/M号法令《关于私立学校准照及稽查规则》。此后

---

① 黎义明：《对澳门地区教育立法的历史分析》，载单文经、林发钦：《澳门人文社会科学研究文献·教育卷》，北京：社会科学文献出版社，2009年，第132页。

开始资助私立学校，并为私立学校教师提供津贴，1978/1979 学年，推出学校津贴、学生助学金；1985 年起，提供教具设备津贴、校舍修葺津贴、教师直接津贴以及教师和学生免费医疗。

1987—1999 年是澳门教育法发展的一个重要阶段，即《教育制度纲要法》及相关法规成型的阶段。1987 年，《中葡联合声明》签署，澳门进入过渡期。葡萄牙人开始部署要在离开澳门前留下一份教育遗产。为此，从葡萄牙请专家（M. C. Alves Pinto）考察澳门的教育，最终出版了《澳门教育——对教育制度之探索》一书，对教育制度的发展提出了初步构想。更重要的是推出了在澳门推行双语制普及化的一项政策，并在 1988 年的第 2/88/M 号法律①中，以附件的形式提出了系统的教育和青少年政策，这些政策包括：

（1）通过一项团体法的制定，建立澳门教育的整体基础，而不妨碍对教育自由的尊重、现存不同制度的特征和学校的自我管理性。目的是让所授课程获得官方承认，并逐渐推广六年制的强制性全面免费教育。

（2）检讨葡萄牙语推广的附属制度，重订其目标、方法和课程，目的是将其纳入本地区的特定条件内，同时为双语制的普及总政策服务。

（3）建立一个符合即将来临的经济、政治、文化和社会发展所要求和必需的中等、高等教育制度。

（4）重视和加强对私立学校的支持，同时增强它们和政府的合作。

（5）发展校内技术专业培训。

（6）检讨中葡教育的目标、学历、课程和章程，目的是将它们纳入澳门的教育制度内。

（7）发起一系列活动，使在本地区或本地区以外获得的大学学历证书得到官方承认。

（8）加强中文教师初级或长期的在职培训政策。

（9）提倡葡萄牙文教师的长期在职培训。

（10）为将教育和学习程序现代化，提倡教学法的更新活动。

（11）在学校运动和休闲活动方面，提倡和加强青少年活动。

（12）提倡成人教育方面的活动。

以上述政策为基础，经过广泛的讨论和十分激烈的争论，政府最终于 1991 年推出了第 11/91/M 号法律《澳门教育制度》。这是澳门历史上第一部成文的教育基本法。该法延续葡萄牙共和国宪法的精神，坚持了一些重要的教育理念，例

---

① 2 月 8 日第 2/88/M 号法律《本地区收支许可》。

如："教育是人的基本权利""教育机会均等""教育中立""教育民主化""教育多元化""人人有权平等享有相应的教育资源"等。法规最初希望葡萄牙语是"具有强制性的第二语言"并将免费教育与普及葡萄牙语挂钩，该法规在立法会经过长时间争论，最终未能实现。直到1999年澳门回归前，以《教育制度纲要法》为基础的教育法体系才基本建立起来，这套教育法就成为澳门特别行政区政府成立以后首先要面对的制度性规范。

回顾这段历史，可以发现澳门教育法规有以下几个特点：第一，从历史发展上看，葡萄牙文化、教育理念及教育法规的痕迹明显；葡萄牙语政策对教育政策及教育法的影响很大，尤其在政府与私立学校的关系方面。第二，从立法思维的角度看，"实用主义"的思维影响深远，法规体系有明显空白，有待补充和完善。第三，在立法精神上，"办学自主"得到充分体现，加强监管和向学校问责的呼声必将持续加强。第四，从法规实施的角度看，澳门习惯以行政执法为主，较少通过司法途径执行教育法规。

澳门当时教育法的体系是不完整、不太协调的。因此，澳门教育法领域有几个重要问题需要注意：其一，高等教育和非高等教育法规的协调，应在教育法体系层面受到重视；其二，在教育基本法层面，应研究政府与私立学校的关系如何调整；其三，学校设施与条件、学校事故与赔偿责任、教材制度、受教育权的保护、师资培育与专业发展、校长培育与任用、教师惩戒及其补助、学生惩戒及其补助等领域的教育法规亟待加强。

三、回归后非高等教育法的变革

回归以后，特别行政区政府在2002年度施政方针中特别提出要"评估澳门教育制度"，并计划在2003年底对该制度进行修订。教育委员会亦成立相关的工作委员会，跟进检讨教育制度法律的工作。澳门非高等教育法变革的基本方向是，以进一步促进教育的优质化为根本目标，强调教育平等和对市民受教育权利的保护，明确学校的法律地位并继续保证学校的教育自主性，同时为政府管理学校提供了实体法的保证。

为此，2006年颁布实施的《非高等教育制度纲要法》（简称《纲要法》）调整了教育的目标，改革了学制，完善了教育经费投入机制，历史性地宣布实施15年免费教育，突出了课程与教学的重要性，强化了政府的课程领导权，加强了对学生的援助及教师专业地位的保障，并力图强化学校管理的多元参与性。[①]

以《纲要法》为基础，澳门的非高等教育法进入了系统调整期，2012 年制定了《非高等教育私立学校教学人员制度框架》，从法律与制度层面提升了私立学校教学人员的专业素质和职业保障。在课程改革方面，2014 年以来先后颁布了《本地学制正规教育课程框架》和《本地学制正规教育基本学力要求》行政法规，以及幼儿教育、小学、初中和高中各教育阶段的“基本学力要求”，初步建立起本地的课程基准。可见，回归至今，澳门非高等教育法的发展是系统性的、深刻的。

（一）重新界定教育的目标

教育目标是一切教育活动的最终归宿和根本依据，尤其对课程、学制具有决定性影响。应社会和时代的变迁，《纲要法》对澳门教育的总目标和各教育程度的目标进行了重新审视和调整。

一方面，密切关注澳门的特点和进入“一国两制”、澳人治澳时代，澳门教育目标须考虑的重要因素，强调“以中华文化为主流”，将培养学生“爱国爱澳、厚德尽善、遵纪守法的品格”和“对国家和澳门的责任感”列入教育的总目标；另一方面，体现“一国两制”的特殊性，强调培养学生良好的“民主素养”，让其认识和尊重“澳门文化的特色”，尤其是“多元文化共存”的特点，同时养成“健康的生活方式”。

此外，教育的总目标立足于全人发展，强调让学生养成全面的科学素养和人文素养，促进其个性的发展，培养具有终身学习的态度和能力的学生。[②]

（二）实施 15 年免费教育

实施免费教育，是保障受教育者的受教育权和迈向优质教育的重要前提与保证。《纲要法》历史性地宣布实施 15 年免费教育，将免费教育的范围由原来的 10 年拓展到 15 年正规教育的各个年级，包括原来尚未纳入免费教育范围的幼儿

---

① 郭晓明：《回归以来澳门教育制度的变革》，上海：《全球教育展望》，2009 年第 6 期。亦可参见郭晓明、苏朝晖：《优质教育的制度保障澳门教育制度变革的内在价值》，载单文经、林发钦：《澳门人文社会科学研究文选·教育卷》，北京：社会科学文献出版社，2009 年。

② 参见《纲要法》第四条。

教育第一年和第二年以及三年高中教育。凡属澳门特别行政区居民且在学校注册及接受正规教育的学生，均为免费教育津贴的受益人；政府向加入免费教育学校系统的不牟利私立学校提供免费教育津贴。① 不仅如此，《纲要法》还将补充服务列入免费之列。澳门原有的免费教育是一种倾向性免费教育，学生家长要承担补充服务费，《纲要法》明确将其纳入免费的范围，“免费”是指“免缴学费、补充服务费和其他与报名、就读及证书方面有关的费用”②。这就意味着免费教育提升至真正的“免费”。在幼儿教育、小学教育、初中教育和高中教育全面推行免费教育，是澳门教育发展史上一个极其重要的里程碑，为非高等教育进一步向优质化发展提供了重要保障。

为保障所有儿童接受教育的权利，《纲要法》第二十九条规定，对因各种原因行动受限制的儿童和青少年，包括因行动能力受限制，不能到学校接受教育者以及被实施收容措施者，公共部门须采取适当措施，提供支持，以使其享有受教育的机会，并令其完成学业。这是联合国《儿童权利公约》中“人人享有受教育权”这一基本原则的体现，有助于提升市民的整体素质。

（三）完善教育经费投放机制

澳门的私立学校各有特色，在非高等教育阶段所占比例甚大。教育发展基金是《纲要法》在原有教育经费投放机制之外新设立的一种教育投入渠道，是特别行政区政府给教育机构提供教育资助的一种途径。设立教育发展基金的目的是改进特别行政区政府教育经费的使用方式，在免费教育津贴和学费津贴等普及性的经费之外，通过给学校自己制定的学校发展计划提供专项财政资助，推动澳门教育的优先发展事项。《纲要法》规定，教育发展基金将按照公平、公正及公开的原则给澳门教育机构提供财政支持。③ 设立教育发展基金，一方面尊重了学校的办学自主权；另一方面，又引入竞争机制，使学校的发展与特别行政区政府所推动的教育政策相协调。

---

① 参见澳门特别行政区第19/2006号行政法规《免费教育津贴制度》第二条、《纲要法》第四十七条第四款。

② 参见《纲要法》第二十一条。

③ 参见澳门特别行政区第16/2007号行政法规《订定〈教育发展基金制度〉》，以及澳门特别行政区第82/2008号行政长官批示《核准〈教育发展基金财政援助发放规章〉》。

(四) 重构教育系统

教育法的核心议题之一是设计一套合理有效的教育系统。澳门原有的非高等教育法的组成十分复杂，许多概念都有交叉或从属关系。《纲要法》为使构成非高等教育体系各部分之间的关系清晰明了，做了以下重要调整：一是将非高等教育分为正规教育和持续教育两大类。二是坚持大教育观，重视家庭教育的作用，第一次在澳门的教育基本法中引入家庭教育。三是从终身学习的角度提出“持续教育”概念，以替换原有教育法中的“成人教育”概念。持续教育包括回归教育和其他各种正规教育以外的教育或培训活动。四是重视高中职业技术教育和职业培训，规定职业技术教育课程既可在专门实施职业技术教育的教育机构开办，也可在提供普通教育的教育机构开办。

(五) 调整学制

学制是教育制度的重要组成部分，好的学制是创造优质教育的重要基础。澳门原有学制的特别之处是，除两年的幼儿教育外，还有一年小学教育预备班；中学的学制多样，高中既有两年，也有三年。《纲要法》对此进行了重要调整：一是将“小学教育预备班”改为“幼儿教育第三年”，从制度上为避免幼儿教育小学化奠定基础；二是将高中学制统一为三年，同时设有足够的过渡期让学校自行调整，这为澳门高中毕业生往世界各地升学提供了方便。[①]

(六) 设立校董会

学校管理的多元参与是优质教育的必要保证。澳门在法律上允许自然人办学[②]，私立学校在非高等教育阶段占绝大多数，学校管理的多元参与性需进一步加强。为此，《纲要法》一方面继续保证私立学校的行政、财政和教学自主性以及公立学校的教学自主性；另一方面，规定所有学校必须设立校董会，并制定校董会章程。这一规定在第 11/91/M 号法律中是没有的。校董会作为学校决策的

---

① 参见澳门特别行政区第 230/2007 号行政长官批示《订定正规教育阶段的学习年限的实施日程》。

② 《基本法》第一百二十一条规定：“社会团体和私人可依法举办各种教育事业”；《纲要法》第三十四条规定，“自然人”和“非公法之法人”均可开办私立教育机构。

最高权力机构，可以使学校的管理与发展建立在广泛的意见之上，为学校管理的多元参与提供制度保证。

（七）设立教育质量保证机制

在以私立学校为主，学校自主权又很大的情况下，适当加强教育质量保障机制的建设是必要的。《纲要法》为此规定，特别行政区政府对学校进行系统的综合评鉴和专项评鉴，以协助学校教育持续改善和发展，保证学校的行政、财政和教学的质量；同时，还规定设立由核心科目组成的标准核检机制，以保证回归教育的质量。① 澳门历来没有统一考试，因而学生评核对于保证教育质量极为重要。为此，《纲要法》规定发展专门的学生评核制度，要求对学生的评核以促进学业成功为主要目的，并通过多元评核实施。②

（八）改革课程领导制度

优质教育要有优质的课程与教学。澳门基础教育阶段的课程和教材历来由学校自主决定和选择，给各学校的课程决策提供了足够的空间和自主性，因此澳门各学校的课程各有特色。但在这种制度的长期作用下，澳门基础教育质量却缺乏一个基本的标准，学校间的教育质量参差不齐。澳门教育行政当局曾于 1993/1994 学年收集澳门非高等教育阶段共 79 所学校（以牌照为准）的课程计划，结果没有任何两所学校的课程是相同的。③ 原因是澳门基础教育阶段的课程历来由学校自主决定，学校教材的编写、出版和选用也完全自由，这样学校间的教材、教学内容、教学语言乃至课程设置和课程结构也就不同。这种课程管理制度虽然给学校以足够的空间办出特色，但其长期作用的结果是使澳门基础教育缺乏应有的基本标准，学校间的教育质量参差不齐。④

为给澳门设立本地课程基准，《纲要法》专设一章对课程与教学作出规范，

---

① 参见《纲要法》第三十九条、第十五条第四款。

② 参见《纲要法》第二十五条。

③ 澳门教育暨青年司（现为教育暨青年局）：《澳门学校特征・课程（1993—1994）》，澳门，1994 年。

④ 郭晓明：《澳门课程变革的背景与可能路径》，澳门：《行政》杂志，2004 年第 4 期。另见冯增俊：《澳门教育概论》，广州：广东教育出版社，1999 年，第 288 页；方炳隆、高德祖：《澳门学校课程改革与学校优质教育》，澳门：澳门大学教育学院；澳门教育暨青年司：《"优质教育：传统与创新"国际教育研讨会论文集》，澳门：澳门大学教育研究中心，1999 年，第 28-29 页。

尤其是建立了新的课程决策与课程领导机制，规定政府须规划“各教育阶段的课程框架”，规定学生须达到的“基本学力要求”，具体内容由专有法规制定；学校在遵守上述法规的基础上，方可自主发展其校本课程。这是对课程决策与课程领导机制的一次重要转变，改变了过去私立学校享有绝对课程自主权的状况，增加了政府在课程管理领域的影响力。

在过去的10年里，特别行政区政府积极推进课程改革，2014年正式颁布第15/2014号行政法规《本地学制正规教育课程框架》，确定了幼儿、小学、初中和高中四个教育阶段的课程框架。2015年颁布并实施第10/2015号行政法规《本地学制正规教育基本学力要求》、第118/2015号社会文化司司长批示《核准幼儿教育基本学力要求》。2016年颁布第19/2016号社会文化司司长批示《核准小学教育阶段基本学力要求的具体内容》，自2016年9月起在小学一至三年级实施，2017/2018学年将在小学的各年级实施。初中和高中教育阶段的“基本学力要求”于2017年颁布并逐步开始实施。至2019/2020学年，澳门正规教育的15个年级将全部实施新的“基本学力要求”。“课程框架”和“基本学力要求”相辅相成，共同构成澳门基础教育阶段的课程基准。

（九）构建教学人员制度

1. 私立学校教学人员制度

优质教育需要优质教师。但澳门的私立学校长期以来没有统一的教学人员制度，严重制约了教师队伍建设，影响教育素质的提升。

为此，2006年颁布实施的《纲要法》规定：“私立学校教学人员的工作类型、职级、考评、工作量、退休保障及相应的权利和义务的制度框架”，由专有法规制定；职级的晋升标准应“兼顾年资、专业发展及考评三方面因素”；私立教育机构的教学人员还按专有法规享有“由公共卫生机构提供的卫生护理”（即免费医疗）。[①] 这些规定力图为教师的专业发展和职业生活提供制度保障。

为落实《纲要法》的上述规定，《非高等教育私立学校教学人员制度框架》于2012年以法律的形式在立法会获得通过。[②] 该法律规范了非高等教育私立学校教学人员的权利和义务、任职要求、职程制度、工作时间、专业发展、薪酬待

---

① 参见《纲要法》第四十条。

② 澳门特别行政区第3/2012号法律《非高等教育私立学校教学人员制度框架》。

遇和退休保障等，标志着澳门私立学校教师制度的基本确立，对澳门非高等教育具有历史性的意义。

（1）提升教师的任职要求，保证师资的专业水平。

（2）促进教学人员的专业发展，一方面由特别行政区政府给所有不牟利私立学校的教师发放“专业发展津贴”，同时规定教师平均每年须有30小时或30小时以上的专业发展时数，并将其作为职级晋升的要求之一。

（3）建立专业的学校领导与管理团队，规定校长的学历不得低于其所任职的学校中任教最高教育阶段的教师须具备的学历；学校其他中、高层管理人员的学历亦不得低于其管理的教育阶段的教师须具备的学历。另外，还规定担任教学领导机关的主管须具备师范培训课程资格第四级或第四级以上的职级。

（4）促进教学人员的自我约束和专业管理，成立教学人员专业委员会。

（5）建立教学人员职程制度，鼓励教师长期献身教育事业，为此设置了六个职级，规定了进入起点职级的条件，并从服务时间、工作评核和专业发展三方面规定了晋升的条件。此外，还设置了提前晋升的机制，以及“卓越表现教师”荣誉。

（6）适当减少教师的授课时数，让他们有更充分的时间参加专业发展以及照顾学生的个别需要。

（7）革新过往法律规定，对不同教育阶段的授课时数作出区分。

（8）制定合理的薪酬制度，引导学校合理使用公款，确保教学人员的报酬及公积金供款支出达到学校固定收入的70％。

（9）制定同一教育阶段不同职级教学人员的工资差幅，最高职级教师每月的固定薪酬应为最低职级教师的1.3倍或1.3倍以上，体现了工作经验的价值，鼓励教师长期从事教育事业。

（10）规范了校长和学校其他中、高层管理人员以及教师不同的“职务内容”，并以此为基础建立评核制度，每年的评核结果与晋升挂钩。

（11）加强教学人员的退休保障，规定学校必须为教学人员设立公积金。

（12）优化了教学人员的医疗保障，除全职教学人员免费享有卫生护理外，教学人员退休前只要在教育领域工作满25年即可继续享有免费医疗。①

在《非高等教育私立学校教学人员制度框架》的实施过程中，先后成立了教学人员专业委员会，建立起私立学校教学人员的专业准则、职级审核的程序、专业发展津贴发放规章、“卓越表现教师”荣誉的颁授细则以及教学人员专业发展

---

① 参见立法会第二常设委员会在审议该法后所提交的意见书：《第2/Ⅳ/2012号意见书》。

活动时数的审核准则。[①] 总之，私立学校教学人员制度从职业保障和专业发展两个方面均得以加强，对澳门教师队伍的建设具有里程碑式的意义。

2. 公立学校教学人员制度

在公立学校教学人员制度方面，2006 年《纲要法》规定："公立学校教学人员的工作类型、职级、考评、工作量、薪俸及相应的权利和义务"，由专有法规制定。2010 年，公立学校新的教师职程制度得以立法生效，这是公立学校教师职程制度的一次重要变革。[②]

澳门公职人员的职程制度分为一般制度和特别职程，公立学校教师的职程制度属于后者，由 1987 年的第 21/87/M 号法令规范，并在 1989 年作局部修改。[③] 新职程以提升教师的专业素养、促进教师的职业生涯规划和职业保障为目标，制度上的重要改变如下。

（1）提高各教育阶段教师任职资格上的要求，原则上要求具有学士学位或同等学力以及相应的师范培训资格；同时，在薪俸点的设计上，体现了教师的专业性以及师范培训的重要性。

（2）设立三个中学教育教师职程以及两个幼儿教育及小学教育教师职程，进入各教育阶段一级教师职程均须具有学士学位及师范培训资格。在晋阶条件方面，除服务时间及工作表现评核外，新增专业发展时数的要求，借此提升教师的整体素质。另外，为解决教师长期处于职程顶点的问题，增加了教师职程的职阶数，以延长教师整个职业生涯的晋升时间。

（3）由于对中、小、幼各教育阶段教师入职的学历要求已趋于相同，对入职条件相同的各教育阶段的教师制定了相同的起薪点。不过，考虑到中学教师与小学及幼儿园教师在学识要求层次和须处理的学生问题的复杂性等方面存在一定差异，同时参考邻近地区教师职程的规定及原有职程的类似安排，法案为中学教师制定的最高薪俸点与小学及幼儿园教师的最高薪俸点有所不同，职程内薪俸的增

---

① 参见澳门特别行政区第 147/2012 号社会文化司司长批示《订定教学人员专业委员会的运作方式》；第 217/2012 号行政长官批示《核准非高等教育私立学校教学人员职级审核的程序》；第 76/2012 号社会文化司司长批示《核准专业发展津贴发放规章》；第 168/2014 号社会文化司司长批示《确认"卓越表现教师"荣誉的颁授细则》；第 6/2017 号社会文化司司长批示《确认教学人员专业准则》；第 88/2018 号社会文化司司长批示《确认教学人员专业发展活动时数的审核准则》。

② 参见澳门特别行政区第 12/2010 号法律《非高等教育公立学校教师及教学助理员职程制度》。

③ 参见第 21/87/M 号法令《重组进入教育司之教师职程》和第 86/89/M 号法令《订定澳门公职一般及特别职程制度》。

长幅度也有所差别。[①] 新的职程制度有助于提升教师素质，调动教师工作的积极性，促进澳门教育的长远发展。

但是，职程制度只是公立学校教学人员制度的一个方面，公立学校教学人员的评核制度至今仍是空白，其职务内容、工作量及相应的权利和义务也需要作相应的调整，这就须加紧修订第 67/99/M 号法令《核准〈教育暨青年司教学人员通则〉》。

（十）加强对学生的辅导和援助

优质教育最终体现在学生的成功与发展上，《纲要法》力图从制度上加强对学生的支持。一方面，为保障学生生理和心理的健康成长，要求制定专有法规，加强对学生的心理辅导及其他辅导。[②] 而对于家庭经济困难学生，将以前提供的“学费津贴”改称“学费援助”，并在学生福利中增加“学习所需的辅助设备津贴”。[③]

同时，在第 11/91/M 号法律中，曾有关于幼儿教育阶段学生的升级“无须进行知识的评核”的规定。由于在华人社会里，幼儿教育过早、过多地关注知识教育，澳门以往也存在幼儿因知识掌握不合要求而被迫留级的现象，这可能给幼儿的身心发展乃至人生历程产生负面影响。因此，《纲要法》规定，在幼儿教育阶段，除非家长提出申请，否则不得要求学生留级。[④] 这一规定有助于纠正幼儿教育中某些明显影响儿童身心健康的不良倾向，促进幼儿教育的健康发展。

另外，为减轻家长为子女购买教科书的经济压力，促进学生阅读，澳门特别行政区政府还为接受正规教育的所有学生发放“书簿津贴”，2018/2019 学年幼儿教育、小学和中学教育阶段每名学生的津贴分别达到 2 000 澳门元、2 800 澳门元和 3 300 澳门元。[⑤] 为促进教育公平，政府近年亦制定专门制度，为在广东省内接受幼儿教育、小学以及中学教育的澳门学生发放学费津贴。[⑥]

---

① 参见澳门特别行政区立法会第二常设委员会《第 3/Ⅰ/2010 号意见书》，2010 年。

② 参见《纲要法》第二十八条。

③ 参见《纲要法》第三十条。

④ 参见《纲要法》第七条。

⑤ 参见澳门特别行政区第 29/2009 号行政法规《书簿津贴制度》。

⑥ 参见澳门特别行政区第 11/2018 号行政法规《2017/2018 学校年度广东省学校就读学生学费津贴》。

（十一）完善教育咨询组织

教育咨询组织是澳门教育制度的重要组成部分。回归前的第 11/91/M 号法律规定设立“教育委员会”，并将其定位为“一个有各方社会力量的参与、合作和思考的机构”，目的是“为教育政策的发展寻求广泛的共识”（第四十八条）。[①]《纲要法》重塑了这个委员会。首先，明确将其定性为“咨询机构”；其次，规定“所有有关教育政策之重要事项”[②] 必须听取教育委员会的意见，委员会还“跟进和评核教育政策执行情况”。最后，为推进课程改革，建立课程审议机制，2006 年还设立了“课程改革及发展委员会”。[③]

四、回归以来高等教育法的变革

澳门的高等教育制度形成于 20 世纪 90 年代初，当时特别行政区政府以澳门基金会接收和监管东亚大学为契机，于 1991 年出台了第 11/91/M 号法律，建立起澳门第一个高等教育的基本制度；之后颁布了一系列训令及行政命令，以规范公立高等教育机构（包括澳门大学、澳门理工学院、澳门旅游学院和澳门保安部队高等学校）和私立高等教育机构［亚洲（澳门）国际公开大学（现为澳门城市大学）、澳门高等校际学院（现为圣若瑟大学）、澳门镜湖护理学院、澳门科技大学、澳门管理学院以及澳门中西创新学院］的运作，以及院校本部设在澳门以外地区或国家的私立高等教育机构在澳门从事高等教育的活动（参见第 49/91/M 号法令）。值得注意的是，澳门大学于 2006 年通过一个单独的法律（第 1/2006 号法律），取得很大的自主权，尤其是在学校的章程、学术、纪律及财政四个方面，这是澳门公立高等机构中十分独特的一个情况。

回归以后，澳门社会在“一国两制”的总体政策框架下进行全面转型，而教育变革的关键是制度。特别行政区政府对高等教育制度的检讨始于 2000 年，当年 5 月成立“高等教育关注委员会”，并聘请外地的专家小组对澳门高等教育的

---

① 第 15/92/M 号法令《订定教育委员会之组成、权限及运作事宜》进一步规定，委员会负责对“教育制度改革方面的教育政策问题”提意见、建议和解决办法。

② 随后制定的相关法规规定，这些事项包括非高等教育范畴的施政方针，政策的制定、跟进及评核。相关的法规草案，参见澳门特别行政区第 17/2010 号行政法规《非高等教育委员会的组成及运作》第二条。

③ 第 102/2006 号行政长官批示《设立“课程改革及发展委员会”》。

未来发展策略展开研究。该小组完成的《澳门高等教育新纪元策略性发展咨询研究报告》对其后澳门高等教育制度的发展有重要影响。

为完善澳门高等教育的体制建设，推动澳门高校教育素质的持续提升，特别行政区政府根据世界高等教育发展的趋势和澳门未来的发展需求，于 2003 年前后开始推动高等教育领域相关法律的修订，完善配套法规。从 2004 年开始，分别于 2004 年和 2005 年进行两次公开咨询，经过多年的讨论，2015 年开始进入快速推进期。在借鉴外地先进经验后，结合澳门本地的高等教育实际情况，经深入研究和广泛咨询意见后，作为高等教育基础框架的第 10/2017 号法律《高等教育制度》2017 年获立法会通过，并于 2018 年 8 月正式生效。

与此同时，实施该法而需要的一系列配套行政法规，包括《高等教育基金》《高等教育委员会》《高等教育规章》《高等教育素质评鉴制度》《高等教育学分制度》等①，经多年努力也顺利推出，尤其确立了高等教育的素质评鉴制度和学分制，新增了高等教育委员会、高等教育基金等架构，高等教育局的组织架构与职能亦于 2019 年 2 月完成相应的调整，新的高等教育体制基本形成。

五、展　望

（一）关注教育法体系的完整性

教育法的变革必须考虑教育法体系的特点和完整性。好的教育法系统除了要制定教育的基本体制外，有必要对所有教育参与者以及所有教育活动所须遵循的规则，从法规和制度的层面予以规范。

从历史发展上看，葡萄牙文化、教育理念及教育法规的痕迹明显。从法规实施的角度看，以行政执法为主，较少通过司法机关。从立法思维的角度看，“实用主义”的思维影响深远，法规体系有明显空白，有待补充和完善。

就澳门教育法规的体系而言，首先要注意的一点是高等教育和非高等教育法及相关法规的协调。在 20 世纪 90 年代澳门教育法的讨论和成型的过程中，高等教育法虽然在事实上也是相对独立的，但在第 11/91/M 号法律《澳门教育制度》

---

① 参见第 1/2019 号行政法规《高等教育局的组织及运作法规》；第 15/2018 号行政法规《高等教育委员会》；第 16/2018 号行政法规《高等教育基金》；第 17/2018 号行政法规《高等教育素质评鉴制度》；第 18/2018 号行政法规《高等教育规章》；第 19/2018 号行政法规《高等教育学分制度》。

中还是提到了高等教育[1]。而第 9/2006 号法律《非高等教育制度纲要法》，与正在立法会讨论的《高等教育法》法案是完全分离的，在理论基础、制度设计、思维方式以及表述风格上，均缺乏配合。其次，目前澳门有关“四校联考”的某些争议，就与高等教育和非高等教育的制度衔接有关。可见，对于这一问题，应在教育法体系的层面予以重视。

最后，与其他地区相比，澳门非高等教育法在某些领域明显有待加强，有的甚至是空白。这些领域包括学校的设施与条件、学校事故与赔偿责任、教材制度、受教育权的整体保护、教师惩戒及其补助、学生惩戒及其补助、师资培育与专业发展、校长培育与任用。

（二）认真研究政府与私立学校的关系

在政府与私立学校的关系方面，澳葡管治时期葡萄牙语政策对教育政策及教育法的影响很大；与此同时，“办学自主”得到充分体现，成为澳门教育立法的重要精神。澳门《基本法》规定，澳门居民有从事教育活动的自由，“社会团体和私人可依法举办各种教育事业”，“各类学校均有办学的自主性，依法享有教学自由和学术自由”。可见，澳门的宪制性法律十分重视对居民、学校、学生和社会团体的教育自由的保护，教育法的变革必须以上述宪制性规定为基础，从制度上进一步落实和保护相关实体的教育自由。

但是，加强监管和向学校问责的呼声也持续加强。[2] 所以，有必要从教育基本法及其下位法规两个层面，认真研究政府与私立学校的关系如何调整。在第一个层面，主要是如何妥善处理目前私立学校教学、行政和财政三大自主权，有无可能或必要发展类似香港津贴学校与政府的新型关系。而在下一个层面，则涉及以下法规的修订：第 38/93/M 号法令《私立教育机构通则》；第 63/93/M 号法令《会计格式》；第 16/2007 号行政法规《订定〈教育发展基金制度〉》；第 82/2008 号行政长官批示《核准〈教育发展基金财政援助发放规章〉》。

政府与私立学校的关系中最重要的是政府投入的经费的监管和使用的有效性问题。私立教育的发展离不开政府的扶持。有研究表明，很多西方国家都实行长期、稳定的私立教育扶持政策。通过比较发现，美国、日本、法国、韩国、澳大

---

① 参见第 11/91/M 号法律《澳门教育制度》第十二条。同时参考第 11/91/M 号法令《关于订定在澳门地区从事高等教育活动的一切公立及私立教育机构的组织和运作》。

② 论尽采访组：《教育不是一盘生意》，澳门：《论尽》，2015 年第 32 期。

利亚、荷兰等私立教育较发达的国家对私立教育的扶持政策体现出高针对性、系统化和高实效等特点，尤其是各国政府在扶持角色塑造和扶持理念形成上的经验对当下我国构建民办教育扶持体系具有重要的借鉴意义。[①]

私立学校公助政策的实施对澳门特别行政区政府和私立学校的关系产生了较大的影响，由于政府需要对公共财政经费进行问责，加强澳门特别行政区政府对私立学校的管理和监督势在必行，这将对私立学校的办学自主权形成很大的挑战。在私立学校公助的模式上，澳门采取了免费教育津贴模式对提供免费教育的私立学校进行资助，这可以视为澳门私立学校公助政策更为关注教育公益性问题的重要体现。然而，澳门免费教育津贴模式在政策设计上是有缺陷的。从私立学校公助政策的绩效表现来看，澳门私立学校公助政策由于过于强调免费性和教育的公益价值，在一定程度上削弱了私立学校在教育效率上的表现。无论是对于教育公平还是教育效率的实现而言，澳门私立学校公助政策都存在着一些潜在的问题。[②]

（三）建立新的教科书制度

澳门的"自由制"教科书制度值得反思，建立一种新的教科书制度是解决澳门教科书问题的关键所在。从政府职能的角度考察，笔者认为澳门现有的教科书制度的关键问题是政府与市场的关系出现了失衡，独立于政府之外的教科书市场统治着教科书的生产和消费，政府被隔绝于教科书系统之外。政府在澳门教科书领域的职能定位应与《基本法》制定的"行政主导"原则相符，与澳门教育法改革的方向一致，体现相关法律的要求。政府应有限度地介入教科书市场，制定准入标准，提供优质服务和有针对性的扶持，维护公平竞争环境，促进教科书市场的健康发展。

与此对应，澳门应建立一种新的教科书制度——"有限的认定制"。[③] 这种制度能使澳门的教科书领域实现政府的有限参与，建立政府与民间相结合的教科书认定机制，同时保留学校和教师的教科书选用权，从而既凸显政府的服务职能，为各方的沟通与合作创造可能，同时又有利于教科书市场保持活力并得到积

① 潘奇：《私立教育发展中政府的角色与理念：国际比较的视角》，上海：《教育发展研究》，2013年第21期。

② 朱鹏：《私校公助：澳门的视点与问题》，华东师范大学2009年博士论文。

③ 郭晓明：《论政府对澳门教科书制度的有限介入》，上海：《全球教育展望》，2005年第7期。

极发展。为保证新教科书制度的实施，应更新澳门特别行政区政府治理教科书的手段和工具。

（四）落实《非高等教育发展十年规划（2011—2020年）》，加快系列配套法规的修订

《非高等教育发展十年规划（2011—2020年）》对与《纲要法》关系最为密切，且须优先制定的法规，确定了完成的时间表。如前所述，其中的相当部分已经颁布实施。但是，以下法规还须加快推进：义务教育法规；特殊教育法规；职业技术教育法规；私立学校通则；持续教育通则；回归教育津贴制度；回归教育标准评核机制；私立学校会计制度；学生评核制度；学校督导制度；正规教育初中及高中教育阶段各学科的基本学力要求；心理辅导、升学及就业辅导制度；非高等教育公立学校教师工作表现评核制度；学生福利制度；校舍兴建和设备规章；回归教育课程；教学人员专业发展制度。

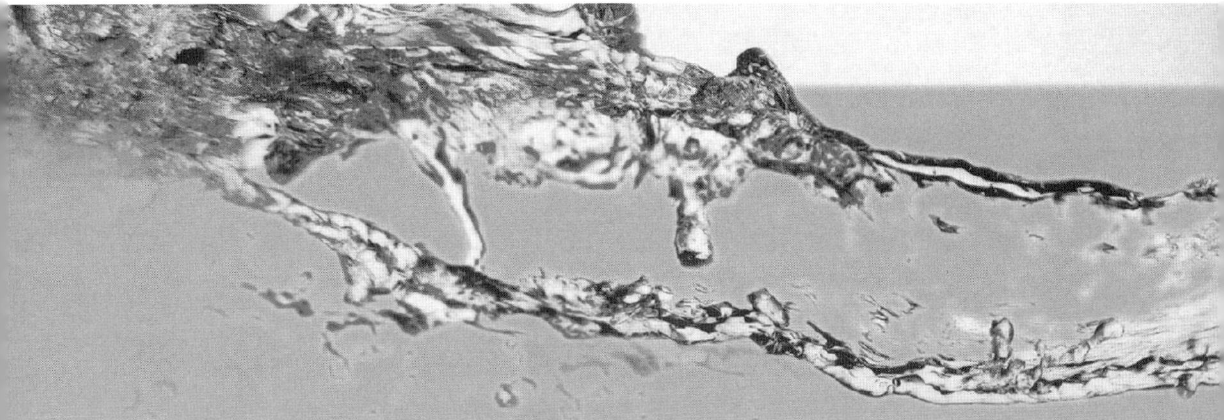

第二部分　宪法与基本法的相关规定

中华人民共和国宪法（节选）

（1982 年 12 月 4 日第五届全国人民代表大会第五次会议通过。1982 年 12 月 4 日全国人民代表大会公告公布施行。根据 1988 年 4 月 12 日第七届全国人民代表大会第一次会议通过的《中华人民共和国宪法修正案》、1993 年 3 月 29 日第八届全国人民代表大会第一次会议通过的《中华人民共和国宪法修正案》、1999 年 3 月 15 日第九届全国人民代表大会第二次会议通过的《中华人民共和国宪法修正案》、2004 年 3 月 14 日第十届全国人民代表大会第二次会议通过的《中华人民共和国宪法修正案》和 2018 年 3 月 11 日第十三届全国人民代表大会第一次会议通过的《中华人民共和国宪法修正案》修正。）

序　言

中国是世界上历史最悠久的国家之一。中国各族人民共同创造了光辉灿烂的文化，具有光荣的革命传统。

1840 年以后，封建的中国逐渐变成半殖民地、半封建的国家。中国人民为国家独立、民族解放和民主自由进行了前仆后继的英勇奋斗。

20 世纪，中国发生了翻天覆地的伟大历史变革。

1911 年孙中山先生领导的辛亥革命，废除了封建帝制，创立了中华民国。但是，中国人民反对帝国主义和封建主义的历史任务还没有完成。

1949 年，以毛泽东主席为领袖的中国共产党领导中国各族人民，在经历了长期的艰难曲折的武装斗争和其他形式的斗争以后，终于推翻了帝国主义、封建主义和官僚资本主义的统治，取得了新民主主义革命的伟大胜利，建立了中华人民共和国。从此，中国人民掌握了国家的权力，成为国家的主人。

中华人民共和国成立以后，我国社会逐步实现了由新民主主义到社会主义的过渡。生产数据私有制的社会主义改造已经完成，人剥削人的制度已经消灭，社会主义制度已经确立。工人阶级领导的、以工农联盟为基础的人民民主专政，实质上即无产阶级专政，得到巩固和发展。中国人民和中国人民解放军战胜了帝国主义、霸权主义的侵略、破坏和武装挑衅，维护了国家的独立和安全，增强了国防。经济建设取得了重大的成就，独立的、比较完整的社会主义工业体系已经基本形成，农业生产显著提高。教育、科学、文化等事业有了很大的发展，社会主义思想教育取得了明显的成效。广大人民的生活有了较大的改善。

中国新民主主义革命的胜利和社会主义事业的成就，是中国共产党领导中国各族人民，在马克思列宁主义、毛泽东思想的指引下，坚持真理，修正错误，战胜许多艰难险阻而取得的。我国将长期处于社会主义初级阶段。国家的根本任务是，沿着中国特色社会主义道路，集中力量进行社会主义现代化建设。中国各族人民将继续在中国共产党领导下，在马克思列宁主义、毛泽东思想、邓小平理论、“三个代表”重要思想、科学发展观、习近平新时代中国特色社会主义思想指引下，坚持人民民主专政，坚持社会主义道路，坚持改革开放，不断完善社会主义的各项制度，发展社会主义市场经济，发展社会主义民主，健全社会主义法治，贯彻新发展理念，自力更生，艰苦奋斗，逐步实现工业、农业、国防和科学技术的现代化，推动物质文明、政治文明、精神文明、社会文明、生态文明协调发展，把我国建设成为富强民主文明和谐美丽的社会主义现代化强国，实现中华民族伟大复兴。

在我国，剥削阶级作为阶级已经消灭，但是阶级斗争还将在一定范围内长期存在。中国人民对敌视和破坏我国社会主义制度的国内外的敌对势力和敌对分子，必须进行斗争。

台湾是中华人民共和国的神圣领土的一部分。完成统一祖国的大业是包括台湾同胞在内的全中国人民的神圣职责。

社会主义的建设事业必须依靠工人、农民和知识分子，团结一切可以团结的力量。在长期的革命、建设、改革过程中，已经结成由中国共产党领导的，有各民主党派和各人民团体参加的，包括全体社会主义劳动者、社会主义事业的建设者、拥护社会主义的爱国者、拥护祖国统一和致力于中华民族伟大复兴的爱国者的广泛的爱国统一战线，这个统一战线将继续巩固和发展。中国人民政治协商会议是有广泛代表性的统一战线组织，过去发挥了重要的历史作用，今后在国家政治生活、社会生活和对外友好活动中，在进行社会主义现代化建设、维护国家的统一和团结的斗争中，将进一步发挥它的重要作用。中国共产党领导的多党合作和政治协商制度将长期存在和发展。

中华人民共和国是全国各族人民共同缔造的统一的多民族国家。平等团结互助和谐的社会主义民族关系已经确立，并将继续加强。在维护民族团结的斗争中，要反对大民族主义，主要是大汉族主义，也要反对地方民族主义。国家尽一切努力，促进全国各民族的共同繁荣。

中国革命、建设、改革的成就是同世界人民的支持分不开的。中国的前途是同世界的前途紧密地联系在一起的。中国坚持独立自主的对外政策，坚持互相尊重主权和领土完整、互不侵犯、互不干涉内政、平等互利、和平共处的五项原则，坚持和平发展道路，坚持互利共赢开放战略，发展同各国的外交关系和经济、文化交流，推动构建人类命运共同体；坚持反对帝国主义、霸权主义、殖民主义，加强同世界各国人民的团结，支持被压迫民族和发展中国家争取和维护民族独立、发展民族经济的正义斗争，为维护世界和平和促进人类进步事业而努力。

本宪法以法律的形式确认了中国各族人民奋斗的成果，规定了国家的根本制度和根本任务，是国家的根本法，具有最高的法律效力。全国各族人民、一切国家机关和武装力量、各政党和各社会团体、各企业事业组织，都必须以宪法为根本的活动准则，并且负有维护宪法尊严、保证宪法实施的职责。

第一章　总纲

…………

第四条　中华人民共和国各民族一律平等。国家保障各少数民族的合法的权利和利益，维护和发展各民族的平等团结互助和谐关系。禁止对任何民族的歧视和压迫，禁止破坏民族团结和制造民族分裂的行为。

国家根据各少数民族的特点和需要，帮助各少数民族地区加速经济和文化的发展。

各少数民族聚居的地方实行区域自治，设立自治机关，行使自治权。各民族自治地方都是中华人民共和国不可分离的部分。

各民族都有使用和发展自己的语言文字的自由，都有保持或者改革自己的风俗习惯的自由。

…………

第十九条　国家发展社会主义的教育事业，提高全国人民的科学文化水平。

国家举办各种学校，普及初等义务教育，发展中等教育、职业教育和高等教育，并且发展学前教育。

国家发展各种教育设施，扫除文盲，对工人、农民、国家工作人员和其他劳动者进行政治、文化、科学、技术、业务的教育，鼓励自学成才。

国家鼓励集体经济组织、国家企业事业组织和其他社会力量依照法律规定举办各种教育事业。

国家推广全国通用的普通话。

…………

第二十四条　国家通过普及理想教育、道德教育、文化教育、纪律和法制教育，通过在城乡不同范围的群众中制定和执行各种守则、公约，加强社会主义精神文明的建设。

国家倡导社会主义核心价值观，提倡爱祖国、爱人民、爱劳动、爱科学、爱社会主义的公德，在人民中进行爱国主义、集体主义和国际主义、共产主义的教育，进行辩证唯物主义和历史唯物主义的教育，反对资本主义的、封建主义的和其他的腐朽思想。

…………

第三十一条　国家在必要时得设立特别行政区。在特别行政区内实行的制度按照具体情况由全国人民代表大会以法律规定。

…………

第二章　公民的基本权利和义务

…………

第三十五条　中华人民共和国公民有言论、出版、集会、结社、游行、示威的自由。

第三十六条　中华人民共和国公民有宗教信仰自由。

任何国家机关、社会团体和个人不得强制公民信仰宗教或者不信仰宗教，不得歧视信仰宗教的公民和不信仰宗教的公民。

国家保护正常的宗教活动。任何人不得利用宗教进行破坏社会秩序、损害公民身体健康、妨碍国家教育制度的活动。

宗教团体和宗教事务不受外国势力的支配。

…………

第四十六条　中华人民共和国公民有受教育的权利和义务。

国家培养青年、少年、儿童在品德、智力、体质等方面全面发展。

…………

第五十三条　中华人民共和国公民必须遵守宪法和法律，保守国家秘密，爱护公共财产，遵守劳动纪律，遵守公共秩序，尊重社会公德。

第五十四条　中华人民共和国公民有维护祖国的安全、荣誉和利益的义务，不得有危害祖国的安全、荣誉和利益的行为。

…………

第四章　国旗、国歌、国徽、首都

第一百四十一条　中华人民共和国国旗是五星红旗。

中华人民共和国国歌是《义勇军进行曲》。

第一百四十二条　中华人民共和国国徽，中间是五星照耀下的天安门，周围是谷穗和齿轮。

第一百四十三条　中华人民共和国首都是北京。

中华人民共和国澳门特别行政区基本法（节选）

（1993 年 3 月 31 日第八届全国人民代表大会第一次会议通过，1993 年 3 月 31 日中华人民共和国主席令第 3 号公布，自 1999 年 12 月 20 日起实施。）

序　　言

澳门，包括澳门半岛、氹仔岛和路环岛，自古以来就是中国的领土，16 世纪中叶以后被葡萄牙逐步占领。1987 年 4 月 13 日，中葡两国政府签署了关于澳门问题的联合声明，确认中华人民共和国政府于 1999 年 12 月 20 日恢复对澳门行使主权，从而实现了长期以来中国人民收回澳门的共同愿望。

为了维护国家的统一和领土完整，有利于澳门的社会稳定和经济发展，考虑到澳门的历史和现实情况，国家决定，在对澳门恢复行使主权时，根据中华人民共和国宪法第三十一条的规定，设立澳门特别行政区，并按照“一个国家，两种制度”的方针，不在澳门实行社会主义的制度和政策。国家对澳门的基本方针政策，已由中国政府在中葡联合声明中予以阐明。

根据中华人民共和国宪法，全国人民代表大会特制定中华人民共和国澳门特别行政区基本法，规定澳门特别行政区实行的制度，以保障国家对澳门的基本方针政策的实施。

第一章　总则

…………

第九条　澳门特别行政区的行政机关、立法机关和司法机关，除使用中文外，还可使用葡文，葡文也是正式语文。

…………

第十一条　根据中华人民共和国宪法第三十一条，澳门特别行政区的制度和政策，包括社会、经济制度，有关保障居民的基本权利和自由的制度，行政管理、立法和司法方面的制度，以及有关政策，均以本法的规定为依据。

澳门特别行政区的任何法律、法令、行政法规和其他规范性文件均不得同本法相抵触。

…………

第三章 居民的基本权利和义务

…………

第二十七条 澳门居民享有言论、新闻、出版的自由，结社、集会、游行、示威的自由，组织和参加工会、罢工的权利和自由。

…………

第三十四条 澳门居民有信仰的自由。

澳门居民有宗教信仰的自由，有公开传教和举行、参加宗教活动的自由。

…………

第三十七条 澳门居民有从事教育、学术研究、文学艺术创作和其他文化活动的自由。

第三十八条 澳门居民的婚姻自由、成立家庭和自愿生育的权利受法律保护。

妇女的合法权益受澳门特别行政区的保护。

未成年人、老年人和残疾人受澳门特别行政区的关怀和保护。

…………

第四十条 《公民权利和政治权利国际公约》、《经济、社会与文化权利的国际公约》和国际劳工公约适用于澳门的有关规定继续有效，通过澳门特别行政区的法律予以实施。

澳门居民享有的权利和自由，除依法规定外不得限制，此种限制不得与本条第一款规定抵触。

…………

第四十二条 在澳门的葡萄牙后裔居民的利益依法受澳门特别行政区的保护，他们的习俗和文化传统应受尊重。

…………

第六章 文化和社会事务

第一百二十一条 澳门特别行政区政府自行制定教育政策，包括教育体制和管理、教学语言、经费分配、考试制度、承认学历和学位等政策，推动教育的发展。

澳门特别行政区政府依法推行义务教育。

社会团体和私人可依法举办各种教育事业。

第一百二十二条　澳门原有各类学校均可继续开办。澳门特别行政区各类学校均有办学的自主性，依法享有教学自由和学术自由。

各类学校可以继续从澳门特别行政区以外招聘教职员和选用教材。学生享有选择院校和在澳门特别行政区以外求学的自由。

…………

第一百二十五条　澳门特别行政区政府自行制定文化政策，包括文学艺术、广播、电影、电视等政策。

澳门特别行政区政府依法保护作者的文学艺术及其他的创作成果和合法权益。

澳门特别行政区政府依法保护名胜、古迹和其他历史文物，并保护文物所有者的合法权益。

第一百二十六条　澳门特别行政区政府自行制定新闻、出版政策。

第一百二十七条　澳门特别行政区政府自行制定体育政策。民间体育团体可依法继续存在和发展。

第一百二十八条　澳门特别行政区政府根据宗教信仰自由的原则，不干预宗教组织的内部事务，不干预宗教组织和教徒同澳门以外地区的宗教组织和教徒保持及发展关系，不限制与澳门特别行政区法律没有抵触的宗教活动。

宗教组织可依法开办宗教院校和其他学校、医院和福利机构以及提供其他社会服务。宗教组织开办的学校可以继续提供宗教教育，包括开设宗教课程。

宗教组织依法享有财产的取得、使用、处置、继承以及接受捐献的权利。宗教组织在财产方面的原有权益依法受到保护。

第一百二十九条　澳门特别行政区政府自行确定专业制度，根据公平合理的原则，制定有关评审和颁授各种专业和执业资格的办法。

在澳门特别行政区成立以前已经取得专业资格和执业资格者，根据澳门特别行政区的有关规定可保留原有的资格。

澳门特别行政区政府根据有关规定承认在澳门特别行政区成立以前已被承认的专业和专业团体，并可根据社会发展需要，经咨询有关方面的意见，承认新的专业和专业团体。

第一百三十条　澳门特别行政区政府在原有社会福利制度的基础上，根据经济条件和社会需要自行制定有关社会福利的发展和改进的政策。

…………

第一百三十二条　澳门特别行政区政府根据需要和可能逐步改善原在澳门实

行的对教育、科学、技术、文化、体育、康乐、医疗卫生、社会福利、社会工作等方面的民间组织的资助政策。

第一百三十三条　澳门特别行政区的教育、科学、技术、文化、新闻、出版、体育、康乐、专业、医疗卫生、劳工、妇女、青年、归侨、社会福利、社会工作等方面的民间团体和宗教组织同全国其他地区相应的团体和组织的关系，以互不隶属、互不干涉、互相尊重的原则为基础。

第一百三十四条　澳门特别行政区的教育、科学、技术、文化、新闻、出版、体育、康乐、专业、医疗卫生、劳工、妇女、青年、归侨、社会福利、社会工作等方面的民间团体和宗教组织可同世界各国、各地区及国际的有关团体和组织保持和发展关系，各该团体和组织可根据需要冠用"中国澳门"的名义，参与有关活动。

…………

附件三　在澳门特别行政区实施的全国性法律

下列全国性法律，自 1999 年 12 月 20 日起由澳门特别行政区在当地公布或立法实施。

1.《关于中华人民共和国国都、纪年、国歌、国旗的决议》

2.《关于中华人民共和国国庆节的决议》

3.《中华人民共和国国籍法》

4.《中华人民共和国外交特权与豁免条例》

5.《中华人民共和国领事特权与豁免条例》

6.《中华人民共和国国旗法》

7.《中华人民共和国国徽法》

8.《中华人民共和国领海及毗连区法》

9.《中华人民共和国专属经济区和大陆架法》①

10.《中华人民共和国澳门特别行政区驻军法》②

11.《中华人民共和国外国中央银行财产司法强制措施豁免法》③

12.《中华人民共和国国歌法》④

---

① 1999 年 12 月 20 日增加。

② 1999 年 12 月 20 日增加。

③ 2005 年 12 月 27 日增加。

④ 2017 年 11 月 4 日增加。

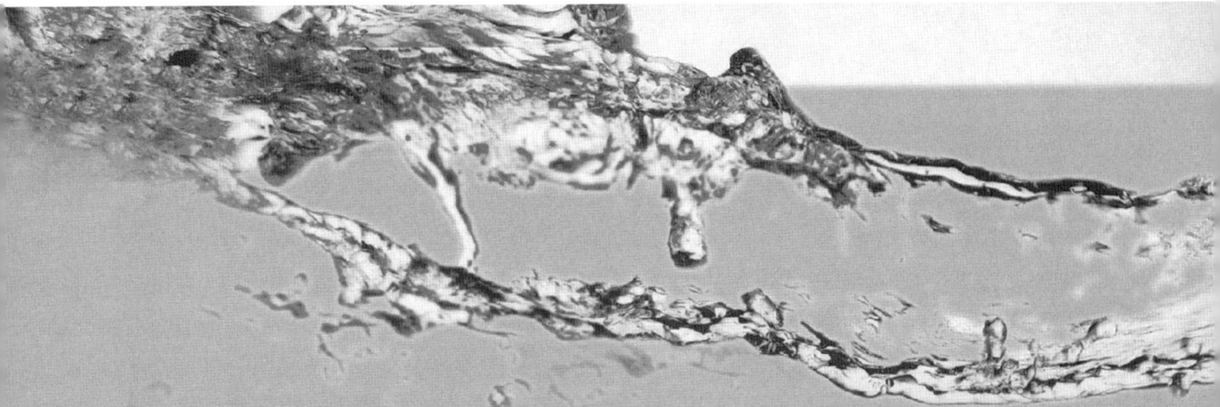

第三部分　高等教育制度

第 1/2006 号法律
澳门大学法律制度

立法会根据《澳门特别行政区基本法》第七十一条（一）项的规定，制定本法律。

第一条　标的

本法律制定澳门大学的法律制度，并赋予澳门大学为实现其宗旨所必需的自主权。

第二条　性质及宗旨

一、澳门大学为一拥有本身的机关及财产的公法人。

二、澳门大学作为一所公立高等教育机构，致力于教学、研究以及推广文化、科学及技术。

第三条　总址及分校

一、澳门大学的总址设在澳门特别行政区。

二、澳门大学可在澳门特别行政区以外设立为实现其宗旨所需的分校或其他形式的代表处。

第四条　机关

一、澳门大学设置校监、校董会、校长及其他机关。

二、澳门大学的架构，各机关的组织、职权及运作由《澳门大学章程》制定。

三、澳门大学校监为澳门特别行政区行政长官。

第五条　监督实体

一、澳门大学的监督实体为行政长官。

二、监督实体行使本法律、其他适用法规及章程规定之权限。

第六条　章程及内部规章

一、《澳门大学章程》由校董会制定并由行政命令核准。

二、《澳门大学章程》就学术、纪律、行政、财政及财产等方面的制度作出规范。

三、澳门大学得制定内部规章以规范其管理和运作。

第七条　自主权

一、澳门大学享有学术自主权，可自行制定、规划及进行各项研究、科学及文化活动，并有权设立、组织安排、修改及撤销课程。

二、澳门大学享有纪律自主权，可依据相关规范对教学人员、研究人员、其他人员以及学生所实施的违纪行为作出纪律处分；而该等人士有权按法律规定，就作出的纪律处分提起上诉。

三、澳门大学在适用的法例范围内行使行政自主权。

四、澳门大学享有财政及财产自主权，可按其所制定的标准，转移由政府所批予的预算中不同项目及章节中的款项；可根据适用法例处置其资产。

第八条　法律制度

一、澳门大学受本法律、澳门大学的章程及内部规章规范。

二、任何一般规定或特别规定，如与本法律所载的规定相抵触，以本法律为准。2月4日第11/91/M号法令第四条第三款、第十四条第三款及第十九条至第二十一条不适用于澳门大学。

三、澳门大学受适用于公法人的法例所规范，尤其是：

(一)《行政程序法典》关于公共管理活动的规定，包括当局权力的行使及公产管理的规定；

（二）自治机关及基金会的财政制度；

（三）有关工程、取得财货及劳务的开支制度；

（四）公共工程承揽合同的法律制度；

（五）公共职务不得兼任的制度；

（六）有关行政诉讼的法律中涉及行政性质的行为及合同的规定。

第九条　财政收入

澳门大学的财政收入为：

（一）政府给予的拨款；

（二）自有财产或享有收益权财产的收入；

（三）学费收入；

（四）提供服务或出售出版物的收入；

（五）津贴、补贴、共同分享、捐赠、遗产及遗赠；

（六）转让本身资产的所得；

（七）储蓄利息；

（八）各年度滚存结余；

（九）费用、手续费及罚款；

（十）因进行活动而取得的，或按法律、合同或司法裁判而应该取得的其他收入。

第十条　税务豁免

澳门大学获豁免缴付与其签署的合同或参与的行为及与其活动收益有关的任何税项、费用或手续费。

第十一条　人员制度

一、私法劳动制度适用于澳门大学的人员。

二、澳门大学可制定其人员通则，该通则由行政长官批示核准。

三、澳门大学人员的报酬受对公共行政工作人员所定的年报酬上限约束，但校长、副校长及讲座教授的报酬除外。

四、澳门大学校长及副校长的报酬由行政长官制定，讲座教授的报酬由校董会制定。

第十二条　过渡制度

在新的章程生效日前，继续过渡适用经12月6日第470/99/M号训令核准的《澳门大学章程》及其他适用的法例。

第十三条　废止

废止9月16日第50/91/M号法令。

第十四条　生效

本法律自公布翌日起生效。

2006 年 2 月 27 日通过。
立法会主席 曹其真
2006 年 3 月 6 日签署。
命令公布。
行政长官 何厚铧

附录　立法会第一常设委员会第1/Ⅲ/2006号意见书

事由：《高等教育制度》法案

一、引　言

立法会主席根据议事规则的规定，于去年12月13日作出第63/Ⅲ/2006号批示接纳了该法案。

现正分析的法案于2005年12月19日由政府向全体会议引介，于2006年1月4日在全体会议上经讨论后获一般性通过。

随后，立法会主席通过于1月4日作出的第5/Ⅲ/2006号批示，将上述法案派发给本委员会“审议并于2006年2月28日前完成意见书”。

至此，立法程序第一阶段在形式上已经完成，接下来进入由立法会常设委员会进行审议的阶段。

委员会于1月11日和19日，2月8日、17日和20日举行会议，对该法案进行分析。

政府和澳门大学的代表列席了1月19日举行的会议。会议期间，委员会提出一些问题并得到解释。

需提及的是，政府曾向委员会提供了一系列有助于更好地理解该法案相关问题的资料，这对委员会的审议工作很有帮助。

二、一般性审议

按理由陈述的内容，本法案旨在制定“澳门特别行政区唯一的公立大学的法律制度，并赋予其较大的自主权，使澳门大学在运作上更具弹性及在管理上更为有效，从而使澳门大学在国际上具更佳的竞争条件。”由此可见，改革的重点主要集中于该机构的自主权方面。

因此，审议亦应集中于增强大学自主权方面。虽然如此，但不妨碍对现行制度所作的与增强自主权无关的其他修改进行审议。

增强自主权主要表现在以下四方面，即章程、学术、纪律及财政。

按照理由陈述的内容，我们可将每个方面概述如下。

在章程方面，“澳门大学有权制定章程，以表达其学术宗旨、充实其自主权，以及规定其组织架构及人员通则。”

在学术方面，“拟赋予澳门大学设立、组织安排、修改及撤销课程的权利，而无须监督实体核准。”

在纪律方面，“拟赋予澳门大学对由教学人员、研究人员、其他人员以及学生所实施的纪律行为作出纪律处分的权利；同时亦确保了该等人士有按法律规定，就作出的纪律处分提起上诉的权利”。

在财政方面，“拟赋予澳门大学按其所制定的标准转移由政府所批予的预算中不同项目及章节中的款项的权利。”

同时应指出相对于现行制度而言另一个新的重要事项，它或多或少也具有拟增强澳门大学自主权的性质，正如法案所述：“为了使校长和副校长的报酬能符合现今国际的院校人力资源市场的标准，该等报酬不宜受到对公共行政工作人员所制定的年报酬上限约束。基于同样理由，为了吸引国际上有名的学者，在以合同方式聘任讲座教授时，亦不宜受该报酬上限约束。”相应地法案第十一条第四款规定：“澳门大学校长及副校长的报酬由行政长官制定，讲座教授的报酬由校董会制定”。委员会认同有关立法取向，但希望有关实体将来在制定上述人士的报酬时可以设定上限。

在概括性审议过程中，委员会对自主原则及在本法案引入对自主权的增加表示赞同。事实上，当今世界各地都在不断地实施和增强高等教育公共机构的自主权。另外，委员会相信现时所做的事是正确及恰当的，有助提升澳门大学及澳门的价值。在赋予大学更多及更好的条件使其能够更好地推行本身学术工作的同时，也是为大学及我们的将来投资，以建立大学对外的良好形象，使其实力得以提升。

总之，委员会对未来法律所规定的各项原则予以支持，但不妨碍就整个新的制度提出一些问题。

三、细则性审议

委员会对条文的具体内容提出了一些疑问，但一如前述，这些疑问并不影响对法案一般性的赞同。以下将对有关问题作简要说明。

关于财政自主权。财政自主权是有助于达到真正学术自主的工具。在分析条文的过程中，有议员就该自主权的实际范围提出质疑，法案所规定的财政自主权是否足以达到所期待的目的，确实存在疑问。例如，有关规定的内容，并不能响应知名大学都会遇到的重要问题，如用作科学及学术研究的私人捐款。在新制度下，有关问题恐怕会继续存在，即在收到捐款的情况下，将来特别行政区预算的拨款可能因之前的捐款而减少。另外，私人捐款应用于捐款所指定的目的，而不应用作补充其他开支，但这种情形可能会发生在专款专用欠缺的情况下。

其实，法案所提出的方案，较为偏向于制度的灵活性，而非真正加大现有的财政自主权。

第八条第二款规定，“任何一般规定或特别规定，如与法律所载的规定相抵触，以本法律为准”。虽然可以理解立法者的意向，但有关行文及拟设立的制度，触及法律的一般原则，因为根据《民法典》第六条第三款规定，“一般法不废止特别法，但立法者另有明确意思者除外”，因此，该款的部分规定便显得没有必要，但现欲通过的法律可能受随后其他规定的影响。

第十一条订定人员制度，维持适用“私法劳动制度”的原则，一如设立澳门大学的9月16日第50/91/M号法令第五条的规定。

然而，法案没有如该条第二款般规定，“本地区公共机关及自治机构的公务员及服务人员得以定期委任、征用或派驻制度在澳门大学任职，保留在原职位所拥有的权利，并为发生一切效力，在澳门大学担任职务视为在原职位任职。”那么，是否加入类似内容，以便在聘用大学以外的人员时更为灵活，同时使该人员在计算服务时间以及保留原职位的固有权利方面受到保障。

关于人员制度。委员会曾就澳门大学现有工作人员的报酬、福利和保障等向政府提出问题，政府代表作了解释，正如补充资料所述：“为了确保人事的稳定及保障现时工作人员的权利，采用了旧人旧制度、新人新制度来处理报酬和福利的问题。现职的人员有权利选择保留旧制或转入新制”。委员会对此表示认同，并希望不要因为人员制度的改变而对现有的教师和其他工作人员造成不利影响。

就条文的本身提出了一些有关讲座教授的疑问，尤其是对其实际职能的界定以及具备何种资格的人才可出任此重要的职位。亦即是说，所有拥有博士学位的教师都算，还是只涵盖正教授，不包含那些具有博士学位的助理教授与通过考评的助理教授？

委员会同意大学为提高其竞争力可支付理想的报酬给指定的学术人士，但必须指出有关疑问。

关于引入的修改。政府在不改变规范内容的前提下，对第七条第一款中文的行文和第十条有关税务豁免的中文、葡萄牙文的行文作了修改，委员会对此表示赞同。

四、其他问题

在分析及讨论本法案的过程中，曾提出过一些问题，这些问题在某种程度上与法案有关联，但并不是直接针对法案本身的规定，而主要与以本立法建议为开端的改革所涉及的补充法规有关。然而，基于该等问题的重要性及各项疑问所涉内容，委员会认为，即使问题简短也应记录于本意见书中。

关于财政自治方面，委员会曾提出很多疑问。因此，除了已叙述的与法案条文直接相关的问题外，还需指出以下重要问题。

委员会对增强财政自治权表示同意，但委员会成员确信，相应地也应该有更好的监察机制，应将两者视为一个硬币的两面来处理。法案条文中没有关于这一重要问题的规定，政府提供的补充资料（主要是未来法规的摘录）也未能解释清楚所有的疑问，以致存在一些保留。政府解释，校董会拥有监察职能，负责制定澳门大学的发展方针并监察其执行，校董会主要由政府官员、大学的人员和社会人士组成，而且多数是大学以外的人士，具有较广泛的代表性，并由校董会下设的监察委员会行使监察职能。但委员会有成员对这种制度设计持保留意见。

基于监察委员会的监察职能，委员会质疑将来是否会维持财政局相关的权限。政府代表解释，澳门大学为一公法人，根据法案第八条第三款（二）项的规定，适用自治机关及基金会的财政制度，财政局依然有监察权限。基于此，有议员就如何将财政局的权限与补充法规中所计划的方案相协调，以及为何没有采用现行适用于其他实体如澳门金融管理局的监察制度等问题表示关注。

委员会曾对未来的监察委员会的组成表示质疑，即在三名成员中，有两名来自校董会。政府解释，监察委员会本身就是校董会下属的一个委员会，其代理校董会行使监察职能。

五、结　　论

委员会在审议及分析本案后，作出如下结论。

（1）法案已具备提交立法会全体会议作细则性审议和表决的要件。

（2）建议邀请政府代表列席细则性表决本法案的全体会议，以提供必需的解释。

2006 年 2 月 20 日于澳门

委员会

关翠杏（主席）
容永恩（秘书）
周锦辉
欧安利
吴国昌
陈泽武
吴在权
李沛霖
崔世平

第 14/2006 号行政命令
核准《澳门大学章程》

行政长官行使《澳门特别行政区基本法》第五十条（四）项规定的职权，并按照 2 月 4 日第 11/91/M 号法令第四条第二款及第 1/2006 号法律第六条的规定，发布本行政命令。

第一条　标的

核准附于本行政命令的《澳门大学章程》，该章程为本行政命令的组成部分。

第二条　监督

一、澳门大学受行政长官监督。
二、行政长官在行使其监督权时，有权作出下列行为：
（一）任免大学议庭成员；
（二）任免校董会主席、副主席、司库及其他成员；
（三）任免澳门大学校长；
（四）核准澳门大学人员报酬制度；
（五）核准每年的本身预算案、账目及报告；
（六）命令进行认为必要的审查；
（七）行使法律、规章或章程所规定的其他权力。

第三条　废止

废止 12 月 6 日第 470/99/M 号训令。

第四条　产生效力

本行政命令自 2006 年 9 月 1 日起产生效力。

2006 年 4 月 19 日

命令公布。

行政长官 何厚铧

附件　《澳门大学章程》

第一章　一般规定

第一条　名称及性质

一、澳门大学（以下简称“澳大”）为一所致力于教学、研究以及推广文化、科学及技术的公立高等教育机构。

二、澳大为一拥有本身的机关及财产的公法人，而作为一所公立高等教育机构，其享有学术、纪律、行政、财政及财产的自主权。

第二条　总址及分校

一、澳大的总址设在澳门特别行政区。

二、澳大可在澳门特别行政区以外设立为实现其宗旨所需的分校或其他形式的代表处。

第三条　原则

一、澳大坚守学术自由、平等、公正及公平的原则；自主及开放的精神以及获得信息、教育及文化的权利。

二、澳大致力促进不同民族、文化间的互相沟通及包容，并尊重学习、研究及其他表达文化的方式及鼓励多元化的路向。

第四条　使命及宗旨

一、澳大在人文、社会科学、科技及文化领域内以促进学术及教育为己任。

二、为达成此使命，澳大有如下宗旨：

（一）秉承澳大仁、义、礼、知、信的校训，提供高等教育；

（二）促进学术研究；

（三）传播知识；

（四）促进文化、艺术、科学、科技的进步以及澳门特别行政区经济及社会的发展；

（五）确保在道德、公民、文化及才能方面培养澳门特别行政区发展所需的自由、具责任感、有素质、自主、主动及团结的公民；

（六）推动文化、康乐及体育活动；

（七）为共同保护文化遗产及环境作出贡献；

（八）推动提高澳大声誉的工作及活动；

（九）促进与澳门特别行政区以内或以外的其他同类型机构在文化、体育、科学及技术上的交流；

（十）为国际文化交流作出贡献，以强化澳门特别行政区作为促进多元文化沟通的角色；

（十一）在教学活动的范围内，利用澳门特别行政区独特的历史背景，加强不同民族间的接触及合作。

三、澳大在开展教学活动的同时，应加强与澳门特别行政区以内或以外的公共或私人实体的合作，以拓展多元化的研究空间。

四、澳大可设立或参与澳门特别行政区以内或以外的牟利或非牟利的法人或其他组织，但该等法人或组织所举办的活动须与澳大的宗旨及利益相符。

五、澳大得以有偿或无偿的方式向社会提供专业服务。

第五条　学位、名衔、文凭及证书

一、澳大颁授与其开办的课程相符的高等专科、学士、硕士及博士学位以及其他名衔、文凭及证书。

二、澳大有权颁授荣誉博士学位及其他荣誉名衔。

第六条　学术自主权

澳大在行使其学术自主权时，享有：

（一）制定、规划及进行研究以及其他科学活动及文化活动的自主权；

（二）制定其课程、科目大纲及学习计划的自主权，并须保障教学理念、理论及教学方式的多元化，借以确保教学及学习的自由。

第七条　纪律自主权

根据《澳门大学人员通则》及其他适用法例的规定，澳大对其人员及学生有纪律自主权。

第八条　行政、财政及财产自主权

一、澳大享有行政、财政及财产自主权。

二、在行政自主权方面，澳大的领导机关一般有权作出行政行为，如行政行为损害了相对人在法律上应受保护的权益时，则该相对人可就该行政行为直接提起司法申诉。

三、在财政自主权方面，澳大可按其所订定的标准，转移由政府所批予的预算中不同项目及章节中的款项。

四、在财产自主权方面，澳大拥有由其资产、权利及义务所组成的本身财产，亦可管理为实现其宗旨而获给予的属澳门特别行政区财产的资产。

第九条　与澳门特别行政区政策的配合

澳大所开展的活动须配合澳门特别行政区所制定的教育、科学及文化政策，并在该等政策的制定及发展上给予协助。

第十条　标志、服式及礼仪

澳大采用自己的标志、服式及礼仪。

第二章　组织

第一节　一般规定

第十一条　机关

澳大的机关为：

（一）校监；

（二）大学议庭；

（三）校董会；

（四）校长；

（五）教务委员会；

（六）财务管理委员会。

第二节　校监

第十二条　校监

澳大的校监为澳门特别行政区行政长官。

第十三条　职权

校监的职权如下：

（一）核准澳大的标志，并公布于《澳门特别行政区公报》；

（二）核准及颁授荣誉学位及其他荣誉名衔；

（三）主持所出席的各项由澳大举办的活动及仪式。

第三节　大学议庭

第十四条　定义及组成

一、大学议庭为澳大咨询机关。

二、大学议庭的组成如下：

（一）校监，担任主席；

（二）由行政长官从社会贤达中委任的人士不少于 20 名，任期最长为 3 年，可连任；

（三）校董会主席、第一副主席、第二副主席及司库，任期与其作为校董会成员的任期相合；

（四）校长；

（五）各副校长；

（六）澳门大学校友会会员大会主席；

（七）澳门大学学生会会员大会主席。

三、上款（二）项所指的成员得以书面方式向行政长官请求终止其职务。

第十五条　职权

大学议庭的职权如下：

（一）听取澳大及校长年度报告；

（二）就澳大所提议程进行讨论；

（三）就澳大的总体方针及发展计划提供意见；

（四）就整体学术计划提供意见；

（五）推动为澳大发展筹募经费的活动；

（六）推动能提高澳大在社会上的声望的活动。

第十六条　运作

一、大学议庭应通过载有会议日期及时间的主席召集书召开全体会议，且每学年最少举行一次全体会议。

二、如大学议庭会议期间大学议庭主席不在、缺席或因故不能视事，则由校董会主席、第一副主席或第二副主席依次代表大学议庭主席主持会议。

三、会议程序由大学议庭订定。

四、大学议庭秘书由校董会秘书长担任。

第四节　校董会

第一分节　定义、组成、职权及运作

第十七条　定义及组成

一、校董会为澳大最高合议机关，负责制定澳大的发展方针及监察其执行，并促进澳大与社会的联系。

二、校董会的组成如下：

（一）主席；

（二）第一副主席及第二副主席；

（三）司库；

（四）校长；

（五）各副校长；

（六）学院院长 2 名，由各学院院长轮流担任，任期与其作为院长的定期委任任期相合，但以 3 年为限，出任的先后次序由各院长共同决定；

（七）教务委员会成员 2 名，由该机关全体会议选出，任期与其作为教务委员会成员的任期相合，但以 2 年为限，并可连任；

（八）社会文化司司长代表；

（九）高等教育辅助办公室主任；

（十）教育暨青年局局长；

（十一）财政局局长；

（十二）被公认为有成就的人士14～16名，由行政长官从澳门特别行政区以内或以外的科学、经济、社会事务、教育及文化领域的人士中委任，任期最长为3年，并可连任；

（十三）澳门大学校友会理事会理事长；

（十四）澳门大学学生会干事会会长。

三、主席、副主席及司库由行政长官从上款（十二）项所指的人士中委任，主席的报酬由行政长官订定。

四、校董会秘书由秘书长担任，秘书长由校董会主席委任。

五、校董会主席不在、缺席、因故不能视事或职位出缺时，由第一副主席或第二副主席依次代任。

六、如不能按上款的规定确保有关代任，则校董会可从第二款（十二）项所指的人士中选出校董会主席的代任人。

七、第二款（八）至（十一）项、（十三）及（十四）项的成员如缺席，其代表的实体或机关可委任另一代任人，并应将有关决定以书面方式通知校董会主席。

八、校董会下设的委员会为：

（一）常设委员会；

（二）荣誉学位及荣誉名衔委员会；

（三）监察委员会。

第十八条　职权

一、校董会的主要职权如下：

（一）通过澳大的总体方针及发展计划；

（二）通过澳大年度及多年度的工作计划及财政计划；

（三）审议澳大的本身预算案，并呈交行政长官核准；

（四）审议澳大的补充预算案，并呈交行政长官核准；

（五）通过澳大的修改预算案，并公布于《澳门特别行政区公报》；

（六）通过银行账户的开立；

（七）审议管理账目，并呈交行政长官核准；

（八）审议澳大的工作报告及财务报告，并呈交行政长官核准；

（九）听取校长及教务委员会意见后，制定《澳门大学章程》及《澳门大学人员通则》的修改议案，并呈交行政长官核准；

（十）制定澳大人员报酬制度的修改议案，并呈交行政长官核准；

（十一）通过澳大各项规章，并予以公布；

（十二）向校监呈交澳大标志的修改建议；

（十三）向校监推荐颁授荣誉学位及其他荣誉名衔名单；

（十四）建议校董会成员的人选；

（十五）招聘及建议校长候选人；

（十六）在校长建议下任免副校长；

（十七）在校长建议下任免学院院长；

（十八）按照澳大长远发展需要及财政可行性，通过新课程的设立，并将课程的学术与教学编排及学习计划以通告形式公布于《澳门特别行政区公报》；

（十九）按照澳大长远发展需要及财政可行性，通过新基本学术单位及新独立学术单位的设立；

（二十）检讨及厘定澳大各项费用及手续费；

（二十一）接受给予澳大的各项津贴、捐赠、遗产及遗赠；

（二十二）批准有关动产及不动产的租赁或其他权利的设定，以及闲置或不适合的财产的转让或销毁；

（二十三）对按明文规定向澳大提起的上诉作出决定。

二、校董会可将上款（三）至（六）项所指的职权授予常设委员会。

三、校董会可将上款（十三）至（十七）项、（二十）至（二十三）项所指的职权授予其属下委员会、校董会主席、司库、校长或财务管理委员会。

四、授权以书面方式作出，校董会可在授权书中发出具约束力的指引及指示。

五、校董会有权收回已授的职权，以及废止获授权者按一般规定而作出的行为。

第十九条　运作

一、校董会应通过载有会议日期及时间的主席召集书召开全体会议，且每学年最少举行两次全体会议。

二、出席校董会会议的最少法定人数须超过其成员总数的一半。

三、出席会议的校董会成员中如有人与会议须处理的某事项有利害关系，则该成员须于会议开始后立即说明在该事项上的利害关系；如主席认为有需要，可要求利害关系人在讨论该事项时回避。

四、根据本章程的规定，校董会可决定其会议程序。

五、身为澳门大学学生会干事会会长的校董会成员不得参与个别澳大工作人员的委任、晋升及个人事务的讨论，或参与考虑个别学生情况的讨论。

第二分节　常设委员会

第二十条　组成

一、常设委员会的组成如下：

（一）校董会主席，担任主席；

（二）校董会 2 名副主席及司库；

（三）校长；

（四）非澳大工作人员及非澳大学生代表的校董会成员 2 名，由校董会全体会议选出，任期与其作为校董会成员的任期相合，可连选。

二、常设委员会秘书由校董会秘书长担任，无投票权；秘书职务所需的支持由行政部门负责。

第二十一条　职权

一、常设委员会的主要职权如下：

（一）在校董会全体会议休会期间履行校董会所授予的职权；

（二）应校长要求协助澳大处理非常事务；

（三）应 3 名或以上校董会成员要求处理校董会有关事务；

（四）应校董会属下其他委员会要求协助处理有关事务；

（五）就澳大发展计划与政府及社会人士保持密切联络；

（六）建议校董会属下其他委员会非当然成员的人选，并提交校董会全体会议通过；

（七）检讨《澳门大学人员通则》、内部规章及人事政策。

二、常设委员会的运作由内部规章订定。

第三分节　荣誉学位及荣誉名衔委员会

第二十二条　组成

一、荣誉学位及荣誉名衔委员会的组成如下：

（一）校董会第一副主席，担任主席；

（二）校董会主席；

（三）校董会第二副主席；

（四）校长及辅助学术事务的副校长；

（五）本章程第十七条第二款（六）项所指的两名校董会成员；

（六）本章程第十七条第二款（七）项所指的两名校董会成员；

（七）本章程第十七条第二款（八）至（十）项所指的其中一名校董会成员，由校董会全体会议选出，任期与其作为校董会成员的任期相合，可连选。

二、荣誉学位及荣誉名衔委员会秘书由教务长担任，无投票权；秘书职务所需的支援由学务部负责。

第二十三条 职权

一、荣誉学位及荣誉名衔委员会的职权如下：

（一）订定颁授荣誉学位及荣誉名衔的规则；

（二）接受教务委员会或校董会对颁授荣誉学位及荣誉名衔人选的提名；

（三）向校董会呈交颁授荣誉学位及荣誉名衔人选的建议，并提请校监核准。

二、荣誉学位及荣誉名衔委员会的运作由内部规章订定。

第四分节 监察委员会

第二十四条 组成

一、监察委员会的组成如下：

（一）校董会主席，担任主席；

（二）校董会司库；

（三）财政局局长。

二、监察委员会秘书由校董会秘书长担任，无投票权；秘书职务所需的支持由行政部门负责。

第二十五条 职权

一、监察委员会的职权如下：

（一）跟进澳大的运作，并监察适用的法律及规章的遵守情况；

（二）审查会计账目及跟进预算的执行，并取得认为对跟进管理工作属必要的数据；

（三）审查及核对簿册、记录及文件，并在认为需要或适宜时，核查任何种类的有价物；

（四）就校董会向其提出的所有事宜发表意见；
（五）就最后账目以及年度工作报告及财务报告提供意见；
（六）编制其活动的年度报告，并将之送交校董会。
二、监察委员会的运作由内部规章订定。

第五分节　临时委员会

第二十六条　临时委员会

一、校董会可为处理特定事务而设立临时性质的委员会。
二、临时委员会的组成、职权及运作由校董会订定。

第六分节　校董会主席办公室

第二十七条　性质

一、校董会主席办公室是为校董会主席履行职责而提供技术辅助的机构。
二、上款所指办公室由校董会主席直接管辖。
三、行政部门向校董会主席办公室提供其运作所需的辅助。

第五节　校长

第二十八条　委任及代任

一、校长由校董会负责招聘及推荐，由行政长官委任。
二、校长的定期委任任期最长为5年，可续期。
三、校长不在、缺席、因故不能视事或职位出缺时，校董会可委任一名副校长作为代校长。
四、校董会可委任一名或多名副校长辅助校长执行职务。

第二十九条　职权

一、校长是领导澳大校务及教务的最高机关，须向校董会负责。
二、校长的职权如下：
（一）代表澳大；
（二）确保澳大的使命及宗旨得以履行；
（三）听取教务委员会及澳大其他机关意见后，制定澳大的总体方针及发展计划，并呈交校董会通过；

（四）制定澳大年度及多年度的工作计划，并呈交校董会通过；

（五）制定澳大工作报告，并呈交校董会审议；

（六）主持教务委员会会议，并确保其决议顺利执行；

（七）主持财务管理委员会会议，并确保其决议顺利执行；

（八）监督学术单位、学术辅助部门及行政部门的运作，并确保彼此间的协调；

（九）听取教务委员会及澳大其他机关意见后，向校董会呈交《澳门大学章程》及《澳门大学人员通则》的修改议案；

（十）制定澳大内部规章，并呈交校董会审议及通过；

（十一）制定并核准各项内部规条，尤其按《澳门大学人员通则》的规定为之；

（十二）就有关澳大标志的建议向校董会提供意见；

（十三）向校董会建议副校长及学院院长的委任；

（十四）任免独立学术单位主管、学术辅助部门主管及行政部门主管；

（十五）按《澳门大学人员通则》的规定，任免澳大的工作人员；

（十六）按《澳门大学人员通则》的规定，决定澳大工作人员的招聘、晋阶及晋升；

（十七）与同澳大宗旨相符的实体订立合作与交流协议；

（十八）行使法律所赋予或校董会所授予的其他职权，并就澳大应兴应革事宜向校董会提供意见；

（十九）决定所有与澳大正常运作有关的而未明确界定属于其他机关职权的各项事务。

三、校长可将其部分职权授予副校长。

四、校长亦可将其部分职权授予学术单位主管、学术辅助部门主管、行政部门主管或同等职位的人士，以便处理其领域内的专属事宜。

五、在不妨碍执行校长职权的情况下，校长可从事教学及研究工作。

第三十条　副校长

一、副校长辅助校长执行职务。

二、副校长的人数、职务范围及招聘程序由内部规章订定。

三、副校长由校长向校董会建议，并由校董会委任。

四、副校长的任期最长为 5 年，并可连任。

五、副校长职位可由一人或多人担任，具体工作由校长订定；如订定的工作有所改动，须报校董会备案，并作出公布。

六、副校长不在、缺席、因故不能视事或职位出缺时，校长可指定基本学术单位主管或行政部门主管作为代任人。

七、副校长可将其部分职权授予学术单位主管、学术辅助部门主管、行政部门主管或同等职位的人士，以便处理其领域内的专属事宜。

八、在不妨碍执行副校长职权的情况下，副校长可从事教学及研究工作。

第三十一条　校务协调委员会

一、校务协调委员会协助校长处理及协调校务。

二、校务协调委员会的责任是确保在校长领导下澳大行政的有效协调。

三、校务协调委员会的组成、职权及运作由内部规章订定。

第三十二条　校长事务处

校长事务处由专门的技术人员组成，该事务处除辅助校长执行职务外，亦应向校董会提供专业服务。

第三十三条　兼任及不得兼任

一、校长及副校长担任专职性的职务，不得为他人或以自由职业制度从事有报酬的公共或私人工作。

二、上款的规定不包括执行获行政长官批准的公共利益职务。

第六节　教务委员会

第三十四条　定义

教务委员会是澳大的最高学术事务机关，指导澳大的教学及研究工作，以确保学术的高水平及严谨性。

第三十五条　组成

一、教务委员会的组成如下：

（一）校长，担任主席；

（二）各副校长，并由辅助学术事务的副校长担任副主席；

（三）各学院院长；

（四）主要独立学术单位主管；

（五）教务长及其他主要学术辅助部门主管；

（六）各学院的教学人员代表；

（七）学生代表。

二、教务委员会秘书由教务长担任。

三、第一款（四）至（七）项所指的教务委员会成员的具体组成由内部规章订定。

第三十六条　职权

一、教务委员会的主要职权如下：

（一）就澳大的总体学术方针及澳大使命向校董会提出建议；

（二）制定澳大年度及多年度教学计划，并呈交校董会通过；

（三）核准基本学术单位及独立学术单位的合并、更改或撤销；

（四）核准学术单位内部的教学或研究单位的设立、合并、更改或撤销；

（五）核准澳大所开办的课程的组织安排、修改及撤销；

（六）向校董会建议新课程、新基本学术单位及新独立学术单位的设立；

（七）向校董会建议荣誉学位及其他荣誉名衔的颁授；

（八）制定并检讨入读澳大所开办的课程的特定条件，确保各学术单位有适当及相若的入学标准；

（九）核准各学术单位所建议的校外典试委员会的名单；

（十）核准评估本科水平的标准及有关的毕业标准，确保各学术单位的建议符合澳大一般的学术水平，并将有关建议送交校董会备案；

（十一）核准各学术单位所建议的硕士、博士及其他学术资格的典试委员会的成立准则及组成，以确保澳大颁授高等学位水平的一致性及严谨性；

（十二）订定在各学术领域内开办博士学位的必需条件；

（十三）促进教学、学习及研究工作的发展；

（十四）向校监建议有助校董会有效运作的措施；

（十五）就有关《澳门大学章程》及澳大各内部规章的修改议案提供意见；

（十六）按第十七条第二款（七）项的规定，选出作为校董会成员的代表；

（十七）按内部规章的规定对澳大学生行使纪律惩戒权；

（十八）按规章规定对学生停学事宜的上诉作出决定；

（十九）审议并核准各学术单位所建议的准毕业生名单及学位的颁授；

（二十）行使法律所赋予及校董会所授予的其他职权。

二、上款有关非学位校外课程的设立、修改、撤销、入学及毕业标准，可由具相关职权的单位按规定核准。

三、教务委员会可将其部分职权授予其属下的委员会。

四、教务委员会属下委员会的组成、职权及运作由内部规章订定。

第三十七条　运作

教务委员会的运作由内部规章订定。

第七节　财务管理委员会

第三十八条　定义及组成

一、财务管理委员会为澳大的财务执行机关。

二、财务管理委员会的组成如下：

（一）校长，担任主席；

（二）各副校长。

三、财务管理委员会秘书由财务部主管担任，无投票权。

第三十九条　职权

财务管理委员会的责任是确保澳大的财政及财产的管理，主要职权如下：

（一）设立及保持会计监管制度，使澳大的财政及财产状况能适时得到准确完整的反映；

（二）制定澳大年度及多年度的财政计划，并呈交校董会审议及通过；

（三）制定澳大的本身预算案及补充预算案，并呈交校董会审议；

（四）制定澳大的修改预算案，并呈交校董会通过；

（五）制定财务报告及管理账目，并呈交校董会审议；

（六）向财政局申请登录在澳门特别行政区财政预算的拨款金额；

（七）收取澳大本身的收入及在具公共库房出纳职能的代理银行存取该等款项；

（八）按适用的法律规定核准开支；

（九）核准以有偿或无偿的方式使用澳大的设施及设备；

（十）按职权依法签署财务、买卖及租赁协议；

（十一）按校董会授予的职权并根据法律规定，接受给予澳大的各项津贴、捐赠、遗产及遗赠；

（十二）按校董会授予的职权依法批准动产及不动产的租赁或其他权利的设定，以及闲置或不适合的财产的转让或销毁；

（十三）管理澳大的财产且监督其运用及保养，并确保动产及不动产的列表及其登记数据的编制及经常更新；

（十四）定期审查备用资金及存款，查核会计及出纳的账目纪录，审核财政支出。

第四十条　运作

一、财务管理委员会每周举行平常会议一次，决议必须在全部成员或其代任人出席的情况下，以其成员的大多数票通过，若票数相等时，主席可作最后决定；有需要时，可举行特别会议。

二、听取校董会意见后，财务管理委员会可将部分职权授予其中一名或多名成员、学术单位主管、学术辅助部门主管、行政部门主管或同等职位的人士。

三、学术单位主管、学术辅助部门主管、行政部门主管或澳大机关的其他成员或职位据位人均可被邀列席财务管理委员会会议，但无投票权。

第三章　学术单位、学术辅助部门及行政部门

第四十一条　学术单位

一、各学院为澳大的基本学术单位，由相关的学院院长领导。

二、各学院均设有学术委员会。

三、澳大除可设立基本学术单位外，亦可按发展需要设立独立学术单位。

四、学术单位的设立由教务委员会建议，并由校董会决定。

五、学术单位内部的教学及研究单位的设立、更改或撤销，由有关学术单位建议，交教务委员会核准。

六、学术单位在研究及教学上应遵守学术自由原则。

七、各基本学术单位及各独立学术单位分别由一名院长及一名独立学术单位主管领导。

八、学术单位及学术委员会的名称、组成、职权及运作由内部规章订定。

第四十二条　学术辅助部门

一、澳大可按需要设立学术辅助部门及其附属单位。

二、学术辅助部门及其附属单位的设立，主要是为管理澳大学习过程的编

配，满足校园内教、研、学方面的数据搜集、信息传递与教育科技的需要，以及协助学术交流、学术出版与学生活动的工作。

三、各学术辅助部门由一名部门主管领导。

四、学术辅助部门的各附属单位由一名附属单位主管领导。

五、第一款所指的学术辅助部门及其附属单位的名称、组成、职权及运作由内部规章订定。

第四十三条　行政部门

一、澳大可按需要设立分别等同于厅级及处级的行政部门及其附属单位。

二、行政部门及其附属单位负责为澳大的教学及研究活动提供行政辅助，尤其是人力资源、财务及财产、校园设施方面的管理，并为澳大的发展提供必需的支持。

三、各行政部门由一名部门主管领导。

四、行政部门的各附属单位由一名附属单位主管领导。

五、第一款所指的行政部门及其附属单位的名称、组成、职权及运作由内部规章订定。

第四章　人员

第四十四条　人员制度

一、澳大的所有工作人员受澳门特别行政区私法劳动制度及《澳门大学人员通则》约束。

二、《澳门大学人员通则》订定澳大与其工作人员的劳动关系的法律制度，该通则经行政长官批示核准后实施。

三、《澳门大学人员通则》及其修改，以及作为补充及对外产生效力的内部规章均应公布于《澳门特别行政区公报》。

四、所有澳大与其工作人员订立的劳动合同均须以书面方式作出，并由校长代表澳大签订，但校长及各副校长的合同则分别由行政长官及校董会主席签订。

第五章　财政及财产的管理

第四十五条　管理模式

澳大的财政及财产管理须严格遵循其管理原则，并采用下列模式：

（一）年度及多年度的工作计划及财政计划；
（二）年度预算；
（三）最后账目及年度财务报告。

第四十六条　预算

一、澳大的本身预算案通过行政长官批示公布于《澳门特别行政区公报》。
二、澳大拨款款项的转移必须取决于校董会是否通过。

第四十七条　整体款项

一、校董会主席每年将拟登录于澳大本身预算内用作支付其办公室负担的整体款项通知校长。
二、上款所指的整体款项，须经按经济分类的适当项目预先分配后方可使用。

第四十八条　收入

澳大的收入为：
（一）政府给予的拨款；
（二）自有财产或享有收益权财产的收入；
（三）学费收入；
（四）提供服务或出售出版物的收入；
（五）津贴、补贴、共同分享、捐赠、遗产及遗赠；
（六）出售不动产及其他财产的收入；
（七）储蓄利息；
（八）各年度滚存结余；
（九）费用、手续费及罚款；
（十）因进行活动而取得的，或按法律、合同或司法裁判而应取得的其他收入。

第四十九条　开支

澳大的开支为：
（一）与其运作有关的开支，尤其在人员、资产及劳务的取得、转移、其他经常开支及资本开支方面的负担；
（二）履行获赋予或将获赋予的职责引致的其他开支；

（三）法律规定的其他开支。

第五十条　开支的作出

一、在作出开支方面，财务管理委员会拥有由法律赋予自治机关及基金会的行政管理委员会的本身职权，以及由行政长官批示授予的职权。

二、为使用根据第四十七条规定而给予的整体款项来作出开支，财务管理委员会在其本身职权范围内将有关职权授予校董会主席。

三、为上款的效力，澳大以内部规章订定日常管理行为的类别。

第五十一条　财产

澳大的财产是由履行其职责时所收到或取得的所有资产、权利及义务所组成，澳大亦可管理为实现其宗旨而获给予的属澳门特别行政区财产的资产。

第五十二条　特别制度

在第 1/2006 号法律第七条第四款赋予的财政及财产自主权方面，本章程的规定对于自治机关及基金会的财政制度而言属特别制度。

第六章　最后规定

第五十三条　细则性规定

一、澳大按照本章程及其他适用法例的规定制定及通过其内部规章及内部规条。

二、补充本章程所需的内部规章由校长制定，并提交校董会通过。

三、执行内部规章所需的内部规条由校长核准，并提交校董会备案。

四、内部规章及内部规条自公布翌日起生效，但另有规定者除外。

第五十四条　规章的公布

一、上条所指的规章须由校董会全体会议议决通过，并应将对外产生效力的规章以通告形式公布于《澳门特别行政区公报》。

二、校董会应自本章程生效之日起计 90 日内公布下列规章：

（一）关于澳大组织架构的规章；

（二）关于学生纪律事宜的规章；

（三）根据高等教育制度所制定的关于澳大所开设课程的运作、学生报名及注册以及学生学业纪录的规章；

（四）根据高等教育制度所制定的关于学生转校、学分转移以及学科修读豁免的规章；

（五）关于毕业典礼的规章；

（六）关于澳大学位颁授的规章。

第五十五条　澳大名称及标志的使用

一、澳大具有使用其名称及标志的专有权。

二、如无澳大书面许可，任何组织、团体、商业场所或个人：

（一）不得声称或装作是澳大或其分校，或与澳大有任何关联，以误导他人相信其身份；

（二）不得使用“澳门大学”或类似“澳门大学”的称号或标志，以使他人相信其身份，使他人误认其为澳大的分校或与澳大有关联。

三、如违反上款规定，违法者须负纪律或行政责任，但不影响可能须负的民事或刑事责任。

第五十六条　出庭的代表

代表澳大出庭者，须为校长或其指派的代表。

第 112/2006 号行政长官批示
核准《澳门大学人员通则》

行政长官行使《澳门特别行政区基本法》第五十条赋予的职权，并根据第 1/2006 号法律第十一条第二款的规定，作出本批示。

一、核准《澳门大学人员通则》，该通则为本批示的组成部分。

二、废止 1999 年 8 月 23 日第 30/SAAEJ/99 号批示，但不影响以下数款的规定。

三、对于根据 1999 年 8 月 23 日第 30/SAAEJ/99 号批示核准的《澳门大学人事章程》所聘用的工作人员，在本批示生效之日，继续适用原章程所规定的制度，直至有关合同终止之日止，但不影响随后合同的续期适用原制度的情况。

四、上款所指工作人员受附于本批示的通则及《澳门大学章程》规定的组织、运作及纪律规则所约束。

五、上款的规定不适用于本批示生效之日正进行的纪律程序。

六、第三款所指工作人员可通过致校董会的申请书，声明选择适用附于本批示的通则所规定的制度。

七、选择适用附于本批示的通则所定制度的工作人员，转入职务内容相同的职级及薪俸点相同的职阶；如无对应者，则转入相应职级结构内较高且最相近薪俸点的职阶。

八、在与转入的职级相应的原职级内所提供的服务时间，为晋阶及晋升的效力，计入所转入的职级的服务时间内。

九、本批示自 2006 年 9 月 1 日起产生效力。

2006 年 4 月 26 日

行政长官 何厚铧

附件 《澳门大学人员通则》

第一章 一般规定

第一条 标的

《澳门大学人员通则》制定澳门大学（以下简称“澳大”）的劳动关系法律制度。

第二条 适用范围

本通则适用于澳大所有工作人员，但不影响特别制度所指的情况，以及与澳大签订的有关学术合作或研究合作方面的议定书及协约的规定。

第三条 适用的法律制度

澳门特别行政区现行的劳动关系法律制度适用于澳大所有工作人员，但须遵守《澳门大学章程》、本通则、其他内部规章及内部规条的特别规定。

第四条 细则性规定

一、澳大按照《澳门大学章程》、本通则及其他适用法例的规定制定及通过其内部规章及内部规条。

二、补充本通则所需的内部规章由校长制定后，提交校董会通过。

三、执行内部规章及本通则所需的内部规条由校长核准后，提交校董会备案。

四、内部规章及内部规条自公布翌日起生效，但另有规定者除外。

五、内部规章由校董会通过，而对外产生效力的内部规章均应以通告形式公布于《澳门特别行政区公报》。

六、内部规章及内部规条必须予以公布，尤应在工作地点张贴之。

第二章　共同规定

第一节　录取

第五条　招聘及甄选

一、招聘人员是指进行一连串工作，旨在满足澳大履行其使命时在合资格人员方面的需要。

二、人员甄选是指进行一连串工作，包括在招聘程序中运用适当的方法及技巧，根据担任特定职务时须具备的才能及能力对候选人进行评估及评分。

三、招聘及甄选人员须遵守下列原则：

（一）所有候选人均享有平等条件及机会；

（二）采用客观的甄选方法及准则。

第六条　招聘的细则性规定

招聘程序、甄选方法及评审委员会的组成规则由内部规章订定。

第七条　合同制度

一、澳大与其工作人员之间的劳动关系由个人劳动合同建立。

二、合同订定符合法律、《澳门大学章程》、《澳门大学人员通则》、其他内部规章及内部规条的工作条件。

三、劳动合同按全职制度或在例外情况下按兼职制度签订。

四、兼职制度由合同订定。

五、按兼职制度聘任的人员仅享有合同所载的权利及受合同规定的义务约束。

第八条　职务的开始

工作人员仅可在签订有关劳动合同后开始工作，但不影响可延迟开始工作的情况。

第九条　服务时间

一、服务时间须按支付工作人员报酬的年数、月数及日数计算。

二、服务时间自试用期开始时起计。

第十条　个人档案

一、须为澳大每名工作人员设立一个人档案，其内的资料应不断更新，并应载有与工作人员的职务状况、义务及权利有关的一切事实及文件。

二、个人档案仅可供下列人员查阅：

（一）工作人员或其法定代理人，但必须由该等人士提出申请并在负责档案工作的一名工作人员陪同下进行；

（二）工作人员的上级；

（三）人事范畴负责人，以工作为由查阅；

（四）开考的典试委员会；

（五）在司法诉讼程序或非司法程序进行时由澳大所委派的人士。

三、应工作人员要求，可发出关于其个人档案资料的证明。

第二节　权利及义务

第十一条　工作人员的权利

一、澳大工作人员的一般权利为：

（一）担任受聘的职务，收取相应的报酬及根据法律、本通则的规定有权收取的其他津贴及补助；

（二）如上级对其作出不公正、不合法或侵犯其权利的任何行为，可投诉上级；

（三）其陈述未被听取前，不受纪律处分，并享有法律及本通则允许的辩护保障；

（四）不遵守引致犯罪的命令，以及不遵守（二）项所指的行为；

（五）因其职务的特别性质需要，免费获配备与其职务相适应的服装及设备。

二、工作人员的权利尚包括根据本通则的规定晋阶、晋升、享受年假及缺勤。

第十二条　工作人员的义务

一、澳大工作人员的义务为：

（一）尊重并礼貌对待其上级、下属、同事及与澳大有联系或正建立联系的其他人士；

（二）勤谨守时上班，尽心竭力工作；

（三）在工作的执行及纪律方面，遵守及履行澳大或上级的命令及指示，但因其权利及保障受侵犯而不予服从的情况除外；

（四）忠诚无私地执行其职务，不得借其职务收取合同以外或非法的、金钱或其他方面的直接或间接利益，公正独立地处理涉及其职业活动的任何性质的利益；

（五）确保对澳大提供的与其工作有关的财产及设备予以保管及妥善使用；

（六）促进或执行所有改善其工作的行为；

（七）在工作卫生及安全方面，通过适当途径与澳大合作；

（八）遵守因劳动关系而生的其他义务及劳动关系规范所定的其他义务。

二、第一款（四）项所指的忠诚义务要求工作人员在有利益冲突时应通知其上级。

第三节　工作的提供

第十三条　专职性

按全职制度聘任的工作人员不得在澳大以外从事收取报酬的工作，但经校长许可的下列情况除外：

（一）当然兼任的职务；

（二）短期培训活动；

（三）与工作时间兼容的教学活动；

（四）公共利益活动；

（五）在例外情况下进行与其履行的职务没有抵触或特别法没有禁止的私人活动。

第十四条　工作时间

一、校长负责订定日间或夜间的工作时间，并可订定特别上班时间及轮值时间。

二、在具适当理由的例外情况下，可按校长的决定在每周休息日、补充休息日及公众假期提供工作。

三、根据上款规定提供工作的工作人员有权获得金钱补偿，该补偿附加在每月基本报酬内，金额由校董会订定。

第十五条　每周工作时数

工人及杂务人员的每周工作时数为 42 小时，其余工作人员的每周工作时数为 36 小时。

第十六条　超时工作

超时工作是指在正常工作时间以外所提供的工作。

第十七条　超时工作的补偿

一、超时工作的补偿，须按工作人员的选择，以附加报酬或扣除正常工作时间作出，但以不会对部门工作造成不便者为限。

二、超时工作的补偿制度由内部规章订定。

第四节　工作表现评核及职业进程

第十八条　工作表现评核制度

一、澳大工作人员的工作表现评核的目的为：

（一）按工作人员所作的贡献及所取得的成果，在实现目标、运用职权及个人工作态度方面评价及认定其工作的优劣程度；

（二）促进双方之间的沟通，使工作人员的工作表现符合澳大的需要；

（三）确定工作人员所需的培训，使其工作表现得以提升及改善。

二、澳大不同专业组别的评核制度应遵从以下原则：

（一）定期进行工作表现评核；

（二）利害关系人可得悉有关的评核结果；

（三）诉愿及上诉的保障。

第十九条　职业进程

一、职业进程是根据本通则的规定，以晋阶及晋升的方式为之。

二、晋阶是指在同一职级内职阶的调升。

三、晋升是指在有关职程内晋至较高职级，但须符合本通则在各职级内所规定的录取学历要求。

四、工作人员晋升后职阶的薪俸点不得低于其原薪俸点。

第五节　年假、缺勤及无薪假

第二十条　年假权

一、连续提供服务一年以上的工作人员，在每一历年内有权享受 22 个工作日的年假，但按本通则及内部规章规定而被扣除的年假除外。

二、年假权在每年 1 月 1 日到期，且因在上一历年提供服务而取得。

三、在第一年提供服务的工作人员连续工作满 3 个月后，有权享受按所提供的服务时间的比例计算的年假，计算方式为每服务一个月获 2 日年假，但以 22 个工作日的年假为限。

四、为上款规定的效力，15 日以上的工作期视作整月计算。

五、年假权不得放弃及移转，且其实际享受不得以其他补偿代替，但劳动关系终止的情况除外。

第二十一条　缺勤的概念

一、缺勤是指工作人员在每日必须工作的时间内全部或部分时间不在工作地点，或不出现于因工作而应前往的地点。

二、缺勤以整日计算，且可分为合理缺勤及不合理缺勤。

第二十二条　合理缺勤

一、基于下列原因的缺勤视为合理缺勤：

（一）结婚，最多 10 个工作日；

（二）成为母亲，最多 90 日；

（三）子女出世，父亲有权缺勤 5 个工作日；

（四）如母亲分娩后在因成为母亲的缺勤期间内死亡，父亲有权获免除工作以照顾子女，免除工作的期间与母亲有权享受者相同，且不得少于 20 日；

（五）亲属死亡，最多 7 个工作日；

（六）因不可归责于工作人员的事实，尤其是疾病、意外、履行法定义务、履行司法裁判及不可抗力的原因而不能工作；

（七）预先许可的学术及职业培训。

二、基于上款没有规定的原因而缺勤的情况，均视为不合理缺勤。

三、如因病缺勤逾一年，且被健康检查委员会以肯定或推定的方式声明有关缺勤为永久性，则解除合同，且工作人员不能获得任何报酬，但不影响关于社会保障的规定。

四、合理缺勤制度由内部规条订定。

第二十三条 缺勤的效力

一、合理缺勤不导致丧失或损害工作人员的任何权利及保障。

二、不合理缺勤除导致本通则规定的纪律后果及作为工作表现评核的考虑因素外，尚导致丧失相应于缺勤期间的报酬，且缺勤日数不作服务时间计算，并须在该历年的年假中扣除；如已享受该等年假，则在紧接历年的年假中扣除。

第二十四条 无薪假

可给予工作人员无薪假，而给予无薪假的要件、上限及效果由内部规条订定。

第六节 报酬、津贴及补偿

第二十五条 报酬的概念及上限

一、报酬是指工作人员因提供工作而获取作为回报的任何收入。

二、澳大人员的报酬须受对公共行政工作人员所定出的年报酬上限所约束，但校长、副校长及讲座教授的报酬除外。

三、仅以年资奖金、轮值津贴、家庭津贴、房屋津贴、膳食津贴、错算补助、招待费、出席费及公干费用名义收取的款项，以及担任立法会议员或行政会委员职务而收取的款项，不包括在上款所定限额内。

第二十六条 每月基本报酬

每月基本报酬相当于给予工作人员的薪俸点的报酬。

第二十七条 每日报酬

为作出任何支付或计算服务时间的效力，每月视为 30 日，每日报酬等于每月基本报酬的 1/30。

第二十八条 每小时报酬

每小时报酬的金额按下列公式计算：

$$\frac{Rbm\times 12}{52\times n}$$

其中：Rbm 表示每月基本报酬的金额；

n 表示每周正常工作时数。

第二十九条　薪俸表

一、在本通则规定的情况下，每一职级或职位有各自相应的薪俸点。

二、每一薪俸点的金额按下列公式计算：

$$VI=\frac{V\times I}{100}$$

其中：VI 表示薪俸点的金额；

V 表示薪俸点为 100 点的金额；

I 表示薪俸点。

三、每月基本报酬须按照公职薪俸表内 100 点的金额所作更改的比例调整。

第三十条　报酬的支付

报酬应于有关月份内全数支付，并发给工作人员薪俸单，其内载明工作人员的全名、职级及相应的薪俸点、报酬的月份、各种报酬的支付及所有扣减，以及指出净收入的金额；在有需要时，附加有关扣除的说明。

第三十一条　假期津贴

一、工作人员有权收取假期津贴，金额为每月基本报酬的金额乘以工作人员在该历年有权享受的年假日数再除以 22。

二、假期津贴于 6 月份连同该月份的报酬一并支付，其金额按 6 月 1 日适用的报酬额计算。

三、入职翌年的假期津贴应按入职日直至该年 12 月 31 日的服务时间的比例发放，其比值是以直至 12 月 31 日的完整工作月数除以 12 计算。

四、为适用本条的规定，15 日以上的工作期视作整月计算。

五、假期津贴不可转让及查封。

第三十二条　圣诞津贴

一、澳大工作人员有权收取圣诞津贴，金额等同每年 11 月份的基本报酬，并应连同该月份的报酬一并支付。

二、入职当年的圣诞津贴应按入职日直至 12 月 31 日的服务时间的比例发放，其比例值是以直至 12 月 31 日的完整工作月数除以 12 计算。

三、为适用本条的规定，15 日以上的工作期视作整月计算。

四、圣诞津贴不可转让及查封。

第三十三条　年资奖金

工作人员有权收取年资奖金。

第三十四条　错算补助

负责处理澳大款项往来的工作人员有权收取每月错算补助。

第三十五条　公干费用

一、须往外地公干的工作人员有权获退还在外地工作期间的开支。

二、应工作人员的申请，可预支上款所指的开支。

第三十六条　兼任津贴

工作人员依法兼任领导或主管职位时，有权收取兼任津贴；在任何情况下，有关金额不得超过其每月基本报酬的 25%。

第三十七条　津贴及补偿的细则性规定

本节规定的津贴及补偿的发放条件及金额由内部规章订定，有关发放及审批程序则由内部规条订定。

第七节　福利

第三十八条　医疗、医药及留院医治

一、除规范公共行政工作人员的规定或特别法的规定外，澳大工作人员及其家团的医疗、医药及留院医治可通过合适的卫生护理制度，以保险合同或分担卫生护理费用的方式确保。

二、在保险合同的方式中，工作人员按所订定的百分比缴付保费，而其余保费由澳大负责缴付。

三、在分担卫生护理费用的方式中，澳大按所规定的百分比或金额上限承担工作人员及其家团已支付的卫生护理费用。

四、以上数款所指的家团成员、百分比及金额上限，由第四十八条第一款所指的内部规章订定。

五、工作人员加入卫生护理制度的任一方式属任意性。

第三十九条　房屋津贴

澳大工作人员有权收取房屋津贴。

第四十条　家具购置津贴及交通费津贴

一、从澳门特别行政区以外地方聘任的工作人员可获发家具购置津贴。

二、从澳门特别行政区以外地方聘任的工作人员有权收取交通费津贴及行李运输费津贴。

三、交通费津贴亦延伸适用于其配偶及有权收取家庭津贴的子女。

第四十一条　家庭津贴、结婚津贴及出生津贴

一、澳大向其工作人员发放家庭津贴及结婚津贴。

二、澳大工作人员有权因子女的出生而收取出生津贴。

第四十二条　抚恤津贴

一、工作人员的家属有权因工作人员死亡而收取抚恤津贴。

二、抚恤津贴不可转让及查封。

第四十三条　实物补助及未订明的津贴

一、澳大可给予实物补助，尤其是住宿及电话补助。

二、澳大可发放未订明的津贴，尤其是流动电话费及汽油费的津贴。

第四十四条　培训补助

工作人员、其配偶及不超过25岁的子女修读澳大开办的课程时，可获减收学费资格。

第四十五条　培训的鼓励制度

一、修读培训课程的工作人员可享有工作时间的减免、因考试而缺勤以及获学费津贴或减收学费。

二、如在澳门特别行政区以外地方修读上款所指的课程，工作人员有权收取交通、住宿及膳食的津贴。

三、为适用第一款及第二款的规定，与工作人员所担任的职务直接相关的及获确认对澳大有利的研讨会、会议、工作坊或课程，均视为培训课程。

四、澳大因应工作需要可为工作人员开办专门培训课程或批准其在澳门特别行政区以外地方修读具相同性质的培训课程；获选派在澳门特别行政区以外地方修读培训课程的工作人员，有权收取交通、住宿及膳食的津贴。

五、在工作人员所属单位主管的建议下，并根据第四十八条第二款所指的内部规条核准后，方可按本条的规定修读课程。

第八节　社会保障

第四十六条　社会保障制度

一、澳大工作人员为澳门特别行政区社会保障基金中社会保障制度的受益人。

二、澳大工作人员的将来福利可由一个依法设立的公积金确保。

三、工作人员参加上款所指的公积金属任意性。

第四十七条　扣除

工作人员及澳大为社会福利的效力而作出的供款必须予以公布。

第四十八条　福利及社会保障的细则性规定

一、本节及上节所指的福利及社会保障制度，尤其是发放条件、金额、价值、豁免及供款，由内部规章补充订定。

二、上款所指福利的发放及审批程序由内部规条订定。

第九节　纪律制度

第四十九条　纪律责任

一、澳大工作人员须为其担任职务时所作的违法行为或与职务有关的违法行为承担纪律责任。

二、纪律程序不受因同一事实而可能提起的刑事程序或民事诉讼的影响。

三、如该等事实被视为刑事违法行为，则须通知提起有关刑事程序的主管实体。

第五十条　违纪行为

违纪行为是指工作人员作出违反其须遵守的义务的过错事实。

第五十一条　纪律惩戒权

一、上级的纪律惩戒权的行使须以其下级人员为对象。

二、在纪律程序中，须按照纪律法的原则，尤其是无罪推定原则及辩论原则查明事实后，方可进行纪律处分。

三、书面申诫处分不取决于纪律程序，但须听取嫌疑人的陈述及辩护。

第五十二条　纪律责任的解除

纪律责任因当事人已接受处分、死亡或纪律程序的时效完成而解除。

第五十三条　纪律处分

一、适用于澳大工作人员的纪律处分包括：

（一）书面申诫：单纯就违纪行为作出的劝诫，适用于没有对澳大造成损失、扰乱其运作或令澳大名誉受损的轻微违纪行为；

（二）丧失报酬的停职：工作人员在纪律程序决定所定的处分期间内停止工作，但每一违纪行为的停职日数不得超过 24 日，且每一历年的停职总日数不得超过 60 日；

（三）合理解雇：工作人员被确定停止在澳大工作，并为所有效力终止合同联系。

二、作出纪律处分时，应考虑违纪行为的严重性、职务性质、工作人员的职级、过错程度、其责任及所有违纪情节。

三、所作出的纪律处分须记录于有关工作人员的个人档案内。

第五十四条　申诉

针对纪律程序的最终决定的申诉，根据适用的法例是向审理劳动争议的管辖法院提出。

第五十五条　纪律程序的细则性规定

本节所指的制度由内部规章补充订定。

第十节　劳动关系的终止

第五十六条　劳动关系的终止

一、澳大与工作人员之间的劳动关系可在下列情况下终止：

（一）个人劳动合同期间已届满，但澳大在合同届满前3个月明确表示续约的意愿者除外；

（二）在合理理由下，任何一方可随时主动提出终止合同；

（三）在双方同意下，可随时以双方签订的书面文件终止合同；

（四）完成个人劳动合同的目标；

（五）任何一方以预先通知的方式单方终止合同；

（六）年龄的限制。

二、属上款（五）项所指情况，如合同没有订定其他期限及赔偿的规定，则必须遵守预先通知期及按澳门特别行政区现行劳动关系法律制度的规定作出赔偿。

三、任职年龄上限为65岁。

四、如聘任为必需且具充分理由，校董会可例外批准以为期一年的合同方式聘任超过上款所指年龄限制的人士。

五、工作人员获给予的工作表现评核为“劣”时，导致自动终止劳动关系。

第五十七条　合理终止

一、在合理理由下，任何一方可终止劳动关系，且无须作出赔偿。

二、仅在进行纪律程序后，澳大方得以合理理由主动提出终止劳动关系。

三、构成解雇的合理理由的主要行为如下：

（一）直接对澳大造成严重损害或带来严重风险的不合理缺勤，或不论有否任何损害或风险，每历年不合理缺勤日数连续7日或间断累积至14日；

（二）因违反职业上的保密而对澳大或第三人造成物质损失或精神损害；

（三）拒绝执行属澳大与工作人员合同关系范围内的工作；

（四）在办公地点或在担任职务时伤害、公开侮辱或严重不尊重上级、同事、下属或第三人；

（五）作出或煽动作出扰乱部门运作、违纪或违反公共道德的行为；

（六）以虚假或伪造方式举报或投诉某工作人员或第三人而使其受不公平的处分或受到损害；

（七）证实不具专业能力；

（八）直接或间接非法收受或要求礼品、酬金、佣金、分享利润或其他财产利益——即使无意加快或拖延任何工作或事务，又或无意影响澳大参与任何合同；

（九）多次明显违反本身职务上所应遵守的技术规则及指引；

（十）故意挪用任何财产或有价物、故意使澳大设施或设备不能使用、故意损坏澳大设施或设备，或故意转让由澳大看守的其他有价物；

（十一）工作人员递交或援引明知或应知属不真实的资料作为获得任何权利或福利的理由；

（十二）意图为自己或第三人获得任何不法利益而不及时采取适当程序引致失职，或以法律行为或单纯实质行为使其有责任管理、监督、保护或实现的全部或部分财产利益受损；

（十三）以任何方式表现出有损其所担任职务的尊严或不具其所担任职务所需的道德品行；

（十四）工作人员违反本通则或劳动合同所定义务的过错行为。

四、构成工作人员主动提出终止劳动关系的合理理由的事实主要如下：

（一）履行法定义务而无法继续工作；

（二）澳大因过错而未依时以适当方式支付报酬；

（三）澳大因过错而违反对工作人员的法定及协议保障。

第三章　领导及主管人员

第五十八条　领导及主管职位

一、为适用本通则的规定，校长及副校长职位视为领导职位。

二、主管职位包括：

（一）院长；

（二）副院长；

（三）系主任；

（四）独立学术单位主管；

（五）独立学术单位副主管；

（六）学术辅助部门主管；

（七）行政部门主管；

（八）学术辅助部门附属单位主管；

（九）行政部门附属单位主管。

三、领导及主管人员无固定工作时间，因而在正常工作时间以外工作不获任何报酬。

第五十九条　招聘

领导及主管职位须从具学士学位、公认能力、担任相应职务所需的才能及工作经验的人士，或从不具学士学位，但具有特别资历且证明有担任该职位所需的工作经验的人士中招聘。

第六十条　任免

一、校长及副校长的任免按《澳门大学章程》的规定为之。

二、院长由校董会任免。

三、其他主管职位由校长任免。

第六十一条　主管职务的执行

一、本通则所指主管职位按合同制度或以定期委任的方式担任。

二、主管人员的合同得以不超过5年的期间订定，并得以相同或较短的期间续期。

三、定期委任的期间由委任批示订定，并可续期。

四、在下列情况下，定期委任自动终止：

（一）任期届满，而澳大主管机关在任期届满前30日没有主动明确表示续期的意愿；

（二）劳动关系终止。

五、在下列情况下，主管人员的定期委任可随时终止：

（一）基于协定；

（二）基于具适当理由说明的工作需要；

（三）应利害关系人的申请，但须最少60日前作出该申请；

（四）施以停职处分的纪律程序之后。

第六十二条　主管人员的特别义务

除第二章所指的一般义务及法定的其他义务外，担任主管职务的工作人员的特别义务包括：

（一）处理其职权范围内的事宜，有效管理及运用资源；

（二）按澳大使命及澳大机关所定的政策，计划及安排有关活动，以达至有关单位的目标；

（三）协助校长领导、发展及管理澳大。

第六十三条　主管人员的工作表现评核

一、主管人员，即使按代任制度担任有关职位，亦须接受工作表现评核，但担任第五十八条第二款（一）至（五）项所指职位者除外。

二、主管人员的工作表现评核制度由内部规章补充订定。

第六十四条　报酬、酬金及补偿

一、校长及副校长的报酬由行政长官应校董会的建议，按其资历以行政长官批示订定。

二、担任第五十八条第二款（六）至（九）项规定的主管职位的据位人的报酬，按下表标准订定。

职位	薪俸点
学术辅助部门主管	850
行政部门主管	850
学术辅助部门附属单位主管	770
行政部门附属单位主管	770

三、在例外情况下，对于因职务的专业性或相关的技术要求，而难以从本地人力资源市场上按有关职位订定的薪俸点招聘的人员，校长可给予较其相应职位薪俸点为高的薪俸点，但须受对公共行政工作人员所定出的最高薪俸点约束，并须经监督实体核准。

四、在例外情况下，学术辅助部门主管职位的据位人的报酬，可参照本通则所指教学人员职级的薪俸点订定。

第六十五条　主管津贴

学院院长及副院长、独立学术单位主管及副主管、系主任及学术辅助部门主管可因担任相关职务而获发津贴，金额由校董会订定。

第六十六条　代任

一、主管职位出缺，又或有关据位人不在或因故不能视事时，主管职位得以代任方式被担任。

二、如证实需要确保职位的据位人获赋予的职务时，由校长决定有关代任。

三、代任领导及主管职位超过 5 日者，有权收取代任津贴，金额由校董会订定。

四、学院副院长及独立学术单位副主管职位的据位人分别代任其学院院长及独立学术单位主管时，无权收取上款所指的津贴。

第四章　教学人员

第六十七条　教学人员职级

一、本通则所规定的教学人员的职级包括：

（一）讲座教授；

（二）特聘教授；

（三）教授；

（四）副教授；

（五）助理教授；

（六）讲师；

（七）高级导师；

（八）导师。

二、特聘教授的总人数不得超过澳大教授、副教授及助理教授的总人数的特定百分比，而该百分比由校董会订定并须经监督实体核准。

第六十八条　教学人员的聘任资历要求

一、讲座教授及特聘教授分别从相关领域具国际权威的杰出学者及具国际声誉的杰出学者中聘任，两者均能对澳大提升相关领域的发展作出贡献。

二、教授的聘任资历要求如下：

（一）曾任或现职大学相关学科的教授或同级教授，又或具有公认的能力及学术声誉的学者；

或

（二）曾任或现职大学相关学科的副教授，且一般有不少于 5 年全职出任副教授的经验，并在相关学科具最高学历或有卓越的学术成就。

三、副教授的聘任资历要求如下：

（一）曾任或现职大学相关学科的副教授或同级教授，又或具有公认的能力及学术声誉的学者；

或

（二）曾任或现职大学相关学科的助理教授，且一般有不少于5年全职出任助理教授的经验，并在相关学科具最高学历或有卓越的学术成就。

四、助理教授的聘任资历要求如下：

（一）曾任或现职大学相关学科的助理教授或同级教授；

或

（二）具相关学科的最高学历的教师；

或

（三）具由相关学院的学术委员会在特殊情况下认同的学历。

五、讲师的聘任资历要求如下：

（一）具硕士学位；

或

（二）具由相关学院的学术委员会在特殊情况下认同的学历。

六、高级导师的聘任资历要求为具硕士学位或由相关学院的学术委员会在特殊情况下认同的学历。

七、导师的聘任资历要求为具学士学位或由相关学院的学术委员会在特殊情况下认同的学历。

第六十九条　特邀教授

一、亦可聘请具有公认学术能力的人士任教——即使该等人士已退休或年龄超过65岁。

二、特邀教授的特定职务及报酬经校董会通过后由有关合同订定。

第七十条　任免

教学人员由校长任免。

第七十一条　合同期间

一、教学人员首份合同的期间最长为3年，并可续期。

二、合同的续期期间不得超过5年。

三、在特殊情况及具充分理由下，经监督实体核准，可就上述两款所指的合同订立一个较长的期间。

第七十二条　教学人员的职务

一、教学人员一般负责下列职务：

（一）按获分配的教学工作提供服务，包括授课、考试、研讨会及辅导学生；

（二）以个人或集体方式开展学术研究工作；

（三）参与澳大的管理工作及向社会提供服务。

二、第六十七条所指职级的义务及特定职务由内部规章订定。

第七十三条　每周工作时间

一、教学人员的每周工作时间包括授课时间及非授课时间。

二、授课时间及非授课时间由内部规章订定。

第七十四条　工作表现评核

一、教学人员须接受工作表现评核。

二、教学人员的工作表现评核须根据教学人员提交的年度报告作出，而该报告内须载明教学人员在澳大提供教学、研究及服务的成果。

三、除上款所指报告外，评核尚根据学生在预先核准的文件内填写的对教学人员工作表现的评价，以及根据预先订定且经适当公布的其他重要数据而作出。

四、教学人员的工作表现评核制度由内部规章补充订定。

第七十五条　晋阶

一、同时符合下列条件的教学人员方获晋阶：

（一）在同一职阶内工作满两年；

（二）校长或其指定的副校长批准由教学人员所属的学术单位主管所提交的晋阶建议。

二、上款（二）项所指晋阶建议须根据教学人员的年资以及其在教学、研究及社会服务方面的工作表现而作出。

第七十六条　晋升

一、教学人员晋升至较高职级须接受晋升评核。

二、教学人员晋升的评核制度，尤其是评审委员会的组成、评核方法及细则由内部规章补充订定。

三、就晋升的评核结果，可按上款所指规章所定的制度向校董会或校长提起诉愿。

第七十七条　年假期

一、在不对澳大造成影响的情况下，执行职务的教学人员应在休课期间享受年假。

二、基于合理理由，且在不影响学生学习的情况下，可获准在非上款所指的期间享受年假。

三、选定年假时，应考虑教学人员的利益及澳大的工作需要，在任何情况下，均以确保澳大的运作为前提。

四、如无协议，年假由校长根据第一款的规定选定。

第七十八条　学术缺勤

一、除第二十四条的规定外，可给予教学人员下列学术缺勤：

（一）为进行研究或具学术性质的计划的学术缺勤；

（二）为取得高于其拥有的学历的无薪假。

二、学术缺勤制度由内部规条补充订定。

第七十九条　教学人员的报酬

一、讲座教授及特聘教授的报酬须由校董会按国际院校人力资源市场及澳门的实际情况而订定。

二、特聘教授的年报酬须受对公共行政工作人员所定出的年报酬上限所约束。

三、其他教学人员职级的报酬载于下表。

职级	薪俸点								
	职阶								
	1.°	2.°	3.°	4.°	5.°	6.°	7.°	8.°	9.°
教授	950	975	1 000	1 025	1 050	1 075	1 100		
副教授	800	825	850	875	900	925	950	975	1 000
助理教授	650	675	700	725	750	775	800	825	850
讲师	465	490	515	540	565	590	615	640	665
高级导师	465	490	515	540	565	590	615	640	665
导师	425	450	475	500	525	550			

第八十条　奖励制度

一、澳大可给予教学人员教学及研究奖励，以激励教学人员的学术精神。

二、奖励制度由内部规章补充订定。

第八十一条　学术活动的协调工作

一、在有需要时，学术单位可指定教学人员负责学术活动的协调工作，尤其是协调由澳大开办的课程及研究工作。

二、以减少教学时数或支付职务津贴作为担任上款所指协调职务的补偿。

三、上款所指补偿的规则由内部规条制定，而协调职务的津贴金额由校董会订定。

第五章　研究人员

第八十二条　研究人员制度

一、研究人员制度由内部规章订定。

二、上款所指规章尤应载明关于招聘规则、甄选规则、合同的制定、职级、职务描述、报酬及福利的规定。

第六章　行政人员

第八十三条　行政人员

为适用本通则的规定，行政人员包括：

（一）行政及一般服务人员；

（二）专业职程人员。

第八十四条　职级

行政及一般服务人员的职级包括：

（一）特级行政主任；

（二）高级行政主任；

（三）行政主任；

（四）特级行政助理；

（五）高级行政助理；

(六)行政助理;

(七)特级文员;

(八)高级文员;

(九)文员;

(十)技术工人;

(十一)半技术工人;

(十二)杂务人员。

第八十五条　专业职程

一、基于活动范畴的专业性,在行政及一般服务人员职程的人员未能确保有关特定职务的情况下,校董会可设立专业职程。

二、上款所指职程的结构必须与行政及一般服务人员的职程结构挂钩。

第八十六条　职务内容

一、行政人员不同职程的职务内容描述由内部规章订定。

二、职程的职务内容描述是指对职程中各职级的职务范围内的工作的一般概述。

第八十七条　入职的学历

一、澳大各职级人员的录取学历要求如下:

(一)行政主任及行政助理:具学士学位,或在特殊情况下具高等专科学位;

(二)文员:具高中毕业学历;

(三)工人及杂务人员:具初中毕业学历,或在特殊情况下具小学毕业学历。

二、专业职程中各职级工作人员的录取学历要求,参照第一款的规定由内部规章订定。

三、除第一款及第二款的规定外,可要求有关人员须具备与所担任的职务相符的工作经验或专业资格。

四、第一款(一)项所指录取具高等专科学位的候选人的特殊情况由内部规章订定。

第八十八条　任免

行政人员由校长任免。

第八十九条　合同期间

一、行政人员首份合同的期间最长为 2 年，并可续期。

二、上款所指人员的合同的续期期间不得超过 3 年。

三、在特殊情况及具充分理由下，经监督实体核准，可就上述两款所指的合同订立一个较长的期间。

第九十条　工作表现评核

一、在工作表现评核中，对行政人员所提供的工作按其工作表现的优劣程度作质量评价，给予的评语分为“优”“良”“平”“庸”及“劣”。

二、行政人员的工作表现评核制度由内部规章补充订定。

第九十一条　晋阶

一、行政人员的晋阶可分为一般晋阶和因优异表现的晋阶。

二、一般晋阶是指晋至紧接的较高职阶，但须在原职阶内工作满两年，且该两年的工作表现评核均不低于“平”。

三、因优异表现的晋阶是指晋至非紧接的较高职阶，但须在原职阶内工作满两年，且该两年的工作表现评核均为“优”。

四、应澳大工作人员所属单位主管的建议，由校长或其指定的副校长批准该工作人员的晋阶。

五、上款所指建议须根据工作人员的工作表现、贡献及年资提出。

六、批准第三款所指晋阶方式的建议，属校长的专属职权。

第九十二条　晋升

一、行政人员晋升至较高职级须接受晋升评核。

二、行政人员的晋升评核制度，尤其是评审委员会的组成、评核方法及细则由内部规章补充订定。

三、就晋升的评核结果，可按上款所指规章所定的制度向校董会或校长提起诉愿。

第九十三条　行政及一般服务人员的报酬

行政及一般服务人员职级的报酬载于下表。

职级	薪俸点														
	职阶														
	1.°	2.°	3.°	4.°	5.°	6.°	7.°	8.°	9.°	10.°	11.°	12.°	13.°	14.°	15.°
特级行政主任	695	715	735												
高级行政主任	570	590	610	630	650	670	690								
行政主任	440	460	480	500	520	540	560								
特级行政助理	470	485	500	515	530	545	560								
高级行政助理	370	385	400	415	430	445	460								
行政助理	270	285	300	315	330	345	360								
特级文员	340	350	360	370	380	390	400	410							
高级文员	260	270	280	290	300	310	320	330							
文员	200	210	220	230	240	250									
技术工人	160	170	180	190	200	210	220	230	240	250	260	270	280	290	300
半技术工人	130	140	150	160	170	180	190	200	210	220	230	240			
杂务人员	100	110	120	130	140	150	160	170	180	190	200	210			

第九十四条　奖励制度

一、澳大可设立奖励制度，根据行政人员的工作评核及其对澳大运作的贡献，奖励具优异表现的行政人员。

二、奖励制度由内部规条补充订定。

第九十五条　事务主管

一、基于协调工作的工作量或复杂性而有需要时，可设立事务主管。

二、事务主管由校长按上款的规定设立及撤销。

三、事务主管有权收取酬金，金额由校董会应校长的建议，根据协调工作的复杂性订定。

四、第五十八条第三款的规定经适当配合后适用于事务主管。

第九十六条　秘书

一、澳大校董会主席以及第五十八条第一款及第二款（一）、（四）、（六）及

（七）项所指职位的据位人可指定行政及一般服务人员内的特级行政助理、高级行政助理及行政助理职级的工作人员担任秘书职务。

二、根据上款规定担任秘书职务的工作人员有权收取金钱补偿。

三、因担任第一款所指职务而获补偿的金额由校董会订定。

四、秘书职务须在不影响被指定的工作人员履行原职务的情况下执行，在正常工作时间以外工作不获任何报酬。

第七章　最后规定

第九十七条　通则的解释及修改

一、适用本通则时出现的所有疑问，由校董会的常设委员会以决议方式解决。

二、对本通则所作的修改，应遵守核准本通则的批示所指的原则，如涉及报酬及福利制度的修改，则应预先咨询工作人员。

澳门高等教育新纪元策略性发展咨询研究报告[①]

（撮要翻译本）

负责人：Mark Bray

成　员：Roy Butler，Philip K. F. Hui，Ora W. Y. Kwo，Emily W. L. Mang

澳门特别行政区政府社会文化司因考虑到新时期高等教育的重要性，所以在特别行政区成立后第一年的年中，委托我等撰写这份研究报告。20 世纪 90 年代，高等教育经历了重大的变化，而预期未来 10 年，变化会进一步加剧。政府认为有需要对此作检讨，以便为公立和私立的高等教育确立恰当的未来政策。政府决定聘请外地的专家小组从事此项研究，希望能使该项工作的研究结果，比聘请本地的顾问得出的结果更具客观性。

经过与司长办公室主任，高等教育辅助办公室主任、副主任及高等教育关注委员会（CAADES）成员商讨，研究小组奉命进行综合性的研究，并应邀挑选出优先关注的若干问题。高等教育关注委员会成立于 2000 年 5 月，在某种意义上充当这项研究的指导者和咨询者。优先研究的问题是决策过程、成本、融资和素质。

这里列出的高等教育部门，是指包括高等教育辅助办公室协调下所有的公立专上院校（即高等院校）和与之类似的私立院校。

公立院校：

- 澳门大学；
- 澳门理工学院（简称理工学院）；
- 澳门旅游学院（简称旅游学院）；
- 澳门保安部队高等学校（简称保安高校）。

---

① 回归以后，澳门特别行政区政府认为需要对高等教育制度作检讨，并于 2000 年 5 月成立高等教育关注委员会，聘请外地的专家小组开展此项研究。研究报告于 2001 年完成。

私立院校：

- 亚洲（澳门）国际公开大学（简称公开大学）；
- 澳门高等校际学院（简称校际学院，现为圣若瑟大学）；
- 澳门欧洲研究学会；
- 澳门镜湖护理学院（简称镜湖学院）；
- 澳门管理学院（简称管理学院）；
- 澳门科技大学；
- 国际软件技术研究所。

一、背景和目标

（一）经济特色

与大多数的近邻相比，澳门是一个繁荣的社会。这对教育来说，有两个相辅相成的含义：一方面高收入可支撑较庞大的教育体系；而另一方面，教育也可能成为维持繁荣的一个机制。

澳门虽然已经变得繁荣昌盛，但人们普遍认为其经济并不稳定，本地生产总值从 1995 年的 558.9430 亿澳门元，下降到 1999 年的 492.1020 亿澳门元。2000 年有所改善，但随着中国内地经济的发展及经济全球化的加剧，澳门要面对来自邻近地区和其他地区的竞争压力。澳门近年受到失业问题的困扰，2000 年失业人口占劳动人口的 7.1％。

对本研究议题来说，长期的发展趋势比短期的波动更重要。教育本来就是一项长线投资。因此，当政府做该投资决策时，应该有长远的目光。澳门过去没有良好的条件做长期的决策，但随着中国恢复行使主权新时期的到来，为特别行政区政府提供了运作的良机。适当地、高素质地发展高等教育就是一项上佳的长线投资。

（二）社会特征

澳门近年人口增长很快，人口的增长导致对各级教育，包括高等教育的需求增大。未来的数十年，人口极可能继续增长。这是因为出生率往往高于死亡率，但更主要的原因是内地移民的增加。

尽管人口增长，但澳门才不过 45 万居民，预计到 2010 年，可望增至 50 万～

55万人。所以，澳门具有微型社会的特点。其中有些特点是好的，有利于规划和发展；但也有另一些潜在的、错综复杂的难题。在微型社会里，从积极方面来说：通常较易识别问题和判断问题；策划者可较清楚地了解其决策对于人的影响；革新“推广效应”快。

而从消极方面来说：微型社会不可能拥有较大型的、社会高度专业化的全部培训设施；由于策划者深知人际关系对其工作的影响程度，他们有时过分小心谨慎；微型社会社交频密，较容易造成失意和紧张。以上这些因素，都会影响高等教育和其他领域的规划和管理。

澳门的其他社会特征，包括居民的人种结构、官方语言及其他语言的使用。

（三）总的设想和策略

2000年曾有一份重要文件发表，题目是《澳门2020——未来20年远景目标与发展策略》（简称《澳门2020》）。这份文件不是官方的报告，而是经广泛咨询后写成，想来曾获政府支持。该文件为澳门设计的总目标：在“一国两制”的原则下，通过20年的共同努力，把澳门发展成一座在全中国以至亚太地区全方位开放的中型国际城市。

为了达成这一目标，还制定了8项发展策略：

（1）更好地利用澳门的优势；

（2）促进区域合作；

（3）加强与欧盟及葡萄牙语国家的联系；

（4）提高国际竞争力；

（5）强化英语学习；

（6）规划路环和氹仔的填海；

（7）扩展高等教育，以期形成新增长点；

（8）扶助中、小型企业。

高等教育的重要性如此明确地受到肯定，而且高等教育又是提议中的各项尤其是前五项策略的基础。本项研究对这些问题的考虑和探讨，则比《澳门2020》文件更详尽。

二、澳门教育的变化

（一）基础教育和高等教育

澳门教育的历史，基本上是放任自流的历史。自 1987 年起，政府给予基础教育的财政和其他支持逐渐增加，同时政府对学校的控制亦随之扩大。但是，基础教育仍旧是各自为政。不同学校开设不同的课程和采用不同的教学语言，有些学校用中文，有些学校用英文，还有些学校用葡萄牙语授课。

高等教育方面也是形形色色的和各自为政的。资格最老的是东亚大学，1981 年创办，创办时是私立学校，1988 年转为公立学校。澳门保安部队高等学校也在 1988 年成立。1991 年东亚大学易名为澳门大学，同时理工学院也分离出来另立门户。国际软件技术研究所于 1992 年开始运作，接着，澳门旅游学院于 1995 年开办。随后 5 年，另外 5 所私立院校相继出现，有澳门欧洲研究学会、澳门高等校际学院、澳门镜湖护理学院、澳门管理学院，以及澳门科技大学。于是，澳门的高等教育在 20 年内，由仅有 1 所大学增加到 11 所院校。

澳门约有 35％的高中毕业生在本地继续接受高等教育，部分原因就是其高等教育的发展情况良好。而另外约有同等数量的学生前往外地升学。相比而言，这是一个非常高的升学率了。但是这种高的升学率，也部分反映中学系统前阶段的高淘汰率/退学率。19～22 岁年龄组别的入学率约为 19％。

（二）在外地就读的澳门学生

根据高等教育辅助办公室 2000 年的统计数据，有超过 1 000 名澳门学生从外地的大学毕业，获得高等专科学位或学士学位。有相当数量去外地上大学的澳门学生获得教育暨青年局（简称教青局）的资助。1998—1999 年，有 1 617 位学生属于此一类别，超过澳门理工学院学生人数的总和，又或相当于澳门大学学生人数的一半以上，更远远超过所有小型院校学生人数的总和。

有教育界人士对有那么多学生离澳接受教育感到忧虑。首先，本地院校需要足够的人数来维持其经济规模；其次，人们普遍认为赴外地就读的学生，许多都是资质较佳的，只留下资质一般的学生给本地的高校；最后，在外地就读的学生，似乎是在支持外地的经济而非澳门的经济。不过，另有一些人却持不同见解。他们的理由是，澳门需要有广阔视野和世界经验的公民，而这样的素质只能通过在外地学习来提升。另外，许多学生专修的，是澳门社会需要而本地所没有的学科。

本顾问团支持相当数量的学生在外就读有利于澳门的观点，但同时亦承认要认真考虑平衡的问题。因此提出如下的建议：

建议 2.1 政府应有广阔的视野，既考虑高等教育为澳门，也考虑高等教育在澳门。也就是说，外地就读也要像本地就读一样，需要监督、计划和支持。

建议 2.2 政府可以考虑外地就读的通道与本地课程提供的关系。这倒不是说，本地机构一旦在某个领域提供一个课程，政府就该立刻中止对外地就读该课程的资助，但政府至少应与本地机构取得联系，考虑需求、优先次序和对策。

澳门学生就读的外地大学，大部分离家颇远，但也有一部分较近。不过这种格局很可能于未来几年，因珠海的发展而显著地改变。珠海市政府拨出 15.4 平方千米的土地，无偿批给一批来自中国其他地区的名牌大学，并提供财政援助，这些大学明显地会以澳门作为生源目标。中山大学首创，于 2000 年 9 月开办珠海校区，是当时全中国最大的校园之一。这所大学开始为新校区招进 4 000 名学生，预期 2005 年学生人数会增至 1.2 万人，之后可能增加到 2 万人。它每年的学费是 6 000 元人民币左右，远远低于澳门的收费标准。珠海市政府还跟暨南大学和北京科技大学签署了合作协议，据说跟其他院校的协议亦在商讨中。

建议 2.3 珠海的发展，对澳门有特别重要的意义。一方面可看作大好的机会；但另一方面对澳门自己的高等院校来说，又可看成是威胁。因此，为澳门做规划，必须充分考虑各种措施，以便扩大机会和减小威胁，这就需要联络和进行可能的合作。既然在收费方面竞争不过，澳门的高等院校就必须以质量、课程和授课语言，作为竞争的基础。

（三）高等院校的招生程序

澳门每所高等院校，各有不同的招生程序，这些程序给高中学生造成不小的压力。澳门大学设有正规的入学考试，澳门理工学院也有入学考试。2000 年，澳门科技大学为申请者设了口试，将来还会加设笔试。此外，许多学生为了获得外地入学资格，还参加中国台湾、中国内地的统考或英国伦敦教育文凭考试。

有一些人主张设统一的大学入学考试或中学会考，借以减小因多种考试对学生造成的压力且有助于统一学校制度。但是，也有些人反对统考的主张，担心会产生不良的后果，而且统考也需要大量技术和行政的支持。本顾问团的建议如下：

建议 2.4　在现阶段，政府不宜提出统一的高等教育入学考试。虽然统考或许有某些优点，但也可能引发许多问题。除了有政策方面的问题外，也可能对小型的体制造成较大的技术挑战。不过，作为一个问题，高校入学考试或是中学会考，可留待将来再考虑。

三、决策与协调

（一）决策与协调的机制

在教育领域，澳门已有一些决策和协调的机制。1992 年成立了教育委员会；2000 年又针对高等教育领域成立了高等教育关注委员会。但高等教育关注委员会最初成立时，仅吸纳了政府和公立高等教育机构的人士。教育委员会和高等教育关注委员会，都是咨询机构。

政府的机制内，高等教育辅助办公室成立于 1992 年，1998 年重新定位，其职责如下：

（1）提出、公布高等教育的发展计划，以及提出、公布旨在促进课程发展及多元化的研究计划；

（2）在评价各高等院校的表现上提供协作；

（3）向私立高等院校提出具体支持方案；

（4）为促进在澳门接受高等教育的机构提供合作；

（5）为进入公职的高等学历认可程序提供技术及行政支持；

（6）评估高等院校配备人员的需求，制定配备人员的标准；

（7）库存教职员、学生、课程以及高等学历认可的数据。

由于高等院校数量的增加，特别行政区政府需要一个更强劲的政策咨询基础。沿着《澳门 2020》这份文件的思路，这种咨询应既包括长远的构想，也包括迫在眉睫的任务。因此，本顾问团建议如下：

建议 3.1　特别行政区政府可成立高等教育常设委员会。这个机构应就高等教育的全部决策，包括拨款和质量保证，向社会文化司司长提供咨询；同时也要为 2020 年的高等教育绘制一幅清晰的蓝图。

建议 3.2　这个常设委员会应包含澳门高等教育主要利益团体的代表（作为多数），同时也吸纳澳门外来的高等教育专家（作为少数），全以兼职的形式，由社会文化司司长经过适当咨询后任命，任期 3 年以上 5 年以下。主席应由公职以外的人士担任。

建议 3.3 高等教育常设委员会成立后，高等教育关注委员会应解散，其职责由常设委员会承接。

建议 3.4 高等教育常设委员会应与教育委员会保持联系，从一开始就清楚厘定各自的权限和职责。过去，教育委员会主要关注基础教育，但也有权对高等教育提意见。本顾问团设想，教育委员会主要将继续关注基础教育，同时还要关注其他教育形式，包括成人教育及职业教育。此外，也许教育委员会还要扮演一个协调监督的角色，将其所关注的内容与高等教育常设委员会的工作相配合，共同解决整体教育的问题。

建议 3.5 高等教育辅助办公室应重新改组，成为高等教育常设委员会的秘书处。这就需修改第 11/98/M 号法令颁布关于高等教育辅助办公室的架构。

建议 3.6 对于诸如创办新机构的申请，或对现有院校作重大变革的决定，应基于对高等教育的远见卓识，而非遵循狭隘的技术标准。

（二）决策权力的下放

现有体制在某些方面权力过于集中，限制了机构管理的自主权，例如对人员的任命和对课程的改变，均须经社会文化司司长的批准等。就观察和思考所得，本顾问团建议如下：

建议 3.7 个别院校教职员的人事变动，课程范畴、架构或内容的更改，不应该再经由高等教育辅助办公室或社会文化司司长的批准，只要这些变更符合政府已批准的院校办学宗旨便可。但如果涉及办学宗旨的改变，则仍须经过批准。

建议 3.8 目前的监控制度，应以定期报告取而代之。每所高校应就其肩负的使命成功与否，向高等教育常设委员会提交报告。高等教育常设委员会和社会文化司司长会就这些报告，结合官方的构想、策略性目标和政策进行斟酌考虑。

（三）拨款的安排

在目前的安排下为澳门的高等院校提供的政府专款，是通过多种渠道进行的。澳门大学和澳门理工学院的大部分经费，来自社会文化司的分类拨款；澳门旅游学院获得的大部分收入，来自旅游业有关税收拨出的分类专款；而澳门保安部队高等学校的专款，则经由保安司预算中拨出；澳门旅游学院的资本支出和大量保养费，则归入投资计划和行政发展开支的账目。政府给予其他院校的补助，例如给澳门欧洲研究学会和国际软件技术研究所的补助，则由澳门基金会和其他政府部门拨出。这些补助对于研究以及其他方面的工作是有益的，不过可用于研究的专款并不太多。

除了向高校拨款之外，还有为学生提供的专款。公立、私立高校的学生，皆可向教青局和澳门基金会申请助学金或贷款。

就这一方面，本顾问团作如下建议：

建议 3.9　拨款的职责，应归于高等教育常设委员会，这项职责应包括对学生资助政策的考虑。向学生提供高等教育助学金和贷款之事宜，应从教青局和澳门基金会转归高等教育常设委员会秘书处管理。

建议 3.10　政府应尊重各院校就其学术研究的性质和规模所做的决定；同时，也应为他们的学术研究提供足够的拨款和相应的设施。

建议 3.11　高等教育预算该有多少用于研究项目，应由高等教育常设委员会决定，同时，应就经费分配的机制作出决定。

建议 3.12　从高等教育常设委员会或其他有关政府部门获取研究项目经费的资格，不应只局限于公立的高等院校。

四、成本及融资

（一）政府教育开支

澳葡政府的教育支出很少。20 世纪 90 年代有所增加，但即使是 20 世纪 90 年代末，政府在教育方面的支出占本地生产总值的比例，也低于国际标准。而分配给高等教育的经费占整个教育预算的 27%，这个比例是相当高的了。不过，倘若整个教育预算增加，高等教育的预算也应随之增加。本顾问团建议：

建议 4.1　政府应尽力把教育总预算的比率，维持在 2000 年的水平，并应积极设法进一步增加。在增加的教育预算中，应维持高等教育的份额。

（二）公立院校的收费

直至 20 世纪 90 年代末，公立的高等院校的收费，按地区和国际标准都是偏高的。澳门大学 1997/1998 学年一般学士学位课程，全费为 5.6 万澳门元。因为澳门居民获40%的减免，甚少有学生交全费。然而，即使是3.36万澳门元的学费，相对于澳门本地的生活成本和人均收入来说，也是偏高的。1998年澳门就业人口的年均收入中位数才5.89万澳门元，最低为制造业的3.49万澳门元，最高为公共行政、防务和社会保安的16.45万澳门元。

部分基于这样的因素，澳门大学和澳门理工学院在2000/2001学年减收学费，还建议在2001/2002学年，收费进一步削减。削减收费不仅是为了减轻澳门学生的负担，而且是由于公立院校正面临来自本地私立院校以及外地公立、私立院校的竞争。削减学费要求校方缩减开支，这两所院校不仅能应付，还变得更有效率。然而，这并非长远之计，总不能无限量地削减下去。况且，尤其是澳门大学，完全有理由增加经费预算。鉴于此，本顾问团提出两点建议：

建议4.2 总的原则是要让每一个本地学生，不会因学费昂贵或缺乏资助而不能在本地高等院校接受教育。因此，现有的各种各样的助学、贷学计划应予保留，以资助有需要的学生。公立院校的学费水平，不仅应考虑单位成本，还须考虑到竞争中的澳门私立院校以及外地的公立、私立院校的收费。本地学生与非本地学生的学费差别要保持，但亦须作全面策略考虑，使其足以吸引外地学生来澳门，与本地学生一起学习。

建议4.3 应鼓励公立院校通过向校友、本地捐赠者及其他人士筹款，以扩大经费来源。与此同时，应鼓励教学人员从事相关的咨询顾问工作。这样的措施，除了可以增加本机构的收入，还可以加强院校与其捐赠者之间的联系，也许还可增强课程的实用性。

（三）单位成本

本想得出究竟多少个兼读生相当于一个全日制学生的单位成本分析，但这一努力因缺少相当于全日制学生的标准定义而受阻。这需要各院校之间达成某种共识，以便进行校内和院校之间的比较。

建议4.4 高等教育辅助办公室（或高等教育常设委员会秘书处）应与各高等院校联络，就相当于对全日制学生的标准定义达成共识，以便进行校际比较。

更合理地说，澳门旅游学院就应与香港的酒店旅游培训院校相比较，或者与亚太地区及欧洲同类院校，而非与澳门理工学院或澳门大学相比较。

同时，在公众的印象中，澳门旅游学院的单位成本特别高。然而调查发现，澳门旅游学院近年的单位成本有大幅度的下降，而且用作比较的依据也并非全部合理。比较分析应在同类之间进行，即设备密集型课程应与别的设备密集型课程相比较，人力密集型课程应与别的人力密集型课程相比较，优质课程应与别的优质课程相比较。倘若以这样的依据作比较，澳门旅游学院的单位成本就不会像看起来那么高了。

由澳门大学、澳门理工学院和澳门旅游学院于2000年11月向立法会提交的单位成本数据，成了传媒及公众舆论的焦点。

建议4.5　公众有权关注不同院校单位成本的高低。政府应公布各院校的单位成本，但在公布的同时，应该提供数据解释。政府尤其不可鼓励过分简单化的随意诠释。同时，政府应设法提高院校的运作效率，使公款的使用合乎成本效益。

建议4.6　应鼓励各院校自身进行相关比较，并用于内部管理和资源分配程序，以及作为定期自我评估的一部分。

五、素质保证的策略

在这次研究的过程中，有一位被访者一针见血地指出素质的重要性。他说："素质是未来澳门高等教育之本。"本顾问团同意这一看法。澳门在量的过渡方面已取得长足进步，但只有以素质为基础，量的成就才有价值。这不仅指对内部生产的成品有价值，还关乎与外地高等教育提供者的竞争问题。

许多中学校长和本地社会人士向本顾问团表示，澳门高校的素质，无论是教学或研究，充其量只能算平庸。这些评价或许有些以偏概全，忽略了优秀的领域，这些观点亦可能基于印象多过实际的数据。但无论如何，这些观感还是重要的。校长们表示，他们不愿推荐其最好的学生就读本地高校，也不鼓励其最好的学生申请就读本地高校。一位商界人士说，本地高校毕业生的表现比不上外地毕业生。

素质保证的程序，应先从学术体系和院校层面着手。在很大程度上，取决于教师的态度和技能，也取决于使教师承诺去帮助他们的学生学习实用的知识、技能和价值观。上层的监控和鼓励，可以促使最下层有好的表现。这份报告主要是从整体上关注这个制度，因此建议也集中在这一层面。然而，亦非常鼓励各高等院校去考虑广泛的可行措施。必须一方面重视教学，另一方面重视学术研究。

这份报告的其余部分，强调给予高校更大自主权的好处，有自主权自然必有责任。政府首要关注的是公立院校，但亦须充当监控和保证私立高校的角色。鉴于此，本顾问团建议如下：

建议5.1　高等教育常设委员会或其下设的专门小组，应要求每所高等院校就其教与学以及研究的质量提交报告。

建议 5.2 鉴于达标素质的概念，各高等院校应自行提出素质的定义、可接受的素质等级以及评估指标。他们提出的这些定义、等级及指标，应与高等教育常设委员会或其下设的专门小组商讨，以达成共识。

建议 5.3 每所高等院校提交的报告，应包括显示各个素质等级达到目标的数据，若尚未达标，则应提供正在采取改善措施的数据。

建议 5.4 在评估澳门高等院校成品的素质时，政府和高等院校本身，都要留意就读学生的素质。政府应进一步努力，通过提升中小学总体素质水平，来改善高等教育生源的素质。而本地各所高等院校亦应进一步努力，以求吸引更多中学毕业生作为就读的首选目标。

建议 5.5 高等院校以及校内各个院系单元，应避免给教师的教学素质以过分机械的表述，例如，拥有博士学位或不具博士学位。更重要的是有真才实学，能胜任工作。

提升教师的素质水准，取决于招聘和在职教师的专业发展两个方面，这要由各高校着手进行。本顾问团注意到合约需签订更长期限，以便教师有一个相对稳定的环境来改进他们的教学与研究。研究的重要性，在于其自身的价值因素，在于强调教学素质的输入，以及招聘优质教师的要素。

建议 5.6 应允许和鼓励高校给教师，尤其是资深教师至少 3 年期限或者更长期限的合约。

建议 5.7 应鼓励澳门的高等院校在他们的使命范围内提高研究水平。特别是对拥有大学之名的高校，应有更高的期望。倘若这些大学长期拿不出适当的研究成果，应撤销其“大学”的称号。

有些院校已开始进行定期的劳动力市场调查，从用人单位那里获取对其毕业生素质的反馈意见。当然，这只不过是反馈的一种方式，仍需与其他众多因素一并考虑。

建议 5.8 所有高等教育的院校，均应密切关注其毕业生的就业情况，并应就觉察到的那些毕业生的素质，从用人单位处获得反馈数据。这类数据，应写入上报高等教育常设委员会的定期报告中。

六、高校各自的特色与彼此的关联

（一）合并与高校的特色

有人断言，澳门本地高校太多。他们指出，其他比澳门大的地区似乎也没有那么多高等院校。他们还留意到将规模偏小的院校合并，是国际上普遍的趋势。

本顾问团认真考虑了这方面的意见，但并不主张澳门的高等院校合并，且认为，私立院校须自行决策，而公立院校方面，本顾问团吸取了国际经验中最重要的教训。主张合并的人常常觉得合并会带来即时的规模经济，但这种经济通常难以预测。而且就算合并，其最有说服力的理由必然是出于策略和学术方面的考虑。

与合并有关的，还有澳门理工学院的身份问题。澳门有些人士，包括澳门理工学院内的一些人士，提议将学院“升格”为大学。这样的步骤与澳大利亚、英国和中国香港的模式相一致，那些地方大学与理工学院的双轨制已经废除。顾问团曾考虑过以下 3 种选择：(1) 将澳门理工学院与澳门大学合并；(2) 将澳门理工学院重新定名为大学；(3) 保留澳门理工学院作为独立的理工学院的地位。

经过对每所院校合并和院校地位问题的分析，本顾问团建议如下：

建议 6.1　澳门理工学院应保留作为一所独立的高等教育公立院校，并应鼓励它积极追求抱负和履行其使命。不应将之改名为大学，而应继续作为一所理工专科学院，进一步建立自信和自豪感，为澳门作出其重要贡献。

建议 6.2　澳门旅游学院也应继续是独立的公立院校，并应支持其继续沿着 1995 年成立以来的路线，追求其抱负和履行其使命。

建议 6.3　以往要求澳门旅游学院，凡是提议改变其文凭课程，都要咨询澳门理工学院，文凭证书又要与澳门理工学院联名签发的做法，应予以终止。

(二) 课程重叠与院校联手合作

另一合并的压力，是有人认为澳门高等院校提供的课程互相重叠，造成不良的竞争。本顾问团承认有这个问题，但建议可通过更清晰的界定，并遵循高校各自的使命来解决。

这份报告也强调联手合作的重要性，包括澳门以内的合作和澳门以外的合作。境内高校联手合作有助于最大限度地利用澳门有限的人力和其他资源；而与境外高校联手合作，则有助于区域国际化及与世界其他地域的发展和专业技术知识的接轨。一般来说，这种合作可在没有政府支持的情况下，由院校负责人自己联手进行，但他们确实需要肯定与鼓励。

这些观察数据引出两项建议：

建议 6.4　高等教育常设委员会在制定高等教育目标和策略规划时，应考虑各高校要有所区别以及公立院校之间课程有可能出现的重叠。若认为适当，可把一些课程合并在单独一所公立院校内，而非分散在两所或多所公立院校。

建议 6.5 政府和高等教育常设委员会为了有效利用资源及国际化的策划利益，应把握每一个机会促进澳门境内外高校的合作。允许学分转移的结盟合作尤为可贵。

七、结束语

（一）高瞻远瞩，规划未来

顾问团认为，本报告有许多能切合《澳门 2020》文件的发展远景。本报告本可为更详尽的教育规划提供基础，但在这里，只集中讨论了高等教育。因此，本顾问团建议：

建议 7.1 这份关于高等教育报告的内容，应根据整体教育的远景目标和策略来考虑；而整体教育的远景目标和策略，又应根据澳门整体的远景目标和策略来考虑。

至于量和质的平衡问题，这份报告的前面部分，注意到将有扩展基础教育第 11 级、第 12 级的计划。这就引出下面的建议：

建议 7.2 高等教育常设委员会其中一项要优先考虑的事，是与现有的公立、私立高校讨论和协商该如何应付即将增加的第 11 级、第 12 级的高中毕业生。目标是既达招生定量的指标，最好又能维持甚至提高高校新生的素质。

建议 7.3 政府应支持澳门高等教育机构从中国内地及世界其他国家和地区招收更多的学生。应设法争取允许澳门院校在内地招生的省份放宽限制；政府也可向来自策略省份及攻读策略学科的学生提供经济补助。

（二）开发优势课程与优先领域

在高等教育的领域，各种学习领域可归为 6 个类别：

（1）有的学科在别处普遍能学到，但要度身定做以适应澳门特点的需要，倘若澳门不给自己设置，别处就不易办到；

（2）有的学科仍因应澳门的特色而设，但外地学生也有兴趣，因而被吸引来澳门学习；

（3）这些课程在澳门和别处都有，但澳门有特别的优势和相当的声誉；

（4）开设这些课程对保持澳门的特色和社会、经济发展是必要的，即使更负盛名的其他地区有现成的课程提供，也值得澳门本地对这些课程进行关注和培植；

（5）澳门市场需要的课程可以开设，即使这些课程并不特别，也没有理由不在本地开设；

（6）不该在澳门开设的课程，就应留待别处的高校提供。

这些课程范畴在规划高等教育时，需要逐项考虑。跟职前高等教育相对的延续教育，也要分别考虑。随着人们对学历的追求逐渐由本科生上升至研究生，延续教育的重要性也随之增强。

决策者一旦确定哪些课程需要开设，就要考虑由哪一所高校来开设。决策者可将以下 3 个方面作为指导原则：

（1）保证本地某些专门课程的提供。上述（1）和（4）类别的学习领域，对澳门尤为必要。若私立高校已可满足需求，政府就不必采取进一步行动。可是，倘若私立高校满足不了需求，则政府可鼓励私立高校开设这些课程，或要求公立院校承担这一任务。

（2）资助澳门学生到外地就读。如上所述，许多学生接受政府的资助赴外地就读。鉴于话题的复杂性，这个问题或可交由高等教育常设委员会尽早作详细考虑。

（3）为非本地学生提供资助。目前澳门特别行政区政府设立奖学金，扶持其他国家和地区愿意在澳门就读的学生。资助非本地学生，对上述（2）、（3）和（4）类别的课程尤为有用。甚至于（5）类别的课程，也可给予资助。

这个分析引出下面 3 项建议：

建议 7.4　澳门的设想和策略性规划，应以识别各学习领域为重点区分的基础。有些学科应积极鼓励在本地开办，而其他领域学科，例如医学和牙科，或可留给外地高校提供。

建议 7.5　策略性规划，应包括职前高等教育和延续教育。

建议 7.6　当特别行政区政府认定高等教育确实没有满足需要时，可考虑邀请所有公立和私立机构投标，然后由特别行政区政府与中标的机构签约。

然而，仅提供高等教育亦不足以达到澳门的目标。《澳门 2020》文件指出，多年来澳门的企业家有出色的表现，但需要新思维才可应付未来的变革。许多企业家由于自己没有接受过高等教育，就不愿意聘用受过高等教育的雇员。所以，高等教育院校一方面要帮助自己的学生，而另一方面，要通过咨询机构协助经济行业。

建议 7.7 澳门的高等教育机构，应考虑单独或集体成立职业咨询服务站，以协助毕业生获得本地职业，并与澳门的企业家建立联系。

（三）本地化、本国化和国际化

本地化、本国化和国际化领域的议题，是极其重要的问题，这关系高等院校课程的设置、教学语言等等。而对于政治、社会和经济，都有广泛的影响。本顾问团的建议如下：

建议 7.8 为了实现澳门作为一个国际都市的设想，特别行政区政府应要求3所主要的公立高校使用英语教学，并实现本地、本国和国际教师队伍的组合。私立院校则自行决定教学语言和相应的教师队伍。

（四）进一步研究的议题

有些想必是重要的题目，因限于时间和资源，未能在这份报告中论及。因此，本顾问团建议如下：

建议 7.9 政府应考虑继续授权，就这份报告尚未论及的有关高等教育的重要方面作进一步研究。研究可集中于以下几点：

（1）中、小学教育的退学和开除问题（这会令有资格升读高校的高中毕业生人数减少）；

（2）教学人员与非教学人员的服务条件；

（3）高等院校的行政管理素质和效率；

（4）科技在教与学中所扮演的角色；

（5）高等教育院校内与不同院校之间学位及其他资历的比较。

（五）报告的使用

这份报告可用作讨论的焦点及选项和策略的鉴证。其中大部分观点，不一定所有读者都同意，也可能会引起激烈的争论。要鼓励辩论，因为通过争辩，各方人士可阐明各自的观点和了解别人的观点，从而有助于规划高等教育的未来。

为了促进讨论，本顾问团建议如下：

建议 7.10 本文件可以印刷和电子文件形式，英文和中文并用，在高等教育领域和公众中广泛传播。

建议 7.11　应成立一个专责小组，以便就此报告鼓励进行辩论。专责小组或可由高等教育辅助办公室投放人力、物力，并在高等教育关注委员会的指导下运作，而且应有授权、预算和时限。专责小组收集了意见，即向政府建议下一步该如何进行。然后，政府趁着历史关键和十分明显的契机，以合理的速度做出决策。

（六）最后的话

顾问团借着高等教育关注委员会一位成员的话作结。他说，高等教育应该着手“通过演变以求变革”（revolution through evolution）。本顾问团认为这一概念很有吸引力，因为它提出了一个大胆的变革，但又承接目前实践的议程。

澳门卧虎藏龙，蕴藏着大量的人才。他们有远见，肯承担。当然澳门也面对挑战和窘境，但本顾问团确信，只要有好的策略规划，澳门的高等教育定会提高到一个崭新的水平，不仅能为澳门，同时也能为其他地区做出突出的贡献。顾问团衷心祝愿澳门高等教育所有参与者和利益相关人士在此项工作中，取得圆满成功。

第 10/2017 号法律
高等教育制度

立法会根据《澳门特别行政区基本法》第七十一条（一）项，制定本法律。

第一章　一般规定

第一条　标的及范围

本法律订定澳门特别行政区高等教育制度，其规范：

（一）澳门特别行政区的公立及私立高等院校的活动、组织及运作；

（二）校本部设在外地的高等院校于澳门特别行政区从事的高等教育活动。

第二条　定义

为适用本法律，下列用语的含义为：

（一）“高等教育”是指由高等院校提供的中学教育以上程度的各级教育；

（二）“高等院校”是指根据适用法例设立及认可，且获准开办高等教育课程、颁授学位及从事高等教育范畴其他学术活动的公立或私立组织；

（三）“学年”是指由高等院校所定的学术活动开始日起计一年的期间；

（四）“入学”是指具备被录取及修读高等教育课程法定条件的学生进入高等教育；

（五）“入学登记”是指获录取的考生、转入另一高等院校的学生，以及恢复因中断学习而丧失的高等院校学生身份者，为进入高等教育而须作出的行为；

（六）“注册”是指赋予具有效入学登记的学生修读相关课程学习计划所载科目或学科单元的资格的行为；

（七）“课程的学习计划”是指学生为取得特定学位或完成不授予学位的课程而须取得及格成绩的一组学科单元；

（八）“流动”是指已于高等院校登记入学并注册修读课程的学生在另一高等院校修读该课程的一部分或在高等院校间转移的情况；

（九）“实习”是指纳入高等教育课程的学习计划、在特定的时间进行的实践或具有理论实践性质的学术培训活动，旨在进行专业实践的培训及学习或学习特定的职业技术；

（十）“时效”是指学生未能在规章规定的时间内完成高等教育课程的学习计划所处的情况；

（十一）“副修”是指对学士学位课程属补充或附加培训领域的一组学科单元，该组学科单元可组成授予证书的独立计划；

（十二）“主修”是指构成课程的主要和独特核心部分的一组学科单元，而在根据学分制开办的学士学位课程的学习计划内，该组学科单元可结合其他主修或一项副修；

（十三）“非本地高等教育课程”是指校本部设在外地的高等院校经预先许可与澳门特别行政区的实体合作在澳门特别行政区开办的高等教育课程。

第三条　高等教育的目标

高等教育的目标尤其包括：

（一）通过传授理论及实务的知识，培养文化、科学及技术等方面的高等教育水平的人才，并培养学术及个人品格及促进其思维、科研、创新、评析、融入团队及适应转变等能力的发展，使其能从事专业活动；

（二）创造条件让有适当能力的个人获得接受高等教育的机会；

（三）推动文化、科学及技术领域的研究及发展；

（四）促进知识的传播，尤其在文化、科学及技术领域，并提高研究活动的价值；

（五）推动创新及发挥本地科研潜力；

（六）促进教学与研究的互相结合；

（七）为社会提供专业服务，并与之建立互惠关系；

（八）在高等教育活动范围内，促进澳门特别行政区与外地在文化、科学及技术方面的合作及交流。

第四条　平等入学

澳门特别行政区政府应创造高等教育平等入学条件，且应遵循不因国籍、血统、性别、种族、语言、宗教、政治或思想信仰、经济状况或社会条件而歧视的原则。

第二章　高等院校

第一节　高等院校的职责、性质及自主

第五条　高等院校的职责

高等院校的职责：

（一）根据本法律及其他适用法例的规定开办授予学位的课程、学位后课程或其他课程，在高等教育层面培养人才；

（二）促进学术研究，并为进行研究及开发活动，以及为发表学术著作创造所需的条件；

（三）为社会提供专业服务；

（四）进行职业培训及知识更新的活动；

（五）推动文化创新与传播及知识的传承；

（六）促进与校本部设在澳门特别行政区及外地的同类机构间的文化、科学及技术方面的合作及交流；

（七）确保教育环境符合院校目的，以及确保具备为此所需的资源。

第六条　高等院校的性质及法律制度

一、公立高等院校为公法人，具有学术、教学、行政及财政的自主权。

二、私立高等院校自行管理，并享有学术、教学、行政及财政自主权，但不影响第四十五条至第四十七条规定的适用。

三、私立高等院校按其拥有人的性质，分为牟利及非牟利两类，并可根据适用法例的规定享有税务豁免优惠。

四、高等院校的自主权不影响公立高等院校须受监督，以及不影响高等院校须按高等教育素质评鉴制度接受评鉴，且不影响澳门特别行政区政府监察公立及私立高等院校的活动及运作。

五、高等院校从事的活动属公共利益活动。

第七条　学术自主

一、高等院校在学术自主权方面，可以自行订定、规划和执行研究项目，以及其他学术活动。

二、高等院校进行学术研究时，尤应考虑该院校的性质及目标，并探求社会、经济、教育及文化发展所衍生的问题的解决方法。

第八条 教学自主

一、高等院校在教学自主权方面，可以自行拟定其开办的课程的学习计划及课程大纲、订定教学方法、选择知识评核程序以及试行新教学法。

二、在教学自主权方面，高等院校应尊重教学理论与方法的多元性。

第九条 行政及财政自主

高等院校在适用法例的范围内，按其性质享有行政及财政自主权。

第二节 高等院校的章程

第十条 章程的制定、修改、核准及确认

一、高等院校的章程须根据本法律及其他适用法例的规定制定、修改、核准及确认，且仅在《澳门特别行政区公报》（以下简称《公报》）公布后方产生效力。

二、章程或有关修改不符合本法律及其他适用法例的规定或章程作出的规范与院校性质不符时，行政长官可通过高等教育范畴的主管部门通知院校作出所需的纠正或调整；如院校不作出符合规定的纠正或调整，行政长官对已作出的院校认可或课程核准保留废止的权利，且不影响对章程不作确认。

第十一条 章程内容

一、高等院校的章程应载有其在学术、教学、行政及财政方面的内部组织的基本规定，以及各组织单位和学术单位的自主制度及章程的修改方式。

二、高等院校的章程亦应订定院校机关的性质、组成、职权及运作方式，以及其成员的委任或选举方式。

第三节 机关及人员

第十二条 机关

一、高等院校必须设置下列机关：

（一）校董会；

（二）校长或院长；

（三）管理及行政机关；

（四）学术及教学机关。

二、上款所指的机关是负责制定及执行院校发展方针的机关。

三、除在院校筹建阶段第一款所指的机关可在特定期间由筹备委员会代替外，如欠缺该款所指的任一机关或该等机关的组成不符合规范，则高等院校不得运作。

第十三条　人员

高等院校的人员按职务内容，分为下列人员组别：

（一）领导人员——领导并代表高等院校的最高负责人，尤指校长或院长，以及辅助其执行职务的人员；

（二）教学人员——在高等院校主要从事教育教学职务的人员或根据适用的人员或职程制度应纳入本组别的人员；

（三）研究人员——在高等院校主要从事研究工作的人员或根据适用的人员或职程制度应纳入本组别的人员；

（四）非教学人员——执行行政职务或其他非上述组别的职务的人员，尤其是在各级辅助及行政部门，以及在学术单位的行政、教学、科研等范畴执行该等职务的人员。

第三章　课程及学位

第十四条　课程的核准

一、开设及修改高等教育课程，须经监督高等教育范畴的司长以公布于《公报》的批示核准。该批示尤须载明高等院校的名称、开办的课程、颁授的学位及相关学习计划，以及其他高等教育法例所定的相关内容及资料。

二、上款的规定不适用于本法律生效前已有权自行开办课程的高等院校，以及按照高等教育素质评鉴制度获赋权自行开办课程的高等院校，但不影响下条规定的适用。

第十五条　课程的登记及开始运作

一、高等教育课程须于高等教育范畴的主管部门登记。

二、在《公报》公布上款所指的登记的通告前，任何课程均不得开始运作。

第十六条　课程的中止及取消

中止及取消高等教育课程，须经监督高等教育范畴的司长以公布于《公报》的批示核准。

第十七条　学位、文凭、证书及荣衔

一、高等院校颁授下列学位：

（一）学士学位；

（二）硕士学位；

（三）博士学位。

二、高等院校可颁发下列文凭及证书：

（一）就为期不少于两个学年的课程，颁发副学士文凭；

（二）就为期不少于一个学年的课程，颁发文凭；

（三）就副修计划，颁发证书。

三、高等院校可根据学分制开办双学士学位课程，以及开办设有一门或两门主修的课程。

四、高等院校可例外获准开办颁授与以上三款所定的学位、文凭及证书不同的学位、文凭及证书的课程，有关课程须根据本法律的规定核准。

五、获准开办博士学位课程的高等院校，可根据其章程的规定向本地或外地的杰出人士颁授名誉博士学位。

六、高等院校可根据其章程的规定向本地或外地的杰出人士颁授其他国际普遍使用的名誉荣衔。

七、课程证书上的学士学位、硕士学位及博士学位的名称，须符合各高等院校的主管机关在相关学位课程的内部规章所规定的学术领域、知识范畴及名称。

第十八条　学士学位

一、完成高等院校开办的学士学位课程且成绩及格者，可授予学士学位。

二、学士学位的授予证明获授予者取得特定培训范畴的技术及学术知识，能在有关培训范畴内，通过收集、选取及理解相关资料解决问题，以及具有高度自主能力深入进行终身学习。

三、授予学士学位的课程的名称为在有关课程的学习计划内所载者，其应与知识范畴相应并须符合开办有关课程的学术单位的有关专业或学术领域。

四、授予学士学位的课程可分为下列模式：

（一）学习期一般不少于四个学年的课程；

（二）容许修读由属相同学术领域的两个学士学位课程中称为主修的两个核心部分所组成的特别计划的课程；

（三）根据学分制开办的课程，修读该等课程的学生必须按相关学习计划，完成所有科目及取得完成课程所需的学分。

五、上款（二）及（三）项所指的课程的要件由制定学分制高等教育制度的法规规定。

六、对修读授予特定培训领域的学士学位的课程，除可要求报读者具有必需的学历外，亦可要求其具有其他知识或专业经验。

第十九条　双学士学位

一、双学士学位课程是指高等院校内不同学院、学校或学系根据学分制开办的学士学位课程，且该等课程可颁授两个学士学位，让学生获得高技术及科学水平以及更佳能力，以从事特定知识领域的专业活动。

二、报读双学士学位课程者，须同时符合下列条件：

（一）以“优异”或同等的平均成绩完成学士学位课程第一年；

（二）经开办有关课程的学术单位的教学主管机关认定其具有同时修读两个课程的特殊能力；

（三）本款（一）项所指的课程及拟报读的双学士学位课程，均由属同一高等院校的学院、学校或学系根据学分制开办。

三、双学士学位的取得取决于按照学习计划及在相关期间所有科目成绩及格并取得完成课程所需的学分，当中包括在上款（一）项所指的学士学位课程第一年所取得的学分。

四、在不影响第十七条第七款规定适用的情况下，双学士学位课程的其他凭证文件上只载明课程名称以资识别，而已修科目则只载于有关课程的学历证明内。

五、授予双学士学位的课程的入学和完成课程且成绩及格的条件，须载于有关规章，并须根据订定学分制高等教育制度的法规制定。

第二十条　硕士学位

一、完成高等院校开办的硕士课程且成绩及格后，可授予硕士学位。

二、硕士学位的授予证明获授予者在某一专业范畴内具高水平的知识及发挥该等知识的能力，并在与所属专业范畴相关的广泛及跨专业领域内，具备了解及解决问题的能力。

三、硕士学位课程的名称为在有关课程的学习计划内所载者，其须与有关的专业、学术领域及知识范畴相对应。

四、硕士学位课程为期至少18个月，而授课期一般至少为12个月，最多为24个月。

五、根据学习计划和相关规章规定，于授课期完结后，硕士学位课程成绩及格可取决于撰写及提交一篇专为该目的且属科研性质的原创书面论文，以进行公开答辩，或撰写一篇原创项目报告，又或在参与专业实习后，提交总结报告。

六、论文、项目报告或实习报告的撰写以及实习的进行由下列任一教师指导：

（一）本院校或其他院校具有相关学术领域的博士学位的教师；

（二）不具有相关学术领域的博士学位，但经开办课程的高等院校的学术及教学机关事先验证的教授、副教授或具有同等职称的教师。

七、高等院校须指定不少于6个月的期间以便提交第五款所指的论文、项目报告或实习总结报告，但不影响硕士生主动提前提交。

八、报读硕士学位课程者，须具有学士学位或经开办课程的高等院校的学术及教学机关为有关升学目的而认可的同等学力，且亦可被要求具有其他知识或专业经验。

第二十一条　博士学位

一、完成博士课程且博士考试成绩及格后，可授予博士学位。

二、博士学位的授予证明获授予者具备进行有意义的及原创的研究，包括构思、计划及编撰等能力，且能符合按照学术素质及完整性的标准所定的要求，以及具有批判性分析、评估及综合崭新及深度思维的才能，并能与同行、学术界及整体社会就有关专业范畴的事宜进行沟通。

三、博士学位课程名称为在有关课程的学习计划内所载者，并须与相关专业、学术领域及知识范畴相符。

四、博士学位课程一般为期三个学年。

五、第一款所指为取得博士学位的考试，包括撰写及提交一篇专为该目的，且符合有关知识或专业范畴性质的原创书面论文，并进行公开答辩。

六、除上款的规定外，取得博士学位尚可取决于在有关博士学位课程学习计划所载的各项目的评核中成绩及格。

七、经所属高等院校许可后，博士生可从具有相关专业领域的博士学位的教师、教授、副教授或其他具有同等职称的教师中，选择其研究工作的导师。

八、报读博士学位课程者，须具有硕士学位或经开办课程的高等院校的学术及教学机关为有关升学目的而认可的同等学力，或具有学士学位且成绩“优异”。

第二十二条 副学士文凭

一、副学士文凭课程是指根据学分制开办的、为期至少两个学年的课程。

二、副学士文凭课程须根据制定学分制高等教育制度的法规及其他适用法例的规定开办及设置。

三、完成副学士文凭课程且成绩及格者，如获有关高等院校认可其具有同等学力，可申请入读与该文凭所对应的同一知识范畴的学士学位课程第三年级。

第二十三条 主修及副修

一、主修是指根据学分制开办的学士学位课程内特定知识领域专业培训的核心部分。

二、副修是指根据学分制开办的学士学位课程的附加计划，其所属知识领域须与主修不同，且取得学士学位与否不取决于副修。

三、主修及副修应遵守的组成方式及其他条件，由制定学分制高等教育制度的法规规定。

第四章 教学人员

第二十四条 教学人员资格

一、具有博士学位、硕士学位或同等学力者，则具备从事高等教育教学工作的资格。

二、参与教授某一课程的教学人员所具有的学位不得低于该课程所授予的学位，但不影响下款规定的适用。

三、不具备以上两款所指的学历，但符合下列任一条件者，经有关高等院校申请、高等教育范畴的主管部门批准，亦可从事高等教育教学工作：

（一）因具专业经验或其他资格而获推荐从事高等教育教学工作者；

（二）获有关高等院校学术及教学机关确认具资格从事高等教育教学工作者。

四、高等院校的教学人员从事的活动属公共利益活动。

第五章　学生

第二十五条　高等教育的入学条件

一、高等院校在制定各项高等教育课程的入学条件时，尤须考虑澳门特别行政区的教育、文化及学术水平的提高，以及确保教学质量的需要。

二、完成三年制高中教育且成绩及格或具同等学力者，方可入读高等教育课程。

三、高等院校可开办一年制的预备课程，以供已完成高中教育但不符合上款所规定条件的学生修读。

四、除以上数款所规定的入学条件外，各高等院校均可制定特别条件，尤其包括进行入学考试，以及修读高等教育课程的授课语言的先修课程。

五、不符合以上数款所规定的入学条件且年满 23 岁者，经证实具有相关能力，尤其是在特别考试中成绩及格，可入读高等教育课程。

六、资优学生如由所就读的中学推荐并获高等院校学术及教学机关批准，即使未完成中学教育，亦可入读高等教育课程；高等院校须将有关个案附同适当的文件提交高等教育范畴的主管部门，以备确认。

第二十六条　入学登记及注册

一、下列人士须办理入学登记：

（一）首次修读高等教育课程者；

（二）曾中断学习而丧失学生身份者；

（三）申请转读另一所高等院校且获该院校批准者。

二、注册使已办入学登记的学生能修读有关课程的科目，且在所有修读制度中，注册均属强制性。

第二十七条　学生类别

一、高等教育的学生可分为下列类别：

（一）全日制课程学生；

（二）非全日制课程学生。

二、全日制课程学生是指注册就读由澳门特别行政区高等院校开办的高等教育课程的学生，而该等课程的出勤及评核制度规定学生必须参与指定数量的课堂及其他教学活动。

三、非全日制课程学生是指注册就读由澳门特别行政区高等院校开办的高等教育课程的学生，而该等课程的出勤及评核制度不要求学生必须参与指定数量的课堂及其他教学活动，或指注册就读校本部设在外地的高等院校在澳门特别行政区开办的高等教育课程的学生。

第二十八条　流动

一、学生可于高等院校间流动。

二、为使学生能修读高等院校所开办的高等教育课程，高等院校可认可本校或其他高等院校所开办的课程的修读期、科目或学分。

三、各高等院校须制定关于学生流动、学分认可及认证，以及高等教育课程修读期或科目认可的规章。

第二十九条　参与学术活动

一、在适合同步开展学术活动的条件下，高等院校可举办教学及学术研究范畴的学术活动，促进修读学士学位或学士学位以上程度的全日制课程的学生参与。

二、为取得数据以供核查及管理之用，高等院校应建立及持续更新学生参与上款所述学术活动的资料库，其内尤须载明下列数据：

（一）学生的身份资料；

（二）学术活动及每周参与时数的说明。

三、高等院校须提供途径，让负责核查及管理学术活动的部门可即时取得参与学术活动的学生的相关资料。

四、学生参与学术活动的每周时数不得超过 15 小时。

第三十条　实习

一、同时符合下列条件时，学生方可进行实习：

（一）正在修读学士学位或学士学位以上程度的课程；

（二）实习活动经所就读的高等院校安排或批准，并按课程学习计划进行。

二、高等院校有责任确保实习在适用法例规定的卫生及安全条件下进行。

三、高等院校不得向进行或参与实习的学生收取任何额外费用。

四、实习如在澳门特别行政区以外进行，高等院校须推动与在当地依法成立的其他高等院校或协办实体签订协议，明确制定双方的权利及义务，以及所有关于实习安排、指导人员、学生保险的事宜。

第三十一条 时效制度

一、学年结束时，如证实学生无法按规范高等教育事宜的法规订定的时效制度完成有关课程，则其入学登记及注册权利的时效完结。

二、上款所规定的时效制度不适用于硕士学位及博士学位课程的注册学生，该等课程的时效制度由高等院校的相关规章订定。

三、以上两款所指的时效制度应订定学生不能办理入学登记修读同一课程的最短期限，而在该期限届满后，学生只要在重新办理入学登记时符合报读相关课程的要件和条件，则可以重新办理该登记。

四、获核准根据学分制开办的课程，须遵循由订定学分制高等教育制度的法规所规范的专有时效制度。

第六章 资助、财产及收入

第三十二条 对高等教育的资助

一、对高等教育的资助包括：

（一）对公立高等院校的资助；

（二）对私立高等院校的财政援助；

（三）对高等教育素质评鉴制度的实施及运作的资助；

（四）对高等院校学生的财政援助。

二、在可动用的预算资金范围内，澳门特别行政区政府负责确保设立高等教育资助机制，其中包括高等教育基金。

第三十三条 高等教育基金

一、设立具有法律人格的高等教育基金，以提供第三十二条第一款所指的资助，但不影响其他公共实体依法提供资助。

二、高等教育基金享有行政、财政及财产自治权，并由高等教育范畴的主管部门提供技术及行政支持。

三、高等教育基金的组织、管理和运作通过补充性行政法规订定。

第三十四条 对公立高等院校的资助

一、澳门特别行政区政府在可动用的预算资金范围内，负责向公立高等院校提供运作所需的款项。

二、各公立高等院校负责编制及提出本院校的年度及跨年度的财政预算建议。

三、澳门特别行政区政府应根据公立高等院校的年度预算草案分析、中期发展计划及以往各财政年度活动的总结及报告，向院校给予拨款。

四、公立高等院校的经济及财政管理由下列计划性文件规范：

（一）年度及跨年度的活动计划以及财政计划；

（二）年度本身预算及有关调整。

五、上款所指的财政计划应预计所涉及期间的收支变化、预定的投资项目以及拟使用的资助来源。

第三十五条　公立高等院校的财产

由澳门特别行政区政府、其他公共或私人实体给予公立高等院校以实现其宗旨的资产及权利，构成公立高等院校的财产。

第三十六条　公立高等院校的收入

公立高等院校的收入如下：

（一）源自本身资产或享有收益权的资产的收入；

（二）学费收入；

（三）提供服务及售卖出版物的收入；

（四）津贴、补贴、共享收入、赠予、遗产及遗赠；

（五）源自知识产权、工业产权及专门知识让与的收入；

（六）储蓄存款利息；

（七）以往各年度管理账目的结余；

（八）费用、手续费、罚款的所得，以及依法获得的其他收入；

（九）信贷收入；

（十）源自澳门特别行政区或外地的公共或私人基金的援助；

（十一）澳门特别行政区财政预算的拨款。

第七章　高等教育的素质保证

第三十七条　素质评鉴的范围及组成

一、所有高等院校，不论其法律性质，以及所有高等教育课程，均须受澳门特别行政区高等教育素质保证机制，尤其是高等教育素质评鉴制度约束。

二、高等教育素质评鉴的组成如下：
（一）院校评鉴，分为院校认证及院校素质核证；
（二）课程评鉴，分为课程认证及课程审视。

第三十八条　素质评鉴的原则

高等教育素质评鉴须遵循公平、客观、公正无私及公开的原则。

第三十九条　素质评鉴的宗旨

素质评鉴旨在促进本地高等教育的发展，鼓励提高学术活动的素质，提升高等教育的学术、教学及研究水平，以及确保高等教育课程的品质及持续改进。

第四十条　高等教育素质评鉴制度

高等教育素质评鉴制度由补充性行政法规订定。

第八章　私立高等院校的设立及关闭

第四十一条　私立高等院校的设立

一、合规范设立的社团或基金会私法人，可获许可设立高等院校。
二、在下列情况下，合规范设立的公司法人，亦可获许可设立高等院校：
（一）开办教育的学术领域与公司所营事业范围内的活动有直接关系；
（二）有关教育活动相对于公司所营事业的活动具有从属性质。

第四十二条　许可

一、行政长官具权限许可设立私立高等院校。
二、上款所指的许可须以行政命令作出，且仅在有关行政命令公布于《公报》后，方产生效力。
三、许可申请须于高等院校预计开始运作之日前至少9个月向高等教育范畴的主管部门提交，并附具高等教育法例规定的文件及数据。
四、对设立私立高等院校的许可申请所作出的决定，可依法提起上诉。

第四十三条　认可

一、拟设立高等院校的私法人，应依法申请相关院校的认可。
二、行政长官具权限认可私立高等院校。

三、私立高等院校的认可须以行政命令作出，且仅在有关行政命令公布于《公报》后，方产生效力。

四、为认可私立高等院校，申请实体须向高等教育范畴的主管部门提交申请，并附具高等教育法例规定的文件及数据。

五、本条所指的认可申请可与上条所指的申请同时提出。

六、许可首批课程开始运作的申请可与许可设立私立高等院校的申请及有关认可的申请同时提出，并必须在申请设立该院校后的3年内提出。

七、在第三款所指的行政命令公布后，私立高等院校须根据高等教育法例的规定，于高等教育范畴的主管部门办理有关登记，以获发所需的执照。

八、对私立高等院校的认可申请所作出的决定，可依法提起上诉。

第四十四条　院校拥有人

一、根据本法律的规定设立高等院校的私法人，为相关院校的拥有人。

二、私立高等院校的拥有人通过其代表，或其行政或领导机关行使下列职权：

（一）创造及确保院校正常运作的条件；

（二）为院校制定组织及运作章程；

（三）最终负责院校的经济及财政管理；

（四）根据院校章程的规定委任及替换院校各机关的成员；

（五）委任其在院校各机关的代表；

（六）经咨询院校管理及行政机关并取得有关意见后，聘用院校人员。

三、拥有私立高等院校的私法人，须就有关院校运作及院校机关所作出的行为承担民事、刑事及财政上的责任；院校本身不具法律人格。

四、私立高等院校的拥有人行使其本身职权时，不得妨碍有关私立高等院校的学术及教学自主权。

第四十五条　院校章程

一、在不影响第十一条规定适用的情况下，私立高等院校的章程须定明有关院校的目标及组织架构。

二、私立高等院校的章程尚须载明院校的学术、文化及教学规划，并确定院校与其拥有人之间的关系。

三、私立高等院校的章程及其修改须由院校拥有人核准及第十二条第一款所指的机关内部核准，但该内部核准仅限于该等机关已符合规范设立时，方能为之。

四、私立高等院校的章程及其修改由公布于《公报》的行政长官批示确认。

第四十六条　自主权

私立高等院校在本法律及其他适用法例所载的强制性规定及原则的范围内享有自主权。

第四十七条　管理

拥有人及私立高等院校在各自章程所定的管理制度，应遵循学术及教学性质的机关、行政及财政性质的机关的自主原则。

第四十八条　自愿关闭

一、在保障学生利益的前提下，私立高等院校的关闭及课程的停办，通过停止办理各课程一年级的入学登记为止，并仅在为期最长的课程所需期间再加两年后才实现，但属经适当说明理由且获监督高等教育范畴的司长以公布于《公报》的批示认可的例外情况除外。

二、自愿关闭私立高等院校及停办已开办的课程的意向，须由有关拥有人于拟开始停止接受入学登记的学年开始之前至少一年通知监督高等教育范畴的司长。

三、按以上两款规定关闭私立高等院校，由监督高等教育范畴的司长以公布于《公报》的批示宣告；对该行为，可依法提起上诉。

第四十九条　自动关闭

一、在不影响学生的正当利益下，如私立高等院校的拥有人消灭或解散，便自动关闭该院校及停办其开办的课程，但有关院校有效移转予其他拥有人的情况除外。

二、上条规定经适当配合后，适用于上款所规定的院校自动关闭及停办。

第五十条　强制关闭

一、如私立高等院校在教学质量明显下降或严重违反本法律规定的条件下运作，行政长官可通过以行政命令公布具理由说明的决定，命令强制关闭该院校或停办其开办的课程。

二、在作出强制关闭院校或停办其开办的课程的决定前，须在为此开展的调查程序中确切证实存在上款所指的情况，并对利害关系人进行听证。

三、如出现第一款所指的情况，行政长官须采取必要措施保障学生的利益。

四、第一款的规定不影响追究私立高等院校的拥有人的民事及刑事责任。

五、利害关系人对第一款所指的行为，可依法提起上诉。

第五十一条　保管文件

一、在第四十八条第三款所指的批示或上条第一款所指的行政命令中，指明负责保管关闭的私立高等院校的基本文件的实体。

二、如有利害关系人申请取得已关闭的私立高等院校运作期内的任何文件，由上款所指实体负责发出有关文件。

三、为适用本条的规定，基本文件是指私立高等院校开展的各项教学及行政活动相关的文件，尤其是院校机关的会议记录簿册、院校的账目记录、教师的合同、教学活动簿册、学生成绩登记册及学生个人档案。

第九章　非本地高等教育课程

第五十二条　标的及范围

一、本章的规定适用于校本部设在外地的高等院校在澳门特别行政区从事的高等教育活动，尤其是开办授予学位、文凭或证书的高等教育课程。

二、上款所指课程须通过澳门特别行政区的本地实体协助开办，尤其是教育及研究性质的实体，教学方式以面授为主，并可辅以遥距教学。

三、上款所指遥距教学以特殊的媒介、方法和技术上课，在课堂上学生使用预先指定的教材，而学生与负责教学管理的本地实体均应保持定期联系。

第五十三条　利益的确认

一、校本部设在外地的高等院校如拟在澳门特别行政区开办高等教育课程，须预先获行政长官确认该课程对澳门特别行政区有利；确认申请须向高等教育范畴的主管部门提交。

二、上款所指的确认申请应附具高等教育法例规定的数据、课程开始运作的许可申请，以及关于协办实体提供的教学设施的识别数据和课程所用设备的说明资料。

三、为适用上款的规定，如申请未附具适当文件，院校须于收到有关通知之日起 30 日内，将所要求的一切文件送交高等教育范畴的主管部门，否则行政长官初端驳回有关申请。

第五十四条　课程运作

一、校本部设在外地的高等院校应为拟开办的课程申请开始运作的许可。

二、就确认对澳门特别行政区有利及许可课程开始运作，行政长官可要求拟开办的课程所属范畴的专家提供意见，以便为有关决定提供依据。

三、第一款所指的院校于澳门特别行政区开办的课程应与在其校本部所在地已开办的课程相同，并须确保有关课程具相同的素质及科学、学术与教学的严谨性，但可因应具体情况作出符合澳门特别行政区实况的必要配合。

四、如修改根据本章的规定获许可的课程，须获行政长官预先许可，且有关修改由经必要配合后的以上数款规定规范。

五、非本地高等教育课程受高等教育素质评鉴制度对该类型课程所作出的规定规范。

第五十五条　公布

一、本章所指的确认、许可及修改课程的批示，须公布于《公报》。

二、上款所指的批示尤应载有下列资料：

（一）开办课程的高等院校名称及其设在外地的校本部地址；

（二）协办实体的名称和地址，以及指明关于授课地点的所有数据；

（三）拟开办的高等教育课程的名称及课程所颁授的证书、文凭或学位名称；

（四）课程的学习计划；

（五）学术活动开始的预计日期。

第五十六条　失效及废止

一、如嗣后欠缺为确认课程对澳门特别行政区有利所依据的事实或法律前提，则该确认失效。

二、课程运作的许可在下列任一情况失效：

（一）自作出许可批示之日起两年内，获许可的课程没有开始运作；

（二）连续两个学年未招收新生或招生人数不足以支持课程的运作。

三、如不遵守法定要件或欠缺许可课程运作所依据的学术与教学前提，则废止有关课程运作许可。

第十章　处罚制度

第五十七条　处罚

一、违反本法律的规定构成行政违法行为。

二、过失行为亦予处罚。

三、对校本部设在澳门特别行政区的私立高等院校的拥有人或院校机关因违反本法律的规定而作出的行政违法行为，向拥有人科下列处罚：

（一）违反第四十四条的规定，拥有人以作为或不作为方式不履行或瑕疵履行其职权或义务，科澳门币15万～50万元的罚款。

（二）科澳门币30万～75万元的罚款：

(1) 违反第二十四条第一款至第三款的规定，由不具备合适资格或未经适当许可者从事教学工作；

(2) 违反第四十五条的规定而实施章程；

(3) 违反第四十八条第一款及第二款的规定，不遵守院校自愿关闭或停办课程的通知期限或程序规则。

（三）科澳门币50万～150万元的罚款：

(1) 违反第十二条的规定，高等院校在欠缺强制设立的机关或该等机关组成不符合规范的情况下运作；

(2) 违反第十五条的规定，在将登记的通告公布于《公报》前，课程已经运作；

(3) 违反第四十二条第三款，第四十三条第一款、第四款及第七款的规定，未获许可、认可或所需执照而设立或运作高等院校；

(4) 违反第四十三条第六款关于课程开始运作的规则及程序。

四、对校本部设在外地而在澳门特别行政区开办高等教育课程的高等院校或本地私人协办实体所作出的行政违法行为，向该本地私人协办实体科下列处罚：

（一）科澳门币30万～75万元的罚款：

(1) 违反第二十四条第一款至第三款的规定，由不具备合适资格或未经适当许可者从事教学工作；

(2) 违反第四十八条第一款及第二款的规定，不遵守停办课程的通知期限或程序规则。

（二）科澳门币50万～150万元的罚款：

(1) 违反第五十三条第一款及第二款的规定，在获预先确认课程对澳门特别行政区有利前，在澳门特别行政区开办高等教育课程；

(2) 违反第五十四条第一款及第四款的规定而开办高等教育课程。

第五十八条　职权

一、科处本法律所定的处罚属行政长官的职权。

二、高等教育范畴的主管部门具下列职权：

(一) 执行本法律及监察其遵守情况，并就本法律所定的行政违法行为提起程序及组成卷宗；

(二) 核查高等院校正常运作的要件及前提是否存在及维持，以及采取适当的措施。

第五十九条　罚款的归属

科处本法律所规定的处罚所得罚款金额拨归高等教育基金。

第十一章　过渡及最后规定

第六十条　过渡规定

一、如高等院校尚未设立第十二条第一款（一）项所指的机关，须自本法律生效之日起一年内设立该等机关。

二、本法律适用于在其生效之日仍待决的核准课程的申请及许可设立高等院校的申请。

三、如现有的私立高等院校的运作完全符合本法律及其他适用法例的规定，高等教育范畴的主管部门须向其发出第四十三条第七款所指的执照。

四、在本法律生效之日仍然运作的由澳门特别行政区高等院校开办的授予高等专科学位的课程须停办；有关停办事宜适用经必要配合后的第四十八条第一款规定，而该等课程则受原先法例规范直至完成落实停办事宜。

五、本法律的规定不影响澳门特别行政区的高等院校根据原先法例规定颁授的高等专科学位的有效性。

第六十一条　排除适用

一、本法律的规定不适用于仅开办神学课程的宗教性质的院校及培养神职人员的院校，不论属何种宗教信仰。

二、澳门保安部队高等学校所开办的警官或消防官培训课程，受专有法规规范，但不影响须遵守本法律所定的原则。

第六十二条　主管部门

本法律赋予高等教育范畴的主管部门的职权由高等教育辅助办公室行使，直至重组该办公室的组织法规指定新的实体为止。

第六十三条　补充规范

执行本法律所需的补充规范，由行政长官核准。

第六十四条　废止

废止：

（一）2月4日第11/91/M号法令，但该法令第六条第三款至第五款、第七条、第二十一条、第二十七条、第三十六条、第四十条第二款及第四款，以及第四十一条的规定继续生效，直至被适用的高等教育法例替代为止；

（二）2月10日第8/92/M号法令；

（三）8月16日第41/99/M号法令，但该法令第三条第二款及第四条的规定继续生效，直至被适用的高等教育法例替代为止。

第六十五条　生效

本法律自公布后满一年起生效。

2017年7月27日通过。

立法会主席 贺一诚

2017年7月31日签署。

命令公布。

行政长官 崔世安

附录一　《高等教育制度》法规修订第一次公开咨询说明[①]

高等教育辅助办公室

2004年5月6日

澳门当代高等教育发展迅速，由1981年出现第一所高等学府至今，已有10所高等院校，开办的高等教育课程达200多门。10所院校的办学宗旨和规模各有不同，各个课程的设置、学制、修读形式和要求也各有差异。而进入21世纪，世界高等教育发展进入新阶段，种种趋势令规范澳门高等教育制度的第11/91/M号法令部分条文显得不合时宜，不能适应社会的实际情况和发展需求，须进行修订。

一、咨询过程

澳门特别行政区政府于2000年邀请了香港大学一组专家全面研究澳门高等教育发展策略，并于2001年公布研究结果，提出43项建议。其中部分改革建议，特别行政区政府决定通过修订高等教育法律加以落实；同时，澳门各高等教育机构对现行高等教育制度提出的种种意见，也可借着修改高教法，将其中被认为对澳门高等教育发展有利的建议吸纳至法律条文当中。

2002年，特别行政区政府着手研究高等教育法规的修订工作，于6月底，就修订第11/91/M号法令，首次向高等教育机构代表及有关人士咨询书面意见，并于同年9月召开第一次澳门高等教育机构代表咨询会议。在首阶段咨询以后，随即整理完成高教法草案征询意见稿，交各高等院校、高等教育界人士和法律专家研究。2003年，在收集各方意见后，特别行政区政府重新拟定《高等教育制度》法律草案，于8月中再次向高等教育机构及相关人士咨询书面意见，并于同年9月举行第二次澳门高等教育机构代表咨询会议。

---

① 澳门特别行政区政府自2000年开始进行高等教育制度法律修订的研究及咨询工作，2017年最终完成法律的修订。其间，曾先后于2004年6月6日至7月6日和2005年8月13日至9月12日进行两次面向全体市民的公开咨询。

二、公开咨询方式

经过两阶段的咨询①及相关部门多次内部会议后，《高等教育制度》法律草案已初步草拟完毕，现展开第三阶段为期一个月的公开咨询（至 2004 年 6 月 6 日），向澳门市民广集意见。市民可于各高等院校、公立图书馆、高等教育辅助办公室查阅法律草案咨询意见稿，或于高教办网页下载电子文件，并以书面、电话或电子邮件方式向高教办提出意见。

三、修订要点说明

高教法修订文本分两部分：第一部分以法律制定高等教育制度总体原则和框架，第二部分以行政法规补足有关执行细则。前者以法律草案拟定，经立法会全体会议审议后颁布，这是考虑到高等教育制度与基础教育制度应具同等的法律地位和严肃性；而后者以行政法规公布，以便日后按实际情况作出修订。

本法律适用于澳门所有从事高等教育活动的公立及私立机构，共分 9 章。主要是重新制定高等教育机构的组织和运作、法律性质、学术与教学自主、学位与文凭证书、教师资格、入学条件、评审制度，以及私立高等教育特别规定等，并将部分不再适用的条文删除。

修订后的法律草案与原法令主要不同之处包括：

（一）规定高等院校须设立校董会，以加强院校自我管理和监督。（第六条第二款、第四十九条）

（二）因应澳门情况及国际上的趋势，订明高等教育机构可开设副学士课程、双学位及第二学位课程，以及制定学分制度。（第十三条第二款、第三款，第十四条，第十六条第四款第二项）

（三）为确保教学素质，对攻读硕士和博士的年期作出了规定。（第十七条第四款、第十八条第三款）

（四）将入读高等教育课程的条件，统一为学历不低于十二年级的中学毕业生，以及增加录取资质特优学生的规定。（第二十五条第三款、第九款）

（五）取消同一学年不得在一个以上高等教育课程报名及注册的规定，以加

---

① 此处所说的“两阶段的咨询”，指上文所提到的两次与澳门高等教育机构代表及相关人士的咨询，实为业界范围内的咨询。下文提到的“第三阶段”公开咨询，实为第一次面向澳门市民的公开咨询。

强院校自主。（删除原法令第二十五条）

（六）为加强院校自主，高等教育机构可自行认可国际或区域间承认的文凭或证书，并取消对颁授同等学力的有关规定。（修改第二十五条第五款，删除原法令第三十条）

（七）设立协助发展高等教育及援助学生的基金。（第三十一条）

（八）落实高等教育评审制度，以评估高等院校的运作和教研素质。（第三十二条）

（九）将公立院校聘用人员的制度与公职制度脱钩，以落实院校更大的自主权。（删除原法令第三十三条第七款）

（十）有关申请开办私立高等教育机构的期限，及所有高教课程申请运作的期限，不论是提出申请或政府作出决定的期限，皆由原来的 6 个月延长到 9 个月，以确保有充足时间咨询专家意见。（第三十五条、第三十六条）

四、结　语

高等教育是澳门教育制度重要的一环，其目的是在基础教育之上，为社会培养各种高层次专门人才，促进创新知识和发展科学技术，以推动社会的整体发展。这次高教法修订也因应澳门对人才的需求、澳门整体发展的动向而进行，既参考邻近地区的高等教育经验，也顾及澳门高等院校的实际情况。法律修订的指导原则是依循澳门特别行政区政府对高等教育的施政方针，即致力维持学术自由、院校自主，支持高等教育多元化发展，以及提高教学素质。随着高教法的修订完成，以及将来的颁布实施，澳门特别行政区政府期望可响应社会大众的要求，而澳门的高等教育也可循序渐进地、按部就班地稳健发展。

附录二 《高等教育制度》法规草案展开第二次公开咨询（新闻稿）①

高等教育辅助办公室
2005 年 8 月 13 日

鉴于规范澳门高等教育制度的第 11/91/M 号法令已实施 10 余年，部分条文显得不合时宜，不能适应社会的实际情况和发展需求，须进行修订。有关法规修订于 2002 年开始，高等教育辅助办公室（简称高教办）经多次咨询高等院校及有关人士意见，于 2004 年 5 月拟定《高等教育制度》法律草案及补充规定行政法规草案，并进行第一次公开咨询。在征集各方意见后，高教办经再作研究，重新拟定有关法规修订咨询意见稿，现再展开为期一个月的第二次公开咨询，再向澳门市民广集意见。

修订后的法律草案与原法令主要不同之处包括：订明建立评审机制，以评估高等院校的运作和教研素质；规定高等院校须设立校董会，加强院校自我管理和监督的机制；制定课程的核准及确认制度；因应澳门情况及国际上的趋势，列明高等教育机构可开设副学士文凭、双学士学位及第二学士学位课程，并订定相关制度；将入读高等教育课程的条件，统一为学历不少于十二年级的中学毕业生，以及增加录取特殊天资学生的规定；设立高等教育发展及学生援助基金，统一规划和管理用于发展高等教育及援助高等教育学生的资金；另外，为确保教学素质，对攻读硕士和博士的年期作出了规定；制定硕士及博士学位名称须配合其教学类型，以及将个别公立院校聘用人员的制度与公职制度脱钩，以落实加强院校自主等。

第二次公开咨询的法律草案文本已送往澳门各高等院校、各公共图书馆、教育委员会委员及相关人士，市民可于各公立图书馆或高教办查阅，亦可于高教办网页查阅及下载电子文件。有关意见宜以书面或电子邮件的形式于 2005 年 9 月 12 日前向高教办提出。

---

① 第二次公开咨询的《高等教育制度》法规草案咨询意见稿（2）包括第一部分《高等教育制度》（法律草案），以及第二部分《高等教育制度补充规定》（行政法规草案）。

附录三　《高等教育制度》法规草案第二次公开咨询意见汇编[①]

高等教育辅助办公室

2009 年 9 月

有关条文	意见	提意见者	备注
第三条 组成	建议草案第三条第一款“高等教育包括大学教育和高等专科教育”的定义写得更具体，明确是否将副学士文凭、一般文凭、证书等课程列入高等教育范围。	教育暨青年局	书面
第四条 高等院校的章程	草案第四条第二款提到院校章程的制定及修订，须经行政长官核准，并刊登于《澳门特别行政区公报》后方产生效力。这似乎与第七条第一款“公立高等院校是公法人，并享有制定章程……的自主权”互相矛盾。	谢志伟	书面
	草案第四条第三款规定：“在例外情况下……可以许可在一定的时期内降低上款所规定的要求。”“降低”略含贬义，建议改为“豁免部分或全部……”。	镜湖学院	书面
第五条 章程的必备内容	草案第五条第一款内“计划”一词应予删除，因为“计划”是每年一度的文件，而非属“内部组织”。	谢志伟	书面
第六条 机关	第六条“机关”中，对高等院校的校（院）长的职权没有作出规定，这显得校（院）长的职权不重要。新高教法应对校（院）长的职权作出较为原则性的规定。	公开大学	书面
第七条 高等院校的法律性质	保安高校是按专门法规所规范，并没有财政自主权以及本身财产，其法律性质亦有别于其他公立高等院校，故该校无法完全遵守第七条第一款、第十一条以及第十二条之规定。	保安高校	书面

① 来源：高等教育辅助办公室，2019 年改为高等教育局。

续表

有关条文	意见	提意见者	备注
第十二条 行政及财政自主	应将草案第十二条第二款第四项的“遗产”一词删掉,因“遗产”应由继承人承受,如继承人将“遗产”捐给院校,则可用“遗赠”。	公开大学	书面
第十三条 课程的核准及认可	除开办可衔接高等专科学位课程的补充课程或学士学位课程外,高等院校亦开办一些提升个人素质或个别行业专业水平的课程,有关课程在设计上无意衔接前述之学位课程,故认为这些课程不应受第十三条所规范。	管理学院	书面
第十四条 学位、文凭及证书	因应草案第十四条第三款的副学士文凭与学士学位课程的衔接,建议考虑订立副学士文凭课程与高等专科学位课程之间的衔接机制。	教育暨青年局	书面
	“完成副学士文凭课程者……可申请入读符合该文凭所述专业……”,文凭与学位相比,文凭的地位较低,与邻近地区的副学士学位不同。就名称而言,可用回副学士学位,此原则与“专科学位”相似。为避免混淆,可于证书上添加“副学士证书课程”。	镜湖学院	书面
第十八条 学士学位	草案第十八条第六款规定:“为修读某一知识领域的课程,报名者除须具有必需的学历外,亦须具有适当的专业经验。”由于此条文应用于学士学位课程,而修读学士课程的学生又多为中学毕业生,报名时大多数学生没有适当专业经验,未知此条文如何“有利于招生工作”。	谢志伟	书面
	这条关于学士学位的入学要求,似乎难以实施,因为一般 17～19 岁的报读者都没有足够的专业经验。	校际学院	书面

续表

有关条文	意见	提意见者	备注
第十九条 硕士学位	草案第十九条第一款提及"及格完成公立或私立高等院校的硕士研究生课程者……",硕士课程一般有两种,一种以研究为主,另一种以修读课程为主,故"硕士研究生"一词可能只规范了研究型的硕士学生而排斥了修读型的硕士学生,故建议删除"研究生"三字。	镜湖学院	书面
	草案第十九条第七款,多数国家及地区已赋予专业经验可作学分计算,澳门亦应循此方向发展。	校际学院	书面
第二十条 博士学位	草案第二十条第二款规定:"博士学位的名称须与院校所涉学术领域相应,并须在博士学位证书上列明专业。"与邻近地区所实行的不同,一般博士学位课程有两种,一为以研究为主,通称哲学博士(即 Ph. D.),而此学位一般不列明专业;另一修读课程者,则会列明专业,故建议删除"并须在博士学位证书上列明专业"一句。	镜湖学院	书面
	草案第二十条规定修读博士课程的学生须由具有相同领域的博士学位之教授来指导。这一规定只是表面上合理,因很多学者的研究范畴与其取得的博士学位的学术范畴不同,所以建议将导师的资格修改为由学生所修读专业领域内具有公认资格的专家担任。	校际学院	书面
第二十三条 学籍制度	草案第二十三条提及"在职学生",因该院校学生在入读时大多在日间工作,利用工余时间修读课程,在分类上归"在职学生",但当他们失业或待业时,若仍归类"在职学生",则与事实不相符,故提议采用更恰当的名称,如"工余学生"或"兼读学生"等。	管理学院	书面
第二十六条 高等教育的入学条件	年长学生即使不具高中毕业,仍可入读学士学位课程,但很多拥有多年管理经验的,欲入读专业课程(如 MBA)而受阻。有很多地区均会对专业经验授予学分,澳门亦是时候提升公私营机构的领导人才水平了。	校际学院	书面

续表

有关条文	意见	提意见者	备注
第二十九条 学生福利	第二十九条标题“学生福利”，福利涉及面较广，包括房屋、医疗及交通的津贴，建议将“福利”改为“资助”。	镜湖学院	书面
第三十九条 非适用范围	由于保安高校是保安司司长辖下的一个局级部门，并非私立高等教育机构，故原法令第五十七条之条文并不适合转入本草案第九章私立高等教育的特别制度内，建议于第二章“高等院校的组织及运作”第三条“组成”第四款增加：“澳门保安部队高等学校所开设的培训警官/消防官高等课程由专门法规规定，但不妨碍本法律所规定的一般原则的第八条至第十条。”	保安高校	书面
第四十八条 处罚	修改草案第四十八条内的内容，因为： 1. 草案中没有提及公立高等院校的校(院)长因工作上的过错而使学生的正当利益遭受损失，或对社会造成不良影响，应承担法律责任。但对私立高等院校的所有人违反高教法及其他适用于私立高等院校的法例，构成违法行为，却有 5 项条款规定其法律责任，甚至要追究刑事责任。这样规定似乎有失公平。 2. 罚款的幅度应为细则性问题，放在《高等教育制度》法律中有些不合适，应放在《高等教育制度补充规定》行政法规中。	公开大学	书面
补充规定 第三条 高等院校的运作	为避免保安高校受到双重法规之规管，建议增加非适用范围条文，内容为：“保安部队高等学校须受专门法规规管，故不适用于本补充规定，但不妨碍第八条之规定。”	保安高校	书面
补充规定 第七条 课程的开始及运作	课程的审批应迅速进行，将新办课程或修订课程的审批期限延长至 9 个月似乎太长，这会不利于整个高等教育的更新和提升，亦会延迟课程的运作(某些情况下会延迟至 2 年)。	校际学院	书面

续表

有关条文	意见	提意见者	备注
其他	法律草案中多处提到的"上诉",是一个专用的法律概念。"上诉"是对法院的裁决不服而向上级法院或上诉法院提起的诉讼行为。故在高教法条文中不宜用"上诉"一词。	公开大学	书面
	对是次咨询意见稿没有新的意见或建议。	理工学院	书面
	对是次咨询意见稿不持反对意见。	旅游学院	书面
	认为在立法会选举期间,应取消禁止政团在校内宣传的规定。	Albert Wong	电子邮件

附录四　　提交立法会之理由陈述

规范澳门《高等教育制度》的第11/91/M号法令，于1991年生效，颁布至今已逾20年。澳门社会在这20多年间，特别是高等教育出现了重大变化，因此，为配合高等教育发展及社会人才的需求，有必要适时修订有关法规。

是次修订主要目的是配合世界高等教育的发展趋势，为提升澳门特别行政区高等教育素质及水平创建良好的条件，并向高等院校提供充足的资源及加强其自主性，让其更有效地为社会培育各类优秀人才。是次法规修改的方向和标的包括保障及持续提升教育素质，强化高等院校自身的管治水平，加大院校在办学及课程设置方面的自主性和灵活性，强化师资队伍，提升学生整体水平，以及为高等教育整体健康稳定的发展提供充足的资源保障。

经邀请专家组研究和多次与各高等院校沟通，以及先后两次向社会展开公开咨询，同时参考联合国教科文组织及世界银行对于打造一流高等教育的建议，以及借鉴高等教育发展较为成熟的国家和地区的经验，澳门特别行政区政府就《高等教育制度》法案提出以下几个方面的建议，盼能为澳门市民提供更优质的高等教育，推动社会发展以及提升澳门整体竞争力。

一、在教育素质保证方面

对教育素质的严格要求是高等教育政策的核心部分，评鉴是提升高等教育素质的重要手段之一。

为此，《高等教育制度》法案第七章“高等教育的素质保证”第三十四条至第三十七条规定，设立高等教育评鉴制度，包括对院校及课程作出评审及素质核证两部分。院校及课程评审的目的是推动澳门本地高等教育的发展，确保院校的良好运作及管理，以及所开办的课程达到国际认可标准。而课程素质核证的目的，则是通过检视及评审，确保新开办或现有课程的运作符合素质保证的宗旨。

此外，法案把现行监管外地高等院校在澳门本地从事教育活动的第41/99/M号法令的内容，以独立一章纳入法案的第九章当中，相关的非本地高等教育课程亦须受评鉴制度的规范，以保障在澳门开办的高等教育课程的整体质量。

二、在高等院校的管治方面

法案修订了高等教育的标的（第三条）及高等院校的职责（第五条），让高等院校的运作符合政府在院校素质、竞争力及未来在本地、区域及国际间发展方面制定的政策及方向。

高等院校除继续享有学术自主、教学自主，以及按其性质享有行政及财政自主权之外，法案还通过优化高等院校的性质及法律制度的规定（第六条），以及院校章程的相关规定（第十条、第十一条及第四十一条），赋予院校更大的灵活性，包括院校组织，以及院校本身在学术、教学、财政、行政及人事管理的自主性，从而加强高等院校的自主权（第七条、第八条、第九条、第四十三条）。另一方面，法案规定高等院校须设立多个机关，包括负责制定及执行院校发展方针的校董会，作为最高的管治机关［第十二条第一款第（一）项］。

由于现行第 11/91/M 号法令《高等教育制度》未就高等院校办学条件和资源制定具体要求、准则，亦没有具比较性或量化性的审订指标。因此，法案规定通过日后制定的《高等教育规章》更清晰及具体地列明开办高等教育院校、开设高教教育课程的各项条件，以及院校、课程及学生管理的相关要求（第十四条第一款、第三十九条第三款、第四十条第四款、第五十条第二款）。

与此同时，法案亦明确指出，公立高等院校属公法人，但不妨碍其设立法规或相关修改的特别规定的适用，而在任何情况下，公立高等院校的拥有权及财产均属于公产（第六条第一款）。

另外，由于现行第 11/91//M 号法令《高等教育制度》只规范在澳门从事高等教育活动的公立及私立教育机构的组织与运作，为配合澳门高等教育的发展，法案建议将法案适用范围扩大至澳门特别行政区以外开办课程的澳门高等院校的活动、组织及运作［第一条第（三）项］。

三、在课程设置方面

为配合国际高等教育的发展，让澳门高等院校能以更灵活的方式开设各类高等教育课程，法案建议增设学分制，增加学生的流动性。法案规定学生可于高等院校间流动（第二十八条第一款），院校可认可其本身或其他高等院校所开办课程的修读期、科目或学分（第二十八条第二款及第三款）。

学分制可使学生所取得的学分具有兼容性，同时可增加学生学习的选择性和流动性，并可作为澳门或其他地区高等院校间评定有关学历程度的客观基准。学生通过修读高等院校开设的学分制课程，在未完成整个课程的情况下，也可以用学分来衡量和累计部分学习成果，并可于将来在合适的时机进一步完成学业或继续深造。学分制不但为学生修读高等教育课程提供更多选择，而且有利于学生在不同专业、不同院校，甚至不同国家或地区间的流动。

另外，通过引入学分制（第十五条第三款及第五款），让高等院校在课程的设置上有更大的灵活性及自主性，除了目前学士、硕士及博士学位课程外，还可开办包括双学士、副学士文凭，主修及副修等多类型的课程（第十七条、第二十条及第二十一条），而硕士和博士学位课程亦可设定为授课型和研究型。

四、在强化师资队伍方面

法案规定，具有博士学位、硕士学位或同等学力者，具备从事高等教育教学工作的资格（第二十二条第一款）。除特定情况外，参与教授某一课程的教学人员所具有的学位不得低于所授课程的学位（第二十三条第二款及第三款）。

同时，法案亦把高等院校教学人员从事的活动定性为“公共利益活动”（第二十二条第四款），为其获得公共资源上的支持创设条件，以进一步提升院校的管理水平和师资力量。

五、在人才培养方面

法案新增了平等入学的条文，规定政府应创造条件让所有人接受高等教育，并使其不因国籍、血统、性别、种族、语言、宗教、政治或思想信仰、经济状况或社会条件而受到歧视（第四条）。

同时，为提高教育素质，法案建议将高等教育课程的入学条件调升为高中毕业（共13年的小学至高中教育）（第二十二条第二款），亦修订了资优学生入读高等院校的规定，让相关机制更具灵活性和可操作性（第二十二条第六款）。法案也建议，将具高中学历但经院校入学考试评核合格的人士的最低入学年龄，由现行法例规定的25岁下调至23岁，以鼓励更多有需要的人士修读高等教育课程（第二十二条第五款）。

为使大专学生有更广阔的视野及丰富的学习经验，学生可参与校内与教学及科研有关的活动（第二十四条）。例如：图书馆助理员和研究项目的助理，每周上限为15小时。另外，建议对学生的实习活动进行规范（第二十五条）。若课程设置中设有实习活动，院校须按照有关安排进行［第二十五条第一款第（二）项］。除此之外，在具有适当的实习场所安全与卫生要求，指导人员、学生保险方面的条件下，有关实习活动可在澳门以外地区进行（第二十五条第二款及第四款）。

六、在教育资助方面

在资源方面，法案优化了相关条文，在可动用的预算资金范围内，向高等教育提供资助（第三十条及第三十一条）。

为高等院校及大专学生提供资助及财政支持创设更好的条件，对评鉴制度的实施及运作提供资助，并建议设立高等教育基金（第三十条第二款及第三款）。基金资助对象包括高等院校及大专学生，一方面，通过政府对公立院校的直接拨款以及对私立院校的财政援助，为高等院校提供更多资源，完善教学设施、优化教学及科研条件。另一方面，设立奖助学金，支持澳门市民升学深造。除此之外，通过资助大专学生开展有助丰富学习经验、提升综合能力的活动，促进其全面成长。

以上皆为《高等教育制度》法案修订的主要方向，为配合该法案的实施，高等教育辅助办公室现正有序开展相关法规草拟工作，包括《高等教育规章》《高等教育评鉴制度》《学分制》《高等教育基金》《高等教育委员会》及《高等教育办公室的组织》。

高等教育肩负着培养人才的重要使命，在配合“一个中心，一个平台”的定位，推动澳门经济适度多元发展的施政理念下，特别行政区政府正努力建设一流的高校，以培养社会需要的各类优秀人才。为此，一套完善的高等教育法律制度，可为澳门创设更优质的就学条件、提升高等教育素质、促进澳门高等院校迈向优质水平打下稳固的基础。

第15/2018号行政法规
高等教育委员会

行政长官根据《澳门特别行政区基本法》第五十条（五）项及第六十六条的规定，经征询行政会的意见，制定本独立行政法规。

第一条　标的

设立高等教育委员会（以下简称“委员会”）。

第二条　性质和宗旨

一、委员会是澳门特别行政区政府的咨询机关。

二、委员会的宗旨：

（一）促进行政当局与高等院校或高等院校之间的沟通和协调；

（二）集社会各界力量，借参与、协调、合作和检讨，推动高等教育的发展。

第三条　职权

一、委员会具下列职权：

（一）就发展高等教育和制定相关政策发表意见；

（二）对高等教育素质保证机制发表意见，并提出建议；

（三）就修订高等教育的法例提出意见和交予委员会审议的法规草案发表意见；

（四）就高等教育课程是否配合社会的需要发表意见；

（五）就委员会应知悉或由主席所交予审议和讨论的高等教育事宜发表意见，并提出建议。

二、委员会应编制其活动的年度报告。

第四条　组成

一、委员会由下列人员组成：

（一）社会文化司司长，由其担任主席；

（二）高等教育辅助办公室主任，由其担任副主席；

（三）由社会文化司司长指定的高等教育辅助办公室副主任 1 名；

（四）社会文化司司长办公室代表 1 名；

（五）来自澳门特别行政区高等教育实体及与外地高等院校合办高等教育课程的澳门特别行政区社团的代表，最多 15 名；

（六）来自经济、文化、教育、青年、研究，以及高等教育范畴依法成立的社团的代表，最多 10 名；

（七）在高等教育范畴被公认为杰出的人士、专家或学者，最多 5 名。

二、主席可根据需要邀请对讨论的事宜具认识或经验的学者、专家及其他人士列席会议，但该等人士无表决权。

第五条　委任及任期

一、上条第一款（三）至（七）项所指的委员会成员，由公布于《澳门特别行政区公报》的社会文化司司长批示委任。

二、上款所指的委员会成员的任期为 2 年，可续期。

三、第一款所指的委员会成员在下列情况终止任期：

（一）委任期届满；

（二）被确定判决判罪，而有关判决影响其履行有关委任的适当性；

（三）连续超过三次缺席全体会议且缺席的理由不获主席接受。

四、因上款（二）及（三）项规定的原因而出现的空缺，由按照第一款规定重新委任的成员填补，而有关任期于被替代成员的原任期届满之日结束。

第六条　主席的职权

一、主席具下列职权：

（一）代表委员会；

（二）召集和主持全体会议；

（三）制定和核准全体会议的议程；

（四）行使委员会授予的职权，以及本行政法规及其他适用法例赋予的职权。

二、主席可将其职权授予或转授予副主席；但另有特别规定者除外。

第七条　副主席的职权

副主席的职权为：

（一）在主席不在、出缺或因故不能视事时，代任主席；
（二）行使主席授予或转授予的职权。

第八条　运作

委员会以全体会议及专责小组的方式运作。

第九条　全体会议

一、委员会的全体会议分为平常会议及特别会议。
二、全体会议必须在过半数成员出席的情况下，方可运作。

第十条　专责小组

一、委员会可议决设立专责小组，负责对高等教育的专题进行研究及讨论，并编制有关建议书和报告书。
二、专责小组属临时性质，由委员会主席指定最多 9 名成员组成，并指定其中 1 名成员为协调员。
三、委员会主席可邀请非委员会成员的专家及学者列席专责小组会议。
四、专责小组会议由有关协调员召集和主持。

第十一条　公布活动

每次全体会议后均须编制一份简略报告，主要载明会议所讨论的事项，并借传媒、互联网或其他适当方式将之公开发布。

第十二条　出席费

委员会的成员和第四条第二款及第十条第三款所指的与会者，有权依法收取参与会议的出席费。

第十三条　财政负担及行政辅助

高等教育辅助办公室负责承担由委员会的运作所产生的财政负担和提供有关行政技术辅助。

第十四条　修改第 6/1999 号行政法规

经第 3/2001 号行政法规、第 25/2001 号行政法规、第 35/2001 号行政法规、第 24/2004 号行政法规、第 25/2004 号行政法规、第 16/2007 号行政法规、第

23/2010 号行政法规、第 26/2013 号行政法规、第 27/2015 号行政法规、第 28/2015 号行政法规、第 18/2016 号行政法规、第 27/2016 号行政法规、第 29/2016 号行政法规及根据第 6/2017 号行政法规修改的第 6/1999 号行政法规《政府部门及实体的组织、职权与运作》第八条第二款所指的附件八修改如下：

附件八　（第八条第二款所指者）

（一）……

（二）……

（三）……

（四）社会文化司司长：高等教育委员会、非高等教育委员会、体育委员会、青年事务委员会、文化咨询委员会、社会工作委员会、总档案委员会、旅游发展委员会、健康城市委员会、妇女及儿童事务委员会、防治艾滋病委员会、长者事务委员会、禁毒委员会、复康事务委员会、慢性病防治委员会、文化产业委员会及文化遗产委员会；

（五）……

第十五条　生效

本行政法规自 2018 年 8 月 8 日起生效。

2018 年 5 月 4 日制定。

命令公布。

行政长官 崔世安

澳门特别行政区
第16/2018号行政法规
高等教育基金

行政长官根据《澳门特别行政区基本法》第五十条（五）项及第10/2017号法律《高等教育制度》第三十三条第三款的规定，经征询行政会的意见，制定本补充性行政法规。

第一条 标的

本行政法规规范高等教育基金（以下简称“基金”）的组织、管理及运作。

第二条 性质

基金为一在高等教育辅助办公室运作并享有行政、财政及财产自治权的公法人。

第三条 宗旨

基金的宗旨为执行澳门特别行政区政府有关资助高等院校及高等教育素质发展的政策，尤其：

（一）推动高等院校之间的良性竞争；

（二）促进高等教育的平等入学机会；

（三）配合高等教育的优先政策和高等院校的发展计划，提供资助及财政援助。

第四条 职责

基金的职责如下：

（一）支持高等院校的活动；

（二）就高等院校兴建院校设施和购买设备方面，提供财政援助并制定有关优惠贷款；

（三）资助学术研究计划；

（四）奖励或援助从事高等教育的教学或学术研究的人员；

（五）向高等教育学生发放奖学金、贷学金、助学金，以及提供优惠贷款或其他财政援助；

（六）援助代表高等教育学生的社团或其他相关组织所举办的活动；

（七）资助旨在完善和优化高等教育素质的计划；

（八）资助高等教育素质评鉴制度的推行和运作；

（九）支持举办有助促进高等教育发展的活动；

（十）履行法律赋予的其他职责。

第五条　监督

一、基金由社会文化司司长监督。

二、在不影响法律规定的其他职权下，社会文化司司长在行使监督权时，具下列职权：

（一）审阅本身预算及预算修改，并将之呈交主管实体核准；

（二）核准年度活动的计划及报告，以及年度管理账目及属其职权范围的预算修改；

（三）核准财务管理的计划及方针；

（四）在获授权的范围内，许可金额超过行政管理委员会具职权批准的开支、资助、财政援助，以及助学金、奖学金及其他援助；

（五）核准关于提供资助及财政援助、发放助学金、奖学金及其他援助的规章；

（六）向行政长官建议委任行政管理委员会的成员；

（七）制定指引和发出指令，以便基金履行职责；

（八）确认与其他公共或私人实体签订的协议及议定书；

（九）对涉及基金提供资助或财政援助、发放助学金、奖学金及其他援助的疑问，作出审议及决定。

第六条　法律、财政及财产的制度

一、基金受本行政法规及其他适用法例规范。

二、自治机构的制度适用于基金的财务管理。

三、基金的财产，由因履行其职责而取得的一切资产、权利及债务构成。

第七条 资源

基金的资源来自：

（一）澳门特别行政区财政预算的转移；

（二）任何公法或私法实体所给予的共享收入及津贴；

（三）因基金作出的行为、提供的服务或开展的活动而取得的有关手续费或费用的款项；

（四）因基金在其职责范围内提供的资助及财政援助，以及其发出的助学金、奖学金及其他援助而产生的有关偿还或退回的款项；

（五）第 10/2017 号法律《高等教育制度》第五十九条所指的罚款金额；

（六）依法运用本身可动用的资金以及本身或享有收益的财产所产生的利息及其他收益；

（七）以无偿、有偿或其他方式自行取得的一切动产、不动产及权利；

（八）根据法律、合同或以其他名义获给予的其他资源。

第八条 资源的运用

基金财政及财产的资源，用于履行本身职责及基金运作所产生的开支。

第九条 财政自治

基金为实现其宗旨，可依法：

（一）以任何方式取得、转让动产或不动产，或以任何方式对动产或不动产设定负担，包括财务出资；

（二）接受赠予、遗产、遗赠或捐赠，但有关条件或负担须符合其宗旨；

（三）为正确管理本身财产并令其发挥最大效益，作出所需的行为。

第十条 行政管理委员会

一、基金由一行政管理委员会管理，该委员会由 5 名成员组成，其中包括担任主席的高等教育辅助办公室主任及 1 名财政局代表。

二、行政管理委员会的成员及其任期由公布于《澳门特别行政区公报》（以下简称《公报》）的行政长官批示委任及制定。

三、主席不在或因故不能视事时，由其法定代任人代任；其余正选委员不在或因故不能视事时，则由上款所指批示委任的候补成员代任。

四、行政管理委员会成员被替代时，替代人的任期为被替代成员余下的任期。

第十一条　行政管理委员会的职权

一、行政管理委员会具有下列职权：

（一）作出管理基金所需或适当的管理行为，并许可基金运作所需的开支；

（二）向监督实体建议有关资助、提供财政援助和发放助学金、奖学金及其他援助的规章；

（三）根据法律规定的条款和条件许可发放财政援助予高等教育学生及高等院校；

（四）审议有关资助、提供财政援助，以及发放助学金、奖学金及其他援助的开支，并呈交主管实体许可；

（五）许可法定为基金负担的开支；

（六）订立取得财货及劳务的合同，尤其有关研究高等教育问题的顾问咨询合同；

（七）促进与澳门特别行政区或外地的实体订立合作及交流协议；

（八）编制基金的本身预算案及预算修改、年度财务报告、管理账目、活动计划及报告，并将之呈交主管实体核准；

（九）建议修改现行法规，以及有关发放资助、财政援助、助学金和奖学金及其他由基金给予的援助的法规；

（十）议决与基金有关且依法未被排除在行政管理委员会职权范围以外的事宜。

二、行政管理委员会可将上款规定的职权授予主席，但须在会议记录内制定行使该职权的限制及条件，尤其关于转授职权的可能性。

第十二条　行政管理委员会的运作

一、行政管理委员会每月至少举行两次会议，并可由主席主动或应至少 2 名成员的要求召开特别会议。

二、行政管理委员会的决议取决于出席成员的多数票；如票数相同，主席所投的一票具决定性；但表决系以秘密投票方式进行者除外。

三、主席可视乎所处理事宜的性质，主动或应行政管理委员会的要求邀请有助于说明有关事宜的人列席会议，但该等人无投票权。

四、所有会议应缮立会议录，当中应载明会议过程的摘要，尤其指明举行日期、地点、出席成员、讨论事项、提出的意见和建议、有关决议及投票结果。

五、由行政管理委员会两名成员联署的文件方对基金产生效力，而其中之一须为主席的签名，但属单纯事务性质的行为，则仅须任一成员签名即可。

第十三条　报酬

一、行政管理委员会成员有权每月收取相当于公共行政工作人员薪俸表 80 点的报酬。

二、属代任的情况，代任人每次出席会议有权收取上款所指金额除以该月会议次数所得的相应份额，而该份额在有关正选成员的报酬中扣除。

三、行政长官得以公布于《公报》的批示调整第一款所规定的金额。

第十四条　行政管理委员会主席的职权

主席具有下列职权：

（一）将一切须由行政管理委员会议决的事宜送交该机关审议，并建议采取其认为对基金的良好运作必要的措施；

（二）在法庭，以及于任何涉及基金的行为及合同上代表基金；

（三）促使执行监督实体的决定及行政管理委员会的决议；

（四）行使行政管理委员会授予的职权；

（五）执行有关提供资助、财政援助，以及发放助学金、奖学金或其他援助的规章所规定的其他职务。

第十五条　专责公证员

一、基金设专责公证员一名，该公证员经监督实体应行政管理委员会主席建议，从高等教育辅助办公室具法学士学位的工作人员中指定，并以兼任制度出任。

二、专责公证员负责主持订立依法应签署的行为及合同，并负责草拟相关文书，使其具法定形式和确实性。

三、按上款的规定收取的手续费、印花税及其他负担，均须存入公库。

四、登记及公证法例以及有关手续费表，适用于基金专责公证员的活动。

五、专责公证员不在或因故不能视事时，监督实体应行政管理委员会主席建议，指定高等教育辅助办公室具法学士学位的另一名工作人员代任。

第十六条　辅助

高等教育辅助办公室负责向基金提供行政及技术辅助，尤其编制须呈交监督实体核准的文件，分析有关财政援助的申请和发表意见，并监察所发放的财政援助是否被正确运用，以及进行会计编制。

第十七条　规章

有关基金提供资助、财政援助，以及助学金、奖学金或其他援助的规章，以公布于《公报》的社会文化司司长批示核准。

第十八条　免除费用及手续费

基金依法可免除缴付有关其签署的合同或所参与的行为的一切行政费用或手续费。

第十九条　撤销

基金被撤销时，其财产拨归澳门特别行政区所有。

第二十条　财政负担

2018 年及 2019 年财政年度的基金预算，须自本行政法规公布之日起 30 日内呈交行政长官审核。

第二十一条　增加第 6/1999 号行政法规的条文

在经第 3/2001 号行政法规、第 25/2001 号行政法规、第 35/2001 号行政法规、第 24/2004 号行政法规、第 25/2004 号行政法规、第 16/2007 号行政法规、第 23/2010 号行政法规、第 26/2013 号行政法规、第 27/2015 号行政法规、第 28/2015 号行政法规、第 18/2016 号行政法规、第 27/2016 号行政法规、第 29/2016 号行政法规及根据第 6/2017 号行政法规修改的第 6/1999 号行政法规《政府部门及实体的组织、职权与运作》第五条第二款所指的附件五内增加（二十一）项，内容如下：

（二十一）高等教育基金。

第二十二条　生效

本行政法规自 2018 年 8 月 8 日起生效。

2018 年 5 月 4 日制定。

命令公布。

行政长官 崔世安

澳门特别行政区
第 17/2018 号行政法规
高等教育素质评鉴制度

行政长官根据《澳门特别行政区基本法》第五十条（五）项及第 10/2017 号法律《高等教育制度》第四十条的规定，经征询行政会的意见，制定本补充性行政法规。

第一章　一般规定

第一条　标的

本行政法规制定澳门特别行政区高等教育素质评鉴制度。

第二条　适用范围

本行政法规的规定适用于：

（一）所有依法许可、设立和认可的澳门特别行政区高等院校；

（二）由澳门特别行政区高等院校所开办的高等教育课程；

（三）校本部设在外地的高等院校在澳门特别行政区从事的高等教育活动，尤其开办授予学位、文凭或证书的高等教育课程，并考虑到澳门特别行政区实况作适当配合，不影响课程的素质保证和不降低其与校本部所在地已开办的课程具相同的科学、学术及教学的严谨性。

第三条　宗旨

本行政法规所载的高等教育素质评鉴制度的宗旨是：

（一）设立有效机制，以规范一切有关院校和课程评鉴活动的原则及运作；

（二）制定保障高等教育素质的要件，以推动高等院校的持续自我完善；

（三）促进高等教育的发展；

（四）鼓励提高学术活动的素质；

（五）提升高等教育的学术、教学及研究水平；

（六）确保高等教育课程的素质和持续改善。

第四条　基本结构

在不影响遵守第10/2017号法律第三十八条规定的公平、客观、公正无私及公开的原则下，本高等教育素质评鉴制度构建基于以下结构性要素：

（一）周期性；

（二）外评实体与被评高等院校之间的合作，以及双方与政府和具高等教育评鉴范围职权的公共部门之间的合作；

（三）提供具真实性、准确性、严谨性、完整性和及时性的讯息；

（四）外评实体的介入，须在其组织和运作上独立于被评高等院校；

（五）在外部评鉴的程序上，被评高等院校的参与须包括申辩权利；

（六）决定的可上诉性。

第二章　高等教育素质评鉴

第一节　结构及周期性

第五条　素质评鉴的组成及方式

一、高等教育素质评鉴的组成如下：

（一）院校评鉴；

（二）课程评鉴。

二、院校评鉴分为：

（一）院校认证；

（二）院校素质核证。

三、课程评鉴分为：

（一）课程认证；

（二）课程审视。

第六条　素质评鉴的周期性

一、进行素质评鉴的周期性是指评鉴最长有效期间距，而在该有效期内应按照本行政法规的规定完成新的后续评鉴。

二、除另有特别制度规定以及不影响在具体的评鉴程序中行政当局可制定较短的有效期外，评鉴周期性和评鉴的一般有效期一般为 7 年，但不会豁免在原周期内进行新的后续评鉴。

三、为确定履行上两款的规定，如具体评鉴的有效期与评鉴的一般有效期不同时，以附适当理由说明的社会文化司司长批示制定相关有效期并将公布于《澳门特别行政区公报》(以下简称《公报》)。

四、为适用院校认证及院校素质核证，一般有效期自高等教育辅助办公室确认评鉴结果之日起计。

五、为适用课程认证及课程审视，一般有效期自相关课程登记的通告公布于《公报》之日，或自高等教育辅助办公室确认评鉴结果之日起计。

六、评鉴期间的时间间距的调整，由公布于《公报》的社会文化司司长批示制定。

第二节　院校评鉴

第一分节　院校认证的方式

第七条　院校认证

一、院校认证适用于澳门特别行政区高等院校整体或部分的组织单位或学科范畴。

二、院校认证属任意性的。

三、如澳门特别行政区高等院校为取得自行开办课程资格主动提出进行院校认证，须受本行政法规规定的制度进行院校认证。

第八条　院校认证的目标

院校认证旨在检视履行澳门特别行政区高等教育素质评鉴制度要求的情况，尤其评定院校的行政与管理、学术规划发展、管理与监督、财政管理及资源调配、教学及非教学人员体制和发展及素质保证。

第九条　院校认证的结果

用于院校认证的评鉴结果载于外评实体所发出的详细报告中，并分为“通过”“有条件通过”或“不予通过”。

第二分节　院校素质核证的方式

第十条　院校素质核证

院校素质核证适用于澳门特别行政区高等院校，并具强制性和周期性。

第十一条　院校素质核证的目标

院校素质核证旨在谨慎并有系统地定期审视高等院校的运作及其所开展的活动，以了解其运作的卓越工作和确定改善空间，务求精益求精。

第十二条　院校素质核证的结果

院校素质核证的结果载于外评实体发出的详细报告中，尤其包括卓越评语和改善建议。

第十三条　首次核证及后续

一、本行政法规生效之日已运作的高等院校，须在评鉴第一阶段的 7 年内进行首次院校素质核证。

二、本行政法规生效后所设立的高等院校，须自其拥有首批毕业生之日起 1 年内进行院校素质核证。

三、高等院校须于最后一次的院校素质核证有效期结束前完成新的院校素质核证。

第十四条　特别核证

政府可通过高等教育辅助办公室，于任何时间主动提出对任何高等院校进行具特别性质的院校素质核证。

第十五条　任意性的素质核证

高等院校可按照其内部素质评鉴程序在任何时间主动呈交院校素质核证的程序。

第十六条　素质核证的有效性或豁免的效力

根据第十四条及第十五条规定进行的素质核证不表示须制定新的有效期或豁免进行第十条、第十三条规定的院校素质核证，但社会文化司司长可考虑相关结果以制定进行院校素质核证的新期限。

第十七条　豁免素质核证

一、本行政法规生效后取得院校认证的高等院校，可向社会文化司司长提出申请，在其取得相关认证的有效期内豁免院校素质核证。

二、为适用上款豁免的规定，高等教育辅助办公室得以要件或条件的形式建议调整高等院校的管理及运作，借以赋予或维持相关豁免。

第三节　课程评鉴

第一分节　课程认证的方式

第十八条　课程认证

一、课程认证适用于：

（一）未具自行开办课程资格的高等院校开办的新课程；

（二）已获自行开办课程资格的高等院校在其资格范围以外开办的新课程；

（三）上两项所指的课程及本行政法规生效之日已运作并须进行重大改动的课程。

二、为适用上款的规定：

（一）第 10/2017 号法律生效之日已有权自行开办课程或根据本行政法规的规定而取得有关资格的高等院校，视为具自行开办课程资格的高等院校；

（二）本行政法规自生效起一年后所登记的课程，视为新课程；

（三）倘确定课程的变动影响其概念、结构、内容、期限、运作、课程教学与学习，以及课程评鉴程序须遵守的指引所订的其他改动，视为重大改动。

第十九条　课程认证的目标

课程认证旨在评定高等院校新开办或作重大改动的课程是否达到高等教育课程素质所订的目标，课程编排及运作是否符合法定要件以及是否达到拟订的学习结果。

第二十条　课程认证的结果

课程认证结果载于外评实体所发出的详细报告中，并分为“通过”“有条件通过”或“不予通过”。

第二分节　课程审视的方式

第二十一条　课程审视

课程审视适用于：

（一）本行政法规生效之日已运作的澳门特别行政区高等院校所开办的高等教育课程，以便对已运作的高等教育课程进行首次审视；

（二）本行政法规生效后高等院校开设的课程；

（三）按照本行政法规的规定，已进行课程认证或课程审视的澳门特别行政区高等院校所开办的课程。

第二十二条　课程审视的目标

课程审视旨在以定期和持续的评估，以及符合所订的素质标准、适用的法律及规章的规定，确保澳门特别行政区高等院校开办的课程素质和可持续改善，并检视有关课程开设及运作是否符合要件的要求。

第二十三条　课程审视的结果

课程审视结果载于外评实体所发出的详细报告中，尤其包括卓越评语和改善建议。

第三章　评鉴指引及参与人

第一节　高等教育素质评鉴的指引

第二十四条　指引

在不影响本行政法规及其他适用法例的规定，素质评鉴须遵守的事项，尤其是技术标准、程序、须提交的相关文件、方法以及其他应遵守的指示，均以指引制定。

第二十五条　职权

一、高等教育辅助办公室具职权核准、修改、取消进行素质评鉴所需的指引，跟进和检视其履行情况，并组成相关卷宗。

二、高等教育辅助办公室负责向利害关系人发布指引，以及该指引随后相关的修改和更新。

三、指引须预先呈交社会文化司司长确认。

第二十六条 透明和公开

一、澳门特别行政区的高等院校，以及组织、实体、评鉴专家或其他参与素质评鉴程序的人士须遵守指引的更新版本。

二、上款所指的指引，仅在高等教育辅助办公室网页发布后方产生效力，并立即适用于正在进行的程序；但另有规定者除外。

第二节 外评实体、观察员及技术支持

第二十七条 外评实体

一、评鉴工作主要是由外评实体进行。

二、院校根据指引的规定，并按其需要和发展规模，选择合适的外评实体进行评鉴工作。

第二十八条 观察员

一、高等教育辅助办公室可在评鉴工作中指派观察员，负责跟进和检视外评实体履行指引的情况。

二、观察员为执行其职务，有权列席评鉴工作相关的会议和查阅相关的文件。

三、观察员须遵守指引中规定的行为守则及程序。

第二十九条 技术支持

为实施和跟进本行政法规及其他有关高等教育素质评鉴的相关法例的规定，高等教育辅助办公室可咨询澳门特别行政区或外地的技术顾问或专家，或取得技术支持服务，或向其他专业、学术实体或个人取得意见，包括组成素质评鉴专家组。

第四章 资助

第三十条 评鉴工作的财政支持

一、为推动澳门特别行政区高等教育素质的持续改善，澳门特别行政区政府

对评鉴工作提供资助，以确保符合高等教育素质评鉴制度所制定的要件、制度实施与运作。

二、高等教育素质评鉴制度的实施与运作上提供的财政支持金额、资源的分配和运用须遵守的要件及条件，均由高等教育基金制定。

第五章　评鉴程序

第三十一条　评鉴计划

一、评鉴计划须载有评鉴的时间表，且须指明所选的外评实体和附上一切必要的信息性数据，并须呈交高等教育辅助办公室核准。

二、如有需要，高等教育辅助办公室可要求在制定有关期限提交文件或提供补充说明。

第三十二条　核准评鉴计划

一、高等教育辅助办公室在核准评鉴计划时，须特别考虑：

（一）选用的外评实体是否符合指引的要求；

（二）评鉴工作是否按照评鉴指引进行；

（三）评鉴工作是否在法律规定或指引规定进行相关评鉴工作的期间进行。

二、如有需要，高等教育辅助办公室可要求素质评鉴专家组提供意见。

三、在不影响评鉴计划不核准的情况下，高等教育辅助办公室如认为评鉴计划未能符合指引的要求，或理据不足和无充分证实所提出的理由时，可要求高等院校重新制订或提交新的评鉴计划。

第三十三条　评鉴工作的进行

一、评鉴工作须在规定的期间及期限进行和完成。

二、外评实体应按评鉴指引和已核准的评鉴计划进行评鉴工作。

第三十四条　未按规定的期间及期限评鉴

一、在下列任何情况，高等教育辅助办公室依职权向高等院校提供支持，尤其协助联络外评实体，以便推动和开展院校素质核证或课程审视的工作：

（一）如院校素质核证或课程审视方式的评鉴并非由高等院校在规定的期间及期限进行；

（二）如合理预测评鉴工作不会在规定的期间及期限完成。

二、在上款规定的情况下，高等院校不得拒绝由高等教育辅助办公室所提供的支持和须承担在该条件下进行评鉴的费用。

三、在规定的期间及期限以外所进行评鉴，不允许为相关评鉴设新的评鉴有效期，并维持原有规定的周期性及期限。

四、在第一款（一）及（二）项有关课程审视的情况和不影响上款的规定，社会文化司司长可决定中止有关课程在紧接的一个学年招收新生，直至高等院校完成课程审视为止。

第三十五条　提交评鉴报告

一、在评鉴结束时，外评实体须撰写一份初步报告，以便听取高等院校的申辩，之后方发出评鉴报告的相关结果。

二、高等院校须自收到评鉴报告之日起 45 日内将报告提交高等教育辅助办公室。

三、提交高等教育辅助办公室的评鉴报告，须按评鉴指引的要求发出，且须载有由外评实体作出的鉴定或其负责人的签名。

第三十六条　确认评鉴结果

一、高等教育辅助办公室确认评鉴报告中指出的评鉴结果，并可要求素质评鉴专家组提供意见，以协助作出决定。

二、有关确认结果的决定，可依法提出上诉。

第三十七条　评鉴的跟进计划

一、高等院校在完成院校素质核证及课程审视的评鉴工作，并取得评鉴结果的确认后，须就评鉴报告的意见及建议拟定评鉴跟进计划。

二、高等院校自取得外评实体的同意起 45 日内，将相关的跟进计划提交高等教育辅助办公室报备。

三、根据高等教育法例的规定，高等院校须向高等教育辅助办公室提交年度报告，报告中应载明有关跟进计划的工作进度。

四、除根据上款规定提交的资料外，如确定或合理预测高等院校无完善或不符合其评鉴跟进计划所指的要件，高等教育辅助办公室可要求该院校提交跟进计划工作进度的专题报告。

第三十八条　公开评鉴报告

高等教育辅助办公室有权全面或部分公开评鉴报告——即使未根据第三十六条第一款的规定取得确认评鉴结果。

第六章　自行开办课程的资格

第三十九条　申请条件

一、自行开办课程的资格取决于取得院校认证结果为“通过”的高等院校向高等教育辅助办公室提出的申请。

二、属院校认证结果为“有条件通过”，且相关结果已获高等教育辅助办公室确认的情况，高等院校须履行评鉴报告所列出的条件后，方可向高等教育辅助办公室提出申请，并须提交已满足相关条件的证明。

第四十条　范围及期限

一、自行开办课程资格的范围包括：

（一）高等院校的整体或部分的组织单位或学科范畴；

（二）全部或部分学历层次。

二、自行开办课程资格的期限与院校素质核证的评鉴期间相同。

三、自行开办课程资格的范围及期限，由公布于《公报》的社会文化司司长批示制定。

第四十一条　延续

一、根据本行政法规的规定取得自行开办课程资格且拟保持该资格的高等院校，应在自行开办课程资格的有效期结束前重新进行并完成院校认证。

二、自行开办课程资格的延续，取决于重新进行院校认证的结果。

三、上条第三款的规定适用于自行开办课程资格的范围及新期限。

第四十二条　中止资格

一、中止自行开办课程资格的情况为：

（一）高等院校未能维持认证时具备的要件；

（二）高等院校教学质量明显下降。

二、在高等教育辅助办公室附有事实和中止理由的建议下，社会文化司司长中止的决定以批示形式公布于《公报》，并以自行开办课程的资格有效限期为限制定中止期限。

三、除自行开办课程的资格有效期即将届满以致不允许的情况外，在中止自行开办课程资格的期间内，高等院校与高等教育辅助办公室须协议改善计划，并由该院校履行。

四、为跟进和监测履行改善计划的情况，如高等教育辅助办公室认为有需要时，可要求高等院校提交报告或文件，以及提供补充说明。

五、为分析改善计划的成效，高等教育辅助办公室可要求素质评鉴专家组提供意见。

第四十三条　恢复资格

一、成功履行改善计划后并经解除中止资格，自行开办课程资格方可恢复。

二、解除中止和恢复资格是由高等教育辅助办公室建议以及由社会文化司司长批示决定，并经适当配合后适用上条第二款的规定。

第四十四条　终止资格

自行开办课程资格中止后，倘高等院校未能成功履行改善计划或该资格有效期即将届满以致不被允许履行，其资格将实时自动终止。

第四十五条　例外情况

一、本章的规定不适用于第 10/2017 号法律生效之日有权自行开办课程的高等院校，在此期间，高等院校保持自行开办课程的权利。

二、如出现导致中止或终止该权利的原因，则终止上款规定的例外情况。

第七章　特别条件

第四十六条　新院校

本行政法规生效后开始运作的高等院校，在院校进行第一次院校素质核证前，应于每一学年开始前至少一个月向高等教育辅助办公室提交学年发展计划。

第四十七条　涉及专业执业资格的课程

计划涉及澳门特别行政区特定专业的执业资格的课程，或对该课程进行重大改动时，高等院校或协办实体应识别和考虑相关专业资格的本身要求。

第四十八条　组织新课程和进行重大改动的课程

一、根据本行政法规的规定，高等院校拟在其自行开办课程资格的范围内开设或修改课程，按本行政法规及该等院校的章程或规章的规定完成相关程序后，方可向高等教育辅助办公室提出开设或修改课程的登记申请。

二、已取得自行开办课程资格的高等院校拟在其自行开办课程资格的范围以外开设或修改课程，进行课程认证和取得“通过”或“有条件通过”的结果，且成功履行该等条件后，方可向高等教育辅助办公室提出课程的核准或修改申请，以及课程登记申请。

三、未具自行开办课程资格的高等院校，如开设课程或对课程进行重大改动，根据本行政法规的规定对该课程进行认证后，方可向高等教育辅助办公室提出课程的核准或修改申请，以及课程登记的申请。

第四十九条　非本地高等教育课程

一、校本部设在外地的高等院校开办获当地素质制度认可的非本地高等教育课程，须向高等教育辅助办公室提交相关文件，以便审查该等课程素质。

二、高等教育辅助办公室可委托学术专家、学术机构或外评实体，以审查拟开办课程的素质，而所产生的费用由协办实体承担。

三、第六条第二款及第三款的规定经适当配合后，适用于上两款受素质审查的非本地高等教育课程。

四、如有需要，高等教育辅助办公室可要求校本部设在外地的高等院校跟进课程素质审查的程序和提交补充文件或说明。

第五十条　其他情况

一、出现本行政法规未有规定的情况，高等教育辅助办公室可要求研究和跟进检视履行素质保证的要件的情况，以及咨询素质评鉴专家组的意见，以便提出有理由的建议呈交社会文化司司长作出决定。

二、在课程中止运作、中止招收新生或无新注册学生连续 7 年或以上的情况下，如具自行开办课程资格的高等院校拟接受新注册学生以及为课程重新运作，须按本行政法规及相关院校章程或规章的规定完成相关程序。

三、上款规定的情况，倘高等院校不具备有效的自行开办课程资格，在其招生前，以及为课程可重新运作，应重新完成课程认证的程序。

四、如本行政法规生效前已获批准的课程，直至评鉴第一阶段内才有注册学生，高等院校应自其学年开学之日起 7 年内完成首次课程审视。

第八章 评鉴的豁免

第五十一条 豁免评鉴的条件

一、获得专业认证的学术或教学单位，可按专业认证的范围、期限向高等教育辅助办公室申请豁免同一学术或教学单位在该期间所开办课程的课程审视。

二、属已运作的课程获得专业认证的情况，高等院校可按专业认证的相关范围、期限，向高等教育辅助办公室申请豁免在该期间的该等课程审视。

三、豁免评鉴的申请由高等院校按以下条件向高等教育辅助办公室提出：

（一）如专业认证仍在有效期内，高等院校可连同相关资料提出申请；

（二）豁免期限应优先与专业认证期限相同，经考虑整体的情况后作出决定和公布；

（三）课程的专业认证失效后，应在一年内进行课程审视或重新进行专业认证；

（四）为维持豁免的效力，高等院校须提交载有获豁免课程相关专业认证续期资料的申请。

四、属高等院校通过院校认证的情况，可根据第十七条的规定豁免在同一期间的院校素质核证。

第九章 技术支持

第五十二条 素质评鉴专家组

一、素质评鉴专家组属咨询性质，负责对提交高等教育辅助办公室审议的个案及事宜进行讨论、分析，并提供意见。

二、素质评鉴专家组成员由最多 7 名本地及非本地的高等教育或评鉴领域的专家、学者组成，其中 1 名为主席。

三、成员由公布于《公报》的社会文化司司长批示委任，任期最长为 3 年，可续任。

第五十三条 运作

一、素质评鉴专家组按其内部规章，以平常及特别会议运作。

二、素质评鉴专家组可在其成员中设置由至少 3 位奇数成员组成的个案分析小组，并于提交分析结果，包括意见或书面报告，予高等教育辅助办公室审议后立即销毁。

三、主席具以下职权：

（一）代表素质评鉴专家组；

（二）召集和主持平常会议；

（三）核准平常会议的议程；

（四）审批个案分析小组名单；

（五）在缺席或因故不能视事时，指定其中一名成员作为其代任人。

第五十四条　行政及财政辅助

高等教育辅助办公室负责向素质评鉴专家组提供行政及后勤辅助，并承担因其运作所需的财政负担。

第五十五条　报酬

素质评鉴专家组成员的报酬由公布于《公报》的社会文化司司长批示制定。

第十章　过渡及最后规定

第一节　过渡规定

第五十六条　已取得院校素质核证

本行政法规生效之日，只要符合本行政法规制定的原则完成院校素质核证或开展相关程序的高等院校，可获豁免评鉴第一阶段的院校素质核证，并经适当配合后，适用第十七条的规定。

第五十七条　已取得课程认证

本行政法规生效之日，只要符合本行政法规所制定的原则已取得课程认证或正在进行课程认证程序的高等院校，可根据和为适用本行政法规的规定，要求认可有关认证的有效性。

第五十八条　已取得课程审视

本行政法规生效之日，只要符合本行政法规所制定的原则已取得课程审视或正在进行课程审视程序的高等院校，可根据和为适用本行政法规的规定，获豁免评鉴第一阶段的课程审视。

第五十九条　第一阶段课程审视的时间表

本行政法规生效之日运作中的课程，根据本行政法规组成部分的附件的规定，完成课程审视。

附件　（第五十九条所指者）

第一阶段课程审视的工作时间表

工作时间表	工作结果
第 1—4 年	高等院校须完成审视至少 50％的课程
第 5—6 年	高等院校须完成审视至少 80％的课程
第 7 年	高等院校须完成审视 100％的课程

第二节　最后规定

第六十条　生效

一、在不影响以下两款的规定，本行政法规自 2018 年 8 月 8 日起生效。

二、此后开设的新高等教育课程或已存在但作重大改动的课程，在本行政法规生效一年后才开始进行课程认证。

三、本行政法规生效一年后，所有申请开办的非本地高等教育课程均须按照该类课程制定的要件接受课程素质的审查。

2018 年 7 月 27 日制定。

命令公布。

行政长官 崔世安

澳门特别行政区
第 18/2018 号行政法规
高等教育规章

行政长官根据《澳门特别行政区基本法》第五十条（五）项及第 10/2017 号法律《高等教育制度》第六十三条的规定，经征询行政会的意见，制定本补充性行政法规。

第一章　一般规定

第一条　标的

本补充性行政法规制定高等教育规章，在涉及行政当局与高等院校以及高等院校与教师及学生的关系的法律及行政框架内，订立执行第 10/2017 号法律所需的规定。

第二条　院校间的合作

一、澳门特别行政区高等院校可在彼此间或与本地及外地的其他机构订立联合或合作的协议，尤其针对开办授予学位的课程及联合计划，鼓励学生及教师流动，开展伙伴关系和科学及技术研究的共同项目，或共享院校高等教育活动的资源及设备。

二、根据相关高等院校章程的规定，上款所指的合作可在高等院校的组织单位，尤其在研究中心、实验室及图书馆的层面进行，共同开展有关的活动或可自行处理的特定事宜。

三、在不影响高等院校自主权的情况下，国际层面的合作应符合院校的性质及宗旨，并应考虑澳门特别行政区的高等教育政策。

第三条　合作义务及信息

一、私立高等院校拥有人、各机关以及公立及私立高等院校各机关应与执行监督和监察职能的公共行政机关合作，视乎具体情况，准予查阅有关高等教育活动的文件，提交有关院校运作的文件及资料和作出必要的说明。

二、高等院校应向高等教育辅助办公室提供所要求的关于其基本活动的数据，尤其关于：

（一）学生资料；

（二）发给文凭及证书的登记制度；

（三）为有关升学目的而进行的学生流动以及给予学历、修读期、科目同等效力及学分计入的准则。

三、高等院校尚应编制并须向高等教育辅助办公室提交以下资料：

（一）每年10月31日前提交运作中课程的资料、领导人员名单、相关学年受聘教学人员及其学历的名单、研究人员名单、非教学人员名单，以及登记入学及注册的学生及上一学年的毕业生的资料；

（二）每年12月31日前提交上一学年活动的年度报告，附文件详细说明所开展的活动的院校总体发展计划及相关执行情况、有关该学年的运作概况，尤其包括可用资金报表及资金使用方式说明在内的行政及财政管理状况、素质评鉴状况，以及学术研究、人力资源、招生计划及相关指标的数据；

（三）于高等教育辅助办公室规定的日期提交每一课程每一学年的注册学生人数的说明、各课程收取的学费，以及包括退学、复学、休学及其他学生事务在内的学生学籍情况的资料；

（四）于高等教育辅助办公室规定的日期提交对每一新学年的规划属必需的资料。

四、高等院校各机关及领导人员如有任何变更，尤其是入职方面，须自发生变更之日起30日内通知高等教育辅助办公室。

五、为适用第二款及第三款的规定，高等教育辅助办公室根据第8/2005号法律《个人资料保护法》的规定进行个人资料的处理及互联。

六、第二款及第三款所指资料的特定内容，应遵循高等教育辅助办公室每年编制的资料收集与年度报告提交指南所载的指引。

七、上数款的规定经作出适当配合后，适用于拟开办非本地高等教育课程的校本部设在外地的高等院校在澳门特别行政区从事的高等教育活动。

第四条　监督及监察

一、高等院校在其自主权范围内，按其性质受澳门特别行政区政府监察和监督。

二、为确保高等院校正常运作，高等教育辅助办公室定期巡查和核查院校，并可由相关领域的专家随同进行。

三、高等教育辅助办公室应编制监察及核查报告，当中须就所发现的不当事情或瑕疵提出纠正措施或建议。

四、上款所指的报告须呈交监督实体，并按高等院校属公立或私立，通知高等院校或其拥有人，且不影响采取倘有的其他法定措施。

五、高等教育辅助办公室应整理并持续更新以下有关澳门特别行政区高等院校及其活动的资料：

（一）高等院校及其相关性质；

（二）运作中的高等教育课程的登记；

（三）高等院校及其课程的评鉴结果；

（四）统计资料，尤其关于学额、考生、注册学生、授予的学位及文凭、教师、研究员、非教学人员，以及学生获发资助类型；

（五）高等教育毕业生综合数据库；

（六）其他相关数据。

六、高等院校应根据高等教育辅助办公室的要求，尤其就涉及招生、高等教育入学条件和核实教学人员学历的高等教育课程运作的监督及核查工作所提出的要求而行事，并在有需要时按高等教育辅助办公室的要求提供上款所指数据的补充数据，以证明所通报的资料属实。

七、本条的规定经作出适当配合后，适用于校本部设在外地的高等院校在澳门特别行政区开办的非本地高等教育课程。

第五条　名称的保留

一、高等院校应按法律规定以具特性的专有名称命名，有关名称须以澳门特别行政区两种正式语言明确标识，并可与第三语言的名称一并使用。

二、高等院校的名称不得与其他公立或私立高等院校的名称混淆，亦不得使人误解院校的性质或教育阶段。

三、“大学”“大学学院”“高等学院”“理工学院”“高等学校”以及可传达其提供高等教育或从事高等教育活动的概念的其他表述，保留用作高等院校的名称。

四、未依法获认可为高等院校的其他机构、实体、部门或组织，不得使用上款所指的名称以及其他可理解为高等院校或传达其从事高等教育活动的概念的名称。

五、不遵守第一款至第三款的规定，构成拒绝许可设立高等院校或拒绝认可高等院校的理由。

第二章 高等院校

第一节 公立及私立院校

第六条 校董会的组成

校董会的组成须确保高等院校各界别及范畴的代表性及参与度，尤应包括：

（一）院校各领导机关及拥有人的代表；

（二）院校教师及研究员的代表；

（三）管理及行政机关的代表、学术及教学机关的代表；

（四）专业人士、公认杰出的人士、具声望的人士，以及其宗旨属高等教育范畴的团体的代表。

第七条 学术及教学机关的组成

一、高等院校的学术及教学机关的组成应确保教学人员的代表性以及学术范畴和教学方法的多元性，并应包括至少5名具博士学位或同等学力的教师，其中至少3名为全职从事属其学术培训范畴的教学工作。

二、高等院校的章程可规定学术及教学机关尚可邀请其他院校的教师及研究员，或属高等教育范畴公认杰出的人士加入。

第八条 自主组织单位

在不影响第10/2017号法律规定强制设立的机关、本行政法规的规定及所采用的组织模式的情况下，高等院校的章程可规定设置具有本身的机关及人员的自主组织单位，尤其是：

（一）以学校或学院命名的教育单位或教研单位；

（二）以中心、实验室或研究所命名的研究单位；

（三）其他与其任务及目的配合的单位、架构及支持部门。

第九条 内部规范

一、高等院校的章程可规定备有内部规章、教学事务实用守则、管治及管理守则，以及运作及自主性均应受尊重的组织单位或附属单位的规章。

二、制定、核准和修改内部规范，由高等院校具职权的机关经听取第 10/2017 号法律第十二条第一款所指机关的意见后，根据相关章程的规定为之。

第十条　学费

一、高等院校可制定因修读课程或参加相关的课程学习计划外的其他学术活动的学费及其他费用，有关学费及费用的制定应在学生注册前全面让其知悉和适当公布。

二、制定上款所指的学费，由高等院校具职权的机关根据章程的规定为之。

第十一条　文件及学术记录

各高等院校应备有与所开展的教学及行政活动有关的经适当识别及认证的文件及学术记录、教师及其资格的档案，以及入读院校的学生的档案，包括注册、各科目或学科单元的考试成绩及最终成绩、获给予同等效力的学历、修读期及学分、获颁授的学位及文凭，以及最后评核。

第二节　私立院校

第十二条　许可设立的申请

一、设立私立高等院校的许可申请，须由拥有人于高等院校预计开始运作之日的 9 个月前，以附具以下文件及数据的申请书，经高等教育辅助办公室向行政长官提出：

（一）院校的性质及总体发展计划；

（二）院校的学术与教学计划；

（三）需要设立院校的理由；

（四）院校名称；

（五）院校章程；

（六）拟设立院校的法人的成立文件及有关章程，以证明其按照适用法例成立；

（七）证明院校财政稳健的文件，尤其是财务、会计及财产管理的计划，以及财政来源；

（八）确保院校运作所需物资及财政资源的财产担保或保险合同，但仅限高等教育辅助办公室认为上项所要求的文件尚未足够的情况；

（九）院校拟设校本部的地点及地区的识别数据、建筑物图则或设计，以及补充文件；

（十）适合所设课程及学位的设施及物资的说明文件，尤其是教学空间、技术设备、实验室设备、图书馆、一般设施及学生辅助服务的说明文件；

（十一）符合高等教育素质评鉴制度所定要件的证明；

（十二）关于拟开设的课程及授予的学位、文凭、证书的资料；

（十三）院校在管理及教育方面的人力资源规划；

（十四）院校的财政、会计及财产管理制度；

（十五）高等教育辅助办公室认为对组成申请卷宗属合适的其他数据。

二、就设立私立高等院校的许可申请，须在高等教育辅助办公室组成完整的申请卷宗后 6 个月内作出决定。

三、如许可申请未适当组成卷宗，或申请人自高等教育辅助办公室接获申请之日起 3 个月内未提交所要求的文件、资料或说明，则初端驳回有关申请。

第十三条　认可的申请

一、私立高等院校的认可申请，须由拥有人经高等教育辅助办公室向行政长官提出，并应附与申请设立许可时提交的院校总体发展计划的落实情况有关的具体资料及相关证明。

二、如认可申请并非与设立高等院校的许可申请同时提出，且在提交设立许可申请之日起 6 个月后方提交，拥有人应于申请时附高等教育辅助办公室指定的并经更新的上条第一款所指的文件及数据。

三、组成卷宗时，高等教育辅助办公室可要求公认杰出的专家、学者及公共或私人实体提供意见，准备供行政长官作决定。

四、就认可申请作出决定，适用经作出适当配合的上条第二款规定的期间。

五、如认可申请未适当组成卷宗，或申请人自高等教育辅助办公室接获申请之日起 3 个月内未提交所要求的文件、资料或说明，则初端驳回有关申请。

六、拥有人尚可在提交设立私立高等院校的许可申请及相关的认可申请时，一并提交首批课程的开设及开始运作的申请，并应附高等教育法例规定的开设课程所需的资料。

第十四条　确认章程的申请

一、私立高等院校章程及其修改的确认申请，须经高等教育辅助办公室向行政长官提出。

二、上款所指的申请须附以澳门特别行政区两种正式语言书写的章程或其修改文件；如属修改章程，尚须附经整合的章程文本及双语的比较表。

三、高等教育辅助办公室须组成确认章程的卷宗，并将详细报告呈交行政长官。

四、高等教育辅助办公室可要求提供补充数据或文件，尤其是具职权的机关通过决议的证明文件及意见，以及其他认为属必需的数据。

第十五条　转移、合并及分立

一、私立高等院校转移、合并及分立的行为，均须通知高等教育辅助办公室，并向行政长官提出申请。

二、上款所指行为的程序，适用经作出必要配合的本行政法规以及其他高等教育法例有关高等院校的设立许可、认可及关闭的规定。

三、高等教育辅助办公室须核实高等院校是否仍符合获认可的前提条件；如属转移，尚须核实新的拥有人是否符合所需要件。

四、作出任一行为时，均应证明学生的权利受保障，并确保高等院校的重要文件获保存和保管。

第十六条　运作执照

一、在认可高等院校的行政命令公布后，经该院校提交有关的登记申请，高等教育辅助办公室作出登记并发出运作执照。

二、上款所指执照的式样，由公布于《澳门特别行政区公报》（以下简称《公报》）的行政长官批示核准。

三、对于本行政法规生效前已存在的私立高等院校，高等教育辅助办公室依职权促成核实是否遵守高等教育法例的程序，以发出执照。

四、发出执照所取决的条件如有变更，尤其是不再符合发出执照所依据的任何前提条件，执照即废止。

五、如拥有人消灭或解散，或高等院校关闭，执照即失效；但院校有效转移予其他拥有人的情况除外。

六、高等院校转移、合并或分立，须核实是否仍符合执照的发出条件，并须发出新的执照。

七、拥有人或高等院校的名称，以及院校获发执照所载的数据如有变更，拥有人应要求高等教育辅助办公室登记该等须予登记的事实和发出新的执照。

八、高等教育辅助办公室须以在初始登记内附注的方式，对本条所指情况导致的事实修改登记。

第三章　教师及学生

第十七条　教学人员的组成

一、高等院校教学人员的组成如下：

（一）根据高等教育法例的规定，具备从事高等教育教学工作资格的教师；

（二）开办的每一课程至少有 5 名具博士学位或同等学力的教师，其中 3 名须为全职。

二、在例外情况下，尤其是因课程的数目或多样性减少以及高等院校所授予学位的程度所需，得以监督高等教育范畴的司长批示许可在指定时间内降低上款（二）项所定的要求。

第十八条　从事教学工作的许可

一、第 10/2017 号法律第二十四条第三款所指者从事高等教育教学工作的许可申请，须由高等院校向高等教育辅助办公室提出，并应附以下资料：

（一）院校的学术及教学机关就确认具备教学资格所提出的具说明理由的建议；

（二）证明具备获推荐从事教学工作的专业经验或其他专业资格凭证的文件；

（三）有关职务内容的说明，尤其是将任教的课程及专业，以及其他相关的研究工作；

（四）教师的履历；

（五）与聘用决定有关的其他补充文件或理据。

二、高等院校应最迟在学年开始前 90 日或在学年期间预计开始担任职务之日前 90 日提交上款所指的申请。

第十九条　资优学生入读高等教育

为确认属第 10/2017 号法律第二十五条第六款所指情况的学生可入读高等教育课程，有关学生拟就读的高等院校须将个案附以下资料送交高等教育辅助办公室：

（一）学生就读的中学的推荐信；

（二）父母或监护人的同意声明；

（三）院校的学术及教学机关的许可；

（四）院校对学生的评估报告；

（五）院校确保学生入学后融入及适应学习的补充措施。

第二十条　以学年制开办的课程的时效

一、以学年制开办的课程的入学登记及注册的权利时效，为课程的正常期间与获允许延长的修读期的总和；时效届满后，学生在相关规章所定的最短期间内不得办理修读同一课程的入学登记，该期间届满后，只要在新的办理入学登记时符合报读相关课程的要求及条件，则可重新办理有关登记。

二、上款规定的时效制度不适用于硕士学位及博士学位的课程的学生，该等课程所适用的时效制度由高等院校在相关的课程规章制定。

三、高等院校须根据其章程及内部规章制定时效制度，并应考虑课程的正常期间及学术领域的要求，有关限制如下：

（一）全日制课程的学生，延长修读的期间应为课程正常期间的50%～75%；

（二）尤其属以下任一情况的学生，延长修读的期间应为课程正常期间的100%～150%：

（1）非全日制的学生；

（2）身体或感官上暂时或长期无能力的学生；

（3）成为母亲，或经卫生范畴的主管部门或医院证实患有影响学业的重病、须长期复健的疾病、可传染或感染性疾病的学生。

第四章　课程

第一节　课程的开设及修改

第二十一条　申请程序

一、根据第10/2017号法律第十四条的规定提出开设或修改课程的申请，须经高等教育辅助办公室向监督高等教育范畴的司长提交附以下资料的申请书：

（一）高等院校的名称；

（二）所开办的课程及所授予的学位、文凭或证书的名称；

（三）开办课程的高等院校的组织单位，如适用；

（四）课程的学术与教学编排及学习计划；

（五）课程运作规章，当中应至少载有课程期间、教学模式、授课形式、授课语言、时效制度、入学条件，以及入学登记、注册、修读及评核的条件；

（六）科目或学科单元的大纲、课时或学分、先修要求、倘有的优先制度及评核标准；

（七）课程教师的资料及履历；

（八）教学人员、课程及学生的比例；

（九）每学年入读学生的类别及人数上限的说明；

（十）为课程配置的教学及技术设备；

（十一）关于对所开设课程的需求或学术可行性的公开调查报告；

（十二）财政计划；

（十三）符合高等教育素质评鉴制度所定要件的证明文件；

（十四）关于已履行高等院校章程所定的核准课程开设及修改的程序的文件；

（十五）属申请修改课程的情况，修改前后的课程特点比较文件，以及正修读原课程的学生的过渡措施；

（十六）高等教育辅助办公室认为对组成申请卷宗属合适的其他数据。

二、上款所指的申请须于课程预计开始运作之日 6 个月前向高等教育辅助办公室提交。

三、高等教育辅助办公室可要求在拟开办的课程所属范畴公认杰出的专家、学者及公共或私人实体提供意见。

四、如有疑问，高等教育辅助办公室可要求申请人作出说明、提交补充资料或附具第一款所指资料的证明文件。

五、如组成的申请卷宗有缺漏并已通知申请人，但申请人于接获通知后 30 日内未弥补缺漏或未提交所要求的文件或说明，则初端驳回有关申请。

六、就开设及修改高等教育课程的申请，须在高等教育辅助办公室组成完整的申请卷宗后 6 个月内作出决定。

七、如开设及修改的课程属合办课程，则由联合授予学位、文凭或证书的澳门特别行政区高等院校共同提交单一申请；但其中有院校有权或已取得资格自行开办课程则除外，如属此情况，仅须进行课程登记。

第二节　课程登记

第二十二条　登记申请

一、申请课程登记，须向高等教育辅助办公室提交附以下资料的申请书：

（一）开办课程的高等院校的名称；

（二）开办课程的组织单位的名称；

（三）课程概述，并说明课程名称以及所授予的学位、文凭或证书；

（四）课程期间；

（五）学分总数，如适用；

（六）有关在《公报》公布核准或修改课程的资料，如适用；

（七）修改说明及相关理据，如适用；

（八）课程结构，尤其是学习计划、选修及知识领域，或课程结构的其他组织方式，专业范畴或学术范畴，课程的核心部分，以及作为课程组成部分的整合或附加的大纲，如适用；

（九）已遵守章程所定的核准和修改课程的规定的证明文件；

（十）符合高等教育素质评鉴制度的要求的证明文件，如适用。

二、高等教育辅助办公室在课程登记前，须核实课程的开设及修改已符合相关的法定及章程要件，以及高等院校是否有权或具资格自行开办课程。

三、高等教育辅助办公室最高领导具职权于组成完整的申请卷宗后的 3 个月内就登记申请作出决定。

四、如驳回登记申请，须通知申请人驳回的理据，并于申请卷宗未适当组成时要求其弥补缺漏或补充申请资料。

第二十三条　登记的通告

登记的行为须在《公报》以刊登通告的方式公开，通告应载有：

（一）课程及所授予的学位、文凭或证书的名称；

（二）高等教育辅助办公室发给的登记编号及相关批准日期；

（三）关于载有课程概述的公布的资料，如适用；

（四）有关课程的学术与教学编排及学习计划的附件，如适用。

第三节　非本地高等教育课程

第二十四条　确认对澳门特别行政区有利及许可课程开始运作

一、校本部设在外地的高等院校与本地实体合作在澳门特别行政区开办非本地高等教育课程的确认申请，须附以下资料：

（一）提出申请的高等院校的最新章程；

（二）拟与申请院校合作、总部设在澳门特别行政区的实体的成立公证书及最新的章程或公司合同；

（三）由申请院校所属国家或地区的主管实体发出的证明该院校获正式认可

为高等院校的文件；

（四）申请院校拟开办的课程及所授予的相应学位、文凭或证书的说明；

（五）由申请院校所属国家或地区的主管实体发出的证明所开办的课程获正式认可且具同等学力的文件；

（六）保证承担为期相当于课程年期另加两年的运作固有开支的经济财政计划；

（七）本地的合作实体用于开办课程的设施及设备的识别数据；

（八）课程为澳门特别行政区带来的利益及有关需求的研究报告。

二、课程开始运作的许可申请须与上款所指的申请一并提出，并应附以下资料：

（一）课程及所授予学位的名称；

（二）详细说明拟开办课程的学习计划及学科单元或科目的纲要、各科目的先修要求及期间、教学模式、授课形式、课程期间、授课语言、课时及评核方式，以及校本部设在外地的高等院校在当地开办的课程的入学登记及注册制度和学习计划；

（三）课程每年入读学生的人数上限及入学条件；

（四）院校领导机关及教学与学术负责人，以及负责有关课程的教师的履历及承诺书的说明；

（五）设施的识别数据，包括该设施在澳门特别行政区的地点，以及各课程所用的教学及技术设备的说明；

（六）属申请修改课程的情况，修改前后的课程特点比较文件，以及正修读原课程的学生的过渡措施；

（七）其他被认为对具体审议申请合适的数据。

三、上款所指的申请须于课程预计开始运作之日 90 日前向高等教育辅助办公室提交。

四、如对申请内容有疑问，高等教育辅助办公室可要求提供对组成申请卷宗所需的文件、说明或补充数据。

五、在组成申请卷宗的范围内，高等教育辅助办公室可要求拟开办的课程所属范畴的公认杰出的专家、学者及公共或私人实体提供意见。

六、有关决定须于组成完整的申请卷宗后 6 个月内作出。

第二十五条　取得学位、文凭及证书

一、课程的学位、文凭或证书由校本部设在外地的高等院校颁授。

二、完成课程而取得文凭，不排除须根据关于学历审查的现行法例的规定进行确认。

第二十六条　非本地高等教育课程名单

高等教育辅助办公室每年公布非本地高等教育课程及开办该等课程的设施的名单，有关名单须按照关于许可及修改的最新批示及失效情况更新。

第二十七条　年度报告

如校本部设在外地的高等院校在澳门特别行政区开办非本地高等教育课程，应于每年一月向高等教育辅助办公室提交以下资料：

（一）上一学年非本地高等教育课程的年度报告；

（二）下一学年包括课程资料及录取学生的名额在内的招生计划，如适用；

（三）上一学年受聘教学人员名单、课程开始日期、获准招生人数、各课程登记入学并注册的学生人数、退学或停学的学生人数以及毕业生名单；

（四）上课时间表及在相关学年运作的课程的资料。

第四节　中止及取消课程

第二十八条　中止及取消的程序

一、拟中止或取消高等教育课程，须由高等院校向高等教育辅助办公室提交申请，呈监督高等教育范畴的司长核准，有关申请须附以下资料：

（一）课程及学位的名称；

（二）录取学生入读课程的时间、不录取学生的时间，预计课程结束或中止运作的日期；

（三）课程注册学生人数及适用于在读学生的过渡措施；

（四）教学人员的资料及所适用的过渡措施；

（五）已履行高等院校章程所定的核准课程开设及修改的程序的文件；

（六）其他被认为对相关申请属合适的数据。

二、中止及取消课程的程序，适用经作出适当配合的有关课程的开设、修改及登记的其他规则。

第五章　颁授硕士学位及博士学位的规定

第一节　课程的开办

第二十九条　开办硕士学位及博士学位的课程

澳门特别行政区高等院校开办硕士学位及博士学位的课程，受高等教育法例、本行政法规及高等院校核准的相关课程规章规范。

第二节　硕士学位

第三十条　硕士学位课程规章

一、高等院校须为每一硕士学位课程制定规章。

二、各规章应至少载有以下事宜：

（一）课程入学登记及注册的条件；

（二）制定学额的方法；

（三）入读硕士学位课程所需学历的课程；

（四）报名期间；

（五）招生标准；

（六）硕士学位课程的运作条件，尤其是其日程及进行论文答辩的高等院校；

（七）硕士学位课程的课程结构及学习计划；

（八）指定导师的方法及指导过程中的应遵规定；

（九）有关论文、项目报告或实习报告的引介方式、修改及提交的期间及规定，以及倘有的考生放弃的期间及规定；

（十）典试委员会组成及运作的期间及规定，以及本行政法规所载的相关规定；

（十一）硕士学位课程或相关学科单元的入学登记及注册的学费的制定及公布，如有需要；

（十二）倘有的项目报告或实习报告的撰写、引介及评核条件，以及实习条件；

（十三）倘有的硕士学位课程授课部分的时效制度及注册限制。

第三十一条　期间的中止计算

就下列情况，校长或院长经听取章程规定具职权的机关的意见，可决定中止计算论文、项目报告或实习报告的提交及答辩的时间，且不影响法律或硕士学位课程规章规定的其他情况：

（一）成为母亲；

（二）考生在论文提交及答辩的期间，经卫生范畴的主管部门或医院证实患有影响学业的重病、须长期复健的疾病、可传染或感染性疾病或遇严重意外；

（三）因实际执行的公共职务的性质及重要性而建议中止计算；

（四）因公务或于限定期间在澳门特别行政区以外地方从事教学或研究工作，且经适当许可者。

第三十二条　典试委员会

一、评审论文的典试委员会成员的委任，须经学术及教学机关提出建议后，由校长或院长作出。

二、典试委员会由下列人士组成：

（一）属有关硕士学位课程专门学术领域的两名教师，其中一名隶属该院校，另一名则可为其他高等院校的教师；

（二）论文导师。

三、除上款所指的成员外，根据硕士学位课程规章的规定，其他教师亦可加入典试委员会。

四、典试委员会成员的委任批示，应以书面方式通知考生，并张贴于硕士学位课程规章所指的院校公共场所。

五、硕士学位课程规章规定典试委员会成员中的主席人选，以及在主席因故不能视事时应采取的措施。

第三十三条　提交论文的程序步骤

一、在典试委员会成员的委任批示公布后，典试委员会发出初端批示，声明接受论文，或建议考生修改论文并附建议的理由。

二、如属上款最后部分所指的情况，考生可在获给予的期间修改论文或声明维持原论文。

三、如考生在上款所指的获给予修改论文的期间内不提交经修改的论文，亦不声明不修改论文，则视为考生放弃。

第三十四条 论文答辩

一、论文的答辩，仅在至少 3 名典试委员会成员出席时方可举行，且其中 1 名应为论文导师。

二、典试委员会所有成员均可参与答辩。

三、考生获给予的答辩时间应与典试委员会成员所使用的时间相同。

第三十五条 典试委员会的决议

一、完成上条所指的答辩后，典试委员会应举行会议，对答辩考试进行评审，并以附说明理由的记名投票方式对考生的最后评核作出决议，且不允许放弃投票权。

二、决议取决于出席成员的多数票，如票数相同，担任主席职务的典试委员会成员所投的票具决定性。

三、最后评核以“不通过”或“通过”的方式表示。

四、各硕士学位课程的规章可规定对通过答辩的考生作出其他评核。

五、对答辩考试及典试委员会会议须作记录，当中应载有各成员所投的票及有关的理由说明。

第三节 博士学位

第三十六条 授予博士学位的知识范畴

高等院校授予博士学位的知识范畴，由章程规定具职权的机关建议，并由监督高等教育范畴的司长以公布于《公报》的批示核准。

第三十七条 博士学位课程规章

一、高等院校须制定博士学位课程规章，有关规章应至少规定以下事宜：

（一）录取方法，以及与进行博士学位课程考试有关的其他规定；

（二）准备博士学位课程考试的条件；

（三）补充考试的设置、其性质及免试条件；

（四）指定导师的方法及指导过程中的应遵规定；

（五）典试委员会组成及运作的时间及规定，以及本行政法规所载的相关规定；

（六）博士学位课程考试的时间；

（七）登记论文的题目及计划的方法。

二、在同一高等院校获授予硕士学位的人士可免除论文公开答辩以外的所有考试。

第三十八条　时间的中止计算

就下列情况，校长或院长经听取章程规定具职权的机关的意见，可决定中止计算论文的提交及答辩的时间，且不影响法律或博士学位课程规章规定的其他情况：

（一）成为母亲；

（二）考生在论文提交及答辩的期间，经卫生范畴的主管部门或医院证实患有影响学业的重病、须长期复健的疾病、可传染或感染性疾病或遇严重意外；

（三）因实际执行的公共职务的性质及重要性而建议中止计算；

（四）因公务或于限定时间在澳门特别行政区以外地方从事教学或研究工作，且经适当许可者。

第三十九条　报考

一、报考博士学位课程，须向高等院校具职权的机关提出申请。

二、报考及接纳报考的条件，以及期间及其他要件，载于博士学位课程规章。

第四十条　登记论文题目及论文计划

一、考生应按博士学位课程规章的规定，为博士学位论文的题目及计划作登记。

二、如在作出登记后 5 年内不提交论文，则登记失效。

第四十一条　报告

导师每 6 个月定期以报告书形式向学术及教学机关报告考生的工作进展情况。

第四十二条　典试委员会

一、典试委员会成员的委任，由校长或院长按博士学位课程规章所载的规定及时间作出。

二、典试委员会由下列人士组成：

（一）校长或院长，由其主持典试委员会，并得将该权限授予副校长或副院长，或高等院校的教授、同等或以上职级的教学人员，且有关的教授或教学人员应为至少曾指导3名已毕业的博士生的导师；

（二）至少3名具博士学位的教师或研究员，其中1名成员须来自其他高等院校；

（三）论文导师。

三、在论文所涉及的学术领域具权威的专家亦可成为典试委员会的成员。

四、典试委员会的成员中应至少有3名具论文所涉知识范畴的教师或研究员。

五、典试委员会成员的委任批示，应以书面方式通知考生，并张贴于博士学位课程规章所指的院校公共场所。

第四十三条　提交论文的程序步骤

一、在委任批示公布后60日内，典试委员会发出初端批示，声明接受论文，或建议考生修改论文并附建议的理由。

二、如属上款最后部分所指的情况，考生可在120日内修改论文或声明维持原论文，不得延期。

三、如考生在上款所指的期间不提交经修改的论文，亦不声明不修改论文，则视为考生放弃。

四、论文公开答辩，应自下列日期起60日内举行：

（一）作出接受论文的批示之日；

（二）提交经修改的论文或声明放弃修改论文之日。

第四十四条　论文答辩

一、如典试委员会主席及其他成员过半数未出席，不得举行论文公开答辩。

二、典试委员会所有成员均可参与答辩。

三、考生获给予的答辩时间应与典试委员会成员所使用的时间相同。

第四十五条　典试委员会的决议

一、完成上条所指的答辩后，典试委员会应举行会议，对答辩考试进行评审，并以附说明理由的记名投票方式对考生的最后评核作出决议，且不允许放弃投票权。

二、决议取决于出席成员的多数票，如票数相同，典试委员会主席所投的票具决定性。

三、最后评核以“不通过”或“通过”的方式表示。

四、各博士学位课程规章可规定对通过答辩的考生作出其他评核。

五、对答辩考试及典试委员会会议须作记录，当中应载有各成员所投的票及有关的理由说明。

第四十六条　名誉博士学位

名誉博士学位的颁授制度，载于高等院校制定的规章。

第六章　凭证

第四十七条　学士学位、硕士学位及博士学位的凭证

一、完成授予学士学位、硕士学位及博士学位的课程，分别可拥有由法律及高等院校章程规定具职权的机关所发出的文凭或课程证书、硕士学位证书及博士学位证书作为凭证，并可统称为文凭。

二、为证实学位及课程的拥有权，高等院校可发出证书、证明书及声明书。

第四十八条　不授予学位的计划及课程的凭证

完成不授予学位的计划及课程，可拥有由法律及高等院校章程规定具职权的机关所发出文凭、证明书、证书或其他证明文件作为凭证，该等凭证授予及格完成相关计划及课程的学习计划内所有科目及学科单元者。

第四十九条　联合颁授学位及文凭

一、如第四十七条及第四十八条所指的课程属联合开办，且联合的高等院校均有权颁授相关范畴的学位或文凭，则完成有关课程后可按以下方式拥有相应的文件作为凭证：

（一）仅由其中一所院校颁授；

（二）如学位或文凭须由院校各自发出的文件作为凭证，则由各院校自行颁授；

（三）如学位或文凭须由法律及相关院校章程规定具职权的机关所发出的独一文件作为凭证，则由所有或部分院校共同颁授。

二、属上款（一）及（三）项规定的情况，颁授学位或文凭必须为澳门特别行政区的高等院校。

第五十条　给予课程及修读期同等效力

一、为有关升学目的，高等院校可对课程、修读期及高等教育课程学习计划内的科目或学科单元给予同等效力。

二、根据有关规章的规定，上款所指的给予同等效力属高等院校的学术及教学机关的专属职权，但给予同等效力并不导致等同于在澳门特别行政区开办的课程所授予的高等教育学位、文凭或证书。

第七章　过渡及最后规定

第五十一条　时间上的适用

一、如高等院校章程不符合本行政法规及其他高等教育法例的规定，应在本行政法规生效后一年内作出调整。

二、如高等院校具条件根据本行政法规及其他高等教育法例的规定授予其章程未予规定的硕士学位及博士学位，可在上款所指的调整章程期内开办授予有关学位的课程。

三、对于澳门特别行政区的高等院校在本行政法规生效前已开办的授予硕士学位及博士学位的课程：

（一）在2017/2018学年开展的课程直至其完结前，受之前的法例规范；

（二）在上项所指的课程完结日前，应促使其符合本行政法规及其他高等教育法例的规定。

第五十二条　废止

在不影响上条规定适用的情况下，废止下列规定：

（一）2月27日第13/89/M号法令；

（二）12月11日第82/89/M号法令；

（三）经第7/2018号行政法规修改的2月28日第15/94/M号法令；

（四）经11月29日第95/99/M号法令修改的4月1日第17/96/M号法令；

（五）4月14日第13/97/M号法令；

（六）第37/2000号行政命令。

第五十三条　生效

本行政法规自2018年8月8日起生效。

2018年7月27日制定。

命令公布。

行政长官 崔世安

澳门特别行政区
第 19/2018 号行政法规
高等教育学分制度

行政长官根据《澳门特别行政区基本法》第五十条（五）项及第 10/2017 号法律《高等教育制度》第六十三条的规定，经征询行政会的意见，制定本补充性行政法规。

第一章　一般规定

第一条　标的

本行政法规制定高等教育学分制度。

第二条　定义

为适用本行政法规的规定，下列用语的含义为：

（一）“学分”：是指计算学生在任何形式下学习的单位，尤其是面授教学、集体授课、导师个人指导、实习、项目、实地工作、实验室工作或试验工作、参加研讨会或会议、研究或评核；

（二）“学科单元”：是指本身以培养为目标的教学单元，亦是行政注册及体现最后成绩的评核的对象；

（三）“学科单元学分”：是指用作反映学生为修读学科单元而须完成的学习量的数值；

（四）“课程的学习计划”：是指学生为取得特定学位或完成不授予学位的课程而须取得及格成绩的一组学科单元；

（五）“课程一般修读期”：是指以学年、学期或学季制定的时段，学生在该时段以全日制及面授方式修读高等教育课程，有关修读期须参照完成课程所需的学分数目；

（六）“课程年度”“课程学期”及“课程季度”：是指课程的学习计划的时段

或其部分，分别对应于一学年、一学期及一学季的学科单元所占的时间。

第三条　范围

本行政法规的规定，适用于澳门特别行政区公立及私立高等院校根据学分制设置及组成的课程。

第二章　高等教育学分制

第一节　一般适用

第四条　学分制的强制性制度

下列课程须按照本行政法规规定的学分制设置：

（一）全部或部分学习计划规定以修读学科单元给予学分的授予学士及硕士学位的课程；

（二）双学士学位课程；

（三）由属相同学术领域的两个学士学位课程中称为主修的两个核心部分所组成的学士学位课程；

（四）由主修或副修组成的学士学位课程；

（五）副学士文凭课程。

第五条　学分制的任意性制度

一、可采用本行政法规内的学分制设置非上条规定的课程，或组成培训计划或其教育内容，而不论其类别、教育基础或学习类型。

二、对于授予博士学位的课程，如其部分学习计划例外包含了以学分制修读的学科单元，且相关课程的学习计划具合理理由规定该等学科单元，则可根据本行政法规制定的要件设置该等课程。

三、由校本部设在外地的高等院校在澳门特别行政区开办以学分制组成的与其在校本部开办的原课程相同的课程，可视乎实际情况及尽可能配合本行政法规规定的学分制。

第六条　学分制的结构要件

一、课程的学习计划可按学年划分，而学年可分为学期及学季，并分别对应课程年度、课程学期和课程季度，以安排学分制课程和制定其一般时间。

二、上款所指的每一课程时间以学科单元划分，尤其是科目、单元、研讨会或实习，每一学科单元应有下列一组连贯及明确的事项予以体现：

（一）学习成果；

（二）适当的评核标准；

（三）预计学习时数的制定；

（四）学分数目说明。

三、学分制课程是由学科单元组成，并以学分反映学生为修读每一学科单元须完成的学习量。

四、学分制课程的学科结构须指出每一学科单元所属的学术领域及以学分反映学生在每一学术领域须完成的学习量。

五、不论学分的分配标准为何，每一学科单元的学分数目须根据下列要件制定：

（一）学习量是按学生的预计学习时数计算；

（二）所考虑的学生学习时数包括规定的任何学习形式，尤其是上课时间或面授教学、集体授课、导师个人指导、实习、项目、实地工作或实践性质的工作、实验室工作或试验工作、参加研讨会或会议、研究或评核所需的时间；

（三）学生为达到修读学科单元所需的学习水平的预计学习时数，应尽可能包含组成学生学习措施的各学习形式，且避免限于以一种学习形式进行；

（四）全日制课程的每一学分平均最少包含 15 小时的面授教学；

（五）全日制一学年的学习量为 1 050～1 350 小时，相当于 36～40 个星期；

（六）全日制一学年度的学习量的相应学分数目为 30 学分；

（七）对于期间少于一年的课程，学分数目按课程在学年度所占的比例给予；

（八）全日制课程学习量的相应学分数目，相等于课程一般修读期的学年数目或其部分学年数目乘以 30；

（九）每一学科单元给予的学分以半个学分的倍数表示；

（十）在同一所高等院校内，不论课程为何，组成多于一个课程的学习计划的学科单元应给予相同的学分。

第二节　课程和学位

第七条　学分制学士学位课程结构

一、根据学分制组成的学士学位课程的学习计划，由一组学科单元及相应的学分组成。

二、上款所指的学士学位课程学分数目通常为120～180学分，一般修读期通常为学生学习的8～12个课程学期。

三、在制定各培训领域的学士学位不同课程的学分数目时，各高等院校须优先采用载于作为本行政法规组成部分的附件的“课程学分参照表”的同等数值，以确保学生在修读期及修读内容方面的流动、培训及投身社会的条件与澳门特别行政区其他高等院校类似。

四、在不影响以上数款规定的情况下，学士学位课程的学习计划可规定修读课程、参加计划或其他具补充培训性质的面授活动，尤其是学习与学士学位课程授课语言有关的语言课程、研讨会、会议或其他活动，只要无成绩及格的要求，或修读学习计划规定的学科单元及取得相关学分不取决于上述的活动。

五、设置学分制学士学位课程时，可对在少于课程一般修读期内取得相关学分的可能性作例外规定，一般修读期为4个学年的课程，必须修读最少3个学年；修读期较长的课程则按相同比例计算。

第八条　双学士学位课程结构

一、根据学分制组成的双学士学位课程的学习计划，由一组学科单元及相应的学分组成。

二、上款所指的双学士学位课程学分数目最少为180学分，一般修读期通常为学生学习的12个课程学期。

三、在订定各培训领域的双学士学位不同课程的学分数目时，各高等院校须优先采用载于作为本行政法规组成部分的附件的“课程学分参照表”的同等数值，以确保学生在修读期及修读内容方面的流动、培训及投身社会的条件与澳门特别行政区其他高等院校类似。

四、在不影响以上数款规定的情况下，双学士学位课程的学习计划可规定修读课程、参加计划或其他具补充培训性质的面授活动，尤其是学习与授课语言有关的语言课程、研讨会、会议或其他活动，只要无成绩及格的要求，或修读学习计划规定的学科单元及取得相关学分不取决于上述的活动。

第九条　学分制硕士学位课程结构

一、根据学分制组成的硕士学位课程的学习计划，由一组学科单元，以及原创论文或原创项目报告的撰写，又或在参与专业实习后提交总结报告的部分和相应的学分组成。

二、上款所指的硕士学位课程的学分数目一般最少为30学分，且不论其是否全部或部分分配于授课期，而修读期最少为 3 个课程学期。

三、在不影响第 10/2017 号法律《高等教育制度》第二十条第四款、第五款及第七款规定的情况下，为分配学分及计算预计学习时数，学分制硕士学位课程的学习计划可对硕士学位课程的组成、修读期和期限订定不同于第六条第五款（四）至（八）项规定的要件。

四、根据学分制组成的硕士学位课程的学习计划，可规定修读课程、参加计划或其他具补充培训性质的面授活动，尤其是学习与硕士学位课程授课语言有关的语言课程、研讨会、会议或其他活动，只要无成绩及格的要求，或修读学习计划规定的学科单元及取得相关学分不取决于上述的活动。

五、在订定硕士学位不同课程的学分数目时，各高等院校须优先采用载于本行政法规附件的“课程学分参照表”的同等数值，以确保学生在修读期及修读内容方面的流动、培训及投身社会的条件与澳门特别行政区其他高等院校类似。

第十条　其他不授予学位课程结构

一、根据学分制组成的不授予学位的课程的学习计划，由一组学科单元及相应的学分组成，学分数目最多为 90 学分，修读期最长为学生学习的 6 个课程学期。

二、在订定不授予学位的不同课程的学分数目时，尤其是副学士文凭课程，以及副修计划，各高等院校须优先采用载于本行政法规附件的“课程学分参照表”的同等数值，以确保学生在修读期及修读内容方面的流动、培训及投身社会的条件与澳门特别行政区其他高等院校类似。

第十一条　主修及副修的组成和条件

一、课程的主修部分由一组能代表相关课程的主要核心部分的学科单元组成。

二、组成课程主修的学科单元的学分总和应最少为 40 学分。

三、属相同学术领域的学士学位课程的两个主修及两个学习计划可合并组成一个新双主修课程的学习计划，但须优先采用载于本行政法规附件的《课程学分参照表》的同等数值。

四、组成副修计划的学科单元的学分总和应最少为 30 学分，最多为 35 学分。

五、作为学士学位课程的附加计划而开办的副修计划，可例外以独立或组合方式开办，但不影响根据本行政法规附件的“课程学分参照表”的数值，遵守课时的参考平均数及学习时数与取得相关学分之间的比率。

六、修读学士学位课程的副修计划可与该课程同时进行，但相关课程期间的分配须遵守本行政法规附件的《课程学分参照表》的总课时限制及学习时数与取得相关学分之间的比率。

第十二条　取得学分

取得学分制课程的学习计划的每一学科单元的学分，取决于在有关学科单元中成绩是否及格。

第十三条　颁授学士学位

根据第10/2017号法律第十八条第一款及第十九条第三款的规定及为适用有关规定，在根据学分制开办的授予学位的课程的学习计划内的所有学科单元中成绩及格，取得订定的学分数目者，可颁授学士学位。

第十四条　颁授硕士学位

根据第10/2017号法律第二十条第一款的规定及为适用有关规定，在根据学分制开办的硕士学位课程的学习计划内的所有学科单元中成绩及格，以及在公开论文答辩、项目报告或实习报告中成绩及格，取得订定的学分数目者，可颁授硕士学位。

第十五条　学士学位及硕士学位的最后成绩

一、对以学分制课程取得的学士学位及硕士学位给予最后成绩。

二、订定最后成绩的计算方式的规章规定，包括计算和小数凑成整数的方法，以及加权平均方式情况下的加权标准和方法，载于学士学位和硕士学位课程的学习计划和高等院校具职权机关核准的相关规章内。

第十六条　联合开办的课程的学位及文凭的颁授

一、澳门特别行政区高等院校之间，或澳门特别行政区高等院校与校本部设在外地的其他高等院校之间可通过签订学术合作协议，联合开办授予学位和文凭的课程，或以学分制组成的其他计划及课程。

二、与校本部设在外地的高等院校联合开办的课程方面，澳门特别行政区高等院校应确保由合办高等院校提供的培训可根据本行政法规的规定计入学分。

三、如根据第一款规定的合办高等院校同样具职权根据本行政法规的规定颁授相关领域的学位或文凭，该学位或文凭可由下列院校颁授：

（一）仅由其中一所院校颁授；

（二）如学位或文凭是以每所院校发出的文件作凭证，则由每所院校分别颁授；

（三）如学位或文凭是以所有或某些高等院校法定及章程规定具职权机关签署的单一文件作凭证，则由相关院校共同颁授。

四、如属上款（一）及（三）项的情况，学位及文凭必须由澳门特别行政区的一所高等院校颁发。

五、联合开办的课程的学习计划中，由澳门特别行政区院校开办的部分不得仅由实习、计划、研讨会、会议、研究、短期课程或任何补充培训组成。

第十七条　运作规则及规章规定

一、学分制课程的运作由本行政法规、相关课程的学习计划所载的规则，以及由开办课程的院校核准的课程的入学、修读、完成及运作的规章规范。

二、在不影响以学分制组成的学士学位课程的每一学习计划规定的情况下，各高等院校法定及章程规定的具职权机关核准下列事项的一般或特定规章规定：

（一）入学特别条件；

（二）运作条件；

（三）课程结构、学习计划及学分；

（四）知识评核制度；

（五）优先制度；

（六）时效制度；

（七）计算每一学科单元分数、最后成绩及或有的加权系数的规则及程序；

（八）发出证明、证书、文凭及学位或课程荣衔的其他文件的期限；

（九）院校学术及教学机关的跟进程序。

三、在不影响以学分制组成的硕士学位课程的每一学习计划规定的情况下，各高等院校法定及章程规定的具职权机关在核准与上款事项相关的规定的同时，亦核准下列事项的一般或特定规章规定：

（一）授予硕士学位的课程的录取规则，特别是学术及课程方面的条件、报读规定、甄选及分级标准、订定及公布学额和报读期限的程序；

（二）落实第九条第一款第二部分所指的倘有的论文、项目报告、实习或报告的相关部分；

（三）指定一位导师或多位导师的程序、允许共同指导的条件，以及指导上的应遵规则；

（四）介绍及提交论文、项目报告或实习报告的规则、对其进行审议的规则，以及进行公开论文答辩、项目报告或实习报告的最长期限；

（五）典试委员会的组成、任命及运作的规则；

（六）给予最后成绩的程序。

第三章　时效

第十八条　时效制度

一、课程年度结束时，如证实学生无法在课程一般修读期再加75%的期间内取得欠缺的学分数目，则在高等院校开办的根据学分制设置的高等课程的入学登记及注册权利的时效完结。

二、属上款规定的时效情况，在高等院校相关规章订定的最短期间内，学生不能办理入学登记修读同一课程；在该期间届满后，学生只要在重新办理入学登记时符合报读相关课程的要求和条件，则可重新办理有关登记。

三、办理新的入学登记不导致学生失去入学登记前取得的学分，但因修改课程的学习计划而改变学科单元的教学内容，导致无法根据本行政法规的规定将相关培训学分计入新学习计划的情况除外。

四、第一款规定的时效制度不适用于硕士学位及博士学士课程的注册学生，该等课程的时效制度由高等院校的相关规章订定。

第十九条　时效的特别制度

一、学生处于下列任一情况可享有时效的特别制度，尤其是：

（一）非全日制学生；

（二）肢体上或感官上暂时或长期无能力者；

（三）经卫生领域的主管部门或医院证实，因成为母亲、严重疾病、需长时间康复的疾病、传染病或感染病而妨碍学习者。

二、为订定上条第一款规定的入学登记及注册权利的时效，时效的特别制度是指课程一般修读期再加上上款所指任一情况的期间的150%，并以小数凑至下一整数。

三、为享有时效的特别制度，学生仅须向已登记入学的高等院校提出要求，以及递交第一款所指的任一情况的证明。

第四章　学科单元的学分计入

第二十条　流动保证

为保障学生在澳门特别行政区高等院校之间，以及在澳门特别行政区与校本部设在外地的高等院校之间的流动，在互认培训分数及获取能力的原则下，计入本行政法规规定的学分制范围内的学分。

第二十一条　计入学分

一、考虑为取得学位或完成课程而升学，高等院校可：

（一）将在澳门特别行政区高等院校的其他高等课程进行培训的学分计入院校自身课程的学习计划内；

（二）通过给予学分，认可在澳门特别行政区或校本部设在外地的高等院校进行的学术培训和学习期间；

（三）通过给予学分，认可专业经验及职业培训。

二、学分计入须考虑学分的程度及取得学分的学术领域。

第二十二条　计入学分的限制

一、不得将部分学科单元计入学分。

二、对上条第一款（一）及（二）项所指的学术培训、学习期间或学科单元的学分计入，不得超过相当于计入课程或计划的学分的1/3，且仅可计入在官方认可的高等院校取得的并根据法律获官方核准及批准运作的课程的学分。

三、对上条第一款（三）项规定的认可专业经验及职业培训所给予的学分，不得超过相当于计入课程或计划的学分的20%。

四、根据上条规定计入学分的总和上限相当于计入课程的学习计划的总学分数目的1/3，并以小数凑至下一整数。

五、在下列情况下，第二款及第四款规定的限制不适用于上条第一款（一）及（二）项所指的学术培训、学习期间或学科单元的学分计入：

（一）在第十六条规定的联合开办的课程范围内并根据相关学习计划，由合办的高等院校进行学分计入；

（二）根据第10/2017号法律第二十二条第三款的规定，在副学士文凭课程范围内并以升学为目的进行学分计入。

六、高等院校的学分计入仅对修读其开办的高等教育课程有效，对学分持有者不颁授学位、不给予课程或学习期间的同等学力或作认可。

第二十三条　计入学分的程序

一、计入学分所采用的卷宗及程序由高等院校法定及章程规定的具职权机关根据适用的法例规则核准的专有规章订定，并须包含关于下列事宜的规定：

（一）申请书应附的文件；

（二）回复申请的权利及后续的决定义务；

（三）具职权审议及作出决定的机关；

（四）公布决定；

（五）具职权对声明异议或上诉作决定的机关或实体；

（六）适用期限。

二、高等院校具学术及教学职权的机关或特别指定的委员会或典试委员会须参与卷宗的组成及决定学分的计入。

第二十四条　在紧接的学习计划的学科单元内注册

一、允许某一课程的注册学生在紧接的学习计划的学科单元内注册。

二、上款所指的学科单元：

（一）须经证实；

（二）如学生在相关课程紧接的学习计划内注册，学科单元可计入学分。

第五章　过渡及最后规定

第二十五条　时间上的适用

一、在本行政法规生效之日已由澳门特别行政区高等院校开办的以学分制组成的高等教育课程，不论采用何种模式，应根据下列的规定配合本行政法规规定的学分制：

（一）除授予硕士学位的课程外，属第四条所指的课程须自本行政法规生效之日起最多 5 年内作出配合，但如该等课程有任何修改，则在修改之日作出配合；

（二）如授予硕士学位的课程有任何修改，则须作出配合。

二、在不影响关于高等教育课程配合本行政法规所订定的学分制度的规定的情况下，由高等院校的学术及教学机关核准新课程安排的过渡规章规定，并确保：

（一）尊重学生的正当期望；

（二）将在旧学习安排中接受培训的学分计入新学习安排的必要制度；

（三）有关适用不会增加旧学习安排所订定的课时。

三、如过渡规则规定新旧学习安排共同存在，其期限不得超过一个学年，但在例外及具合理理由的情况下经高等教育辅助办公室同意后可延长一学年。

四、为查核、跟进及控制高等教育课程配合本行政法规订定的学分制度的程序，高等院校须通知高等教育辅助办公室在本行政法规生效之日已存在的以学分制组成的课程及计划清单。

第二十六条　生效

本行政法规自 2018 年 8 月 8 日起生效，但不影响上条第一款及第三款规定的适用。

2018 年 7 月 27 日制定。

命令公布。

行政长官 崔世安

附件　课程学分参照表

课程/计划	最少学分	总学时[1]	全日制课程面授教学的最少学时[2]
副修计划	30	1 350	450
副学士文凭课程	60	2 700	900
学士学位课程	120	5 400	1 800
双主修学士学位课程	160	7 200	2 400
双学士学位课程	180	8 100	2 700
硕士学位课程	30	2 025[3]	—[4]

注：1. 学分制课程的每学分学习量应为 35～45 学时。

2. 全日制课程的平均每学分应含不少于 15 学时的面授教学。

3. 硕士学位课程的最短期限的预计学习时数参考值。

4. 硕士学位课程的面授教学学时须视课程的教学方法而定。

第67/2014号社会文化司司长批示 核准新的《研究生奖学金发放规章》

社会文化司司长行使《澳门特别行政区基本法》第六十四条赋予的职权，并根据第6/1999号行政法规第五条、第123/2009号行政命令第一款的规定，作出本批示。

一、核准新的《研究生奖学金发放规章》，该规章载于本批示附件，并为本批示的组成部分。

二、废止第78/2010号社会文化司司长批示。

三、本批示自公布之翌日起生效。

2014年4月24日

社会文化司司长 张裕

附件　研究生奖学金发放规章

第一章　总则

第一条　宗旨

本规章订定研究生资助发放技术委员会（以下简称“委员会”）向澳门特别行政区永久性居民发放研究生奖学金的规范。

第二条　适用范围

一、于申请日已为澳门特别行政区永久性居民者，可申请研究生奖学金。

二、为学习或进修研究生课程所需的语言培训课程，不获发奖学金。

第三条　奖学金的名额和金额

由社会文化司司长批示订定每年发放的奖学金名额和金额。

第四条　奖学金的发放期

一、奖学金每年分两学期并一般在学期初发放。

二、奖学金的发放并非每年进行，但根据本规章规定的奖学金续期发放除外。

第五条　奖学金获奖者的义务

奖学金获奖者的义务为：

（一）在澳门开立活期银行账户；

（二）未事先通知委员会，不得更改收取奖学金的开户银行及银行账号；

（三）通信地址有变，须通知委员会；

（四）未经委员会许可，不得同时领其他奖学金、助学金或津贴；

（五）须于完成硕士学位课程或博士学位课程后的 6 个月内递交有关证明文件，并以纸本或电子的载体形式向委员会递交硕士或博士学位论文；

（六）未经委员会事先许可，不得更改已确定的博士学位课程研究计划的课题。

第二章　奖学金的发放

第一节　奖学金之首次发放

第六条　递交申请及期限

一、研究生奖学金的申请文件于高等教育辅助办公室递交。

二、研究生奖学金的申请期限由委员会订定，该期限不得超过 15 日。

第七条　申请文件

一、申请者在申请奖学金时须递交已填妥的专用表格及下列文件：

（一）澳门永久性居民身份证副本；

（二）个人履历；

（三）高等教育学历证书及高等课程各科所获分数的成绩表；

（四）由所入读的高等院校发出的课程简介；

（五）所入读的高等院校发出的报名证明文件、录取通知书或注册的证明文件；

（六）两名学术界或专业界资深人士的推荐信；

（七）申请博士学位课程奖学金者须提交一份研究计划。

二、为评审的需要，委员会可要求申请者提供其他文件或作补充说明。

三、申请过程中的各项费用由申请者承担。

第八条　申请的评审

一、委员会根据申请者拟修读课程的意义，以及申请者的履历甄选发放奖学金。

二、有关甄选的评审将考虑申请者在学术、专业和科研方面的经验，尤其是：

（一）高等教育学历及成绩；

（二）研究课题对澳门社会的利益；

（三）申请者所发表的研究成果，特别是与其修读课程的研究范畴有关的成果。

三、委员会有权在必需时就申请者的评审征询专家的意见。

第九条　公布结果

申请者的获奖结果名单于申请截止日起计 120 日内除在高等教育辅助办公室以张贴告示形式公布外，并于澳门特别行政区较多人阅读的一份中文及一份葡萄牙文报章以刊登公告的形式公布。

第二节　奖学金的续期

第十条　续期

根据本规章之规定，奖学金可延续发放，直至课程最短期限结束为止，但该期间不得超过 3 年。

第十一条　续期的条件

一、同时具备以下条件的奖学金获奖者可获延续发放奖学金：

（一）所修读课程已获发放本奖学金，课程最短期限超过一个学年即两个学期；

（二）提交新学年修读有关课程的证明文件；

（三）成绩及格，平均分不少于 13 分（20 分制）或 65 分（100 分制）；

（四）奖学金获奖者须提交年度学习报告，并须附同有关导师对其已开展的研究表示称许及赞同其下一个阶段的研究计划的意见。

二、上款（一）项至（三）项所述的条件适用于硕士学位课程奖学金的续期申请，以及（一）项、（二）项及（四）项所述的条件则适用于博士学位课程奖学金的续期申请。

第十二条　续期的申请

一、申请奖学金续期应填写专用表格并连同以下文件一并递交：

（一）上条第一款（一）项至（三）项所述条件的证明文件适用于硕士学位课程奖学金获奖者，以及（一）项、（二）项及（四）项所述的文件适用于博士学位课程奖学金获奖者；

（二）澳门永久性居民身份证副本。

二、奖学金的续期须于每年 9 月申请。

第三章　最后条款

第十三条　初端淘汰

申请者未按本规章规定的期限内递交申请所需的全部文件，会被初端淘汰。

第十四条　奖学金的撤销

不遵守本规章的规定，尤其是出现如下情况时，已发放的奖学金会被撤销：

（一）未履行本规章第五条（四）及（五）项的义务；

（二）为奖学金的发放所递交的文件提供虚假声明或遗漏重要事实。

第十五条　罚则

一、倘被证实存在上条所指的任何情况，委员会可随时决定撤销奖学金，且不妨碍依法追究刑事责任的权利。

二、奖学金倘被撤销，有关奖学金获奖者须实时归还所有收取的款项。

第十六条　规章的修订

一、本规章的修订可在任何时间进行，修订公布后只对之后的奖学金申请生效，另有规定者除外。

二、上款提及的修订并不损害奖学金获奖者按照本规章所取得的权利。

第十七条　遗漏情况

本规章倘有遗漏及因行使本规章而产生的疑问，由委员会负责解决。

第十八条　最后规定

按法律规定，可对委员会的决议提起司法上诉。

澳门特别行政区
第 9/2017 号行政法规
2016/2017 学年大专学生学习用品津贴

行政长官根据《澳门特别行政区基本法》第五十条（五）项，经征询行政会的意见，制定本独立行政法规。

第一条　标的

一、本行政法规订定于 2016/2017 学年向修读高等教育课程的学生发放一次性学习用品津贴的应遵规定及程序。

二、因应情况，下列期间视为 2016/2017 学年：

（一）2016 年 9 月 1 日至 2017 年 8 月 31 日；

或

（二）2017 年 2 月 1 日至 2017 年 12 月 31 日。

第二条　范围

持有澳门特别行政区居民身份证并注册修读下列课程的学生，为学习用品津贴的受惠人：

（一）澳门特别行政区公立或私立高等教育机构所开办的颁授学位或学习期不少于两学年的高等教育课程；

（二）澳门特别行政区以外地方经所属国家或地区主管当局认可的公立或私立高等教育机构所开办的颁授学位或学习期不少于两学年的高等教育课程。

第三条　职权

一、管理学习用品津贴，属高等教育辅助办公室的职权。

二、高等教育辅助办公室具职权核实和评定学生登记，以及统筹有关津贴的发放程序。

三、如证实发放学习用品津贴有误，高等教育辅助办公室依职权负责支付所欠款项或要求退还不当支付的款项。

第四条 津贴金额

学习用品津贴的金额为 3 000 澳门元。

第五条 兼收津贴

学习用品津贴与其他公共或私人实体所给予或已给予的其他资助可兼收。

第六条 手续

一、发放学习用品津贴，取决于学生是否已登记；登记时，须填妥高等教育辅助办公室提供的表格，又或高等教育辅助办公室在互联网页以电子方式提供的表格。

二、有关登记须自本行政法规生效之日起至 2017 年 5 月 19 日的期间为之。

三、学生须递交由其注册修读课程的高等教育机构发出的文件，以证明有关资格；但下列学生除外：

（一）第二条（一）项所指的学生；

（二）第二条（二）项所指且受惠于澳门特别行政区公共实体所给予的其他资助、津贴或助学金的学生；

（三）第二条（二）项所指且所修读的课程获澳门特别行政区政府许可并在澳门特别行政区开办的学生。

四、如高等教育辅助办公室认为须评定登记，可要求学生于获通知之日起计 15 日内递交其他文件或作出补充说明。

第七条 发放及支付

一、学习用品津贴以银行转账或由财政局发出凭证的方式一次性支付。

二、有关支付自上条第二款所指的登记期间届满之日起计 60 日内，或于适用的情况下，自递交上条第三款及第四款所指文件之日起计 60 日内为之。

第八条 核实个人资料

一、为发放津贴，负责处理相关程序的公共实体、澳门特别行政区公立及私立高等教育机构，以及与外地高等教育机构于澳门特别行政区合办且获澳门特别行政区政府许可的课程的澳门协办实体，根据第 8/2005 号法律《个人资料保护法》的规定，可采用包括数据互联在内的任何方式，核实其认为需要的相关人士个人资料。

二、为适用第 8/2005 号法律第四条第一款（五）项的规定，高等教育辅助办公室为负责处理个人资料的实体。

第九条 负担

发放学习用品津贴所引致的负担，由登录于高等教育辅助办公室财政预算的款项承担。

第十条 生效

本行政法规自公布翌日起生效。

2017 年 3 月 17 日制定。
命令公布。
行政长官 崔世安

第48/2019号社会文化司司长批示 核准《高等教育基金资助及财政援助发放规章》

社会文化司司长行使《澳门特别行政区基本法》第六十四条赋予的职权，并根据第16/2018号行政法规《高等教育基金》第十七条的规定，作出本批示。

一、核准《高等教育基金资助及财政援助发放规章》，该规章载于本批示附件，并为本批示的组成部分。

二、本批示自公布翌日起生效。

2019年4月23日

社会文化司司长 谭俊荣

附件 《高等教育基金资助及财政援助发放规章》

第一条 标的

本规章订定由高等教育基金（以下简称“基金”）提供的资助、财政援助、发放助学金、奖学金或其他援助的制度。

第二条 适用规定

基金提供的资助、财政援助、发放助学金、奖学金或其他援助由本规章和各个方案、计划及其他援助方式的规定规范。

第三条 方式和形式

一、基金提供的资助，财政援助，发放助学金、奖学金或其他援助通过方案、计划及其他援助方式优先批给，但不影响基金根据适当说明理由在特别情况下批准提供的特定援助。

二、基金提供的资助，财政援助，发放助学金、奖学金或其他援助，尤为以下任一形式实施：

（一）无偿财政援助；

（二）需偿还的财政援助；

（三）贷款补贴；

（四）奖学金、贷学金、助学金及优惠贷款；

（五）现金奖励。

三、上款（一）至（四）项所指的形式可包括全数或部分开支，亦可以一次性或分期的方式发放。

第四条　对象

一、在不影响各个方案、计划及其他援助方式的专门性的前提下，基金根据本规章发放的资助、财政援助、助学金和奖励的对象为：

（一）澳门特别行政区的高等院校；

（二）依法成立且以发展高等教育为目的或推展有关此范畴活动的澳门特别行政区私法人；

（三）高等教育的学生；

（四）高等教育的教学和研究人员。

二、本规章范围内的对象还包括开展高等教育范畴的研究项目及有关提升高等教育素质的活动或机制且可作为基金提供资助或财政援助对象的负责人。

第五条　原则和义务

在不影响为各个方案、计划及其他援助方式而订定的其他义务的情况下，上条所指的对象在与基金的关系上须遵守以下的原则及义务：

（一）合作；

（二）善意；

（三）参与；

（四）受基金的技术和财政监察约束；

（五）提供数据。

第六条　职权

一、基金行政管理委员会具职权许可方案、计划及其他援助方式，但以有关开支金额不超过基金可通过其本身预算承担开支的法定限额为限。

二、经基金行政管理委员会建议，监督实体在其职权范围内许可设立金额超过上款所指的限额的方案、计划及其他援助方式。

三、如设立的方案、计划及其他援助方式所涉的金额超过监督实体的权限，有关许可须附同基金行政管理委员会的建议呈行政长官决定。

四、基金行政管理委员会主席具权限通过传媒及其他认为适当的方式，尤其是基金的网页，公布上述各款所指获许可的方案、计划及其他援助方式，以及相关的重要指引及信息。

第七条　考虑因素

就设立的方案、计划及其他援助方式，基金行政管理委员会须考虑以下因素：

（一）基金可动用的财政资源；

（二）促进高等教育发展的重要性；

（三）确认促进所提议的活动具公共利益；

（四）基金对相关方案、计划及其他援助方式所订定的其他考虑因素。

第八条　申请

一、基金发放的资助及援助一般取决于按照基金公布的规定而提交的申请。

二、资助及援助的申请须通过填写由基金提供的专用表格，或在基金网页以电子方式提供的申请表格，向基金行政管理委员会主席提出为之。

第九条　例外情况

上条的规定不影响基金主动提出的资助及援助的发放，尤其是发放奖励或执行政府在高等教育方面的政策，以及具充分说明及证明有需要或具重要性而须在例外情况下通过个案分析发放的资助及援助。

第十条　规定及条件

一、基金行政管理委员会负责订定申请资助及援助的规定和条件，尤其包括：

（一）目的；

（二）范围；

（三）第三条第二款所指的形式；

（四）组成卷宗所需的文件；

（五）对象；

（六）提交申请、报告、递交文件或履行其他义务的期限的说明；

（七）准则；

（八）名额；

（九）兼收其他财政援助的可能性；

（十）资助或财政援助的扣减；

（十一）倘有的特别条件。

二、基金行政管理委员会亦负责订定尤其是有关提交资助及援助申请和相关文件时须遵守的规定及指引。

三、本条的规定经必要配合后适用于第九条规定的例外情况。

第十一条　资助或财政援助的兼收

一、基金提供的资助、财政援助、发放助学金、奖励或其他援助与其他公共或私人实体所发放或拟发放的其他资助或财政援助兼收的可能性和条件取决于方案、计划及其他援助方式的性质和目的。

二、如有兼收的情况，申请人或受益人须在申请时或兼收的情况发生之日起计 10 日内向基金告知有关情况。

第十二条　资助及财政援助的修订

一、倘出现上条所指的兼收，基金行政管理委员会按个别情况决议修订发放的款项或金额。

二、为修订有关实施活动或项目的开支的资助或财政援助的情况，基金行政管理委员会按情况考虑原定的开支金额或兼收由其他实体提供的资助或财政援助的金额扣减后的实际开支。

三、基金行政管理委员会就修订已发放的资助或财政援助作出具适当说明理由的决议时，须订定应退还的金额和期限。

四、上款所指的资助或财政援助的退还不影响追究倘有的民事或刑事责任。

第十三条　强制征收

在全数支付须退还金额的期限届满后，倘若有关支付没有得到实现，基金行政管理委员会应向财政局发出证明，以便进行强制征收。

第十四条　过渡规定

有关资助高等教育学生的活动的规定维持生效，直至被相关的新方案、计划及其他援助方式取代为止。

第十五条　废止

废止第 128/2018 号社会文化司司长批示，但不影响上条规定的适用。

第82/2018号社会文化司司长批示核准大专助学金发放规章

社会文化司司长行使《澳门特别行政区基本法》第六十四条赋予的职权，并根据第6/1999号行政法规《政府部门及实体的组织、职权与运作》第五条第一款第一项及第二款、第112/2014号行政命令第一款，以及12月19日第62/94/M号法令第十八条，作出本批示。

一、核准载于本批示附件并作为本批示组成部分之大专助学金发放规章。

二、废止第48/2010号社会文化司司长批示。

三、本批示自2018/2019学年开始生效。

2018年6月15日

社会文化司司长 谭俊荣

附件　大专助学金发放规章

第一章　一般规定

第一条　标的

一、本规章订定大专助学金（以下简称“助学金”）及补充援助的发放制度。

二、助学金包括：

（一）贷学金；

（二）奖学金；

（三）特别助学金；

（四）特殊助学金。

三、补充援助包括：

（一）住宿贷款；

（二）启程旅费贷款；

（三）回程旅费贷款。

第二条　一般条件

同时具备下列条件者，可申请助学金：

（一）持有有效澳门特别行政区居民身份证；

（二）曾在澳门特别行政区非高等教育公立学校或私立学校就读不少于 3 年；

（三）拟于紧接的学年修读由高等院校开办的预科课程、高等专科学位课程、副学士文凭课程、学士学位课程、硕士学位课程，或其他等同于上述各学位程度的课程；

（四）不具有与申请助学金用以修读的课程相同程度之学位；

（五）符合本规章各类助学金申请条件。

第三条　助学金的发放

一、除本规章另有规定外，助学金发放为期一学年，分两期支付，每期为 6 个月的金额。

二、助学金以转入受益人的银行账户方式支付；倘递交澳门特别行政区以外的账户，所引致的转账费用和汇率差额概由受益人承担。

第四条　申请期

一、贷学金及特殊助学金的申请期，自每年 6 月第二个星期一开始，为期 15 个工作日。

二、奖学金及特别助学金的申请期，自每年 8 月第一个星期一开始，为期 15 个工作日。

第五条　确认

一、获甄选者应于教育暨青年局（以下简称“教青局”）订定期限内根据以下情况递交由其本人签署的声明书，以确认接受助学金：

（一）获甄选贷学金或补充援助者，递交承诺偿还声明书；

（二）获甄选奖学金者，递交承诺偿还不适当收取的款项声明书；

（三）获甄选特别助学金或特殊助学金者，递交承诺于完成课程后在澳门特别行政区或内地服务声明书。

二、倘获甄选者尚未成年，则上款的声明书由法定代理人签署。

三、在所订定的期限内没有确认接受助学金视为放弃接受。

第六条　批给

本规章所指的助学金及补充援助，由学生福利基金批给。

第七条　职权

学生福利基金行政管理委员会（以下简称“委员会”）具职权就助学金及补充援助的申请、续期及终止作决定，并负责跟进有关卷宗。

第二章　贷学金

第一节　申请及甄选

第八条　申请条件

申请人的家团每月总收入不得超过由社会文化司司长以公布于《澳门特别行政区公报》的批示订定的上限。

第九条　申请

一、贷学金申请通过向教青局递交申请表作出。

二、申请表应附同下列文件：

（一）申请人及其家团的澳门特别行政区居民身份证副本；

（二）家团总收入和财产声明书。

三、家团包括以共同经济方式生活的人士，尤指父母或继父母、未婚且同住的兄弟姐妹、监护人或被监护人、配偶、子女。

四、家团总收入是指申请期紧接之前 12 个月有关家团可处置收入的一切来源，包括薪俸、工资、双粮、假期津贴、退休或各种抚恤金、租金、存款利息、酬劳、佣金及商业活动的利润。

第十条　期外申请

一、于申请期外，因家庭经济困难而导致在安排就学时遇到困难，利害关系人可于每年 1 月 31 日或之前提出贷学金申请。

二、申请应附同上条第二款所指的文件，以及申请理由陈述书。

三、根据本条批给的贷学金名额，不计算于每学年已订定的名额内。

第十一条　甄选

一、甄选是按申请人的整体家团经济状况作出，考虑因素包括：

（一）家团的每月总收入；

（二）家团的财产状况；

（三）家庭状况。

二、家团每月总收入依下列公式计算：

$$C=(R-DH)\div 12$$

其中：C 代表家团每月总收入；

R 代表最近 12 个月家团总收入；

DH 代表最近 12 个月家庭自住房屋总开支（租金或供款）。

三、从家团总收入中扣除的家团自住房屋总开支，其最高金额为 60 000 澳门元。

第二节　期限及续期

第十二条　批给及续期期限

一、受益人的受助年期一般为获资助就读的课程的尚余最短修读年期，并需在每学年通过申请续期延续贷学金的发放。

二、倘受益人未能在课程尚余最短修读年期内完成学业，可申请延长贷学金的发放，但延长期间不得超过一年。

三、按本条第一款及第二款的规定，倘受益人获批准延长贷学金的发放，其受助年期为获资助就读课程的尚余最短修读年期再加一年。

四、完成预科课程的受益人，倘不间断地在紧接的学年继续升读高等专科学位、副学士文凭课程、学士学位或同等程度的课程，可通过续期延续贷学金的发放，且受助年期为所升读课程的最短修读年期。

五、完成高等专科学位、副学士文凭课程或同等程度课程的受益人，倘不间断地在紧接的学年继续升读学士学位或同等程度的课程，可通过续期延续贷学金的发放，受助年期按所升读课程的最短修读年期扣除已享受贷学金的年期计算。

第十三条　续期

一、贷学金受益人应于每年 10 月 31 日或之前递交续期文件，包括由高等院校发出的该学年修读课程及年级数据。

二、倘未能遵守上款规定的期限，受益人应于该期间前递交理由陈述书，否则扣减相当于一个月之贷学金。

三、至每年 12 月 15 日仍未递交续期文件，或未有在教青局指定期限内补交符合要求的续期文件，将导致贷学金自动终止，但经委员会预先批准且属非于每年 9 月开学的学制的情况除外。

第十四条　中止

一、受益人获高等院校批准休学且提供相关证明可申请中止发放助学金一年，经委员会批准后，该学年不计算在受助年期内，待其复学并提交相关证明后继续发放及计算受助年期。

二、倘属特殊情况且预先获得委员会批准可延长中止的时间，但延长不得超过一年。

第三节　贷学金的终止

第十五条　终止

一、如属以下任一情况，委员会将终止贷学金的发放：

（一）受益人作虚假声明或提供虚假数据；

（二）受益人的受助年期完结。

二、如属上款（一）项所指的情况，须立即偿还全数已收取的款项。

三、如属第一款（二）项所指的情况，须根据本规章第十六条及第十七条的规定偿还全数已收取的款项。

第四节　偿还

第十六条　偿还方式

一、款项以每月一期的分期形式偿还，每期还款额不得低于按本条规定而订定的数额。

二、受益人应于偿还期内偿还款项，偿还期依下列公式计算：

$$P=(n+2)\times 12$$

其中：P 代表偿还期；

n 代表收取款项之年期。

三、偿还期自第十二条所指的可续期期限结束或委员会终止贷学金的发放之日起第七个月开始计算。

四、倘总还款额高于250 000澳门元，偿还期延长2年，即24期，但总偿还期不得超过10年，即120期。

五、倘总还款额低于50 000澳门元，总偿还期不得超过2年，即24期。

六、倘受益人因失业或家团经济出现特别困难的情况，导致未能按订定的每月还款额偿还债款，得申请暂时调低每月还款额，但不影响其既定的偿还期。

第十七条　中止

一、倘受益人在偿还期开始计算后再获批给助学金，偿还中止至有关助学金终止发放为止。

二、如属以下任一情况并预先获得委员会批准，可中止偿还债款：

（一）因委员会决定终止贷学金后继续修读同等程度的课程；

（二）全职修读学位课程；

（三）全职修读证书或文凭课程；

（四）经适当证明患重病或意外伤残导致暂时无法履行偿还义务。

三、如属上款（一）项及（二）项所指的情况，中止偿还的期限最长可至有关课程尚余的最短修读年期，唯受益人必须每年提交由高等院校发出的注册数据。

四、如属第二款（三）项所指的情况，累计中止偿还的期限最长为两年。

五、如属第二款（四）项所指的情况，中止偿还的最长期限由委员会根据提供的证明订定。

第三章　奖学金

第一节　申请及甄选

第十八条　申请条件

一、申请人须为应届中学毕业生，且最近一学年的平均成绩等于或超过16分（20分制）或80分（100分制）；或成绩在其学校名列第一或第二。

二、于提出奖学金申请之学年修读预科课程、高等专科学位课程、副学士文凭课程、学士学位课程、硕士学位课程或同等程度课程者，且最近一学年取得的平均成绩等于或超过16分（20分制）或80分（100分制）；成绩已达到“良”或以上程度，亦可申请。

三、以上两款所指的成绩需为全科及格。

四、对于不属第一款或第二款所指的评核制度的申请，由委员会按申请人就读地点所升读高等教育课程的制度决定甄选所采用的成绩，并于申请手续指南中公布。

第十九条　申请

一、奖学金申请通过向教青局递交申请表作出。

二、申请表应附同下列文件：

（一）申请人的澳门特别行政区居民身份证副本；

（二）最近两学年的成绩数据，该等成绩数据须具有可量化的数据及学年平均成绩；倘未能提供，由委员会按申请人提供的成绩数据及评核准则决定有关平均成绩的计算方式。

第二十条　甄选

一、申请人将分组及按各组别申请人最近一学年的成绩进行甄选；如成绩相同，则采用前一学年所取得的成绩。

二、申请人按以下方式分组：

（一）应届中学毕业生者按申请之学年所就读的中学分组；

（二）于提出奖学金申请之学年修读预科课程、高等专科学位课程、副学士文凭课程、学士学位课程、硕士学位课程或同等程度课程者，按就读国家或地区分组。

第二十一条　贷学金转奖学金

一、续期贷学金受益人倘符合第十八条第二款至第四款所指的条件，可申请将贷学金转为奖学金。

二、申请应于每年 11 月提出，并递交最近一学年的成绩资料。

三、甄选是按申请人的最近一学年的成绩进行；如成绩相同，则采用前一学年所取得的成绩。

四、贷学金转奖学金每学年的名额由社会文化司司长以公布于《澳门特别行政区公报》的批示订定。

第二节　期限及续期

第二十二条　期限及续期

一、第十二条至第十四条的规定，经必要配合后适用于奖学金的可续期期限及续期。

二、奖学金的续期，尚应递交有关最近一学年的成绩资料。

第三节　奖学金的终止

第二十三条　终止

一、如属以下任一情况，委员会将终止奖学金的发放：

（一）受益人作虚假声明或提供虚假数据；

（二）受益人的受助年期完结；

（三）倘受益人最近一学年取得的平均成绩低于16分（20分制）或80分（100分制）或“良”；或未能取得学年成绩全科及格，但经适当证明且经委员会批准因特殊情况引致者除外。

二、如属上款（一）项所指的情况，须立即偿还全数不适当收取的款项。

三、如属第一款（二）项或（三）项所指的情况，须根据第十六条及第十七条的规定偿还全数不适当收取的款项。

第二十四条　奖学金转贷学金

一、奖学金受益人因未能保持学年成绩全科及格，或学年平均成绩未达要求导致奖学金被终止时，倘其家团每月总收入不超过由社会文化司司长以公布于《澳门特别行政区公报》的批示订定的上限，可通过递交第九条所指的文件，申请将奖学金转为贷学金。

二、根据本条批给的贷学金名额，不计算于每学年已订定的名额内。

第四章 特别助学金

第一节 申请及甄选

第二十五条 附加资助

特别助学金除每月定额助学金外，还包括因在澳门特别行政区以外地区就读所需的启程及完成整个课程后回程的旅费资助。

第二十六条 申请条件

申请人须符合申请通告所载的特定条件。

第二十七条 申请

第十九条的规定，经必要配合后适用于特别助学金的申请。

第二十八条 甄选

甄选是按申请人的最近一学年的成绩进行；如成绩相同，则采用前一学年所取得的成绩。

第二十九条 特别义务

一、特别助学金受益人须于完成课程或特别助学金被终止后 6 个月内开始在澳门特别行政区或内地服务，服务期间不少于受资助年期。

二、倘受益人于完成课程或特别助学金被终止后修读学位课程，可连同相关证明，以书面提出申请延迟或中止履行义务，可延迟或中止的期间以有关课程的最短修读年期为限。

三、倘因患病而需要延迟或中止履行义务，可连同适当的证明，以书面提出要求，可延迟或中止的最长期限由委员会根据提供的证明订定。

四、倘因特殊原因而需要延迟或中止履行义务，可连同相关证明，以书面提出要求，可延迟或中止的期间以 2 年为限。

五、不履行第一款的义务，须根据第十六条及第十七条的规定偿还全数已收取的款项。

第二节　期限及续期

第三十条　期限及续期

一、第十二条至第十四条的规定，经必要配合后适用于特别助学金的可续期期限及续期。

二、特别助学金的续期，尚应递交最近一学年的成绩资料。

第三节　特别助学金的终止

第三十一条　终止

一、如属以下任一情况，委员会将终止特别助学金的发放：

（一）受益人作虚假声明或提供虚假数据；

（二）超过一学年平均成绩不合格，但经适当证明且经委员会批准因特殊情况引致者除外；

（三）受益人的受助年期完结；

（四）受益人退学或转换不受特别助学金资助的课程。

二、如属上款（一）项所指的情况，须立即偿还全数已收取的款项。

三、若受益人因第一款（二）项至（四）项的情况而被终止助学金，须按第二十九条履行服务的义务，否则须按第十六条及第十七条的规定偿还款项。

第五章　特殊助学金

第三十二条　补足

一、发放特殊助学金的目的是为了补充以上各条中未有包括在内的特别情况，以及补足其他实体提供但被认为不足的资助，以便受益人所建议的学习计划得以继续。

二、特殊助学金所资助的内容尤其包括受益人的学费、住宿费用，以及启程及完成整个课程后回程所需的旅费。

三、委员会与其他实体合作发放的特殊助学金可作期外申请，期外申请的期限定为有关课程开课日前30日内。

四、其他实体是指在财政上支持受益人修读指定课程的实体，有关实体须配合学生福利基金就特殊助学金所订定的人才培养政策，并获学生福利基金确认。

第三十三条　适用制度

第二十六条至第三十一条的规定，经必要配合后适用于特殊助学金制度。

第六章　提前发放

第三十四条　提前发放

一、倘助学金受益人在学期间，因家庭经济状况发生剧变而导致在安排就学时遇到困难，可申请提前发放紧接一期的款项。

二、申请应附同下列文件：

（一）理由陈述书；

（二）导致家庭经济状况发生剧变的证明。

第七章　助学金的兼收

第三十五条　兼收

一、本规章所指的助学金不得兼收。

二、倘申请人提出多项助学金的申请且同时获批给，需在有关结果公布之日起计 10 天内以书面通知学生福利基金其选择，否则按以下顺序批给一项助学金：

（一）特殊助学金；

（二）特别助学金；

（三）奖学金；

（四）贷学金。

三、助学金受益人不得兼收由澳门特别行政区其他公共实体发放的具延续性的助学金。

第八章　补充援助

第三十六条　发放方式

补充援助以实报实销方式发放，发放金额上限由社会文化司司长以公布于《澳门特别行政区公报》的批示订定。

第三十七条　申请条件

一、申请人的家团每月总收入不得超过由社会文化司司长以公布于《澳门特别行政区公报》的批示订定的上限。

二、补充援助应在申请助学金的同时提出，但不妨碍下款的规定。

三、续期助学金的受益人可在每年10月31日或之前提出补充援助的申请，并提交其家团总收入证明及相关费用证明。

四、按第三款所批给的补充援助不计算在每学年已订定的名额内。

第三十八条　甄选

甄选是按申请人的家团每月总收入进行。

第三十九条　偿还

一、第十六条及第十七条的规定，经必要配合后适用于补充援助的偿还，但属下款规定者除外。

二、补充援助与贷学金或因本规章规定而须偿还的其他助学金的总和为须偿还的债款总额，并须按相关规定偿还。

第九章　受益人的义务

第四十条　义务

一、受益人的义务：

（一）准确地按教青局的要求作一切声明和澄清；

（二）通知教青局有关转换课程、高等院校、就读国家或地区等事宜；

（三）对可能直接或间接影响其学习成果的情况，作实时的知会；

（四）倘更改联络数据或银行数据，尽快通知教青局。

二、不履行上款所指之义务，可导致终止或中止助学金的发放。

第四十一条　重新申请

属助学金被终止的情况，受益人如欲再获发放助学金，须重新提出申请。

第十章　最后及过渡规定

第四十二条　助学金的名额及收入上限

一、助学金及补充援助的名额、金额及家团每月总收入上限由社会文化司司长以公布于《澳门特别行政区公报》的批示形式订定。

二、上款所指的名额不包括第十条、第二十四条及第三十七条第三款所指的批给名额。

第四十三条　时效

本规章规定的助学金受益人应偿还债款的时效适用《民法典》关于时效的规定。

第四十四条　强制征收

一、为强制征收的效力，按本规章规定应偿还的债款被视为澳门特别行政区公库的债务。

二、上款所指的债务未被履行时，财政局税务执行处将进行强制征收。

三、委员会的偿还批示可作为强制征收的执行名义。

第四十五条　豁免

在例外情况下，经委员会发出具理由说明的建议，社会文化司司长得以批示豁免特定助学金受益人偿还债款。

第四十六条　账目的校正

如发现助学金的发放金额或受益人的偿还金额与应发放或偿还的金额存在差异，学生福利基金应依职权向受益人支付不足的助学金或要求受益人退还多付的助学金，以及向受益人退回多收的偿还金额或要求受益人偿还因错算而不足的金额。

第四十七条　其他实体的声明

只要明示声明接受本规章所载的规定，公共及私人实体可将拟发放的助学金交由学生福利基金处理，但不影响该等实体订定认为重要的特定条件。

第四十八条　过渡规定

一、在不抵触本规章的规定下，取得助学金且已开始计算偿还期的受益人，其偿还方式按取得助学金所适用规章的规定。

二、在不抵触本规章的规定下，取得特别助学金或特殊助学金且已开始履行服务义务的受益人，履行服务义务的方式按取得特别助学金或特殊助学金所适用规章的规定。

三、倘受益人尚处于受领助学金状况，未开始计算偿还期，或未开始计算服务义务年期，受本规章规范。

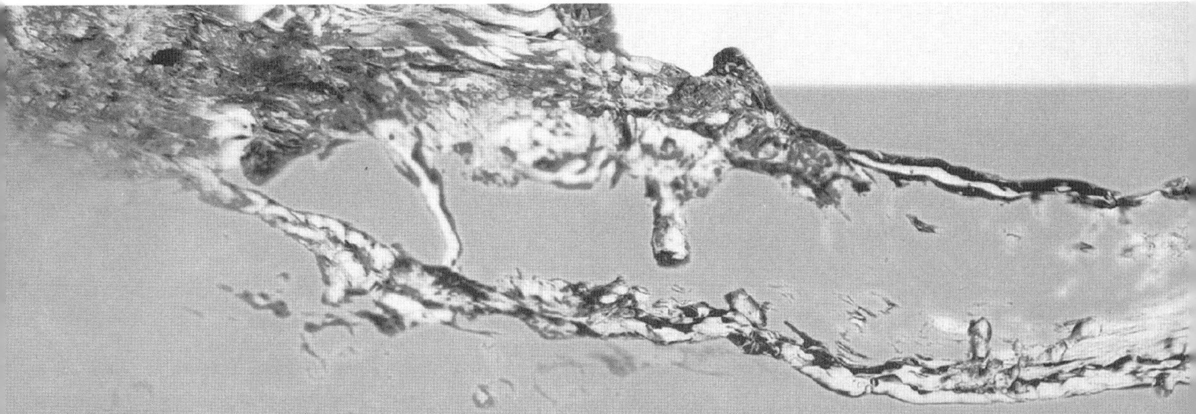

第四部分　非高等教育制度

澳门特别行政区
第 26/2003 号行政法规
规范学历审查

行政长官根据《澳门特别行政区基本法》第五十条（五）项，经征询行政会的意见，制定本行政法规。

第一条　定义

审查学历是指确认利害关系人所声明具有的学历是否适合担任特定公职、从事受公共实体监管的专业活动或升学，以及核实有关学历证明文件是否妥当及真实准确。

第二条　担任公职

一、为进入公共部门或公共实体任职的目的而审查小学、中学及高等教育的学历，属有关典试委员会的职权。

二、如属未经开考而以合同或定期委任制度任用人员的情况，审查该等人员小学、中学及高等教育的学历，属任用人员或建议任用人员的公共部门或公共实体的职权。

第三条　从事受公共实体监管的专业活动

一、为从事受公共实体监管的专业活动的目的而审查小学、中学及高等教育的学历，属该公共实体的职权。

二、如从事上款所指专业活动须先行修读专业培训课程，则在录取就读有关课程时审查所需学历。

第四条　升学

为升学的目的而审查小学、中学及高等教育的学历，属升学者拟入读的学校的权限。

第五条 意见

为审查学历的目的，典试委员会以及第二条、第三条及第四条所指的部门或实体，可要求教育暨青年局就小学及中学学历的审查发表意见，或要求高等教育辅助办公室就高等教育学历的审查发表意见。

第六条 特别制度

本行政法规的规定不影响受特别法例规范的学历认可制度。

第七条 过渡规定

本行政法规的生效不影响已开展的考试及有效期尚未届满的考试所产生的任用。

第八条 学历认可咨询委员会

撤销经7月26日第39/93/M号法令设立的初等及中等学历认可咨询委员会和高等学历认可咨询委员会。

第九条 废止

废止7月26日第39/93/M号法令。

第十条 生效

本行政法规自公布翌日起生效。

2003年8月14日制定。
命令公布。
行政长官 何厚铧

第66/2004号社会文化司司长批示
给予直接津贴和年资奖金

社会文化司司长行使《澳门特别行政区基本法》第六十四条赋予的职权，并根据6月30日第65/84/M号法令第一条第二款、第6/1999号行政法规第五条第二款及第14/2000号行政命令第一款的规定，作出本批示。

一、给予下列人员直接津贴和年资奖金：

（一）任职于非牟利私立教育机构从事幼儿教育、小学教育预备班、小学教育或中学教育工作并在教育暨青年局登记的教学人员；

（二）任职于非牟利私立成人教育机构全职从事成人教育活动，且资格获教育暨青年局认可的工作人员、筹办人员和推动人员。

二、向上款（一）项所指的人员包括从事特殊教育的教学人员发放直接津贴。*

*已更改——请查阅：第67/2005号社会文化司司长批示。

三、直接津贴和年资奖金的每月金额分别载于附件一和附件二，并成为本批示的组成部分。

四、直接津贴及年资奖金每学年分三期予以发放。

五、为本批示的效力，学历和专业资格证明是通过向教育暨青年局提交经认证的文凭或证书为之。

六、第一款（二）项所指的人员于2003年8月25日年满40岁或40岁以上，且在非牟利私立教育机构任职满10年或10年以上，可豁免修读专门培训课程。

七、执行本批示所引致的负担，由教育暨青年局的预算支付。

八、废止3月28日第40/GM/90号批示及第83/2003号社会文化司司长批示。

九、本批示于公布翌日起生效，其效力追溯至2004年9月1日。

2004年9月13日

社会文化司司长 崔世安

附件一* （第 66/2004 号社会文化司司长批示第三款所指者）

直接津贴每月金额

学历 \ 师范培训	具所任教教育程度的师范培训	未具所任教教育程度的师范培训
学士学位或等同学历	5 750 澳门元	4 600 澳门元
高等专科学位或等同学历	4 870 澳门元	4 430 澳门元
不具备高等学历	3 920 澳门元	2 710 澳门元

*已更改——请查阅：第 67/2005 号社会文化司司长批示，第 44/2007 号社会文化司司长批示，第 37/2008 号社会文化司司长批示，第 97/2011 号社会文化司司长批示，第 166/2012 号社会文化司司长批示，第 63/2014 号社会文化司司长批示，第 84/2015 号社会文化司司长批示。

附件二* （第 66/2004 号社会文化司司长批示第三款所指者）

年资奖金每月金额

服务年期	金额（澳门元）
5～9 年	220
10～14 年	440
15～19 年	660
20～24 年	880
25～29 年	1 100
30～34 年	1 320
35 年或 35 年以上	1 540

*已更改——请查阅：第 67/2005 号社会文化司司长批示，第 44/2007 号社会文化司司长批示，第 37/2008 号社会文化司司长批示，第 97/2011 号社会文化司司长批示。

澳门特别行政区
第 1/2019 号法律
修改第 5/1999 号法律
《国旗、国徽及国歌的使用及保护》

立法会根据《澳门特别行政区基本法》第七十一条（一）项，制定本法律。

第一条　修改第 5/1999 号法律

第 5/1999 号法律第一条、第二条、第三条、第四条、第五条、第七条、第九条、第十条、第十一条、第十二条及第十三条修改如下：

第一条　标的

一、本法律订定使用国家象征和标志的一般制度及其保护规则。

二、……

第二条　国家象征和标志

国旗、国徽及国歌是国家象征和标志，并具有下列含义：

（一）……

（二）……

（三）……

第三条　对国家象征和标志应有的尊重

国家象征和标志应当被尊重和爱护。

第四条　展示、使用及奏唱

一、……

二、须在澳门特别行政区主要官方场合奏唱国歌。

三、行政长官以补充性行政法规订定：

（一）以上两款所指必须展示或使用国旗及国徽或奏唱国歌的场所及场合，以及方式和方法；

（二）须限制或禁止有损国家象征和标志的庄严性及严肃性的公开使用的情况。

四、［原第三款］

第五条　禁止将国旗、国徽及国歌用作某些商业或其他不适当用途

一、……

（一）商标或商业广告；

（二）……

（三）行政长官以补充性行政法规订定限制或禁止展示或使用有损国旗或其图案的庄严性及严肃性的其他场合或场所。

二、……

（一）商标或商业广告；

（二）……

（三）……

（四）行政长官以补充性行政法规订定限制或禁止展示或使用有损国徽或其图案的庄严性及严肃性的其他场合或场所。

三、国歌或其歌词和曲谱不得奏唱、展示、使用或变相使用于：

（一）商标或商业广告；

（二）私人丧事活动；

（三）公共场所的背景音乐；

（四）行政长官以补充性行政法规订定限制或禁止奏唱、展示、使用或变相使用有损国歌或其歌词和曲谱的庄严性及严肃性的其他场合或场所。

第七条　奏唱国歌

一、国歌应按照本法律附件四所载的歌词和曲谱进行奏唱，不得采取有损国歌尊严的奏唱形式，尤其是以歪曲、贬损方式奏唱国歌。

二、奏唱国歌时，在场人士应肃立，举止庄重，不得有不尊重国歌的行为。

第九条　侮辱国家象征和标志罪

一、故意以言词、动作或散布文书，或以其他与公众通信的工具，尤其是作

出下列行为，公然侮辱国家象征和标志者，处最高3年徒刑，或科最高360日罚金：

（一）焚烧、毁损、涂画、玷污或践踏国旗或国徽；

（二）篡改国歌歌词或曲谱，以歪曲、贬损方式奏唱国歌。

二、上款的规定适用于侮辱对象为国家象征和标志的复制本的情况，但复制本除必须与原本明显相似外，还须足以令公众以为是国家象征和标志。

第十条　监察

一、海关及治安警察局各自按其职责范围行使对第五条及第六条的监察权。

二、经济局按其职责范围行使对第八条的监察权。

第十一条　行政违法行为

一、……

二、……

三、违反第八条规定者，可科1万～10万澳门元罚款。

四、海关关长及治安警察局局长各自按其职权范围，行使科处第一款及第二款所指罚款的权限。

五、经济局局长按其职权范围，行使科处第三款所指罚款的权限。

六、自处罚的行政决定已转为不可申诉之日起两年内实施同一行政违法行为者，视为累犯。

七、属累犯的情况，罚款的最低限额提高1/4，最高限额则维持不变。

第十二条　扣押

一、经济局有权扣押涉嫌违反第八条规定制造的国旗及国徽，以及制造该等旗或徽所用的其他材料。

二、[废止]

三、经济局局长有权指定工作人员就制造国旗及国徽的违法行为制作有关实况笔录。

第十三条　补充法律

对本法律未予特别规定的事宜，因应有关事宜的性质，补充适用《刑法典》《行政程序法典》及10月4日第52/99/M号法令《行政上之违法行为之一般制度及程序》的规定。

第二条　修改第 5/1999 号法律的附件四

第 5/1999 号法律附件四所载的中华人民共和国国歌的总乐谱，由作为本法律组成部分的附件一所载者替代。

第三条　修改第 5/1999 号法律的葡萄牙文文本

第 5/1999 号法律的葡萄牙文文本内所提及的“bandeira”“emblema”“hino”“bandeira，emblema e hino nacionais”“a bandeira e o emblema”“bandeira ou emblema”及“da bandeira e do emblema”分别改为“Bandeira Nacional”“Emblema Nacional”“Hino Nacional”“Bandeira，Emblema e Hino Nacionais”“a Bandeira e o Emblema Nacionais”“Bandeira ou Emblema Nacionais”及“da Bandeira e do Emblema Nacionais”。

第四条　增加第 5/1999 号法律的条文

在第 5/1999 号法律内增加第三-A 条、第七-A 条、第七-B 条、第七-C 条及第十二-A 条，内容如下：

第三-A 条　倡导

一、为增强居民的国家观念及弘扬爱国主义精神，澳门特别行政区政府倡导居民、公共及私人实体认识及尊重国家象征和标志，以及了解其历史和精神内涵。

二、澳门特别行政区政府倡导居民、公共及私人实体在具备条件的情况下，于指定的节日展示或升挂国旗及在适宜的场合奏唱国歌，表达爱国情感。

第七-A 条　在重大庆典和节日播放国歌

一、在重大庆典和节日，根据 9 月 4 日第 8/89/M 号法律《广播业制度》于澳门特别行政区以批给合同或牌照经营视听广播服务的电视台及电台，应播放国歌或政府提供的国歌宣传影音。

二、上款所指的重大庆典和节日，以及播放国歌或政府提供的国歌宣传影音资料的时间，由补充性行政法规订定。

第七-B 条　国歌纳入中小学教育

将国歌纳入本地学制正规教育的中小学教育，组织学生学唱国歌，教育学生了解国歌的历史和精神内涵，遵守国歌奏唱礼仪。

第七-C条　新闻媒体宣传国歌

澳门特别行政区政府可要求新闻媒体配合澳门特别行政区政府开展国歌的宣传工作，普及国歌奏唱的礼仪知识。

第十二-A条　附加处罚

因违反第八条规定而被扣押的相关国旗及国徽，以及制造该等旗或徽所用的其他材料，可宣告拨归澳门特别行政区所有，且可命令将之销毁。

第五条　废止

废止第5/1999号法律第十二条第二款。

第六条　重新公布

经引入本法律通过的修改后，在作为本法律组成部分的附件二中重新公布第5/1999号法律的全文并对其条文重新编号。

第七条　生效

本法律自公布翌日起生效。

2019年1月24日通过。
立法会主席 贺一诚
2019年1月28日签署。
命令公布。
行政长官 崔世安

附件一 （第二条所指者）

中华人民共和国国歌（五线谱版）

《义勇军进行曲》

中华人民共和国国歌（简谱版）

《义勇军进行曲》

1=G $\frac{2}{4}$　　　　田　汉作词

进行曲速度　　　　聂　耳作曲

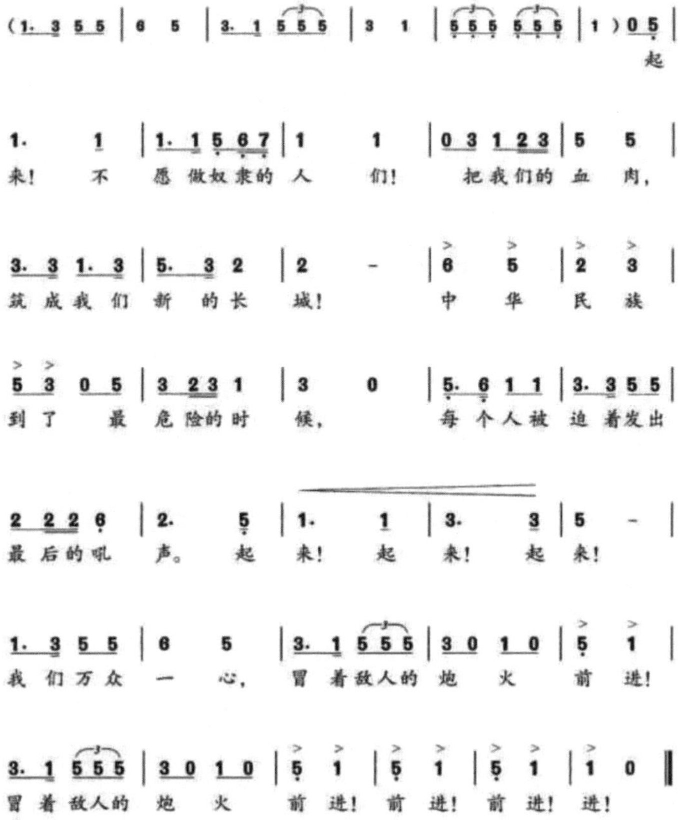

附件二 （第六条所指者）

澳门特别行政区第 5/1999 号法律
《国旗、国徽及国歌的使用及保护》

立法会根据《澳门特别行政区基本法》第七十一条（一）项，制定本法律。

第一条 标的

一、本法律订定使用国家象征和标志的一般制度及其保护规则。

二、本法律附件一至附件四属本法律的组成部分。

第二条 国家象征和标志

国旗、国徽及国歌是国家象征和标志，并具有下列含义：

（一）“国旗”，指中华人民共和国国旗；

（二）“国徽”，指中华人民共和国国徽；

（三）“国歌”，指中华人民共和国国歌（《义勇军进行曲》）。

第三条 对国家象征和标志应有的尊重

国家象征和标志应当被尊重和爱护。

第四条 倡导

一、为增强居民的国家观念及弘扬爱国主义精神，澳门特别行政区政府倡导居民、公共及私人实体认识及尊重国家象征和标志，以及了解其历史和精神内涵。

二、澳门特别行政区政府倡导居民、公共及私人实体在具备条件的情况下，于指定的节日展示或升挂国旗及在适宜的场合奏唱国歌，表达爱国情感。

第五条 展示、使用及奏唱

一、须在澳门特别行政区主要公共实体所在的建筑物展示国旗或国徽，或两者同时展示。

二、须在澳门特别行政区主要官方场合奏唱国歌。

三、行政长官以补充性行政法规订定：

（一）以上两款所指必须展示或使用国旗及国徽或奏唱国歌的场所及场合，以及方式和方法；

（二）须限制或禁止有损国家象征和标志的庄严性及严肃性的公开使用的情况。

四、国旗下半旗、国旗的优先地位及国旗的升降事宜，载于本法附件二内。

第六条　禁止将国旗、国徽及国歌用作某些商业或其他不适当用途

一、国旗或其图案不得展示或使用于：

（一）商标或商业广告；

（二）私人丧事活动；

（三）行政长官以补充性行政法规订定限制或禁止展示或使用有损国旗或其图案的庄严性及严肃性的其他场合或场所。

二、国徽或其图案不得展示或使用于：

（一）商标或商业广告；

（二）日常生活的陈设布置；

（三）私人庆吊活动；

（四）行政长官以补充性行政法规订定限制或禁止展示或使用有损国徽或其图案的庄严性及严肃性的其他场合或场所。

三、国歌或其歌词和曲谱不得奏唱、展示、使用或变相使用于：

（一）商标或商业广告；

（二）私人丧事活动；

（三）公共场所的背景音乐；

（四）行政长官以补充性行政法规订定限制或禁止奏唱、展示、使用或变相使用有损国歌或其歌词和曲谱的庄严性及严肃性的其他场合或场所。

第七条　破损的国旗或国徽

不得展示或使用破损、污损、褪色、违反附件一至附件三规定的或因任何其他原因而被毁坏的国旗或国徽。

第八条　奏唱国歌

一、国歌应按照本法律附件四所载的歌词和曲谱进行奏唱，不得采取有损国歌尊严的奏唱形式，尤其以歪曲、贬损方式奏唱国歌。

二、奏唱国歌时，在场人士应肃立，举止庄重，不得有不尊重国歌的行为。

第九条　在重大庆典和节日播放国歌

一、在重大庆典和节日，根据 9 月 4 日第 8/89/M 号法律《广播业制度》于

澳门特别行政区以批给合同或牌照经营视听广播服务的电视台及电台，应播放国歌或政府提供的国歌宣传影音。

二、上款所指的重大庆典和节日，以及播放国歌或政府提供的国歌宣传影音资料的时间，由补充性行政法规订定。

第十条　国歌纳入中小学教育

将国歌纳入本地学制正规教育的中小学教育，组织学生学唱国歌，教育学生了解国歌的历史和精神内涵，遵守国歌奏唱礼仪。

第十一条　新闻媒体宣传国歌

澳门特别行政区政府可要求新闻媒体配合澳门特别行政区政府开展国歌的宣传工作，普及国歌奏唱的礼仪知识。

第十二条　国旗、国徽的制造

一、国旗及国徽可在澳门特别行政区内由有权限机构许可的实体制造。

二、国旗必须按照本法附件一所列规格制造。

三、国徽必须按照本法附件三所列规格制造。

四、展示或使用不同于本法规定尺寸的国徽，须预先取得中央人民政府的许可。

第十三条　侮辱国家象征和标志罪

一、故意以言辞、动作或散布文书，或以其他与公众通讯的工具，尤其是作出下列行为，公然侮辱国家象征和标志者，处最高 3 年徒刑，或科最高 360 日罚金：

（一）焚烧、毁损、涂画、玷污或践踏国旗或国徽；

（二）篡改国歌歌词或曲谱，以歪曲、贬损方式奏唱国歌。

二、上款的规定适用于侮辱对象为国家象征和标志的复制本的情况，但复制本除必须与原本明显相似外，还须足以令公众以为是国家象征和标志。

第十四条　监察

一、海关及治安警察局各自按其职责范围行使对第六条及第七条的监察权。

二、经济局按其职责范围行使对第十二条的监察权。

第十五条　行政违法行为

一、违反第六条规定者，可科 5 000～50 000 澳门元罚款。

二、违反第七条规定者，可科 2 000～10 000 澳门元罚款。

三、违反第十二条规定者，可科 10 000～100 000 澳门元罚款。

四、海关关长及治安警察局局长各自按其职权范围，行使科处第一款及第二款所指罚款的权限。

五、经济局局长按其职权范围，行使科处第三款所指罚款的权限。

六、自处罚的行政决定已转为不可申诉之日起两年内实施同一行政违法行为者，视为累犯。

七、属累犯的情况，罚款的最低限额提高 1/4，最高限额则维持不变。

第十六条　扣押

一、经济局有权扣押涉嫌违反第十二条规定制造的国旗及国徽，以及制造该等旗或徽所用的其他材料。

二、经济局局长有权指定工作人员就制造国旗及国徽的违法行为制作有关实况笔录。

第十七条　附加处罚

因违反第十二条规定而被扣押的相关国旗及国徽，以及制造该等旗或徽所用的其他材料，可宣告拨归澳门特别行政区所有，且可命令将之销毁。

第十八条　补充法律

对本法律未予特别规定的事宜，因应有关事宜的性质，补充适用《刑法典》《行政程序法典》及 10 月 4 日第 52/99/M 号法令《行政上之违法行为之一般制度及程序》的规定。

第十九条　生效

本法自 1999 年 12 月 20 日生效。

1999 年 12 月 20 日通过。

立法会主席 曹其真

1999 年 12 月 20 日签署。

命令公布。

行政长官 何厚铧

附件一　中华人民共和国国旗规格

国旗的形状、颜色两面相同，旗上五星两面相对。为便利计，本附件仅以旗杆在左之一面为说明之标准。对于旗杆在右之一面，凡本附件所称左均应改右，所称右均应改左。

（一）旗面为红色、长方形，其长与高为3∶2，旗面左上方缀黄色五角星五颗。一星较大，其外接圆直径为旗高3/10，居左；四星较小，其外接圆直径为旗高1/10，环拱于大星之右，旗杆套为白色。

（二）五星之位置与画法如下：

甲：为便于确定五星之位置，先将旗面对分为四个相等的长方形，将左上方之长方形上下划为十等分，左右划为十五等分。

乙：大五角星的中心点，在该长方形上五下五、左五右十之处。其画法为：以此点为圆心，以三等分为半径作一圆。在此圆周上，定出五个等距离的点，其一点须位于圆之正上方。然后将此五点中各相隔的两点相连，使各成一直线。此五直线所构成之外轮廓线，即为所需之大五角星。五角星之一个角尖正向上方。

丙：四颗小五角星的中心点，第一点在该长方形上二下八、左十右五之处，第二点在上四下六、左十二右三之处，第三点在上七下三、左十二右三之处，第四点在上九下一、左十右五之处。其画法为以以上四点为圆心，各以一等分为半径，分别作四个圆。在每个圆上各定出五个等距离的点，其中均须各有一点位于大五角星中心点与以上四个圆心的各连接点在一条线上。然后用构成大五角星的同样方法，构成小五角星。此四颗小五角星均各有一个角尖正对大五角星的中心点。

（三）国旗之通用尺度定为如下五种，各界酌情选用：

甲：长288厘米，高192厘米；

乙：长240厘米，高160厘米；

丙：长192厘米，高128厘米；

丁：长144厘米，高96厘米；

戊：长96厘米，高64厘米。

国旗制法图案：

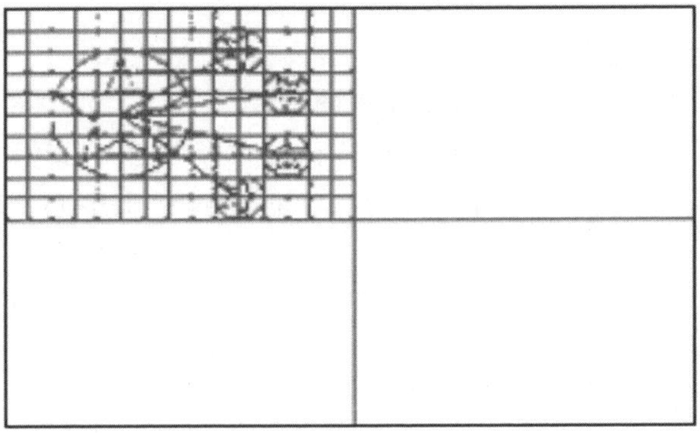

附件二　国旗下半旗的情况、国旗的优先地位及国旗的升降

一、国旗下半旗

（一）下列人士逝世，须下半旗志哀：

（1）中华人民共和国主席、全国人民代表大会常务委员会委员长、国务院总理、中央军事委员会主席。

（2）中国人民政治协商会议全国委员会主席。

（3）中央人民政府知会行政长官，指明对中华人民共和国作出杰出贡献的人士。

（4）中央人民政府知会行政长官，指明对世界和平或者人类进步事业作出杰出贡献的人士。

（二）中央人民政府知会行政长官，谓发生特别重大伤亡的不幸事件或者严重自然灾害造成重大伤亡时，可以下半旗志哀。

二、国旗的优先地位

（一）升挂国旗，须将国旗置于显著的位置。

（二）列队举持国旗和其他旗帜行进时，国旗须在其他旗帜之前。

（三）国旗与其他旗帜同时升挂时，须将国旗置于中心、较高或者突出的位置。

（四）在外事活动中同时升挂两个或两个以上国家的国旗时，须按照外交部的规定或者国际惯例升挂。

三、升降国旗

（一）在直立的旗杆上升降国旗，应当徐徐升降。升起时，必须将国旗升至杆顶；降下时，不得使国旗落地。

（二）下半旗时，须先将国旗升至杆顶，然后降至旗顶与杆顶之间的距离为旗杆全长的三分之一处；降下时，须先将国旗升至杆顶，然后再降下。

附件三　　中华人民共和国国徽规格

国徽的内容为国旗、天安门、齿轮和麦稻穗，象征中国人民自五四运动以来的新民主主义革命斗争和工人阶级领导的以工农联盟为基础的人民民主专政的新中国的诞生。

一、两把麦稻组成正圆形的环。齿轮安在下方麦稻秆的交叉点上。齿轮的中心交结着红绶。红绶向左右绾住麦稻而下垂，把齿轮分成上下两部分。

二、从图案正中垂直画一直线，其左右两部分，完全对称。

三、图案各部分之地位、尺寸，可根据方格墨线图之比例，放大或缩小。

四、如制作浮雕，其各部位之高低，可根据断面图之比例放大或缩小。

五、国徽之涂色为金红二色：麦稻、五星、天安门、齿轮为金色，圆环内之底子及垂绶为红色；红为正红（同于国旗），金为大赤金（淡色而有光泽之金）。

六、供展示或使用的国徽的直径通用尺度为下列三种：

甲：100 厘米；

乙：80 厘米；

丙：60 厘米。

中华人民共和国国徽方格墨线图：

中华人民共和国国徽纵断面图：

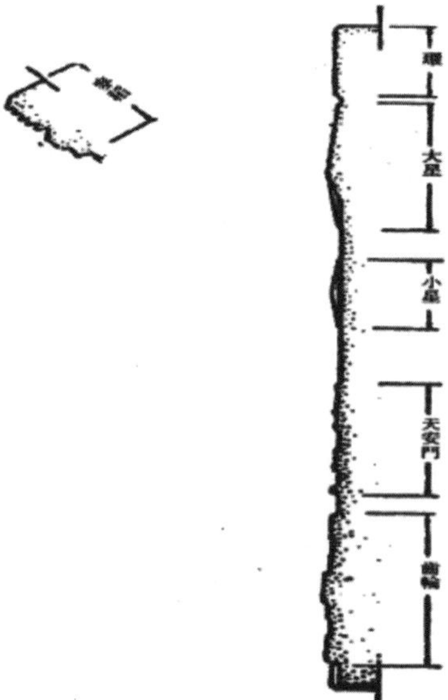

附件四　中华人民共和国国歌

《义勇军进行曲》（五线谱版）

《义勇军进行曲》（简谱版）

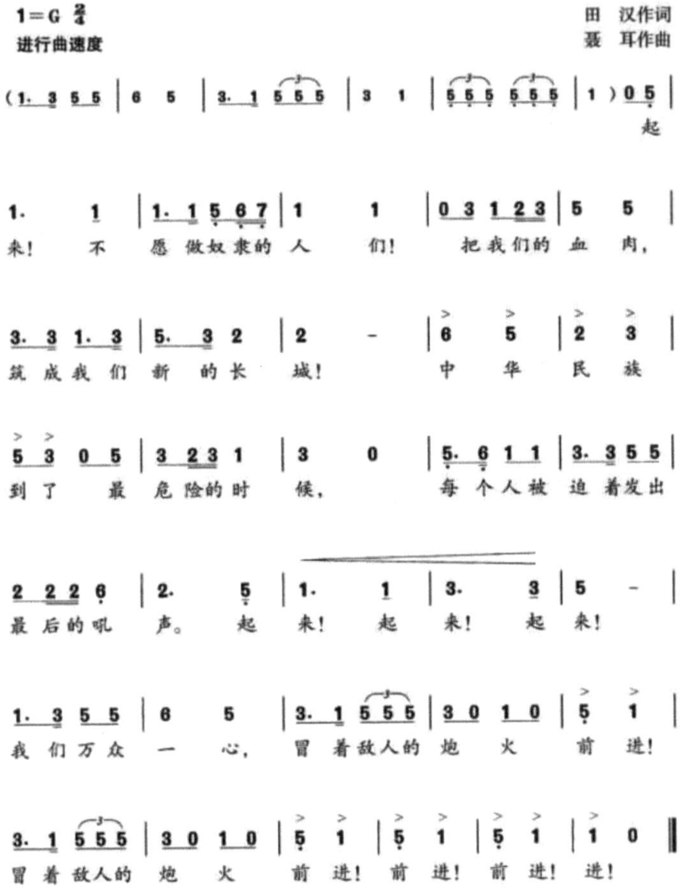
1=G 2/4
进行曲速度
田 汉作词
聂 耳作曲
起
来！不愿做奴隶的人们！把我们的血肉，
筑成我们新的长城！中华民族
到了最危险的时候，每个人被迫着发出
最后的吼声。起来！起来！起来！
我们万众一心，冒着敌人的炮火前进！
冒着敌人的炮火前进！前进！前进！进！

附录　理由陈述

修改第 5/1999 号法律
《国旗、国徽及国歌的使用及保护》(法案)

《中华人民共和国国歌法》(以下简称《国歌法》) 已由中华人民共和国第十二届全国人民代表大会常务委员会(以下简称“全国人大常委会”) 第二十九次会议于 2017 年 9 月 1 日通过，并于同年 10 月 1 日起生效。

随后，全国人大常委会第三十次会议于 11 月 4 日通过《全国人民代表大会常务委员会关于增加〈中华人民共和国澳门特别行政区基本法〉附件三所列全国性法律的决定》，在《中华人民共和国澳门特别行政区基本法》(以下简称《基本法》) 附件三中增加全国性法律《国歌法》。而行政长官按照第 3/1999 号法律《法规的公布与格式》第六条第一款的规定，通过第 66/2017 号行政长官公告，于 2017 年 12 月 4 日在《澳门特别行政区公报》上公布了上述决定及其所增加的全国性法律《国歌法》。

全国人大常委会制定的涉及国防、外交和其他不属于澳门特别行政区自治范围的法律列入《基本法》附件三，在澳门特别行政区实施，是特别行政区制度的组成部分，是中央政府依照《中华人民共和国宪法》(以下简称《宪法》) 和《基本法》对澳门实行管治的重要体现。

国歌是《宪法》规定的国家象征和标志之一，维护国歌的尊严，就是维护国家的尊严，维护中华民族的尊严，维护全体中国人民的尊严。《国歌法》列入《基本法》附件三之后，澳门特别行政区必须按照《基本法》和《国歌法》的规定，在澳门特别行政区现有的法律制度下，为落实有关全国性法律而作出符合澳门实际情况的具体规定，及时完善本地立法，全面落实《国歌法》的各项规定，并在澳门特别行政区确保《国歌法》得到切实执行。

考虑《国歌法》的内容涉及订定奏唱国歌的场合、新闻媒体对国歌的宣传、将国歌纳入中小学教育、相关的行政和刑事处罚等规定，当有关规定适用于澳门特别行政区时，必须考虑本地的实际情况和法律制度与内地存在一定差异的问题，故较适宜通过本地立法予以实施。

事实上，澳门在回归时亦曾因应《中华人民共和国国旗法》(以下简称《国旗法》) 和《中华人民共和国国徽法》(以下简称《国徽法》) 列入《基本法》附件三而制定并通过第 5/1999 号法律《国旗、国徽及国歌的使用及保护》，该法律除了就国旗、国徽的使用及保护作出具体的规范外，亦就国歌的使用及保护作出规范。例如，规定国歌是国家象征，国歌是《义勇军进行曲》，国家象征应当被尊重和爱护，演奏国歌的场所、场合、方式及方法，订定侮辱国家象征罪的相应处罚等。同时，针对国旗和国徽的展示和悬挂的具体操作，虽已制定第 3/1999 号行政法规《国旗、国徽及区旗、区徽的悬挂及展示》，但仍未就国歌的奏唱制定补充性行政法规。

另一方面，考虑第 5/1999 号法律和第 3/1999 号行政法规已经生效 18 年，有需要应实际需要而检讨有关国旗和国徽的展示和悬挂的立法及其实施情况，尤其须考虑《国旗法》和《国徽法》所规定的全日制学校应升挂国旗及举行升旗仪式，以及在行政、立法和司法机关悬挂国旗、国徽等规定。此外，基于《国歌法》所规范的内容，包括将国歌纳入中小学教育、新闻媒体应积极开展对国歌的宣传等，仍未于第 5/1999 号法律及第 3/1999 号行政法规内规范，故现行规定未能完全涵盖《国歌法》的所有内容，亦未完全落实《国旗法》及《国徽法》有关悬挂国旗、国徽的规定，有必要作进一步的完善。

基于此，为严格实施《国旗法》《国徽法》和《国歌法》的规定，澳门特别行政区有必要对第 5/1999 号法律及第 3/1999 号行政法规进行修订和完善，以确保上述全国性法律在澳门特别行政区的正确和有效实施。

法案的主要内容如下：

一、标的（法案第一条修改第 5/1999 号法律第一条）

由于《国旗法》第三条、《国徽法》第三条及《国歌法》第三条均明确规定国旗、国徽和国歌是国家象征和标志，故为符合该等规定而建议将原文的“国家象征”修改为“国家象征和标志”。

此外，亦建议将第 5/1999 号法律第二条、第三条、第四条及第九条中提及国家象征的用语一律修改为“国家象征和标志”。

二、订定奏唱国歌的场合（法案第一条修改第 5/1999 号法律第四条）

考虑《国歌法》第四条规定的应当奏唱国歌的场合，例如，全国人民代表大会会议和地方各级人民代表大会会议的开幕、闭幕等都属于国家的主要官方场合，原则上不能直接适用于澳门特别行政区，有必要按照《国歌法》的立法政策取向并结合澳门特别行政区的实际情况，订定在澳门特别行政区须奏唱国歌的场合。

经参照第 5/1999 号法律和第 3/1999 号行政法规的处理方法，法案建议除保留现时由补充性行政法规订定奏唱国歌的场所及场合，以及奏唱方式及方法外，亦建议明确规定在哪些澳门特别行政区主要官方场合须奏唱国歌。

三、订定禁止国歌使用于某些商业或其他不适当用途（法案第一条修改第

5/1999 号法律第五条）

现行第 5/1999 号法律第五条仅就国旗和国徽不得使用，法案建议国歌或其歌词和曲谱不得用作某些用途，例如，不得奏唱、展示、使用或变相使用于商标或商业广告、私人丧事活动、公共场所的背景音乐，以及行政长官限制或禁止奏唱、展示、使用或变相使用国歌或其歌词和曲谱的其他场合或场所。此外，为明确起见本条所提及的“广告”仅指“具商业性质的广告”，故法案建议统一使用“商业广告”。

四、订定国歌奏唱的形式和礼仪（法案第一条修改第 5/1999 号法律第七条）

为贯彻落实《国歌法》第六条及第七条关于国歌奏唱的形式和礼仪的规定，法案建议在奏唱国歌时，应按照法案附件四所载的五线谱或简谱版的歌词和曲谱进行奏唱，不得采取有损国歌尊严的奏唱形式，尤其以歪曲、贬损方式奏唱国歌。此外，法案亦建议在奏唱国歌时，在场人士应肃立，举止庄重，不得有不尊重国歌行为。

五、调整侮辱国歌的犯罪行为（法案第一条修改第 5/1999 号法律第九条）

基于《国歌法》第十五条关于违法行为的犯罪构成要件的规定，与现行第 5/1999 号法律第九条所规定的“侮辱国家象征罪”有所不同。为严格落实《国歌法》关于处罚方面的规定，法案建议删除第 5/1999 号法律第九条第一款和第二款关于“不尊重”的表述和规定，并按照《国歌法》第十五条的规定，适当调整该条第二款及其（二）项的内容，明确规定“在公共场合及场所，故意篡改国歌歌词、曲谱，以歪曲、贬损方式奏唱国歌”构成对国家象征和标志的公然侮辱的犯罪行为。

六、增加违反“国歌奏唱的形式和礼仪”的处罚规定（法案第一条修改第 5/1999 号法律第十一条）

为完善现行第 5/1999 号法律第十一条关于行政违法行为的行文，并因应法案第七条“奏唱国歌”的内容亦作了适当调整，主要是修改了第七条第二款的内容。因此，法案建议一方面调整第十一条第一款的行文，另一方面在第十一条第二款中，增加违反第七条第二款的行政处罚规定，而有关的罚则与违反“破损的国旗或国徽”规定的罚则（2 000～10 000 澳门元罚款）相同。

七、修改国歌的总乐谱（法案第二条修改第 5/1999 号法律附件四）

为配合《国歌法》附件所列的国歌标准曲谱的规定，法案建议以附件所列的中华人民共和国国歌的五线谱版及简谱版替代现行附件四所列的总乐谱。

八、订定在重大庆典和节日播放国歌（法案第四条增加第 5/1999 号法律第七-A 条）

根据《国歌法》第十三条的规定，在特定的节假日，如国庆节、国际劳动节等重要的法定节日及纪念日，中央和省、自治区、直辖市的广播电台、电视台应当按相关部门规定的时点播放国歌。考虑无论是重大法定节日，还是经营视听广播的公共服务的电台和电视台的经营模式和机构，澳门特别行政区与内地的规定都存在差异。为此，有必要按照《国歌法》的立法政策取向并结合澳门特别行政区的实际情况，订定在哪些法定节日，应由哪些电台和电视台在特定时间播放国歌或政府提供的国歌宣传影音。

法案建议澳门特别行政区已批给合同或牌照经营视听广播服务的电视台及电台，应在指定的重大庆典和法定节日播放国歌或政府提供的国歌宣传影音资料。经参照经法案第二条修改的第 5/1999 号法律第四条的处理方法，法案建议由补充性行政法规订定应在哪些重大庆典或法定节日，上述电视台及电台须按照特定时间播放国歌或政府提供的国歌宣传影音资料。

九、将国歌纳入中小学教育（法案第四条增加第 5/1999 号法律第七-B 条）

为配合《国歌法》进一步加强国歌的宣传教育，培育公民的国家观念的立法原意，在严格按照该法第二条的规定下，并结合澳门教育制度的实况，法案建议将国歌纳入本地学制正规教育的中小学教育，组织学生学唱国歌，教育学生，使他们了解国歌的历史和精神内涵，遵守国歌奏唱礼仪。

十、新闻媒体宣传国歌（法案第四条增加第 5/1999 号法律第七-C 条）

为配合《国歌法》就新闻媒体积极开展对国歌的宣传，普及国歌奏唱的礼仪知识的规定，在严格按照该法第十二条的规定下，结合澳门新闻媒体的日常经营和运作等实际情况，法案建议澳门特别行政区政府要求新闻媒体配合政府开展国歌的宣传工作，普及国歌奏唱的礼仪知识。

十一、重新公布（法案第五条）

考虑法案除增加了有关《国歌法》的相关内容外，亦相应检讨和完善了有关《国旗法》和《国徽法》的内容，因此，对第 5/1999 号法律作出若干内容的调整。为方便查阅法案内容，法案建议以附件形式作为法案的组成部分对第 5/1999 号法律进行重新公布。

十二、废止（法案第六条）

由于已将第 5/1999 号法律第十二条“扣押”第二款所规范的违反国旗及国徽制造的处罚规定纳入第十一条“行政违法行为”，故法案建议废止第十二条第二款。

十三、法案的生效日期（法案第七条）

由于《国歌法》已于 2017 年 10 月 1 日起正式生效，并于同年 11 月 4 日通过《全国人民代表大会常务委员会关于增加〈中华人民共和国澳门特别行政区基本法〉附件三所列全国性法律的决定》，在《基本法》附件三中增加《国歌法》作为适用于澳门特别行政区的全国性法律。同时，行政长官通过第 66/2017 号行政长官公告，已于 2017 年 12 月 4 日在《澳门特别行政区公报》上公布了上述决定及其所增加的全国性法律《国歌法》。因此，为尽快将《国歌法》通过本地立法方式在澳门特别行政区实施，法案建议其自公布翌日起生效。

澳门特别行政区
第 9/2006 号法律
非高等教育制度纲要法

立法会根据《澳门特别行政区基本法》第七十一条（一）项，制定本法律。

第一章 一般规定

第一条 标的

本法律制定澳门特别行政区非高等教育制度（简称“教育制度”）的纲要。

第二条 定义

为适用本法律的规定，下列各词的定义为：

（一）“教育制度”是指一系列指导教育活动、实现教育权利的规范和工具，通过教育过程中各有关公共或私人实体组织和负责的架构及多元化活动发挥作用，目的在于促进人的整体发展、和谐发展以及社会进步；

（二）“非高等教育”是指大学教育和高等专科教育以外的各种类型的教育；

（三）“教育机构”是指专门实施各种类型教育的实体；

（四）“学校”是指实施正规教育或回归教育的教育机构。

第二章 教育制度的原则和目标

第三条 基本原则

一、所有人不论其国籍、血统、种族、性别、年龄、语言、宗教、政治或思想信仰、文化程度、经济状况或社会条件，均依法享有受教育的权利。

二、公共及私人实体为受教育者的整体发展提供条件。

三、回应澳门特别行政区在社会、文化及经济方面的不同需要，教育制度遵循弹性和多样性的原则，以促进不同社群的和谐共存和共融。

四、政府提供条件，使受教育者在入学和学习成功方面有均等机会。

五、公共及私人实体遵循终身学习的原则，发展持续教育，以使澳门特别行政区成为一个自强不息和具竞争力的社会。

六、在接受教育与实施教育方面，政府尊重并确保教与学的自由，尤其是：

（一）保障依法设立教育机构的权利；

（二）不得以任何哲学、美学、政治、意识形态或宗教信仰的方针规范教育内容。

七、致力培养有能力面向世界和未来的各种人才，以迎接日趋紧密的全球联系所带来的挑战和机遇。

第四条　总目标

相关实体致力培养及促进受教育者爱国爱澳、厚德尽善、遵纪守法的品格，使其有理想、有文化及具备适应时代需求的知识和技能，并养成其健康的生活方式和强健体魄，尤其应：

（一）培养其对国家和澳门的责任感，使其能恰当地行使公民权利，积极履行公民义务；培养其良好的品德和民主素养，使其能尊重他人，坦诚沟通，与他人和谐相处，积极关心社会事务。

（二）使其能以中华文化为主流，认识、尊重澳门文化的特色，包括历史、地理、经济等多元文化的共存，并培养其世界观。

（三）全面提升其科学和人文素养，使其具有创新精神、批判意识、可持续发展观念及实践能力；培养其终身学习的态度和能力。

（四）培养其良好的生理和心理素质，促进其个性的发展，建立正确的价值观。

（五）培养其良好的审美品位和审美能力，以及与大自然和谐相处的素养。

第三章　非高等教育的组成

第一节　教育的类型

第五条　类型

教育的类型：

（一）正规教育；

（二）持续教育。

第一分节　正规教育

第六条　范围和阶段

一、正规教育是指第十八条第一款至第五款所述年龄范围的学生所接受的、按规范的课程和教育阶段及其年限所进行的教育。

二、正规教育分为以下阶段：

（一）幼儿教育；

（二）小学教育；

（三）中学教育，包括初中教育和高中教育。

三、幼儿教育、初中教育和高中教育的学习年限均为 3 年，小学教育的学习年限为 6 年。

四、在特殊教育范畴，可由第十二条第六款所指法规制定有别于以上两款所定的教育阶段和学习年限。

第七条　幼儿教育

一、在不妨碍第四条的规定的前提下，幼儿教育的目标主要为：

（一）培养学生基本的伦理观念和道德行为；

（二）养成学生的合群习性；

（三）培养学生的卫生习惯，促进其身心健康；

（四）培养学生的学习兴趣和创造力，发展其多方面的潜能；

（五）增进学生日常生活经验；

（六）增进学生的语言能力和其他沟通能力；

（七）培养学生的艺术兴趣；

（八）养成学生基本的环保观念。

二、在幼儿教育阶段，学校及其教学人员应留意幼儿是否属资优或有不适应以及弱智、弱能情况，以便给予其合适的指导。

三、在幼儿教育阶段，除非家长提出申请，否则不得要求学生留级。

第八条　小学教育

一、在不妨碍第四条的规定的前提下，小学教育的目标主要为：

（一）培养学生基本的公民意识，养成其爱自己、爱他人、爱澳门、爱国家及爱大自然的情怀；

（二）陶冶学生的品德，培养其与他人和环境和谐共处的态度及服务社会的精神；

（三）培养学生提问和思考的兴趣和习惯，增进其创造力；

（四）使学生掌握自然科学、人文及社会的初步知识和多样的学习技巧；

（五）给学生提供多元的学习机会，促进其个性和潜能的发展；

（六）促进学生身体和心理的健康发展；

（七）培养学生适应不同环境的能力；

（八）使学生能善用时间，养成良好的生活和学习习惯；

（九）丰富学生的审美经验，陶冶其艺术情操。

二、根据学校按适用法例制定的标准，合格完成小学教育者，有权获得相应的学历证书。

第九条　初中教育

一、在不妨碍第四条的规定的前提下，初中教育的目标主要为：

（一）培养学生良好的品德和自尊感，使其乐观进取，关心他人及澳门和国家的发展，热心参与社会，关注生态环境；

（二）培养学生勤于思考、主动学习、敢于创新的精神以及终身学习的态度和能力；

（三）使学生掌握与生活各领域相关的知识，提高其运用语文、资讯科技及其他范畴知识于日常生活的能力；

（四）协助学生适应身心的发展，提升其身心素质和解决问题的能力；

（五）提供多元教育模式，促进学生的个性和自主选择能力的发展；

（六）促进学生对多元文化的理解，提高其人文和艺术素养。

二、根据学校按适用法例制定的标准，合格完成初中教育者，有权获得相应的学历证书。

第十条　高中教育

一、在不妨碍第四条的规定的前提下，高中教育的目标主要为：

（一）增进学生的国家观念、全球视野及环境保护意识，加强其对澳门的了解和归属感，使其成为有责任感的公民；

（二）提高学生的品德修养，使其确立生涯发展观念；

（三）促进学生的心理健康和个性的持续发展，培养其勇敢果断、热爱生命及富有创意的特质；

（四）增进学生对数学、自然科学、社会科学以及技术和人文等领域的理解，培养其继续升学或就业的能力；

（五）培养学生搜集、整理及分析资料的能力，并进一步提升其运用资讯科技的能力，培养其自我学习和合作学习的习惯，促进其终身发展；

（六）使学生养成健康的生活习惯，具备强健的体魄；

（七）提升学生的人文素养，尤其是艺术的素养，强化其对多元文化的理解和文化创新的追求。

二、高中教育可开设职业技术教育课程。

三、根据学校按适用法例制定的标准，合格完成高中教育者，有权获得相应的学历证书。

第十一条　职业技术教育

一、在不妨碍第四条及第十条的规定的前提下，职业技术教育旨在培养中等程度的技术人员，既促进人的全面发展，又兼具职业导向，使学生拥有从事某一职业所需的基本知识、能力及专业精神。

二、职业技术教育须兼顾学生升学的需要。

三、职业技术教育课程可在实施正规教育或回归教育的学校中开办。

四、根据学校按适用法例制定的标准，合格完成职业技术教育者，有权获得高中学历证书及专业技术资格证书。

第十二条　特殊教育

一、在不妨碍第四条的规定的前提下，特殊教育旨在为有特殊教育需要的学生提供适合其身心发展的受教育机会，以协助其融入社会、发挥潜能、弥补不足及参与就业。

二、特殊教育的对象，包括资优学生和身心存在障碍的学生，由政府有职权的公共部门或教育行政当局指定的实体负责评估。

三、特殊教育优先在普通学校内以融合的方式实施，亦可在特殊教育机构以其他方式实施。

四、特殊教育的课程、教材、教学及评核方法，须配合每名学生的特点，以发展其潜能，协助其融入社会。

五、政府创造条件，促进特殊教育的发展，主要表现为：

（一）向举办特殊教育的实体提供财政支持；

（二）向教学人员和其他相关人员提供培训；

（三）向受教育者的家庭提供协助；

（四）向推动相关服务的实体提供支持。

六、特殊教育制度由专有法规制定。

第二分节　持续教育

第十三条　类型和目标

一、持续教育指正规教育以外的各种教育活动，包括家庭教育、回归教育、社区教育、职业培训以及其他教育活动。

二、持续教育体现终身学习理念，是对正规教育的补充和发展。

三、在不妨碍第四条的规定的前提下，持续教育的目标尤其强调：

（一）提供终身学习的机会，提升受教育者的整体素质；

（二）扫除文盲和功能文盲；

（三）为未修读或未合格完成不同教育阶段的正规教育者提供受教育机会；

（四）给个人创造不断发展的机会，以提升澳门特别行政区的整体生产力和竞争力；

（五）发挥家庭和小区的教育功能，促进其与学校和相关教育机构的沟通与合作；

（六）促进公民教育和文化活动。

四、政府有责任发展持续教育，并向发展持续教育的私人实体提供必要的支持。

第十四条　家庭教育

一、家庭教育是指家庭成员之间的相互教育，特别是家长对未成年人进行的教育，旨在让家庭成为其启蒙以至终身学习的实体，促进其个人的全面发展，并增进社会福祉。

二、政府通过部门间和政府与私人实体间的合作，促进家庭教育的发展。

第十五条　回归教育

一、回归教育是指向在各教育阶段适龄期未修读或未合格完成正规教育者提供的相应程度的教育。

二、回归教育除不设幼儿教育外，其教育阶段的划分与正规教育相同，但提供配合受教育者的特点而弹性设计的学习计划和课程。

三、政府应为回归教育的发展提供条件和资源。

四、为获得回归教育学历，须通过教育行政当局统筹的、由若干核心科目组成的标准评核。

五、回归教育学力与正规教育学力具有同等效力。

六、与第四款所指评核实施有关的规定，由专有法规制定。

第十六条　小区教育

一、社区教育是指体现全民学习的理念，充分利用社区内外的各种资源，以灵活多样的方式提高居民素质的教育。

二、政府推动社区教育，鼓励居民和民间组织及机构广泛参与。

三、学校和社区应相互配合，合力营造一个良好的环境，使受教育者得以健康地学习和成长。

第十七条　职业培训

一、在不妨碍第四条的规定的前提下，职业培训旨在使个人获取从事某一职业活动所需的知识和技能。

二、合格完成初中教育或年满 15 周岁者，方可报读职业培训课程。

三、职业培训的组织和运作，由专有法规制定。

第二节　报读和就读条件

第十八条　年龄

一、至报名当年的 12 月 31 日年满 3 周岁的儿童，方可报读幼儿教育第一年。

二、至报名当年的 12 月 31 日年满 6 周岁的儿童，方可报读小学教育第一年。

三、就读小学、初中及高中的年龄上限分别为 15 周岁、18 周岁及 21 周岁。

四、就读小学、初中及高中的某一学级的学生，在该学年内分别满 15 周岁、18 周岁或 21 周岁，可继续其学业，直至该学年终结为止。

五、至报名当年的 12 月 31 日年满 3 周岁者，方可报读特殊教育；就读特殊教育的最大年龄为 21 周岁。

六、至报名当年的 12 月 31 日年满 15 周岁者，方可报读小学程度的回归教育；年满 16 周岁者，方可报读中学程度的回归教育。

七、第二款所指报读年龄下限，以及第三款和第五款所指就读年龄上限，在特别情况下，经教育行政当局审核并获批准者，可以逾越。

第十九条　学历

小学毕业者，方可报读初中教育；初中毕业者，方可报读高中教育。

第四章　义务教育和免费教育

第二十条　义务教育

一、义务教育是指对年龄介于5～15周岁的未成年人强制实施的普及的教育。

二、就学的义务从年满5周岁后的首个学年起至受教育者年满15周岁的学年终结或合格完成初中教育时终止。

三、家长有义务每学年为义务教育范围内的未成年人办理入学或就读注册。

四、政府和教育机构有责任保障义务教育范围内的未成年人完成义务教育。

五、义务教育制度，由专有法规制定。

第二十一条　免费教育

一、免费是指免缴学费、补充服务费和其他与报名、就读及证书方面有关的费用。

二、免费教育在正规教育范围内实施，但不影响第五十五条第四款规定的适用。

三、免费教育的受益人为就读于下列范围且属澳门特别行政区居民的学生：

（一）公立学校内免费教育范围的所有学级；

（二）免费教育学校系统内的私立学校按照第三十六条第四款至第六款的规定实施免费教育的学级。

四、实施免费教育的有关规定，由专有法规制定。

第五章　课程和教学

第二十二条　课程编制

一、课程编制应遵循教育制度的基本原则和总目标，以及各教育类型和教育阶段的目标。

二、政府须规划各教育阶段的课程框架，制定学生须达到的基本学力要求，其具体内容由专有法规制定。

三、公立学校和第三十六条第三款（一）项所指的私立学校在遵循澳门特别行政区课程框架和基本学力要求的前提下，可自主发展其校本课程。

第二十三条　课程的内容和实施

一、课程实施应着眼于提高学生的学习积极性和学习效率，以及推动终身学习。

二、学校应致力改进其教学文化，促进学生的学习和成长。

三、教育行政当局协助和促进学校的课程和教学的发展，包括鼓励和支持学校推行小班教学。

四、幼儿教育的课程内容应是综合的，其课程应以灵活多样的教学策略和学习活动实施。

五、小学和初中教育的课程实施应重视课程内容的整合和科目间的相互渗透，尤其德育和艺术素养应通过各种教学手段融入课程实施。

六、高中教育的课程内容和课程实施，应顾及升学和就业两个导向，并给予学生选择空间。

七、职业技术教育的课程内容须包括职业实践和职业实习，配合就业市场所需的能力要求，同时关注学生升学的需要，并重视学生的整体素养。

八、特殊教育的课程，应通过个别化教育计划实施。

第二十四条　余暇活动

一、余暇活动旨在补足和发展教学计划，着眼于学生的全面发展和自我实现，并使其善用余暇。

二、体育运动不只为提高学生的体能，也是一种品格教育，使学生养成坚毅、合作及公平竞争的精神。

三、文化艺术方面的教学和活动，应着眼于学生的人文素养、个人气质及创造性等方面的发展。

四、教育机构应鼓励并提供机会，让学生积极参与社会服务和小区活动。

第二十五条　对学生的评核

一、对学生的评核，以有关教育阶段和教育类型所设定的目标及其相关基本学力要求为依据。

二、对学生学习的评核以促进学生的学习成功为主要目的，并通过多元评核实施。

三、评核的类型包括：

（一）形成性评核；

（二）总结性评核；

（三）特别评核；

（四）检定评核。

四、学生评核制度事宜，由专有法规制定。

第六章　教育辅助

第二十六条　目的和类型

一、教育辅助旨在创造学生入学和学习成功的均等机会，并促进学生的全面发展。

二、教育辅助的类型包括学习辅助、心理辅导、升学和就业辅导、对行动受限制者的就学支持、学生福利及学生保健。

第二十七条　学习辅助

一、教育行政当局和教育机构，应以多样的模式辅助学生的学习。

二、学习辅助通过补充教学辅助中心、学业辅导班或个别辅导活动进行。

第二十八条　心理辅导、升学和就业辅导

一、教育行政当局直接或通过对相关机构的资助，为学生提供心理辅导、升学和就业辅导。

二、上款所指辅导的制度，由专有法规制定。

第二十九条　对行动受限制者的就学支持

对下列处于义务教育就读年龄范围的受教育者，有职权的公共部门采取适当措施，提供支持，以使其享有受教育的机会，并促进其完成学业：

（一）因行动能力受限制，不能到学校接受教育者；

（二）被实施收容措施者。

第三十条　学生福利

一、修读正规教育或回归教育课程且属澳门特别行政区居民的学生，有权享受学生福利。

二、学生福利主要由以下项目组成：

（一）学生保险；

（二）向家庭经济困难学生提供的必要的学费援助、膳食津贴、学习用品津贴以及学习所需的辅助设备津贴。

三、学生福利的制度，由专有法规制定。

第三十一条　学生保健

一、修读正规教育课程且属澳门特别行政区居民的学生，有权享有由公共卫生机构提供的免费卫生护理。

二、教育行政当局和教育机构，通过与公共卫生机构的协调和合作，关注学生的健康成长，尤其须留意、预防并及早处理学生的不适应或缺陷。

第七章　教育机构和学校系统

第三十二条　教育机构的性质和类型

一、教育机构从事的活动属公共利益活动。

二、教育机构按办学实体属公共或私人性质，分为公立和私立两类，公立教育机构的办学实体为政府，私立教育机构的办学实体为私人实体。

三、私立教育机构按经营性质的不同，分为牟利和不牟利两类，其中不牟利私立教育机构须具备的要件，由专有法规制定。

四、政府负责监察私立教育机构是否具备和维持上款所指的要件。

第三十三条　公立教育机构

一、政府确保公立教育机构的运作。

二、与公立教育机构的设立、管理、组织、运作及撤销有关的事宜，由专有法规制定。

第三十四条　私立教育机构

一、下列私人实体可申请开办私立教育机构：

（一）自然人；

（二）非公法之法人。

二、私立教育机构须在教育行政当局批给执照后方可开办。

三、与私立教育机构的开办、管理、组织、运作、关闭及办学实体的转换有关的事宜，由专有法规制定。

四、私立教育机构按照相关税务法例享有税务豁免或优惠。

第三十五条　教学、行政及财政自主

一、教育机构享有教学自主权。

二、私立教育机构尚享有行政和财政自主权。

三、在不妨碍有职权的公共部门行使监察权并在遵守适用法例的前提下，教育机构行使以上两款所指自主权。

第三十六条　学校系统

一、学校系统由公立学校和私立学校组成。

二、实施正规教育的公立学校和提供免费教育的私立学校，组成免费教育学校系统。

三、根据私立学校是否按本教育制度的教育目标、教育阶段及其年限、课程框架和基本学力要求办学，可分为：

（一）本地学制私立学校；

（二）非本地学制私立学校。

四、不牟利的本地学制私立学校，方可申请加入免费教育学校系统。

五、免费教育学校系统内的学校应在其所开办的、属免费教育范围的各学级实施免费教育，但满足下款规定者除外。

六、在本法律实施前已加入免费教育学校系统的学校，可维持其原有实施免费教育的范围。

七、学校系统的发展，由政府负责规划。

第三十七条　教学语言

一、公立学校应采用正式语言中的一种作为教学语言，并给学生提供学习另一正式语言的机会。

二、私立学校可使用正式语言或其他语言作为教学语言。

三、拟使用其他语言作为教学语言的私立学校，须经教育行政当局评估并确

认其具备适当条件后方可施行。

四、以其他语言作为教学语言的私立学校，应给学生提供学习至少一种正式语言的机会。

第三十八条　管理

一、学校的管理应确保教学人员、学生、家长及其他教育工作者的参与。

二、办学实体须为学校设立校董会，并任命校董会成员。

三、办学实体应根据专有法规所定的原则制定校董会章程，章程内应载明校董会的权责、组成及运作模式。

四、私立学校的校董会章程，须提交教育行政当局确认。

五、私立学校校长由校董会委任，并向校董会负责。

六、学校校长负责学校的日常管理，须按适用法例以专职担任其职务。

七、经教育行政当局许可，可在同一所学校开办多种教育阶段和类型的教育。

八、学校须分别设有行政、训育或辅导、教学的领导机关。

第三十九条　评鉴

为保证学校的教育质量，教育行政当局应对学校进行系统的综合评鉴或专项评鉴，借此向学校提供改善和发展的参考意见，并规划必需的辅助措施。

第八章　人力资源

第四十条　人员

一、教学人员和教育机构的其他工作人员从事的活动属公共利益活动。

二、教学人员须具备的与其任教的教育类型、教育阶段、学科或学科领域相符的资格，由专有法规规定。

三、教学人员职级的晋升标准应兼顾年资、专业发展及考评三方面因素。

四、校长的学历，不得低于在其所在学校任教最高教育阶段的教学人员须具备的学历。

五、公立学校教学人员的工作类型、职级、考评、工作量、薪俸及相应的权利和义务，由专有法规规定。

六、私立学校教学人员的工作类型、职级、考评、工作量、退休保障及相应的权利和义务的制度框架，由专有法规规定。

七、第一款所指的人员按专有法规享有由公共卫生机构提供的卫生护理。

第四十一条　专业发展

一、专业发展是教学人员的权利和义务，教学人员应为其专业持续发展作出规划。

二、教学人员的专业发展，须配合澳门特别行政区教育发展的需求，主要通过参与培训、自主学习、研究和实践等多种途径，以灵活的方式实施。

三、教育行政当局应为教学人员的专业发展提供条件和资源。

第四十二条　培训

一、培训分为职前培训和在职培训。

二、职前培训旨在通过特别编排的课程使修读者取得专业资格。

三、在职培训旨在使尚未拥有专业资格的在职教学人员获得专业培训和证明，或提高已拥有专业资格者的专业水平。

四、脱产进修是在职培训的方式之一。

五、教育行政当局可自行组织或与其他实体合作组织培训，也可资助学校举办校本培训。

六、与教学人员培训有关的规定，由专有法规制定。

第九章　物质资源

第四十三条　学校的兴建

一、政府根据私立学校发展计划的可行性、效能及其与政府教育政策的关系，对私立学校的兴建或改建提供适当援助。

二、政府在制定澳门特别行政区城市发展规划时，须考虑教育发展的需要，预留土地并安排有关设施。

第四十四条　校舍

一、为给学生提供良好的学习环境，政府对校舍的兴建，尤其是学生课内外活动的适合空间、可容纳的学生数量以及须具备的无障碍环境作出规范。

二、教育行政当局和学校应创造条件，将正规教育的班级人数和学校的总收生人数调整至适当的范围。

三、政府鼓励学校与小区相互开放，学校应与小区发展密切配合，以达到物尽其用的目的。

第四十五条　其他物质资源

学校应根据法律规定和教育行政当局的指引配置其他物质资源，主要是：

（一）教材和辅助材料；

（二）资讯和科技设备；

（三）图书馆；

（四）实验室和工场设备；

（五）体育设备；

（六）艺术教育设备。

第十章　教育经费

第四十六条　财政责任

一、政府和家庭，均有责任提供教育经费。

二、在编制澳门特别行政区预算时，非高等教育被视为主要优先项目之一。

第四十七条　财政支持

一、政府按照公平、公正及公开的原则提供财政支持。

二、所有接受财政支持者，须恰当且有效地使用财政支持。

三、政府有权限监察财政支持的使用。

四、政府向加入免费教育学校系统的不牟利私立学校提供免费教育津贴，用以支付其运作上的一般费用；津贴标准、支付方式以及相关学校应遵守的义务，由专有法规制定。

五、政府提供津贴，促进回归教育的发展，鼓励居民终身学习；津贴对象、标准、支付方式以及相关实体的权利和义务，由专有法规制定。

六、政府向澳门特别行政区居民中修读私立学校的正规教育课程，且未受惠于免费教育的学生，提供学费津贴；津贴标准和支付方式，由专有法规制定。

七、政府向不牟利私立教育机构的教学人员提供津贴，以促进其专业发展，但非本地学制私立学校的教学人员除外。

八、非本地学制私立学校和牟利的私立教育机构，均不获政府财政支持。

第四十八条　教育发展基金

一、为支持非高等教育的发展，设立教育发展基金。

二、教育发展基金为一享有行政、财政及财产自治权的公法人，教育发展基金附属于教育行政当局而运作，设行政管理委员会管理。

三、教育发展基金的资源来自：

（一）政府的拨款；

（二）澳门特别行政区或外地公、私法人或自然人的津贴、拨款、捐赠、遗产、遗赠或赠予；

（三）本身财产或可享有收益的财产之利息或其他收益；

（四）以往经济年度之结余；

（五）贷出款项的回收；

（六）以无偿、有偿或其他方式取得的一切动产或不动产；

（七）根据法律、合同或其他方式获分配的其他资源。

四、教育发展基金用于支持和推动在非高等教育领域内展开各类具发展性的教育计划和活动，主要为：

（一）优化学校的教育规划；

（二）改善教学环境和设备；

（三）改进校本课程和教学；

（四）促进教师的专业发展；

（五）确保学生的均衡发展；

（六）支持特殊教育的发展；

（七）推动持续教育的开展。

五、教育发展基金以下列方式提供财政支持：

（一）无偿资助；

（二）优惠信贷。

六、教育发展基金的组织、管理及内部运作规章，由专有法规制定。

第四十九条　学费

一、公立学校各学级学费的金额，由行政长官以公布于《澳门特别行政区公报》的批示制定。

二、私立学校可自行制定各学级的学费，但须于每学年招生前，以书面方式将相关的收费标准通知教育行政当局。

第十一章　教育制度的实施和评核

第五十条　管理

一、教育管理应：

（一）维护教育机构的自主和自由，促进全社会的民主参与，尤其是保证教学人员、学生、家长以及代表社会、教育、文化及经济领域的团体有适当的参与途径；

（二）维持教育制度实施的协调，以实现教育的目标。

二、教育管理包括以下层面：

（一）政府负责制定教育政策，为此，应向教育委员会咨询，并促进社会人士的民主参与；

（二）教育行政当局负责执行教育政策和监察教育制度的实施。

三、政府负责促进和支持教育范围内的研究事项。

四、教育行政当局在执行教育政策时，应创造条件让教育机构积极行使参与的权利和履行相应的义务。

第五十一条　评核

一、为确保澳门特别行政区教育的持续发展、促进教育质量的提升，应对教育制度进行系统评核。

二、教育制度的评核应充分考虑澳门特别行政区的社会实况、整体发展需求及世界的未来发展趋势。

第五十二条　教育委员会

一、教育委员会是汇集社会各界力量，通过参与、协调、合作及检讨，为教育政策的发展寻求广泛共识的咨询机构。

二、所有有关教育政策之重要事项，必须听取教育委员会的意见。

三、教育委员会跟进和评核教育政策执行情况。

四、教育委员会主要由教育专业人士，包括教育领域的专家、学者组成。

五、政府提供教育委员会运作所需的条件。

六、教育委员会的组织和运作，由专有法规制定。

第十二章　最后和过渡规定

第五十三条　处罚制度

因违反或不遵守法律或规章规定而引致处罚的制度，由本法律的补足法规制定。

第五十四条　废止性规定

一、废止8月29日第11/91/M号法律，但其中第三十九条第二款、第三款及第五款的规定继续生效，直至本法律第三十二条第三款所指的制定不牟利私立教育机构的要件的法规生效为止。

二、在本法律的补足法规生效前，根据8月29日第11/91/M号法律而订定的法例继续生效，前提是与本法律规定没有抵触。

第五十五条　生效和实施

一、本法律自公布翌日起生效，并自2007/2008学校年度起实施。

二、第二十一条第二款的规定中涉及免费教育在幼儿教育第一年和第二年实施的部分，以及第四十七条第六款的规定中涉及向幼儿教育第一年和第二年的学生发放学费津贴的部分，自2005年9月1日起实施，但不影响上款规定的适用。

三、第四十七条第六款的规定中涉及向高中教育的学生发放学费津贴的部分，自2006年9月1日起实施，但不影响第一款规定的适用。

四、第二十一条第二款的规定中涉及免费教育在高中教育各学级实施的部分，不迟于2009/2010学校年度全面实施。

五、与上款所指全面实施免费教育有关的具体日程，由行政法规订定。

六、第六条第三款、第十五条第四款、第三十七条第三款及第三十八条第二款至第五款的规定的实施日程，由行政长官以公布于《澳门特别行政区公报》的批示制定，但不影响第一款规定的适用。

2006年12月13日通过。

立法会主席 曹其真

2006年12月21日签署。

命令公布。

行政长官 何厚铧

附录一 持续进步，发展有道 ——澳门教育制度修改建议

教育暨青年局

2003 年 6 月

一、前 言

第 11/91/M 号法律自 1991 年颁布至今已近 12 年。在这些日子里，通过各方的努力、合作、互相协调和理解，一个规模化和制度化且具一定品质的教育体系已在澳门确立起来。踏入 21 世纪，随着特别行政区政府的成立，加上澳门发展的新定位的确定，教育理论和科技知识的新发展等，这一切都意味着是时候对现行的澳门教育制度法律作出修订了。

为此，特别行政区政府在 2002 年度施政方针中特别提出“评估澳门教育制度”，并计划在 2003 年底进行修订；教育委员会亦成立相关工作委员会跟进检讨教育制度法律的工作。

这份修改建议的目的，是方便向公众征集意见。以“持续进步，发展有道”为题，意思是在力求发展的同时，时刻保持着对澳门教育发展方向的探索，不盲目跟风，并以务实的态度和行动来提高教育质量。因此，立足目前，放眼未来，是检讨教育制度时必具之胸怀。这次教育制度法律的检讨，关系澳门年轻一代的成长，甚至关系澳门未来的社会发展。我们渴望能更全面和深入地了解市民的意见，期待修改的结果惠及下一代，最终把澳门建设得更美好。

谨此诚意地邀请澳门市民积极参与澳门教育制度法律检讨，就这份修改建议献出您的宝贵意见。我们收集意见的方式将包括书面、讲座或公听会、电子邮件、传真及电话。如得到您的支持和参与，澳门教育的前进道路将更平稳。

二、意见稿说明

（一）封面提出的“持续进步，发展有道”，是教育发展稳中求变的重要策略指引。

（二）内文参考第 11/91/M 号法律《澳门教育制度》，把建议修订的部分作介绍。

（三）没有学生，教育就不成事业。基于此，教育目光该投放在学生身上，并以此为中心，把整个教育系统的协调工作做好。

（四）意见稿虽然以澳门教育制度为题，但内容多环绕非高等教育的范围进行咨询。就高等教育部分，只在澳门的高中与高等教育之间的衔接问题上提一笔。

三、教育制度检讨建议修订内容

建议修订内容	说明
(一)教育的基本原则 1.教育机构的设立和存在权利除获得保障外，在遵守本法及相关补充法规所制定的原则及规范，尤其是地区课程大纲，以及须达到本法所制定的教育目标的前提下，可自由规划其教学计划。	● 确保澳门特别行政区教育素质所需； ● 在自由和法理之间取得平衡。
(二)教育的总目标 1.确保教育机会均等，并建立一个全民教育和终身学习的环境，使澳门成为一个自强不息和具竞争力的社会； 2.响应全球一体化所带来的挑战与机遇，发展多元文化及多元教育体系，以培养澳门所需的各种人才； 3.促进个人对国家和社会的归属感与责任感，懂得行使公民权利及积极履行公民的义务； 4.培养尊重民主的个人特质，能与他人和谐相处与相互尊重； 5.重视全人教育，并通过对各种基本能力的培养，使澳门市民在身心，以至学习、创造和思考等能力方面都获得均衡发展。	● 根据澳门特别行政区政府成立、社会发展新定位和邻近地区及国家的教育发展趋势，有必要重新修订本地区的教育总目标及各教育程度的目标。
(三)幼儿教育目标 1.确保所有儿童的受教育权； 2.确保儿童在身心成长方面得到保护； 3.协助家庭教育子女；	

续表

建议修订内容	说明
4.注重健康及卫生习惯的培养； 5.增进生活经验，养成儿童的合群性； 6.致力儿童在伦理、兴趣与创造力方面的发展； 7.培养明辨是非的能力； 8.提供语言、文字及数学的基础认识； 9.开始发展就读所使用教学语言的能力； 10.培养儿童的求知欲和学习的兴趣。	
（四）小学教育目标 1.促进道德及公民教育，培养爱自己、爱家庭、爱澳门、爱国家及爱世界的情操； 2.培养学生爱思考及进行批判性思考的习惯，使其能了解自我及增强其适应不同环境的能力； 3.全面地提高学生的各种知识技能，尤其重视对学生主动学习、掌握各种学习技巧、创造思考及解决问题能力的培养； 4.培养强健的体格和良好的生活习惯； 5.爱护大自然，并重视审美及和谐生活情趣的陶冶； 6.促进人际合作和鼓励主动服务的精神； 7.对学习方面有特别需求的儿童，提供适当的机会，全面和谐地发展其潜力。	
（五）初中教育目标 1.持续发展小学教育的各项目标； 2.养成乐于进取，热心服务，关心别人，善于思考及敢于创新的态度和精神； 3.加强运用语文、数学和科技的能力，并对各种与生活领域相关的基础知识有所掌握； 4.促进身心健康成长，并加强适应自然及社会环境的认知及能力； 5.在自由和尊重的前提下，指导学生按其能力和兴趣，选择其接受教育的模式及培养其职业兴趣。	

续表

建议修订内容	说明
(六)高中教育目标 1.持续深化初中教育的各项目标； 2.加强学生的知识水准,并培养其升学与就业的兴趣； 3.促进学生的身心健康发展,并使其具备追求进步、勇敢果断、富有创意和热爱生命的特质； 4.培养学生搜集、整理、分析、综合、评鉴和发表讯息的能力； 5.增强对资讯科技的认识和生活所需的各种能力,以便适应及融入现代社会； 6.懂得爱护大自然及深化环境保护意识。	
(七)教育的一般组织 1.幼儿教育由原来的两年,另加一年小学教育预备班,改为三年制； 2.高中教育由两年或三年改为三年制； 3.通过标准化的学能考核,让高中毕业的学生衔接上本地区的高等教育； 4.职业技术教育定位在义务教育之后,由高中一年级开始,相当于高中程度； 5.持续教育包括成人教育、回归教育及其他非正规教育。	● 基于以前的小学教育预备班,无论其组织、运作场所和课程都与幼儿教育第一年和第二年属同一系统； ● 高中统一为三年制的目的是衔接本地区的高等教育制度； ● 标准化的学能考核目的是免除高中毕业生要面对本地区不同高等教育机构所设的多个入学考试； ● 考虑到初中属义务教育阶段,该阶段的学生应接受通识教育； ● 以持续教育取代原有的成人教育,是因为持续教育所涵盖的范围更广,特别是一些适合任何年龄人士学习的项目。这一项改变更合乎终身学习的精神。
(八)教育机构与学校网 1.教育机构:只接受教育团体申请办学,不接受个人申请；	

续表

建议修订内容	说明
2.学校网：公共学校网的概念将包括公立学校及私立的入网学校； 3.私立教育机构分为加入免费教育网和不加入免费教育网两大类，两者均须受专有法规规范其开办、组织、运作和关闭； 4.符合下列各条件者，被视为不牟利教育机构： ● 初始资本额不作回收； ● 所有收入全部用作支付教育机构运作的一般费用，包括改善学习条件及教学素质的费用； ● 学校财政年度盈余不得超过该年总收入的5%； ● 关闭时其财政余额及财产转交其他不牟利教育机构或交由教育行政当局处理。	● 参考世界各地对不牟利教育机构的概念而制定。
(九)基础教育、义务教育及免费教育 1.基础教育包括幼儿教育、小学教育和中学教育，共15年； 2.义务教育是对年龄介乎3～15岁的儿童和少年实施； 3.免费教育只提供给正规教育的学生，对成人回归教育的中、小学学生，将另定资助办法。	● 确保所有澳门居民接受基础教育的权利及创造入学及学业成功之均等机会； ● 体现特别行政区政府对教育的重视与承担； ● 正规教育的学生是指适龄且就读于基础教育范畴内的学生。
(十)特殊教育 1.特殊教育以融合教育为主，辅以其他方式的教学模式； 2.接受特殊教育的学生包括那些不能从普通教育及课程中充分获得最佳学习效果的学生，无论其智慧及身心发展状况属于天赋优异或存在障碍。	● 特殊教育为资优或有障碍的学生提供适才适性的教育，让他们有最佳的发展机会； ● 从消除歧视的角度，鼓励提供一般教育的机构分担特殊教育的任务。
(十一)持续教育 1.在不妨碍本身发展的情况下，特别行政区政府通过资助和监察，支持民间机构发展持续教育； 2.公立及私立教育机构可开办回归教育课程，但课程须符合地区回归教育框架，同时为保证教学素质，其核心科目须经过统一标准的检定。	● 鉴于夜校所发出的证书与日校的效力等同，但是，日校和夜校的课程标准有所不同，为保障教育的素质，有必要作出检定。

续表

建议修订内容	说明
(十二)课程、教与学 1.各教育程度的课程发展由特别行政区政府以地区课程标准形式作整体规划,在尊重教与学自主的前提下,各教育机构按其办学理念和机构特色,并根据地区课程标准的框架和原则,及按各教育程度的目标,发展其校本课程; 2.确保学生在完成基础教育后,具备普通话及至少一门外语的基本沟通能力; 3.评核应结合课程和各教育程度所设定的相关目标,并须配合本特别行政区学生评核制度,以确保本地区教育的整体素质; 4.评核学生的学习成效宜通过多元评核施行,以促进学生学习成功为主要目的。	● 发展澳门课程,让学校各程度的教学有所依据; ● 加强普通话及外语学习是有必要的,但前者有必要优先,后者不宜过早,以免儿童在同一时间内接触多种语言,引致部分儿童产生混淆; ● 外语学习成绩不应成为学生整体学业失败的重要指标。
(十三)教育经费 1.特别行政区政府成立教育发展基金,支持教育的发展; 2.按照平等及公正的原则对教育机构拨款,而学生人数、办学理念、教育规划与成效是重要的考虑因素; 3.就读于不加入公共学校网之不牟利私立教育机构的学生,当特别行政区政府未能在公共学校网提供足够的免费教育学额时,其学费津贴以就读于加入公共学校网之私立教育机构的学费为根据,按比例给予资助。	● 创设教育发展基金使教育经费的运用更具灵活性; ● 对学校的资助与学校的办学理念、教育规划及成效挂钩,这一措施将对用心办学者起到积极的鼓励作用,也确保公款使用得更有成效。
(十四)人力资源 1.从事教学工作和教育机构内其他与教育工作相关的人士由学校制定其教学人员职程,借以规范其属性、职阶、考评、合理之师生比、合理之工作量、合理之待遇、相应的权利与义务及离职制度; 2.接受培训是教学及相关人员的权利和义务,教育行政当局应为相关培训提供条件和资源,而上述人员应为其专业持续成长作出终身学习的规划,并有权收取专业发展津贴。	● 设立等级及升迁制度的教师职程,将对教师专业更具积极意义。

续表

建议修订内容	说明
(十五)物质资源 1. 特别行政区政府通过适当程序为所需的新建学校提供协助，对原有学校，将按其办学理念和可行的发展计划，并根据学校网的规划，有序地加以协助； 2. 校舍的设计应确保符合不同教育程度需求的条例，借以确保教育和教学活动的正常发展，并留有适合学生课内外活动的空间； 3. 为配合社会的发展需要，提供良好的学习环境，特别行政区政府将制定有关批准兴建校舍建筑的条例及校舍容纳学生数量的规定； 4. 特别行政区政府创造条件，把基础教育的班级人数调整至适当的比例； 5. 未来新建学校应与小区发展密切配合，以利发展家校合作，在开放教育的理念下，鼓励开放校园，以达到物尽其用的目的。	● 学校建设应反映办学者的办学理念，同时，活动空间必须充足； ● 学校招生应按其实际空间而定人数多寡，并以此作为确保教学素质的指标之一； ● 学校招生人数以校舍空间为依据； ● 可将之发展成未来中长期的施政方向。
(十六)对学生的辅助 1. 在义务教育阶段内，特别行政区政府及学校应致力降低学生的留级率及离校率，并以多样化的辅助模式，协助学生学习成功。	● 教育理念以创造成功的机会为依托，因此应致力降低留级率，其中措施包括提供津贴和资助，让学校安排辅助人员帮助学生解决各种困难。
(十七)教育机构的管理 1. 教育机构的管理应遵照下列原则： (1)须划分行政、训育或辅导、教学等领导机关； (2)确保教师、家长、学生及其他教育工作者有不同方式的参与； 2.《私立教育机构通则》规范其成立、组织、管理、运作、结束，以至与办学实体的关系； 3.《私立教育机构通则》规范教育行政当局与私立教育的关系及权责； 4. 不牟利的私立教育机构，应接受特别行政区政府定期检讨其不牟利的性质。	● 教育机构的管理需要遵循专业分工及确保民主参与的原则，不同类型的学校须按相关的法例运作； ● 教育机构在享有自主的同时，亦须接受合理的监督管理，尤其是注册为不牟利的教育机构。

续表

建议修订内容	说明
(十八)教学、行政及财政自主 1.各类不同形式的教学可使用官方语言或其他外语作为教学语言,唯使用外语作为教学语言的教育机构须经由教育行政当局评估其具备适当条件方可实施。	● 评估主要包括教学计划、课程大纲及教师之语言能力。
(十九)对教育制度的评核 1.为了确保本特别行政区的教学品质和适应社会实况和整体发展需求,有必要对教育制度进行系统的评核; 2.特别行政区政府将推广和支持教育范围内,包括学校管理、教与学的研究事项,并承担对教育制度评核的责任; 3.为保证教育机构行政、财政及教学的品质,特别行政区政府有必要对教育机构进行系统性的综合评核,借此向教育机构提供改善和发展的参考意见,同时更可让教育行政当局掌握具体情况和规划必需的辅助措施。	● 进行教育制度评核的目的,是检查教育制度的适时性、适用性,保证澳门的教育品质,并借以寻找迈向更优质的教育途径; ● 评核指的是对教育机构的综合评核; ● 评核目的除了关注品质方面,对专业成长尤应关注。
(二十)教育委员会 1.教育委员会是一个汇集社会各界人力资源的教育咨询机构,该委员会通过参与、协调、合作及检讨,为教育政策的发展寻求广泛的共识; 2.教育政策发展的重要事项,需要听取教育委员会的意见及关注教育政策的执行。	● 教育委员会的组成和运作体现了教育制度管理的民主、社会各界人士的广泛参与和协调; ● 教育委员会除依法具咨询功能外,尤应积极提供意见,让教育朝更高品质的方向发展。
(二十一)教育制度的管理 1.教育制度的管理包括以下层面: (1)教育的发展规划和政策的制定,由行政长官或分管教育范畴的司长负责规划中长期的教育发展政策; (2)教育政策的执行,尤其包括构思、指导、协调、管理和评估及对教育制度的监察,由教育行政当局负责; (3)教育机构的管理由办学实体负责。 2.教育行政当局在执行教育政策时,应保证教育机构的积极参与。	

附录二　《澳门教育制度修改建议》文本答问

教育暨青年局

2003 年 6 月

问：为什么要检讨现行的教育制度？根据什么理念？

答：现行的澳门教育制度法律（第 11/91/M 号法律）颁布于 1991 年，12 年来，通过各界的努力和合作，在互相协调和谅解下，一个完整的教育体系开始在澳门确立起来。澳门回归祖国，特别行政区政府成立后，澳门朝着一个崭新的方向发展，以顺应世界的趋势，再看原有的教育制度，确有一些未必与时俱进的部分，在过去实施的过程中，澳门教育也存在一些问题和困难需要行政当局和各界，尤其是教育界同心协力去面对和解决，因此提出了检讨教育制度的建议文本。这个文本的关注点最终是落在学生的身上，基于四个理念：全民教育、终身学习、多元发展和素质提升，最核心的一个理念是素质提升，所以文本内容主要以提升学生的素质为目的。

问：文本的内容如何体现“持续进步，发展有道”这句口号？

答：澳门原有的教育制度在当年颁布时是一个具前瞻性和富于理念的制度，目前的建议并不是否定过去所做的一切，而是在原有良好的基础上，为解决教育发展上的一些问题而营造一个更好的教育环境，希望在稳健的步伐中不断向前迈进。“道”是我们改革的理念，核心是整体教育素质的提升，也是我们未来共同迈向的康庄正道。新文本在持续进步方面可以由下列几项体现出来：

- 保证素质方面，文本的基本原则里提出地区课程大纲和教育目标这一前提，整个文本就在这一概念下展开，目标由教育总目标及教育程度目标两个层次形成，再通过课程目标及下层的学科/学科领域目标具体地去实现上层的目标；
- 在过程中，通过教学方法与学生评核的多元化和不断提升，确保以实践目标为依托；
- 学制调整更合乎澳门高等教育和邻近国家或地区，以及与美国、加拿大及澳大利亚的学制接轨；
- 在教育经费的投资中，成立教育发展基金，按办学理念、教育规划及成效等因素来资助，教育发展基金的成立更使学校可以在一个稳定的发展阶段中为确保获得资助而办出特色；
- 推行问责制度有助于保证教育素质及监管公款的投放；

● 在人力资源上，制定教学人员职程制度，确立教学人员的专业地位及规范其晋升、考评和权责等，提供一个促进教学人员持续专业发展的机制；

● 在物质资源上，确保未来校舍设备和空间要求的合理化，以提供良好的学习环境。

问：建议把高中两年或三年学制改为三年的用意何在？

答：任何国家或地区都有属于自己的学制，且都是以本土的教育系统作为设定基础。中国内地如是，中国香港如是，美国亦如是。在澳门，从 20 世纪 90 年代中期至今，高中毕业生升读本地及外地的大专院校者的比率持续高企，从衔接本地及外地主要的升学来源看，两年制的高中一般只能衔接到本地及外地的大学先修或预科课程；至于澳门三年制高中学生，无论升读本地或外地大学都更具普遍性，即使是澳大利亚、加拿大及美国，只要过语言关就可以。既然如此，把高中学制定为三年是反映学制存在的普遍性，且跟本地、内地、台湾及国际绝大部分国家或地区的教育制度接轨。

其实，学制的设定主要是考虑其所需要达成的教育目标和地区课程的要求。澳门教育制度所要跟随的是澳门地区的课程而非某些国家或地区的课程，这是最关键的。

问：建议设立的标准化的学能考核，让高中毕业生衔接本地区的高等教育是否等同高中毕业统一考试？

答：不是的，两者是截然不同的概念。高中毕业统一考试指的是通过统一考试去决定学生是否获得高中毕业资格；而通过标准化的学能考核目的是升入本地区的高等教育机构接受高等教育。建议文本考虑到现在的高等院校各自举行入学考试，使有意升读本地大专院校的高中毕业生疲于奔命。如能在此问题上加以统合，则学生只需要通过一次测试，加上其在中学阶段的成绩记录及其他因素，如学生的服务或其他才能的表现等，可以向本地区的不同大专院校申请报读。这样一来，既节省学生的时间及金钱，又减少学生为参与多次考试而产生的精神负担。

除此以外，构想未来把这种机制的质量发展控制好之后，还可与邻近地区协商取得认可，借以进一步减轻教师及学生的沉重压力。

另外，这个考核的结果并非只取决于一次性的纸笔测试，还会多元化地参考应考者在投考范围内历年的表现，比如应考者报读视觉艺术教育，则不会只考一次笔试或现场创作，其在中学阶段有关范畴的学习情况、作品、参加过比赛的表现等均可列为考核的参考依据。

问：设置地区课程框架及标准，是否影响教育机构选择教材和教学方法的自主性？

答：不会的。首先要说明的是教材是活的，它可以由不同的部分组成，包括文字的和非文字的。有些人误以为教科书等同于教材，甚至以为教科书等同课程。因为有此认识，于是就会思考：没有书怎么教？其实，教材是教与学中的一种中介，一方面学生通过教材学会知识，但更重要的是教师通过教学让学生学会学习。书本上的东西是死的，教材是活的。只有活的教材才能更有效地配合及发挥课程标准内的各项建议。举例来说，新西兰的中学五年级以下都没有采用指定的教科书，而是采用一些辅助教材，结果新西兰 15 岁学生的阅读能力排在世界前列，因为新西兰学生的知识并非从单一教科书中获取。基于此，我们鼓励澳门的教师根据地区课程标准，以团队合作的方式，自行设计适合学生学习的教材，能做到这样，教学方法一定会更多样而具效率，自主性一定更强。

问：建议文本中的幼儿教育改为三年，有何具体意义？

答：以往小学教育预备班是为小学教育而作的准备教育，但考虑到小学教育预备班的组织与幼儿教育第一年和第二年属同一系统，都在同一场所（幼儿园）中运作，课程亦是以一个系统性的阶段来设计。从幼儿教育的研究了解到，6 岁是儿童人生发育过程中最适宜的分期点，在这以前正是人生最软弱、最幼稚的时期。所以，把 6 岁以前的 3 年定为幼儿教育，其设想在此。

问：为什么要提出以促进学生学习成功为主要目的的多元评核？

答：评核的作用在于评估教师教学成效与学生学习成果，以了解学生学习的进程与困难，提供学生学习的信息，并作为教师改进教学、修正课程设计的参考。较多采用单一的纸笔评量，容易让学生成为失败者及令学生产生厌学情绪。

近年来随着社会的多元化发展，学习的观点从过去行为学派强调的行为习得，转变为认知学派早期重知识的习得，再转变为近年来的知识建构。教学方面，从过去着重学科知识内容的传递，转变为着重指导学生成为能够面对挑战、适应变化的问题解决者及创造思考者。评核从过去侧重量化、评等级和决定升留级，发展到检视学生能否达标，用从评核所得到的信息协助学生学习取得进步。为此，建议通过多元的评核，评核的内容不单是智能的，也是有情意有态度的，方式可以多样化，尤须重视形成性评核，着重在学习过程中所搜集的信息，评核结果的解释也须侧重标准参照，从而得知学生真实的学习情况，从而加以辅助，以促进学生学业成功为目的。

问：由学校制定教学人员职程的构想是什么？

答：长期以来，澳门的教学人员都没有一种职级制度，换言之，一位刚入行的教师被称为教师，教了 5 年仍然被称为教师，教了 15 年还是被称为教师，教了 25 年一样被叫作教师。其实，任何一种行业都有其升迁制度，教师也是如此。

对于这个问题，构想的解决方式是由特别行政区政府立法制定一套大家都可以依循的教学人员制度，其中将会包括人员属性、职阶、入职、离职、考评、晋升等，然后由学校根据上述制度自行定出其职程内容，例如具体的运作及其相对所获得的待遇等，再向教育暨青年局备案，并按此运作。

问：文本中“课程、教与学”的章节内有一个说明——“外语学习成绩不应成为学生整体学业失败的重要指标”，但在第2点，要求学生在完成基础教育后至少具备一门外语的基本沟通能力，两者在理念上如何去理解？

答：澳门作为一个国际都市，市民——尤其是正在就学的学生，掌握至少一门外语是有必要的。现今国际交流频繁，吸收新资讯和有效的沟通都很依赖外语，特别行政区政府对外语培训的重视是无可置疑的，故在文本内有这样的要求和期许。但从另外一个角度看，过分重视外语培训会出现另一个弊端，比如，学生学年成绩只有一科外语不合格便须留级，第二年不合格可能导致要退学，这种仅以外语学习作为评量一个学生整体学习成败的做法是值得警惕的。自从加德纳（H. Gardner）提出多元智能理论后，有不少澳门的教育工作者认同学生在智能上各有特长，并不是每一位学生都擅长学校所重视的语言文字智能和数理逻辑智能。为此，教育工作者宜以发掘学生的潜能为主，不宜因某一科的不济而全盘否定学生的学习成就。文本的精神一方面标示出学习外语的重要性，但另一方面亦希望教育工作者不要以某一科目的学习表现作为决定学生整体学习成败的标准，应以辅助的手段来代替淘汰和筛选，这样，学生将会在较小的压力下把外语学得更好。

问：提出特殊教育以融合教育为主的理念是什么？

答：第33/96/M号法令载：“本地区行政当局在平等机会原则及不同待遇原则下，通过适时采纳促成学业进步以及完全融入家庭、学校环境及投身职业之措施，向需要接受特殊教育辅助之人提供适当之条件。”为避免标记学生与剥夺学生的学习权，所有儿童——包括有特殊教育需要的学童都应有机会充分发展潜能，长大后成为社会上积极而能承担责任的一分子。现在，世界各国正致力推行融合教育，学校都尽量改善设施，改善课程、教学和评核方法，以配合不同学生的需要。尽量协助有特殊教育需要的学生融入普通班级，为他们提供适当的教育，让他们有机会在一般的学习环境中与普通班学童相处和沟通，一起接受适当的教育，以帮助他们充分发挥潜能，融入社群，尽可能成为独立而具适应能力的人，从而充分获得教育上的裨益，达到共融的目标。另外，又可让一般学生学会接纳和关怀身心障碍学生，以达到人性化的结合。

问：提出“持续教育”概念的理念是什么？

答： 过去使用“成人教育”的概念去涵盖所有正规教育以外的教育，实在有商榷的余地，现在提出的“持续教育”概念，是因为持续教育所涵盖的范围较广，配合终身学习的精神，其教育对象为任何年龄的人士。“持续教育”包括成人教育、回归教育及非正规教育。成人教育是指对象为年龄超过 21 岁的成人的教育模式。回归教育是指虽然受教育者超过就读年龄，但可通过再学习而完成小学或中学学历的教育模式。

非正规教育是指兴趣活动的学习，主要是按个人的兴趣、爱好、自由参与的短期课程，基本上不须接受评核及按特别的课程计划去进行。

问：基础教育、义务教育和免费教育三者的关系是什么？

答： 基础教育、义务教育和免费教育彼此的含义各有不同，而范围会有部分重叠，现将这 3 个概念阐述如下：

基础教育的范围是指幼儿教育（3 年）、小学教育（6 年）及中学教育（6 年），共 15 年。

义务教育是指在公立或私立教育机构内对年龄介乎 3～15 岁之儿童及青少年实行的教育，其教育程度包括幼儿教育、小学教育及初中教育。规定家长有义务为受教育者办理注册，学生有就学的义务，学校有教导学生的义务，特别行政区政府确保在社会福利、卫生、心理及学校指导方面提供服务，以促使学生履行勤学的义务。

免费教育是指持有澳门居民身份证而入读已加入公共学校网络的不牟利私立教育机构的学生作为受益人的教育，教育暨青年局每学年给每位学生拨发其免费教育的学费津贴。

问：降低学生的留级率和辍学率，并以多样化的辅助模式协助学生学习成功的理念是什么？

答： 留级率和辍学率的形成与现今的教学方法及评核形式有很大关系，教学偏重单向式的灌输，学生多是被动接受知识，在评核学生时过分侧重认知领域方面较低的层次，着重纸笔方面的总结性评核，很难评量到学生所具备的多元的才能，除了令学生很容易产生挫败感从而放弃学习，也形成很高的淘汰率。据数据显示，邻近地区基础教育的留级率相当低，而西方一些发达国家更少有留级这类情况。事实上，特别行政区政府投放在免费教育的经费有 1/9 是用于留级生身上，这是很值得关注的事情，故通过本次教育制度检讨，建议运用多元化的评核理念和形式，激发学生的潜能，让学生能更愉快地学习。教育行政当局更可充分利用教育经费，以协助教师及学校改善教学环境，亦可帮助教师发展专业，优化学生的学习条件和提供更多辅助性的支持服务。

问：教育总目标和各教育程度的目标都比较抽象，学校如何在教学过程中落实这些目标?

答：教育总目标是教育的理想，决定教育发展的方向，指引教育活动的趋向，使教育成为有意义而循序渐进的活动。教育因应社会的时空背景差异，其目标具有两种不同的特性——时代性和地域性。基于澳门教育制度在1991年8月29日颁布至今已近12年、澳门已回归祖国、教育发展趋势已有改变等因素，在时代性及地域性都有所改变的情况下，澳门的教育总目标有重新审视和制定的必要。总目标是以列举的、较概括的概念方式展现；而在各教育程度的目标这一层次上，则阶段性地将总目标以相对较具体、较明确的方式展现，但仍属较抽象难以检验的层次。随后是课程目标、学科或学科领域的目标，以及细化到每一教节的具体目标，这些目标有其系统性、延伸性，愈往下愈具体，且更容易用客观的尺度去检验该项具体目标是否能实现，学校在教学过程以及评核学生时，都要确保以各层次的目标为依托，避免高层次的目标成为空洞的口号。

问：澳门初中毕业生除选择入读一般学校的高中教育课程，还有没有其他渠道可作选择?

答：澳门的教育制度里是有技术职业教育这一种模式的，根据第54/96/M号法令，澳门学校除了开办一般高中教育课程外，还可以开办技术职业教育课程，培训具中级资格的技术员及专业人员，以更好地响应澳门现代化及发展的策略，而且该等课程的特征是不断引入新科技。现在澳门亦有3所学校开办技术职业课程，而且不断开展适应澳门社会发展的课程，一方面培养澳门中层的技术专业人员投入劳动市场，另一方面这些学生也可以进入高等院校继续升学。因为家长及学生对技术职业课程不太了解，所以选择这一条出路的学生仍不多。而现在澳门具备多元性发展的渠道，可让初中毕业生选择。目前可能更迫切需要做的，是对初中学生多做有关的兴趣辅导工作，让他们及早了解自己的兴趣潜能，开始作生涯规划。另外，也为改变一般人对技术职业教育的观念而多作宣传教育。

问：教育行政当局在教学的推动方面，如创思教学、艺术教育或小班教学法等理念和实务，是否有系统性和连贯性?

答：教育行政当局每年会按特别行政区政府的施政方针去开展其工作计划，施政方针按教育发展规划和政策而制定，教育行政当局根据这些短期及中长期的规划而部署执行每年的工作计划，可以说是由宏观至具体落实都有一定的方向和系统性。以题述的几个项目为例，其实教育行政当局在教育政策上认为教育的效能主要反映在教学素质的提升上，教学的模式可分为四个组成部分，分别是目标、课程、教学和评核，这四个组成部分有很密切的关系，教育目标是我们对教育成果的理想和愿景，为了实践教育的总目标和各教育程度的目标，未来会修订课程的框架及其目标，并发展地区课程；在教学方面，由于为应对社会的急剧变迁和挑战，需要培养下一代创造思考和解决问题的能力，当局对于优良的教学理念和方法是极力推介的，如 2002 年推行的创思教学，不只是落在口号的层面，还举办了很多的活动来加以配合。今年的艺术教育其实是创思教学的延伸和深化，通过艺术教育的推动，希望能培养学生更丰富的想象力、变通能力和创新思维。此外，配合小班制的逐步落实，亦推动小班教学，也是希望利用班级内学生人数的减少以增加互动和推行创思教学。未来亦会推动教学的示范与观摩，校内或跨校协同教学，推动形成学习型及研究型的学校环境。至于在评核方面，推动多元评核文化的形成，以正确认识学生的潜能和成就，促进学生学习的成功为目的。评核也不是终点，通过评核的信息有助于检视课程内容和教学。而教学过程、课程和评核也应以教育的目标为依托。教育政策的推行，也是依着这个一环扣一环的系统模式加以规划和执行的。

问：为什么回归教育的核心科目须经过统一的标准检定?

答：回归教育主要是为了一些超过了就读年龄而有志再学习以获得小学或中学学历的人士而设的，现在完成回归课程取得的学历与完成日间正规课程所颁发的学历效力是等同的，但两者在课程计划和设置以及课时要求上是存在一定差异的，而开办回归教育的教育机构在确保其学生的学习成果上也出现参差不齐的情况。另外，从前瞻性的角度来看，回归教育的模式可能有很大的发展空间，这种以学生自学和主动探索为主的教育模式亦可以使学生通过自荐考试而取得学历。为保证回归教育的素质，并提供更多的渠道让自学者取得学历，回归教育学历的颁发须经过一个统一的标准检定。至于核心科目则可通过未来对回归课程框架的修订再作研究。

问：如果教育制度检讨中学制改变的建议获得通过，是否马上实施?

答：教育制度的检讨若得到通过而制定为法律，其中的改变，包括学制的改变，都会按循序渐进的方式去实施，不会一朝全部改变。幼儿教育第三年无论其组织、运作场所和课程都与第一年和第二年同属一个系统，所以其实施的步伐较快。至于高中两年制改为三年制，一方面会让已报读两年制高中的学生完成其学业；另一方面，立法后，设立高中两年制的教育机构则逐步开设三年制的课程。教育的改革不可能一蹴而就，改变会以稳健的步伐前进。

问：成立教育发展基金的目的是什么?

答：特别行政区政府成立教育发展基金，是为支持教育的发展及令教育经费的运用和分配教育资源更具灵活性。未来对学校的资助会与学校的办学理念、教育规划和成效挂钩，也会考虑学校网络的规划，这种措施可对具优良办学理念和教育规划者起积极和鼓励的作用，也可确保公款运用得更有成效。

问：初中课程的未来走向该如何？

答：正如建议文本的初中教育目标中有提到“在自由和尊重的前提下，指导学生按其能力和兴趣，选择其接受教育的模式和陶冶其职业兴趣”。这里已显示了初中的课程除了一些基础学科设置外，应有一些与职业兴趣相关的选修课程，让学生按其兴趣或在指导下选读。此外，初中课程适宜增加综合科目和增润课程，让这一阶段的学生除了获得适性的教育外，还能真正地获得全面发展。

问：在“教育机构的管理”的章节里，建议教育机构须划分行政、训育或辅导、教学等领导机关的理念是什么？

答：在第38/93/M号法令里，规定教育机构须设立教学领导机关及行政领导机关，随着时代的发展，原来只设两个领导机关已不能完全发挥学校管理和辅助学生方面的功能，因此在新文本上建议教育机构须加设有关领导机关。鉴于训育和辅导的工作十分重要，训育主要是通过由外而内的教育方式，协助学生个人适应群体，以维持群体的秩序和纪律；而辅导则从内而外，引导学生了解自我，建立自我健康的形象，从而肯定自我的价值，解决所遭遇的问题，以协助学生全面成长。两者在实施上有很多的不同，但殊途同归，产生相辅相成之效。目前很多教育机构都分别设立具备这两种功能的领导机关，也有的只有其中一种，无论如何，这两种职能在实施上宜有所划分，但考虑到目前部分学校未必可以同时设立这两种职能的领导机关时，可以用发展的角度，期待教育机构能前瞻性地逐步开展，故在文本中使用“或”字。另外，亦不排除教育机构可设立更多其他有助于管理校务或辅助学生的机关，所以文中也使用“等”字，表示并非穷尽。

问：被视为不牟利教育机构须符合的条件包括学校财政年度盈余不得超过该年总收入的5%。在实际运作中不易做到，因为学校须预留一笔款项以备不时之需，学校应如何处理？是否使得学校拼命去增加支出？

答：由于不牟利教育机构的收入应全部作为支付教育机构运作及改善教学条件的一般费用，而建议学校财政年度盈余不得超过该年总收入的5%，其中主要目的亦是避免学校过分累积年度盈余，而忽略提供适合的教学环境给学生，学校可适当运用资源。例如，增加购买教学设备；改善校舍、设备设施；提高师生比；鼓励提供教学人员培训等。有意见表示学校须预留一笔款项作不时之需，如校舍维修。按目前会计账目，对校舍是按每年2%作折旧，比如一幢2 000万澳门元的校舍，每年便可扣除约40万澳门元的折旧费，而年度盈余也因而相对减少。基于此，在搜集各方面所反映的意见后，倘实施此规定，教育行政当局会定出适当的指导原则，规范学校的支出，使其必须用于教育机构的运作和改善教学条件方面，不致造成学校支出不恰当的情况。

问：为什么要对不牟利私立教育机构作出严谨的规范？

答：过去澳门法律制度第 11/91/M 号法律对本地区不牟利私立教育机构有规定其盈余必须用于机构本身；所有收入必须用作支付教育机构的一般运作所需；同时必须受行政当局的行政、财政监察等。

现在建议文本的精神亦基于此，为更明确及具体地界定不牟利私立教育机构的性质，参考了其他国家或地区的做法，对不牟利私立教育机构在初始资本额、盈余的上限，以致其关闭时的规定等，都作出说明，以补足过往法例在此范畴的不足；除此之外，特别行政区政府亦有权限，定期检讨其不牟利的性质。其主要目的是使本地区的公款能得到有效运用和分配，并通过有效的监管来达到以上目的。

问：免费教育为什么不考虑以学券制的形式取而代之？

答：目前美国有某些州采用学券制的方式，政府给予每位学童相同的学费津贴，让学童（或其家长）选择学校，这种制度的出现是因为学童依其住所区分入学，区内学校由于有固定的生源，学校缺乏不断提升的动力。学券制是由经济学家佛利民（Milton Friedman）提出的，是为促进学校间增强竞争，学生跨区选校就读而设的。但澳门地方小，学生已可自由选校，且澳门学额足够应对需求。此外，学券制不等于就是免费教育，若政府发给每位初中学生 9 200 澳门元学费津贴，而学生选读的学校收费也是 9 200 澳门元，学生才真是免缴学费，但若学校收取 12 000 澳门元学费，学生家长就要另外支付近 3 000 澳门元。反观免费教育在澳门已实施多年，其间克服了不少的困难，已是一个稳健成熟的系统，目前入读免费教育网的学生已达 82%（未包括公立学校学生），亦可提供足够的免费教育学额，无须以学券制的形式将其取代。若真以学券制的形式取代免费教育，可能产生更多负面的影响。

问：检讨现在的教育制度是否等同教育改革？

答：澳门现在的教育制度内容指涉甚广，由于它已实行 12 年，纵然其中有不少好的元素，但毫无疑问受到时空影响，尤其是指涉政策制定及推行方面，须与时俱进。为此，制度定位、课程修订、免费教育发展、资源分配考虑、专业成长等主题，都需要经集思广益，以求提升澳门的整体教育素质。当检讨结果确定要作出调整时，一些改变确实在所难免。

问：为什么建议文本中提出使用外语作为教学语言的机构须经由教育行政当局审批？

答：考虑教学素质的保证和维护学生及家长的权益，当学校提出使用外语作为教学语言时，教育行政当局有责任确保教师能胜任。举例来说，如果有学校提出以日语作为教学语言，教育行政当局要确保的不单是教师能否说流利的日语，更要进一步看教师是否具备与其任教学科相匹配的专业资格。其道理就如大家都认同不是会说广州话的人都可教学一样。同样地，不是会说英文的人都可教英文，更不是会说英文的人都可用英文来教任何学科，重要的是会说英文的人是否具备可用英文来教学科专业的资格。基于上述考虑，教育行政当局有责任把守这个关口。

问：建议文本中提到教学人员"应为其专业持续成长作出终身学习的计划，并有权收取专业发展津贴"，是否意味着以专业发展津贴来取代原有的教师直接津贴？

答：由于过去私立教育机构的教学人员的薪酬相比其他行业偏低，为了使这些教学人员得以安心地从事育人工作，让教师队伍更为稳定，于是开始构思向教师直接发津贴以作为其生活费用之补助，1990 年通过批示第 40/90/M 号法令，按教学人员的教学程度、学历及服务年数来计算，直接将津贴每年分三期存入教学人员的银行账户内。但自免费教育实施以来，各私立教育机构的教学人员薪酬亦相对提高，其收入成为各行业之前列。2001 年统计数字显示，从事教育行业的月均收入中位数超过澳门受薪人士入息中位数 40%，显示现在对教学人员提供生活补贴方式的津贴需要作出调整。

反观教师的专业发展，现正备受大众的关注和重视，教师希望学生养成终身学习的信念和习惯，首先自己要能实践这一信念。随着社会的急剧转型发展，知识剧增，信息爆炸，价值多元，社会和人的问题层出不穷，育人的职责正备受考验与挑战，教师如欲以求学时所习得的知识技能来应付漫长教学生涯的需要，实在是不可能的事，所以教师要与时俱进，以适应时代的需求。持续进修、加强研究、作专业发展的生涯规划已是教学人员必须有的观念。特别行政区政府因此计划将原来的教师直接津贴转化为可促进教师专业发展的机制，未来教师可以将这笔津贴用于各项专业成长发展，如参加培训活动、购置教学辅助用品、参与研讨会、开展教学研究、出外交流和游学等。

问：建议文本内的说明提到学习外语不宜过早，但现在不是很流行说幼儿阶段是最佳学习语言的时期吗，为什么不好好利用这个阶段让孩子都能掌握双语？

答：关于双语学习（这里不包括地区方言与普通话，而是指不同文化背景的语言，现在讨论的主要是第二语言，尤其是英语的学习）的观点还是有很多的争议，现在的双语的研究主要是以英语为主的研究（多集中于美国使用双语的少数族群），很多观点仍没有定论，而以中文为主的双语研究现阶段尚未充分展开，对中国人在第二语言无论是学习、知觉和产生历程等方面都缺乏明确的认识（其中涉及语音发展速度、语言输入量、语音及文字加工关系、语义激活等），而涉及的有关课题如母语和第二语言的发展阶段之区分性比较、第二语言对母语的影响、双语混合使用现象等，尚须学者专家深入研究，让研究成果可以作为中国人双语学习的指引。

但一些外国学者的研究结果可以让我们作参考，例如：

（1）幼儿在2～3岁是习得语言的关键时期（20～30个月是基本掌握语法的关键期）。

（2）没有证据证实学习第二语言的关键期是在哪一阶段。

（3）幼儿不比大人更容易习得第二语言，幼儿除了在获得准确的腔调之外，其余表现比大人拙劣。

（4）过了十三四岁才学习第二语言，将不可能完全精通，且更可能带明显的口音。

（5）两种语言同时学习使幼儿语言发展产生交互作用，容易合并两种语言的特质。

令我们忧虑的是，过早学习第二语言，即幼儿未掌握到一种语言（母语）作为沟通思考的工具时，是否令其母语的获得和巩固受干扰，令其两种语言均不能达到精通的掌握。有研究表明，双语儿童的语音意识比单语儿童的语音意识有所超前，但研究同时指出双语儿童的语言发展不同于单语儿童的语言发展，他们的一些语音错误类型往往是单语儿童没有或者是患有语言障碍的单语儿童才有的错误类型。

而且，儿童语言的获得是存在个别差异的（如性别、家庭社会地位、父母文化程度、智力、兄弟姊妹排行、性格、思维方式等个人及社会因素均有影响），我们不要主观地认为所有幼儿都很快且容易学会另一种语言，因而急促地将幼儿推向主流教室，并使儿童英语教育成人化。由于幼儿需要时间探索第二语言的学习，所以在教育制度修改建议之（十二）“课程、教与学的说明”中提出，学习第二语言不宜过早（按前述国外之研究结果说明也不适宜太晚），尤其在幼儿阶段把英语作为正规学习课程。我们认为起初接触第二语言应是游戏形式的，教师应当在低度焦虑的课堂环境中让儿童接触第二语言，包括其文化背景，而且要以情境教学为主，评核形式应具多样性，而不要把脱离语境的内容作为考查。

很多事实显示，比别人早几年学习第二语言的孩子可能赢在起跑线上，但最后未必先冲过终点。

附录三 澳门特别行政区教育制度（法律草案咨询意见稿）

教育暨青年局
2004年3月

前 言

经过近8个月的咨询、认真研究和准备，《〈澳门特别行政区教育制度〉法律草案咨询意见稿》终于和广大市民见面了，这标志着澳门教育制度的检讨从现在起进入了第二个咨询期。

这份以法律草案形式撰写而成的新文本，是在认真听取和深入研究教育界及广大市民的意见后起草的。我们除了以科学的角度分析所收集到的意见外，还参考了法律顾问及法务机关的意见。自2003年6月推出《持续进步，发展有道——澳门教育制度修改建议》以来，教育暨青年局一直审慎而积极地对待澳门教育制度的检讨。截至2004年2月，教育暨青年局先后为有关社团和机构举办超过10场讲解会，收集各界在报刊、电台、讲座上发表的或以电子邮件、电话、传真、邮寄等方式提供的超过500项的意见。

检讨澳门教育制度的目的是向公众征集意见，通过向各界咨询，总结过去的教育发展经验，以迎接今天所面对的挑战和机遇，从制度上为澳门教育的进一步发展奠定更坚实的基础。为此，本法律草案仍以"持续进步，发展有道"为基本出发点。这既表明了我们把澳门教育的发展视为一个持续进步的过程，不奢求在短期内解决澳门教育的所有问题；同时亦显示我们将继续保持对澳门教育发展方向的科学探索，并以务实的态度和行动来提升教育质量。阅读本法律草案文本后，市民将发现，不论与现行第11/91/M号法律相比，还是和2003年6月推出的《澳门教育制度修改建议》文本对照，本法律草案都有一些新的调整，所有调整都是遵循以上理念作出的。希望这一新文本，既能反映现今澳门教育的实况，又能展望今后教育的发展，从而更好地实现这次检讨的目的。

澳门教育制度的检讨，与澳门年轻一代的成长乃至整个澳门社会的未来发展都息息相关，是涉及澳门千家万户的重大课题。它关系澳门未来人才的培养，以及澳门教学素质的提升。我们深信，所有团体、组织和个人都将从整个澳门社会的利益出发，来思考整体教育问题。在新的咨询期里，通过澳门市民和社会各界的智慧，集思广益，澳门教育制度必能得到更进一步的完善。

谨此诚挚邀请澳门市民就本法律草案献出宝贵的意见。您可以通过电子邮件、传真或电话与我们联系，也可参加我们的讲座或意见征询会，如有书面意见，请邮寄或直接递交给教育暨青年局。

澳门特别行政区教育制度
（法律草案咨询意见稿）

立法会根据《澳门特别行政区基本法》第七十一条（一）项，制定本法律。

第一章　范围和定义

第一条　范围

本法律制定教育制度的总纲，适用于在澳门特别行政区从事教育活动的机构的组织与运作。

第二条　定义

为着本法律之规定的效力，下列各词的定义为：

（一）教育制度是为确保实现教育目标而制定的、全社会的教育活动及其相关实体都应遵循的规范体系；

（二）教育机构是指从事各种教育活动的组织；

（三）学校是以实施正规教育或回归教育为主的教育机构。

第二章　基本原则和总目标

第三条　基本原则

一、凡澳门特别行政区居民，均享有受教育的权利。

二、确保儿童的身心发展得到保护。

三、澳门特别行政区政府遵守教育机会均等原则，确保所有居民享有通过教育获得发展的机会。

四、建立一个全民教育和终身学习的环境，让所有居民享有接受持续教育的机会，以使澳门特别行政区成为一个自强不息和具竞争力的社会。

五、构建具有足够弹性和多样性的教育制度，以体现澳门特别行政区在经济、社会、文化等方面的实况与特色。

六、培养有能力面向世界的各种人才，以适应全球联系日趋紧密所带来的挑战与机遇。

七、尊重并确保教与学的自由，尤其遵守以下原则：

（一）保障依法设立教育机构的权利；

（二）澳门特别行政区政府不以任何片面的意识形态或宗教信仰为依据来规范教育内容；

（三）在遵守本法律及相关补充法规所制定的原则及规范，尤其是基本的地区课程框架和地区课程标准，达致本法律所制定的教育目标的情况下，教育机构可制定其课程与教学计划，以及教育规划；但本法律另有规定者除外。

第四条　总目标

一、促进学生对国家和社会的认同和责任感，使其能恰当行使公民权利，积极履行公民义务。

二、培养学生良好的品德和民主素养，使其能尊重他人及其意见，坦诚对话，与他人和谐相处，积极关心社会事务。

三、促进学生对本地文化的独特性及中外多元文化的理解，使其能开放地面对世界。

四、重视全人教育，使学生养成全面的科学素养和人文素养，具有创新精神、批判意识和实践能力。

五、使学生掌握时代和社会发展所需要的知识和技能，培养其终身学习的意愿和能力。

六、培养学生良好的生理与心理素质，使其养成健康的生活方式，促进其个性的发展。

七、提高学生的艺术素养，培养学生良好的审美品位和审美能力。

八、培养学生与大自然和谐相处的素养。

第三章　教育制度的组成

第五条　教育制度的一般组织

一、学校教育包括以下不同程度：

（一）幼儿教育；

（二）小学教育；
（三）初中教育；
（四）高中教育；
（五）高等教育。
二、教育的类型：
（一）家庭教育；
（二）普通教育；
（三）正规教育；
（四）职业技术教育和职业培训；
（五）特殊教育；
（六）持续教育。
三、第一款（三）、（四）项构成中学教育。
四、第一款（一）至（四）项构成基础教育。

第六条　家庭教育

一、家庭教育是指家庭成员之间的相互教育，特别是父母或其他年长者在家庭里对儿童和青少年进行的教育。家庭教育是人类受教育的起点，是学校教育的重要基础。

二、澳门特别行政区政府创造条件促进家校合作和亲子教育。

第七条　普通教育

普通教育是指以普通文化科学知识教育为主要内容的教育，不包括特殊教育、职业技术教育、职业培训，以及回归教育以外的持续教育。

第八条　基础教育各教育程度的年限

基础教育各教育程度的年限：
（一）幼儿教育为期 3 年；
（二）小学教育为期 6 年；
（三）初中教育为期 3 年；
（四）高中教育为期 3 年。

第九条　基础教育各教育程度的就读年龄

一、至报名当年的 12 月 31 日年满 3 周岁的儿童，方可报读幼儿教育第一年。

二、至报名当年的 12 月 31 日年满 6 周岁的儿童，方可报读小学教育第一年，但在特别情况下经教育行政当局批准者除外。

三、就读小学的最大年龄为 15 周岁；初中为 18 周岁；高中为 21 周岁。以上年龄限制在特别的情况下经教育行政当局批准者除外。

四、学生年满 15 周岁、18 周岁、21 周岁时如正分别就读于小学、初中、高中的某一学年，允许其继续读完该学年。

五、至报名当年的 12 月 31 日年满 3 周岁并被认为有特殊教育需要的儿童和青少年，可报读特殊教育。就读基础教育阶段特殊教育的最大年龄为 18 周岁，但在特别的情况下经教育行政当局批准者除外。

第十条　正规教育

正规教育在基础教育阶段是指由拥有法定办学资格的教育机构所实施的且只针对年龄在本法律第九条之规定范围内的学生所进行的教育。

第十一条　义务教育

一、义务教育包括幼儿教育第三年、小学教育和初中教育，共 10 年。

二、对年龄介于 5～15 周岁之间的儿童及少年强制实施义务教育。

三、家长有义务为义务教育阶段的适龄学生办理入学注册；受教育者有就学的权利和义务；澳门特别行政区政府和教育机构有责任保障学生完成义务教育。

四、就学的义务于学生年满 15 周岁之学年末或完成初中教育后终止。

五、义务教育的实施细则由专有法规制定。

第十二条　免费教育

一、免费是指免缴学费和其他任何与报名、就读及证书方面有关的费用。

二、凡在义务教育阶段就读于免费教育学校网的，属澳门特别行政区居民的学生，均享受免费教育。

三、非义务教育范围内的学级是否纳入免费教育范围由澳门特别行政区政府根据整体的社会、经济发展状况决定。

四、回归教育不纳入免费教育范畴。

五、免费教育的实施细则由专有法规制定。

第十三条　幼儿教育

一、幼儿教育应与家庭教育建立密切的合作关系。

二、幼儿教育的目标：

（一）培养幼儿基本的伦理观念和道德行为；

（二）养成幼儿的合群习性；

（三）注重幼儿的身心健康和卫生习惯的培养；

（四）发展幼儿的学习兴趣、创造力和多方面的潜能；

（五）扩充幼儿的生活经验；

（六）增进幼儿的语言和多样的表达能力；

（七）培养幼儿的艺术兴趣；

（八）初步养成幼儿的环保意识。

三、幼儿教育的内容应是综合性的。

四、幼儿教育应加强与小学教育的衔接。

五、在幼儿教育阶段，除非家长提出申请，教育机构不得以任何理由要求学生留级。

第十四条　小学教育

一、小学教育的目标：

（一）培养学生基本的公民意识，养成其爱自己、爱他人、爱澳门、爱祖国、爱大自然的情怀；

（二）提高学生的道德品质，培养其与他人和世界和谐共处的态度以及服务社会的精神；

（三）培养学生提问和思考的兴趣，增进其创造力和适应不同环境的能力；

（四）使学生掌握科学、人文和社会的初步知识，形成多元的学习技巧；

（五）给学生提供多元的学习机会，促进其个性和潜能的发展；

（六）促进学生身体机能和身心素质的和谐发展；

（七）使学生能善用时间，养成良好的生活和学习习惯；

（八）丰富学生的审美经验，陶冶其艺术情操。

二、达到教育机构依据相关法规或指引制定的小学毕业标准者，有权获得相应证书。

第十五条　初中教育

一、初中教育的目标：

（一）培养学生良好的品德和自信心，使其乐观进取，关心他人、国家和生态环境，热心社会服务；

（二）培养学生勤于思考、主动学习、敢于创新的精神，增进其终身学习的态度和能力；

（三）使学生掌握与生活各领域相关的知识，提高其运用语言、信息科技和其他学科知识于日常生活的能力；

（四）协助学生适应身心的发展和学业阶段的转变，提升其身心素质和解决成长所带来的问题的能力；

（五）提供多元教育模式，促进学生的个性和自主选择能力的发展，培养学生的职业兴趣，增进其对劳动力市场的了解；

（六）促进学生对多元文化的理解，提高其人文素养和艺术素养。

二、小学毕业者，方可报读初中教育。但在特别情况下经教育行政当局批准者除外。

三、达到教育机构依据相关法规或指引制定的初中毕业标准者，有权获得相应证书。

第十六条　高中教育

一、高中教育的目标：

（一）增进学生的国家观念和开阔学生的国际视野，加强其对澳门特别行政区的了解和归属感，使其成为有责任感的公民；

（二）提高学生的品德修养，确立其生涯发展观念；

（三）促进学生的身心健康和个性的持续发展，养成其勇敢果断、热爱生命和富有创意的特质；

（四）增进学生对数学、自然科学、人文和社会等知识领域的理解，培养其继续升学或就业的能力；

（五）培养学生搜集、整理、分析数据和运用资讯科技的能力，养成其自我学习与合作学习的习惯，促进其终身发展；

（六）使学生养成健康的生活习惯，具备强健的体魄；

（七）提升学生的人文素养和艺术素养，强化其对多元文化的理解及对文化创造的追求。

二、初中毕业者方可报读高中普通教育课程或职业技术教育课程。但在特殊情况下经教育行政当局批准者除外。

三、达到教育机构依据相关法规或指引制定的高中毕业标准者，有权获得相应证书。

第十七条　高等教育

高等教育的组织和运作由专有法规制定。

第十八条　职业技术教育和职业培训

一、职业技术教育的目标是培养中级程度的技术人员，给予他们职业导向和从事某一职业所需的基本知识及能力。

二、职业技术教育课程既可在专门实施职业技术教育的教育机构开办，也可在提供普通教育的教育机构开办。

三、职业技术教育与高中教育的学习年限相同，但其课程应包括职业实践和职业实习。

四、职业技术教育课程等同于高中教育程度，并属于学校教育的一种，其毕业生既可投入劳动力市场，亦可进入高等教育机构进一步学习。

五、达到教育机构依据相关法规或指引制定的职业技术教育毕业标准者，可获发高中毕业证书，以及专业技术资格证书。

六、初中毕业或年满 15 周岁者，方可接受职业培训。

七、职业培训的组织及运作，由专有法规制定。

第十九条　特殊教育

一、特殊教育旨在为所有具特殊教育需要的学龄儿童和青少年提供适合其身心发展的受教育机会，以发挥其潜能。

二、接受特殊教育的学生包括那些不能从普通教育课程中获得最佳学习效果的学生——无论其智力和身心发展状况属于天赋优异还是存在障碍。

三、学生是否有特殊教育需要，由教育行政当局指定的专门机构认定。

四、特殊教育以融合教育为主，辅以其他方式的教育。

五、特殊教育的课程、教材和教学方法，须按照有特殊教育需要的学生的生活和就业所需以及潜能发展的特点来编订，有关的个别化教育计划和课程必须适性适才，以使学生能融入社会和贡献社会。

六、澳门特别行政区政府对特殊教育的支持包括培训教学人员和相关人员、为家长提供协助、资助志愿团体提供和推动与特殊教育相关的服务。

七、教育行政当局将创造条件促进特殊教育的发展。

第二十条　持续教育

一、持续教育包括回归教育和其他各种正规教育以外的教育或培训活动。

二、回归教育主要面对已超过各教育程度就读年龄者实施的，可授予中、小学学历的教育。

三、持续教育体现终身学习理念，是对学校教育的补充和发展，目的是使受教育者增长知识，发展潜能，具有终身学习的理念、态度和能力，以促进个人和社会的整体进步与发展。

四、持续教育的具体目标：

（一）提供终身学习的机会，提升人的整体素质；

（二）致力扫除文盲和功能性文盲；

（三）为从未接受或未完成不同教育程度之正规教育者提供教育机会；

（四）给个人创造不断发展的机会，以提升全社会的整体生产力和竞争力。

五、在不妨碍澳门特别行政区政府发展持续教育的情况下，澳门特别行政区政府通过资助支持民间机构发展持续教育。

六、回归教育包括小学、初中、高中程度。高中程度的回归教育既可设普通课程，也可设职业技术课程。

七、公立和私立教育机构均可开办回归教育课程，但课程须符合地区回归教育课程框架。实施回归教育的教育机构应制定一套适合对象特点的弹性学习计划。

八、在多元的学习途径下，为保证教学素质，获得回归教育学历者必须先通过一个由若干核心科目组成的标准检核。此类证书与正规教育证书具有同等效力。

九、至报名当年 12 月 31 日年满 15 周岁者，方可报读持续教育范畴内的小学程度的回归教育课程；年满 16 周岁者，方可报读持续教育范畴内的中学程度的回归教育课程。

第四章　教育机构和学校网

第二十一条　教育机构的性质

一、教育机构是一种从事公共利益活动的机构。

二、教育机构按权利人的不同分为公立和私立两大类。公立教育机构之权利人为澳门特别行政区政府；私立教育机构之权利人为私人实体。

三、私立教育机构按经营性质分为牟利和不牟利两大类。

四、认定不牟利私立教育机构性质的条件由相关法规制定。

五、不牟利私立教育机构的性质由澳门特别行政区政府定期审查。

第二十二条　私立教育机构

一、下列私人实体可申请开办私立教育机构：

（一）自然人；

（二）非公法人。

二、任何私立教育机构须在教育行政当局批给执照后方可招生。

三、不按澳门特别行政区的教育目标、学制、课程框架和课程标准办学的私立教育机构，其成立须遵守相关法规的规定。

四、与私立教育机构的开办、管理、组织、运作、转让和关闭等有关的事项由专有法规规范。

第二十三条　学校网

一、学校网由公立学校和私立学校组成。

二、公立学校和提供免费教育的学校组成免费教育学校网。

三、只有不牟利私立学校方可申请加入免费教育学校网。

四、学校网的发展由澳门特别行政区政府负责统筹。

第二十四条　教学、行政和财政自主

一、在不妨碍澳门特别行政区政府的监察和评核并遵守相关法规的前提下，公立学校享有教学自主权；私立教育机构依法行使其教学、行政和财政自主权。

二、实施正规教育的私立教育机构可使用官方语言或其他外语作为教学语言；唯使用其他外语作为教学语言的私立教育机构须经教育行政当局评估并确认其具备适当条件后方可实施。

三、实施正规教育的公立学校应采用官方语言作为教学语言。

第二十五条　教育机构的管理和评核

一、学校必须设立校董会，并制定校董会章程。

二、校董会由办学实体负责筹组，委员由办学实体任命，成员包括办学实体成员、校长、教学人员代表、家长代表，也可有其他社会人士。

三、校董会是学校决策的最高权力机构。私立学校校长由校董会委任。校长负责学校的日常管理，并向校董会负责。

四、校董会的具体组成和运作由相关法规制定。

五、学校内的管理应遵照下列原则：

（一）划分行政、训育或辅导、教学等领导机关；

（二）确保教学人员、学生、家长和其他教育工作者有不同方式的参与。

六、经教育行政当局许可，同一所学校可开办本法律第五条所指的各种教育，且可只设一名校长，但须确保学校的有序运作。

七、持续教育范畴内的教育机构的管理规范由专有法规制定。

八、为保证教育机构的行政、财政和教学的质量，澳门特别行政区政府有必要对教育机构进行系统的综合评核，借此向教育机构提供改善和发展的参考意见，同时让教育行政当局准确掌握有关情况，并规划必需的辅助措施。

第五章 课程和教学

第二十六条 课程编制

一、各教育程度基本的地区课程框架和地区课程标准由澳门特别行政区政府整体规划，并经专有法规制定。

二、教育行政当局应尊重教学自主，教育机构可根据其办学理念、机构特色和本法律所制定的各教育程度的目标，在不违反基本的地区课程框架和地区课程标准的前提下，自主发展其校本课程。

三、课程发展应促进学生身体和心理的整体发展。

四、课程发展应努力使学生在完成基础教育后，具备用普通话及至少一门外语进行沟通的能力。

五、加强课程统整和增加选修应作为基础教育课程发展的方向。

六、高中课程设置应考虑就业与升学两个导向，课程计划应有弹性。

七、职业技术教育的课程应以劳动力市场所需的内容为主，同时也应关注学生升学的需要，并重视学生的整体素养。

第二十七条 课程实施和教学

一、幼儿教育的课程应通过灵活多样的活动来实施。

二、小学和初中教育的课程实施应重视统整，尤其是德育和艺术素养应通过各种教学手段融入课程实施，通过增加选修和辅助课程活动来提升学生各方面的能力。

三、高中教育的课程实施应给学生提供足够的选择空间。

四、特殊教育的课程应通过个别教育计划来实施。

五、改进教育机构的教学文化，以提高学生的学习积极性和学习效率。

六、推动终身学习，使教育机构成为全方位推进学生学习和成长的教育环境。

第二十八条 学生的全面发展

一、为补足教育机构本身的教学计划而组织的课余活动，应着眼于学生的全面发展和自我实现，使其能善用闲暇，充分发挥各种潜能。

二、体育运动不只为提高学生的体能，还应被理解为一种品格教育，养成团结、合作、独立和创新的精神。

三、文化艺术方面的教学和活动，应着眼于学生的人文素养、个人气质及创造性等方面的发展。

四、教育机构鼓励并提供机会让学生积极参与社会服务和社区活动。

第二十九条　学生的评核

一、学生的评核应结合课程和各教育程度所设定的相关目标进行。

二、对学生学习成效的评核应以促进学生的学习成功为主要目的，并通过多元评核实施。

三、学生评核制度的其他事项由专有法规制定。

第六章　教学人员

第三十条　一般规定

一、教学人员所从事的是公共利益活动。

二、教学人员必须具备适当学历，与其任教的教育程度、教育类型、学科或学科领域有关的学历和教育专业培训要求由相关法规规范。

三、校长的学历不得低于在其所在教育机构任教最高教育程度的教师所必须具备的学历。

四、教学人员的工作属性、职阶、考评、合理之工作量、合理之待遇和相应的权利及义务，由澳门特别行政区政府所制定的法规制定制度框架，学校根据上述框架制定具体职程。

第三十一条　培训和专业发展

一、接受培训是教学人员的权利和义务，教育行政当局应为相关培训提供条件和资源，而上述人员应为其专业持续发展作出规划。

二、建立将教学人员津贴的发放与教学人员的专业发展相联系的机制。

三、教学人员培训的开展应配合澳门特别行政区教育发展的需求和澳门特别行政区政府的资源状况，并以灵活、多样的方式进行。

四、教学人员培训包括职前培训和在职培训。职前培训旨在使未拥有专业资格者通过特别编排的课程取得专业资格。在职培训旨在使还未拥有专业资格的在职教师获得专业培训和证明，或提高已拥有专业资格者的专业水平。

五、教学人员的培训细则由专有法规制定。

第七章　物质资源

第三十二条　学校的兴建与建校土地

一、澳门特别行政区政府通过适当程序为新开办的学校提供适当辅助；对已开办的学校，将按其办学理念和可行的发展计划，有序地加以协助。

二、城市发展规划必须考虑教育发展的需要，包括土地和设施的安排。

第三十三条　校舍

一、为配合社会发展的需要，给学生提供良好的学习环境，澳门特别行政区政府将制定有关批准兴建校舍和校舍容纳学生数量的法规。

二、校舍的设计应符合相关法规的规定，并留有适合学生课内外活动的空间，以确保教育和教学活动的正常开展。

三、澳门特别行政区政府和学校应创造条件，把基础教育的班级人数和学校的总收生人数调整至适当的范围。

四、澳门特别行政区政府鼓励学校与小区相互开放，学校应与小区发展密切配合，以达到物尽其用的目的。

第三十四条　其他应受关注的物质资源

其他应受关注的物质资源应参照教育行政当局的规定或指引而设定，主要包括：

（一）教材及辅助材料；

（二）资讯或科技设备；

（三）图书馆；

（四）实验室和工场设备；

（五）体育设备；

（六）艺术教育设备。

第八章　教育经费

第三十五条　一般规定

一、澳门特别行政区政府和家庭都有责任提供教育经费。

二、澳门特别行政区政府在编制预算时，将教育视为优先项目之一。

三、免费教育范围内的经费由澳门特别行政区政府按照专有法规的规定负责。

四、所有教育机构必须恰当而有效地使用澳门特别行政区政府所提供的教育经费。教育行政当局负责监察。

第三十六条　教育资助

一、教育行政当局按照公平、公正的原则向教育机构提供资助。

二、给予不牟利私立学校的资助如下：

（一）对加入免费教育学校网的私立学校给予经常性资助，用以支付运作上的一般费用；

（二）对所有不牟利私立学校给予非经常性资助，用以协助其运作和发展。

三、给予私立学校固定资产投入的非经常性资助有：

（一）无须偿还的津贴；

（二）优惠信贷。

四、澳门特别行政区政府设立教育发展基金，支持教育的发展。该基金的拨付尤须考虑私立学校合理的收生人数、办学规划和办学成效等因素，具体管理由专有法规订定。

五、本法律第二十二条第三款所指的私立教育机构不获澳门特别行政区政府教育经费的资助。

第三十七条　学费津贴

澳门特别行政区政府给予就读于未加入免费教育学校网的不牟利私立学校的、义务教育阶段的，且属澳门特别行政区居民的学生提供学费津贴，其学费津贴以就读于加入免费教育学校网的私立学校的学费为根据给予资助，金额依当时政府的财政状况而定。

第三十八条　学费

一、在公立学校和加入免费教育学校网之不牟利私立学校接受非免费教育范围内的各种教育的学生，概须缴付学费。收费上限由行政长官以批示制定。

二、不加入免费教育学校网的不牟利私立学校和牟利私立学校自由制定学费，但每学年须将收费标准知会教育行政当局。

第九章　教育辅助

第三十九条　一般规定

一、提供教育辅助旨在确保学生入学和学业成功的机会均等，并促进学生的全面发展。

二、教育辅助包括学习辅助、心理辅导、升学与就业辅导、学生福利和学生保健。

第四十条　学习辅助

一、教育行政当局和教育机构在义务教育阶段应以多样的辅助模式协助学生学业成功。

二、学习辅助通过有辅导人员指导的温习室、教育机构提供的学业辅导班或其他形式进行。

三、提供学习辅助活动须接受有关法规的规范。

第四十一条　心理辅导、升学和就业辅导

澳门特别行政区政府直接为儿童和青少年提供心理辅导、升学和就业辅导，或通过对相关机构的资助来实施辅导。

第四十二条　学生福利

一、澳门特别行政区政府依法给属澳门特别行政区居民的学生提供福利辅助。

二、学生福利由一系列项目组成，如学生保险、参与校外活动津贴以及针对家庭经济困难学生的大专助学金、学费津贴、膳食津贴、学习用品津贴。

第四十三条　学生保健

一、属澳门特别行政区居民并正在接受基础教育的学生，有权享受由澳门特别行政区公共卫生机构提供的免费卫生和医疗服务。

二、教育行政当局和教育机构通过与公共卫生机构的协调和合作，关注学生的健康成长，尤须留意学生的缺陷，预防并及早处理学生的不适应状况。

第十章　教育制度的管理和评核

第四十四条　管理原则

一、教育制度的管理应尊重教育机构的自主和自由，保证全社会的民主参与，维持教育制度范围内的协调，以保证教育的质量。

二、教育制度的管理应确保教学人员、学生、家长及代表社会、教育、文化和经济领域的团体有适当的途径参与。

三、不论何种教育机构，与其有关的教育政策都由澳门特别行政区政府负责统筹。

四、教育行政当局在执行教育政策时，应保证教育机构的积极参与。教育机构有积极参与的责任。

第四十五条　管理层面

一、教育发展规划和教育政策的制定，由澳门特别行政区政府负责。

二、教育行政当局负责对教育制度的监察和教育政策的执行，包括教育政策的构思、指导、协调、管理和评核。

三、澳门特别行政区政府在制定教育政策时，应向教育委员会咨询，并尊重和确保社会人士的民主参与。

第四十六条　教育制度的评核

一、为确保澳门特别行政区教育持续而健康发展，应对教育制度进行系统评核。

二、教育制度的评核应充分考虑澳门特别行政区的社会实况和整体发展需求以及世界发展趋势，努力促进教育质量的提升。

三、澳门特别行政区政府将推广和支持教育范围内的研究事项。

第四十七条　教育委员会

一、教育委员会是一个汇集社会各界力量的教育咨询机构，该委员会通过参与、协调、合作和检讨，为教育政策的发展寻求广泛的共识。

二、凡有关教育政策之重要事项，必须听取教育委员会的意见。

三、教育委员会参与对教育政策执行情况的跟进和评核。

四、教育委员会主要由教育专业人士组成。

五、教育委员会内设一常设委员会。

六、澳门特别行政区政府提供教育委员会运作所需的条件。

七、教育委员会的组织和运作由专有法规制定。

第十一章 最后及过渡规定

第四十八条 过渡规定

经听取教育委员会的意见后，由行政长官以批示制定本法律第八条（一）项和（四）项的规定实施的过渡期。

第四十九条 补充法规

一、已公布的作为8月29日第11/91/M号法律的补充法规可继续沿用，但与本法律规定相抵触的条文除外。

二、对上款所指补充法规，将于本法律生效后，以本法律为依据，逐步加以检讨、修订、补充或废止。

三、为实施本法律第二十条第八款前半部分和第二十五条第一款至第三款的规定，尤其须对7月17日第32/95/M号法令和7月26日第38/93/M号法令进行修订。

四、为有效实施本法律，除对原有补充法规进行修订或废止外，可制定新的补充法规。

五、在第一款所指补充法规进行修订前，倘出现法律空白，可在遵守本法律所定的原则下参照原有做法处理。

第五十条 废止

废止8月29日第11/91/M号法律。

第五十一条 生效

本法律自公布后第30日起生效。

附录四 《〈澳门特别行政区教育制度〉法律草案咨询意见稿》重点解说

教育暨青年局

2004 年 3 月

1. 充分听取并科学对待前一咨询期的各方意见

经过近 8 个月的咨询、认真研究和准备，《〈澳门特别行政区教育制度〉法律草案咨询意见稿》终于和广大市民见面了，这标志着澳门教育制度的检讨从现在起进入了第二个咨询期。

这份以法律草案形式撰写而成的新文本，是在认真听取和深入研究教育界及广大市民的意见后起草的。自 2003 年 6 月推出《持续进步，发展有道——澳门教育制度修改建议》以来，教育暨青年局一直审慎而积极地对待澳门教育制度的检讨，先后为教育社团、青年团体、高等教育机构、教师、家长、学生举办超过 10 场讲解会，还果断地延长咨询时限，系统收集市民在报刊、电台、讲座上发表的或以电子邮件、电话、传真、邮寄等方式提供的意见达 500 余项。上述咨询过程不仅为广大市民提供了多样而便捷的发表意见的渠道，而且让有关人士有了面对面进行交流和讨论的机会。

我们除了以科学的角度分析所收集到的意见外，新的法律草案在起草时还参考了法律顾问及法务机关的意见。

2. 突出时代和澳门特点，立足全人发展重新制定教育目标

教育目标是一切教育活动的最终归宿和根本依据，尤其对课程、学制具有决定性影响。教育目标的偏差往往使学校系统不能满足时代的要求，并使教育活动出现方向性失误。故教育目标在教育制度中具有极其重要的地位，其制定必须以恰当的理念做指导，审慎对待。

于 1991 年 8 月 29 日颁布的第 11/91/M 号法律对教育目标的规定在当时富有前瞻性，但其颁布至今终究已超过 12 年，无论澳门教育所肩负的使命还是今天这个时代给教育提出的要求，都已有了相当大的变化。为此，新法律草案对澳门教育总目标和各教育程度目标都作了重新审视和调整。其所遵循的理念是：

第一，不以知识教育为唯一目标，重视人的整体发展。传统教育以知识教育为核心，甚至以传授知识为唯一目的，这是应试教育、填鸭式教育产生的原因。

在现代社会，知识的获得对人的发展和社会进步依然重要，但已不是教育的唯一目的，甚至已不是主要目的。重要的不是知识本身，而是获取知识的能力以及人的全面发展。因而，新的法律草案要求重视全人教育，主张使学生养成全面的科学素养和人文素养，促进其个性的发展，养成健康的生活方式，培养学生良好的品德和民主素养，增强他们对国家和社会的认同与责任感。

第二，充分体现时代要求。教育目标具有很强的时代性，任何教育目标都必须经得起时代要求的考验才能在实践中显现其活力。随着知识经济和信息时代的到来，教育必须使学生具备终身学习的意愿和能力，具有创新精神、批判意识和运用资讯科技的能力。考虑到我国已恢复对澳门行使主权，澳门社会越来越走向民主化，新法律草案强调要增强学生对国家和社会的认同与责任感，使其养成良好的民主素养，促进学生对多元文化的理解。人与自然的矛盾的加剧则使我们尤其重视培养学生与大自然和谐相处的素养。

第三，密切关注澳门的特点与未来需要。教育目标具有很强的地域性，澳门已进入“澳人治澳”的时代，经济发展主要依靠博彩和旅游服务，文化富有多样性和历史内涵，这是制定澳门教育目标需考虑的重要因素。

第四，突出各教育程度的特殊要求。由于不同年龄阶段学生的身心发展各有特点，制定教育目标应考虑各教育程度的特殊要求。新的教育目标在幼儿教育阶段强调丰富的生活经验、良好的卫生习惯、多样的表达能力以及良好的合群习性的重要性；小学教育阶段强调使学生形成良好的学习习惯，培养其思考问题的兴趣，实现学生个性和潜能的发展；初中教育阶段突出自信、热心社会服务和适应青春期身心发展的能力；高中教育阶段则重视国际视野、生涯发展观念、升学及就业能力在教育目标中的地位。

3. 依系统性、延伸性原则处理教育总目标与各教育程度目标的关系

教育总目标是教育的理想，决定教育发展的方向，指引教育活动的运作。教育因应其社会的时空背景差异，其目标具有两种不同的特性——时代性和地域性。总目标以列举的、较概括的方式展现，各教育程度目标将总目标以相对较具体、较明确的方式展现，两者之间有某种对应性。各教育程度目标虽比总目标具体，但仍属较抽象的难以检验的层次。其后是课程目标、学科或学科领域的目标（将出现于其他相关法律文件内），以及每一教节的具体目标，这些目标有其系统性、延伸性，愈往下愈具体，且更容易用客观的尺度去检验该项具体目标是否能达到，在教学过程以及评核学生上，要确保以各层的目标为依归，避免高层次的目标成为空洞的口号。

4. 分程度和类型重新划定教育制度的一般组织

第 11/91/M 号法律在阐明教育制度的一般组织时将不同程度和不同类型的教育一起呈现，未作区分。新的法律草案则首先将学校教育分为以下不同层次：幼儿教育、小学教育、初中教育、高中教育和高等教育。其中，前四者构成基础教育，幼儿教育第三年、小学教育和初中教育构成义务教育。然后指出教育的不同类型，包括家庭教育、普通教育、正规教育、职业技术教育和职业培训、特殊教育、持续教育。其中，普通教育是指以普通文化科学知识教育为主要内容的教育，不包括特殊教育、职业技术教育、职业培训，以及回归教育以外的持续教育；正规教育在基础教育阶段是指由拥有法定办学资格的教育机构所实施的，且只针对年龄在基础教育阶段各教育程度法定就读年龄的规定范围内的学生所进行的教育；持续教育则包括回归教育和其他各种正规教育以外的教育或培训活动。

5. 为避免幼儿教育小学化，将“小学教育预备班”改为“幼儿教育第三年”

新的法律草案在学制上的一个重要调整是将“小学教育预备班”改为“幼儿教育第三年”。学制上的这一调整是根据幼儿教育的有关研究成果和世界许多地区的有益经验以及澳门教育的实际状况作出的。世界大多数国家和地区都不在幼儿教育和小学教育之间设过渡学段。澳门现有小学教育预备班的目的是为小学教育作准备，学习内容和运作方式都类似于小学，但学生的年龄却还处于适宜接受幼儿教育的阶段。幼儿教育和小学教育之间需加强衔接，但将本属于幼儿教育阶段的教育视为小学教育预备班，容易导致幼儿教育的小学化，增加学生负担，无助于儿童的发展。在澳门，小学教育预备班现在与幼儿教育第一年和第二年属同一系统，大都在相同场所（幼儿园）中运作。所以，把小学教育预备班并入幼儿教育，作为幼儿教育第三年，符合儿童身心发展特点和规律的要求，在教育实践中也是可行的。

6. 减轻学生压力，幼儿教育阶段学生不留级

新法律草案规定：“在幼儿教育阶段，除非家长提出申请，教育机构不得以任何理由要求学生留级。”这一规定是根据澳门幼儿教育的现状和幼儿教育的特点制定的。在第 11/91/M 号法律里，曾有关于幼儿教育阶段学生的升级“无须进行知识的评核”的规定。这一规定是十分恰当的，因为幼儿教育的主要目的不是传授知识，而是促进幼儿身体、个性及语言的健康发展，扩充其生活经验，培

养其多方面的兴趣、良好的生活习惯和合群习性。但在华人社会里，幼儿教育的传统之一就是过多、过早地关注知识教育。澳门现在依然存在幼儿因知识掌握程度不合要求而被迫留级的现象，这可能给幼儿的身心发展乃至人生历程带来负面影响。有关研究表明，只要不设立过高的知识标准，健康的幼儿在幼儿教育阶段都能正常升级。从法律上规定教育机构在幼儿教育阶段不得以任何理由要求学生留级，有助于纠正幼儿教育中某些明显有碍儿童身心健康的不良倾向，促进幼儿教育的健康发展。

7. 高中学制统一改为三年，但设定足够过渡期

任何国家或地区都有属于自己的学制，且都是以本土的教育系统作为设定基础。中国内地和中国台湾地区、中国香港特别行政区，以及美国都是如此。在澳门，从20世纪90年代中期至今，升读本地及外地的大专院校的高中毕业生的比率持续处于较高的水平。从衔接大专院校的角度看，两年制的高中一般只能衔接到本地及外地的大学先修班或预科课程，而澳门三年制高中毕业生，则无论升读本地的还是外地的大专院校都没有问题，即使是澳大利亚、加拿大及美国，只要能过语言评核，也不会有问题。同时，学制的设定应考虑其所需达成的教育目标。澳门有其自己的教育目标和地区课程标准，澳门教育制度首先应跟随的是澳门地区的教育目标与课程。由此可见，把高中学制定为三年反映了高中学制的某种普遍性，有助于本地学生升读本地以及中国内地、中国台湾和其他绝大部分地区或国家的大专院校，同时也是澳门教育发展的现实要求。

当然，这并不意味着澳门现有两年制高中必须马上改为三年，教育行政当局将设足够的过渡期给学校自行调整。

8. 发展高中职业技术教育，为初中毕业生的发展提供多种选择

澳门的教育制度历来重视初中毕业生学习需求的差异，为其发展的多样性提供了制度上的保证。早在第11/91/M号法律里，技术及职业教育就备受重视，初中毕业生既可入读一般学校的高中教育课程，也可入读高中程度的职业技术课程。根据第54/96/M号法令，澳门学校除了开办一般高中教育课程外，还可以开办技术职业教育课程，培训具中级资格的技术员及专业人员，以更好地回应澳门现代化及发展的策略，而且该等课程的特征是不断引入新科技。现在澳门亦有三所学校开办技术职业课程，而且在不断开发适应澳门社会发展的新课程。它们一方面为澳门劳动力市场培育中层技术专业人员，同时也令这些学生有能力进入高等院校继续学习。由于家长及学生对技术职业课程不太了解，也由于社会对职

业技术学校存在一些不恰当的认识，所以现在澳门初中毕业生选读职业技术课程的仍不多。有关澳门教育制度的新的法律草案依然很重视职业技术教育和职业培训，规定“职业技术教育课程既可在专门实施职业技术教育的教育机构开办，也可在提供普通教育的教育机构举办。”“职业技术教育课程等同于高中教育程度，并属于学校教育的一种，其毕业生既可投入劳动力市场，亦可进入高等教育机构进一步学习。”（参见第十八条）目前澳门在这方面需要做的是对初中学生多做有关的兴趣辅导工作，让他们及早了解自己的兴趣潜能，开始作生涯规划，同时多进行宣传教育，改变一般人对技术职业教育的观念。

9. 坚持大教育观，重视家庭教育的作用

第 11/91/M 号法律没有涉及家庭教育，而新的法律草案则把家庭教育视为一种重要的教育类型，专列一条予以规范。之所以这样重视家庭教育，是因为家庭教育作为家庭成员之间的相互教育，特别是父母或其他年长者在家庭里对儿童和青少年进行的教育，是现代教育的重要组成部分。家庭教育不仅是人类接受教育的起点，而且是学校教育的重要基础。当前澳门教育中的许多问题，特别是离校生问题、学生品德发展问题，都与家庭教育密切相关。澳门今后不仅要坚持大教育观，重视家庭教育，而且要努力促进亲子教育和家校合作。

10. 从终身学习的角度提出“持续教育”概念

澳门现行教育制度用“成人教育”的概念去涵盖所有正规教育以外的教育。而在第 11/91/M 号法律中，“成人教育”的对象并非就是“成人”。现在的“持续教育”概念是从终身学习的角度提出的，涵盖的范围较广，其教育对象可以是任何年龄的人士。持续教育包括回归教育和其他各种正规教育以外的教育或培训活动，其中，回归教育是为那些因故已超过小学、初中或高中的规定就读年龄但仍未获得相应学历者提供的教育模式，而成人教育一般是指年龄超过 21 岁的成人所接受的教育。可见，成人教育只是持续教育中的一部分。

11. 清晰界定基础教育、义务教育和免费教育三者的关系

基础教育、义务教育和免费教育三者的含义各有不同，而范围会有部分重叠，现将这 3 个概念阐述如下：

基础教育的范围是指幼儿教育（3 年）、小学教育（6 年）及中学教育（6 年），共 15 年。

义务教育是指在公立或私立教育机构内对年龄介乎 5～15 岁之儿童及青少年

实行的教育，其教育程度包括幼儿教育第三年、小学教育及初中教育，为期10年。在此阶段，家长有义务为子女办理入读注册，学生有就学的义务，学校有教导学生的义务，特别行政区政府确保在社会福利、卫生、心理及学校指导等方面提供服务。

免费教育中的“免费”是指免缴学费和其他任何与报名、就读及证书方面有关的费用。在义务教育阶段就读于免费教育学校网且属澳门特别行政区居民的学生，享受免费教育。

12. 设立由核心科目组成的标准检核机制，保证回归教育质量

回归教育主要是为了一些超过了规定就读年龄而有志再学习以获得小学或中学学历的人士而设的，现在完成回归课程所取得的学历与完成日间正规课程所取得的学历效力是等同的，但两者在课程计划、科目设置和课时要求上都存在一定差异，而开办回归教育的教育机构在确保其学生的学习成果上也出现参差不齐的情况。从前瞻性的角度来看，回归教育模式可能有很大的发展空间，这种以学生自学和主动探索为主的教育模式亦可以使学生通过自荐考试而取得学历。在多元的学习途径下，为保证回归教育的素质，并提供更多的渠道让自学者取得学历，获得回归教育学历必须先通过一个由若干核心科目组成的标准检核。

13. 学校设立校董会，为学校管理的多元参与提供制度保证

新法律草案建议学校要设立校董会，并制定校董会章程。这一有关教育机构的管理的规定在第11/91/M号法律中是没有的。之所以设立校董会，是因为校董会是学校管理实现多元参与的重要机制和制度保证。校董会虽由办学实体负责筹组，但成员既包括办学实体代表，也有校长、教学人员代表、家长代表和其他社会人士。校董会作为学校决策的最高权力机构，可以使学校的管理与发展建立在广泛的意见之上。澳门法律允许自然人办学，私立学校在非高等教育阶段占绝大多数，学校管理的多元参与需进一步加强，从制度上设立校董会是重要的一环。

14. 在设置地区课程框架和地区课程标准的同时，保证学校的教学自主

澳门基础教育阶段的课程和教材历来由学校自主决定和选择，1994—1999年，政府推出一批课程大纲，但也只在公立学校及少部分私立学校施行，并未对所有学校产生根本影响。这种课程管理制度给各学校的课程决策提供了足够空间和自主性，澳门各校的课程因此各有特色。但在它的长期作用下，澳门基础教育

质量却缺乏一个起码的基本标准，学校间的教育质量参差不齐。更为重要的是，由于教学任务繁重、自身课程教材开发能力不足，相当多的学校往往直接套用邻近地区的课程和教材，结果澳门地区的课程和教材不能充分反映澳门在政治、经济、文化、社会等方面的特点和本地区发展的要求。从长远看，这不利于澳门社会自身的发展。一个地区应该有自己的基本教育标准，各地的教育也应为本地的发展服务。澳门教育应继续发挥自己的优势，让所有学校办出自己的特色，但也应有与本地区社会发展需要相配合的教育发展方向，保证基础教育达到基本水准。设置地区课程框架及地区课程标准的目的就在于此。

值得注意的是，设置地区课程框架及地区课程标准绝不是统一澳门的课程和教材。地区课程框架和地区课程标准都是最基本的，是“底线”，即最基本的能力要求，而不是“上限”。学校在遵守基本的地区课程框架和地区课程标准的前提下，可自主开发校本课程，更可自由选择教材和教学方法。教材是活的东西，教科书不等同于教材，教材也不等同于课程。教材是教与学中的一种中介，学生一方面通过教材学会知识，但更重要的是教师通过教学让学生学会学习。

15. 推行以促进学生学业成功为主要目的的多元评核

评核的作用在于评估教师教学成效与学生学习成果，以了解学生学习的进程与困难，提供学生学习的信息，以此作为教师改进教学、修正课程设计的参考。采用单一的纸笔评量，容易让学生成为失败者或使学生产生厌学情绪。

近年来随着社会的多元化发展，学习的重点从过去行为学派强调的行为习得和认知学派早期重视知识的习得，发展到近来的知识建构。教学方面，从过去着重学科知识内容的传递，发展到着重指导学生成为能够面对挑战、适应变迁的问题解决者及创造思考者。评核从过去侧重量化、评等级和决定升留级，发展到检视学生能否达标，通过评核所得到的信息，协助学生学业成功。因此，建议通过多元的评核，评核的内容不单是智力的，也是态度的，方式可以多样化，着重在学习过程中所搜集的信息，评核结果的解释也须侧重标准参照，以得知学生真实的学习情况，从而加以辅助，以达到促进学生学业成功的目的。

16. 改进学校的教学文化，使学校成为全方位推进学生学习和成长的教育环境

知识社会到来之后，几乎所有学校都要积极变革，实现转型。学校转型的关键，不是物质条件的改善，而是教育教学文化的改变。传统学校以知识为中心，侧重选拔考试，学生的主动性被压抑，教师之间缺少交流，教学管理僵化，课程

内容远离日常生活。这样的教学文化使学校成为塑造人“工厂”，不可能培养学生积极的生活态度、良好的个性，更不可能促进人的全面发展，与今天这个时代对人的要求格格不入。

与其他华人地区一样，澳门非高等教育阶段的学校近年在物质条件上有了较大改善，多元智力、创思教学、校本管理等新的理念也引入教学文化之中，但毫无疑问，澳门学校教育教学文化的整体变革还任重而道远，尤其需进一步强调把班级变成一个“学习共同体”，凸显学生多元发展和生活经验的重要性，提倡教师之间和学校之间的交流，重视学生的自主学习和探究性学习，摒弃“应试教学”文化，从教学管理制度上给教师和学生创造更广阔的空间，将学校建设成一个“学习型组织”。这对澳门教育的长远发展至关重要。基于此，新的法律草案要求“改进教育机构的教学文化”，使学校成为“全方位推进学生学习和成长的教育环境”。这是站在时代的高度对澳门学校发展提出的一个十分重要的、具有长远意义的要求。

17. 维护教学人员权益，订定教学人员职程

制定教学人员职程对维护教学人员权益、发展澳门非高等教育具有重要意义。近年来，特别行政区政府和教育界都对此给予了很多关注，但该问题十分复杂，政府还一直就该问题进行研究并听取各方意见。到目前为止，我们认为要做到既维护教学人员的长远利益，也不妨碍私立学校的自主性，提出由特别行政区政府负责制定一个包括教学人员的工作属性、职阶、考评、合理的工作量、合理的待遇和相应的权利及义务等的制度框架，是合适和有意义的。至于框架内的具体内容，例如涉及每一职阶所代表的薪酬，则建议由学校根据框架制定其具体职程。

18. 调整教学人员津贴的发放方式，促进教学人员的专业发展

新的法律草案规定：接受培训是教学人员的权利和义务，教学人员应为其专业持续发展作出规划，特别行政区政府将“建立将教学人员津贴的发放与教学人员的专业发展相联系的机制”。这表明我们对教学人员津贴的作用需有新的认识，特别行政区政府将对教学人员津贴的发放方式作审慎调整。

过去私立教育机构的教学人员的薪酬与其他行业相比较低，给教学人员发放直接津贴的主要目的，是给教学人员提供生活费用的补助，使他们安心从事教育教学工作，稳定教师队伍。从 20 世纪 80 年代至今，各私立教育机构的教学人员薪酬逐步提高，其收入已居于各受薪人士的前列。根据 2001 年的统计数据，教

育行业从业者的月均收入中位数超过澳门受薪人士入息中位数 40%。这表明，教学人员津贴的作用不能再仅限于给教学人员提供生活补贴。

同样值得注意的是，教师的专业发展现在备受大众和各国政府的关注和重视，越来越成为贯穿教师职业生涯始终的主题。随着社会转型、知识剧增、信息爆炸、价值多元时代的到来，社会和人的问题层出不穷，育人的职责正备受考验与挑战。教师希望学生养成终身学习的信念和习惯，其自身首先就要实践这一信念。仅凭求学时所获的知识和技能就能应付漫长教学生涯的时代已一去不复返了，教师必须与时俱进，主动适应时代的要求。在此情况下，教师有必要为自己的专业发展生涯作出规划，特别行政区政府则有必要在这方面给教师提供支持。建立一种将教学人员津贴的发放与教学人员的专业发展联系起来的机制，正是基于这一考虑。

当然，上述机制的实施细节还有待集思广益，细作规定。但可以肯定的是，它并不意味着用专业发展津贴完全取代原有的教师直接津贴，更不意味着教学人员的津贴将减少。教学人员今后可将自己的部分津贴用于专业成长各个方面，如参加培训活动、购置教学辅助用品、参与研讨会及其他各种研究活动、发表研究成果、外出交流、游学，以及与教学人员专业发展有关的其他方面。

19. 设立教育发展基金，并确保教育经费分配的公正性

教育发展基金是特别行政区政府在现有教育经费投放机制之外新设立的一种投放渠道，是特别行政区政府提供给教育机构的教育资助的一种。

设立教育发展基金的目的如下：

第一，改进特别行政区政府教育经费的使用方式，支持教育的发展。特别行政区政府现有教育经费以年度财政预算的方式管理和使用，每年预算如有剩余，年底都必须清还。众所周知，教育的发展需有长远规划，教育经费的投放在许多方面尤须保证连续性和稳定性。设立教育发展基金有助于做到这一点，有利于更好地为学校的发展提供支持。

第二，通过给学校提供专项教育资助，推动澳门教育的优先发展事项。每个地区的教育都必须清醒认识和把握现在的问题和将来的优先发展事项，在此过程中，教育行政当局有责任为学校的发展提供支持，在必要的情况下，还应制定有效的教育政策，通过恰当途径对学校教育的发展进行引导。给学校发展计划提供经济资助，在许多地区都是教育行政当局推动教育政策时普遍采用的有效方法。在澳门，私立学校各有特色，在非高等教育阶段所占比例甚大。特别行政区政府给学校自己制定的学校发展计划提供财政资助，一方面尊重了学校的办学自主，

另一方面又能使学校的发展与特别行政区政府所推动的教育政策有效协调。

新推出的法律草案规定，教育发展基金的拨付“尤须考虑私立学校合理的收生人数、办学规划和办学成效等因素”。该基金将按照公平、公正的原则提供给澳门教育机构。

20. 诚挚邀请澳门团体和市民进一步提供意见

澳门教育制度的检讨，与澳门年轻一代的成长乃至整个澳门社会的未来发展息息相关，是涉及澳门千家万户的重大课题。它关系澳门未来人才的培养，以及澳门教学素质的提升。我们深信，所有团体、组织和个人都将从整个澳门社会的利益出发，来思考整体教育问题。在新的咨询期里，通过澳门市民和社会各界的智慧，集思广益，澳门教育制度必能得到更进一步的完善。

附录五　澳门教育制度法律修订报告[①]

教育暨青年局

2006年7月

一、前　言

1.1　澳门教育制度法律（第11/91/M号法律）自1991年颁布至今已近15年。因应澳门回归祖国后政治、经济、社会和文化发展的新需要以及世界教育发展的新趋势，特别行政区政府于2002年启动澳门教育制度的检讨与修订工作。

1.2　修订过程中先后于2003年6月和2004年3月推出《持续进步，发展有道——澳门教育制度修改建议》和《〈澳门特别行政区教育制度〉法律草案咨询意见稿》。

1.3　经听取教育委员会专责小组意见，现已完成《澳门特别行政区非高等教育制度（法案）》及相关文件。

1.4　本报告着重介绍整个修订的原则、目标、过程和重点。

二、原则与目标

2.1　修订工作坚持以下基本原则：

➢ 以“持续进步，发展有道”为基本理念。

✧ 持续进步：继承和发扬现行澳门教育制度和教育实践中的优秀元素，与时并进，积极促进澳门教育的发展。

✧ 发展有道：遵循教育发展和教育过程的规律，善用自己和他人的成功经验，创造“优质教育”，促进澳门特别行政区居民综合生活质量的提升。

➢ 以“促进学生发展”为根本目的，同时关注教师和学校的发展。

➢ 体现国际视野和时代精神，重点关注澳门非高等教育发展的核心议题。

➢ 深入听取市民意见，广泛吸纳全民智慧。

➢ 以中文起草法律。

---

① 2006年7月19日向立法会提交法案的最初文本时，特别行政区政府曾将此报告一起提供给立法会参考，并上传至教育暨青年局网页。

2.2 通过修订达成以下目标：

➢ 促进澳门非高等教育制度的现代化。

➢ 从教育目标、经费、学制、师资、课程、学校发展等方面，为优质教育提供制度保障。

➢ 实现法律中文化。

➢ 在咨询和讨论中转变教师和市民的教育理念。

三、修订基本过程

3.1 第一阶段：2002 年至 2004 年 3 月 2 日。

➢ 2003 年 6 月，推出《持续进步，发展有道——澳门教育制度修改建议》。

➢ 编写《澳门教育制度修改建议》文本答问。

➢ 为教育社团、青年团体、高等教育机构、教师、家长、学生举办超过 10 场讲解会。

➢ 系统收集居民在报刊、电台、讲座上发表的或以电子邮件、电话、传真、邮寄等方式提供的意见达 500 余项。把意见收集和整理结果放于本局网页中，并定期作更新。

3.2 第二阶段：2004 年 3 月至 2005 年 4 月。

➢ 推出《〈澳门特别行政区教育制度〉法律草案咨询意见稿》（2004 年 3 月 2 日）。

➢ 在报章上刊登两版篇幅的“重点解说”（2004 年 5 月 8 日）。

➢ 印制“澳门教育制度修改建议选辑”宣传单。

➢ 制作了长约 15 分钟的宣传短片，为家长、学生、教学人员、教育团体、青年团体（不含学生）举办了共 11 场意见征集会，参与者达 767 人次。

➢ 主动约见教育团体及相关团体、机构，派出人员出席团体主办的相关活动。

➢ 2004 年 7 月及 8 月组织了两场研讨会。参与上述意见征集活动共 2 326 人次。

➢ 2004 年 10 月 21 日，教育委员会决定成立“教改意见分析专责小组”（简称“专责小组”），专责小组先后召开 16 次会议，对自 2003 年 6 月以来政府所收集到的各类教改意见和 2004 年 3 月公布的《〈澳门特别行政区教育制度〉法律草案咨询意见稿》进行了逐条分析，对一些重要问题进行了专题性的深入探讨，并提出了一些初步的修改意见（意见处理情况见附件）。

3.3 第三阶段：2005 年 5 月之后。

➢ 完成《澳门特别行政区非高等教育制度（法案）》。

➤ 提交行政会和立法会。

四、公众意见收集简况

4.1　第一阶段公众咨询期由 2003 年 7 月 1 日至 2004 年 2 月 29 日，共有 311 人（团体）次发表意见，收录了 546 条意见。第二阶段公众咨询期由 2004 年 3 月 1 日至 2005 年 4 月 15 日，共有 322 人（团体）次发表意见，收录意见 525 条。两阶段共收录了 633 人（团体）次发表的 1 071 条意见。详见图 1、图 2。

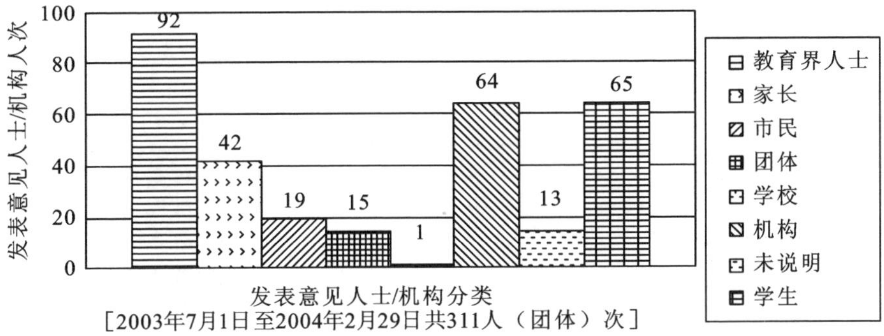

图 1　第一阶段以个人/社团身份发表意见的人次

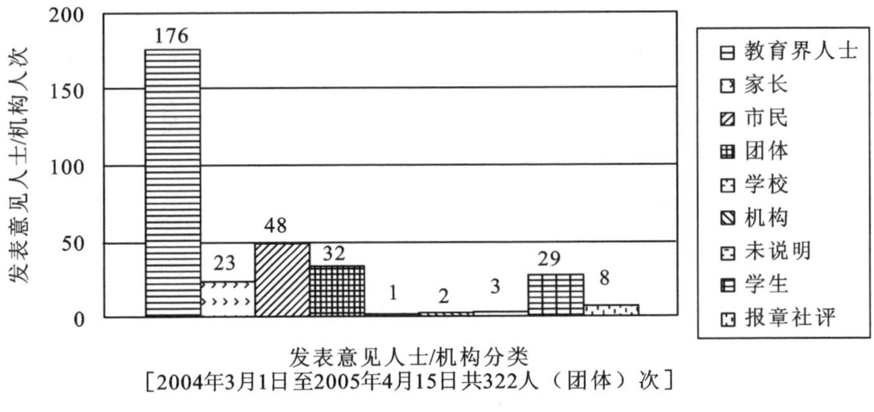

图 2　第二阶段以个人/社团身份发表意见的人次

4.2　发表意见数量最多的是教育界人士，共有 446 条意见，占收集意见总数的 41.6%。详见图 3、图 4。

4.3　两阶段收录最多意见的渠道依次为讲座（313 条/29.2%）、报刊（301 条/28.1%）、邮寄（141 条/13.2%）和电话（90 条/8.4%）。详见图 5、图 6。

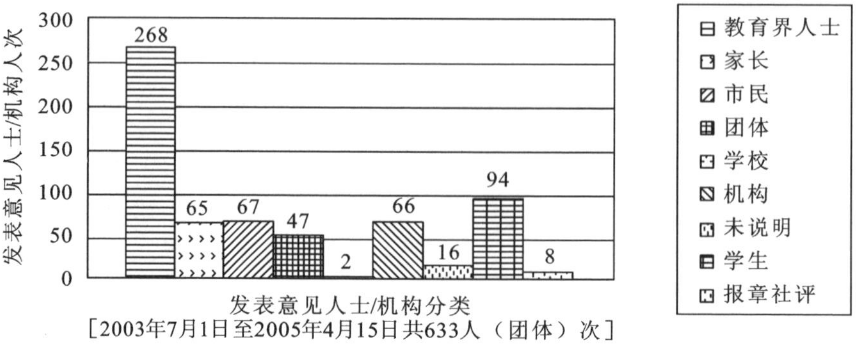

图3 两阶段以个人/团体身份对教育改革发表意见的人次

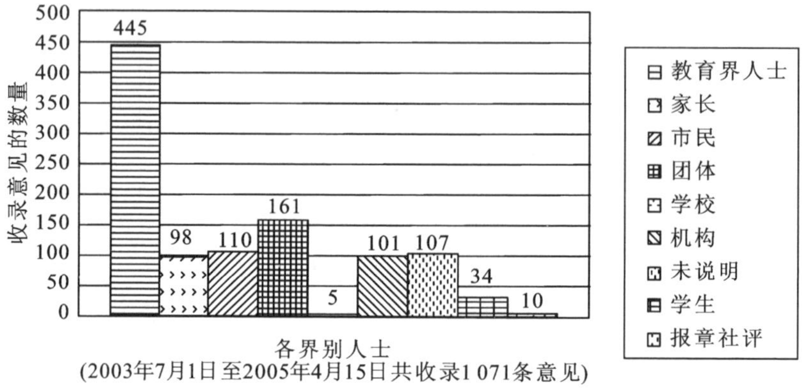

图4 两阶段各界别人士对教育改革发表意见的数量

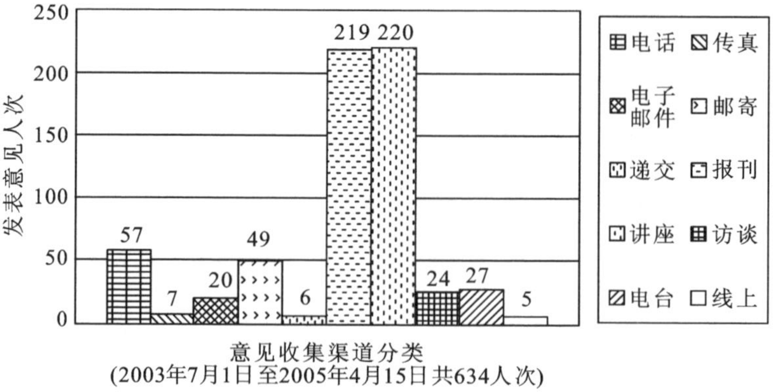

图5 两阶段各种意见收集渠道被使用的情况

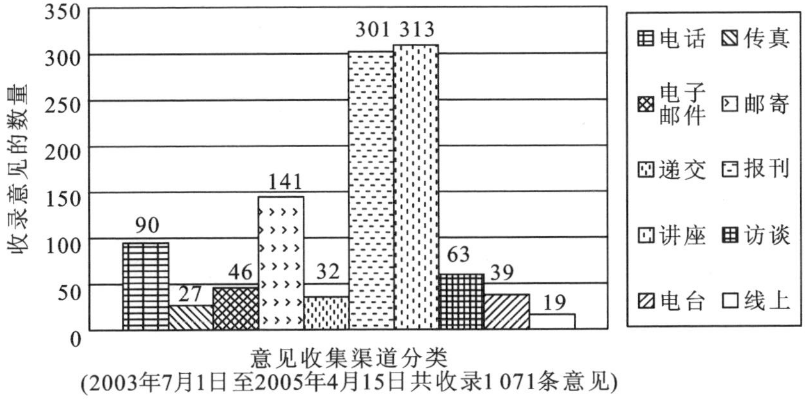

图 6　两阶段各种意见收集渠道收录意见的数量

4.4　最受公众关注的内容。

第一阶段最受关注的内容：

➢ 免费教育如何在私立学校推行；

➢ 增加免费教育年期的安排；

➢ 成人回归教育的资助方法；

➢ 课程、教与学；

➢ 学生的辅导；

➢ 教师的职程、培训与津贴。

第二阶段最受关注的内容：

➢ 教师职程的制定与执行、教师薪津差异、专业延续培训、工作量的减负与退休福利；

➢ 延伸免费教育，使所有学生获得优质的免费教育；

➢ 学校的管理，如校董会的组成与运作；

➢ 教育的总目标的制订取向，如何推行优质的全人教育、品德教育与爱国爱澳教育；

➢ 学生评核、课程和教学方法。

4.5　总结。

各界人士都乐于参与讨论，为未来的教育改革发表意见。其中教育界人士发表意见最积极。家长、市民、学生也经常发表意见。另外，立法会议员及教育团体在第二阶段对免费教育的执行发表一定数量的意见。除了咨询文本的内容外，共有 139 个其他范畴的意见，如教育暨青年局的行政与管理、学校假期、高三毕业生评核、其他学校工作人员的福利、教育制度法律改革的委员会组成与意见收集的方法等。上述意见反映了教师、家长与学生都渴望教育改革为他们带来实质性的好处。

五、修订重点

修订重点	法案相关条文
将本法更名为“澳门特别行政区非高等教育制度”，并删除有关高等教育的内容。	第一条　标的 本法律制定澳门特别行政区非高等教育制度的总纲。
对法律的结构作了重要调整，特别是增设了第二章“基本原则和总目标”和第五章“课程与教学”。	所有条文
“教与学的自由”要以遵守特别行政区“基本的课程框架和课程标准”为前提，而政府则不能以任何宗教信仰或片面的意识形态为依据来规范教育内容。	第三条　基本原则 七、尊重并确保教与学的自由，尤其遵守以下原则： (一)保障依法设立教育机构的权利； (二)澳门特别行政区政府不以任何宗教信仰或片面的意识形态为依据来规范教育内容； (三)在遵守本法律及相关补充法规所制定的原则及规范，尤其是澳门特别行政区基本的课程框架和课程标准，达到本法律所制定的教育目标的情况下，教育机构可制订其课程与教学计划，以及教育规划；但本法律第二十三条第三款所规定者除外。

续表

修订重点	法案相关条文
将“教育目标”与“教育的社会职能”区别开来，新文本突出新时代和澳门特点，立足全人发展重新制定教育目标。其所遵循的理念：不以知识教育为唯一目标，重视人的整体发展；充分体现时代要求；密切关注澳门的特点与未来需要；突出各教育程度的特殊要求；依系统性、延伸性原则处理教育总目标与各教育程度目标的关系。	第四条　总目标 一、增强学生对国家和社会的认同感和责任感，让其能恰当行使公民权利，积极履行公民义务。 二、培养学生良好的品德和民主素养，让其能尊重他人及其意见，坦诚沟通，与他人和谐相处，积极关心社会事务。 三、促进学生对本地文化和整个中华文化以及世界文化的理解，让其能以尊重、开放和包容的态度面对多元文化。 四、全面提升学生的科学素养和人文素养，让其具有创新精神、批判意识和实践能力。 五、让学生掌握时代和社会发展所需要的基础知识和基本技能，培养其终身学习的态度和能力。 六、培养学生良好的生理与心理素质，使其养成健全的体魄和健康的生活方式，促进其个性的发展。 七、提高学生的艺术素养，培养学生良好的审美品位和审美能力。 八、提升学生与大自然和谐相处的能力。 （另有第八至第十一条的相关部分）
在教育制度的构成上，将教育的程度与教育的类型区别开来。	第五条　教育的程度和类型 一、学校教育的程度包括： （一）幼儿教育； （二）小学教育； （三）中学教育，包括初中教育和高中教育。 二、教育的类型： （一）家庭教育； （二）学校教育； （三）普通教育； （四）正规教育； （五）职业技术教育和职业培训； （六）特殊教育； （七）持续教育。

续表

修订重点	法案相关条文
改革学制，取消了“小学教育预备班”，将其纳入幼儿教育作为第三年；同时将高中学制统一为3年。	第六条　各教育程度的年限 一、幼儿教育为期3年。 二、小学教育为期6年。 三、初中教育为期3年。 四、高中教育为期3年。 五、基础教育包括幼儿教育第三年、小学教育和初中教育，共10年。接受基础教育是所有人应有的权利。
专门增加一条，强调家庭教育的重要性。	第十二条　家庭教育 一、家庭教育是指家庭成员之间的相互教育，特别是父母或其他年长者在家庭里对儿童和青少年进行的教育。 二、家庭教育是人类受教育的起点，是学校教育的重要基础。 三、澳门特别行政区政府在家庭教育规划、家校合作、亲子教育等方面，通过部门间和政府与非政府机构间的合作，促进家庭教育的发展。
增加三条，厘定学校教育、普通教育、正规教育的含义。	第十三条　学校教育 学校教育是指在学校中所进行的教育，有正规的学制和课程。 第十四条　普通教育 普通教育是指以一般文化科学知识教育为主要内容的教育。 第十五条　正规教育 正规教育在非高等教育阶段是指由拥有法定办学资格的教育机构所实施的，且只针对年龄在本法律第七条之规定范围内的学生所进行的教育。
引入“义务教育”概念，代替第11/91/M号法律中的“普及的基础教育”一词，并设专条阐述。	第十六条　义务教育 一、义务教育包括幼儿教育第三年、小学教育和初中教育，共10年。 二、对年龄介于5～15周岁之间的儿童及青少年强制实施义务教育。 三、家长有义务为义务教育阶段的适龄学生办理入学注册；受教育者有就学的权利；澳门特别行政区政府和教育机构有责任保障学生完成义务教育。

续表

修订重点	法案相关条文
	四、就学的义务于学生年满 15 周岁之学年末或完成初中教育后终止。 五、义务教育的实施细则由专有法规制定。
● 将"补充服务费"纳入免费范围; ● 教育行政当局提供津贴,鼓励发展回归教育,但回归教育不以免费教育的方式实施; ● 非义务教育中各学级纳入免费教育范围的日程,由行政长官制定。	第十七条 免费教育 一、免费指免缴学费、补充服务费和其他任何与报名、就读、证书方面有关的费用。 二、凡在义务教育阶段就读于免费教育学校系统且属澳门特别行政区居民的学生,均享受免费教育。 四、非义务教育中各学级纳入免费教育范围的日程,由行政长官制定。 五、教育行政当局提供津贴,鼓励发展回归教育,但回归教育不以免费教育的方式实施。 六、免费教育的实施细则由专有法规制定。
取消第 11/91/M 号法律中的"成人教育"概念,引入"持续教育""回归教育",强调"小区教育"的重要性。设立一个由若干核心科目组成的标准检核机制,以保证回归教育的质量。 强调社会和学校应努力避免周边不良场所对学生的影响。	第二十条 持续教育 一、持续教育是指各种正规教育以外的教育和培训活动,包括回归教育、社区教育等。 五、回归教育是向在非高等教育阶段各教育程度适龄期未能接受相应程度正规教育者提供的,可授予中小学学历的教育。 六、回归教育包括小学、初中、高中程度。高中程度的回归教育既可设普通课程,也可设职业技术课程。 八、在多元的学习途径下,为保证教学素质,获得回归教育学历者必须先通过一个由若干核心科目组成的标准检核,实施细则由专有法规制定。此类证书与正规教育证书具有同等效力。 十、社区教育是基于终身学习观念,充分利用社区内外的各种资源,通过灵活多样的方式提高社区居民的素质和生活质量,促进社区经济、文化和社会的进步。 十一、增进社区与学校的联系和交流;学校和社区应相互配合,以营造一个良好的环境,让学生得以健康地学习和成长。 十二、澳门特别行政区政府积极规划和推动社区教育,鼓励居民和非政府组织及机构广泛参与。

续表

修订重点	法案相关条文
用"学校系统"代替"学校网"概念。	第四章　教育机构和学校系统
在教育机构的性质上，取消第11/91/M号法律中的两种分类方法： 受资助/非受资助； 纳入教育制度/不纳入教育制度。	第二十一条　教育机构的性质 二、教育机构按权利人的不同分为公立和私立两大类。公立教育机构之权利人为澳门特别行政区政府；私立教育机构之权利人为私人实体。 三、私立教育机构按经营性质分为牟利和不牟利两大类。
增加"公立教育机构"一条，与"私立教育机构"对应。	第二十二条　公立教育机构 一、澳门特别行政区政府确保公立教育机构的运作。 二、与公立教育机构的设立、管理、组织、运作和撤销等有关的事项由专有法规规范。
放开对公立学校第二教学语言的限制。	第二十五条　教学、行政和财政自主 三、实施正规教育的公立学校应采用正式语言作为教学语言。以中文为教学语言的公立学校必须给学生提供学习葡萄牙语的机会；以葡萄牙语为教学语言的公立学校必须给学生提供学习中文的机会。
公立、私立学校都须设校董会，但校董会的组成、运作及其在学校中的地位，由办学实体制定的校董会章程规定。 规定特别行政区政府有必要对学校进行系统的综合评鉴。	第二十六条　教育机构的管理和评核 一、办学实体须为学校设立校董会，并制定校董会章程交教育行政当局备案。 二、校董会的权责、组成及运作由校董会章程规定。 三、办学实体负责筹组校董会并任命校董会成员。 四、私立学校校长由校董会委任。校长负责学校的日常管理，并向校董会负责。 五、校董会的具体运作由相关法规制定。 九、为保证学校的行政、财政和教学的质量，澳门特别行政区政府有必要对学校进行系统的综合评鉴，借此向学校提供改善和发展的参考意见，同时让教育行政当局准确掌握有关情况，并规划必需的辅助措施。

续表

修订重点	法案相关条文
各教育程度基本的课程框架和课程标准由澳门特别行政区政府整体规划，教育机构在不违反基本的课程框架和课程标准的前提下，自主发展其校本课程。	第五章　课程和教学 第二十七条　课程编制 二、各教育程度基本的课程框架和课程标准由澳门特别行政区政府整体规划，并经专有法规制定。 三、教育行政当局应遵循教学自主的原则。教育机构可根据其办学理念、机构特色和本法律所制定的各教育程度的目标，在不违反澳门特别行政区基本的课程框架和课程标准的前提下，自主发展其校本课程。
强调“教学文化”的改进，要求教育机构成为能从各方面促进学生学习和成长的教育环境。	第二十八条　课程实施和教学 五、改进教育机构的教学文化，以提高学生的学业积极性和学习效率。 六、推动终身学习，使教育机构成为从各方面推进学生学习和成长的教育环境。
评核应以促进学生的学习成功为主要目的，并通过多元评核实施。	第三十条　学生的评核 二、对学生学习成效的评核应以促进学生的学习成功为主要目的，并通过多元评核实施。
加入“卫生护理”是为了使教学人员现在已经享有的由公立医疗机构提供的医疗护理享有法律保障。 特别行政区政府制定教师职程制度框架后，私立学校可根据上述框架制定具体职程，公立学校教学人员的具体职程则仍由特别行政区政府以上述制度框架为基础制定。	第六章　人力资源 第三十一条　一般规定 二、从事学校教育的教学人员必须具备适当学历，与其任教之教育程度、教育类型、学科或学科领域有关之学历和教育专业培训要求由相关法规规范。 四、私立教育机构的教学人员依法享有由公立医疗机构提供的优惠卫生护理，具体实施办法由专有法规制定。 五、教学人员的工作类型、职级、考评、合理之工作量、合理之待遇和相应的权利及义务，由澳门特别行政区政府所制定的法规制定制度框架；私立学校根据上述框架制定具体职程；公立学校教学人员的具体职程由特别行政区政府以上述制度框架为基础制定。

续表

修订重点	法案相关条文
● 引入教学人员“专业发展”理念； ● 教学人员的培训只分为“职前培训”和“在职培训”两种； ● 突出校本培训的重要性； ● 从促进教学人员的专业发展的需要出发，完善教学人员津贴发放制度。	第三十二条　培训和专业发展 一、接受培训是教学人员的权利和义务，教育行政当局应为相关培训提供条件和资源，而上述人员应为其专业持续发展作出规划。 二、教学人员培训包括职前培训和在职培训。职前培训旨在使还未拥有专业资格者通过特别编排的课程取得专业资格。在职培训旨在使还未拥有专业资格的在职教师获得专业培训和证明，或提高已拥有专业资格者的专业水准。 三、教学人员培训的开展应配合澳门特别行政区教育发展的需求以灵活、多样的方式进行。 四、校本培训是教学人员培训的重要方式，应充分发挥其在教学人员专业发展中的作用。 五、完善教学人员津贴发放制度，以促进教学人员的专业发展。
强调所有教育机构，必须恰当而有效地使用澳门特别行政区政府所提供的教育经费。	第八章　教育经费 第三十六条　一般规定 四、免费教育范围内的经费由澳门特别行政区政府按照专有法规的规定承担。 五、所有教育机构必须恰当而有效地使用澳门特别行政区政府所提供的教育经费。教育行政当局负责监察。
设立教育发展基金，为学校和学生提供辅助，支持非高等教育的发展。 厘清教育发展基金与经常性资助和非经常性资助的关系，列出了经常性资助的类别，并将其扩展到所有不牟利私立学校。	第三十七条　教育资助 一、澳门特别行政区政府按照公平、公正的原则向教育机构提供资助。 二、给予不牟利私立学校经常性资助，用以支付其运作上的一般费用。经常性资助的类别主要有： （一）免费教育津贴； （二）学费津贴。

续表

修订重点	法案相关条文
教育发展基金属非经常性的、发展性的资助，供所有学生和不牟利私立学校申请，现有学生福利基金和第 11/91/M 号法律中给予不牟利私立学校的固定资产投入的资助也列入其内。 基金的具体管理由专有法规制定。 大专助学金的辅助功能转移到高等教育辅助办公室。	三、澳门特别行政区政府设立教育发展基金，支持非高等教育的发展。该基金以非经常性资助的方式，供所有学生和不牟利私立学校申请；基金的具体管理由专有法规制定。 四、给予不牟利私立学校固定资产投入的非经常性资助列入教育辅助暨发展基金，具体类别有： (一)无须偿还的津贴； (二)优惠信贷。 五、本法律第二十二条第三款所指的私立教育机构不获澳门特别行政区政府教育经费的资助。
为提升所有市民的综合生活素质，对因各种原因失去行动自由或行动受限制的儿童和青少年给予充分关注。	第九章　教育辅助 第三十九条　一般规定 三、对下列处于义务教育就读年龄范围的儿童和青少年，澳门特别行政区政府各有关部门应采取措施，尽可能为其提供受教育的机会，促进其完成学业。对象包括： (一)因身体伤患或其他原因导致行动受限制，不能到教育机构接受教育者； (二)因各种原因失去行动自由者。
制定专有法规，加强对学生的心理辅导及其他辅导。	第四十一条　心理辅导、升学和就业辅导 教育行政当局直接或通过对相关机构的资助为学生提供心理辅导、升学和就业辅导，其实施由专有法规制定。
● 为避免与本法案第十七条第三款所指"学费津贴"混淆，此处将本款原"学费津贴"改称"学费援助"； ● 增加"为学习所需的辅助设备津贴"； ● "参与校外活动津贴"不属于学生福利，予以删除； ● "大专助学金"将转由高等教育辅助办公室管理，予以删除。	第四十二条　学生福利 一、澳门特别行政区政府依法给属澳门特别行政区居民的学生提供福利。 二、学生福利主要由以下项目组成： (一)学生保险； (二)向家庭经济困难学生提供的学费援助、膳食津贴、学习用品津贴以及为学习所需的辅助设备津贴。 三、针对非免费教育范围的家庭经济困难学生的学费援助的申请与发放由专有法规制定。

续表

修订重点	法案相关条文
● 改“学界卫生”为“学生保健”； ● 增加关于特别行政区政府采取措施促进学生的整体发展的规定； ● 将有权享受免费卫生和医疗服务的学生限制在澳门特别行政区居民范围内。	第四十三条　学生保健 一、澳门特别行政区政府采取措施促进学生的整体发展。 二、属澳门特别行政区居民并正在接受学校教育的学生，有权享受由澳门特别行政区公共卫生机构提供的免费卫生和医疗服务。 三、教育行政当局和教育机构通过与公共卫生机构的协调和合作，关注学生的健康成长，尤须留意学生的缺陷，预防并及早处理学生的不适应状况。
加强专家、学者在教育委员会中的作用。	第四十六条　教育委员会 一、教育委员会是一个汇集社会各界力量的教育咨询机构，该委员会通过参与、协调、合作和检讨，为教育政策的发展寻求广泛的共识。 四、教育委员会主要由教育专业人士组成，其中应包括教育领域的专家、学者。

六、未来工作方向

6.1　经司长阁下同意后，将于6月初召开教育委员会全体会议，讨论法律修订事宜。

6.2　教育委员会达成共识后，向行政会提交以下文件：

➢《澳门特别行政区非高等教育制度（法案）》。

➢《澳门教育制度法律修订报告》（含附件）。

➢《澳门特别行政区教育制度法律修改公众意见分析报告》（含附件）。

➢《“澳门教育制度法律草案咨询意见稿”与澳门“非高等教育制度法案”修订对照及说明》。

➢《教育委员会“教改意见分析专责小组”意见及处理情况》。

6.3　上述文件经听取行政会意见修订后，将提交立法会，并上传至本局网页，供民众浏览。

6.4　展开下列相关法规修订前的准备工作：

➢ 私立教育机构通则（38/93/M）。

- 教学人员制度框架（67/99/M）。
- 教育委员会组成、许可权和运作（15/92/M）。
- 课程（38/94/M、39/94/M、33/96/M）。

附件：

附件一　《第 11/91/M 号法律与非高等教育制度（法案）结构比较》。

附件二　《教育委员会“教改意见分析专责小组”意见及处理情况》。

附件三　《教育发展基金中的法律问题分析》。

附件四　《中国澳门及若干国家或地区私立学校管理模式概述》。

附件一　第 11/91/M 号法律与非高等教育制度（法案）结构比较

澳门教育制度第 11/91/M 号法律	澳门特别行政区非高等教育制度(法案)
第一章　范围与原则 第一条　范围与定义 第二条　教育的基本原则 第三条　组织的原则	第一章　目标、范围和定义 第一条　目标 第二条　范围和定义
第二章　教育制度的组织 第四条　教育制度的一般组织 第五条　幼儿教育 第六条　免费及普及的基础教育 第七条　小学教育预备班 第八条　小学教育 第九条　中学教育 第十条　初中教育 第十一条　高中教育 第十二条　高等教育 第十三条　特殊教育 第十四条　成人教育 第十五条　职业技术教育 第十六条　职业培训的组织及运作 第十七条　职业培训课程 第十八条　职业技术教育	第二章　基本原则和总目标 第三条　基本原则 第四条　总目标
第三章　教育辅助与补习教育 第十九条　促进顺利学习 第二十条　补习教育 第二十一条　教育心理辅导升学及就业辅导 第二十二条　学界福利 第二十三条　学界卫生 第二十四条　对工读生的辅助	第三章　非高等教育制度的组成 第五条　教育的程度和类型 第六条　各教育程度的年限 第七条　各教育程度的就读年龄 第八条　幼儿教育 第九条　小学教育 第十条　初中教育 第十一条　高中教育 第十二条　家庭教育 第十三条　学校教育 第十四条　普通教育 第十五条　正规教育 第十六条　义务教育 第十七条　免费教育 第十八条　职业技术教育和职业培训 第十九条　特殊教育 第二十条　持续教育

续表

澳门教育制度第 11/91/M 号法律	澳门特别行政区非高等教育制度(法案)
第四章　人力资源 第二十五条　基本原则 第二十六条　教师培训 第二十七条　职前培训 第二十八条　在职培训 第二十九条　延续培训 第五章　物质资源 第三十条　学校网 第三十一条　学校网的规划 第三十二条　校舍 第三十三条　其他物质资源	第四章　教育机构和学校系统 第二十一条　教育机构的性质 第二十二条　公立教育机构 第二十三条　私立教育机构 第二十四条　学校系统 第二十五条　教学、行政和财政自主 第二十六条　教育机构的管理和评核 第五章　课程和教学 第二十七条　课程编制 第二十八条　课程实施和教学 第二十九条　学生的全面发展 第三十条　学生的评核
第六章　教育机构 第三十四条　性质 第三十五条　教学自主 第三十六条　私立教育机构 第三十七条　创办 第三十八条　受资助及非受资助的机构 第三十九条　牟利或不牟利机构 第四十条　税务优惠	第六章　人力资源 第三十一条　一般规定 第三十二条　培训和专业发展
第七章　教育资助 第四十一条　基本原则 第四十二条　资助的来源 第四十三条　给予私立教育机构的资助 第四十四条　给予学生的学费津贴 第四十五条　学费	第七章　物质资源 第三十三条　学校的兴建与建校土地 第三十四条　校舍 第三十五条　其他应受关注的物质资源

续表

澳门教育制度第 11/91/M 号法律	澳门特别行政区非高等教育制度(法案)
第八章　教育制度的管理 第四十六条　基本原则 第四十七条　管理层面 第四十八条　教育委员会 第四十九条　教育机构的管理	第八章　教育经费 第三十六条　一般规定 第三十七条　教育资助 第三十八条　学费
第九章　教育制度的发展和评估 第五十条　课程发展 第五十一条　余暇的运用和学校体育 第五十二条　教育制度的评核	第九章　教育辅助 第三十九条　一般规定 第四十条　学习辅助 第四十一条　心理辅导、升学和就业辅导 第四十二条　学生福利 第四十三条　学生保健
第十章　最后及暂行条文 第五十三条　补充法规 第五十四条　教育制度的发展计划 第五十五条　暂行条文 第五十六条　生效	第十章　教育制度的管理和评核 第四十四条　教育制度的管理 第四十五条　教育制度的评核 第四十六条　非高等教育范畴教育委员会 第十一章　最后及过渡规定 第四十七条　过渡规定 第四十八条　补充法规 第四十九条　废止 第五十条　生效

附件二　教育委员会“教改意见分析专责小组”意见及处理情况

序号	意见	处理情况
1	鉴于高等教育领域的相关法规已计划升格为法律，与本法律草案具有同等地位，专责小组建议将本法更名为“澳门特别行政区非高等教育法”，并删除有关高等教育的内容（第五条第一款、第十七条）。	部分接纳，有关高等教育的内容已被删除。 本法律草案所涉及的主要是非高等教育范畴，故建议引入“非高等教育”概念，但仍保留“制度”一词，因本法律草案主要制定非高等教育的制度，而不是非高等教育的所有事项，是一种完整的体系规范。此外，高等教育范畴的那一条法律也称为“高等教育制度法律”，保留“制度”一词，使两者保持一致性。
2	将第三条第二款“确保儿童的身心发展得到保护”中的“身心”两字用其他词代替，建议改为“确保儿童和青少年的整体发展得到保护”。	接纳，已照此意见修改。 “整体”一词更完备，比较全面。
3	专责小组认为，任何宗教信仰都不能成为政府规范学校教育内容的依据，故建议在第三条第七款第二项的“宗教”两字前加“任何”二字，即将该款改为“澳门特别行政区政府不以任何宗教信仰或片面的意识形态为依据来规范教育内容”。	接纳，已照此意见修改。 任何宗教信仰都不能成为政府规范教育内容的依据。
4	对于本地文化不宜过于突出“独特性”，建议将第四条第三款“促进学生对本地文化的独特性及中、外多元文化的理解，使其能开放地面对世界。”改为“促进学生对本地文化和整个中华文化以及世界文化的理解，让其能以尊重、开放和包容的态度面对多元文化。”	接纳，已照此意见修改。 对本地文化的理解不能只强调“独特性”，而要重视其与整个中华文化以及世界文化的密切联系；同时，对待多元文化的态度在“开放”之外，还要有尊重和包容。

续表

序号	意见	处理情况
5	建议在第五条“教育制度的一般组织”第一款关于学校教育程度的划分中，先设“中等教育”，再从中分出“初中教育”和“高中教育”两个程度。	部分接纳。 由于本法律草案中没有初等教育这个概念，建议也不采用中等教育，而是“中学教育”，再从中分出“初中教育”和“高中教育”两个程度。
6	有委员提出其他各种教育都有课程，本法律草案是否对“家庭教育”（第五条第二款）也应有课程方面的规范。	暂时不作修改。 在法律的层面，课程是指一种正式的课程，包括学科或学科领域、目标、内容等设置，而家庭教育是一种非正式的而且具相当灵活性的教育模式，故未必需要设置正式课程。
7	有委员建议第八条的中学学制仍维持五年制和三三制两种，中学毕业标准则可分两种。但也有委员认为，高中可统一为三年，但应设足够的过渡期。	接纳部分委员的意见。 设置“六三三”学制的重点是希望高中毕业生的学术水平相对接近，并较容易地配合国内外对高中学历的要求。现在高二毕业班的同学到国内外升学时，都被评为“普通中学水平”，需要先进修一至两年的预科班课程方能考大学；但是高三的毕业生被评为“高中毕业水平”，大都可以直接升读大学。因此，这存在着学历水平差异和衔接的问题。坚持两者都是中学毕业或是同等学力似乎不太合适，亦不为高等教育机构认同。统一学制是与国内外教育接轨的有效方法。 现在学制修改问题已留下空间和足够的时间让受影响的学校详细考虑和作过渡安排，政府乐意和个别有需要的学校沟通并给予支持，做好学制修改工作，使学生获得最大的利益。

续表

序号	意见	处理情况
8	第十一条“义务教育”第三款规定“受教育者有就学的权利和义务”，专责小组对未成年人是否应该和是否有能力承担这样的义务（法律归责）进行了研究，并比较了中国其他地区（内地、香港、台湾）和新加坡的相关法律，建议删除“义务”二字，同时厘清家长、学生及教育行政部门三者在义务方面的行文。	部分接纳。 义务教育阶段受教育者就学的义务主要由家长承担，比较研究显示，内地、香港和台湾地区的有关法律都把就学视为义务教育阶段适龄儿童的权利而非义务，故删除“义务”二字。至于厘清家长、学生及教育行政部门三者在义务方面的行文，将在义务教育法规中作出规定。
9	第十四至十六条有关发出各教育程度毕业证书的行文，有委员建议考虑加入“相当程度”，以保弹性。	暂不接纳。 原条文规定，“达到教育机构依据相关法规或指引制定的”毕业者，有权获得相应证书。条文中已有足够弹性。
10	第十六条第一款高中教育的目标应将职业技术教育的目标也纳入。	接纳。 职业技术教育的目标应该属于高中的教育目标的其中一环，新修订的条文将加强对技术领域的要求，技术领域在高中教育中十分重要，澳门的学校尤须加强。加入它也表明了高中教育对职业教育的目标的关注。原条文也有职业技术教育这方面内容。
11	建议慎用“学校网”一词，将第四章标题由“教育机构和学校网”改为“教育机构和学校系统”；第二十三条标题也不再用“学校网”，而改为“学校系统”。	接纳。 “系统”一词从以中文立法的角度来看更为清晰。
12	从事涉及公共利益的活动不一定是教育机构的根本特征，建议将第二十一条第一款“教育机构是一种从事公共利益活动的机构”改为“教育机构从事涉及公共利益的活动”。	接纳。 建议改为“教育机构从事涉及公共利益的活动”，这样能避免产生对教育机构下定义的错觉。

续表

序号	意见	处理情况
13	在第二十五条教育机构的管理和评核中，建议进一步研究私立学校的法律地位，在学校受《澳门民法典》限制不能成为法人的情况下，恰当规定学校与办学团体、校董会、校长的关系以及学校牌照的归属权，制定校董会在组成、性质、地位等方面的基本原则。	接纳，已作出研究。 经过研究，在《澳门民法典》规范下，学校的确不具法人地位，本法亦不能改变现有学校地位。以相关研究为基础，本法已对校董会的规定作出调整，基本方向是公立、私立学校都须设校董会，但校董会的组成、运作及其在学校中的地位，由办学实体制定的校董会章程规定。而学校牌照的归属权，仍属办学实体。
14	建议第二十六条"课程编制"加写一点："课程编制以实现教育总目标和各教育程度的教育目标为目的，应促进学生身体和心理的整体发展。"同时删除第三款"课程发展应促进学生身体和心理的整体发展。"和第四款"课程发展应努力使学生在完成基础教育后，具备用普通话及至少一门外语进行沟通的能力。"	接纳，相关条文已作修改。 意见有利于使课程编制方向更清晰、合理。
15	"加强课程统整和增加选修"不一定是澳门基础教育课程发展的唯一方向，建议删除第二十六条第五款："加强课程统整和增加选修应作为基础教育课程发展的方向。"	接纳，已删除。 原咨询意见稿中的第四款、第五款的内容过于具体，宜移至相关法规，此处予以删除。
16	建议将第二十六条第七款的"劳动力市场所需"改为"就业所需"。	接纳，这样用词更准确、恰当。
17	建议在第三十条第三款增加对校长"以专职担任"的要求。	接纳。 校长以专职制度担任其职务，对学校的管理与发展十分重要。这也吸收了第11/91/M号法律第四十九条"教育机构的管理"第三款的意见。

续表

序号	意见	处理情况
18	建议将第三十条第四款中“教学人员的工作属性”改为“教学人员的工作类型”。	接纳，已按建议修改。 特别行政区政府制定教师职程制度框架后，私立学校可根据上述框架制定具体职程，公立学校教学人员的具体职程则仍由特别行政区政府以上述制度框架为基础制定。
19	第三十一条第三款规定“教学人员培训的开展应配合澳门特别行政区教育发展的需求和澳门特别行政区政府的资源状况，并以灵活、多样的方式进行。”建议删去其中的“澳门特别行政区政府的资源状况”。	接纳，已按建议修改。 教学人员培训应有长期规划和资源上的保障，不应过于受政府一时资源状况的影响。
20	在本法律草案有关“物质资源”的部分（第七章第三十二至三十四条），有必要制定规范，避免学校周边不良影响场所对学生的影响。	接纳，已按建议修改。 第二十条第十一款：学校和小区应相互配合，以营造一个良好的环境，让学生得以健康地学习和成长。
21	第三十六条“教育资助”应进一步厘清教育发展基金的性质、来源、拨付原则，特别是与其他资助（包括经常性和非经常性资助）之间的关系。基础教育（特别是义务教育）的经费应以特别行政区政府的经常性资助为主，教育发展基金主要应用于教育发展中的非经常性特别事项。	接纳，已按建议修改。 有利于厘清教育发展基金的性质。强调基础教育在整个教育系统中的地位是十分必要的，故增加了“澳门特别行政区政府的教育预算拨款应考虑教育发展的优先次序，特别重视非高等教育”的条文。
22	教育行政当局和教育机构在所有教育阶段都应以多样的辅助模式协助学生学业成功，而不应只限于义务教育阶段，故建议修改第四十条“学习辅助”。	接纳。 这个提法较为恰当，辅助学生的范围更广，而不只限于义务教育阶段。第四十条“学习辅助”第一款：教育行政当局和教育机构应以多样的辅助模式协助学生学业成功。

续表

序号	意见	处理情况
23	学生保健方面要同时考虑学生身体和心理的健康发展，关注早期诊断，建议将第四十三条第二款修改为“教育行政当局和教育机构通过与公共卫生机构的协调和合作，关注学生的身心健康成长，尤须留意学生的缺陷，预防并及早处理学生身心的不适应状况。”	接纳，已按建议修改。 的确应更关注早期诊断，切合学生发展需要。
24	在法律草案第十章“教育制度的管理和评核”中，第四十四条第一款和第二款、第四十五条第三款，都强调教育制度的管理应“确保”或“保证”全社会(或社会人士、教学人员、学生、家长和各团体)的民主参与。专责小组认为，参与需有参与者的主动投入和积极配合，政府只可能为各界人士提供民主参与的途径，而无法“确保”他们的参与，建议用“促进”代替“确保”或“保证”两词。	接纳，已按建议修改。 因为教育制度管理确实需要多方面的主动参与，共同促进。
25	第四十七条有关教育委员会的成员方面，专责小组认为可考虑加入学者、专家。	接纳。 专家、学者的参与能提升教育委员会作为咨询机构的专业作用。
26	改进第四十八条“过渡规定”的行文，删除“的规定”三字。	接纳，已修改。 修改后，可避免误解。

附件三　　教育发展基金中的法律问题分析

1. 非自治部门、行政独立部门和自治实体在财政制度方面的区别

非自治部门（一般部门）	行政独立部门（具行政自治权的部门）	自治实体（具行政及财政自治的部门及基金）
没有本身预算； 没有本身收入； 没有本身财产； 没有基金直接支付开支，须经财政局批准有关开支的支付； 财政局的监督主要是预防性或事前的，如有不适当的情况，要求有关机关作出修正； 财政局在结算开支前，审核这些部门开支的合法性、适时性和预算款项是否相符。	没有本身预算； 没有本身收入； 没有本身财产； 但拥有基金且由本身部门直接支付开支； 每月根据需要向财政局申请资金拨款，以 1/12 为限； 财政局的监督只限于审核有关拨款的分类及有否盈余及事后审核有关拨款是否适当地运用； 预算结余须归入公库。	拥有本身预算； 拥有本身收入； 拥有本身财产； 运用收入（如出售生产资产、税收分享、地区补贴等）以支付载于本身预算的开支； 资源来自本身收入、预算转移（指定收入、共同分享和预算拨款）及信贷收入和管理结余； 如机构本身未有足够收入支付其开支，澳门特别行政区政府通过预算的转移中的预算拨款提供津贴； 一般而言，自治实体的管理权赋予合议机关（行政委员会），财政局的权力在于对一般性财政状况进行审计，旨在查核及评估有关的管理； 预算结余可拨入下一经济年度的本身预算中。

2. 澳门政府公共部门按行政及财政自治权划分情况

➢ 非自治部门（一般部门），例如行政长官办公室、身份证明局、行政公职局、旅游局及经济局等。

➢ 行政独立部门（具行政自治权的部门），例如教青局、港务局、澳门保安事务局、体育发展局、文化局和澳门监狱。

➢ 自治实体（具行政及财政自治的部门及基金），例如澳门大学、邮政局、旅游基金、体育发展基金、卫生局、房屋局、民政总署等。

3. 财政法律制度

特别行政区所有公共部门包括享有行政自治权的公共机关、自治实体均须遵守2006年11月21日第41/83/M号法令（预算纲要法），且经5月26日第49/84/M号法令（开支分类）、4月27日第22/87/M号法令（预算修改）及9月17日第55/90/M号法令（行政当局投资与发展开支计划之分类）等法规的修改。

自治实体除了须遵守上述法令外，还须遵守9月27日第53/93/M号法令、相关组织法及相关财政制度。

12月20日第66/93/M号法令（公布具财政自治权的实体的名单）。

自治基金是公务法人的一种，其须遵守11月21日第41/83/M号法令（预算纲要法）、9月27日第53/93/M号法令、相关组织法及相关财政制度。

4. 设立基金须考虑的法例

8月11日第85/84/M号法令第二章。

9月27日第53/93/M号法令。

5. 在澳门法律体系中，已设定基金的模式存在差别，现以学生福利基金及社会保障基金为例作出比较

基金模式	学生福利基金	社会保障基金
组织法规	12月3日第62/94/M号法令	10月18日第59/93/M号法令
性质	具行政、财政和财产自治权且具法律人格	具行政、财政和财产自治权的公务法人
运作模式	附属于教青局运作	作为自治实体独立运作，其组织架构设有1个厅和4个处，并有人员编制
机关及附属单位	仅由行政管理委员会管理基金，不存在本身的附属单位	机关有行政管理委员会及监事会，并有组织附属单位
行政管理委员会的组成	由教青局局长、社会暨教育辅助处处长、财政局一名代表和行政辅助科科长组成，教青局局长担任主席，行政辅助科科长担任秘书	由最少5名或最多7名成员组成，其中包括劳工团体和雇主团体的代表，有关委员须由行政长官或负责相关范畴的司长以批示委任

续表

基金模式	学生福利基金	社会保障基金
适用的财政制度	9月27日第53/93/M号法令及相关组织法的约束	9月27日第53/93/M号法令、相关组织法及受监督实体发出的指导和指引的约束
以类似形式设立的自治实体	澳门监狱基金（第11/2003号行政法规）、法务公库（第10/2003号行政法规）、工商业发展基金（第8/2003号行政法规）、旅游基金（6月6日第28/94/M号法令）、文化基金（5月16日第26/94/M号法令）	科学技术发展基金（第14/2004号行政法规）、澳门退休基金会（9月28日第45/98/M号法令）、澳门基金会（第7/2001号法律）

6. 作为具行政自治权的教青局与作为自治实体的教育发展基金在预算开支制度上的比较

就教青局给予私立教育机构资助而言，根据8月29日第11/91/M号法律《澳门教育制度》的规定，对于给予私立教育机构的资助包括经常性和非经常性两种形式。目前，上述资助是由教青局的开支预算来承担的，并须遵守11月21日第41/83/M号法令（预算纲要法）的规范。基于教青局是一个具行政自治权的部门，其仅存在开支预算。因经常性和非经常性资助而作出开支时，须按开支的金额确定有权限作出批准的实体。根据第26/2003号社会文化司司长批示第二款（一）项的规定，教青局局长可批予不多于10万澳门元的资助金额，超过上述金额者，须呈上级批示。

就教育发展基金给予私立教育机构资助而言，若新草案提及的教育发展基金参考学生福利基金的模式运作，且考虑将上述资助交由教育发展基金负责，则将出现的改变是，由于教育发展基金将作为行政和财政自治权的实体，本身具有预算（包括收入预算和开支预算），在财政制度上，除了11月21日第41/83/M号法令（预算纲要法）规范外，还须受9月27日第53/93/M号法令所约束。根据9月27日第53/93/M号法令第十三条的规定，自治实体之财政运用系在遵循有关职责及权限之范围内所作出的开支。作出上款开支，尤指在资产及劳务之取得与提供，以及承揽合同方面，受适用于非自治机关或具行政自治权机关的法例所约束。另外，同一法令第二十六条规定，除由法律规定较低金额者外，行政管理委员会本身作出开支之权限之限制为该实体首次预算总收入的1%，而在任何情况下，均不得超过澳门币 50 万元。资产及劳务之取得，如属免除竞投或咨询之手续，或免除书面合同之订立者，则上款权限所列金额减半。因此，由法规的规定可知，自治实体的行政管理委员会在开支方面的权限亦是受限制的，要视乎该实体的首次预算的 1%和是否超过澳门币 50 万元。超过有关金额者，仍须呈上级批示。

综上所述，两者在开支方面均受到一定金额的限制，只是两者在批给的限额上有差别。另外，在作出决定的实体方面，前者由教青局局长（独任机关）作出，后者则由行政管理委员会（合议机关）作出。

备注：以上概述，谨供参考。

参考资料：9 月 27 日第 53/93/M 号法令、10 月 18 日第 59/93/M 号法令、12 月 20 日第 66/93/M 号法令、12 月 19 日第 62/94/M 号法令。

附件四　中国澳门及若干国家或地区私立学校管理模式概述

按照2004年12月6日教育委员会“教改意见分析专责小组”第五次会议的指示，就若干国家及地区私立学校管理的基本模式搜集数据，现简报如下。

1. 中国澳门概况

澳门私立教育机构的兴办者包括自然人（个人）和法人两大类，目前以后者为多，其办学申请获批准并获发执照后则成为该教育机构的“持有执照实体”，由于澳门《民法典》关于法律关系主体的规定，教育机构并不能借着获发运作执照而取得法律人格，故持照实体是唯一具有民事行为能力以教育机构名义行事（如订立合同、承担债务、起诉、应诉等）及承担民事责任的实体。

根据第38/93/M号法令《从事非高等教育之私立教育机构通则》第十一条的规定，私立教育机构须有以下四个机关：持有执照实体、校长、教学领导机关、行政领导机关，四者按照该通则规定的权限行使权力及履行职责。简单而言，持照实体是学校重要权限的拥有者，负责学校的重要决策，包括委任校长或通过其拟订的教育机构章程决定校长的产生方式，而校长则受托领导及管理学校，包括主持校内的教学领导机关和行政领导机关。

2. 中国内地概况

1995年3月8日通过的《中华人民共和国教育法》第三十一条规定：“学校及其他教育机构具备法人条件的，自批准设立或登记注册之日起取得法人资格。学校及其他教育机构在民事活动中依法享有民事权利”，“学校及其他教育机构兴办的校办产业独立承担民事责任。”

2003年9月1日起实施的《中华人民共和国民办教育促进法》第九条规定：“举办民办学校的社会组织，应当具有法人资格。举办民办学校的个人，应当具有政治权利和完全民事行为能力。民办学校应当具有法人条件。”

《中华人民共和国民办教育促进法》还规定：民办学校应设立“理事会”或“董事会”，成员在5人以上，由举办者或其代表、校长、教职工代表等组成，1/3以上成员应具有5年以上教育教学经验。民办学校的法人代表由理事长、董事长或者校长担任。“理事会”或“董事会”决定学校重大事项，包括聘任校长、制定学校章程和发展规划、筹集办学经费等。校长负责学校的教育教学和行政管理工作。学校设立以教师为主体的“教职工代表大会”，保障教职工参与民主管理和监督。

3. 中国香港概况

香港私办学校包括资助学校、直接资助学校、私立独立学校及按额津贴学校四大类，其申办以个人名义进行，而某校属个人兴办还是团体兴办则视该校有没有申报办学团体（以往称为赞助团体）而定，办学团体可以是社团、机构或团体（不论是否已成立为法团），兴办者在学校注册申请获批准后，并不直接参与学校的管理和重要决策，而是通过若干名由其提名并获教育行政当局（教育统筹局常任秘书长）批准的校董组成校董会行使该等权力，校董会既可以是取得法团资格（即具备法人地位）的团体，亦可以是非法团团体，在学校运作中产生的民事法律责任将视校董会是否具备法团资格而由法团校董会或由所有个别校董共同承担，而校长则由校董会向教育行政当局推荐并获批准的一名校内教员担任，校长在校董会的指示下，须负责其学校的教学及纪律。

对于接受巨额公款津贴的资助学校，前述状况将逐渐出现变化，香港特别行政区立法会于 2004 年 7 月 8 日通过《2004 年教育（修订）条例》，自 2005 年 1 月 1 日起实施，其引入的主要修订内容包括规定校董会必须取得法团资格，即必须成立法团校董会，校董会负责按照办学团体所确定的目标及办学使命制定学校的教育政策、计划及管理学校的财政及人力资源，以及学校的规划等；条例亦规定法团校董会的组成须包括一定数量的非办学团体人士，如教员代表、家长代表、校友代表及独立的社会人士，目的是期望借着有关人士直接参与学校的决策，提高学校管治层的透明度和优化问责机制，且能集思广益，使学校的工作更臻完善。前述规定直接适用于修订条例实施日或之后开课的资助学校，而对于在当日之前已开始运作的学校，则须在 2009 年 7 月 1 日前符合有关规定。对于其他类型的私办学校，是否遵守有关规定，则取决于其办学团体的意向。

4. 中国台湾概况

按台湾地区的“私立学校法”规定，私立学校之筹设，应由创办人提出筹设学校计划，连同捐助章程，报请主管教育行政机关审核许可，创办人一般由捐资办学之人担任，亦可由经捐资人推举的热心人士担任，创办人可以是自然人、法人或非法人团体，但数目以 1～3 人为限。

筹设申请获许可后 3 个月内，创办人应遴选适当人员连同其同意书报经主管教育行政机关核备后 30 日内，组成董事会，董事会由 7～21 人组成，具体名额于董事会的组织章程中明确规定，其成员（董事）应有 1/3 以上曾从事教育研究，或同级或较高级教育工作，并具有相当经验；董事会负责包括选聘校长在内的学校主要的人事、行政及财政决策，校长则按法令规定及董事会之决议综合管理校务，并受主管教育行政机关之监督。

董事会成立后 30 日内，须通过主管教育行政机关，向法院办理私立学校为财团法人的设立登记，完成登记后 1 年内，由董事会向主管教育行政机关申请立案，立案获批准后，学校方可招生运作。

5. 葡萄牙概况

5.1 《葡萄牙共和国宪法》(*Constituição da República*)。

第四十三条“教与学的自由”第四款规定：“保护设立私立及合作社学校的权利。”

第七十五条“公共、私立及合作社教育”第二款规定：“国家依法确认及监督私立及合作社教育。”

第七十七条“对教育的民主参与”规定：“1. 教师及学生有权依法参与学校的民主管理。2. 法律规范教师社团、学生社团、家长社团、各社群及科学机构参与订定教育政策的方式。”

5.2 11 月 20 日第 553/80 号法令《私立及合作社教育通则》(*Estatuto do Ensino Particular e Cooperativo*)。

第二十三及二十四条规定，自然人及私法人可自由申请开办私立学校。

第三章（第四十一至四十四条）规定，私立学校设有持有许可实体，以及由其指定之教学领导机关；持有许可实体具有制定学校的总指导方针，在所有行政管理性质事宜上代表学校，建立学校的行政组织、运作条件及确保人员的聘用及管理等权限；教学领导机关可以由一人或多人组成，具有指导学校的教学活动、在所有教学性质事宜上代表学校与教育部联系、规划及指导教学及文化活动等权限。

5.3 12 月 20 日第 30/2002 号法律《非高等教育学生通则》(*Estatuto do Aluno do Ensino Não Superior*)。

第三条“适用范围”第四款规定：“构成本通则的原则适用于私立及合作社网络的教育机构，他们应调整其内部规章使之符合该等原则。”

第四条“教育群体成员的责任”第三款规定：“第一款所述的教育群体除其他实体的参与外，包括学生、家长、教师、校内的非教学人员，以及根据职责及权限而参与教育范畴的地方自治机关、中央及地方管理机关。”

第十三条“学生的权利”第一项规定：“学生有权……依法通过其代表参与学校的行政及管理机关、参与教学计划的订定及执行，以及参与内部规章的拟订。”

第五十二条“学校内部规章的目的”第一款规定：“就本学生通则而言，学校内部规章的目的在于落实本法规及其他具章程性质法例的规定，使学校的实际与有关规定配合，以及解决其教育群体内的矛盾，尤其规定学生在校园生活中的权利和义务。穿着校服，设施及设备的使用、学校设施及空间的进入，以及对成绩、积极参与学校工作，以及在校内或校外对其所属社群或整体社会所作贡献的认定及评价。"

第五十三条"学校内部规章的拟订"规定："学校的内部规章根据 5 月 4 日第 115-A/98 号法令核准的学前教育、基础教育及中学教育机构的自主、行政及管理制度拟订，尤其通过学校大会的运作以确保学校群体参与有关的草拟。"

5.4 5 月 4 日第 115-A/98 号法令《学校自主制度》。

第七条"学校的行政及管理"第二款规定："学校的行政及管理机关包括：a. 大会；b. 管理委员会或校长；c. 教学委员会；d. 行政委员会。"

第八条"大会"规定："1. 大会是负责按照宪法及教育制度纲要法所定原则制定学校活动指导方针的机关。2. 大会是参与并代表学校群体的机关，应确保教师、家长、学生、非教学人员及地方自治机关的代表参与其组成。3. 学校得按其意愿在其内部规章中规定大会可包括对学校教学计划有贡献的从事文化、科学、环境及经济活动的代表。"

6. 小结

为便于比对，特归纳各地私立学校概况并列于下表：

情况	中国				葡萄牙
	澳门	内地	香港	台湾	
"学校"本身是否具有法律人格/法人资格以及其性质	× 学校是持有执照实体举办教育活动的场所	√ 法律向批准设立或登记注册的学校赋予法人资格	× 学校是提供教育课程的院校、组织或机构	× 学校本身并非法人，但法律要求学校须设立登记成为"财团法人"	× 学校是持有许可实体举办教育活动的场所

* 如已设立法团校董会，则由法团校董会承担由"学校"产生的民事责任，否则，将由非法团校董会内的各注册校董共同承担；另法例已规定未设立法团校董会的现有学校须于 2009 年 7 月 1 日前成立法团校董会，而新办学校则须即时设立法团校董会。

续表

情况	中国				葡萄牙
	澳门	内地	香港	台湾	
行使及承担有关“学校”的民事权利及责任的主体/实体	持有执照实体	学校	各注册校董/法团校董会 *	所设立的“财团法人”	持有许可实体
创办/申办实体是否直接负责学校的重要决策	√ 法律向持有执照实体赋予若干学校重要决策权限	× 法律规定民办学校应当设立学校理事会、董事会或者其他形式的决策机构	× 法律规定凡已设立法团校董会的学校，须由该校董会按办学团体所确定的目标及办学使命进行管理	× 法律规定私立学校应设董事会，负责学校的重要决策	√ 法律向持有许可实体赋予若干学校重要决策权限
非创办/申办实体决策机构的组成	—	成员须5人以上，由举办者或其代表、校长、教职工等人员组成，其中一名为理事长或董事长，1/3以上成员应具有5年以上教育教学经验，名单报审批机关备案	成员数目由章程制定，包括办学团体代表、校长、教员代表、家长代表、校友代表及独立的社会人士，其中办学团体代表人数不得超过总人数的60%，该等人士须向教育行政当局申请批注	成员由7～21人组成，应有1/3以上曾从事教育研究或同级或较高级教育工作，并具有相当多的经验。名单须报教育行政当局核备	—

参考资料：中国（内地、香港、澳门、台湾）及葡萄牙有关私立教育机构的法规。

附录六　提交立法会之理由陈述[①]

非高等教育的教育制度

（法案）

8 月 29 日第 11/91/M 号法律颁布至今已 14 年，其间世界科技知识及教育理论快速进步，澳门的政治、经济、文化和社会在澳门特别行政区成立后均获得很大发展，这都意味着我们须对现行的澳门教育制度法律进行修订。

特别行政区政府于 2002 年启动修订工作，先后于 2003 年 6 月、2004 年 3 月推出《持续进步，发展有道——澳门教育制度修改建议》和《〈澳门特别行政区教育制度〉法律草案咨询意见稿》，分两阶段采用多种途径和方式向全社会广泛咨询意见。教育界人士、家长、学生、学校及社团提出的大量意见和建议，经结集整理，连同教育委员会委员收集到的意见，交教育委员会专设之“教改意见分析专责小组”进行多轮讨论，以及结合法律专家深入探讨的意见，最终制定了《非高等教育的教育制度（法案）》。

法案所建立的制度框架，将是澳门特别行政区非高等教育未来发展的制度基础与实践依据。因为所建立的只是制度框架，故须对一系列现行法规进行修订，并制定若干必要的新法规。

① 2006 年 8 月 2 日提交立法会。

附录七　社会文化司司长在立法会全体会议的引介发言

《澳门特别行政区非高等教育的教育制度（法案）》的引介发言
社会文化司司长 崔世安
2006 年 8 月 2 日

立法会主席、各位议员：

要整体提升居民的生活素质，教育是十分重要的一环。近年来，教育改革一直是政府和民间都十分关注的领域，教育制度的检讨和修订更关系澳门教育的长远发展，乃至将来澳门的整体竞争实力。没有一套优质的教育制度，教育不可能为未来的澳门培养足够的优秀人才，保证澳门的持续发展。

经过 3 年多的努力和反复修订，《澳门特别行政区非高等教育的教育制度（法案）》现已完成起草工作，呈交给各位审议。为方便各位对法案有比较整体和清晰的了解，下文将简要介绍该法案起草和修订的基本情况。

澳门教育制度法律（第 11/91/M 号）自 1991 年颁布至今已超过 14 年。应澳门回归祖国后政治、经济、社会和文化发展的新需要以及世界教育发展的新趋势，特别行政区政府于 2002 年启动澳门教育制度的检讨与修订工作。

检讨和研究工作首先在教育委员会内的常设委员会进行，该小组经过前后多达 16 次的会议的深入讨论，对教育制度的修订达成系列共识。以此为基础，并经广泛咨询，政府先后于 2003 年 6 月和 2004 年 3 月分别推出《持续进步，发展有道——澳门教育制度修改建议》和《〈澳门特别行政区教育制度〉法律草案咨询意见稿》。以上述两个文件为基础，教育暨青年局通过多种途径和方式，广泛倾听和收集市民及社会各界的意见。在两个阶段的公众咨询期里，举办讲解会和意见征集会超过 21 场，组织研讨会 2 场，收集市民和各界意见超过 1 000 条。

上述意见经结集整理后，提交给教育委员会内设立的“教改意见分析专责小组”讨论。讨论期间先后召开 17 次会议，对各类教改意见进行了逐条分析，并就一些重要问题进行了专题性的深入探讨，最终形成《非高等教育的教育制度（法案）》。2005 年 6 月 10 日，教育委员会全体会议就教改内容一致达成共识。可以说，教改内容充分反映了澳门各界的意见，尤其体现了教育委员会的积极参与。

为对法案文本进行跟进整理，尤其是使其表述符合法律语言所必须具备的“确切”和“清晰”这两项基本特质，教育暨青年局随后在局内组织了一个专门小组，成员包括教育范畴学者、长期参与现行教育法例的制定及教育政策的执行并熟悉澳门教育实况的部门主管和人员，以及法律专业人员。该小组综合分析及参考了社会文化司司长办公室、法务局及教育暨青年局的法律专家就法案文本所提供的意见及建议，包括法案的结构编排以至某些条款的行文表述，同时对法案文本进行了进一步的持续检视。

基于以上长期、细致而专业的工作，我们相信，现在呈交给各位的法案文本，在结构框架、具体内容和行文用词等方面，均已基本达到预期要求。

法案修订拟达成的目标：促进澳门非高等教育教育制度的现代化；从教育目标、经费、学制、师资、课程、学校发展等方面，为优质教育提供制度保障；在咨询和讨论中促进教师和市民教育理念的转变。

与第11/91/M号法律相比，新法案继续体现了教育制度的弹性和对办学自主的保障，但在结构和具体内容上都有必要的修订：有的是原有法律基本没有触及而又必须加入的，有的则是对原有法律条文的必要调整。修订的重点如下：

（1）将法律更名为《非高等教育的教育制度》，并删除有关高等教育的内容。

（说明：高等教育范畴已另有法律订定，本法律与《澳门特别行政区高等教育制度》法律并列。）

（2）对法律的结构作了重要调整，特别是调整了第二章“教育制度的原则和目标”和第四章“课程和教学”。

（说明：这两章的内容在原有法律中都很分散，不利于理解和法律的施行，同时教育目标与课程和教学在现代教育制度中越来越受到各地的普遍重视，应予突出和强调。）

（3）立足全人发展，重订教育目标。

（说明：因社会和时代的变迁，澳门教育的总目标和各教育程度的目标有重新审视和调整的必要。新的教育目标不以知识教育为唯一指向，重视人的整体发展；充分体现时代要求，密切关注澳门的特点与未来需要；突出各教育程度的特殊要求，依系统性、延伸性原则处理教育总目标与各教育阶段目标的关系。）

（4）由特别行政区政府整体规划各教育程度“基本的课程框架和课程标准”，教育机构自主发展其校本课程。

（说明：一个地区应该有自己的基本教育标准，各地的教育也应为本地的发展服务。澳门非高等教育应继续让所有学校依据理念而办出自己的特色，但也应有与社会发展需要相配合的教育发展方向，达到基本的教育要求，故由特别行政区政府整体规划各教育程度“基本的课程框架和课程标准”。但这绝不是统一澳门的课程和教材，学校在遵守上述课程框架和课程标准的前提下，可自主开发校本课程。）

（5）设立教育发展基金，支持非高等教育的发展，基金的具体管理由专有法规制定。

（说明：教育的发展须有长远规划，教育经费的投放尤须保证连续性和稳定性。教育发展基金设立的目的，正是配合非高等教育发展的需要，支持和推动在非高等教育范畴中开展各类具有发展性的计划和活动，包括优化学校的校本管理、完善教学环境和设备、确保学生的均衡发展等。基于基金具有盈余可作滚存的特点，设立教育发展基金有助于达成这一点，有利于更好地为学校的发展提供支持。基金的启动金额预算为 15 亿澳门元，作为首 4 年运作之需。）

（6）改革学制，取消了“小学教育预备班”，将其纳入幼儿教育作为第三年；同时将高中学制统一为三年。但新学制的实施将设有足够的过渡期。

（说明：将“小学教育预备班”改为幼儿教育第三年，有利于避免幼儿教育小学化，减轻学生的学习负担；而将高中学制统一为三年，主要是考虑澳门非高等教育的教育制度具有其教育目标，根据这些目标进行课程的改革和发展，课程是一条道路，通过课程的实施而让学生达到这些目标。高中实施三年制，是符合教育的科学性和逻辑性，按此学习年限而制订的课程计划，方可确保学生达到这些教育目标。同时也考虑高中三年制反映世界各国和地区学制存在的普遍性，也可与中国澳门、中国内地以至国际主流的高等教育接轨。学制的实施日程以行政长官的批示订定，其过渡期初步拟定将不少 5 个学校年度，以便学校有充裕的时间作出调整。）

（7）在正规教育各阶段实施免费教育，义务教育以外各学级（包括幼儿教育第一年和第二年以及三年高中教育）实施免费教育的日程，由行政长官订定。同时，明确将“补充服务费”列入免费的范围。

（说明：幼儿教育第一年和第二年由 2005/2006 学年开始实施，当本法案通过后会进行追溯。免费教育优先向幼儿教育阶段下延，在教育经济学的角度来看具有更大的效益；另外，通过优先下延以改善幼儿教育的班师比和师生比，更有助于提升教育的素质。在这一基础巩固后再有序地向高中教育阶段延伸，是一个合理和适切的发展过程。2005 年 4 月 7 日在立法会上已就是否立即推行高中免费教育进行专题辩论会，在充分听取了立法议员的意见后，同时考虑市民的要求，行政长官在 2006 年财政年度的施政报告中承诺不迟于 2009/2010 学年实施高中的免费教育。实施日程将由行政法规制定。有序地全面推行 15 年免费教育，是澳门非高等教育未来发展的趋势，政府将积极按照规律推进免费教育的发展。同时，免费教育须由“倾向性免费教育”进一步提升至真正的免费，将目前仍然由学生家长承担的“补充服务费”纳入免费的范围，这有利于澳门非高等教育进一步向优质化发展。）

（8）专门增加一条，强调家庭教育的重要性，并规定澳门特别行政区政府通过部门间和政府与非政府机构间的合作，促进家庭教育的发展。

（说明：家庭教育是学校正规教育的重要基础，学校教育的许多问题都源于家庭教育；同时，重视家庭教育也是现代大教育观的体现。）

（9）引入“持续教育”概念以涵盖第11/91/M号法律中的“成人教育”概念，并强调“社区教育”的重要性。

（说明：“持续教育”是指正规教育以外的各种教育和培训活动，包括回归教育、社区教育和家庭教育等。在学习化社会中，社区教育越来越受到各国的重视。）

（10）设立一个由若干核心科目组成的标准评核机制，以保证回归教育的质量。

（说明：在多元的学习途径下，为保证回归教育的素质，并提供更多的渠道让自学者取得学历，获得回归教育学历必须先通过一个由行政当局统筹、以若干核心科目组成的标准评核。）

（11）特别行政区政府对学校进行系统的综合评鉴和专项评鉴，以协助学校教育持续改善和发展。

（说明：为保证学校的行政、财政和教学的质量，有必要对学校进行系统的综合评鉴和专项评鉴，借此机制，向学校提供改善和发展的参考意见，同时让特别行政区政府准确掌握有关情况，规划必需的辅助措施。）

（12）公立、私立学校都须设校董会。校董会的权责、组成、运作，由办学实体根据专有法规订定的原则制定的校董会章程规定。

（说明：设置校董会是学校管理实现多元参与的重要机制和制度保证，也是教育民主化的体现，可以使学校的管理与发展建立在广泛的意见和共识之上。通过多元的参与，来制定学校的管理和发展政策，让学校不断地自我发展和完善，以提升学校效能和教育的素质。校董会将由办学实体负责筹组。通过行政长官的批示订定实施日程，其过渡期将不少于3年。）

（13）私立教育机构的教学人员依适用法例，享有由公立医疗机构提供的卫生护理，具体实施办法由专有法规订定。

（说明：加入此规定，是为了使教学人员现在已经享有的由公立医疗机构提供的卫生护理得到法律保证，以提升教学人员的士气，体现教师这一职业的社会价值。）

（14）特别行政区政府制定教学人员制度框架。

（说明：制定教学人员制度框架对发展澳门非高等教育具有重要意义。要做到既维护教学人员的长远利益，又不妨碍私立学校的自主性，有必要由特别行政区政府负责订定一个包括教学人员的工作类型、职级、考评、合理的工作量、合理的待遇和相应的权利及义务的制度框架，该制度框架的内涵一方面体现教学人员的专业性质，另一方面也保障教学人员应有的权益。在本法律颁布后，将优先处理教学人员制度框架的专有法规的制定。）

（15）引入教学人员“专业发展”理念，完善教学人员的津贴发放制度。

（说明：随着社会转型、知识剧增和价值多元时代的到来，教师必须主动适应时代的要求，与时俱进，因而他们的专业发展越来越为各地政府所关注和重视，特别行政区政府有必要在这方面给教师提供有力支持，建立促进教学人员专业发展的有效机制，包括完善教学人员津贴发放制度。）

（16）为保障所有儿童接受教育的权利，对因各种原因失去行动自由或行动受限制的儿童和青少年给予充分关顾。

（说明：这是联合国“儿童权利公约”中“人人享有受教育权”这一基本原则的体现，有助于提升市民的整体生活素质。）

（17）订定专有法规，加强对学生的心理辅导及其他辅导。

（说明：为保障学生生理和心理的健康成长，心理辅导和其他辅导对学生日渐重要，有需要制定专有法规。）

（18）界定“学费津贴”和“学费援助”的区别，将以前向家庭经济困难学生提供的“学费津贴”改称“学费援助”。在学生福利中增加“为学习所需的辅助设备津贴”。

（说明：将以前向家庭经济困难学生提供的“学费津贴”改称“学费援助”，这是为了避免把这类津贴与给予未加入免费教育学校系统的学生的“学费津贴”混淆。）

（19）加强专家、学者在教育委员会中的咨询作用。

（说明：教育委员会是一个汇集社会各界力量的教育咨询机构，该委员会通过参与、协调、合作和检讨，为教育政策的发展寻求广泛的共识，其运作应体现足够的专业性。）

主席、各位议员，教育乃百年大计，关系一代代人的成长。政府应积极、慎重和有步骤地推进教育改革，本次非高等教育制度法律的修订是及时而必要的，经过了长期研究和公开咨询，同时有教育和法律界专业人士的全面参与，相信对未来澳门非高等教育的发展将起到重要的推动作用。

现将本法案提交各位审议。

多谢各位！

附录八 关于《非高等教育的教育制度》法案的几个问题的处理与说明①

澳门特别行政区立法会

1. 法案标题

考虑到本法律主要是制定非高等教育制度的纲要，不包括其全部具体内容，故建议将原标题“非高等教育的教育制度”改为“非高等教育制度纲要法”。由于修改后的标题已很清晰，故删除原标题“非高等教育的教育制度”中“教育的”三字。

2. 第三章的编排问题

原有法案的第三章分了“节”，但第五条“教育的类型”却独立于各节之外，这有可能给法律的理解带来困难，故同意将其纳入第一节。但重新编排之后，第一节的标题宜改为“教育的类型”，第五条的标题则改为“教育类型设定”。

原标题	改为
第五条 教育的类型	第一节 教育的类型
	第五条 教育类型设定
第一节 正规教育	第一分节 正规教育
第二节 持续教育	第二分节 持续教育
第三节 报读和就读条件	第二节 报读和就读条件
第四节 义务教育和免费教育	第三节 义务教育和免费教育

3. 对行动受限制者的就学支持

现行《中华人民共和国刑法典》规定刑罚中的主刑包括徒刑和罚金，由于未满 16 岁之人，不可归责，故只适用于年满 16 岁之人。而对未满 16 岁者适用第

① 澳门特别行政区立法会 2006 年 9 月在审议法案过程中提供。

65/99/M 号法令制定的“未成年人司法管辖范围内之教育制度及社会保护制度”，其中的“教育制度”适用于年满 12 岁而未满 16 岁之作出被法律定为犯罪、轻微违反或行政上之违法行为之事实之未成年人，可采用的措施包括训诫、命令作出某些行为或履行某些义务、教育上之跟进、半收容及收容，共 5 项，可单独或一并采用。而“社会保护制度”中的一般措施适用于未满 12 岁而作出被法律定为犯罪、轻微违反或行政上之违法行为之事实之未成年人，以及适用于不论年龄而处于该法令所列情况之未成年人，一般措施包括通过父母、监护人或照顾未成年人之实体给予辅助、通过另一家庭给予辅助、交托予第三人、自立之辅助、交托予家庭及交托予机构，共 6 项，可单独或一并采用。

由于义务教育的年龄范围是 5～15 岁，故对义务教育范围内的受教育者可能适用的剥夺自由的措施或处分，只能采用前述“教育制度”中的收容措施。

然而，考虑有关部门正连同本地及外地的大学和专业社团开展“澳门刑事责任年龄研究”[1]，并不排除根据研究报告建议将澳门的刑事责任年龄下降至义务教育范围内，因此，宜考虑在义务教育年龄范围内被科处剥夺自由处分的可能。

建议修改第二十九条“对行动受限制者的就学支持”第二项如下：

原文：

（二）被科处剥夺自由处分者。

改为：

（二）被实施收容措施或科处剥夺自由处分者。

4. 学生福利和学生保健

世界上许多国家和地区在社会福利方面的很多政策都对本地居民和非本地居民有所区别，特别行政区政府现在在医疗、社会援助、经济房屋等方面的制度，对澳门居民和非澳门居民也有不同政策，考虑政府在不同领域政策的一致性和连续性，建议保留法案第三十条“学生福利”和第三十一条“学生保健”的有关规定。

膳食津贴和学习用品津贴是特别行政区政府提供的一种社会援助，受惠对象是家庭经济困难且属澳门特别行政区居民的学生，并非每个属澳门特别行政区居民的学生都可享有。

目前为属澳门特别行政区居民的学生所提供的保险服务，是社会援助的补充服务之一，目的是确保该等学生在意外受伤时的医疗援助，以及对第三者所遭受

---

① 由法务局联同澳门大学、香港城市大学及澳门青少年犯罪研究学会共同进行。

之身体侵害或物质损害之弥补在财务上给予保障。

按《澳门公共行政工作人员通则》，卫生护理的范围包括门诊、住院、药物等，而疫苗接种不列在其内。疫苗接种是确保公共利益的一项重要措施，根据法令第13/96/M号和第272/2005号行政长官批示，卫生局为所有学生免费提供。

建议修改第三十一条（学生保健）第一款如下：

原文：

属澳门特别行政区居民并就读于正规教育机构的学生，有权享有由公共卫生机构提供的免费卫生和医疗服务。

改为：

一、属澳门特别行政区居民并就读于正规教育机构的学生，有权享有由公共卫生机构提供的免费卫生护理。

5. 教学人员卫生护理问题

关于公共卫生机构向教学人员提供的卫生护理具体方式，将在新拟订的《非高等教育私立学校教学人员制度框架》法规内，通过制定教学人员相关医疗供款制度，让教学人员享有由公共卫生机构以无偿方式提供的卫生护理。

参考《澳门公共行政工作人员通则》有关卫生护理的范围，以及本法案第三十一条“学生保健”第一款关于“卫生护理”的修订，第四十条“人员”第六款保持不变。

附录九　立法会第一常设委员会第 3/Ⅲ/2006 号意见书

事由：《非高等教育制度纲要法》法案

一、引　　言

澳门特别行政区政府于 2006 年 7 月 19 日提交了《非高等教育的教育制度》法案，立法会副主席根据《立法会议事规则》的规定于同日接纳了该法案。

上述法案在 2006 年 8 月 2 日全体会议中进行引介，并获全体会议一般性通过。立法会副主席于同日通过第 389/Ⅲ/2006 号批示，将法案派发给本委员会进行细则性审议并编制意见书。

委员会于 8 月 2 日、7 日、9 日，10 月 24 日、25 日、31 日，11 月 20 日以及 12 月 5 日举行了会议，政府代表列席了 8 月 2 日、10 月 25 日以及 11 月 20 日的会议，向委员会提供了必需的解释。其间，立法会顾问团与政府顾问团对法案的文本进行了详细的分析。

此外，在审议过程中，委员会还曾展开咨询程序，收集公众对法案的意见和建议，并对有关意见进行了认真考虑。

政府于 2006 年 11 月 29 日提交了新的法案文本，其中部分内容反映了委员会的意见以及双方顾问团在相关工作会议上对法案进行法律技术分析的成果。除另有说明外，本意见书引述的条文以法案新文本为依据。

二、引　　介

法案理由陈述指出："8 月 29 日第 11/91/M 号法律颁布至今已 14 年，其间世界科技知识及教育理论快速进步，澳门的政治、经济、文化和社会在澳门特别行政区成立后均获得很大发展，这都意味着我们须对现行的澳门教育制度法律进行修订。

"特别行政区政府于 2002 年启动修订工作，先后于 2003 年 6 月、2004 年 3 月推出《持续进步，发展有道——澳门教育制度修改建议》和《〈澳门特别行政区教育制度〉法律草案咨询意见稿》，分两阶段采用多种途径和方式向全社会广泛咨询意见。教育界人士、家长、学生、学校及社团提出的大量意见和建议，经结集整理，连同教育委员会委员收集到的意见，交教育委员会专设之'教改意见分析专责小组’进行多轮讨论，以及结合法律专家深入探讨的意见，最终制定了《非高等教育的教育制度（法案)》。

“法案所建立的制度框架，将是澳门特别行政区非高等教育未来发展的制度基础与实践依据。因为所建立的只是制度框架，故须对一系列现行法规进行修订，并订定若干必要的新法规。”

三、概括性审议

1. 教育制度改革与立法咨询问题

8 月 29 日第 11/91/M 号法律《澳门教育制度》作为教育领域的纲要性法律颁布实施已经超过 14 年的时间，其间，既积累了经验，也发现了存在的问题。随着经济社会的发展，教育制度改革问题日益引起澳门各界的广泛关注。在政府历次施政报告以及立法会对此进行的辩论中，教育制度改革与发展也是一项重要的议题。

委员会认为，法案的提出响应了社会需求，因而是适时的。就法案内容而言，委员会普遍关注教育制度改革和发展的方向，特别是教育的可持续发展以及各种制度与经济社会发展的配合问题，同时也关注教育制度改革的各项重点内容，包括学制、免费教育、教学人员制度、教育发展基金等问题。

委员会认为，鉴于法案的重要性及其广泛影响，充分的咨询是非常必要的，因此，委员会在审议时不仅关注政府在草拟法案过程中的咨询情况，也曾从立法会层面开展过相应的咨询。

委员会在展开咨询期间，收到市民和有关社团多份意见书，内容涉及学制、免费教育、教科书和辅助教材、小班教学、教学人员制度、财政支持、教育发展基金和教育委员会组成等多方面的问题，其中既包括赞同性的意见，也包括反对的意见。上述市民或社团除了对法案实体内容表达意见，有的也对法案文字技术提出意见或建议。

委员会认为，无论是政府在草拟法案阶段还是委员会在细则性审议过程中，所进行的咨询都有积极意义，有助于加强社会各界的参与；同时，所收集的意见和建议对于理解和完善法案的内容也有参考价值，委员会曾对有关意见和建议进行了认真分析，并就相关问题与提案人进行了讨论，最后将可行的建议吸纳在法案中。

2. 纲要法与补充性法规的关系问题

委员会注意到，法案所规范的内容主要是非高等教育制度的原则和框架，属于一种纲要性规范文件，其中有 20 多处提及需要通过专有法规订定有关的制度。

委员会认为，鉴于非高等教育制度的复杂性，采取以纲要法为基础，通过专有法规加以补充的立法方式是适宜的，但法案中的许多框架性规范过于简单，尤其是对补充性法规应遵循的方向和标准的规定并不够。对此，委员会认为有必要在法案中更清楚表达立法意图，充实有关条文内容，特别是加入补充性法规应遵循的方向和原则方面的内容，以便为制定补充性法规提供更详尽的指引。

提案人接受委员会的意见，对法案的一些条文作了调整，进一步明确了有关专有法规应遵循的原则和方向。

此外，法案还规定在新的补足法例生效前，以往的补足性法例继续适用，而新的补充法规能否及时制定会直接影响教育改革的进程以及相关法律制度的配套，因此，委员会也关注政府制定或修改补充性法规的进程问题。对此，政府代表表示争取在两年内完成专有法规的制定和修改工作，并且会对教学人员制度优先作出安排。

3. 教育制度的原则和目标问题

教育制度的原则和目标体现着教育政策和立法的基本价值取向，对订定和实施具体的制度具有指导意义。

委员会注意到，在教育制度的原则方面，法案基本上保留了现行教育制度法律所确立的基本原则和核心价值，包括保障所有人均依法享有受教育的权利、教育制度遵循弹性和多样性原则、政府提供条件使受教育者在入学和学习方面有均等机会、政府尊重并确保教与学的自由，同时还根据社会发展的需要增加了新的内容，包括公共及私人实体遵循终身学习原则、发展持续教育、为受教育者的整体发展提供条件等。（参见法案第三条）

法案还应社会和时代变迁，对教育目标作了重新审视和调整，特别是强调教育目标不以知识教育为唯一指向，重视人的整体发展。法案规定教育的总目标是“培养及促进受教育者爱国爱澳、厚德尽善、遵纪守法的品格，使其有理想、有文化及具备适应时代需求的知识和技能，并养成健康的生活方式和强健体魄”（参见法案第四条）；同时，法案也突出各教育阶段的特殊要求，以系统性、延伸性原则处理教育总目标与各教育阶段目标的关系。

委员会认为法案的规定既维持了现行法律确立的核心价值，又根据社会发展的需要作出了必要的调整，因而是适宜的。

4. 关于学制改革问题

与现行的8月29日第11/91/M号法律相比，法案将非高等教育的类型分为正规教育及持续教育两大类。正规教育包括幼儿教育、小学教育、中学教育（分为初中和高中），其中，幼儿教育、初中教育和高中教育的学习年限均为3年，小学教育的学习年限为6年。（参见法案第五条与第六条）

委员会特别关注高中学制改革的必要性及其可能产生的影响。政府代表解释，法案将高中学制统一为三年制，主要是基于非高等教育制度的目标以及学生通常的学习进度情况而作出的选择。高中实行三年学制，符合教育的科学性和逻辑性，依此学习年限而制订的课程计划，才能确保学生达到教育目标。另一方面，高中学制的改革也参考了相关国家或地区的经验和做法，从衔接高等教育的角度看，法案的规定也有助于学生升读中国澳门、中国内地和中国台湾以及其他大部分国家或地区的大专院校。

此外，政府代表还指出，以往澳门很多学校采用香港的教科书，也相应跟随其实行的中学五年学制的做法，而现在香港已经宣布高中学制改为三年，与此配套的教科书也能为澳门三年制高中的课程与教学提供方便，这在一定程度上也有助于推动澳门学制的改革及处理教育总目标与各教育阶段目标的关系。

至于澳门高中三年学制的实施日程，法案规定由行政长官的批示订定。为此，政府初步拟设立不少于5年的过渡期，并向相关学校提供教师培训、教材等支持，以便有关学校有充足的条件作出调整。

尽管在咨询过程中，曾有社团对学制改革持有不同的意见，委员会在听取有关解释后认为学制改革是必要的，另一方面政府拟采取的过渡措施有助于学制改革的完成，因此学制改革也是可行的，但仍有个别成员持有异议。

5. 义务教育问题

《澳门特别行政区基本法》第一百二十一条第二款规定，澳门特别行政区政府依法推行义务教育。法案进一步规定对年龄介于5～15岁的儿童及青少年强制实施义务教育。家长有义务为适龄子女办理入学或就读注册，政府和教育机构有责任保障适龄未成年人完成义务教育。（参见法案第二十条）

委员会对义务教育制度的实施情况表示关注，特别希望提案人澄清“强制实施”义务教育的含义和措施问题。

政府代表解释，由于种种原因，现仍然存在义务教育年龄范围内的未成年人辍学的情况[①]，教育行政当局为解决青少年辍学问题，已经并将继续采取相应的跟进措施。

政府代表也指出，在义务教育实施过程中，强制的确存在困难。现行的8月16日第42/99/M号法令《义务教育制度》虽然有一定的强制性，但并未规定罚则。为此，政府正研究在相关法例中加入罚则的可行性，以便增加义务教育制度约束力。但政府代表同时也表示，考虑到义务教育的目的是使未成年人接受教育，以利于其身心健康发展，因此，即使规定罚则，仍将主要采用劝导、鼓励的方法，并继续采用其他相关措施加以配合，确保适龄未成年人接受义务教育。

此外，鉴于有关劳工法例规定，14～16岁的未成年人在某些条件下可从事童工工作，政府代表表示，已经向有关部门提出建议，将青少年就业的最低年龄改为16岁，以配合义务教育法例的实施。

6. 免费教育问题

免费教育不仅关系有关家庭教育开支负担，也关系发展优质教育问题，因此是委员会关注的另一个重要议题。在免费教育方面，法案不仅将“补充服务费”纳入免费内容，也将免费教育的范围扩大到正规教育各个阶段，至于延伸至高中教育各学级的日程由行政法规规定。此外，法案还规定，幼儿第一年、第二年免费教育的实施以及有关学费津贴的发放追溯至2005/2006学年开始实施。（参见法案第二十一条和第五十五条）

委员会赞同法案关于扩大免费教育内容和范围的取向。在免费教育下延以及追溯实施问题上，由于法案未能如设想的那样在2006/2007学年开始前通过生效，委员会曾问及有关工作安排问题。政府代表表示，已经与有关学校达成共识，有关学校不会收取2006/2007学年的学费，法案通过后政府会将有关款项追补给学校。

在免费教育上延至高中方面，法案最初文本仅规定由行政法规订定相应的实施日程。鉴于政府曾公开承诺不迟于2009/2010学年全面实施高中免费教育，并且表示如果经济发展及财政收入情况允许，不排除在此之前推行高中免费教育，因此，委员会认为有必要在法案中清晰体现出这一承诺。提案人接纳委员会的建议，在法案第五十五条中明确规定不迟于2009/2010学年在高中全面实施免费教

---

① 根据教育暨青年局提供的资料，自1999/2000学年实施义务教育以来至2004/2005学年，历年辍学人数分别为765人、864人、509人、535人、598人、440人；辍学率相应为0.99%、1.12%、0.66%、0.72%、0.84%、0.65%。

育，具体日程由行政法规制定。

由于免费教育涉及公款的使用，委员会成员也关注在实施免费教育过程中对有关学校的监管问题。政府代表表示，既然涉及公款的使用，一定会有相应的监管，但监管目的并非为了处罚或者停止资助，而是在于提高教育水平，达到教育目标。

在咨询过程中，曾有社团建议在法案中规定“公民接受免费教育是一项基本权利”，在委员会内也有议员持有此种意见。此外还有市民和社团建议免费的内容除了包括免缴学费、补充服务费，还应包括“其他任何直接与学习有关的费用”，在受益人范围上还应包括“公立学校提供的回归教育”。

对此，政府代表响应，政府一直致力推动免费教育的发展，将其视为非高等教育走向优质化的重要基础，但并不认为受教育权等于免费教育权。政府主张在推行免费教育的同时，也应该允许家长选择其他的教育方式，这种立场也是世界大多数国家或地区的做法。至于在免费的内容方面，政府认为“与学习有关的费用”含义不清晰，界定有困难，容易引起争议，况且在免费教育制度下，有关收费指引已经清晰界定了学校在免费范围以外可以收取的费用类别，因此不接纳该建议。此外，政府还回应，回归教育有其特殊性，不适宜纳入免费教育范围，但政府会为其发展提供条件和资源，并通过专有法规制定相应的制度。

委员会认为政府所作解释的理据是充分的，但有个别成员对法案未能规定“接受免费教育是澳门居民的一项基本权利”有保留意见，并主张“免费教育应包括非免费教育系统学校就读学生的直接资助，其金额应与免费教育系统学校学生所获资助一致”。

7. 课程框架和学力要求及评核制度问题

由于课程框架和学力要求以及评核制度关系教育多元化、教学自主权以及学生学习效果等问题，因此也受到委员会成员的关注。

提案人解释，一个地区应该有自己的基本教育标准，其教育也应为本地的发展服务，澳门也不例外。法案规定政府规划各教育阶段的课程框架和订定学生须达到的基本学力要求，同时规定学校在遵循课程框架和基本学力要求的前提下可自主发展校本课程。并且，政府统一规划的是课程框架，并非统一澳门的课程和教材，因而不会妨碍教育多元化和学校教学的自主权。

在听取解释后，委员会认为法案的规定既使教育发展方向与社会发展需要相配合，以便达到教育目标的基本要求，同时也允许学校依据某些理念办出自己的特色，使教育多元化和教学自主性得到保障，因而是适宜的。

此外，法案规定对学生的评核以有关教育阶段和教育类型所设定的目标及相关基本学力要求为依据，以促进学生学习成功为主要目的。委员会讨论了与此相关的学生留班问题和统考等问题。政府代表指出，留班制度值得关注，由于目前各个学校留班和升学的标准并不一致，所以法案并未统一规定留班制度。实际上，从横向比较角度来看，邻近的地区如香港和台湾也没有规定留班制度。尽管如此，特别行政区政府为留班者做了很多工作。至于统考问题，社会各界的争议比较大，未有共识，因此法案也未作规定。

8. 小班教学问题

委员会也关注小班教学的问题，在咨询过程中也曾有意见主张在法案中明确增加有关小班教学的规定。从实践来看，政府自 2001/2002 学年开始试行小班教学，通过以班为单位发放免费教育津贴的方式，推动和鼓励班内人数下降，到 2006/2007 学年已经将相关措施延伸至初中；从效果来看，推行小班教学有助于优化教学条件，促进教师与学生的互动，提升教学效率和效益，同时也有助于减轻教师的工作量。

基于上述情况，并考虑到小班教学并非一项临时性措施，因此委员会认为有必要在法案中对小班教学作出原则性和方向性的规定，至于具体标准则由教育行政当局在实施过程中根据具体情况订定。

提案人采纳委员会的意见，在法案中增加了小班教学的内容，作为教育行政当局协助和促进教学发展的一项措施。（参见法案第二十三条第三款）

9. 教学人员制度问题

由于教学人员制度不仅关系教学人员的切身利益，也是推行优质教育的保障条件，因而对非高等教育的发展具有举足轻重的影响。为此，教学人员制度问题受到教育界的广泛关注，也是委员会关注的焦点问题之一。

法案规定教学人员制度，包括工作类型、职级、考评、工作量、薪俸、退休保障等由专有法规规定（法案第四十条）。对此，政府代表指出，订定教学人员制度对发展澳门非高等教育具有重要意义，要做到既维护教学人员的长远利益，又不妨碍私立学校的自主性，有必要由特别行政区政府负责订定相应的制度框架。该制度框架一方面体现教学人员的专业性质，另一方面也保障教学人员应有的权益。政府未来会优先制定教学人员制度的专有法规。

针对委员会关注的教学人员福利和保障问题，政府回应，迄今为止，教学人员享有免费卫生护理，未来会通过专有法规对此加以规范。同时，为了对教学人员提供更全面的保障，特别行政区政府会协助和鼓励学校设立退休制度。当然，由于澳门大部分都是私立学校，在教师退休问题上需要学校的配合。但特别行政区政府强调，无论如何，专有法规一定不会削减教学人员现有的福利及保障。

基于提案人所作的解释，委员会认为法案关于教学人员制度的规定是适宜的，同时也满意政府对于专有法规内容所表达的取向。

10. 学校管理制度问题

在学校管理方面，法案与现行法律制度的一个很大的差别是引入校董会制度。法案规定办学实体须为学校设立校董会，任命校董会成员，并按照专有法规所确立的原则制定章程，载明校董会的权责、组织及运作模式。私立学校校长由校董会委任，并向校董会负责。

对此，提案人解释，校董会制度是学校管理实现多元参与的重要机制和制度保障，也是教育民主化的体现，可以使学校的管理与发展建立在广泛的意见和共识之上。委员会认同这一解释，赞同法案的规定。

此外，法案还规定学校须分别设有行政、训育或辅导、教学领导机关。委员会成员指出，澳门学校规模大小不一，因此担心这一规定是否能完全得到实施。对此，政府代表解释，这一规定是基于教育管理的特性以及学生全面发展的需要而作出的，但法案并未限定各个机关所需具备的成员人数，也不禁止一人同时兼任多项职责。因此，这一规定实际上有很大的灵活性，即使是规模小的学校在实施该规定时应该不会有大的困难。

11. 教学人员津贴以及对私立学校财政支持问题

法案规定政府向不牟利私立教育机构的教学人员提供津贴，以促进其专业发展，但非本地学制私立学校的教学人员除外。同时规定非本地学制私立学校和牟利的私立教育机构，均不获澳门特别行政区政府财政支持。（参见法案第四十七条）

委员会曾讨论过教学人员津贴发放的范围以及有关学校在学制转换过程中的财政支持问题。在咨询过程中有社团认为将非本地学制私立学校及其教学人员排除在津贴或支持范围并不合理，因此建议删除。

政府在回应时指出，每个国家或地区都有本身的主流学制和相关制度，以达到教育制度的目标。为此，在保障办学自主性的前提下，政府在政策或财政上都会优先保障发展本地学制，这是世界上的普遍做法。无论是对教学人员发放津贴促进其专业发展，还是给予有关学校财政支持，都是推动本地学制发展的重要措施，如果不属于本地学制范围，当然就没有充分理由给予津贴或支持。至于目前已经享有资助的学校，在转换学制过程中享有的相应资助不会受到影响。

12. 教育发展基金问题

与现行的8月29日第11/91/M号法律相比，在教育经费方面，法案引入的一项重要革新是规定设立教育发展基金，作为落实非高等教育长远规划、促进非高等教育发展的重要措施。

委员会赞同设立教育发展基金，认为设立教育发展基金有助于保证教育经费投放的连续性和稳定性，配合非高等教育发展的需要，支持和推动在非高等教育范畴中开展各类具发展性的计划和活动，包括优化学校的校本管理、完善教学环境和设备、确保学生的均衡发展等。

另一方面，由于教育发展基金对非高等教育发展具有重要影响，并且涉及大量公款的运用，因此委员会曾探讨规范该基金的专有法规的形式，认为采用法律形式更有助于立法会的参与，同时也有助于使基金的设立及今后的运作更具透明度，从而对非高等教育的发展发挥应有的促进作用。

此外，委员会内有成员认为，基于教育发展基金的重要性，有必要在编列上将其单独作为一条加以规范，以便突出其重要地位。

政府在提交的法案新文本中，已经将教育发展基金作为独立一条来规范，同时，在内容方面规定得更详细，包括教育发展基金的目的、性质、收入来源、支持的方向和方式等。由于法案已经对教育发展基金作了原则性的规定，因此，提案人表示，拟采用行政法规对其组织、管理及内部运作规章进行规范。

四、细则性审议

除上述概括性审议外，委员会也根据《立法会议事规则》第一百一十七条的规定，审议法案的具体内容是否符合法案的立法精神及原则，并确保有关法案的规定在技术上是妥当的。

委员会在对本法案进行细则性分析过程中，提案人给予紧密合作。以下是委员会分析的主要问题及对法案引进的一些主要修改：

1. 法案标题

从法案内容来看，其主要是订定非高等教育制度的纲要性规范，而并非该领域的全部具体制度，因此，仅仅用“教育制度”作为标题未能准确表达法案目标纲要性特点；此外，在标题中重复出现“教育”字眼，不符合通常的表达习惯。为此，将法案标题改为“非高等教育制度纲要法”。

2. 基本原则（第三条）

有社团认为受教育的权利除了不受国籍、血统、种族、政治或思想信仰等因素的限制，也不应该受“年龄”的限制，因此建议在第三条第一款加入“年龄”条件。考虑加入该条件有利于保障不同年龄的居民的受教育权，也与“终身学习”的原则相配合，因此法案采纳了该建议。

3. 第三章的标题及编排问题

在法案最初文本中，第三章标题为“教育制度的组成”，但此处的立法意图主要是规范教育类型，包括正规教育和持续教育两大类，而并非要规范全部教育制度。为准确反映这一意图，该章的标题改为“非高等教育的组成”。

同时，考虑原来作为该章第三节的“义务教育”和第四节的“免费教育”并不属于非高等教育的类型，而是实施“正规教育”这一类型时的一些特殊性规定，因此也将其从第三章中分出来独立成为第四章。

此外，对第三章的内容进行了重新编排，即分为两节：第一节为“教育的类型”，下辖第五条“教育类型的设定”，原来的第一节“正规教育”和第二节“持续教育”相应调整为第一节的第一分节和第二分节；第二节为报读和就读条件。

4. 特殊教育（第十二条）

特殊教育是正规教育阶段一项重要内容。政府代表表示，长期以来，大部分特殊教育工作都由政府承担，今后政府仍继续负责有关工作。但法案最初文本对政府的支持和资助规定较为简略。政府采纳委员会意见，对政府在推动特殊教育发展方面的职责规定得更为详细，尤其突出了从财政等多方面支持其发展。

5. 义务教育（第二十条）

法案最初文本从教育阶段（幼儿教育第三年、小学教育及初中教育）以及年龄阶段（5～15 周岁）两个方面规定义务教育的范围。由于同时规定这两个方面的要求在实践中可能发生冲突，并且考虑到大多数国家和地区通常都从年龄角度对义务教育范围作出规范，因此法案仍沿用现行从年龄角度规范就学的义务，并且对就学义务的年龄设立了明确的下限。

6. 免费教育（第二十一条）

在法案最初文本中，第二十一条第二款采用免费教育向下或向上“延伸”的表述方式，虽然较为形象，但却并非规范的法律表达方式。为此，将其修改为“免费教育在正规教育范围内实施，但不妨碍第五十五条第四款的规定”。前半部分规定一般情况，第五十五条第四款则专门规定高中免费教育实施日程的特殊情况，是一种过渡性规定，从而既明确表达了免费教育范围扩大的立法取向，又符合法律通常的表达习惯。

第二十一条第三款最初规定“免费教育受益人为就读于免费教育学校系统内任一学校的学生”，但实际上，在免费教育学校系统内，公立学校中仅属于正规教育学级学生才享有免费教育，而私立学校也并非所有的学级都实行免费教育。针对这一情况，法案修订文本更准确、清晰地界定了受益人的范围。

7. 对行动受限制者的就学援助（第二十九条）

法案第二十九条规定主管部门对处于义务教育年龄范围但行动受限制者提供就学援助，其中，第二款针对“被科处剥夺自由处分者”，但刑法典规定“科处剥夺自由处分”的最低刑事责任年龄为 16 岁，而法案规定的义务教育最高年龄为 15 岁，因此，处于义务教育年龄范围的未成年人就不会被按照刑法典“科处剥夺自由处分”。

基于对行动和自由受到限制的未成年人提供就学援助的立法意图，考虑现行的 10 月 25 日第 65/99/M 号法令《未成年人司法管辖范围内之教育制度及社会保护制度》[①] 规定对未满 16 岁的未成年人作出某些严重违法事实进行收容从而使其自由受到一定限制的情况，法案第二十九第二款修改为“被实施收容措施者”。

8. 学校系统（第三十六条）

政府为推行免费教育投入巨大的财力，相应地，纳入免费教育学校系统的学校有义务在其所开办的、属免费教育范围的所有学级实施免费教育。但考虑到本法律实施前已经加入免费教育系统的学校，按照当时的规定只推行 10 年免费教育，本法律实施后没有理由强行要求其将免费教育延伸至正规教育所有学级，因此有必要允许其选择是否维持其原有实施免费教育的范围。为此，法案第三十六条增加了新的第六款和第七款对上述内容作出相应规范。

---

① 澳门特别行政区政府已经向立法会提交《违法青少年教育监管制度》，以替代 10 月 25 日第 65/99/M 号法令《未成年人司法管辖范围内之教育制度及社会保护制度》，法案已经获得立法会全体会议一般性通过，并处于审议过程中，该法案也规定了对作出某些严重违法事实但未满 16 岁的未成年人进行收容的措施。

9. 教学语文问题（第三十七条）

法案第三十七条规定私立学校经教育行政当局评估和确认具备相应条件后，可以使用非正式语言作为教学语言。考虑任何地区的社会进步和文化整合都需要共同语言作为沟通桥梁，响应有关社团对法案提出的建议，法案增加了第四款，规定“以其他语言作为教学语言的私立学校，应给学生提供学习至少一种正式语言的机会”。

10. 关于教育机构人员制度的问题（第四十条）

鉴于委员会认为有必要充实法案条文内容，为将来专有法规提供原则和方向，第四十条增加了第三款，规定教学人员职级的晋升标准应兼顾年资、专业发展及考评三方面因素；在第六款有关私立学校教学人员的制度框架内容中增加“退休保障”。

此外，考虑教学人员和教育机构的其他工作人员从事的活动都属于公共利益活动，基于公平的原则，并且根据现行的实际做法，法案第七款将按照专有法规享有公共卫生护理人员的范围从教学人员扩大至教育机构的其他工作人员。

11. 教学人员专业发展和培训问题（第四十一条与第四十二条）

法案规定专业发展是教学人员的权利和义务，增加“脱产进修”的内容，为将来教学人员的培训以及相应的资助制度规定了原则和方向，同时也响应了有关社团提出的给予教学人员“带薪脱产培训”的建议。

12. 教育发展基金（第四十八条）

在法案最初文本中，有关教育发展基金的规定不仅在内容方面比较简单，而且在编排上也仅仅是第四十七条“财政支持”的两款。委员会认为基于教育发展基金的重要性，有必要充实其原则性规范的内容，同时为突出其重要性，也有必要单独作为一条来规范。提案人接纳委员会的意见，在编列和内容方面都做出了较大的调整。

13. 处罚制度（第五十三条）

由于预计在非高等教育范畴可能出现的违法情形，法案新增加该条专门规定违法处罚制度，即“因违反或不遵守法律或规章规定而引致处罚的制度，由本法律的补足法规订定”。这也是以往很多立法经常采用的方式，如第 4/2003 号法律

《入境、逗留及许可制度的一般原则》第十三条与第 2/2004 号法律《传染病防治法》第三十三条等。

14. 法案的生效和实施（第五十五条）

基于立法进程的理由，第五十五条第一款将法律的实施日期由原来的“2006/2007 学校年度”改为“2007/2008 学校年度”。同时，响应委员会及社会的要求，该条第四款明确规定高中免费教育“不迟于 2009/2010 学校年度全面实施”。

15. 其他改善

除了上述的修改外，委员会基于法律技术的原因对系统编列以及各条规定的行文亦作了改善。

五、结　　论

委员会经细则性审议及分析后认为：

（1）本法案具备在全体会议作细则性审议及表决的必需要件；

（2）有必要邀请政府委派代表列席为细则性表决法案而召开的全体会议，以提供必需的解释。

2006 年 12 月 5 日于澳门。

委员会

关翠杏（主席）
容永恩（秘书）
周锦辉
欧安利
吴国昌
陈泽武
吴在权
李沛霖
崔世平

澳门特别行政区
第 16/2007 号行政法规
订定《教育发展基金制度》

行政长官根据《澳门特别行政区基本法》第五十条（五）项，以及第 9/2006 号法律第四十八条第六款及第五十三条的规定，经征询行政会的意见，制定本行政法规。

第一条　性质

通过第 9/2006 号法律设立的教育发展基金为一享有行政、财政及财产自治权的公法人，且附属于教育暨青年局而运作。

第二条　职责

教育发展基金通过无偿资助及优惠信贷，支持和推动在非高等教育领域内展开各类具发展性的教育计划和活动。

第三条　监督

教育发展基金受社会文化司司长监督，为此社会文化司司长尤具下列职权：

（一）审阅按行政长官每年以批示订定的时间表提交的本身预算提案；

（二）向行政长官建议委任行政管理委员会的成员；

（三）订定指引和发出指令，以便教育发展基金的职责得以履行；

（四）核准每年提交的关于推动和资助非高等教育发展的计划及方针；

（五）核准年度活动计划，当中应清楚列明拟达到的目标及拟运用的资源；

（六）核准年度管理报告，当中应准确列明已实践的目标及所运用的资源；

（七）核准上一年的年终账目；

（八）许可超出行政管理委员会具职权许可的法定金额的开支；

（九）许可取得不动产、转让属教育发展基金财产的不动产或对之设定负担；

（十）确认与澳门特别行政区其他公共或私人实体签订的协议及议定书；

（十一）就涉及教育发展基金是否具职权推动及/或资助某一项目或活动的任何问题进行审查，并作出决定。

第四条　行政管理委员会

一、教育发展基金由一行政管理委员会管理。

二、行政管理委员会由五名成员组成，其中两名成员分别为教育暨青年局局长及财政局代表，前者担任主席一职；行政委员会的成员及其任期，由行政长官以批示委任和订定。

三、主席不在或因故不能视事时，由其法定代任人代任；其余正选委员不在或因故不能视事时，则由上款所指批示委任的候补成员代任。

四、主席在教育暨青年局的工作人员中指定一人作为行政管理委员会的秘书，并指定其代任人；秘书须列席会议，但无投票权。

第五条　行政管理委员会的职权

一、行政管理委员会具有下列职权：

（一）经听取教育暨青年局及教育委员会的意见后，向监督实体建议有关推动和资助非高等教育发展的计划及方针；

（二）许可按法律规定属教育发展基金负担的开支；

（三）编制教育发展基金的预算方案、有关的修正及修改，并将之呈交行政长官核准；

（四）每年编制财务及活动报告以及管理账目，将之呈交监督实体核准，并将其内容知会教育委员会；

（五）向监督实体建议有关不属教育发展基金本身职权范围但有利于其妥善管理财务的措施；

（六）在任何争议中舍弃请求或撤回诉讼、进行和解和作出认诺，以及承诺以仲裁方式处理之；

（七）接受遗赠、遗产及赠予；

（八）与澳门特别行政区其他公共或私人实体签订协议及议定书；

（九）作出要求退还款项的决定，按照第十五条的规定实施处罚，并对未在规定期间内自行缴纳者依法采取税务执行程序；

（十）订立劳务提供合同，尤其是研究技术复杂性较高的事宜的顾问服务；

（十一）建议修改本行政法规及教育发展基金发放财政援助的规章；

（十二）议决所有与教育发展基金有关且依法未被排除在行政管理委员会职

权范围以外的事宜。

二、行政管理委员会可将本条第一款（六）项所赋予的及（九）项最后部分所赋予的职权授予主席，以及授权主席许可开支，尤其是签订开支金额不超过100 000澳门元的劳务提供合同。

三、在本条第一款（九）项最后部分所指职权的范围内作出的行为，视为一般管理行为。

四、为适用本条第二款的规定，主席行使获授予的职权而作出的行为须在随后的首次行政管理委员会会议中予以追认，但一般管理行为除外。

第六条　行政管理委员会主席的职权

行政管理委员会主席具有下列职权：

（一）将一切须由行政管理委员会议决的事宜送交该机关审议，并建议采取其认为对教育发展基金的良好运作属必要的措施；

（二）在法庭内外代表教育发展基金；

（三）促使执行监督实体的决定及行政管理委员会的决议；

（四）行使行政管理委员会授予的其他职权。

第七条　行政管理委员会的运作

一、行政管理委员会每月举行两次平常会议，主席亦可主动或应任一成员的建议召开特别会议。

二、行政管理委员会的决议取决于出席成员的多数票，而主席所投的票具决定性。

三、主席可视商议事宜性质的需要，主动或应行政管理委员会的要求邀请明显有助商议有关事宜的人士列席会议，但该等人士无投票权。

四、行政管理委员会的每次会议均须缮立会议记录，其内容须摘录会议上发生的一切事情，尤须指出会议日期、地点、出席成员、审议事项、提出的意见及建议、所作决议，以及有关表决的结果。

第八条　报酬

一、行政管理委员会成员有权每月收取6 600澳门元的报酬。

二、属代任的情况，代任人每次出席会议有权收取上款所指金额除以该月会议次数所得的相应份额，而该份额在有关正选成员的报酬中扣除。

三、行政长官得以公布于《澳门特别行政区公报》的批示调整第一款所指的金额。

第九条　援助

教育暨青年局负责向教育发展基金提供行政及技术上的援助，尤其是编制须呈交监督实体核准的文件，分析有关财政援助的申请并发表意见，监察所发放的财政援助是否被正确运用，以及进行会计编制。

第十条　运用

教育发展基金的财政及财产资源用于履行其职责所需的开支。

第十一条　银行账户的管理

一、教育发展基金开立一个无回报的银行账户，且只能在库房的代理银行开立，所有收支均通过该账户提存。

二、教育发展基金的款项以支票或付款委托书调动，两者均须由行政管理委员会两名成员签名，其中一名成员须为主席。

第十二条　免除费用

免除教育发展基金缴付任何有关其签署的合同或所参与的行为的一切行政费用或手续费。

第十三条　预算及会计的规则

对教育发展基金预算的编制、收支的记账及由本行政法规所引致的其他义务，均适用第 6/2006 号行政法规的规定。

第十四条　发放财政援助

教育发展基金发放财政援助的制度载于由行政长官以公布于《澳门特别行政区公报》的批示所核准的规章内。

第十五条　退还及处罚

一、如申请人作出虚假声明、提供虚假数据或利用其他不法手段而取得财政援助，须退还所收取的款项，并科相等于该款项 15％～20％的罚款。

二、如因上款所指情况而引致刑事责任，则仅就有关刑事责任对违法者作出处罚。

三、有关违法者在两年内尚不获教育发展基金发放财政援助，且不影响上两款规定的适用。

四、如不举行教育发展基金所资助的有关活动的原因可归责于违法者，则该违法者须退还所收取的款项，并科相等于该款项 10%～14%的罚款。

五、如不举行教育发展基金所资助的有关活动的原因不可归责于财政援助受惠人，则该受惠人须退还所收取的款项。

六、为适用上款的规定，财政援助受惠人应自获资助的活动未能举行的事实发生日起计 30 日内，向行政管理委员会作出具适当理由说明的解释和退还所收取的款项。

七、未在上款所指期限内作出解释，又或有关理由不获行政管理委员会接纳者，须按有关情况适用第一款、第三款及第四款的规定。

八、为适用第一款、第三款及第四款的规定，尤应衡量有关违法行为的严重性，是否属故意或过失，以及是否累犯。

第十六条 累犯及其效果

一、自作出有关违法行为之日起计 4 年内再作相同性质的违法行为者，视为累犯。

二、如属累犯，罚款的下限将提高 1/4。

三、如违法者为累犯，上条第三款就附加制裁所定的期限提高至原来的两倍。

第十七条 罚款的归属

征收罚款的所得属教育发展基金的收入。

第十八条 撤销

教育发展基金被撤销时，其财产拨归澳门特别行政区。

第十九条 修改第 6/1999 号行政法规

在经第 25/2004 号行政法规修改的第 6/1999 号行政法规第五条第二款所指的附件五增加（十七）项，内容如下：

“（十七）教育发展基金。”

第二十条 生效

本行政法规自公布翌日起生效。

2007 年 8 月 27 日制定。
命令公布。
行政长官 何厚铧

第82/2008号行政长官批示
核准《教育发展基金财政援助发放规章》

行政长官行使《澳门特别行政区基本法》第五十条赋予的职权，并根据第16/2007号行政法规第十四条的规定，作出本批示：

一、核准载于本批示附件并为本批示组成部分的《教育发展基金财政援助发放规章》。

二、本批示自公布翌日起生效。

2008年4月8日

行政长官 何厚铧

附件 《教育发展基金财政援助发放规章》

第一条 标的

本规章制定教育发展基金财政援助发放制度。

第二条 范围

在非高等教育领域内推动具发展性的教育活动的不牟利教育机构、自然人或法人，可成为本规章财政援助受益人。

第三条 财政援助方式

教育发展基金的财政援助方式如下：

（一）无偿资助；

（二）优惠信贷。

第四条 申请

一、申请教育发展基金财政援助者必须递交申请表。

二、申请通过递交专用表格、一份详细陈述所开展的教育活动的计划，以及相关的预算方案，但教育发展基金可要求递交其他文件。

三、教育发展基金通过刊登于澳门特别行政区的通告，制定申请程序、申请期限及财政援助的特别条件。

四、在说明理由和经证实的例外情况下，上款不影响财政援助的发放。

第五条 合同形式

一、第三条（一）项和（二）项所述的教育发展基金财政援助的发放分别通过签署由监督实体核准的承诺书及优惠信贷合同（以下简称“合同”）为之。

二、为上款效力，教育发展基金负责将合同拟本呈交监督实体核准。

三、只要预先获得教育发展基金行政管理委员会的批准，援助计划可以修改，行政管理委员会将考虑公共利益和所提出理由的重要性而按个别情况作出决定。

四、倘若因修改援助计划而导致需重新协商，应按照教育发展基金行政管理委员会的决定，将有关修改载于原合同的附录或者订立新合同。

第六条 受益人的义务

一、除第 16/2007 号行政法规所规定者外，教育发展基金财政援助的受益人尚应遵守的义务主要如下：

（一）将款项全数用于申请的活动上；

（二）倘若购置设备和教材或承揽工程预计的金额分别超过澳门币 75 万元及 250 万元，则必须进行竞投；

（三）宣传有关财政援助是由教育发展基金发放，包括获援助活动的所有发布和推广活动，尤其是辅助文件及对象、海报、小册子、视听材料、广告、研讨会及报告等；

（四）提交所有教育发展基金要求的文件及数据，以便接受技术及财政监察；

（五）制定及向教育发展基金提交获援助活动的技术执行及财政的期中报告，并应在活动完成后 30 日内送交总报告，在教育发展基金要求时，应连同有关支出及受领证书的正本一并提交；

（六）参与推广活动，有关活动旨在宣传及确认获援助的教育活动所取得的成效；

（七）按时遵守有关合同所订定的条件。

二、除上款所定的义务外，优惠信贷受益人尚须遵守的特别义务主要如下：

（一）按有关合同所定的条款及条件向教育发展基金还款，但不得运用来自公共实体的款项来偿还；

（二）如担保人的经济状况改变，出现无偿还能力的风险，立即通知教育发展基金。

第七条　考虑因素

除特别法规定者外，发放财政援助时须考虑下列因素：

（一）教育发展基金可动用财政资源；

（二）所提议的教育活动具有教学和教授的重要性；

（三）推动所提议的教育活动有确认的公共利益；

（四）申请人的财政状况；

（五）由教育发展基金基于教育发展需要而决定及另行公布的其他因素。

第八条　无偿资助

在不影响第9/2006号法律第四十八条第四款的规定适用的情况下，无偿资助的款项应尤其用于：

（一）举办教育活动或计划；

（二）购置设备及教材；

（三）教育设施的兴建、重建、修复、修葺、保养及装修。

第九条　优惠信贷

在不影响第9/2006号法律第四十八条第四款及上条的规定适用的情况下，优惠信贷优先用于教育设施的购置、兴建、重建及装修。

第十条　贷款期限及利息的计算

一、优惠信贷为期最长20年。

二、每年通过监督实体的批示订定利率、资金的还款期限及方式。

三、为上款效力，利率不高于现行的法定利率。

第十一条　财政援助的发放方式

一、无偿资助按照资助活动的性质及第四条第三款订定的特别条件支付。

二、根据第四条第四款发放的无偿资助，宜于有关教育活动举办及依期提交总报告后发放。

三、财政援助以银行存款支付，但不影响在特别情况下，通过受益人的申请，得以支票支付。

第十二条　财政援助的兼收

一、除另有特别规定外，教育发展基金的财政援助可与其他公共或私人实体已发放或将发放的资助兼收。

二、倘若兼收财政援助，受益人应在申请时或在兼收发生之日起计 10 日内将有关事宜通知教育发展基金。

第十三条　扣减财政援助

一、倘若出现以下其中一种情况，财政援助会以扣减方式作出调整：

（一）累计的津贴总金额高于获资助的开支金额；

（二）支出的金额低于所发放的财政援助。

二、为上款（一）及（二）项所指情况的效力，扣减分别只限于最初预计的支出及实际支出的金额。

第十四条　强制征收

在有关资金全部或部分支付的期限届满后，倘若支付没有得到实现，教育发展基金应向财政局发出证明，以便进行强制征收。

第24/2009号行政命令
订定9月10日为教师日

行政长官行使《澳门特别行政区基本法》第五十条（四）项规定的职权，发布本行政命令。

第一条　教师日

订定9月10日为教师日。

第二条　生效

本行政命令自公布翌日起生效。

2009年5月13日。
命令公布。
行政长官 何厚铧

澳门特别行政区
第 17/2010 号行政法规
非高等教育委员会的组成及运作

行政长官根据《澳门特别行政区基本法》第五十条（五）项及第六十六条的规定，经征询行政会的意见，制定本独立行政法规。

第一条　性质和宗旨

一、非高等教育委员会（以下简称“委员会”）为一咨询机构。

二、委员会宗旨是汇集社会各界力量，通过参与、协调、合作及检讨，促进教育的发展。

第二条　职权

一、委员会的职权主要是对下列事宜发表意见及提出建议：

（一）非高等教育范畴的施政方针；

（二）非高等教育政策的制定、跟进及评核；

（三）交予其讨论有关非高等教育范畴的法规草案；

（四）主席交予其讨论的事项。

二、委员会应编制其活动的年度报告。

第三条　组成

一、委员会由下列人员组成：

（一）监督教育范畴的司长，由其担任主席；

（二）教育暨青年局局长，由其担任副主席；

（三）监督教育范畴的司长的办公室代表一名；

（四）教育暨青年局的一名副局长；

（五）高等教育辅助办公室主任或其代表；

（六）最多 14 个依法成立的社团，由有关领导代表；

（七）最多11名具有公认功绩的人士，教育范畴的专家或学者，学校校长或其他中、高层管理人员和教师。

二、主席得邀请对商讨事宜有认识或有经验的人士列席委员会的会议，但该等人士无表决权。

第四条　委任和任期

一、上条第一款（三）、（四）、（六）及（七）项所指的委员会成员，由监督教育范畴的司长通过公布于《澳门特别行政区公报》的批示委任。

二、上款所指成员的任期为2年，并可续任。

三、第一款所指的成员在下列情况丧失委员资格：

（一）被法院判罪而有关罪行对履行委员职务存在抵触者；

（二）连续超过3次缺席全体大会会议且缺席的理由不获主席接受者。

第五条　主席的职权

一、主席的职权为：

（一）代表委员会；

（二）召集和主持全体大会会议；

（三）订定和核准全体大会会议的议程；

（四）行使本行政法规或其他法规所指的其他职权。

二、主席可将其全部或部分职权授予副主席。

第六条　副主席的职权

副主席的职权为：

（一）在主席出缺、不在或因故不能视事时，代任主席的职务；

（二）行使主席授予的职权。

第七条　运作

委员会以全体大会和专责小组的方式运作。

第八条　全体大会

一、委员会的全体大会分为平常会议和特别会议。

二、平常会议每年召开4次，而特别会议由主席提出或应至少1/3成员的要求而召开。

三、全体大会会议必须在过半数成员出席的情况下，方可运作。

四、全体大会会议应至少提前48小时召集，而召集书内应列明会议议程。

五、在每次进行全体大会会议时，均须缮立会议记录，其内须简要载明商议的事宜。

第九条　专责小组

一、委员会可决议设立多个专责小组，负责对教育政策的专题进行研究、跟进，并提出建议及提交报告。

二、专责小组属临时性质，由委员会主席指定不多于9名的成员组成，并指定其中1名成员作为协调员。

三、专责小组会议由协调员召集和主持。

第十条　秘书

一、委员会由一名秘书辅助，经主席根据副主席的建议在教育暨青年局的工作人员中指定一名人员专门执行秘书职务。

二、秘书的职务包括：

(一) 参加委员会的会议，但无表决权；

(二) 负责向委员会提供行政技术辅助和处理有关委员会运作的文书；

(三) 按主席的指示编制委员会的会议议程和会议记录；

(四) 执行主席所责成的其他职务。

三、秘书有权每月收取相当于公职薪俸表一百点的25%的酬劳。

四、当秘书不在、出缺或因故不能视事时，须由主席指定教育暨青年局的另一名工作人员作为替补，该工作人员有权按比例收取上款所指的酬劳。

第十一条　活动的公布

每次全体大会会议后均须作成简略报告书一份，主要载明会议所讨论的事项，并交予社会传播机构公布。

第十二条　行政和财政辅助

教育暨青年局负责向委员会提供行政辅助和后勤支持，并承担有关运作所引致的财政负担。

第十三条　出席费

委员会的成员和第三条第二款所指的与会人士，因出席会议，有权依法收取出席费。

第十四条　废止

废止3月2日第15/92/M号法令。

第十五条　过渡规定

现教育委员会中相应于本行政法规第三条第一款（四）、（六）及（七）项的成员，继续履行职务直至该项所指的成员其首份委任批示生效为止，但其任期在此批示生效之前已届满者除外。

第十六条　生效

本行政法规自公布翌日起生效。

2010年7月16日制定。
命令公布。
行政长官 崔世安

澳门特别行政区
第19/2006号行政法规
免费教育津贴制度

行政长官根据《澳门特别行政区基本法》第五十条（五）项及第9/2006号法律第二十一条的规定，经征询行政会的意见，制定本行政法规。

第一条　标的

本行政法规订定向加入免费教育学校系统的私立学校发放免费教育津贴的制度。

第二条*　范围

一、凡属澳门特别行政区居民且在上条所指学校（以下简称“学校”）注册及接受正规教育的学生，均为免费教育津贴的受益人。

二、为适用上款的规定，在学校接受已加入免费教育学校系统的各阶段正规教育的学生方视为津贴受益人，且不影响第9/2006号法律第三十六条第五款规定的适用。

* 已更改——请查阅：第17/2007号行政法规。

第三条　定义

为适用本行政法规的规定，下列各词的定义为：

（一）“注册”是指学生为在支付免费教育津贴的学年就读而在学校所作的登记；

（二）“就读”是指学生在整个学年内依时参加课堂的学习及强制性的教学活动。

第四条　加入系统

一、学校欲加入免费教育学校系统，须签署承诺书，承诺履行本行政法规所规定的义务。

二、教育暨青年局具职权制定上款所指的承诺书及登记加入免费教育学校系统的学校。

第五条　津贴的管理

教育暨青年局于每学年向学校发放免费教育津贴。

第六条*　津贴金额

一、免费教育津贴的金额须根据下列规定按班计算：

（一）学生人数为25～35人的幼儿教育及小学教育的班级，津贴金额分别为澳门币913 600元及1 007 900元；**

（二）学生人数为25～35人的初中教育的班级，津贴金额为澳门币1 226 000元；**

（三）学生人数为25～35人的高中教育的班级，津贴金额为澳门币1 394 600元。**

（四）学生人数少于（一）至（三）项分别规定的下限的班级，津贴金额按以下公式计算：

$$\frac{VS}{Z} \times N$$

其中：VS为（一）至（三）项分别厘定的津贴金额；

N为学生的实际人数；

Z为（一）至（三）项分别规定的人数下限。

二、行政长官得以公布于《澳门特别行政区公报》的批示调整上款（一）至（三）项所定的免费教育津贴金额。

* 已更改——请查阅：第17/2007号行政法规。

** 已更改——请查阅：第74/2008号行政长官批示，第35/2009号行政长官批示，第110/2009号行政长官批示，第21/2010号行政法规，第118/2011号行政长官批示，第9/2013号行政法规，第237/2013号行政长官批示，第150/2014号行政长官批示，第158/2015号行政长官批示，第210/2016号行政长官批示。

第七条　支付方式

一、免费教育津贴分两学期支付，第一期在8月至9月，第二期在翌年2月至3月。

二、为适用上款的规定，两期津贴均属临时性支付，有关金额以各学级的班级数为计算基础，而班级数分别按直至6月30日及翌年1月31日已在学校注册的学生人数计算。

第八条　账目的校正

一、教育暨青年局须将免费教育津贴的受惠学生名单交予学校，而学校则须自接获通知之日起10日内，以书面形式向教育暨青年局确认有关名单。

二、教育暨青年局须根据上款所指学校提交的资料，核实免费教育津贴的支付情况。

三、如发现各期的金额计算有误，教育暨青年局应依职权向学校支付不足之数或要求学校退还不当支付的款项。

四、于10月31日或翌年4月30日已在学校注册及就读的学生，方纳入免费教育津贴各相应期金额的计算范围内，但不影响第十一条第二款规定的适用。

五、学校就支付款项不足而作的声明异议，仅在津贴所属的学年结束前提出方获接纳。

第九条　学校的义务

学校主要有下列义务：

（一）遵守《非高等教育制度纲要法》及其补充法规的规定。

（二）于学年开始前90日提交管理预算。**

（三）每班的学生人数不得超过第六条第一款（一）至（三）项分别规定的上限。*

（四）免除学生缴交学费、补充服务费以及与报名、就读及证书等有关的其他费用。

（五）不得在学年内开除学生，但有关学校章程规定的情况除外；如开除学生，应预先确保其获安排到其他学校就读。

（六）如有学额，则不得拒绝收生。

（七）遵守由教育暨青年局制定的列明假期及暂停学校活动时段的校历表，但不影响学校按其组织文化举办活动。**

（八）向学生及家长宣传免费教育津贴制度，尤须在每一学年开始时进行。

* 已更改——请查阅：第17/2007号行政法规。

** 已废止——请查阅：第17/2007号行政法规。

第十条 特别情况

一、在有合理解释且获教育暨青年局局长预先许可的特别情况下，每班学生人数可超过第六条第一款（一）至（三）项分别规定的上限，但不影响该三项及上条（三）项规定的适用。*

二、为适用上款的规定，每班超额学生的人数最多为5人，且每学级不得超过10人。

三、班级的超额学生人数不超出上款所指的限额，亦不会改变学校获发的免费教育津贴金额。

* 已更改——请查阅：第17/2007号行政法规。

第十一条 津贴的不可兼得

一、免费教育津贴与学费津贴不可兼得。

二、如属学生在学年内转校的情况，适用下列规定：

（一）如学生在免费教育学校系统内的私立学校转校，则免费教育津贴须分别支付予其在第一及第二学期开始时所入读的学校；

（二）如学生由免费教育学校系统内的私立学校转往非属免费教育学校系统的私立学校或由非属免费教育学校系统的私立学校转往免费教育学校系统内的私立学校，免费教育学校系统内的私立学校有权获发放有关相应期的免费教育津贴，但该学生已纳入该期学费津贴金额的计算范围内的情况除外。

第十二条 在幼儿教育及小学教育的实施日程***

一、于2006/2007学年或其后开始运作且加入免费教育学校系统的私立学校，属本行政法规所订定的免费教育津贴制度的涵盖范围。

二、在本行政法规公布日已加入免费教育学校系统的私立学校，属本行政法规所订定的免费教育津贴制度的涵盖范围，并在幼儿教育及小学教育适用下列规定：***

（一）在2006/2007学年的学生人数为25至45人的幼儿教育第一年的班级，可继续以此人数的上下限运作，直至小学六年级完结为止；*

（二）自2007/2008学年起，幼儿教育第一年的每班学生人数上、下限分别为35人及25人，有关限额逐年依次延伸至幼儿教育及小学教育的其他学级；

（三）未被上项规定所涵盖的幼儿教育及小学教育各学级，每班学生人数的上限为45人；**

（四）自 2007/2008 学年至 2009/2010 学年，未被（二）项规定所涵盖的幼儿教育及小学教育各学级，每班学生人数的下限为 35 人；[*,**]

（五）在 2010/2011 学年，未被（二）项规定所涵盖的幼儿教育各学级及小学教育第一年至第三年，每班学生人数的下限为 25 人；未被（二）项规定所涵盖的小学教育第四年至第六年，每班学生人数的下限为 35 人；[*,**]

（六）自 2011/2012 学年起，未被（二）项规定所涵盖的幼儿教育及小学教育各学级，每班学生人数的下限为 25 人；[*,**]

（七）学生人数少于（一）项及（四）至（六）项分别规定的下限的班级，津贴金额须按第六条第一款（四）项所定的公式计算，其中 Z 为（一）项及（四）至（六）项分别规定的人数下限；[*,**]

（八）自 2007/2008 学年起，第六条第一款（二）及（三）项规定的每班学生人数上限在初中教育第一年及第二年强制适用，并逐年依次延伸至中学教育的其他学级；[**,****]

（九）为适用上项规定，中学教育的其他学级的每班学生人数超过第六条第一款（二）及（三）项规定的上限者，获发放的免费教育津贴金额须根据本行政法规组成部分的附表所载的规定及条件，按学生人数计算；[**,****]

（十）行政长官得以公布于《澳门特别行政区公报》的批示调整本行政法规附表所定的免费教育津贴金额。[**,****]

三、于加入免费教育学校系统之日已在运作的私立学校，可获相等于当时其已开办的学级的年数作为对本行政法规规定的适应期。

四、为适用上款的规定，学校由所开办的正规教育最低教育阶段的第一学级开始实行有关规定，并逐年依次延伸至第二款（二）至（七）项及下条规定的其他学级，但不影响作出必要的配合。[**,***]

五、为达至向回归教育发放免费教育津贴的效果，经第 11/2006 号行政法规修改的第 20/2002 号行政法规继续适用，直至 2007 年 8 月 31 日为止，并根据本行政法规第六条第一款的规定调整有关金额。[****]

* 已更改——请查阅：第 17/2007 号行政法规。

** 已更改——请查阅：第 21/2010 号行政法规。

*** 已更改——请查阅：第 9/2013 号行政法规。

**** 已废止——请查阅：第 9/2013 号行政法规。

第十二－A 条[*]　在中学教育的实施日程

一、在本行政法规公布日已加入免费教育学校系统的私立学校，属本行政法规所订定的免费教育津贴制度的涵盖范围，并在中学教育适用下列规定：

（一）自 2012/2013 学年起，初中教育第一年的每班人数上、下限分别为 35 人及 25 人，有关限额逐年依次延伸至初中教育及高中教育的其他学级，但不影响按上条第二款（一）及（三）项规定学生人数上限为 45 人的班级，可继续以此人数上限运作，直至高中教育第三年完结为止；

（二）未被上项规定所涵盖的初中教育及高中教育各学级，每班学生人数的上、下限分别为 45 人及 35 人。

二、为计算免费教育津贴金额，第六条第一款及第十条的规定适用于上款所定的班级。

三、学生人数少于第一款规定的下限的班级，津贴金额须按第六条第一款（四）项所定的公式计算，其中 Z 为第一款规定的人数下限。

* 附加——请查阅：第 9/2013 号行政法规。

第十三条　废止性规定

一、废止经第 10/2006 号行政法规修改的第 15/2005 号行政法规。

二、自 2007 年 9 月 1 日起，废止经第 11/2006 号行政法规修改的第 20/2002 号行政法规。

第十四条　生效及实施

一、本行政法规于公布翌日生效。

二、在不影响上款规定的情况下，本行政法规对于向幼儿教育第一年及第二年的学生发放免费教育津贴的效力，追溯至 2005/2006 学年，对于向本行政法规第二条第一款所指的其他学级的学生发放免费教育津贴的效力，则追溯至 2006/2007 学年。**

三、上款所指的幼儿教育第一年及第二年的学生的免费教育津贴，按下列规定计算：**

（一）学生人数为 35～45 人的班级，津贴金额定为 315 700 澳门元；**

（二）学生人数少于 35 人的班级，津贴金额按第六条第一款（三）项所规定的公式计算，其中 Z 为 35。**

四、在 2006/2007 学年受惠于追溯发放幼儿教育第一年及第二年免费教育津贴的学校，必须向有关学生退还学费及金额为 460 澳门元的补充服务费。*

五、幼儿教育第一年及第二年免费教育津贴追溯发放受惠学生的家长，应最迟于 2007 年 8 月 31 日，向学生福利基金退还按 12 月 19 日第 62/94/M 号法令

第十六条及其他适用规章的规定所收取的2005/2006学年的学费津贴。

* 已更改——请查阅：第17/2007号行政法规。

* * 已废止——请查阅：第17/2007号行政法规。

2006年12月18日制定。

命令公布。

行政长官 何厚铧

附件

表一* ［第 19/2006 号行政法规第十二条第二款（九）项所指者］

每班学生人数	按班计算津贴金额(澳门元)的公式
35 人以下	$N\times(10\ 650+79\ 200\div35)$
35～45 人	$N\times10\ 650+79\ 200$

其中：N 为学生的实际人数。

* 已废止——请查阅：第 17/2007 号行政法规。

表二*,*** ［第 19/2006 号行政法规第十二条第二款(九)项所指者］**

每班学生人数	高中每名学生的津贴金额(澳门元)
46～55 人	105 00
56～65 人	7 000
66 人或以上	—

* 已更改——请查阅：第 17/2007 号行政法规，第 74/2008 号行政长官批示，第 35/2009 号行政长官批示。

** 已更改——请查阅：第 21/2010 号行政法规。

*** 已废止——请查阅：第 9/2013 号行政法规。

第 230/2007 号行政长官批示 订定正规教育阶段的学习年限的实施日程

行政长官行使《澳门特别行政区基本法》第五十条赋予的职权，并根据第 9/2006 号法律第六条第三款和第五十五条第六款的规定，作出本批示：

一、正规教育各教育阶段的学习年限的实施日程如下：

（一）自 2007/2008 学校年度起，幼儿教育的学习年限为 3 年；

（二）自 2008/2009 学校年度起，高中教育的学习年限为 3 年，并由该学校年度入读初中教育第一年的学生开始适用。

二、为着一切法律效力，现时幼儿教育第一年、第二年及小学教育预备班分别相当于幼儿教育第一年、第二年及第三年。

三、在 2007/2008 学年，学校可选择保持现时高中教育的学习年限，或对在该学年入读初中教育第一年的学生实行新学制。

2007 年 7 月 31 日

行政长官 何厚铧

澳门特别行政区
第 20/2006 号行政法规
学费津贴制度

行政长官根据《澳门特别行政区基本法》第五十条（五）项及第 9/2006 号法律第四十七条第六款的规定，经征询行政会的意见，制定本行政法规。

第一条 目标

本行政法规订定向在私立学校修读正规教育各阶段但未受惠于免费教育，且属澳门特别行政区居民的学生发放学费津贴的制度。

第二条 范围

学费津贴的涵盖范围包括幼儿教育、小学教育及中学教育各阶段。

第三条 津贴的管理

教育暨青年局于每学年向第一条所指的学生发放学费津贴。

第四条 津贴金额

一、每学年发给每名学生的学费津贴金额如下：

（一）幼儿教育：澳门币 18 400 元；*

（二）小学教育：澳门币 20 500 元；*

（三）中学教育：澳门币 22 800 元。*

二、行政长官得以批示调整上款所指的金额。

* 已更改——请查阅：第 170/2007 号行政长官批示，第 73/2008 号行政长官批示，第 34/2009 号行政长官批示，第 111/2009 号行政长官批示，第 92/2010 号行政长官批示，第 119/2011 号行政长官批示，第 203/2012 号行政长官批示，第 228/2013 号行政长官批示，第 151/2014 号行政长官批示，第 159/2015 号行政长官批示，第 211/2016 号行政长官批示。

第五条　支付方式

一、学费津贴分为两期，在相应的学期内直接支付予学校。

二、在第一学期的10月31日及在第二学期的4月30日仍在学校就读的学生均纳入上款所指各期金额的计算范围内。

三、学校应在收到学费津贴后30日内，将津贴交予受惠学生或抵偿其所欠的款项，并将有关事实通知教育暨青年局。

第六条　账目的校正

一、教育暨青年局须将学费津贴的受惠学生名单交予学校，而学校则须自接获通知之日起10日内，以书面形式向教育暨青年局确认有关名单。

二、教育暨青年局须根据上款所指学校提交的资料，核实学费津贴的支付情况。

三、如发现各期的金额计算有误，教育暨青年局应依职权向学校支付不足之数或要求学校退还不当支付的款项。

四、学校就支付款项不足而作的声明异议，仅在学费津贴所属的学年结束前提出方获接纳。

第七条　废止性规定

废止第16/2005号行政法规。

第八条　生效及实施

一、本行政法规于公布翌日生效，并自2006/2007学年起实施。

二、在不影响上款规定的情况下，本行政法规中关于向幼儿教育第一年及第二年的学生发放学费津贴的效力，追溯至2005年9月1日，有关金额定为澳门币3 500元。

2006年12月18日制定。

命令公布。

行政长官 何厚铧

澳门特别行政区
第 29/2009 号行政法规
书簿津贴制度

行政长官根据《澳门特别行政区基本法》第五十条（五）项，经征询行政会的意见，制定本独立行政法规。

第一条　标的

本行政法规订定书簿津贴（以下简称“津贴”）的发放制度。

第二条　范围

一、在有关学校年度的 9 月 1 日至翌年 4 月 30 日期间入读澳门特别行政区内的学校并接受各阶段的正规教育，且属澳门特别行政区居民的学生，为津贴的受惠人。

二、为适用本行政法规，学校年度是指 9 月 1 日至翌年 8 月 31 日的期间。

三、津贴涵盖范围包括幼儿教育、小学教育和中学教育的各阶段。

第三条　津贴的管理

教育暨青年局具职权管理津贴。

第四条　津贴金额

一、每一学校年度发给每名学生的津贴金额为：

（一）幼儿教育：澳门币 2 000 元[*]；

（二）小学教育：澳门币 2 600 元[*,**]；

（三）中学教育：澳门币 3 000 元[*,**,***]。

二、津贴的金额由行政长官以公布于《澳门特别行政区公报》的批示调整。

* 已更改——请查阅：第 120/2011 号行政长官批示，第 204/2012 号行政长官批示，第 219/2013 号行政长官批示。

＊＊ 已更改——请查阅：第 46/2014 号行政长官批示。

＊＊＊ 已更改——请查阅：第 70/2015 号行政长官批示。

第五条　支付方式

一、津贴于每一学校年度的 10 月 1 日至翌年 8 月 31 日期间一次性支付。

二、津贴由教育暨青年局以银行存款或支票方式直接支付予就读于公立学校的受惠学生；如就读于私立学校，则由学校将津贴支付予受惠学生；如未能由学校支付津贴，亦可由教育暨青年局将津贴以银行存款或支票方式直接支付予学生。

三、为适用上款规定，私立学校应在收到津贴后 30 日内，将津贴以银行存款或支票方式交予受惠学生，并将有关事宜通知教育暨青年局。

第六条　账目的校正

一、教育暨青年局在支付津贴前，须将受惠学生名单送交私立学校。

二、私立学校须在收到上款所指名单之日起 10 日内，以书面形式向教育暨青年局确认有关名单。

三、教育暨青年局须根据按上款规定确认的名单及按上条第三款规定所作通知的内容，核实津贴的支付情况。

四、如发现津贴的发放有误，教育暨青年局应依职权支付未付足的津贴款项或要求退还不当支付的津贴款项。

第七条　生效

本行政法规自 2009 年 9 月 1 日起生效。

2009 年 8 月 4 日制定。

命令公布。

行政长官 何厚铧

第134/2010号社会文化司司长批示 核准学费援助、膳食津贴及学习用品津贴发放规章

社会文化司司长行使《澳门特别行政区基本法》第六十四条赋予的职权，并根据第6/1999号行政法规第五条第二款和第123/2000号行政命令第一款，以及12月19日第62/94/M号法令第十五条至第十七条的规定，作出本批示。

一、核准载于本批示附件并作为本批示组成部分之学费援助、膳食津贴及学习用品津贴发放规章（以下简称“规章”）。

二、废止第50/2004号社会文化司司长批示及续后的修改、第34/2008号社会文化司司长批示。

三、本批示自公布翌日起生效，但不影响以下各项的规定：

（一）规章第八条第二款所指的膳食津贴，自2010/2011学校年度起实施；

（二）规章第八条第一款、第三款所指的学费援助、学习用品津贴，自2011/2012学校年度起实施。

2010年9月8日

社会文化司司长 张裕

附件　学费援助、膳食津贴及学习用品津贴发放规章

第一条　标的

本规章订定学费援助、膳食津贴及学习用品津贴（以下简称“津贴”）的发放制度。

第二条　范围

一、就读正规教育或回归教育各阶段且属澳门特别行政区居民的学生，得申请津贴。

二、申请人得提出一项或多项的津贴申请，但本规章另有规定者除外。

第三条 批给

本规章所指的津贴，由学生福利基金批给。

第四条 申请

一、申请应于学生福利基金每年订定的申请期内，通过向教育暨青年局（以下简称“教青局”）递交已填妥的申请表为之。

二、于申请期以外的时间，只接受适当证明家庭经济状况有变的申请人所提出的申请。

三、申请表应附下列文件：

（一）申请人的身份证明文件副本，但已在教青局登记者除外；

（二）监护人的身份证明文件副本；

（三）所有家庭成员于提出申请前的最近3个月的收入证明，如属雇员，其收入证明须经雇主实体适当确认，但无法作确认而有合理解释者除外；

（四）每月居住开支的证明文件，如住屋的租金收据或供款金额证明文件；

（五）其他有助评估申请人家庭经济状况的重要文件。

四、如属社会工作局的援助金受益人，无须提交上款（三）至（五）项所指的文件，但须出示由社会工作局发出的援助金受益人认别证或相关的证明文件。

五、为适用第三款（三）项的规定，下列概念应理解为：

（一）家庭成员——所有与申请人同食住者，包括申请人本人及其他在外地就学而非经济独立的成员；

（二）收入——各家庭成员可运用的所有收入来源，尤其包括薪俸、月薪、双粮、假期津贴、退休金、租金、银行利息、赏金、佣金及商业活动的收益。

第五条 申请条件

一、家庭每月平均收入在下表限度内可提出申请：*

家庭成员人数	家庭每月平均收入(澳门元)
1	5 670
2	10 410
3	14 350

续表

家庭成员人数	家庭每月平均收入(澳门元)
4	17 440
5	19 690
6	21 950
7	24 200
8 人或以上	26 410

二、在例外情况，学生福利基金行政管理委员会得接纳家庭每月平均收入高于上款限制的申请。

＊ 已更改——请查阅：第 75/2011 号社会文化司司长批示，第 90/2013 号社会文化司司长批示，第 30/2014 号社会文化司司长批示，第 66/2015 号社会文化司司长批示，第 39/2016 号社会文化司司长批示。

第六条 递交方式

一、已于学校注册的申请人，应经由其就读的学校递交申请；其余申请人应直接向教青局递交申请。

二、如两名或以上的申请人属同一家庭成员，仅需填写于同一申请表内，并将申请表交至就读最高年级的家庭成员的学校。

第七条 审批

一、根据审批结果，批给一项或多项津贴，或不予批给。

二、审批是按申请人的家庭经济状况进行，并考虑下列因素：

（一）家庭每月平均收入；

（二）财产状况；

（三）家庭状况；

（四）学校意见；

（五）调查所得的资料；

（六）申请人的特殊情况，尤其指正接受社会工作局经济援助的家庭；

（七）学生在学费、膳食及学习用品方面的费用支出。

三、家庭每月平均收入依下列公式计算：

$$C = (R - DH) \div 3$$

其中：C 为家庭每月平均收入；

R 为最近 3 个月家庭总收入；

DH 为最近 3 个月家庭房屋总开支（租金或供款）。

四、从家庭总收入中扣除的房屋开支，每月最高金额为澳门币 2 430 元。*

五、教青局负责分析申请卷宗，并依职权查核所有提交数据的真实性，为此，在分析卷宗时，须要求提交本规章无提及的其他证明文件。

＊ 已更改——请查阅：第 39/2016 号社会文化司司长批示。

第八条　津贴金额

一、学费援助金额如下表：

教育阶段	最高金额（澳门元）
幼儿教育及小学教育	4 000
初中教育	6 000
高中教育	9 000

（一）学费援助与免费教育津贴不可兼得；

（二）学费援助与学费津贴可以兼得，其学费援助金额依下列公式计算：

$$A=P-S$$

其中：A 为学费援助金额（不可高于学费援助最高金额）；

P 为学生需缴付的学费金额；

S 为学费津贴金额。

二、膳食津贴金额如下表：*,**,***

教育阶段	金额（澳门元）
幼儿教育及小学教育	3 400
中学教育	3 400

三、学习用品津贴金额如下表：*,**

教育阶段	金额（澳门元）
幼儿教育及小学教育	2 200
中学教育	2 900

四、上述各款所指的金额，得通过社会文化司司长批示调整。

＊已更改——请查阅：第75/2011号社会文化司司长批示，第90/2013号社会文化司司长批示，第30/2014号社会文化司司长批示，第66/2015号社会文化司司长批示。

＊＊已更改——请查阅：第179/2012号社会文化司司长批示。

＊＊＊已更改——请查阅：第39/2016号社会文化司司长批示。

第九条　结果公布

审批名单将通过教青局的网页及其他适当的途径公布。

第十条　津贴的发放

一、津贴于每一学校年度10月1日起至翌年8月31日期间按以下方式一次性支付：

（一）如属就读于公立学校，转入受惠学生于教青局登记的银行账户；

（二）如属就读于私立学校，经由就读的学校交予受惠学生；

（三）如未能按上项规定支付津贴，亦得以转入银行账户方式支付予受惠学生。

二、学生福利基金在支付津贴前须将受惠学生名单送交学校。

三、私立学校应在收到津贴后30日内，将津贴交予受惠学生，并将有关事宜通知教青局。如未能按第一款（二）项规定交付津贴，应退回学生福利基金。

第十一条　账目的校正

如发现津贴的发放有误，学生福利基金应依职权支付未足够的津贴款项或要求退还不当支付的津贴款项。

第十二条　责任承担

一、提交不实申请数据者，须退回所收取的津贴，且须承担倘有的刑事责任。

二、获发津贴的学年没有就读者，须退回所收取的津贴。

第十三条　2010/2011学校年度膳食津贴的申请

一、为获取2010/2011学校年度的膳食津贴，就读于私立学校的学生得于2011年3月31日或之前，按本规章的规定，向教青局递交申请。

二、上款所指的申请人，如属根据第50/2004号社会文化司司长批示审批的2010/2011学校年度的学费及文教用品津贴的受益人，有关申请免除递交本规章第四条第三款及第四款所指的文件。

澳门特别行政区
第12/2010号法律
非高等教育公立学校教师及教学助理员职程制度

立法会根据《澳门特别行政区基本法》第七十一条（一）项，制定本法律。

第一章　一般规定

第一条　标的

本法律制定非高等教育公立学校教师及教学助理员的特别职程制度。

第二条　适用范围

一、本法律适用于在教育暨青年局辖下的公立学校任职的幼儿教育、小学教育及中学教育教师及教学助理员。

二、本法律的规定经适当配合后，适用于在澳门特别行政区其他公共部门及机构任职的上款所指教育阶段的教师及教学助理员。

第二章　教师及教学助理员职程

第一节　教师职程

第三条　职称、架构及薪俸

一、设立下列职程：

（一）中学教育一级教师；

（二）中学教育二级教师；

（三）中学教育三级教师；

（四）幼儿教育及小学教育一级教师；

（五）幼儿教育及小学教育二级教师。

二、上款所指的职程均设有11个职阶，有关薪俸点载于作为本法律组成部分的附件一。

第四条 职务内容

一、在不影响以下数款规定适用的情况下，教师拥有学术及教学自主权，并须承担其专业责任。

二、教师须配合教育政策，并按照课程规划及学校发展规划依法开展其教学活动。

三、下列为教师的职务：

（一）教学职务；

（二）非教学职务；

（三）个人专业发展。

四、教学职务尤指：

（一）制订课程与教学计划：

（1）编写教学大纲、学年教学计划，以及为有特殊需要的学生制定个别化教育计划；

（2）根据学生的需要订定教学目标及有利于达至既定教学目标的教学活动及授课计划；

（3）计划及组织学生参加各类教育活动。

（二）实施课堂教学：

（1）按授课计划齐备所需的教学资源，运用教学技巧，向学生传授知识及技能，激发学生主动学习，促进课堂互动，协助学生发展多元能力；

（2）运用多元方式评估学生的学习成效，辅助有困难的学生；

（3）使学生掌握有效学习方法，培养学生的学习能力。

（三）执行课堂管理：

（1）确保学生在安全的教学环境中进行学习活动；

（2）营造互助、团结的班级气氛；

（3）促进学生主动遵守纪律。

（四）实施学生评核：

（1）参与评核会议，就学生评核工作提供意见；

（2）运用多元评核，评估学生的学习表现，为不同能力的学生提供深化或补救的教学辅助。

五、非教学职务尤指：

（一）参与学校行政、教学管理、辅导及班务等工作，与学校领导机关合作，完成其指派的任务；

（二）关注学生的个人成长，促进学生身心健康的发展，并给予学生心理、升学及就业方面的辅导；

（三）推动及参与家校合作的活动和与外界的联系与合作，以促进学校发展。

六、个人专业发展尤指：

（一）参与发展教育专业能力的活动；

（二）组织专业交流活动，进行教育研究。

第五条　入职

一、具备下列任一资格者，可进入中学教育一级教师职程第一职阶：

（一）具有包含师范培训在内的属中学教育范畴且与主要任教学科领域相关的学士学位；

（二）具有与主要任教学科领域相关的学士学位，同时具有中学教育范畴的师范培训。

二、下列者可进入幼儿教育及小学教育一级教师职程第一职阶：

（一）如任职幼儿教育教师，须具备下列任一资格：

（1）具有包含师范培训在内的属幼儿教育范畴学士学位；

（2）具有学士学位，同时具有幼儿教育范畴的师范培训。

（二）如任职小学教育教师，须具备下列任一资格：

（1）具有包含师范培训在内的属小学教育范畴学士学位；

（2）具有学士学位，同时具有小学教育范畴的师范培训。

三、特殊教育教师须具备下列任一资格：

（一）具有包含师范培训在内的属特殊教育范畴学士学位；

（二）具有第一款或第二款所指的资格，同时具有教育暨青年局认可的特殊教育教师培训。

四、具有与主要任教学科领域相关的学士学位者，可进入中学教育二级教师职程第一职阶。

第六条　特别要件

一、教师须具备以下数项所指的，并经执行卫生当局职能的医生验证的身体及心理要件：

（一）借适当的医生检查证明，证实无任何妨碍从事教学工作或因担任教学工作而可能导致恶化的创伤或疾病；

（二）身体上的缺陷并不妨碍担任教师职务，只要该身体上的缺陷与投考人拟投考的教学工作组别或教师所属的教学工作组别的任职要件不相抵触；

（三）无任何可危及与学生关系，妨碍担任教学工作或对之造成困难，又或因担任教学工作而可能导致恶化的人格特征或神经精神方面的异常或病状者。

二、经执行卫生当局职能的医生验证存在药物依赖者，可被禁止担任教师职务。

第七条　晋阶

一、教师职程的晋阶取决于下列要件，但不影响第十八条规定的适用：

（一）服务时间；

（二）工作表现评核；

（三）专业发展。

二、在教师职程内由某一职阶晋升至紧接的较高职阶，在原职阶的服务时间及完成专业发展活动的最低时数须分别符合下列规定，且在该段服务时间内工作表现评核的评语须不低于“满意”：

（一）晋升至第二职阶，2 年及 60 小时；

（二）晋升至第三职阶、第四职阶、第五职阶、第六职阶或第七职阶，均为 3 年及 90 小时；

（三）晋升至第八职阶、第九职阶、第十职阶或第十一职阶，均为 4 年及 120 小时。

三、如教师完成上款所指专业发展活动的时数，且其工作表现评核的评语不低于“十分满意”，则上款（三）项所定的服务时间减少 1 年。

四、下列期间不计入在职程内晋阶的服务时间：

（一）以派驻、征用或定期委任方式提供在教育体系外服务的期间，但法律规定有关服务等同教学服务者除外；

（二）无薪假；

（三）扣除年资的期间；

（四）法律规定不为晋阶效力而计算的其他期间。

五、上数款所指的工作表现评核及专业发展活动由专有法规规范。

六、在上款所指的规范专业发展活动的法规生效前，为晋阶的效力，豁免第一款（三）项规定的要件。

第二节　教学助理员职程

第八条　职称、架构及薪俸

教学助理员职程设有八个职阶，有关薪俸点载于作为本法律组成部分的附件二。

第九条　职务内容

教学助理员尤具下列职务：

（一）配合学校的发展规划，完成学校指派的工作；

（二）了解教师的教学计划与教学活动，协助其完成工作；

（三）遵守学校订定的工作指引，对设施设备、教具进行管理和维护；

（四）确保学生在安全的环境内进行学习活动；

（五）协助教师处理学生的情绪、行为及问题；

（六）参与会议，对学校发展或课程计划提出建议；

（七）协助教师加强家校合作。

第十条　入职

进入教学助理员职程第一职阶者，须具备高中学历。

第十一条　晋阶

一、在教学助理员职程内由某一职阶晋升至紧接的较高职阶，在原职阶的服务时间须符合下列规定，且在该段服务时间内工作表现评核的评语须不低于“满意”：

（一）晋升至第二职阶、第三职阶、第四职阶或第五职阶，均为 4 年；

（二）晋升至第六职阶、第七职阶或第八职阶，均为 5 年。

二、如教学助理员的工作表现评核的评语不低于“十分满意”，则上款（二）项所定的服务时间减少 1 年。

三、教学助理员的工作表现评核适用公共行政工作人员工作表现评核的一般制度。

第三章 开考

第十二条 招聘及甄选

一、开考属招聘及甄选教师及教学助理员的正常及必要程序。

二、教师及教学助理员的招聘及甄选适用公务人员职程的一般规定，但不影响以下数条规定的适用。

第十三条 内部特别开考

一、具备师范培训的中学教育二级教师，可投考进入中学教育一级教师职程的相对应职阶。

二、中学教育三级教师可投考进入中学教育一级教师职程的相对应职阶，但须取得下列资格：

（一）具有师范培训者，须取得学士或以上学位；

（二）不具师范培训者，须取得学士或以上学位及师范培训。

三、幼儿教育及小学教育二级教师，可投考进入幼儿教育及小学教育一级教师职程的相对应职阶，但须取得下列资格：

（一）具有师范培训者，须取得学士或以上学位；

（二）不具师范培训者，须取得学士或以上学位及师范培训。

四、属上数款规定的情况，任用应以与该教师在原有职阶相对应的职阶为之。

五、为中学教育一级教师职程或幼儿教育及小学教育一级教师职程晋阶的效力，在原职程原有职阶所累积的晋阶条件不予计算。

第十四条 招聘的前提

一、在招聘中学教育教师时，须招聘一级教师。

二、仅在同时符合下列条件的情况下，方可招聘中学教育二级教师：

（一）在第一款所指的开考中未有合资格或合格的投考人；

（二）须招聘专科教师教授科技、艺术等特殊科目。

第十五条 禁止招聘

一、中学教育三级教师职程以及幼儿教育及小学教育二级教师职程仅适用于本法律生效之日现职人员的转入，该等职程于部门人员表内相关职位出缺时撤销。

二、自本法律生效之日起，禁止招聘中学教育三级教师以及幼儿教育及小学教育二级教师。

第四章　最后及过渡规定

第十六条　已展开的开考

本法律的规定不影响基于已开始及仍处于有效期内的开考所作的任用。

第十七条　教师的转入制度

一、在本法律生效之日属 4 月 27 日第 21/87/M 号法令附表所载的第一至第三级和第五至第八级专业资格的人员，按以下数款的规定转入新职程。

二、在本法律生效之日符合下列条件的中学教育教师，转入中学教育一级教师职程：

（一）具有学士或以上学位或同等学力，并完成师范培训；

（二）具有高等专科学位或同等学力，且属 4 月 27 日第 21/87/M 号法令附表所载的第一级专业资格者。

三、在本法律生效之日具有学士或以上学位或同等学力，但不具师范培训的中学教育教师，转入中学教育二级教师职程。

四、在本法律生效之日具有学士或以上学位或同等学力，且具师范培训的幼儿教育及小学教育教师，转入幼儿教育及小学教育一级教师职程。

五、在本法律生效之日不符合第二款及第三款规定的条件的中学教育教师，转入中学教育三级教师职程。

六、在本法律生效之日不符合第四款规定的条件的幼儿教育及小学教育教师，转入幼儿教育及小学教育二级教师职程。

七、按上数款规定转入新职程者，其于新职程的职阶根据在本法律生效之日前并为晋阶效力而计算的服务时间及下列的规定确定，但不影响下条规定的适用：

（一）服务时间少于 2 年者，转入第一职阶；

（二）服务时间满 2 年但少于 5 年者，转入第二职阶；

（三）服务时间满 5 年但少于 8 年者，转入第三职阶；

（四）服务时间满 8 年但少于 11 年者，转入第四职阶；

（五）服务时间满 11 年但少于 14 年者，转入第五职阶；

（六）服务时间满 14 年但少于 17 年者，转入第六职阶；

（七）服务时间满 17 年但少于 21 年者，转入第七职阶；

（八）服务时间满 21 年但少于 25 年者，转入第八职阶；

（九）服务时间满 25 年但少于 29 年者，转入第九职阶；

（十）服务时间满 29 年但少于 33 年者，转入第十职阶；

（十一）服务时间满 33 年或以上者，转入第十一职阶。

八、为适用上款的规定，服务时间只计算在教师职程任职的时间，在其他职程的服务时间不予计算。

九、在本法律生效后，经计算按上数款规定转入相应职阶所需的服务年数后尚余的服务时间，计入晋升至下一个较高职阶所需的服务时间。

十、在本法律生效后，为晋阶的效力，在上款所指的尚余服务时间所对应的期间内，豁免对工作表现评核及专业发展方面的要求。

第十八条　晋阶的特别制度

一、上条第二款（二）项所指的教师晋升至新职程的第十一职阶，须具有学士或以上学位。

二、根据上条第五款及第六款的规定转入新职程的教师，如具有高等专科学位但不具师范培训者，须取得师范培训方可晋升至第十一职阶。

三、根据上条第五款及第六款的规定转入新职程的教师，如具有高等专科以下学历及师范培训者，须取得高等专科或以上学位方可晋升至第十及十一职阶，但在本法律生效之日属 4 月 27 日第 21/87/M 号法令附表所载的第三级专业资格者除外。

四、根据上条第五款及第六款的规定转入新职程的教师，如具有高等专科以下学历且不具师范培训者，须取得高等专科或以上学位及师范培训，方可晋升至第十及十一职阶。

五、在本法律生效后，为适用第三款和第四款的规定，在新职程的服务时间不予计算，但不影响上条第七款至第九款规定的适用。

第十九条　教学助理员的转入制度

一、在本法律生效之日属 4 月 27 日第 21/87/M 号法令附表所载的第十级专业资格的人员符合下列任一要件者，转入教学助理员职程：

（一）具备高中学历者；

（二）不具备高中学历但在原职程服务满 5 年，且在该段服务时间内的工作表现评核中取得不低于“满意”评语。

二、按上款规定转入新职程者，其于新职程的职阶根据本法律生效之日前并为晋阶效力而计算的服务时间及下列的规定确定：

（一）服务时间少于 4 年者，转入第一职阶；

（二）服务时间满 4 年但少于 8 年者，转入第二职阶；

（三）服务时间满 8 年但少于 12 年者，转入第三职阶；

（四）服务时间满 12 年但少于 16 年者，转入第四职阶；

（五）服务时间满 16 年但少于 21 年者，转入第五职阶；

（六）服务时间满 21 年但少于 26 年者，转入第六职阶；

（七）服务时间满 26 年但少于 31 年者，转入第七职阶；

（八）服务时间满 31 年或以上者，转入第八职阶。

三、为适用上款的规定，服务时间只计算在具最基本学历的服务人员职程任职的时间，在其他职程的服务时间不予计算。

四、在本法律生效之日属 4 月 27 日第 21/87/M 号法令附表所载的第十级专业资格的人员未符合第一款所指要件者，一旦具备高中毕业学历或在原职程服务满 5 年，且在该段服务时间内的工作表现评核中取得不低于“满意”评语，可向部门最高领导申请转入教学助理员职程。

五、上款人员于转入新职程前继续任职于原职程，其在原职程提供服务的时间计入在该职程内晋阶所需服务时间。

第二十条　转入的手续

一、工作人员须于本法律生效之日起计 180 日内向所属部门提交关于转入新职程所需资格的证明文件，但已附入个人档案者除外。

二、上条和第十七条所指的编制人员的转入以行政长官批示核准的名单为准，而有关名单须公布于《澳门特别行政区公报》第二组。

三、本法律的规定适用于编制外合同及散位合同制度的人员，只须在合同文书上作简单附注。

第二十一条　转入的效力

一、第十七条第二款至第六款和第十九条第一款所指的转入，自本法律生效日起产生效力。

二、第十九条第四款所指的转入，经部门最高领导批准有关申请，并在《澳门特别行政区公报》作出公布当日起产生效力。

第二十二条　教育暨青年局人员编制

载于 12 月 21 日第 81/92/M 号法令涉及教学人员组别的人员编制须在听取

行政暨公职局意见后，于本法律生效起计 365 日内通过行政命令修订。

第二十三条　教育助理员及具文凭的辅导员

一、在本法律生效之日属 4 月 27 日第 21/87/M 号法令附表所载的第四级专业资格的人员的薪俸点，按第一职阶、第二职阶及第三职阶分别为 265 点、285 点及 320 点；教育助理员及具文凭的辅导员的职程于相关职位出缺时撤销。

二、为产生一切法律效力，自本法律生效之日起禁止招聘上款所指的人员。

三、撤销 4 月 27 日第 21/87/M 号法令附表所载的临时教育助理员及具文凭的临时辅导员的职程。

第二十四条　服务时间

为产生一切法律效力，尤其是退休、抚恤及公积金制度的效力，上数条所指人员提供服务的时间均予计算，但另有规定者除外。

第二十五条　师范培训的认可

教育暨青年局负责认可进入或转入教师职程所需的师范培训。

第二十六条　评语的对应

为适用本法律的规定，经 11 月 1 日第 67/99/M 号法令核准的《教育暨青年局教学人员通则》中提及的评语“良”等同于“满意”。

第二十七条　补充法例

本法律未有明确规范的事宜补充适用公务人员职程制度的规定。

第二十八条　负担

为实施本法律而引致的财政负担，由登录于澳门特别行政区预算的适当项目承担。

第二十九条　废止

废止下列规定：

（一）4 月 27 日第 21/87/M 号法令；

（二）经 11 月 1 日第 67/99/M 号法令核准的《教育暨青年局教学人员通则》第七条。

第三十条　生效

一、本法律自公布翌日起生效，但不影响以下各款的规定。

二、第七条第三款的规定自经11月1日第67/99/M号法令核准的《教育暨青年局教学人员通则》第十四条第三款所指的规范评核程序的法规生效之日起产生效力。

三、第二十一条第一款所指的转入和为此作出的附注修改而出现的薪俸点调整追溯至2007年7月1日；追溯仅适用于人员的独一薪俸，有关人员有权收取一笔款项，其金额为人员于转入前所处级别、阶段或职阶的对应薪俸点与转入后所处职程及职阶的对应薪俸点之间的差额。

2010年8月12日通过。

立法会主席 刘焯华

2010年8月25日签署。

命令公布。

行政长官 崔世安

附件一　（第三条第二款所指者）

职程	第一职阶	第二职阶	第三职阶	第四职阶	第五职阶	第六职阶	第七职阶	第八职阶	第九职阶	第十职阶	第十一职阶
中学教育一级教师	440	455	490	515	540	575	615	655	680	720	765
中学教育二级教师	430	455	485	505	525	555	590	625	650	690	735
中学教育三级教师	360	370	385	400	420	440	465	500	530	595	660
幼儿教育及小学教育一级教师	440	455	485	505	525	555	590	625	650	690	735
幼儿教育及小学教育二级教师	360	370	380	390	405	420	440	470	500	565	630

附件二　（第八条所指者）

职程	第一职阶	第二职阶	第三职阶	第四职阶	第五职阶	第六职阶	第七职阶	第八职阶
教学助理员	260	280	300	320	340	360	380	400

附录一　理由陈述

非高等教育公立学校教师及教学助理员职程制度

（法案）

理由陈述

考虑规范教育暨青年局教学人员特别职程的4月27日第21/87/M号法令颁布至今已超过20年，有些条文未能符合现实的需要。为配合第9/2006号法律《非高等教育制度纲要法》及第14/2009号法律《公务人员职程制度》的实施，有必要对现行的教师职程作出检讨。

修订教师职程旨在提升教师的专业素养、促进教师的职业生涯规划及职业保障。为此，法案提高了幼儿园、小学及中学等各教育阶段教师的任职资格要求，原则上都要求具有学士学位及相应的师范培训资格。同时，在薪俸点的设计上，体现了教师的专业性以及师范培训的重要性。另外，由于法案对中学、小学、幼儿园各教育阶段教师入职的学历要求已趋于相同，同时考虑公职职程的一般原则，法案对入职条件相同的各教育阶段的教师订定了相同的起薪点。不过，考虑中学教师与小学及幼儿园教师在学识要求层次和须处理的学生问题的复杂性等方面存在一定差异，同时参考邻近地区教师职程的规定，并延续原有教师职程的类似安排，法案为中学教师订定的最高薪俸点与小学及幼儿园教师的最高薪俸点有所不同，职程内薪俸的增长幅度也有所差别。上述安排有助于提升教师的专业素质及工作积极性。

在不损害既得利益的前提下，为解决现有教师职程前段的晋阶年期较长的问题，法案对前段的晋阶所需年数进行调整，以接近一般职程制度就职程晋阶所设置的“前短后长”模式。因此，在本法律生效后，职程前段的晋阶年期会缩短，教师可更快晋升。另外，根据修订公务人员一般职程所采用的方式，为解决教师长期处于职程顶点的问题，法案增加了教师职程的职阶数，以延长教师整个职业生涯的晋升时间，从而提高教师的士气及对本身职程发展的期望。

法案按教育阶段及专业资格，设立三个中学教育教师职程以及两个幼儿教育及小学教育教师职程，进入各教育阶段一级教师职程均须具有学士学位及师范培训资格。考虑特殊范畴人力资源的供求问题，在中学教育教师的招聘上采用聘用一级教师的原则。针对特定的专业学科领域，仅在进行一级教师招聘后确实没有合资格或合格的投考人的情况下，方可启动中学教育二级教师的招聘程序。然而，此措施并不适用于幼儿教育教师及小学教育教师的聘用。

另外，考虑有一部分现职教师在学历或专业资格方面未能达至修订职程后的要求，为顾及该等人员未来的职业发展，故设立具有 11 个职阶的中学教育三级教师职程以及幼儿教育及小学教育二级教师职程，以便该等人员的转入。由于属临时性质，故在法律生效后禁止招聘该两个职程的人员，并在相关职位出缺时撤销职程。

在晋阶条件方面，除服务时间及工作表现评核外，新增专业发展时数的要求，借此提升教师的整体素质。另一方面，法案建议参照公务人员职程制度有关减少晋阶所需年数的规定，并适用于晋阶年期较长的职阶。

为增加教师晋升较高职程的机会及鼓励其不断进修，设立内部特别开考机制，让具备学历或专业资格的二级教师及三级教师可投考进入一级教师职程的相应职阶。

为清晰教师及教学助理员的职务内容，法案对此亦作了具体规定。

法案建议，现职教师按其学历及在原职程的服务时间转入新职程。

同时，因辅助教学活动所需，设立具有 7 个职阶的教学助理员职程。

为确保完整性，重新制定《非高等教育公立学校教师及教学助理员职程》法案，并废止 4 月 27 日第 21/87/M 号法令及其他与法案抵触的规定。

附录二　立法会第二常设委员会第 3/Ⅳ/2010 号意见书

事由：《〈非高等教育公立学校教师及教学助理员职程制度〉法案》

一、引　言

1. 标题所示的法案由澳门特别行政区政府提交，立法会主席根据《立法会议事规则》第九条 c）项规定，通过 2010 年 6 月 17 日第 536/Ⅳ/2010 号批示接纳该法案，于同日将该法案派发。

2. 上述法案于 2010 年 6 月 28 日举行的全体会议上引介，并经一般性讨论后正式获一般性通过。

3. 立法会主席于同日通过第 561/Ⅳ/2010 号批示，将细则性审议本法案的工作交予本委员会，并要求于 2010 年 7 月 30 日前完成审议工作并提交意见书。随后，鉴于法案的复杂性，有需要进行更深入的探讨，委员会申请并获批准将审议期限延长至 2010 年 8 月 13 日。

4. 在完成法案第一阶段的立法程序后，紧接着进入委员会的细则性审议阶段。

5. 委员会于 2010 年 7 月 15 日、19 日、28 日、29 日和 8 月 5 日举行正式会议，持续对法案进行分析。政府多名代表列席了委员会于 7 月 19 日和 29 日召开的会议。会议期间，委员会曾就法案进行分析和讨论，并向政府提出多项意见和建议。

6. 另外，除了上述的正式会议外，立法会与政府的顾问还举行了工作会议。在这些会议中，委员会得到了政府代表充分的合作。

7. 提案人于 8 月 2 日提交了新的法案文本。其中部分内容反映了委员会在细则性审议期间提出的意见或建议。除另有说明外，本意见书对法案各条文的引述，尤其在细则性审议部分的引述，将以 8 月 2 日的新文本即法案最后文本为基础。

8. 委员会在此期间收到不少相关的意见，这是本立法会推行开放政策向公众作出呼吁（如市民对法案有任何意见，可以书面或电子邮件方式向立法会提出）的成果。有关意见主要集中于教学助理员和现职且无学士学位的教师（依法案将转入中学教育三级和幼儿及小学教育二级的教师）的入职学历、职程转入制度等方面。所有意见和建议均受到相当的重视，有些意见和建议在法案最后文本中有所反映。

二、引　介

9. 政府于法案的理由陈述中说明了起草及提出法案的动机，这将有助于更清楚理解法案中所涉及的某些问题，因此在此引述相关的内容。

10. 关于提出本法案的必要性，一如其理由陈述所述："考虑规范教育暨青年局教学人员特别职程的 4 月 27 日第 21/87/M 号法令颁布至今已超过 20 年，有些条文未产符合现实的需要。为配合第 9/2006 号法律《非高等教育制度纲要法》及第 14/2009 号法律《公务人员职程制度》的实施，有必要对现行的教师职程作出检讨。"

11. 本法案的宗旨在于"提升教师的专业素养、促进教师的职业生涯规划及职业保障。为此，法案提高了幼儿园、小学及中学等各教育阶段教师的任职资格要求，原则上都要求具有学士学位及相应的师范培训资格。同时，在薪俸点的设计上，体现了教师的专业性以及师范培训的重要性。"

12. 本法案将废止 4 月 27 日第 21/87/M 号法令及其他与之相抵触的规定，并为确保其完整性，重新制定非高等教育公立学校教师及教学助理员职程制度。法案所作的重要修改及其主要内容包括：

（1）制定非高等教育公立学校教师及教学助理员的特别职程及薪俸的制度。

（2）提高各教育阶段教师入职资格的要求，原则上要求具有学士学位和相应的师范培训。并建议为入职条件相同的各教育阶段教师订定相同的起薪点。"不过，考虑中学教师与小学及幼儿园教师在学识要求层次和须处理的学生问题的复杂性等方面存在一定差异，同时参考邻近地区教师职程的规定，并延续原有教师职程的类似安排，法案为中学教师订定的最高薪俸点与小学及幼儿园教师的最高薪俸点有所不同，职程内薪俸的增长幅度也有所差别。"

（3）法案设有 3 个中学教育教师职程（一级、二级、三级教师职程）及 2 个幼儿教育和小学教育教师职程（一级、二级教师职程），此外，把原有的 6 个职阶增加至 11 个职阶，且有针对性地对职程前段的晋阶年数进行了调整，并延长了教学人员整体职业生涯的时间。同时，规定了符合法案入职资格的现职教学人员，可按其学历、师范培训和年资等情况转入相应级别的职程。

（4）在教师晋升条件方面，除了服务时间和工作表现评核之外，亦增加了专业发展时数的相关规定。同时，亦参照公务人员职程的精神，引入晋升年数的减免制度。

（5）法案订定了教学助理员的职程、入职要求、职务内容以及晋阶。一如政府代表在立法会全体会议上引介该法案时所言：“为了让教学助理员拥有合理的生涯发展前景，该法案对第21/87/M号法令中的具最基本学历之‘服务人员’的单一职阶作出调整，建议设立7个职阶，而薪俸点亦有所调整，同时，考虑教学助理员的工作内容，建议维持原有的入职要求，并将按其服务时间转入新职程。”

（6）法案订定了教师和教学助理员的开考及招聘制度。同时，设立了内部特别开考机制，以便让具备学历或专业资格的二级教师及三级教师可投考进入一级教师职程的相应职阶。另外，还设定了晋阶的特别制度。

（7）法案订定现职教师及教学助理员的转入制度。

三、概括性审议

13. 在概括性审议环节，有必要就委员会对法案以及与法案相关的事宜所讨论的主要问题作一简介，当然不妨碍在细则性审议时进行更深入的探讨；此外，亦将说明法案最后文本与最初文本之间的分别，特别是所作的主要修改。

14. 原则上，委员会对法案表示认同，因为，随着社会的发展、科技的进步、知识的更新、设备的推陈出新，确实需要培养和建立一支高素质的优良师资队伍，为此，有必要提升教师的专业素养。但同时委员会认为，在立法调整公立学校教师职程时，应充分考虑私立学校和公立学校之间的平衡，以及公立中小学校与公立高等学校之间的平衡。

目前，在澳门，绝大多数的学校是私立学校，私立学校培养的学生占总人数的90%以上，而私立学校教师的待遇明显不如公立学校。在这种情况下，如再大幅提升公立学校教师的薪俸，其最高薪俸点由现时的535调升至765[①]，将进一步拉大私立学校与公立学校之间教师待遇的差距。有关情况如果得不到解决，将对私立学校的教师队伍造成明显的冲击，曾多次因公立学校开考，私立学校教师蜂拥而至，致使私立学校不时面对教师随时中途离去的问题，影响私立学校的正常运作。委员会希望政府能科学评估有关调升对私立学校可能造成的影响，尽量缩小公立学校和私立学校教师的薪酬差距，减少同工不同酬的矛盾。

① 分别参见4月27日第21/87/M号法令和本法案的附表。

同时，委员会对公立学校与私立学校教师之间如何流动的问题表示关注，因为法案所订定的教师职程与私立学校的不同，将来教师在公立学校和私立学校之间调动，其职程如何衔接值得考虑。

另一方面，委员会认为，在订定公立幼儿园及中小学校教师职程时，也应当顾及公立中小学校与公立高等学校教师职程之间的平衡。

列席委员会会议的政府代表认同私立学校教师薪酬与公立学校教师薪酬确实存在一定差异，公立学校教师职程的制定既要考虑公职平衡，亦要在社会中取得平衡。对于法案将拉大公立学校和私立学校教师薪酬待遇差距的问题，政府代表表示，将在制订私立学校教学人员制度框架时作出考虑，如规范私立学校教师的最低收入。另外，政府除在法规方面进行调整外，未来亦将增加教育资金投入，考虑相应提升对私立学校及教师的支持及津贴等，以达相对平衡，相信有关措施有助于减少私立学校教师的流失。

另外，政府代表表示，政府已经注意到公立学校与私立学校之间教师流动的问题，并计划在制定私立学校教学人员制度框架时对此予以规范，设立公立学校和私立学校教学人员的互认机制。

15. 现行制度中公立学校幼儿、小学及中学教师入职薪俸不同，私立学校的入职薪俸从低到高也不同，而且政府给予的津贴亦不同，但法案为幼儿、小学及中学一级教师订定相同的入职薪俸。

提案人表示，就有关问题，曾作过比较研究，参考其他国家或地区的情况，有部分中学、小学及幼儿教师的薪酬相同，如葡萄牙、日本、韩国、英格兰、新西兰、希腊和爱尔兰等；有部分不同，如澳大利亚、芬兰、德国和意大利等；内地中学、小学及幼儿教师的薪酬不同；而台湾中学和小学教师的起薪点不同，幼儿教师和小学教师相同；香港的中学、小学教师的薪酬有区别[①]。一般各地中学、小学及幼儿教师薪酬，很大程度上取决于当地对某一教育阶段教师的入职要求，若入职要求相似，薪酬便相约，否则，薪酬则不同。

法案基于对中学、小学以及幼儿各教育阶段教师入职的学历要求已趋于相同，同时考虑公职职程的一般原则，对入职条件相同的各教育阶段的教师订定了相同的起薪点。但考虑中学教师与小学及幼儿教师在学识要求层次和须处理的学生问题的复杂性等方面存在一定差异，以及现有教师职程的安排，法案为中学教师订定的最高薪俸点与小学及幼儿教师的最高薪俸点有所不同，职程内薪俸增长幅度也有所差别。

---

① 有关资料来自政府提供给委员会的参考资料。

16. 教学助理员职程是委员会关注的问题，也是市民来函所涉及的主要问题之一。关于该职程主要讨论了以下几方面的问题：

（1）入职学历。法案最初文本规定教学助理员的入职学历为初中，委员会认为有关规定既不符合实际也不合理，更不能体现本法案提高教学人员专业素养的宗旨。因为，实践中，在许多情况下，一方面，教学助理员直接替代教师担负教学任务，只具备初中学历者难以胜任。另一方面，实际上大部分教学助理员已经具有更高的学历。再者，现在澳门已经实施 15 年免费教育。因此，委员会认为有关要求过低，建议提升至高中毕业。

（2）关于“教学助理员”的称谓，有建议改为“助教”。

（3）职务内容。委员会向提案人了解现在教学助理员的职务内容及主要工作范畴，并提出法案最初文本对教学助理员职务内容的规定过于简单。

（4）职业生涯的时间。法案为中学教师设立 3 个等级，幼儿教育及小学教育教师设有 2 个等级，教师的职阶有 11 个，职业生涯为 33 年；而教学助理员只有 1 个等级，设有 7 个职阶，职业生涯为 27 年。委员会向提案人了解法案作如此区分的理据。

提案人解释，教学助理员的主要工作是在教师指导下照顾学生，认为初中毕业者能够胜任有关工作。同时，对于现实中教学助理员负责计算机室或实验室等情况，也认同只具初中学历者确实难以承担有关工作，并计划将有关人士转为技术助理员。不过，经过广泛讨论，提案人表示将考虑委员会的建议。

至于教学助理员的称谓，提案人解释，基于高等教育中有助教职程，为避免混淆，认为采用“教学助理员”比较适当。

另外，由于教学助理员与教师是不同的工种，入职条件、工作要求等均不同，不适宜在年资方面作比较。但提案人表示会考虑委员会的意见。

17. 现职且无学士学位教师的职程是委员会关注的另一个主要问题，这些教师依法案将转入中学教育三级和幼儿及小学教育二级职程。据反映，其中部分现职教师虽然不具备一级教师的学历要求，但却有较长的工龄，有教学经验。另外，在这些现职无学士学位的教师中，有部分也同样接受过高等教育，有本科文凭，只是根据受教育地如内地学位制的要求，由于外语未过关而没有取得学士学位。在教学工作中，这部分教师的工作及教学能力未必差，但却由于学位不符合条件而不能进入第一级教师职程，有失公平。认为完全以学位决定职级的做法值得检讨，并建议参考《护士职程制度》[①] 或《诊疗技术员职程制度》[②] 的计分方法，使之有条件转入一级教师职程。

提案人表示，教师是一项特别职程，性质独特，与护士或诊疗技术员职业不同，如何计分或计分多少是一个复杂的问题，难以平衡和操作。另外，到目前为止，对教师尚没有具体的评核制度，在评核方面暂时无法计分。再者，一直以来，政府与一些高校合作开办课程，鼓励教师进修，部分教师已通过自己的努力取得学士学位，如果现在将没有学历的教师以经验等学历以外的因素作为转入新职程的标准，对努力进修的教师亦不公平。所以，认为学历要求容易厘定，相对而言比较客观和公正。对于只有本科文凭而没有学士学位的情况，则表示会作出考虑。

18. 就教师的薪俸，委员会发现中学教育三级和幼儿及小学教育二级与相对应的中学教育一级和幼儿及小学教育一级同一职阶的薪俸差距很大，特别是第五职阶到第九职阶，最高差 155 点。有关差距相对于一般职程中高级技术员与技术员职程之间的差距而言明显过大，希望提案人予以解释并建议作出调整[③]。

提案人解释，教师职程只有横向晋升，没有垂直晋升，中学教育教师三个职程（一级、二级、三级教师职程）及幼儿教育和小学教育教师两个职程（一级、二级教师职程）是基于不同的学历要求而设立，不存在直接的垂直晋升，只是达到学历要求者可以通过内部特别开考从一个职级转到另一个职级。并表明，有关薪俸点的设定在一定程度上参考了高级技术员职程中垂直晋升的薪俸点，且经过长时间的讨论，目前在极为有限的时间[④]内作出调整可能比较困难。

另外，提案人表明，在设定职程薪俸时，刻意将中学教育三级和幼儿、小学教育二级中间职阶即第五到第九职阶与相对应的中学教育一级和幼儿、小学教育一级同一职阶的薪俸差距拉大，目的是鼓励教师未来可通过专业培训提升学历，

---

① 第 18/2009 号法律《护士职程制度》第三十一条第二款：在本法律生效之日，不具备上款所指的学历要件的编制内护士，只要符合根据本法律附件二所载的 5 个项目作评核并累积取得至少 250 分，同样适用上款的规定。

② 《诊疗技术员职程制度》法案最初文本第二十二条第二款：在本法律生效之日，不具备上款所指的学历要件的编制内诊疗技术员，只要本法律附件二所载的 5 个项目合共取得至少 250 分，同样适用上款的规定。

③ 立法会于 2010 年 6 月 28 日和 7 月 28 日分别收到两封没有高等学历公立学校教师的来函，有关来函均列举了二等高级技术员和二等技术员职阶的对比，幼儿教育及小学教育二级教师与一级教师各职阶的对比，希望依据公务人员一般职程中高级技术员与技术员跳阶的差距界定。

④ 本法案如希望在立法会本会期内进行细则性讨论和表决，委员会最迟须在 8 月 6 日前签署意见书，而双方于 7 月 29 日就问题进行讨论，所以说时间极为有限。

保障他们在制度上的专业发展。

19. 至于中学教育三级幼儿及小学教育二级教师职程，从第一个职阶到最后一个职阶薪俸差距分别是300点和270点，但最后第九到第十一职阶则占130点，（从第九到第十以及从第十到第十一职阶分别相差65点），而之前的每两个职阶的差距不大，如10点到30点不等。有意见认为最后两个职阶所占比例过大，有关职程的设置不合理。

提案人解释，在现行制度中，教师一级到三级有6个职阶，四级到七级只有4个职阶，法案将教师的等级整合，分为三级，并将各级的职阶统一增加到11个。在设定每一职阶的薪俸点时，原则上不让任何现有的职程受损，同时，既要顾及现行各职阶之间的差距，又要因应公务人员一般职程中最后职阶的增加和调升而作调整，表示法案所建议的方案是平衡后的结果。

20. 根据法案原文本的规定，中学教育三级和幼儿、小学教育二级教师不能以现有的条件晋升到第八职阶及随后职阶，还需实施第十七条规定晋阶的特别制度。委员会认为，有关教师就是因为不具备一级教师的学历要求才被转入中学教育三级和幼儿、小学教育二级教师职程，既然已经转入一个较低的职级，就没有理由也不应该在晋升过程中再作限制。

提案人解释，设置晋阶的特别制度之目的在于鼓励教师在职进修，提高其专业素养，但同时表示会考虑委员会的意见。

21. 与上一问题相关的是晋阶特别制度的开考，法案最初文本对此没有规定，提案人表示会在有关人士取得相关学位后尽快开考，并以文件方式审核。委员会认为，应当明确有关开考究竟适用一般制度还是特别制度，如拟采用特别制度，而本法案不作规定，则宜说明将由补充行政法规予以规范，并建议相关的行政法规应订定每年的定期开考。

另外，关于相关的培训课程，提案人响应，将会促使某些高等学校尽快开办有关课程，提供给有需要的教师。

22. 法案对特殊教育教师规定了特别的资格要求，但却没有特殊职程，也没有特殊的考虑。对此，提案人解释，由于逐渐实行融合教育，现在的特殊教育不再是针对整班特殊学生，特殊教育本身的含义难以界定，而且在实践中，有关教师的其他工作量相对减少，所以，在职程设置方面不再特殊考虑。

23. 委员会对在教育系统内拥有教师职程、却从未从事教育工作而是从事文职工作的人员，在本法生效后会否直接转入新职程，以及有关人员如直接转入新职程将产生同工不同酬的情况表示关注。

提案人提供的数据显示，目前在教育暨青年局担任行政工作的教学人员共

42 人，分别在各部门担任与教学或教育有关的工作，如督学、课改、教材制作、小区教育及安排课程等。有关人士在本法生效后会直接转入新的职程。

24. 法案在工作表现评核方面，仍采用“良”的表述，由于现行的第 8/2004 号法律《公共行政工作人员工作表现评核原则》，对工作表现评核采用“优异”“十分满意”“满意”“不太满意”和“不满意”，不再使用“良”，故建议法案与现行的一般制度相配合作适当调整。

25. 委员会曾向政府代表了解现在是否有属于私法合同制度的人员，以评估存在违反公平或不歧视原则情况的可能性，因为这是《澳门特别行政区基本法》第二十四条所确保的事项。政府代表回复并不存在以私法合同聘用的人员，因此无须进行有关的分析。

26. 鉴于本法案是特别职程制度，委员会建议，在条文编排以及行文方面，适宜与现行的法律、特别是与公务人员职程制度相协调，同时，也需与立法会正在审议的其他几个特别职程的法案相配合。另外，法案最初文本一些条文有必要在立法技术方面予以完善。

27. 在委员会和提案人就法案进行广泛讨论的基础上，提案人听取委员会的意见和建议，对法案作出修改并且提交了法案的最后文本。委员会认为，相对于法案的最初文本，法案的最后文本在很多方面都有改善，特别是在立法技术方面。此外，委员会提出的多项建议亦于法案的最后文本中有所反映。

需要说明的是，法案最后文本对法案一些条款作了比较重大的实质性修改，在此先作简单地概述，细则性审议部分将作更具体的分析。

（1）在教师职程方面，对未能取得学士学位但具有本科学历的情况予以考虑，在转入的规定上，由“学士或以上学位”改为“学士或以上学位或同等学力”。

（2）关于教学助理员职程，提高了入职的学历要求，增加一个职阶，充实了职务内容，相应调整了薪俸表以及转入制度。

（3）调整了教育助理员的薪俸点。

（4）充实了转入制度的规定。

四、细则性审议

28. 除进行了上述的概括性审议之外，委员会还根据《立法会议事规则》第一百一十九条的规定对法案进行了细则性审议，以审查法案中的解决方法是否切合法案中的原则，并确保有关规定在法律技术层面的完善。

委员会与提案人紧密合作，完成了法案细则性审议。以下将以提案人提交的法案最后文本，对审议过程中讨论的问题以及引入的主要修改做具体分析。需再次指出的是，在分析过程中如涉及法案最初文本，将会特别说明。

29. 标的（第一条）。

鉴于职程本身已经包括薪俸在内，而且其他相关法律或法案在目标中均没有列出“薪俸”，故建议删除。该条采纳了委员会的有关建议作出修改。

30. 职务内容（第四条）。

法案最初文本中该条所规定的内容过于烦琐，委员会建议将其简化。法案最后文本采纳有关建议并作出相应的修改。

31. 特别条件（第六条）。

根据本条所规定内容的内在逻辑，基于编排上的合理性，将原来的第二款、第三款和第四款分别改为第一款中的三项，相应地，原来的第五款现改为第二款。

32. 晋级（第七条）。

尽管教师到目前为止尚没有专门的评核制度，仍采用第67/99/M号法令的规定[①]，即只要在纪律方面无不利于教学人员的记录，则该教学人员的工作评核视为良好。但根据现行的第8/2004号法律《公共行政工作人员工作表现评核原则》，对工作表现评核评语已经作修改，不再使用“良”，而采用“优异”“十分满意”“满意”“不太满意”和“不满意”。委员会认为本法案应与现行的制度相配合，故建议调整第七条第二款的表述。

法案原文本第七条第三款所规定的机制在现行教师晋阶制度中并没有，而是参考第14/2009号法律《公务人员职程制度》第十三条第三款[②]而规定，但该款规定的内容与一般制度不一致。委员会在了解了设立该款立法意图的基础上，认为既然设立该款的目的是将一般制度中有关机制引入教师职程，那么在实质要件方面应与一般规定相一致。即其工作表现评核的评语不低于“十分满意”，服务时间才能减少一年。所以，建议对有关内容作修改。

该条采纳了委员会的建议，作出相应的修改。

33. 职称、架构及薪俸（第八条）。

---

① 第67/99/M号法令第四款的规定：如未对评核程序作出规范，为产生一切效力，只要在纪律方面无不利于教学人员的记录，则该教学人员的工作评核视为良好。

② 第14/2009号法律《公务人员职程制度》第十三条第三款：如人员在工作表现评核中取得不低于“十分满意”的评语，第一款（一）项，以及上款（三）项及（四）项所规定服务时间减少一年。

一如本意见书前一部分第 16 点所分析的，委员会对法案原文本关于教学助理员的规定提出多个问题及意见，认为有关职程的设置不够合理，未能真正体现有关职程存在的价值，另外，与本法案提升教学人员专业素养的宗旨也不相符，所以，建议对该职程进行调整。

该条作出修改，将教学助理员的职程由原来的 7 个职阶改为 8 个职阶，增加一个职阶，其职业生涯由原来的 27 年调整为 31 年。相应地，对薪俸表作出调整，将最低和最高薪俸点由原来的 215 和 300 分别调升为 260 和 400，中间各职阶的薪俸点也相应作调整。

34. 职务内容（第九条）。

关于教学助理员的职务内容，委员会认为法案最初文本的规定过于简单。该条采纳了委员会的有关建议，作出修改，将教学助理员职务内容由原来的两项内容扩充为七项。

35. 入职（第十条）。

一如前一部分所分析的，委员会对教学助理员的入职学历进行了广泛的讨论，在充分沟通的基础上，该条采纳了委员会的建议，将教学助理员的入职学历由初中改为高中。

如此规定，一方面有利于提高教学助理员的素质，另一方面，也可以兼顾现实中教学助理员从事不同工作的情况。

36. 晋阶（第十一条）。

因应第八条对教学助理员增加一个职阶，该条第一款作相应的修改。

另外，为了与现行的法律相配合，该条第三款在行文方面作出调整。

37. 教师的转入制度（第十七条）。

该条源于法案原文本第十六条。有关条文规范了与转入制度相关的几个不同事项，不仅包括教师及教学助理员的转入制度，还包括转入手续的部分内容。从立法技术角度，建议将其分拆为不同的条款。

该条即是法案原文本第十六条第一款至第十款的内容，鉴于将教学助理员的转入制度分拆成另一独立条款，该条第一款作相应修改。

委员会同时对现职的不具有高等学历教师转入新职程的情况予以关注，并希望提案人对其中部分因特殊情况而未取得学士学位的情况作出考虑。该条采纳了委员会的建议，对现职只有本科文凭而没有学士学位的情况作出安排，在第二款和第三款增加了“同等学力”的表述。

38. 晋阶的特别制度（第十八条）。

该条源自法案最初文本第十七条，采纳委员会的部分建议，放宽了对教师晋阶的限制。

将第一款中的“第九职阶及随后职阶”改为“第十一职阶”，即允许具有高等专科学位或同等学力，且属 4 月 27 日第 21/87/M 号法令附表所载的第一级专业资格而转入中学教育一级教师职程者，可以以已有的学历晋升到第十职阶，只有在晋升至第十一职阶时才需要满足具有学士或以上学位的学历要求。

而第二款、第三款和第四款则放宽了对中学教育三级和幼儿及小学教育二级的教师晋阶的限制。将第二款中的“第九职阶及随后职阶”改为“第十一职阶”，即允许转入中学教育三级和幼儿及小学教育二级的教师，即具有高等专科学位但不具师范培训者，可以以已有的资格一直晋升到第十职阶，只有在晋升到第十一职阶时才需要满足相应的学历要求。

将第三款和第四款中的“第八职阶及随后职阶”调整为“第十职阶及第十一职阶”，即允许符合相关条件的教师，可以以已具备的资格或学历一直晋升到第九职阶，只有在晋升到第十职阶及第十一职阶时才有相应学历要求。

同时，第三款规定，根据上条第五款及第六款的规定转入新职程的教师，如具有高等专科以下学历及师范培训者，须取得高等专科或以上学位方可晋升至第十职阶及第十一职阶，但在本法律生效之日属 4 月 27 日第 21/87/M 号法令附表所载的第十级专业资格者除外。

另外，委员会有意见认为应对“高等专科学位”有明确的解释，因为在实践中有各种不同的课程设置。提案人解释，“高等专科学位”一般指学制不少于三年的高等专科课程，一直以来澳门大学和澳门理工学院均有此类课程。

39. 教学助理员的转入制度（第十九条）。

该条源自法案原文本第十六条第十一款和第十二款，并因第十条提高教学助理员的入职学历至高中毕业，在该条第一款对目前在职教学助理员的转入作出安排，即在本法律生效之日属 4 月 27 日第 21/87/M 号法令附表所载的第十级专业资格的人员符合下列任一要件者：具备高中学历者，或不具备高中学历但在原职程服务满 5 年，且在该段服务时间内的工作表现评核中取得不低于“满意”评语，均可转入教学助理员职程。

基于第八条在教学助理员职程中增加一个职阶，相应地修改该条第二款的内容，并增加了第八项。

该条第四款和第五款是新增加的内容，对不符合第一款规定要件者，即对在本法生效后不能实时转入教学助理员职程的情况作出处理，其“一旦具备高中毕业学历或在原职程服务满 5 年，且在该段服务时间内的工作表现评核中取得不低于‘满意’评语，可向部门最高领导申请转入教学助理员职程”。

40. 转入的手续（第二十条）。

该条是由法案最初文本第十六条第十四款和第十八条合并而成，其实质内容没有修改，只不过基于规范事项的一致性，将有关内容规定在同一条。另外，为了与现行的法律在立法技术或形式上一致，对行文作出修改。

41. 转入的效力（第二十一条）。

该条是新增加的内容，主要是参考现行的另一特别职程，即第18/2009号法律《护士职程制度》第三十四条的有关规定①而增设，目的是明确依据本法规定而产生的各类转入何时产生效力。

42. 教育暨青年局人员编制（第二十二条）。

该条是新增加的内容，主要是由于本法对教师以及教学助理员的职程作出修改，相应地，有必要对载于12月21日第81/92/M号法令涉及教学人员组别的人员编制作出修订。同时，该条明确须在听取行政暨公职局意见后，于本法律生效起计365日内通过行政命令修订。

43. 教育助理员及具文凭的辅导员（第二十三条）。

最高薪俸点高过三等教师的起薪点，委员会向提案人了解有关薪俸点设置的依据。另外，法案既没有规定教育助理员三个职阶晋阶的条件也没有指明所适用的制度，对于有关职阶将来如何习升以及有关制度涉及多少人士等问题进行讨论。

提案人解释，现有四级（教育助理员）只有一名编制内人员，预期将来对这一职位没有需求，故建议在出缺时予以取消。应一般公务人员职程的调整以及为调动有关人员工作积极性，对相应职阶的薪俸点适当调整。在听取委员会意见后，该条将第一职阶、第二职阶及第三职阶薪俸点分别调整为265点、285点及320点。

44. 评语的对应（第二十六条）。

该条是新增加的内容，主要是鉴于第七条第二款和第三款根据第8/2004号法律《公共行政工作人员工作表现评核原则》作出调整，而目前教师工作评核所采用的第67/99/M号法令核准的《教育暨青年局教学人员通则》中尚且没有关

---

① 18/2009号法律《护士职程制度》第三十四条“转入的效力”：

一、第三十一条第一款至第三款所指的转入，自本法律生效日起产生效力。

二、第三十一条第四款所指的转入，经卫生局局长批准有关申请，并在《澳门特别行政区公报》作出公布当日起产生效力。

三、为了晋阶及晋级的效力，转入后的编制内护士在其职程、职级及职阶内提供的服务时间，连同工作表现评核亦将予以计算。

于“满意”评语的规定，为适用本法律的规定，明确经11月1日第67/99/M号法令核准的《教育暨青年局教学人员通则》中提及的评语“良”等同于“满意”。

45. 废止（第二十九条）。

为了更明确本法将废止的法规和条文，该条删除了“与本法律抵触的规定”，并修改行文，明示所废止的内容。

46. 生效（第三十条）。

由于教师的工作表现评核尚没有具体的制度，即第67/99/M号法令核准的《教育暨青年局教学人员通则》第十四条第三款所指的规范评核程序尚没有制定，将由专有法规规范，在此之前，第七条第三款的规定无法适用，所以该条第二款规定：第七条第三款的规定自经11月1日第67/99/M号法令核准的《教育暨青年局教学人员通则》第十四条第三款所指的规范评核程序的法规生效之日起产生效力。

鉴于本法并非所有条文均自公布翌日起生效，而是其中某些条款要延迟生效，所以对第一款的行文相应地作出修改。

除了上述的问题或修改外，委员会还基于现行法律之间的配合以及法律技术的原因而对各条规定的行文有所改善，例如对第二十七条有关补充法例规定的行文予以改善，但对内容没有实质影响。

综上所述，委员会对法案最后文本所作的修改以及所建议的条文表示认同。

五、结　论

47. 委员会经细则性审议及分析后认为：

（1）《非高等教育公立学校教师及教学助理员职程制度》法案具备在全体会议作细则性审议及表决的必需要件；

（2）有必要邀请政府委派代表列席有关的全体会议，以提供必需的解释。

2010年8月5日于澳门。

委员会

陈泽武（主席）

李从正（秘书）

冯志强、崔世昌、吴国昌、黄显辉、陈明金、何少金、麦瑞权

澳门特别行政区
第3/2012号法律
非高等教育私立学校教学人员制度框架

立法会根据《澳门特别行政区基本法》第七十一条（一）项，制定本法律。

第一章　一般规定

第一条　标的与目的

一、本法律制定澳门特别行政区非高等教育本地学制私立学校教学人员制度的框架。

二、本法律的目的是提升教学人员的专业素质和职业保障，以建立一支优秀的教学人员队伍及保证非高等教育私立学校的教育效能。

第二条　定义

为适用本法律的规定，下列各词的含义为：

（一）教学人员是指校长和学校其他中、高层管理人员以及教师；

（二）校长是指依法获委任以执行教育活动的领导、指导及协调职务，并全面负责学校的发展与管理的人员；

（三）学校其他中、高层管理人员是指副校长，以及行政领导机关、训育或辅导领导机关、教学领导机关的主管人员及其他主管人员；

（四）教师是指在学校专门履行教育教学职责的人员；

（五）学校年度是指自9月1日至翌年8月31日期间；

（六）学年是指学校年度内自教学活动开始至其终结期间。

第三条　范围

本法律适用于非高等教育本地学制私立学校的教学人员。

第二章　职业权利和义务

第四条　权利

教学人员从事其职业的权利主要包括：

（一）按适用法例取得与其专业地位相应的报酬和福利、免费卫生护理及退休保障；

（二）按适用法例享有职业活动上的安全保障，其中包括在职意外和职业病的保障；

（三）依法行使教学自主权，开展教育、教学及课程研发活动，指导学生的学习和发展；

（四）评定学生学业成绩和品行；

（五）对学校的教育、教学和管理工作，以及教育暨青年局的政策和工作提出意见及建议；

（六）组织和参加专业机构及团体，开展教育研究及参加学术交流活动，发表相关研究成果及专业意见；

（七）参加在职培训、进修课程及其他专业发展活动，并获得所需的资讯、技术、财政及物质上的协助；

（八）由学校章程、有关合同条款以及第 7/2008 号法律所衍生的福利。

第五条　义务

教学人员从事其职业的义务包括：

（一）遵守法规；

（二）恪守教学人员专业委员会制定的专业准则；

（三）树立良好行为榜样；

（四）落实法定的教育目标、课程框架和学生须达到的基本学力要求；

（五）组织、举办面向学生的教育活动，特别是所任职学校的教育及教学活动；

（六）爱护、尊重和公平对待全体学生，促进学生的全面发展；

（七）对教育教学革新持积极的态度，并与教育过程中的其他参与者分享自身的经验；

（八）规划自身的专业发展，通过培训、进修等途径不断提升专业素养；

（九）协助建立并发展教育过程中不同文化间互相尊重的关系；

（十）履行由学校章程、有关合同条款以及第7/2008号法律所衍生的义务。

第三章　职务内容

第六条　校长

校长的职务主要包括：

（一）制定学校的教育规划及确保完成其目标；

（二）构思、领导及指引学校的教育活动；

（三）建立和完善学校的各项规章制度；

（四）领导学校发展规划并监督其实施；

（五）统筹、监察及促进学校的行政、训育或辅导、教学等各领导机关的工作；

（六）确保学校依法运作，有效地规划和运用各项教育资源，尤其是财政及人力资源；

（七）确保学校文件的保存，尤其是学生的注册和报名纪录、学校教职员的聘任合同以及财务管理的记录；

（八）促进学校和家庭及所在小区的互动与合作。

第七条　学校其他中、高层管理人员

一、副校长的职务主要包括：

（一）协助校长领导及管理学校；

（二）承担校长分配的职务及工作；

（三）校长不在、出缺或因故不能视事时，按学校的规定代行校长职务。

二、行政领导机关的主管人员的职务主要包括：

（一）规划及统筹行政管理、财务管理、人事管理、设备设施管理以及对外关系管理的工作；

（二）制定相关管理的规章制度，并监督其执行。

三、训育或辅导领导机关的主管人员的职务主要包括：

（一）制定学生训育、辅导的规章以及学校品德与公民教育的规划，并监督其执行；

（二）统筹、规划及推行训育、辅导以及学生发展的活动。

四、教学领导机关的主管人员的职务主要包括：

（一）制定课程、教学、学生评核的标准及管理规章，并监督其执行；

（二）提升教学效能；

（三）统筹课程发展、教学、学生评核以及学术科研有关的规划及活动，并监察其执行。

第八条　教师

一、教师的职务包括教学职务、非教学职务以及个人专业发展。

二、教学职务尤其包括：

（一）制订课程与教学计划：

（1）编写教学大纲、学年教学计划以及为有特殊需要的学生制订个别化教育计划；

（2）根据学生的需要制定教学目标及有利于达到既定教学目标的教学活动及授课计划；

（3）计划及组织学生参加各类教育活动。

（二）实施课堂教学：

（1）按授课计划齐备所需的教学资源，运用教学技巧，向学生传授知识及技能，激励学生主动学习，促进课堂互动，协助学生发展多元能力；

（2）运用多元方式评估学生的学习成效，辅助有困难的学生；

（3）使学生掌握有效学习方法，培养学生的学习能力。

（三）执行课堂管理：

（1）确保学生在安全的教学环境中学习；

（2）营造互助、团结的班级气氛；

（3）促进学生主动遵守纪律。

（四）实施学生评核：

（1）参与评核会议，就学生评核工作提供意见；

（2）运用多元评核，评估学生的学习表现，为不同能力的学生提供深化或补救的教学辅助。

三、非教学职务主要包括：

（一）参与学校行政、教学管理、辅导及班务工作；

（二）关注及促进学生个人及群体的身心健康成长；

（三）给予学生心理、升学及就业方面的辅导；

（四）参与及推动家校合作和与外界的联系，以促进学校发展。

四、个人专业发展主要包括：

（一）参与专业交流活动、发展教育专业能力的活动；

（二）进行教育研究。

第四章　任职

第一节　要件

第九条　校长及学校其他中、高层管理人员

一、校长的学历，不得低于其所任职的学校中任教最高教育阶段的教师须具备的学历。

二、学校其他中、高层管理人员的学历，不得低于其管理的教育阶段的教师须具备的学历。

三、任职校长及任职学校其他中、高层管理人员，须在就任前完成相关专业进修，以确保该等人员具备学校领导与发展的专业能力，配合其行政管理、教学管理及财务管理各方面的工作。

四、专业进修的相关课程由教育暨青年局规划、规定和认可。

五、任职学校教学领导机关的主管人员，须具备下列任一要件：

（一）由教育暨青年局认可的师范培训课程资格，以及第四级或第四级以上职级；

（二）由教育暨青年局认可的等同上项所述的资历。

六、第二款及第五款的规定不适用于本法律生效之日继续担任主管人员职务者。

第十条　教师

一、任职幼儿教育的教师，须具备以下任一资格：

（一）具有包含师范培训在内的属幼儿教育范畴的高等专科学位，或同等或同等以上学力；

（二）具有不包含师范培训在内的高等专科学位，或同等或同等以上学力，但须具备教育暨青年局认可的幼儿教育范畴的师范培训课程资格。

二、任职小学教育的教师，须具备以下任一资格：

（一）具有包含师范培训在内的属小学教育范畴的高等专科学位，或同等或同等以上学力；

（二）具有不包含师范培训在内的高等专科学位，或同等或同等以上学力，但须具备教育暨青年局认可的小学教育范畴的师范培训课程资格。

三、任职中学教育的教师，须具备以下任一资格：

（一）具有包含师范培训在内的与主要任教学科领域相关的学士学位或同等学力；

（二）具有不包含师范培训在内的与主要任教学科领域相关的学士学位或同等学力，但具备教育暨青年局认可的师范培训课程资格；

（三）具有与主要任教学科领域相关的学士学位或同等学力。

四、任职特殊教育的教师，须具备以下任一资格：

（一）具有包含师范培训在内的属特殊教育范畴的学士学位或同等学力；

（二）具备第一款至第三款所指资格及教育暨青年局认可的特殊教育教师培训课程资格。

第二节　不同教育阶段之间的教师转任

第十一条　教师的转任

一、经教师书面同意，学校可按需要安排以下的转任：

（一）幼儿教育教师转任为小学一年级和二年级的教师；

（二）小学教师转任为幼儿教育教师；

（三）中学教师转任为小学五年级和六年级的教师。

二、上款所指的教师须同时具备下列要件：

（一）任职至少5年；

（二）具备转任前所任教教育阶段的师范培训课程的资格。

第十二条　任职要件的审核

本章规定的教学人员任职要件的审核由教育暨青年局负责。

第五章　职级与晋级

第一节　一般制度

第十三条　职级

教学人员的职级如下：

（一）第一级；

（二）第二级；

（三）第三级；
（四）第四级；
（五）第五级；
（六）第六级。

第十四条　职级的确定

一、首次在教育暨青年局登记为教学人员者，其起点职级为第六级，但不影响本条第二款至第四款规定的适用。

二、具有学士学位，或同等或同等以上学力，并具备师范培训课程资格者，首次在教育暨青年局登记为教学人员时，其起点职级为第五级。

三、首次在教育暨青年局登记并曾在其他国家或地区任职教学人员者，其起点职级根据教学人员专业委员会提供的意见而确定；委员会的意见视教学人员的学历、专业资格及工作经验以及本法律有关职级确定和晋级的规定而作出。

四、为适用上款的规定，教学人员须提交可证明其在该国家或地区任职教学人员的有关文件。

五、在本法律生效后停止担任教学人员职务者，重新在教育暨青年局登记为教学人员时，其职级按停止职务时的职级确定。

第十五条　晋级

一、教学人员的晋级取决于下列条件，但不影响第五款及第六款规定的适用：

（一）服务时间；
（二）工作表现评核；
（三）专业发展。

二、晋升至第五级须同时符合以下条件：

（一）在第六级实际服务满 3 年；
（二）在第六级任职期间工作表现评核有 3 年不低于“满意”的评语；
（三）在第六级任职期间完成专业发展活动至少达 90 小时。

三、晋升至第四级须同时符合以下条件：

（一）在第五级实际服务满 3 年；
（二）在第五级任职期间工作表现评核有 3 年不低于“满意”的评语；
（三）在第五级任职期间完成专业发展活动至少达 90 小时。

四、晋升至第三级须同时符合以下条件：

（一）在第四级实际服务满 5 年；

（二）在第四级任职期间工作表现评核有 5 年不低于“满意”的评语；

（三）在第四级任职期间完成专业发展活动至少达 150 小时。

五、晋升至第二级须同时符合以下条件：

（一）在第三级实际服务满 5 年；

（二）在第三级任职期间工作表现评核有 5 年不低于“满意”的评语；

（三）在第三级任职期间完成专业发展活动至少达 150 小时；

（四）具有学士学位，或同等或同等以上学力，并具备教育暨青年局认可的师范培训课程资格。

六、晋升至第一级须同时符合以下条件：

（一）在第二级实际服务满 7 年；

（二）在第二级任职期间工作表现评核有 7 年不低于“满意”的评语；

（三）在第二级任职期间完成专业发展活动至少达 210 小时；

（四）具有学士学位，或同等或同等以上学力，并具备教育暨青年局认可的师范培训课程资格。

第十六条　提前晋级

一、同时符合下列条件的教学人员可申请提前晋级：

（一）为晋级所需的服务时间尚余一年；

（二）在所任职级的工作表现评核取得的评语均为“优异”；

（三）在所任职级完成的专业发展活动的时数达到上条的要求；

（四）有模范专业表现，尤其是：

（1）获颁“教育功绩勋章”；

（2）获颁授“卓越表现教师”荣誉达两次；

（3）取得硕士或博士学位；

（4）曾发表重要教育、教学研究成果。

二、曾作为提前晋级条件的上款（四）项所指模范专业表现，不得为同一目的而再次被考虑。

三、提前晋级的申请由教学人员本人向其所在学校提出，经学校作出推荐意见后将申请文件呈交教育暨青年局。

四、在取得教学人员专业委员会具体说明理由的赞同意见后，教育暨青年局负责对提前晋级的申请作出决定。

第十七条　服务时间

为晋级的效力，属下列情况的期间不计入服务时间内：
（一）丧失报酬的期间，但属合理缺勤者除外；
（二）非按第三十条及第三十一条的规定提供的服务时间；
（三）被评核为“不大满意”和“不满意”的服务时间。

第二节　晋级的特别制度

第十八条　特殊情况

一、第六级教学人员在具有学士学位，或同等或同等以上学力，以及教育暨青年局认可的师范培训课程资格后，可直接晋升至第五级，而不受第十五条第二款规定的限制。

二、在本法律生效后开始任职的第十条第三款（三）项所指教师，起点职级为第六级，必须完成师范培训，才能晋升至更高的职级。

第十九条　豁免要件

为晋级的效力，豁免以下条件：
（一）规范教学人员专业发展的法规生效前的专业发展活动的时数；
（二）本法律所指的评核制度实施前的工作表现评核。

第六章　工作表现评核

第一节　评核制度

第二十条　目的、准则及一般原则

一、教学人员工作表现评核的目的是确认与完善教学人员的专业表现，促进教学人员的专业发展，以优化人力资源管理和提高教育质量。

二、教学人员工作表现评核应根据客观标准为之，并以公正、平等、无私和具适当说明理由的原则进行。

三、教学人员工作表现评核程序属保密，除被评核人本人外，所有参与人均须遵守保密义务。

四、工作表现评核须由一个合议机关进行。

五、在工作表现评核程序开始前，须因应教学人员职务的范围及性质，制定评核的范畴、项目及指标。

六、工作表现评核对晋级具重要性，并产生本法律及其他适用法例规定的效果。

七、确保被评核人提起声明异议和上诉的权利。

第二十一条　接受评核的人员

在教育暨青年局登记的教学人员均须接受工作表现评核。

第二十二条　质量评语

一、评核的质量评语表述依次为“优异”“十分满意”“满意”“不大满意”和“不满意”。

二、学校应对在工作表现评核中获得“不大满意”和“不满意”的教学人员提供专业支持以改善其能力，尤其是准许其参加专业进修课程和持续培训或其他适当的培训，或对其职务作出重新调整。

第二十三条　评核的期间

一、应于学校年度结束前为教学人员进行工作表现评核。

二、为晋级的效力，任职至学年结束的教学人员，工作表现评核应涵盖整个学校年度。

三、实际服务时间不足 6 个月者无须接受评核，其评核结果视为“满意”，但被评核人或评核机关有特别理由反对并得到教学人员专业委员会接纳者除外。

第二十四条　校长的工作表现评核

校长的工作表现评核，由办学实体根据评核规章的规定进行。

第二十五条　学校中、高层管理人员及教师的工作表现评核

一、学校须成立教学人员评核委员会（简称“评核委员会”），该评核委员会按照评核规章负责学校中、高层管理人员及教师的评核工作。

二、评核委员会由不少于 3 位教学人员组成，其中非担任学校中、高层管理人员职务的教师所占比例不得少于 1/3。

三、因应学校的规模、校部的设置以及处理评核委员会成员的工作表现评核的需要，可设立多个评核委员会。

四、评核委员会成员的工作表现评核安排如下：

（一）如存在多于两个评核委员会，则由另一评核委员会进行，其中不容许互相评核；

（二）其他情况，则由校长进行。

五、当出现评核委员会成员需要回避的情况，则该名成员将不能介入与其有利益冲突的评核。

第二十六条　评核规章

一、学校须制定评核规章，并将获办学实体核准的评核规章提交教育暨青年局备案。

二、评核规章应载有被评核人就其所获评核提出声明异议及上诉的权利。

三、学校须将评核规章向教学人员公布，并向其提供副本一份。

第二节　申诉制度

第二十七条　申诉

一、如被评核人不同意评核结果，可在10日内向评核机关声明异议，该评核机关必须在相同的期限内作出说明理由的决定。

二、如被评核人不同意对声明异议作出的决定，则可在15日内向教学人员专业委员会提出上诉。

三、教学人员专业委员会须在30日内提出意见并立即将有关内容通知相关办学实体。

四、为适用上款的规定，评核机关须向教学人员专业委员会提供与该上诉有关的资讯及合作。

五、办学实体须在收到教学人员专业委员会的意见后20日内对评核作出最终决定。

六、最终决定须在5日内通知教学人员专业委员会及被评核人。

第三节　专业荣誉

第二十八条　卓越表现教师

一、可为在上一学校年度同时符合下列条件的教师颁授“卓越表现教师”荣誉：

（一）工作表现评核结果为“优异”；

（二）在教育教学方面表现突出；

（三）在专业操守方面表现突出。

二、“卓越表现教师”荣誉，经教学人员专业委员会评审后，由教育暨青年局颁授。

三、“卓越表现教师”的颁授细则由教学人员专业委员会制定。

第七章　工作时间、年假、假日与缺勤

第二十九条　适用制度

教学人员的工作时间、年假、假日及缺勤受本章规定规范，并对之补充适用第 7/2008 号法律。

第三十条　正常工作时间

一、教学人员由学校安排正常工作时间，每周为 36 小时。

二、教师的正常工作时间包括正常授课时间和非授课时间。

第三十一条　正常授课时间

每周正常授课时间：

（一）中学教师：16～18 节课；

（二）小学教师：18～20 节课；

（三）幼儿教育教师：21～23 节课；

（四）不论属何教育阶段，任教于特殊教育班的教师：16～18 节课；

（五）不论属何教育阶段，专门在下午六时至晚上十二时任教的教师：14～16 节课。

第三十二条　夜间授课

一、在晚上八时至十二时提供的授课视为夜间授课。

二、如教师在同一所学校获分配的每周授课时间兼有日间及夜间的授课，为计算授课时间的效力，夜间授课的时间采用系数 1.5 作计算，但上条（五）项所指的教师的情况除外。

第三十三条　安排授课时间

一、在安排授课时间上，应考虑分配给每位教师的科目、年级、班级数目的上限以及相应课程的性质，确保教师在工作上的整体均衡，保证有高水准的教学质量。

二、除幼儿教育教师外，禁止安排教师连续授课超过 4 节，但任教回归教育课程的教师可连续授课 5 节。

三、为适用上款的规定，相邻两节课之间的间隔时间达到 30 分钟或 30 分钟以上者不视为连续授课。

第三十四条　豁免授课时间

一、担任校长或学校其他中、高层管理职务的教师，可获豁免全部或部分正常授课时间。

二、担任学校安排的与教育相关的非教学工作的教师，可获豁免部分正常授课时间。

第三十五条　非授课工作

学校安排教学人员提供的非授课工作，应与学校的教育活动有关，以促进学校教育计划的实施。

第三十六条　超时工作和超时授课

一、教学人员提供超过第三十条第一款规定的正常工作时间的部分，视为超时工作。

二、超过学校按照第三十一条的规定所确定的每周正常授课时间的部分，视为超时授课。

三、超时授课不得同时视为超时工作。

第三十七条　年假

一、教学人员实际服务每满一个学年，有权于学年完结后至下一学年开始前享受不少于 22 日的有薪年假。

二、实际服务未满一个学年的教学人员，有薪年假以每实际服务满一个月享有 1．5 日计算，余下时间满 15 日亦可享有 1.5 日的有薪年假。

三、年假日数的计算不包括周六、周日及强制性假日。

第三十八条　假日与缺勤

教学人员的假日与缺勤应遵守学校章程及合同条款的规定，但第 7/2008 号法律所定的制度较为有利时，则应遵守之。

第八章　报酬及福利

第三十九条　适用制度

教学人员的报酬及福利受本章的规定规范，并对之补充适用第 7/2008 号法律及其他适用法例。

第四十条　一般制度

一、不牟利私立学校须保证每个学校年度教学人员的报酬及公积金供款支出占学校固定及长期收入的 70%或 70%以上。

二、教学人员应获得与其职级相符的基本工资，学校须保证任教同一教育阶段不同职级的教学人员的月基本工资依次保持适当差幅。

三、第一级教学人员与第六级教学人员的月基本工资之间应有 30%或 30%以上的增幅。

四、第二款及第三款所指基本工资是指教学人员提供正常工作而应获得的定期金钱给付，而不论其名称和计算方式。

五、基本工资应是教学人员报酬的主体部分。

六、教学人员每服务满一学年，有权在该学校年度总共收取至少 12 个月的薪酬及学校所定的其他附带报酬。

七、上款的规定不影响教学人员在学年结束后，有义务承担学校安排的正常工作时间内的工作，但不包括暑期授课工作。

第四十一条　超时工作和超时授课的补偿

一、教学人员提供超时工作及超时授课，有权收取超时工作及超时授课的正常报酬，以及按第 7/2008 号法律的规定收取额外报酬及享受补偿休息时间。

二、为计算超时授课的报酬，平均每节课的正常报酬按以下公式计算：

$$(Sb\times 12)\div(52\times n)$$

三、为适用上款的规定，以下代号为：

（一）Sb 指该教学人员的月基本工资；

（二）n 指学校按照第三十一条的规定所确定的每周正常授课节数。

第四十二条　年资奖金

一、教学人员有权根据其在该学校内的实际服务时间享有年资奖金。

二、年资奖金的金额及其发放及调升所需的时限由学校规定，但有关时限不得超过 2 年。

第四十三条　教学人员的公积金

一、私立学校须为教学人员设立公积金。

二、公积金的供款由学校和教学人员共同承担。

三、学校须制定教学人员公积金章程，并将章程交教育暨青年局备案。

四、教学人员在参加脱产进修计划或休教进修计划期间，学校及教学人员须继续维持第二款所指的供款。

第四十四条　免费取得卫生护理

一、教学人员可免费获得由澳门特别行政区公共卫生机构提供的卫生护理。

二、上款所指教学人员不包括非按第三十条及第三十一条的规定提供服务的教学人员。

三、在澳门特别行政区的学校服务达 25 年的教学人员，停止担任教学人员职务后可继续免费获得由公共卫生机构提供的卫生护理，直至满 65 岁止。

四、为计算上款所指的服务时间，在本法律生效前不符合第三十条或第三十一条所规定的要件提供服务的时间，亦予以计算。

五、以上四款的规定，经适当配合后适用于学校其他工作人员。

六、第一款、第三款及第四款的规定，经适当配合后适用于在两所或两所以上学校任教的教学人员，但其每周总授课节数须达到第三十一条规定的下限。

第九章　专业发展

第四十五条　一般规定

一、教育暨青年局和学校应为教学人员的专业发展提供必要的条件和资源。

二、教学人员应配合澳门特别行政区教育和学校发展的需求及其本人的情况，对自身专业方面的持续发展作出规划。

三、教学人员的专业发展可通过参与培训、自主学习、研究和实践等多种途径，以灵活的方式进行。

四、教学人员在职培训的目的是使尚未具备任职要件的在职教学人员获得专业培训和证明，及提高已具备任职条件者的专业水准。

五、脱产进修、休教进修及校本培训均是在职培训的重要方式。

六、教学人员的专业发展制度由行政法规制定。

第四十六条　专业发展活动的审核和数量表述

一、教学人员的专业发展以时数表述。

二、教学人员的专业发展活动时数是按照本法律第十五条及第十六条规定作为晋级的考虑要素。

三、学校负责根据教学人员专业委员会制定的准则审核及计算其人员的专业发展活动时数，并将结果通知教育暨青年局登记。

第四十七条　专业发展津贴

一、为对教学人员的专业发展提供财政上的支持，教育暨青年局向不牟利的本地学制私立学校的教学人员发放专业发展津贴。

二、教学人员的专业发展津贴按学历的不同及是否具备相应的师范培训制定，并按不同的职级发放。

三、不同学历及是否具备相应师范培训情况下第六级教学人员的津贴金额、相邻职级间的级差及其调整，由监督教育范畴的司长以批示制定，该批示须公布于《澳门特别行政区公报》。

四、非按第三十条及第三十一条的规定提供服务的教学人员的专业发展津贴根据所担任的工作按比例发放。

五、专业发展津贴的具体发放规定由监督教育范畴的司长以批示制定，该批示须公布于《澳门特别行政区公报》。

六、上款所指批示生效前，以及按第六十七条的规定确定在职教学人员的职级前，不牟利的本地学制私立学校教学人员维持收取按第66/2004号社会文化司司长批示制定的直接津贴的金额，倘有的差额于职级确定后发放。

第十章　教学人员专业委员会

第四十八条　职权

一、教学人员专业委员会（简称“委员会”）的主要职权为：

（一）制定教学人员专业准则。

（二）制定教学人员专业发展活动时数的审核准则。

（三）制定“卓越表现教师”荣誉的颁授细则并负责评审。

（四）就以下事项向教育暨青年局提供意见：

（1）第十四条第三款所指教学人员的起点职级，以及第六十七条第九款所指的在其他国家或地区任职时间的确定；

（2）提前晋级申请；

（3）教学人员、学生或家长的声明异议、上诉、举报或投诉；

（4）教育暨青年局交予的其他事项。

二、按上款（一）至（三）项制定的准则及细则，经监督教育范畴的司长确认后以批示形式公布于《澳门特别行政区公报》。

第四十九条　组成

一、委员会由下列人员组成：

（一）学校领导3名；

（二）依法成立的教育领域社团的代表2名；

（三）具有公认教育功绩的人士和教育领域的专家、学者2名；

（四）按第三十条或第三十一条的规定提供服务的教师4名；

（五）教育暨青年局代表2名。

二、委员会设主席和副主席各1名，并从上款所指成员中委任。

三、委员会设秘书1名，由教育暨青年局指派该局人员以兼任制度担任秘书的工作。

第五十条　成员的委任

一、委员会的主席、副主席及其余成员由监督教育范畴的司长批示委任，该批示须公布于《澳门特别行政区公报》。

二、委员会成员的任期为2年，并可续任。

第五十一条　丧失委任

一、组成委员会的成员在出现下列情况时丧失委任：

（一）被法院判罪而有关罪行对履行所获委任职务存在抵触者；

（二）连续缺席全体会议超过3次，且缺席的理由不获委员会主席接纳者；

（三）其他阻碍履行职务的事实。

二、如第一款（二）项所指缺席涉及主席，其理由须由监督教育范畴的司长审理。

三、第一款（一）项及（三）项所指的丧失委任，由监督教育范畴的司长经听取委员会的意见后审定。

第五十二条　主席的职权

一、委员会主席的职权：

（一）代表委员会；

（二）召集和主持全体会议；

（三）制定及核准全体会议议程；

（四）邀请任何对商讨事宜有认识或有经验的人士列席全体会议；

（五）行使其他法规赋予的职权。

二、委员会主席可将其职权全部或部分授予副主席。

第五十三条　副主席的职权

委员会副主席的职权：

（一）辅助主席；

（二）在主席不在、出缺或因故不能视事时代任主席的职务；

（三）行使主席授予的职权；

（四）行使其他法规赋予的职权。

第五十四条　成员的职权

委员会成员的职权：

（一）参与全体会议；

（二）审议议程所列的事项；

（三）就委员会职责范围事宜提出意见和建议；

（四）行使其他法规赋予的职权。

第五十五条　秘书

一、委员会秘书的职权：

（一）参加会议，但无表决权；

（二）确保对委员会的技术行政辅助及有关其运作的文书往来；

（三）根据主席的指示编制全体会议的议程和会议记录；

（四）执行主席交托的或任何法规规定的其他工作。

二、秘书有权每月收取由监督教育范畴的司长制定的酬劳，但无权收取会议出席费。

第五十六条　行政和财政辅助

教育暨青年局负责向委员会提供行政及后勤的辅助，并承担因委员会运作而引致的财政负担。

第五十七条　运作

委员会的具体运作方式由监督教育范畴的司长以批示制定，该批示须公布于《澳门特别行政区公报》。

第五十八条　出席费

参与会议的成员及其他参与者有权按法律的规定收取出席费。

第十一章　教学人员的登记

第五十九条　申请实体

学校须为其教学人员向教育暨青年局申请教学人员登记。

第六十条　登记的强制性

一、连续任职超过30日的教学人员，均须办理教学人员登记。

二、对首次登记或重新登记的教学人员，学校最迟须于人员受聘日起10个工作日内，向教育暨青年局申请办理教学人员登记。

三、在教育暨青年局曾暂停登记或因转换任职学校而须更新登记的教学人员须重新登记。

四、学校须最迟于每年的8月31日，向教育暨青年局提交在该校继续执行职务的教学人员的学年数据登记表。

第六十一条　递交文件

一、首次登记的教学人员须递交以下文件：

（一）已填妥的由教育暨青年局制订的个人资料登记表和教学人员的学年资料登记表；

（二）身份证明文件的副本，并视情况附逗留许可或居留许可文件的副本；

（三）学历证明和相关教育机构发出的成绩总表的经认证副本；

（四）有权限实体发出的刑事记录证明书副本；

（五）有权限实体发出的体格及健康证明书副本。

二、重新登记的教学人员只需递交学年资料登记表，但在教育暨青年局暂停登记超过 180 日者，尚须递交上款（四）项及（五）项所指文件。

第六十二条　更新数据

一、教学人员如欲更新个人资料，应填报个人资料登记表，并连同必要的相关证明文件，一并由其任职学校向教育暨青年局递交。

二、教学人员于学年期间的授课或非教学工作的安排如有调整，须填报学年资料登记表，由其任职学校向教育暨青年局递交。

第六十三条　登记申请的审核

一、教育暨青年局按照本法律订定的教学人员任职条件，对教学人员的登记申请进行审核。

二、登记申请获通过者，取得教学人员身份。

三、登记申请不获通过者，不得执行其申请担任的工作。

第六十四条　登记的效力

一、教学人员登记的效力一般自任职日开始，至所处的学校年度结束为止，但不影响倘有的数据更新及以下各款规定的适用。

二、在任职 60 日后才递交登记文件者，登记的效力自递交申请文件之日起计算。

三、在学年结束前离职者，登记的效力至离职日终止。

四、为适用上款的规定，学校须在教学人员离职后的 10 个工作日内，以专用表格向教育暨青年局作出通知。

第十二章　个人资料的处理与处罚制度

第六十五条　职级的审核与个人资料的处理

一、教学人员职级审核的程序由行政长官批示制定，该批示须公布于《澳门特别行政区公报》。

二、为处理与教学人员职级审核及登记有关的程序，教育暨青年局可在必要时，按照第 8/2005 号法律的规定，通过包括数据互联在内的任何方式，与其他拥有为适用本法律具意义的数据的实体提供、互换、确认及使用教学人员的数据。

三、为进行有关评核及其上诉的审议程序，学校的评核机关及教学人员专业委员会可根据上款规定，作出上述的资料互联。

第六十六条　处罚制度

对私立学校的违法行为，适用 7 月 26 日第 38/93/M 号法令的处罚制度，并补充适用行政违法行为的一般制度。

第十三章　最后及过渡规定

第六十七条　在职教学人员的职级

一、本法律生效之日前已在教育暨青年局登记的教学人员的职级按以下数款的规定确定。

二、上款所指教学人员的起点职级按以下准则确定：

（一）在本法律生效之日具备学士学位，或同等或同等以上学力者，起点职级为第五级；

（二）其他教学人员的起点职级为第六级。

三、上款所指教学人员的晋级按第十五条的规定为之，但不影响以下各款规定的适用。

四、为保证晋级的效力，于本法律生效前在澳门特别行政区或其他地区或国家任职教学人员的时间，均予计算。

五、为保证上款所指晋级的效力，不适用第十五条所规定的工作表现评核及专业发展时数的条件。

六、按以上各款的规定确定职级后尚余的服务时间予以计算，但以晋升至紧随职级所需的服务时间为限。

七、在本法律生效之日年满 50 岁且服务时间满 20 年的教学人员，晋级不适用第十五条第五款（四）项和第六款（四）项的规定。

八、曾在其他国家或地区任职的教学人员须于本法律生效之日起计 180 日内向教育暨青年局提供可证明其在该国家或地区任职的文件。

九、教育暨青年局根据第四款规定确定予以计算的期间，如属在其他国家或地区任职的期间，则须听取教学人员专业委员会的意见。

十、为保证晋级的效力，在本法律生效前不符合第三十条或第三十一条所规定的要件提供服务的时间，亦予以计算。

第六十八条　继续任职

本法律生效之日前已在教育暨青年局登记的教师，可继续任教于本法律生效前最近两个学校年度内其所任教的教育阶段和科目，而不受第十条所指的任职条件限制，直至其停止担任职务为止。

第六十九条　重新任职

一、本法律生效之日未在教育暨青年局登记且不具备第十条所指任职条件的教师，在本法律生效后的首个5年内可申请重新任职于其曾任教的教育阶段，但须同时具备下列条件：

（一）在本法律生效前，曾在教育暨青年局登记；

（二）在本法律生效前，在澳门特别行政区的学校任教满10年。

二、上款所指教师如为中学教师，只能任教于其停止任教前最后2年所曾任教的科目。

三、第一款所指条件的审核由教育暨青年局负责。

四、为确定职级，第六十七条第二款至第六款以及第八款至第十款的规定经适当配合后适用于下列情况：

（一）本条第一款所指教师；

（二）在本法律生效前停止担任教学人员职务，且于再次在教育暨青年局登记为教学人员时具备第十条所规定的任职条件者。

第七十条　继续持有教师证

本法律生效之日前持有有效的教师证，但不符合第二条（一）项的规定者，仍被视为教学人员，直至其在任职学校终止任职为止。

第七十一条　继续免费取得卫生护理

一、第四十四条第三款及第四款的规定适用于本法律生效之日前离职的教学人员和学校其他工作人员。

二、第四十四条第一款、第三款及第四款的规定，适用于本法律生效之日前已享有免费取得卫生护理权利的非按第三十条或第三十一条的规定提供服务的人员，直至其在任职学校终止任职为止。

第七十二条　权利的保障

本法律不得被解释为用作降低或撤销在本法律生效之日之前已生效的对教学人员较有利的工作条件。

第七十三条　补充法律

本法律未有特别规定的事宜且在不与本法律相抵触的情况下，适用第 7/2008 号法律。

第七十四条　废止

废止 3 月 25 日第 15/96/M 号法令，但不影响下条第四款规定的适用。

第七十五条　生效及实施

一、本法律自公布后紧接的学校年度之首日起生效，但不影响以下数款规定的适用。

二、第四十七条及第六十七条的规定自本法律公布翌月之首日起实施。

三、第九条第三款、第二十条至第二十七条、第二十八条第一款（一）项、第四十条第二款和第三款及第四十三条的规定自公布后第二个学校年度之首日起实施。

四、第十条第一款和第二款的规定，自公布后第三个学校年度之首日起实施，实施前继续适用 3 月 25 日第 15/96/M 号法令第二条第二款 a）项及 b）项的规定。

2012 年 2 月 29 日通过。

立法会主席 刘焯华

2012 年 3 月 15 日签署。

命令公布。

行政长官 崔世安

附录一　教师职程及《私立学校教学人员制度框架》的讨论历程[①]

教育暨青年局

一、讨论“教师职程”阶段（1991—2001 年）

1．缘起

第 11/91/M 号法律《澳门教育制度》第十章第五十三条 i）款规定，为落实该法律，将颁布教师章程和职程。为此，教育委员会在不同时期先后成立了 3 个相关的专责小组，以跟进相关事宜。

2．启动阶段

从 1992 年 6 月至 1994 年 5 月，以李天庆委员为召集人的专责小组共召开了 8 次会议，对相关法规草案进行商讨。其后，由于李天庆委员退休，教育委员会推派唐志坚委员及孔智刚委员为相关专责小组第一及第二召集人，继续就相关事宜进行讨论。

3．教师章程与职程分开处理

在 1994 年 7 月 28 日教育委员会全体大会的讨论中，教育暨青年司司长引述政务司的意见，指出可把上述章程和职程分写成两部分，即一部分为教师的权利和义务，另一部分为晋升、薪俸等事项。

4．颁布《私立教育机构教学人员通则》

1995 年 3 月，唐志坚委员召集相关专责小组先后召开了 5 次会议，完成了有关教学人员章程的审议工作，并于 1995 年 4 月把相关法规草案交教育委员会全体大会审议。其后，第 15/96/M 号法令《私立教育机构教学人员通则》于 1996 年颁布。

① 于 2011 年 6 月 29 日作为《非高等教育私立学校教学人员制度框架》（法案）的附件提交给立法会。

5. 教师职程专责小组成立及其第一份意见书

在1996年6月21日教育委员会全体会议上，教师职程的专责小组成立，并由刘羡冰委员担任召集人。经过4次会议，该小组于1998年2月向教育委员会提交意见书，指出当时在非恰当时机订立一个能适合澳门特别行政区私立学校教学人员的职程，为保障教师权益，健全纳入免费教育网的私立教育机构使用公款的监管机制，专责小组建议在免费教育法规中补充以下两方面的内容：

- 纳入免费教育网的私立中学、私立小学，由教育机构所支付的教职员工薪津福利总支出不应少于政府所给予的免费教育津贴的75%。
- 教职员工入职前，有对该任职学校薪酬制度的知情权。教育机构应向教职员工公布每学年员工薪津福利所占之比例。

以上意见在1998年4月28日的教育委员会全体会议上讨论，有委员表示应订立一个教学人员职程法案，亦有委员不同意这两条条文只适用于加入免费教育网的学校。对于意见书上的建议，教育委员会未达成共识。

6. 专责小组第二份意见书（调整教师直接津贴以体现教师职程框架）

其后，该专责委员会再举行5次会议，并于1999年3月向教育委员会提交意见书，除重申以上两项意见外，亦建议通过调整教师直接津贴的发放方式以体现教师职程框架，并对不同职级的教学人员给予不同金额的津贴。教育委员会常设委员会于1999年4月14日就上述意见书进行了讨论。在4月27日的教育委员会全体会议上，教育暨青年司司长向委员汇报在常设委员会听取的意见，认为调整教师直接津贴绝不可视为教师职程的中间阶段，两者的本质不同。经讨论后，教育委员会全体大会决定把相关问题交回专责小组讨论。

7. 专责小组第三份意见书及“教学人员职程意见调查”

该专责小组于1999年5月召开3次会议，然后于5月底再向教育委员会提交报告书，确认需要订立教师职程，小组同时要求教育委员会给予更长时间，以便完善教师职程的内容。一年后，该专责小组于2000年6月重新召开会议商讨相关事宜，至2001年7月共举行了12次会议。其间，为收集教师对确立教师职程的意见，该小组于2001年2月向澳门特别行政区教师发出问卷，进行“教学人员职程意见调查”。

8. 教师职程的工作纳入澳门教育制度的检讨工作当中

“教学人员职程意见调查”的结果于2001年7月20日在教育委员会上进行汇报，经讨论后，教育委员会全体会议同意把教学人员职程的有关工作纳入澳门教育制度的检讨工作当中。基于上述决定，教师职程的工作需要在完成《澳门教育制度》法律的修订后继续进行。

二、《私立学校教学人员制度框架》的起草与咨询阶段(2007—2011年)

教育暨青年局自《非高等教育制度纲要法》于2006年底颁布后，优先展开《私立学校教学人员制度框架》的制定工作。法案的起草经历了两个阶段的公开咨询，多次在教育委员会上讨论，对文本作了多次大的调整。

首阶段公开咨询在2008年2月至4月，咨询文本为法规的“初步建议”，共举办意见征集会51场，其中42场到学校进行讲解，参加者达2 723人，收集各界的意见及问题共1 346条。

第二阶段的公开咨询在2008年10月至2009年1月，文本为法规的“咨询意见稿”。教育暨青年局举办了9场意见征集会，并通过电话、电子邮件、邮寄等途径，征集教育界人士、教师、学校、社团、社会人士提出的意见，共计448条。两次咨询收集到的意见主要集中在职级的设定、教师评核和晋升制度、工作时数、专业发展津贴和退休保障制度等方面。

此后，教育暨青年局将这些意见整理结集后，连同教育委员会委员收集到的意见，交委员会“专责小组”进行了多轮讨论，经修订的法案先后5次提交委员会全体会议讨论。同时，教育暨青年局还先后就法案的内容征询行政暨公职局、法务局、卫生局、劳工局、社会保障基金、高等教育辅助办公室等公共部门的意见。

附录二　《私立学校教学人员制度框架》（初步建议）

教育暨青年局

2008年2月1日

前　　言

对澳门教育改革和发展具有重要意义的《非高等教育制度纲要法》，已正式开始实施。根据该法第四十条“人员”第六款的规定，“私立学校教学人员的工作类型、职级、考评、工作量、退休保障及相应的权利和义务的制度框架，由专有法规规定。”

制定《私立学校教学人员制度框架》（简称《制度框架》）的根本目的，就是要落实上述规定，建立一支高素质的教学人员队伍，为非高等教育的进一步发展奠定基础。为此，首先要稳定教师队伍，从制度上为教师的工作提供切实保障和有效支持；同时，要从职前培训和在职进修两方面入手，提升教师的专业素养，尤其是课程与教学方面的素养。

《制度框架》将在深入分析第15/96/M号法令（纳入免费教育学校系统的私立教育机构教学人员之通则）的基础上，根据澳门当前和未来非高等教育以及社会整体发展的需要与条件，对私立学校教学人员制度进行重新设计。有关制度主要适用于非高等教育本地学制的不牟利私立学校的教学人员，但部分规定经适当调整，亦适用于其他私立学校和教学人员以外的其他人员。

《制度框架》的重点包括重新界定教学人员的范围；明确制定教师的职程，包括设立教师评核及晋升制度；为教学人员设立公积金制度，并从制度上保障教学人员享有卫生护理；将合理规定教学人员职业上的权利和义务，按照教育发展的需要修订教学人员的任职资格，并增加有关任职年龄的必要规定；将增加入职后的转任安排，合理规定每周上课时限，增加有关专业发展与培训和专业发展津贴的规定；增设教学人员专业委员会，以促进教学人员专业制度的发展。

本稿只是《制度框架》的初步建议，主要供征求意见之用。澳门特别行政区政府将以诚恳和负责任的态度，认真听取和吸收社会各界的意见，尤其是前线教学人员和教育界的意见，并在此基础上展开正式法律文本的起草工作。

建议修订内容	修订说明
一、有关概念的界定 1. 教学人员是指教师、校长和学校其他中、高层管理人员。 ● 教师是指在学校主要从事教学工作的人员。 ● 校长和学校其他中、高层管理人员是指校长和副校长，以及学校设立的教学、训育或辅导、行政领导机关及其他相当机关的主管人员。 2. 全职教学人员是指每周由学校安排工作时间达 36 小时的教学人员。 3. 兼职教学人员是指每周由学校安排工作时间少于 36 小时的教学人员。 （对于学校的其他工作人员，本法将以专门条款指明哪些规定同样适用于他们。）	● 这与第 15/96/M 号法令的规定有所不同，第 15/96/M 号法令中的教学人员包括“a)具备专业资格之幼儿园教师、小学教师及中学教师；b)具备取得专业地位所要求之法定要件之教师；c)担任等同教师职务之其他专业人士”。 ● 上述改变主要考虑到第 9/2006 号法律《非高等教育制度纲要法》第四十条“人员”第一款“教学人员和教育机构的其他工作人员从事的活动属公共利益活动。”已将教学人员与教育机构的其他工作人员区别开来。 ● 学校的其他人员建议分为教育辅助人员和职员两类，有关学校的人员编制，建议由私立教育机构通则方面的法规规定。
二、完善教学人员职业上的权利和义务 1. 权利方面主要包括： ● 获取薪酬，按适用法例享受福利待遇。 ● 按照澳门特别行政区的教育目标、课程框架和基本学力要求，参与开发校本课程，并自主进行教育、教学活动。 ● 发表学术论文、教学成果报告。 ● 组织及参与专业的学术团体和教学人员团体。 ● 参加专业发展活动。 2. 义务方面主要包括： ● 信守专业操守。 ● 充分认识澳门特别行政区的教育政策，遵守教育法规。 ● 关心、爱护、尊重、公平对待全体学生，促进学生的全面发展。	● 职业上的权利和义务参考香港以及其他地区的规定。 ● 此点将参照新的《劳工法》的规定进行调整。

续表

建议修订内容	修订说明
● 规划自身专业发展，持续参与培训及进修。 ● 与家长和其他关注教育的团体或人士进行沟通。 ● 离职前按照聘约所载的要求时间通知学校，并与学校磋商相关安排以减少对教学工作的影响。	
三、教学人员的任职资格和任职年龄 1.任职成为幼儿教育教师，须具备以下其中一项资格： ● 幼儿教育范畴的学士或学士以上学位。 ● 学士或学士以上学位，及幼儿教育范畴的学位后教育证书或幼儿教育补充课程证书。 ● 大专或大专以上学历但无学位，及幼儿教育范畴的学位后教育证书或幼儿教育补充课程证书。 （上述任职资格规定的实施设两年过渡期，过渡期内继续沿用15/96/M号法令第二条第二款的相关规定。） 2.任职成为小学教育教师，须具备以下其中一项资格： ● 小学教育范畴的学士或以上学位。 ● 学士或学士以上学位，及小学教育范畴的学位后教育证书或小学教育补充课程证书。 ● 大专或大专以上学历但无学位，及小学教育范畴的学位后教育证书或小学教育补充课程证书。 （上述任职资格规定的实施设两年过渡期，过渡期内继续沿用15/96/M号法令第二条第二款的相关规定。） 3.任职成为中学教育教师，须具备以下其中一项资格： ● 与主要任教学科领域相关的中学教育范畴的学士或学士以上学位。 ● 与主要任教学科领域相关的学士或以上学位，以及中学教育范畴的学位后教育证书。 ● 与主要任教学科领域相关的学士或学士以上学位。	● 按照第15/96/M号法令第二条第二款的规定，各教育阶段教师的现有任职条件分别是“为担任幼儿教育及小学预备班之教学职务，须具备幼儿园教师课程之学历或具备被认为等同之资格；为担任小学教育之教学职务，须具备小学教师培训课程之学历或具备被认为等同之资格；为担任中学教育之教学职务，须具备中学教师培训课程之学士学位或专科学位，或具备其他领域之学士学位或专科学位，又或其他被认为等同之资格。” ● 调整教学人员的任职资格，对提高教学人员的专业素养和改善非高等教育的素质具有重要意义，也是邻近地区的共同要求。 ● 在本法开始实施前已在澳门特别行政区取得教师资格且正在任职的教师，不受新的任职资格限制。 ● 此类教师入职后按本法生效前已在岗教师对待，确定其职级和升职要求。 ● 学校管理已成为管理领域的一个重要门类，并迅速专业化，校长及学校其他中、高层管理人员如果不接受必要和持续的专业进修及培训，将不可能适应学校发展的需要。

续表

建议修订内容	修订说明
(但必须在获聘用后5年内获得教育范畴学历或证书,否则不允许再任职。) 4. 任职成为特殊教育教师,须具备以下资格中的一项: ● 特殊教育范畴的学士或学士以上学位。 ● 大专或大专以上学历,以及拥有特殊教育教师培训证书。 5. 在职业技术教育当中担任专业课及实践课的教师,任职时须具备与任教领域相关的专业资格。 6. 不具备上述任职资格,但同时具备以下条件者,在本法实施后5年内可申请入职: ● 在本法实施前已在教育行政当局有教师登记,并在澳门特别行政区的学校及所申请任教的教育阶段累计任教满10年。 ● 曾接受师范培训。 7. 教学人员的任职资格由教育行政当局认定;教育行政当局按教师所任教课时最多的教育阶段及学科,厘定教师所任教的教育阶段及任教学科。 8. 校长的学历,不得低于其所在学校任教最高教育阶段的教学人员须具备的学历。 9. 校长及学校其他中、高层管理人员,须在任职前或任职后3年内,完成教育行政当局规定的相关专业进修(如现有的校长及学校高级管理人员培训课程),或在任职前接受等同之专业进修。 本法实施前已任职但未达到上述规定者,须在本法实施后5年内完成上述相关专业进修。 10. 任职学校教学领导机构负责人,须为第三级或第三级以上职级的教师,或具备由教育行政当局认可的等同资历。但在本法实施前已任职者除外。 11. 教学人员年满65周岁,只能任职至该学年结束,但兼职教师可超过65周岁。法律实施前已年满65周岁者,最多可再任职3学年。	● 专业进修的相关课程由教育行政当局负责师训的部门规划,并根据实际情况不断予以完善。 ● 教学领导机构负责人须由具有相当职级和经验的教师担任。

续表

建议修订内容	修订说明
四、增加任职后的转任安排 1.学校可按需要安排幼儿教育教师转任为小学一年级、二年级的教师；安排小学一年级、二年级的教师转任为幼儿教育教师；亦可安排中学教育教师转任为小学五年级、六年级的教师。 2.拟转任教师必须在转任前的职位任职满5年或5年以上，并在转任前完成教育行政当局规定的相关培训。 3.转任后的教师继续享有转任前由政府发放的津贴。	● 学校运作中存在教师入职后的转任问题。 ● 教师转任前如已具备师范培训资格，其资格在转任后应继续获承认。
五、制定教师的职级 1.教师分为6个职级，另设2个预备级。 2.相邻职级间薪酬设一定比例的级差。 3.学校须保证每个学校财政年度教学人员的支出占学校经常性收入的70%或70%以上。	● 制定教师薪酬的级间差，主要是为了体现教师专业发展和教育经验的价值，鼓励教师长期从事教育教学工作。
六、增加有关聘任的规定 1.学校须成立聘任委员会，处理所有人员的聘用事宜，委员会主席由校长担任。 2.学校须与获聘任的教学人员签订正式聘任合约。	● 聘任涉及教师的职级以及此后的职务晋升，须有明确规定。 ● 目的是保护教师的利益。
七、设立教师评核及晋升制度 1.教师的评核以促进教师的专业发展为重要目的。 2.学校须成立教师评核和晋升委员会，并制定评核和晋升规章。 3.教师职级的晋升标准应兼顾年资、专业发展及考评三方面因素。 4.晋升第五级、第六级者，须具备学士或学士以上学位且受过教师（师范）培训；晋升第四级者，须具备大专或大专以上学历且受过教师（师范）培训。	●《非高等教育纲要法》第四十条第三款是有关晋升标准的规定的依据，并要与公立学校教师的评核制度协调。 ● 以不同学历任职者，可升任的最高职位应有所不同，公职法也有类似规定。

续表

建议修订内容	修订说明
5. 第四级、第五级、第六级教师的晋升由教学人员专业委员会评审。 6. 有特别表现或成就的教师，经教学人员专业委员会评审，可以提前晋升，也可越级晋升。提前和越级晋升的条件及程序由社会文化司司长以批示制定。 （具体内容请参见附件）	
八、规定每周工作时数和每周上课时限 1. 全职教学人员每周在学校以及由学校安排的校外工作的正常工作时间，为 36 小时，包括上课时数和非上课时数。 2. 中学教师每周上课时间为 680～900 分钟。 3. 小学教师每周上课时间为 760～990 分钟。 4. 幼儿教育教师每周上课时间为 680～900分钟。 5. 特殊教育教师每周上课时间为 600～990分钟。 6. 中学夜间课程教师每周上课时间为 600～720 分钟。小学夜间课程教师每周上课时间为 680～800 分钟。	● 第 15/96/M 号法令规定的每周上课时间为 800～1 200 分钟。 ● 总的修订原则是适当减轻教师的教学负担，以提升教育素质，并为教师的专业发展创造更有利的条件。由于不同教育阶段的运作有其各自的特点，所以教师的上课时间亦应有所不同。 ● 按照正在拟定的幼儿教育课程框架，幼儿教育每周的教育活动（包括教学活动、余暇活动及保育活动）时间为 1 200～1 620分钟，其中教学活动时间的上限，一年级、二年级为 800 分钟，三年级为 900 分钟。基于此，并考虑到澳门特别行政区幼儿教育学生课堂学习的负担须减轻，故此处规定幼儿教育教师每周的上课时间为 680～900 分钟。由于幼儿教育通常实行包班制，连同余暇活动及保育活动的时间，教师每周照顾学生的总时间应为 1 200～1 620 分钟。
九、增加有关"专业发展与培训"的规定 1. 教育行政当局及学校须为教学人员提供专业发展的机会，教学人员亦须为其专业持续发展作出规划。 2. 教育行政当局为教学人员专业发展及培训提供条件和资源，资助学校安排教学人员进行脱产进修，包括休教进修。 3. 教育行政当局资助学校进行校本培训。	●《非高等教育制度纲要法》第四十二条第六款规定"与教学人员培训有关的规定，由专有法规制定"，而私立学校教学人员制度框架应包括"专业发展与培训"的规定。

续表

建议修订内容	修订说明
十、设立教学人员公积金制度 1.政府鼓励和协助私立学校为教学人员设立公积金制度。 2.公积金供款由政府、学校及有关的教学人员共同承担。 3.教学人员参加休教进修和脱产进修期间，政府及受益人须继续维持供款。 4.教学人员的公积金制度将在中央公积金的机制下运作。 5.教学人员有权定期得悉有关账目状况的资料。 6.学校及教学人员本人每月的供款金额分别为该人员当月薪酬的一定百分比，政府则以定额供款。 7.教学人员以外的学校其他工作人员亦纳入公积金制度。	● 为给教学人员提供退休保障，鼓励有志者投身教育事业，增加有关制度。
十一、从制度上保障教学人员享有卫生护理 1.教学人员通过卫生护理制度，取得由公共卫生机构提供的卫生护理。 2.退休前已满 55 周岁且已累计服务达 20 年的教学人员，退休后继续取得由公共卫生机构提供的卫生护理，直至满 65 周岁为止。 3.上款的规定在本法生效后具追溯效力。 4.此制度适用于所有私立学校的教学人员和其他工作人员。	●《非高等教育制度纲要法》第四十条第一款和第七款规定，教学人员和教育机构的其他工作人员按专有法规享有“由公共卫生机构提供的卫生护理”。
十二、将现在的直接津贴发展为专业发展津贴 1.发放专业发展津贴旨在为教学人员在专业发展方面提供财政上的支持。 2.津贴发放的具体运作规章以及专业发展津贴金额的调整，由行政长官以公布于《澳门特别行政区公报》的批示制定。	●《非高等教育制度纲要法》第四十七条“人员”第七款规定，“政府向不牟利私立教育机构的教学人员提供津贴，以促进其专业发展，但非本地学制私立学校的教学人员除外。” ● 专业发展津贴应用于教学人员的专业发展。

续表

建议修订内容	修订说明
十三、增设教学人员专业委员会 1. 教学人员专业委员会的性质为专业组织。 2. 教学人员专业委员会的职权： ● 审核教师专业发展时数。 ● 评审晋升第四级、第五级和第六级教师的申请。 ● 制定教学人员专业准则。 ● 处理教学人员、家长的相关投诉。 3. 教育行政当局提供教学人员专业委员会运作的经费和行政支持。 4. 教学人员专业委员会由以下人员构成：学校教学人员、教育团体代表、高等教育机构有关专家、家长或其他相关人员。 5. 教学人员专业委员会的下辖分会包括： ● 专业操守与专业投诉处理委员会。 ● 专业能力与教师职级评审委员会。 6. 评审第四级、第五级和第六级教师工作步骤： ● 教师通过学校提出申请并提交有关资料。 ● 教育行政当局核实申请者的相关条件。 ● 委员会评审。 ● 将评审结果通知学校和申请者本人。	● 从世界各地的情况看，增设教学人员专业组织来保证教学人员的专业独立性是必要的。专业组织既保障专业人员，又通过维持专业的水准，而保护其服务的对象。 ● 增设教学人员专业委员会也是澳门教育发展的现实需求。

附件

教师职级与晋升制度

<table>
<tr><th>职级</th><th>晋升至相应职级的条件</th><th>薪酬级差</th><th>备注</th></tr>
<tr><td>第六级</td><td>进入第五级后：
● 工作满 6 年；
● 评核累计 6 年达合格或合格以上；
● 参加专业发展活动累计达到 150 小时或 150 小时以上；
● 具备学士或学士以上学位，且受过教师（师范）培训；
● 符合教学人员专业委员会规定的其他条件。</td><td>15％或15％以上</td><td rowspan="3">● 由教学人员专业委员会评审。</td></tr>
<tr><td>第五级</td><td>进入第四级后：
● 工作满 6 年；
● 评核累计 6 年达合格或合格以上；
● 参加专业发展活动累计达到 150 小时或 150 小时以上；
● 具备学士或学士以上学位，且受过教师（师范）培训；
● 符合教学人员专业委员会规定的其他条件。</td><td>15％或15％以上</td></tr>
<tr><td>第四级</td><td>进入第三级后：
● 工作满 5 年；
● 评核累计 5 年达合格或合格以上；
● 参加专业发展活动累计达到 150 小时或 150 小时以上；
● 至少须具备大专学历，且受过教师（师范）培训；
● 符合教学人员专业委员会规定的其他条件。</td><td>15％或15％以上</td></tr>
<tr><td>第三级</td><td>进入第二级后：
● 工作满 5 年；
● 评核累计 5 年达合格或合格以上；
● 参加专业发展活动累计达到 150 小时或 150 小时以上。</td><td>15％或15％以上</td><td rowspan="2"></td></tr>
<tr><td>第二级</td><td>进入第一级后：
● 工作满 5 年；
● 评核累计 5 年达合格或合格以上；
● 参加专业发展活动累计达到 150 小时或 150 小时以上。</td><td>10％或10％以上</td></tr>
</table>

续表

职级	晋升至相应职级的条件	薪酬级差	备注
第一级	进入预备二级后： ● 工作满 5 年； ● 评核累计 5 年达合格或合格以上； ● 参加专业发展活动累计达到 150 小时或 150 小时以上； ● 获得教师教育证书（只适用于情形一）。	10%或10%以上	直接入级条件： ● 学士或以上学位； ● 受过教师（师范）培训。
预备第二级	进入预备一级后： ● 工作满 5 年； ● 评核累计 5 年达合格或合格以上； ● 参加专业发展活动累计达到 150 小时或 150 小时以上。	8%或8%以上	直接入级条件： 情形一 ● 学士学位； ● 未受教师（师范）培训。 情形二 ● 大专以上学历，但无学位。
预备第一级		起薪点由学校订定	直接入级条件： ● 大专或以下学历。

说明：

（1）本法实施前已在澳门特别行政区任职的教师，第一次认定职级的办法如下：首先由学校根据教师现时已取得的学历和相关条件，按照本表制定的入级要求，确定其职级的起点（预备第一级、预备第二级或第一级），然后按其年资评定其现时的职级（新法实施前政府没有明确规定教师评核制度和专业发展活动时数，因此免除相关限制）。其中，第四级、第五级、第六级教师的晋升须由教学人员专业委员会评审。

（2）有特别表现或成就的教师，经教学人员专业委员会评审，可以提前晋升，也可越级晋升。提前和越级晋升的条件及程序由社会文化司司长以批示制定。

（3）薪酬级间差只规定下限，具体比例由学校根据自身的情况在法定的范围内自主决定。

附录三　建立一支高素质的教学人员队伍

——《私立学校教学人员制度框架》(初步建议) 重点解说

教育暨青年局

教学人员是教育发展的重要基石。在新春佳节即将到来之际，特别行政区政府为落实《非高等教育制度纲要法》的有关规定，对《私立学校教学人员制度框架》提出了初步建议（简称“初步建议”)。“初步建议”是在深入分析澳门非高等教育和未来社会整体发展的需要与条件的基础上提出的，同时也考虑了现行第15/96/M号法令（纳入免费教育学校系统的私立教育机构教学人员之通则）的有关规定。“初步建议”的根本目的是要建立一支高素质的教学人员队伍，从而为澳门非高等教育的进一步发展奠定坚实的基础。

1. 兼顾教学人员的权利和责任

“初步建议”在总体思路上同时考虑了教学人员所应担负的责任和所应享有的权利。因此，一方面按照教育发展的需要修订了教学人员的任职资格，增加了有关任职年龄的必要规定，从职前培训和在职培训两方面入手致力提升教师的专业素养（尤其是课程与教学方面的素养)，增设了教学人员专业委员会，以促进教学人员专业制度的发展；另一方面，“初步建议”明确制定了教师的职级和晋升制度，设立了公积金制度，调整了每周上课的时限，并从制度上保障教学人员享有卫生护理。

在教学人员的范围方面，考虑到《非高等教育制度纲要法》已将教学人员与教育机构的其他工作人员区别开来，“初步建议”将教学人员定义为“教师、校长和学校其他中、高层管理人员”，其中“校长和学校其他中、高层管理人员”包括校长和副校长，以及学校设立的教学、训育或辅导、行政领导机关及其他相当机关的主管人员。“初步建议”主要适用于不牟利且采用本地学制的私立学校，部分规定亦适用于其他私立学校，以及教学人员以外的其他人员。

2. 合理调整教学人员的任职资格，确保教育素质

教学人员所从事的是一种专业性质的活动，教育的优质化要求教学人员具备良好的专业素养，而教学人员的任职资格对教学人员专业素养的提高具有重要意义。

最近20年来，世界主要国家和地区对各教育阶段教师的学历都普遍要求学

位化，并接受师范培训。而在澳门，按照现行第 15/96/M 号法令第二条第二款的规定，担任幼儿教师和小学教师都无须拥有高等学位或接受高等教育；而担任中学教师则既不一定拥有学士学位，也不一定接受过师范培训。（参见下表）在此情况下，澳门教学人员的任职资格确实有必要作出适当调整，这是教学作为一种专业得到社会认同和尊重的重要保证。

为此“初步建议”规定，除现已取得教师资格且正在任职的教师外，今后新任职的教师必须符合以下资格：（1）幼儿教育和小学教育教师必须接受过相关教育范畴的培训，并具备大专或大专以上的学历或学位，最好是具备幼儿教育范畴或小学教育范畴的学士或学士以上学位。考虑到现有条件，上述任职资格的规定将在新制度实施 2 年后生效。（2）中学教师必须具备“与主要任教学科领域相关的”学士或学士以上学位，并最好接受过相关师范培训。如未接受师范培训，则必须在获聘用后 5 年内完成相关培训，否则不再允许任职。（3）特殊教育教师必须具备特殊教育范畴的学士或学士以上学位，或具备大专（或大专以上）学历以及特殊教育教师培训证书。（4）担任职业技术教育专业课及实践课的教师，须具备与任教领域相关的专业资格（教师任职资格的变化参见下表）。

教师类别	现行任职资格 （第 15/96/M 号法令）	“初步建议”规定的任职资格
幼儿教师	须具备幼儿园教师课程之学历或具备被认为等同之资格。	须具备以下其中一项资格： ● 幼儿教育范畴的学士或学士以上学位。 ● 学士或学士以上学位，及幼儿教育范畴的学位后教育证书或幼儿教育补充课程证书。 ● 大专或大专以上学历但无学位，及幼儿教育范畴的学位后教育证书或幼儿教育补充课程证书。
小学教师	须具备小学教师培训课程之学历或具备被认为等同之资格。	须具备以下其中一项资格： ● 小学教育范畴的学士或学士以上学位。 ● 学士或学士以上学位，及小学教育范畴的学位后教育证书或小学教育补充课程证书。 ● 大专或大专以上学历但无学位，及小学教育范畴的学位后教育证书或小学教育补充课程证书。

续表

教师类别	现行任职资格 （第15/96/M号法令）	“初步建议”规定的任职资格
中学教师	须具备中学教师培训课程之学士学位或专科学位，或具备其他领域之学士学位或专科学位，又或其他被认为等同之资格。	须具备以下其中一项资格： ● 与主要任教学科领域相关的中学教育范畴的学士或学士以上学位。 ● 与主要任教学科领域相关的学士或学士以上学位，以及中学教育范畴的学位后教育证书。 ● 与主要任教学科领域相关的学士或学士以上学位。（但必须在获聘用后5年内获得教育范畴学历或证书，否则不允许再任职。）
特教教师	无规定	须具备以下其中一项资格： ● 特殊教育范畴的学士或学士以上学位。 ● 大专或大专以上学历，以及特殊教育教师培训证书。
职教教师	无规定	在职业技术教育担任专业课及实践课的教师，任职时须具备与任教领域相关的专业资格。

3. 为教师制定合理的职级和公平的晋升制度

教师的职级和晋升制度是“教学人员制度框架”最重要的组成部分之一。制定有关制度既有利于教师享有相应待遇，又可帮助教师规划自己的职业生涯和专业发展。

在教师职级方面，“初步建议”明确制定了8个职级，包括6个正规职级和2个预备职级。如下页表所示，未来新任职的教师，如拥有学士或学士以上学位并有教师（师范）培训，可直接进入第一级；而有学士学位但无教师（师范）培训，或有大专以上学历但无学位的教师，则进入预备第二级；拥有大专或大专以下学历者直接进入预备第一级。

从下页表可见，“初步建议”还在相邻职级间规定了一定比例的薪酬差幅，这主要是为了体现教师专业发展和教育经验的价值，鼓励更多教师长期从事教育教学工作。根据教师职业生涯发展的特点，职级间的薪酬差幅分别设定了8%、10%或15%的下限，具体比例可由学校根据自身的情况在法定的范围内自主决定。但为了保证教学人员的合理待遇和学校财务安排的合理性，“初步建议”特别规定：“学校须保证每个学校财政年度教学人员的支出占学校经常性收入的70％或70％以上”。

<table>
<tr><th>职级</th><th>薪酬级差</th><th>备注</th></tr>
<tr><td>第六级</td><td>15％或15％以上</td><td rowspan="5"></td></tr>
<tr><td>第五级</td><td>15％或15％以上</td></tr>
<tr><td>第四级</td><td>15％或15％以上</td></tr>
<tr><td>第三级</td><td>15％或15％以上</td></tr>
<tr><td>第二级</td><td>10％或10％以上</td></tr>
<tr><td>第一级</td><td>10％或10％以上</td><td>直接入级条件：
● 学士或学士以上学位；
● 有教师(师范)培训。</td></tr>
<tr><td>预备
第二级</td><td>8％或8％以上</td><td>直接入级条件：
情形一
● 学士学位；
● 无教师(师范)培训。
情形二
● 大专以上学历，但无学位。</td></tr>
<tr><td>预备
第一级</td><td>起薪点由学校制订</td><td>直接入级条件：
● 大专或大专以下学历。</td></tr>
</table>

在晋升方面，“初步建议”规定了各职级教师晋升的条件（参见下页表）。总体上看，教师的晋升条件同时考虑了年资、专业发展及考评三个方面的因素。从预备第一级到第四级，每晋升一级须工作满5年，参加专业发展活动累计达到150小时或150小时以上，且评核累计有5年达合格或合格以上。由于最后三个职级的教师相对来讲属于资深教师，薪酬差幅也更大，所以“初步建议”规定：晋升第五级、第六级者必须具备学士或学士以上学位，晋升第四级者则必须具备大专或大专以上学历，而且都须有教师（师范）培训，并符合教学人员专业委员会规定的其他条件。除第四级、第五级、第六级教师的晋升须由教学人员专业委员会评审外，其他职级的晋升由学校决定，但须报教育行政当局备案。为了鼓励教师成长，“初步建议”还规定，有特别表现或成就的教师经教学人员专业委员

会评审，可以提前或越级晋升，具体条件和程序将在随后制定。

<table>
<tr><th>职级</th><th>晋升至相应职级的条件</th></tr>
<tr><td>第六级</td><td rowspan="2">进入前一职级后：
● 工作满 6 年；
● 评核累计 6 年达合格或合格以上；
● 参加专业发展活动累计达到 150 小时或 150 小时以上；
● 具备学士或学士以上学位，且符合教学人员专业委员会规定的其他条件。</td></tr>
<tr><td>第五级</td></tr>
<tr><td>第四级</td><td>进入前一职级后：
● 工作满 5 年；
● 评核累计 5 年达合格或合格以上；
● 参加专业发展活动累计达到 150 小时或 150 小时以上；
● 至少须具备大专学历，且有教师(师范)培训；
● 符合教学人员专业委员会规定的其他条件。</td></tr>
<tr><td>第三级</td><td rowspan="2">进入前一职级后：
● 工作满 5 年；
● 评核累计 5 年达合格或合格以上；
● 参加专业发展活动累计达到 150 小时或 150 小时以上。</td></tr>
<tr><td>第二级</td></tr>
<tr><td>第一级</td><td>进入前一职级后：
情形一
● 获得教师教育证书。
情形二
● 工作满 5 年；
● 评核累计 5 年达合格或合格以上；
● 参加专业发展活动累计达到 150 小时或 150 小时以上。</td></tr>
<tr><td>预备
第二级</td><td>进入前一职级后：
● 工作满 5 年；
● 评核累计 5 年达合格或合格以上；
● 参加专业发展活动累计达到 150 小时或 150 小时以上。</td></tr>
<tr><td>预备
第一级</td><td>—</td></tr>
</table>

对于现已在任的教师，“初步建议”规定了第一次认定职级的办法：首先由

学校根据教师现在已取得的学历和相关条件，按照教师的职级规定的入级要求，确定其职级的起点（预备第一级、预备第二级或第一级）。然后，按其年资评定其现在的职级（新制度实施前政府没有明确规定教师评核制度和专业发展活动时数，因此第一次认定职级时免除评核和参加专业发展活动时数的限制）。其中，第四级、第五级、第六级教师的晋升须由教学人员专业委员会评审。

4. 适当减少教师每周的上课时数

澳门教师现有法定上课时间为每周 800～1 200 分钟。从实际的教育情况看，上述规定有必要作出修订。

总的修订原则是在提升教育素质的同时，适当减轻教师的教学负担，为教师的专业发展创造更有利的条件；同时由于不同教育阶段的运作有其各自的特点，所以不同教育阶段教师的上课时间亦应有所不同。“初步建议”据此规定教师每周上课时间分别为：

（1）中学教师 680～900 分钟（按 40 分钟/节计算，相当于 17～22 节）；

（2）小学教师 760～990 分钟（按 40 分钟/节计算，相当于 19～25 节）；

（3）幼儿教师 680～900 分钟（按 30 分钟/节计算，相当于 23～30 节）；

（4）特殊教育教师 600～990 分钟（按 40 分钟/节计算，相当于 15～25 节）；

（5）中学夜间课程教师 600～720 分钟（按 40 分钟/节计算，相当于 15～18 节）；

（6）小学夜间课程教师 680～800 分钟（按 40 分钟/节计算，相当于 17～20 节）。

上述规定配合澳门特别行政区政府多年来持续推动的优化班师比的各项措施，将有效减轻教师在教学方面的负担。需说明的是，幼儿教师每周上课 680～900 分钟，这只是其工作的一部分。由于幼儿教育通常实行包班制，连同余暇活动及保育活动的时间，教师每周照顾学生的总时间一般会有 1 200～1 620 分钟。

5. 为教学人员退休和卫生护理提供保障

为了给教学人员提供退休保障，鼓励有志者投身教育事业，“初步建议”为私立学校教学人员增设了公积金制度。教学人员公积金制度将在中央公积金的机制下运作，供款由政府、学校及有关的教学人员共同承担，学校及教学人员本人每月的供款金额均按该人员当月薪酬的一定百分比计算，政府则定额供款，同时，将保证教学人员有权定期知悉有关账目的资料。另外，教学人员参加休教进修和脱产进修期间，政府及受益人须继续供款，学校的其他工作人员亦都可享有公积金。

“初步建议”还规定，教学人员和学校其他工作人员都享有“由公共卫生机构提供的卫生护理”。在此基础上，“初步建议”还进一步规定，“退休前已满 55 周岁且已累计服务达 20 年的教学人员”，退休后继续取得由公共卫生机构提供的卫生护理，直至满 65 周岁止。新制度实施前已退休的上述人员，也可获得相同待遇。

6．为教师专业发展创造条件

“初步建议”的重要目标之一，是要落实《非高等教育制度纲要法》的有关规定，为私立学校教师的专业发展创造良好条件。为此，《私立学校教学人员制度框架》增加了“专业发展与培训”部分，规定教育行政当局为教学人员专业发展及培训提供条件和资源，资助学校进行校本培训，安排教学人员进行脱产进修和休教进修，并规定将现在的直接津贴发展为专业发展津贴。津贴发放的具体运作规章以及专业发展津贴的金额，将在随后制定。

由于学校管理已成为管理领域的一个重要门类，并迅速专业化，校长及学校其他中、高层管理人员如不接受必要和持续的专业发展活动，将不可能适应学校发展的需要。所以“初步建议”规定，校长及学校其他中、高层管理人员，须在任职前或任职后 3 年内，完成教育行政当局规定的相关专业进修，或在任职前曾接受等同之专业进修。新制度实施前已任职但未达到上述规定者，须在新制度实施后 5 年内完成上述相关专业进修。

7．设立专业组织保证教学人员的专业独立性

从世界各地的情况看，设立教学人员专业组织来保证教学人员的专业独立性是必要的，也是澳门教育发展的现实需求。

“初步建议”规定，将设立教学人员专业委员会，其性质为专业组织，职权主要包括审核教师专业发展时数；评审晋升第四级、第五级和第六级教师的申请；制定教学人员专业准则；处理教学人员、家长的相关投诉。其人员构成包括学校教学人员、教育团体代表、高等教育机构有关专家、家长或其他相关人员。教学人员专业委员会的下辖分会包括专业操守与专业投诉处理委员会、专业能力与教师职级评审委员会。

相信上述专业组织既可保障教学人员的专业独立性，又可通过维持专业的水准，而保护非高等教育的服务对象。

8．结语

《私立学校教学人员制度框架》关系私立学校的所有教学人员，以及澳门未来人才的培养。我们深知问题之复杂、责任之重大，特别行政区政府定将以负责任和进取之态度，全力推进此项法规的咨询和最后立法工作。诚挚邀请社会各界人士，尤其是一线教学人员和教育界同仁，进一步提供意见。

附录四 《私立学校教学人员制度框架》第一阶段公众咨询意见分析报告

教育暨青年局

2008 年 4 月

第一部分 导　　言

为了建立一支高素质的教学人员队伍，为非高等教育的进一步发展奠定基础，教育暨青年局（以下简称“教青局”）在 2008 年 2 月推出《私立学校教学人员制度框架》（以下简称《制度框架》）法规“初步建议”，向澳门居民和教育界人士公开咨询，共同探讨澳门未来教学人员制度的保障及发展方向。

《制度框架》法规“初步建议”咨询过程的意见收集渠道多样，提供意见者众多，内容涉及建议文本的各个方面。本报告对 2008 年 2 月 1 日至 2008 年 4 月 4 日所收集的公众意见，进行系统而深入的研究，作出分类整理及分析。

第二部分 统计及分析

《制度框架》法规“初步建议”咨询文本在 2008 年 1 月 31 日推出，直至现在收到各界人士许多宝贵的意见。

除通过电话、电子邮件、邮寄等途径接收意见外，亦通过教青局举行的校长和教师场讲解会，甚至直接由教青局人员到学校进行讲解，以创造直接交流和收集意见的机会。由于 4 月 4 日为法定假期，因此意见收集截至 4 月 7 日。4 月 7 日后之意见则作为备份档，以作参考或日后作补充之用。在这段咨询期共举行了意见征集会 51 场（其中 42 场到学校进行讲解），参加意见征集会的共 2 723 人（参与学校讲解会的则有 2 585 人）。在上述期间，共收到各界的意见及问题共 1 346 条（详见下表）。

序号	内容条文	意见数量
第一条	有关概念与定义	32

续表

序号	内容条文	意见数量
第二条	完善教学人员职业上之权利和义务	74
第三条	教学人员的任职资格和任职年龄	115
第四条	增加“任职后的转任安排”	11
第五条	制定教师的职级	211
第六条	增加有关聘任的规定	20
第七条	设立教师评核及晋升制度	229
第八条	规定每周工作时数和每周上课时限	130
第九条	增加有关专业发展与培训的规定	137
第十条	设立教学人员公积金制度	55
第十一条	从制度上保障教学人员享有卫生护理	46
第十二条	将现时的直接津贴发展为专业发展津贴	26
第十三条	增设教学人员专业委员会	57
第十四条	其他	203
总计		1 346

其中最受关注的条文分别为“设立教师评核及晋升制度”“制定教师的职级”“增加有关专业发展与培训的规定”“规定每周工作时数和每周上课时限”“教学人员的任职资格和任职年龄”等。

1. 提议者的类别

教师是最积极参与发表意见的群体，占提议者总人数的62%，其次是未说明身份者占20%，而报章社评、教育团体、校长各占4%，学校、教育界人士、议员则各占2%。详见图1。

2. 意见收集渠道

通过讲座直接交流的方式及电子邮件方式所收集到的意见最多，分别占收集渠道总数的32%和41%，而报刊收集占11%，这是三种主要的意见收集渠道。其次则来自亲自递交（7%）、电话（3%）、邮寄（3%）、线上讨论区（2%）以及传真（1%）。详见图2。

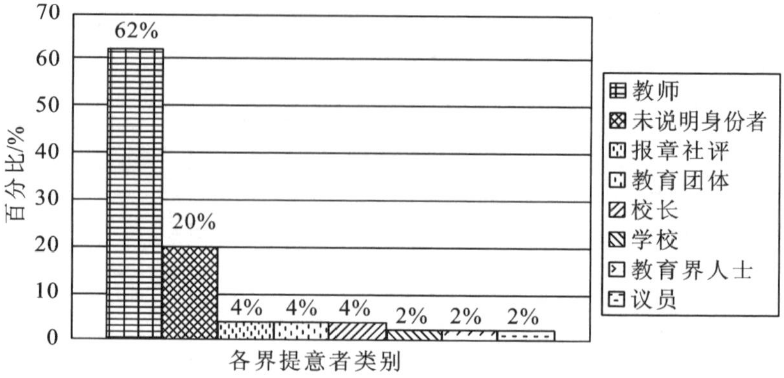

图 1　各类别发表意见者的百分比

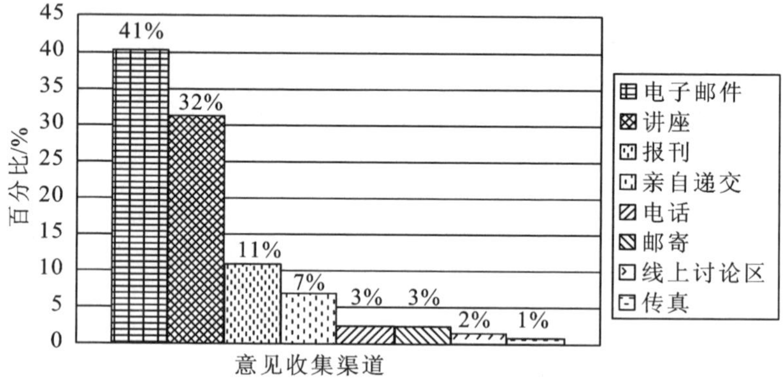

图 2　各意见收集渠道的百分比

第三部分　意见摘要

相关条文之意见及建议摘要如下。

第一条　有关概念与定义

意见：

● 对《制度框架》咨询文本中，没有把学校和政府的角色清楚地彰显出来这一点稍有意见。

● 部分专职人员身兼教师，如不纳入教学人员会出现不公平的现象，再者，现实的情况中已有不少人由教师转做专职人员，已经因此而受到影响。

● 把学校管理人员归类为教学人员，却没有对中层管理人员作出清晰明确的界定，中层管理人员是以薪金还是职称作为界定？若然在职位后加上“主任”字眼是否就被称为“中层”？是否可以存在同时为中层又是教师的教学人员角色？

建议：

● 教学人员之界定，宜放宽标准。凡符合教师入职资格的人员都纳入教学人员的范畴，尤以现在 4 类专职人员应列入教学人员中，使其能享有教师的福利和津贴。

● 建议将教育行政管理人员从教学人员中独立出来，以便能更好地对其人数比例、任职资格、责任权利、培训规定、薪酬厘定等进行规划。

● 澳门学校的工作分配多以“节数”为单位来衡量，因此建议上课节数达 14 节即为全职教学人员，少于 14 节者即为兼职教学人员。

第二条　完善教学人员职业之权利和义务

意见：

● 教师职程最核心的部分，不应只着眼于教师的权益，而是应以教师的专业道德操守与其社会地位提升为首位，致力制定教育工作者的专业守则。

●《制度框架》方面难以体现出中、高级管理层的规范和职程。

●《制度框架》中所提及的只有教学人员的权利与义务，对教师、学校、政府三者间的权责互动则较少提出。

●《制度框架》第二点关于教学人员职业上的义务方面，宜引用客观而清晰的文字，例如不宜用“与××进行沟通”的字眼，因为沟通与否，能否有效沟通，并非客观的标准。

●《制度框架》第二点的最后一条规定离职前按照聘约载明的时间通知学校，并与学校商讨相关安排以减小对教学工作的影响，对学校有保障，但并未提出学校在解雇教师时要于多少日前通知教师。宜删去此条，因为只要求教师而不要求学校是不合理的。

●《制度框架》中未能体现对女性教师婚娩假期的保障。

● 未能体现兼职教师在《制度框架》实施后有何保障。

●《制度框架》中未能具体体现教师的专业及职业上的保障。

● 教师退休后的保障不足。

● 教师薪酬和福利方面，同是一个政府，公立学校、私立学校教师待遇却不同。

建议：

● 应通过法规形式，辅助教师成立教育专业人员的工会组织，让教师的社会地位能有序地有效提升。

● 加入学校中、高层管理人员之职能定位及登记制度。

● 加入学校的权利和义务作为对照。

● 避免有些学校利用法律漏洞，使教师不能尽享政府予以的资源。建议制定机制，加大学校财政运作的透明度，让教师也能同时监察学校是否能把学校财政年度的70%用作教学人员的支出。

● 建议每年一次或每三年一次补贴教师私人旅游的计划，可就年资来决定津贴的百分比，给予教师旺季旅游的福利。

● 建议制定教师离职的限制，教师不能随意离职，而且离职事宜也应由校内评核委员会作处理。

● 教师因产假或婚假需请代课教师，可由教育行政当局提供代课教师。同时，聘请兼职或代课教师的费用，由教育行政当局支付，以免造成教师或校方的负担和压力。

● 教师退休后仍然能取得教师津贴，或可以一次性的特别慰劳金方式取得退休保障。如以津贴形式发放退休福利，应让教师由退休开始享受至离世止，以保障澳门教师退休后的基本生活。

● 建议拉近私立学校与公立学校教师的薪酬，让私立学校教师享有房屋津贴和其他福利。

第三条　教学人员的任职资格和任职年龄

意见：

● 应明确何为师范培训，包括哪些核心科目，以及明确何为中学教师任职资格中的“对口或相关”学位。

● 师范资格至今仍没有一个明确的指标，而且修读途径狭窄，再者为何教育硕士不能作为具备教师资格的凭证呢？认为高学历反而不受重视。

● 有关“5年后取不到师范培训的教师不许再聘”这个规定不合理。教师应可再聘，尤其是已任教数十年的教师。

● 不宜设定2年过渡期或5年期限，缺乏弹性，执行时会有困难。再者，事实上学位后补充课程及师范补充课程的名额不足，所以未能在限期内完成学位后的教育补充课程，则不能续聘，对有志做教师的人来说不公平。

● 对已任教数十年的资深教师来说，师范资格可否以年资取代，如要求其修读师范资格，实在有点强人所难，但不修读师范资格则不能升至顶级，对这些资深教师来说有点不公平。

● 若《制度框架》规定教师需要具备教育专业方面的教学资格，那么作为学校的骨干，行政人员如校长、主任等更需要具备此方面资格。现时澳门学校普遍存在“行外人管理行内人”的问题，因学校领导层部分从没接受教育培训，致使很多政策令教师无所适从，亦与一些曾受师资培训的教师的教学理念存在冲突，因此认为立法要求学校行政人员需接受师范培训是必需的。

● 在学校行政及中、高层管理人员方面，由于他们的专业决策，足以影响整个学校的课程、办学方向和众多学生的前途。所以，审批这些行政层教师时，应该严格规限其专业知识和经验等，不应单凭校方推荐和表面的功绩，便可跃升成为行政人员。

● 没有明确条款对持续教育及成人教育等范畴之教师作出规范，他们是否同样受法规所限？

● 不认同 65 岁必须退休，这是教师与校方的事，而且一个人是否需要退休，应由其身体健康状况和工作能力来评定，不应硬性规定退休年限。

建议：

● 建议明确师范培训包含的科目，同时教育硕士应视为具备师范资格。

● 建议不宜强制不聘任，应改为“未符合上述资格的教师，必须在获聘用后短期内尽快取得教育范畴的学历或证书，否则学校可考虑是否再聘任该等教师。”

● 建议已任教数十年的资深教师，其教学经验应可作为师资培训中的实习课内容，甚至赋予其师范资格。

● 建议工作多年的教师，如果其曾参加过由教青局与某些大专院校合办的教育相关课程（如教育学、心理学、某学科之师资培训课程等），且经考核，各科成绩合格，取得有关主办单位颁发的证书者，至少应等同于具“学位后证书课程”学历。

● 建议考虑从内地来澳门、有丰富经验的教师也可入职，且具“讲师”或“讲师”以上级别职称的教师其职级起点至少应定为《制度框架》中的第一级或第一级以上。故“第一级”的“直接入职条件”亦可为“具学士学位或学士以上学位”且获得内地“讲师”或“讲师”以上级别职称者，以体现澳门是中华人民共和国的一部分，以及教师从事教育工作经验的价值。

● 若在特殊的情况下，如校方认可有关教师的能力和在该教师自愿的情况下，应可打破“担任学校的中、高层管理人员须为第三或以上职级的教师”这个规定，否则可能阻碍一些优秀的年轻教师的成长。

● 社会文化课程的教师必须符合中学教师的要求，但“专业科技及实践”或“专业实习”课的教师，则以下述情况来划分：

a. 具有该专业的大学或大学以上学历，纳入《制度框架》；

b. 具有大学或大学以上学历并进行过专业培训（不属学历）或拥有该专业工作经验，纳入《制度框架》；

c. 不具备大学学历，但有该专业的工作经验，不纳入《制度框架》，以“导师”或其他称之。

● 建议取消用年龄来强制教师退休的规定，应由教师与校方自行决定。但如果 65 岁必须退休，建议校方及教师有决定提早退休的自主权。

● 建议修订后的法规打破文凭主义，让在职非学位及非本科专业教师亦可以晋身教坛。况且，澳门聘请教师困难，故应将标准放宽些，让一些高素质和具备教学天赋能力的人进来，但不是意味着要接受教学能力不足的人来当教师。

第四条　增加“任职后的转任安排”

意见：

● 小学教师被调任到幼儿教育阶段任教，但其不具资格，津贴则少了几百元，但这属校方的行政强制调动，不应因此而使得教师损失了原有的津贴。

● 对“在转任前完成教育行政当局规定的相关培训”之规定，其可行性低。因教师根本没有计划或者自己不知道需要转任，如何作转任前的安排呢？

● 转任方面，不用硬性规定必须任职满 5 年以上，应视学校的需要和教师本人的意愿而定，唯须在转任前或转任后完成教育行政当局规定的相关培训，取得合适的任职资格。

● 中学转任小学五年级和六年级的教师在薪酬调整上可能与《劳工法》相抵触。因中学教师转任小学教师，意味“降级”，中学教师与小学教师薪金有差距，《制度框架》未对此情况进行说明，认为有需要补充，避免人为的操作。

建议：

● 建议把“在转任前完成教育行政当局规定的相关培训”之规定改为“转任后两年内完成教育行政当局规定的相关培训”。

第五条　订定教师的职级

接受：

● 教育行政当局的用意好，以学校经常性收入的 70％作为教师的薪金，能保障教师的基本薪酬，而不是模棱两可的“用在教师身上”。

● 认为职级制度虽然有标签化的可能，但从另一方面看，教师评级亦会起到推动进步的作用，促进教师尽力提升其专业能力，所以从另一角度看，职级制亦是一种动力。

● 认为如果教师职业生涯总体晋级时间较短。倘若教师在年轻时已跳到顶级，那么会出现日后无级可跳的情况，或不利于教师队伍的建设。

意见：

● 教师职级可能会产生标签效应。如学校会以高级教师的数量优势作为招生的“亮点”；家长会认为只有高级教师才能更好地教导自己的小孩；学生也会质疑初级教师的能力等，同时高级教师会因为级高薪高难以转校。

●《制度框架》在执行上可能出现问题。在评级方面，若教师符合资格晋升条件，校方是不可能阻止教师升级的，教师评级提高后，薪酬亦按百分比提升，但因生源不稳定，招生数量不足时，学校可能要缩减班数，收入随之减少；可是教师的薪酬却有所增加，学校不可能因为实际收益减少而削减教师薪酬。在此情况下，或许会影响学校财政的灵活性。

●“预备”即“准备”，所以这样的称谓对已经正式任教的教师并不适合。

● 认为教师评级制度应避免引起教师之间明争暗斗，以及产生“擦鞋文化”，这样会影响教师的教学效能。

●《制度框架》没有对不同职级的教学人员规定最低薪酬，这样容易造成人才向高薪学校流走的情况，未能稳定学校内的教师团队。

●《制度框架》规定须把学校财政年度收入的70%用作教学人员的支出，若学校把行政架构扩大，增加副校长和助理、主任的职位，那么前线教学人员的薪酬未必能获提升。

● 教师认为分级太多，担心落实的可能性不大。而且级薪间的差幅大，年长的教师担心评级后较高级的教师易因校方负担不起高薪而被解雇。

● 晋升时间太长（第一级至第六级所需时间为27年），对吸引年轻人入行及对在职教师均缺乏鼓励作用。

● 学校须保证“每个学校财政年度教学人员的支出占学校经常性收入的70%或70%以上”，这项规定是好的，但不能体现出校长、行政和教师之间的公平分配。

● 职级的晋升应同时考虑职能，中、小、幼教师划一薪金不合理。

● 教师担心5年才升一级，意味着5年才加薪一次，难以应付通货膨胀以及不利于稳定教师队伍。

建议：

● 将教师职级的“预备级”改为“学校助理”级。或直接取消预备级，把预备级改为第一级、第二级，原来的第一级至第六级缩减为第三级至第六级，即共分为六级，同时建议各级的晋升年限分别为2、4、5、6、7年，这样有利于吸引人才，激发教师的工作热情，稳定教师队伍。

● 职级太多，建议只设四级。每一职级的时间由5年改为3～4年，因每级时间越长，越难产生吸引力，或前三级的年期减为2～3年，第四级至第六级可以不变。

● 建议《制度框架》对不同职级的教学人员制订最低薪酬，令不同学校同一职级的教师能获得相同薪酬，稳定校内的教师团队，减少教师流失。底薪（基薪）由学校制定，但级薪及发展津贴等则由政府以类似直接津贴的形式支付给教师，以利学校运作。

● 建议实行双轨制，原校的薪金制度保持不变，所有的职级津贴由教青局直接拨给教师，教师若转校也不受影响，各个学校还是按照自己本身的薪金制度来实行，较易操作。

● 晋级方面，易造成高级教师难以转工和面临易于解聘的高风险，建议第四级、第五级、第六级之级差百分比可相对地调低，而第一级、第二级、第三级则可相对调高。

建议：

● 为避免学校只聘任级别低的教师来取代高级教师的情况，规定每个学部教师的资格，如某些级别的教师只可教初中，更高级别的教师才可教高中。各职级之间薪酬的差距，统一由教青局直接以津贴形式发给教师。

● 建议每年教学人员的支出占学校经常性收入的70%，宜说明教学人员是否包括中、高层管理人员及校长。增加以学校70%经常性收入用作教师薪酬的透明度并加强监管措施，以保障教师个人利益。同时明释经常性收入的定义。

● 建议分两个层次去操作：

（1）政府全盘负责教师的直接资助，包括教师的年资、专业晋升等。

（2）学校则负责教师的职能分配。

● 每个职级中的第一至第五年的薪酬应有所调整，且应与通货膨胀配合。建议设横向的晋级制度。

● 建议把职级制度以量化的方式实行，对教师的年资、专业发展及考评三方面之增长分别都给予一定的点数，累积到一定点数便可于下一教学年度自动升级，而点数是终身累计的。这样做有两个好处：

（1）提升教师年资和职级的可移植性。

（2）让教师的专业成长过程更具灵活性和连续性。

建议由第一级晋升到第二级的条件为任教满两年、专业进修时数达 50 小时及连续两年校内评核达合格或合格以上。量化以上三个指标后将为教学年资每年可累积 25 点，两年则是 50 点；专业进修每小时可累积 1 点，则两年内共 50 点；校内评核每年满分可累积 50 点，以一半为合格基准，则两年累积 50 点或 50 点以上为合格。如此由第一级晋升到第二级的条件就是累积达 150 点的专业成长点数。如果某老师表现杰出，在两年间已经累积 170 点，则多出来的 20 点也可以携带到下一级中累加起来。在此量化的标准下，老师可按照自身的情况来订立更适合的发展方式，更能够鼓励老师积极和持续地发展其专业。

● 建议职程应分中、小、幼三个不同的阶段，因中、小、幼的工作及程度明显是有所不同的。

第六条　增加有关聘任的规定

意见：

● 认为缺乏有关终止教师合约及相关的解聘机制。

● 很多学校的合约有效期由 9 月至次年 6 月或 7 月，这表示若该校教师不再续约便会没有 7 月、8 月的薪水，这是极取巧且无理的行为，教师辛苦工作一个学年，但无法获得自己该有的有薪假是极不合理的。

● 除了增加有关聘任的规定外，对于解聘以及投诉机制都需要有相关的明文规定，不然法规将变得毫无意义，对教学人员并无任何保障。

建议：

● 建议明确教师的职业保障，实施长聘制。

● 建议可以采用 3 年内每年一次签约的方式来聘任新入行教师，3 年过后，而评定合格应以长聘制予以聘雇。

● 当教学人员在聘任满 2 年后，校方与教学人员需要签订长久合约，直至雇主、雇员任何一方提出终止合约为止。

● 内地有明文规定达到多少年龄的教师不准被解雇，建议澳门也设这种规定。

● 订定教师的合约年期。

● 聘任委员会应在基层教师的民主参与下组成，而对教师的解聘亦应由此委员会根据相关人士的职业操守、工作评核等客观因素作出决定。

● 聘任委员会应由校长、学校行政人员担任核心成员，负责统筹学校教学人员及职员的聘任工作。其中，校长担任委员会主席，主席在聘任教学人员时有权邀请科主任（科组长）或学科教师担任临时委员，及时向小组提供专业的参考意见。同时，建议教学人员之试用期为两年，在聘任满两年后，校方与教学人员需要签订长久合约，直至雇主、雇员任何一方提出终止合约为止。此项建议是为了达到稳定教师队伍及维持学校的教学质量。

● 增加规范学校解雇教师的指引。

第七条　设立教师评核及晋升制度

接受：

● 提出的“2+6”建议案中，两个预备级、第一至第三级均由学校自行评定，第四至第六级则由校外的专责机制评定，确实较客观，亦对教师专业提升有推动作用。

● 对于工作一贯认真负责且贡献大的教师有破格提升的奖励，但要各级领导严格审批。

意见：

● 根据第 15/96/M 号法令教学人员通则第二十条“学历及专业资格”所载，一批不符合第二条第二款所提要件之人员，若在该法规开始生效前已实际担任教学职务，年龄超过 40 岁，实际教龄超过 10 年者，不受载于该条文之限制影响，且为一切法律效力，该等人员视为教学人员。既然当年教青局已明确表明接受那些教师为合格的教学人员，在《制度框架》中，不应再被评为预备级且要明确注明之。

● 教师职级与晋升制度方面，要获得晋升，必须符合相关条件，但其中一项要求累计 5 年或 6 年评核合格，意指教师每年都必须接受评核，同时还要接受 150 小时的培训活动，这样可能会使教师的压力更为沉重。

● 晋升级别涉及薪酬增加幅度，现在澳门学校普遍以教学节数计算薪酬，但各校的教师起薪点不一，会引起教师薪酬的另一个争议。

● 职业技术教育的工场导师也担起教学的工作，但在未来或现在开设的课程之中，工场导师的培训项目都不会在高等教育中设有学位（例如烧焊工），如何让“2+6”的晋升制度也适用于他们。

● 由于拥有小学教育学士学位的教师，可以直接入第一级，而持有高等专科学位的在职小学教师即使拥有三四年的教学经验，仍然只能停留在预备第二级，其薪酬会比拥有小学教育学士学位的新入职教师低。照这个评级方法，对待在职的小学教师，实在太不公平。

● 已有某些学校非正式地说明如有教师评定为第四级、第五级、第六级导致校方支出过大，必定会把该级教师辞退，政府应考虑如何确保不会有此等事情发生。

● 如 5 年升一级，薪酬差距为 10%，即每年约增 1.2%，并不能追上通货膨胀。5 年才升一次，难以吸引年轻教师入行。

● 只要拥有师范文凭的毕业生投身教育事业，便能取得第一级，这对于已在校服务了 2～4 年的教师不公平。

●《制度框架》只重视年资而不重视学历，因硕士以上更高学历未见有任何优越晋升的机会。就如一位硕士生，既多读了好几年书又有更深厚的专业知识，但在评级上却不如一位本科的师范生，这样势必让人感到不公平。希望新的制度让更高学历者有一定的优势。

● 在第一至第三级，如由学校来评核，会令人担心。如果学校的评核委员会由学校校长、主任组成，而主任是副学士，而受评教师为学士，则评核委员会哪有资格去评核？这样是否会造成教师分化？

● 认为用教师有无学位来作为该教师评核及晋升制度有欠公平。其实是否有学位与一位教师能否教好学生并无太大的关系。学位只是用来参考入职人员的其中一种要求，并不是用来评核及晋升的手段。要以入职后该员工的工作能力来加以评核及晋升，只有这样才能做到善用人才、保留人才，而不是助长那些空有学位，而在职位上无所作为的人。

● 在教师评级方面，倘若教师自愿可否不作晋升？同时是否有留级制度？

● 建立私立学校教学人员制度框架，目的是提高教师的专业地位和社会地位。可惜，要通过双重标准评核，政府有政府的评核，框架有框架的评核，教师应该遵循哪个评核准则呢？

● 教师在晋升制度中除了职级名称及薪酬改变外，不同职级的教师并没有太大的差异，所以相关的内容其实只是教师的加薪制度。

建议：

● 当年取得澳门大学开设的小学教育高等专科学位的教师在第一次认定职级时，应从第一级开始。因为这是历史遗留的问题，当时是没有学士学位的，但这些教师全都是合格教师，所以若降入预备一级，对这批教师而言略有不公。且已于上次制定澳门教育制度法时予以承认为专业教师者，在首次评级应豁免学位要求，避免在职多年的不具学士学位的教师薪酬不如一位新入职具备学士资格的教师。

● 由于某种原因，部分具有多年教学经验，又在某专科上有突出教研成绩，但没有师范学历之教师，其职级评定，应该作出弹性处理，豁免师范学历的要求，评定晋级，以保障教育专才能更好地继续为教育作出贡献。

● 建议职级中，预备一级、预备二级及第一级由校内的评核委员会评核，由校长把关，而其他职级由教育行政当局把关。这是因学校规模太小，分身不暇。而且教育行政当局有师评的工作、又会发津贴，希望能协助评核教师。

●《制度框架》附件教师晋升制度中，进入某级时，均写有“工作满 5 年”，建议清楚写明是“在澳门地区注册为教师满 5 年”，以免误指在某校的年资。

● 建议把在社会上某一工作经验，作为晋升的加分点，如商科。商科是一个特殊的科目，它需要在社会上取得一定工作经验的教师任教。

● 建议校方让不合格的教师留级，而且应让教师自行申报是否晋升，不应强制其晋升或接受评核。

● 建议计算教师年资时，除以教青局累计的年资为主，仍可让教师通过学校申报一些以前任教但在教青局没有登记的年资，这样才能让这批确实付出了劳动的教师得到公平的对待。

● 建议日后经过学习培训，达到相关要求，其职级的起点应给予重新确定，即先提高其原起点，再按年资重新评定其现实新的、更高一些的职级。

● 建议年资长的教师，如符合晋升第四级、第五级、第六级资格时，应让其顺利晋升，不应再接受外评。因已受校评的压力又要再受外评的压力，反而年资越大承担的压力越大，这不合理。或可以两种模式进行：（a）符合基本资格晋升至第四级、第五级、第六级时，不须校外的专业委员会评审可直接晋升，但只能取得较少的薪酬加幅；（b）若要取得全数加幅，则必须接受校外的专业委员会评审。

● 考虑第六级教师担忧职高薪厚而未能获聘或续聘，建议容许在校方和教师同意下，可以自愿降低职级转到他校任教。

● 应严格监管评审委员会的人员及其评审准则，以免流于形式，有失公平。

● 建议增加教师的道德操守作为晋升条件之一。

● 建议第一级至第六级统一由政府评定，可减少教师间矛盾且较为客观。因由政府评定结果会更中肯及客观些，且教师不会否决政府的决定。

● 建议第一级至第六级由学校作初步评审，再交专业委员会评审。而越级晋升也应由学校自主决定，因为最终最了解教师的也是学校。

● 建议 5 年才评核一次，以减轻教师的压力。

● 建议政府可考虑制定一个 5 年的过渡期，在这 5 年时间让那些没有接受师范培训的教师取得师范学历，同时让这些教师在这 5 年内补修师范课程，免除

“一刀切”的情况。

● 建议职级不同的教师其职能亦有所不同，如享有每周较少上课时数的权利，使其有时间进行教学研究工作。

第八条　规定每周工作时数和每周上课时限

意见：

● 为了维护教师的基本权益和教学素质，教育行政当局应该限制教学人员的真正工作时间和种类（包括教学和非教学工作），避免教师超时工作，沦为廉价劳工，影响教学素质，损害教师尊严，打击教学士气。

● 担心每周工作时数和每周上课时数之规定未能真正减轻教师工作量。若学校只选取上课时数之上限，对教师而言，上课的节数未见有减，甚至有增加上课节数的可能性。

● 中学教师每周上课的上限定为 22 节仍属高，可否再减少课数，以便教师利用这些多出的时间，与学生多作交流。

● 中学和幼儿教育教师每周工作时数为 680～990 分钟，为何小学教育教师为 760～990 分钟呢？感觉不公平。

● 现在学校的班主任、科组长与级组长是按节计薪，那么日后如何计算课数？

● 法规中只规定每周的工作时数，而工作天数可否也作出明确的规定？

● 鉴于澳门的现实情况，在校方与教师双方同意的情况下，教师的授课时数可否合理地超过《制度框架》的限制？

● 如何监管学校是否安排教师每周工作时数为 36 小时？

建议：

● 限定每周课时在 18 节以下，每节 45 分钟或 45 分钟以下，真正把教师从教学工作中解放出来，这样才有时间和精力去进修。

● 若能从学生的学时方面着手，延长暑期时间，令教师每天上课的节数减少，相信也有助于教师利用空闲时间辅导学生。

● 每周工作时数未注明是否可抛节，建议把每周工作时数改为每周工作总节数（含抛节等额外节数）。

● 建议将小学教育教师的每周工作时数，与中学和幼儿教育教师统一为 680～990 分钟。

● 建议把中学教师每周上课时限定为 12～15 节。

● 建议将中学夜间教学时数改为 525～630 分钟，以 35 分钟/节计算才合理。

同时规定每周工作时数为 35 小时。

● 建议全职教学人员每周在学校以及由学校安排的校外工作的正常工作时间为 36 小时（包括上课时数和非上课时数），中学教师每周上课时间为 560～640 分钟，小学教师每周上课时间为 640～700 分钟，幼儿园教师每周上课时间为 560～640 分钟。

● 建议《制度框架》明确限定教师的上课时数和非上课时数（包括周会、研习、值勤、监管学生出入课室、午膳及督课时间等）。

● 建议《制度框架》明确限定教师的休息时间（包括午休时间、空堂时数），确保教师有适当的时间休息。

● 建议《制度框架》规定校方将合理分配每位教师的排课，不会出现某一天要上 9 节课的情况。

● 清晰明确规定哪些是非教学工作，以及超时工作如何处理。同时明确超时工作的内容：容许长期或偶发的超时工作，并规定超时工作时间上限，超时怎样补薪等。

● 规定班主任、级组长、科组长等的上课节数，制定一个合理时数的换算准则，毕竟班主任等要处理的事情很多。

● 增加全职保育员分担幼儿教师的保育工作，让其专注于教学工作。

● 实行澳门学校五日制上课：因五日半制虽然只是放假一日半，但真正休息时间只有半天。因为星期六放学后班级有许多善后工作，星期日下午又要出卷、出工作纸及改卷。所以务必推行五日制，使教师得到充分的休息。

● 规定教师每周的教学节数，并非意味着教师每周只能教 22 节课，学校及教师可根据实际情况调节，超过的节数可视为超时工作补薪，这样才能切合现今不少学校采取以所教节数计自身薪酬的方式。

第九条 增加有关专业发展与培训的规定

意见：

● 专业培训的内容细则为何？如何界定哪些属专业培训？若太宽松可能会造成教师更不专业，若太严谨又可能增加教师的压力和负担。同时不要将专业发展只限于上课形式的培训。

● 为何教师必须有 150 小时的专业培训？环观其他行业也不需要这么多时数的培训，因为这样会造成教师的负担。

● 新法实施时，可能会涌现大批高等专科学位副学士的在职教师报读相关课程，以取得学士资格，但现在澳门的高等院校能否开设足够的课程以满足所需教师？而且一时间大批教师报读相关课程，很有可能会影响学校的日常工作，特别行政区政府有何配套措施？

● 认为培训内容要符合澳门实际情况，培训之课程应聘请专家应澳门社会及教育事业之发展来制定，不宜再是插花等课程。

●《制度框架》中在教师培训方面不能只是强调时间，还应该强调质量。

●《制度框架》内第四至第六级教师的晋升条件包括受过教师（师范）培训，但不少学科并没有师范教育，欠缺配套课程，教师应如何达到政府设定的条件？希望政府考虑有关问题，并提出针对性的解决方法。

建议：

● 进修课程由正牌大学以正式上课方式进行。

● 制定一套教师专业发展的自学纲要制度，使教师在选择自我进修时有所依循。

● 政府宜为具 10 年或 10 年以上教学经验之教师提供较短之一年期学位后课程。

● 激励教师进修应以津贴或奖励方式进行，不宜与薪酬挂钩，同时不宜影响教学工作。

● 教育行政当局与其他培训课程机构合作，承认 LCC 会计证书课程的培训是一个教商科教师的专业培训。

● 把专业培训分为几类，将教育培训、教学研究、服务、社团活动等均视为专业成长。

● 要设多些教师培训课程，如增加澳门大学的师范培训课程名额。

● 取消教师专业培训 150 小时的规定。

● 列明哪些课程是被认可的，并且提供一定的资助让教师可自由选择到外地补修教育证书，不必局限于修读澳门大学的学位后教育证书。此外，也可以学分制让教师在空闲时间（如暑假）进行师范短期课程之补修。其累计一定学分后可视为具备师范资格。

● 专业发展津贴应根据教师工作量按比例增加，以鼓励教师接受培训。

● 教育行政当局开设教师培训课程应兼具知识性和实用性，应以学科为单位，建立大学相关学科教授与中、小学教师的常设交流机制，教师在教学上遇到问题时，可以随时寻求帮助。同时，开放师范培训的门路，给教师提供多一些选择，令学位后师范培训课程不再是唯一获取师范资格的途径。

● 建议将为在职教师提供的学位后教育证书课程分拆成若干模组（MODULES）证书课程，或以单科证书形式提供。与不同院校合作，于同一时段可提供不同模组或单科（循环提供），可维持现在晚上上课形式（两年制）或在每个星期六下午及星期日全日上课，或在暑假6—8月以密集形式上课，让在职教师可以模组形式或单科形式在不同时段选修，只要在一个指定年期内（如3年或5年内）完成整个学位后教育证书课程或课程包括的各个模组或单科即可。这样可让教师更灵活地安排进修时间。

●《制度框架》未能体现对教师专业深造的鼓励性。应该明确将硕士、博士的进修列为评级标准之一或参考标准。

● 建议教青局增加教师培训课程的学额，尤其暑期教师培训课程方面；且建议选用在澳门区内的公立或私立学校做培训地点。同时，学位后教育补充课程可以短期课程形式或重点式单科形式开设，尽量不占用教师太多时间和精力。

● 希望将培训时间纳入工作时间内。同时，考虑教师的教学生涯，每职级的“参加专业发展活动累计达150小时或150小时以上”的规定，希望按年资、职级考虑改为预备第二级、第一级、第二级：150小时；第三级、第四级：120小时；第五级、第六级：90小时。建议拥有二三十年教龄的教师，不必规定需要接受150小时的专业发展；而第一或第二级教师的专业发展时数，则可提高，这将更为灵活。

● 教师专业发展时数：所定的150小时欠指引。建议可划分三类专业发展计算时数：（1）参加课程的累积时数；（2）研究类；（3）参与由校内或校外相关教育机构举办的参观、交流活动等。

●《制度框架》出台后，在教青局网站内要提供哪些学校或哪些课程会得到教青局承认其学历或专业的明细规定。若学院太多，可以中国教育部网站、香港教育局网站内公布该案为基础，再按教青局之准则设定，并应不时更新。

● 建议政府加大对教师的资助，如给予进修津贴和职级晋升资助，从而正面促进教师的专业发展。

第十条　设立教学人员公积金制度

接受：

● 设立教学人员公积金制度是一项十分好的建议，对稳定教师队伍有好处。

● 教学人员公积金制度的设定，对广大教师来说是个喜讯，使他们觉得政府确实考虑到教师是个特殊的职业，应该保障他们的生活，以稳定教师队伍。

意见：

● 规定所有学校设立公积金制度非常重要。而一些将届退休年龄的教师，在公积金制度推行后，可能只存得少量的公积金，这时应按劳工法的规定补偿，在一定程度上保障教师的退休生活。

● 现在多数女教师都为 50 岁或 55 岁退休，若公积金以 65 岁退休为限，将使得较早退休之教师其退休生活未受保障。

● 公积金制度对新入职教师是有利的，但对于已任教 10 多年的教师，尤以年届退休之教师没有保障，因公积金需多年累计才能得其所效，但新法推出后，年届退休之教师，其付出多年的价值未能受到肯定，得不到应有的退休保障及福利。

● 公积金方面，可否与公立学校看齐，最好一致为 14%。

● 第一款"政府鼓励和协助私立学校为教学人员设立公积金制度"和第二款"公积金供款由政府、学校及有关的教学人员共同承担"，个人认为应修订为"政府全面实施并设立私立学校为教学人员设立公积金制度"和"公积金供款由政府、学校及有关的教学人员共同承担"。建议删除"鼓励"和"协助"字眼，改为"全面实施"，以示教育行政当局保障教学人员的退休制度得到全面落实，有助于教育行业健康发展。

建议：

● 以教龄计算，不以年龄、性别计算。教龄达 20 年，便应享有退休金。

● 建议教学人员公积金在教师离职时学校供款仍应按校方标准给予，政府及自身供款则可全部携走。

● 在公积金方面，设基本基金，并以一笔式按年发放。同时，应保护教师退休后的生活，只靠 1 000 多元的社工局的退休金过活，教师是无望的，可再将津贴拨入退休金，如内地有 100%的退休金，则最佳。

● 公积金制度应强制实行，法规中应给予供款的百分比作为最低要求。

● 不论教师服务了多少年，当与校方终止合约时，可全数获取于该校任教年期之公积金供款。

● 提供具有灵活性及多样化的供款计划，让教师自行选定以配合其职程生涯规划。

● 建议政府和学校增加将退休教师的公积金的投放金额。同时建议政府的供款持续到 65 岁，避免由于各校的退休年龄不同而出现不公允的现象。

● 年轻教师可享受公积金制度带来的福利，而即将退休的老教师所得的公积金太少，生活无以为继，应以教师政府津贴代替。教龄达 20 年的教师，可让其选择领取公积金或以教师政府津贴代替。如该教师选择领取教师政府津贴，离职时的教师政府津贴是多少，每月便给多少。这样无后顾之忧的政策，才是稳定教师队伍的良策。

● 即将退休的老教师（法规颁布后5年内）所得的公积金太少，难以安度晚年，建议政府资助学校发放一笔奖金予已退休教师，让其安享晚年；教龄达20年的教师，可让他们自由选择领取公积金或离职后每月领取教师政府津贴，教龄达25年的教师以政府教师津贴代替；教龄少于20年之教师强制参加公积金制度。

第十一条　从制度上保障教学人员享有卫生护理

接受：

●《制度框架》中关于教师医疗福利方面的规定较具体，可以鼓励教师长期从事教育工作。

●《制度框架》中规定教师的医疗福利与退休后的具体安排，为教师解除后顾之忧，令人感觉到教师行业在这方面的优越性，可以吸引和鼓励优秀人才从事教育工作。

意见：

● 若教师任教满20年，但未满55岁，却被学校强制退休，使之连医疗福利也失去，甚不公平。

● 无论是享有公共卫生护理或退休金问题，都不应以年岁为限。

建议：

● 提升女性教师的产假日数，建议产假日数为55～60日。

●《制度框架》说明退休前已满55岁且已累计服务达20年的教学人员，能享有卫生护理制度，但现今很多疾病也有年轻化趋势，建议把年资缩短。而且年满50岁退休，累计服务达20年的教学人员，也可享有卫生护理。

● 对教学人员享有卫生护理之有关规定，建议不以55周岁为界，改为“退休前已累计在澳门服务达20年的教学人员”。

● 建议任教年满某数，如20年、25年、30年，就可以取得卫生护理，取消必须年满55岁的规定。

● 建议采用实报实销的方式，让教师能在公立医院以外的私立机构或医院享受免费医疗。

● 建议卫生护理不限于公立医院，如教师在私立医院诊病，也应给免费医疗或给予卫生护理津贴，比例可以是政府给予80%，教师自付20%。或给予每位教师每年1 000元的医疗补贴。

● 建议给予一些须常走访游戏机中心或网吧等地，找寻和辅导学生的高危教师，购买特别的保险或给予免费医疗。

● 建议只须持有退休教师证便可享有免费医疗。

第十二条　将现在的直接津贴发展为专业发展津贴

意见：

● 教育行政当局所举办的培训课程欠知识性和实用性，而且培训专家缺乏澳门本土文化背景，难以针对现状作培训与指导，因此，为了发展津贴而勉强参加没用的培训，浪费了教师有限的时间。

● 直接津贴变发展津贴，影响了教师收入，增加了教师的工作量，增加了教师的负担。

● 专业发展津贴方面，可否在教师退休后仍续发给该教师，并按教学年数递减。例如已教 20 年的，可获取 100％的专业发展津贴；已教 15 年的，可获取 80％的专业发展津贴；已教 10 年的，可获取 60％的专业发展津贴；以此类推。

● 有关专职人员方面，如不列进教学人员，是否也有专业发展津贴？

建议：

● 将专业发展津贴定为俗称的“点数”。因为现实当中存在通货膨胀，澳门公职人员的薪酬亦相应有所提升，就如今年公职人员“每点”的薪酬就由 55 元调整到 59 元。而这样一方面既可保障私立学校教师的专业发展津贴不会因为通货膨胀而缩水，又可避免要逐年更改专业发展津贴金额的批示，节省行政程序，一举两得。

● 建议将专业发展津贴与职程挂钩。

● 建议在保留直接津贴的基础上，另外增设教师专业发展津贴，以提高教师自我成长的动力，最终达到提高教育水准的目的。

● 既然专业进修津贴这个名称对教师津贴没有作新的规定，名称也不要作更改。

第十三条　增设教学人员专业委员会

接受：

● 认为教学人员专业委员会的主要核心代表应以非官方人士为佳。

意见：

● 如何确保校内和校外评审委员会的公平性？

● 教学人员专业委员会属校外团体，对各校及教师在校状况不清楚，而且实际给予教师薪酬的是校方，所以评核教师由专业委员会评定还是由学校来评定才能切合实际所需呢？所以校内的教师评核及晋升委员会和校外的教学人员专业委员会哪个才是重点呢？

● 教学人员专业委员会的评审原则如何？是否透明？如何产生？担心若担任教学人员专业委员会的成员多数来自大校，那仅能表达大校的声音，对小校造成不公平现象。

● 教育行政当局对法规条文、政府公文及行政程序等，都较一般人士熟悉和了解，但《制度框架》内的教学人员专业委员会的成员若缺少教育行政当局人员，则可能在法规及行政程序方面略有不足。

● 评核委员会成员没有教育行政当局的官员，缺乏行政决策力。即使教师、家长和专家学者讨论完毕，也不能立即作决定。

● 督学及教评会成员必须定期作出示范课或公开课给澳门教师们观摩。作为教育界之标准及模范，以防流于空谈。

● 根据世界各地的情况，某一专业委员会，不必规定会内成员需持该会的专业资格，不同学科领域的成员，也可在其专业上提意见。

● 教学人员专业委员会的权力甚大，由谁去监管此委员会？教师是否有选举委员的权力？委员会的人员比例又是如何？在委员会内，如一人一票，则教师只有 1/4 的力量，是不合理的。

● 专业委员会在某种意义上，对教师前景影响甚大，应慎重规范其权力范围；专业委员会成员当中应有教育行政当局的负责人。同时，亦应设立申诉委员会，以体现公平性。

● 出于公平性考虑，教学人员专业委员会的成员应该由专职专责人员组成，类似教青局的督学，到每所学校深入观察和评定有资格升级的教师的申请。

● 未对教学人员专业委员会中成员百分比作出明确规定，容易衍生具有代表性的问题。

● 教学人员专业委员会之评审对公立学校教师是否适用？将来公立学校教师转往私立学校时，如何评定转移职称；私立学校教师转往公立学校时又如何？

建议：

● 宜明确制定教学人员专业委员会及学校评核委员会的评核准则。对教学人员专业委员会的组成，操作时应更具公开性及透明性；对教学人员专业委员会人员要求，应该公开列出具体应聘条件及要求，以显公信力。

● 学校教学人员及家长不是教学人员专业委员会的适当人选，建议教师所有职级由聘任学校评审小组评审，交由教学人员专业委员会确认，以表示尊重学校的自主权。

● 建议加入教育行政当局人员，以便运作顺利。不要太多在商言商的、有太多利益冲突的人士在内。不宜偏重于社团人员，要注重平衡。

● 督学及教评会之成员必须具备至少满 20 年该科目之前线教学经验才合乎基本之资格去做评审，以确保评审质量。

● 校内的评核委员会宜加入家长的角色。但教学人员专业委员会的家长角色则难以评定其身份，而且担心家长的专业能力不足，造成对教师的不公，故不宜列入教学人员专业委员会中。倘若要加入，家长需具备专业教师资格，否则担心难获认同。

● 教学人员专业委员会应具备一份独立法规。

（1）教学人员专业委员会应以常设委员会的方式存在，应具备一定的任期，委员会成员的增补应具备相关的规定。

（2）教学人员专业委员会对教师前景甚具影响，应慎重规范其权力范围。

（3）教学人员专业委员会成员当中可邀请退休教师及公认的在有关领域杰出的人士担任，以确保相关委员会的公信力。

（4）应设立申诉委员会，以保障教学人员的申诉权利，体现公平性。

第十四条　其他

接受：

● 认为《制度框架》咨询文本的出台是教育界的福音，但建议千万别把这份"初步建议"看得非常完美，要多点聆听，了解教师的担忧，多点思考，尽量响应教师们的要求，保障每一位教师的利益。

● 认为法规内容是有利于教师的，能间接令教师更受人尊重，提高教师专业资格。

●《制度框架》的推出基本上受教师的欢迎，但要落实执行和完成，仍有赖政府和学校的努力。

● 职程对年轻的教师来说是好事。

● 对于《制度框架》的建立是认同的，而且觉得退休保障制度及晋升制度能起到积极作用。

●《制度框架》的推出，能尝试把 10 多年来教师的要求厘清，也是社会认同教师地位的一个好的开始。

● 认为《制度框架》有利于稳定教师队伍和教师队伍管理、专业化及全面素质的提升，不仅有利于调动教师工作的积极性，更有利于澳门教育事业的稳定和发展。

意见：

● 政府应该将《制度框架》内的条文及建议具体化，否则在短短的咨询期内，未必能有充足时间讨论，匆匆结案上马，既非教师所愿，也未能全面体现《制度框架》的实际操作性。

● 整份建议文本，是一份充满文凭主义，类似皇家钢琴考试模式的职程，未能体现提升教师专业地位之处。

● 就财政方面，以及学校的行政安排，《制度框架》部分条文造成学校很多困扰。

● 担心学校会降低起薪点来迎合新规则。

●《制度框架》是一个重要的法规，关乎澳门地区私立学校教学人员的切身利益及私立学校的有效运作，因此，法规的制定，须认真研究其可行性，并须充分考虑澳门教育的实际情况并尊重历史的发展。

● 教师需要的是保障，包括退休金、医疗、减轻工作压力和尊重，但《制度框架》未能显示出来。

● 制定这个法规以后，相信对社会造成的变化，未必是社会能接受的，因为《制度框架》实施前后，也会是这批教师任教，只是大家换了不同的职级而已，而打破原来平衡的教学环境，将是一件很危险的事。

●《制度框架》实施后，教育行政当局有何监管措施？校方或教师若不遵循有何惩罚？

●《制度框架》规定教师按级计薪，而中、小学亦无薪差，那么，可能由于现在中学教师的负担较重，学生问题较多，而造成日后没有人愿意当中学教师。

●《制度框架》内很多灰色地带，建议政府多作研究，多听意见，多作调查，再作定案，并且应询问全体澳门私立学校教师的意见，过半数教师同意才能通过，不能闭门造车。

●“制度框架”中附注列明，教师的薪酬除受到晋升制度的级差影响外，学校每年都必须按其任教年资和通货膨胀比率作调整。

建议：

● 建议给教师设专门的支款渠道。

● 因各校薪金制度不同，有关职级津贴应由政府直接拨给教师，才能实现公平原则，才能使《制度框架》具备操作的条件。否则对所有学校制度造成冲击，难以操作。

● 由于教师转校或任职时，其履历及资历是否真实准确，对于校方来说难以评定，故建议教育行政当局能多给指引，最好能整理一份教师资料供学校核实。

● 建议给予学校自主决定聘用、提升或解雇一位教师的权力，而不是看校内或校外教育评定委员会评定的结果。应定出学校终止教师聘用的条件、时间和程序，同时，规定教师与学校解约的应有缓冲期。

● 鉴于现今澳门各所私立学校薪金制度不同，《制度框架》无法完全适用于所有私立学校，为了避免一系列可以预计或不可预计的矛盾，建议政府有关部门把职级的津贴直接拨给教师，就可以解决大部分不公平的问题。

● 既然政府有充足的盈余，建议找顾问公司做科学性的研究并将其作为蓝本，在此基础上再对《制度框架》作讨论。

● 应拉近公立学校、私立学校间的薪酬差距，让私立学校有着与公立学校同等的待遇；建议分公立学校、私立学校和受资助学校，而受资助学校应有着与公立学校同等的待遇，同时，对公立学校、私立学校应有着同样的评核和监管标准。

● 建议为学校制定代课的指引，即规定因教师请假而需向外聘请或由校内教师轮任代班的规定。

● 建议教青局不单在学年初收取学校资料，学期中亦应收取，且应设立通报机制，若有人员变更，则应通知教青局。

● 设立基金，以援助校方使用了70%学校经常性收入仍支付不起教师薪酬时之用。

● 建议将该法规升为教师法，强化教师的职业保障，解决教师与校方的聘约问题。

● 建议职务要反映出职级的不同。例如一位新入职教师和一位资深的教师的职务应有不同，而《制度框架》没有反映出来。同样，做班主任、级组长的教师，与只担课的教师，他们职务上的不同，却未能在《制度框架》中反映出来。

● 建议教育行政当局可考虑推行现在教育界普遍赞成的双轨制，即现在各校的薪酬制度保留，政府再统一发放职级薪酬，同一职级有同一职级薪酬。这既符合公平原则，又具备可操作性。倘若未能施行上述的双轨制，应给予学校合理地以薪津分家的模式操作，否则校方难以保证现有的教学人员薪酬不减。但仍以双轨制方案更具操作性和合理性。

● 学历与薪酬挂钩，设定最低入职薪酬，即如具大专学历的入职者可获14 000元，学士则在此基础上增加一定的金额；受过师范培训又加一定的金额，硕士再加，以此类推。

建议：

● 基薪＋年资×定额＋学历×定额＝教师的薪酬。

● 年资在教学上的作用非常重要，这是教师能力的体现，故可设定某一个上限，如年资累计至 30 年，即如一个人任教满了 1 年可获某一个量的年资金额，任教满了 30 年以后，年资奖金累计至 30 年，31 年及以后，年资奖金仍是 30 年的标准，这才是对年资的尊重。

第四部分 总 结

最多人关注的问题是教师评核及晋升制度的建立和执行方法，他们认为职级多、晋级年限长，建议适当调整晋级年限及减少职级，同时在首次评核方面，认为在职教师应被视为拥有师范资格，尤以任教多年的老教师为例。此外，一批在职的小学、幼儿教师，因历史问题不应将其置于预备级，应由第一级起始，以保公平。总而言之，在教师评核及晋升制度方面应着重公平及可行性，避免有教师在评级时受到不公平的待遇。

有建议提出，专职人员应列入教学人员当中，使其能享受教师的福利和津贴。而且要加强监管私立学校应用公款的机制及透明度，以免教师未能真正受惠。

在任职资格方面，建议取消“5 年后取不到师范培训的教师不许再聘”的条文，教师认为这个制度不合理。此外，教师有自由选择是否参与评核及晋升的权利。

在薪酬福利方面，应与公立学校一致。但针对条文，大多数建议认为基薪由学校自定义，但级薪可由政府以津贴形式支付给教师。这可避免许多操作问题。同时建议若超时工作，应规范教师可获得超时补薪。至于退休保障，则建议对年轻教师可继续以公积金制度实行，但法规实施时临近退休的教师，政府应给予一笔退休金或可选择退休后继续领取教师政府津贴，以保障教师的退休生活。

在专业培训方面，教师们认为须明确培训细则及培训种类，以及提供多方面的培训途径，以满足教师的不同培训需求。同时薪酬不宜与专业发展有所挂钩。

至于聘任方面，校方及教师们都认为应有一个妥善的聘任机制，以解决教师或校方在聘约上出现的问题。

在教学节数方面，建议中学、小学、幼儿教师应统一，而且须再调低文本中的授课时数，才能真正减少教师的工作量。

最后，要明确制定教学人员专业委员会及学校评核委员会的评核准则和运作细则，建议可加入教育行政当局人员，以便运作更顺利。

附录五　《私立学校教学人员制度框架》（咨询意见稿）

教育暨青年局

2008 年 10 月

前　　言

为建立一支高素质的教学人员队伍，从制度上为教师的工作提供切实保障和有效支持，提升教师的专业素养，教育暨青年局（简称“教青局”）于 2008 年 2 月 1 日推出《私立学校教学人员制度框架》法规“初步建议”，向澳门市民和教育界人士公开咨询。在为期 2 个多月的咨询过程中，除通过电话、电子邮件、邮寄等途径征集意见外，还举办意见征集会共 51 场（其中 42 场到学校进行讲解），参加者达 2 723 人（参与学校讲解会的则有 2 585 人），收集各界的意见及问题共 1 346 条。

教青局在对上述意见及问题进行深入分析和研究的基础上，起草了《私立学校教学人员制度框架》法规初稿。相较之前的“初步建议”，法规初稿在教学人员的任职条件、教师的职级和晋级制度、专业发展津贴、每周教学时数等方面，都做了必要而审慎的调整，并深化或补充了教学人员专业委员会、教学人员登记与发证、教师专业发展时数的登记以及教师的评核等部分的构想。修订的基本思路是，充分吸收和整合各方所提出的积极意见、建议，以提升教学人员的工作保障和专业素养为根本目的，坚持教育发展的正确理念和方向，力图兼顾法规的前瞻性和可行性。

《私立学校教学人员制度框架》法规涉及学校和教育运作中的许多具体而复杂的问题，而且教学人员的情况也千差万别。为进一步做好法规的起草工作，教青局以认真、负责的态度，再次将法规初稿提交社会各界咨询意见，尤其是前线教学人员和教育界的意见。

第一章　一般规定

第一条　标的

本行政法规制定私立学校教学人员制度的框架。

第二条 范围

本行政法规适用于本地学制私立学校的全职教学人员，但另有规定者除外。

第三条 定义

为适用本行政法规的规定，下列各词的定义为：

（一）“教学人员”是指教师、校长和学校其他中、高层管理人员；

（二）“教师”是指在学校主要从事教学工作的人员；

（三）“学校其他中、高层管理人员”是指副校长，以及学校设立的教学、训育或辅导、行政领导机关的主管人员及其他主管人员；

（四）“全职”教学人员是指每周由同一所学校安排工作时间达 36 小时的教学人员，其中教师每周的授课时数须达到第二十三条所规定的下限；

（五）“非全职”教学人员是指不符合上项规定的教学人员；

（六）“学校年度”是指自 9 月 1 日至翌年 8 月 31 日之期间；

（七）“学年”是指学校年度内自教学活动开始至其终结之期间。

第二章 职业上的权利和义务

第四条 职业上的权利

教学人员职业上的权利主要包括：

（一）按适用法例享有与其专业地位相适应的薪酬、福利和卫生护理；

（二）按适用法例享有职业活动上的保障，其中包括在职意外的保障；

（三）依法开展教育、教学及课程研发活动，指导学生的学习和发展，评定其学业成绩和品行；

（四）对学校的教育、教学和管理工作，以及教育行政当局的政策和工作提出意见及建议；

（五）组织和参加专业组织或团体，开展教育研究及学术交流活动，发表相关研究成果及专业意见；

（六）参加在职培训、进修及其他专业发展活动，并获得所需的资讯、技术、经费及物质上的辅助；

（七）劳动法例及有关私立学校章程中所衍生的权利，以及在有关合同条款中所明确规定的权利。

第五条　职业上的义务

教学人员职业上的义务主要包括：

（一）遵守法律和第三十九条（一）项所指的专业准则；

（二）组织及举办面向学生的教育活动，特别在任职学校内的教育及教学活动；

（三）落实法定的教育目标、课程框架和基本学力要求，对教学质量负个人责任；

（四）爱护、尊重和公平对待全体学生，促进学生的全面发展；

（五）对教育教学革新持开放的态度，并与人分享自身的经验；

（六）规划自身专业发展，并持续参与培训或进修；

（七）协助建立及发展教育过程中不同文化间互相尊重的关系。

第三章　任职条件

第六条　教师

一、任职幼儿教育教师，须具备以下任一条件：

（一）具有包含师范培训的幼儿教育范畴学士学位；

（二）同时具有大专或大专以上学历和教育行政当局认可的幼儿教育范畴的师范培训证明。

二、任职小学教育教师，须具备以下任一条件：

（一）具有包含师范培训的小学教育范畴学士学位；

（二）同时具有大专或大专以上学历和教育行政当局认可的小学教育范畴的师范培训证明。

三、任职中学教育教师，须具备以下任一条件：

（一）具有包含师范培训的中学教育范畴且与主要任教学科领域相关的学士学位；

（二）同时具有与主要任教学科领域相关的学士学位和教育行政当局认可的中学教育范畴的师范培训证明；

（三）具有与主要任教学科领域相关的学士学位。

四、在特殊教育班级任教的教师，须具备以下任一条件：

（一）相关教育阶段包含师范培训的特殊教育范畴的学士学位；

（二）具备第一款至第三款所指任职成为相关教育阶段教师的条件，并持有特殊教育教师培训证书。

五、第三款（三）项所指教师，须在首次登记为教学人员后任职5年内完成教育行政当局认可的中学教育范畴的师范培训。

第七条　校长及学校其他中、高层管理人员

一、校长的学历，不得低于在其任职学校任教最高教育阶段的教学人员须具备的学历。

二、其他中、高层管理人员的学历，不得低于其任职教育阶段的教学人员须具备的学历。

三、校长及学校其他中、高层管理人员，须在任职前完成教育行政当局规定或认可的相关专业进修。

四、专业进修的相关课程由教育行政当局规划。

五、任职学校教学领导机关负责人，须为具备师范培训和第四级或第四级以上职级的教师，或具备由教育行政当局认可的等同资历；但在本行政法规实施时已任职者除外。

第八条　任职年龄上限

全职教学人员任职年龄的上限为65周岁，但可任职至年满65周岁之日所在学校年度结束。

第九条　被判罪者不得任职

一、凡曾因犯有可能对学生的身体及精神完整造成损害的性质的罪行而被判罪者，不得任职教学人员。

二、上款的证明须通过刑事记录证明为之。

第十条　任职条件的认定

教学人员任职条件的审核由教育行政当局负责。

第十一条　任职后的转任

一、学校可按需要安排幼儿教育教师转任为小学一年级、二年级的教师；安排小学教师转任为幼儿教育教师；亦可安排中学教育教师转任小学五年级和六年级的教师。

二、上款所指的转任教师仅限于任职满 5 年或 5 年以上的全职教师，且在转任前必须受过师范培训。

第四章　教学人员的职级、晋升及工作评核

第一节　职级

第十二条　职级的设置

教学人员的职级由高至低分为以下 6 个：

（一）第一级；

（二）第二级；

（三）第三级；

（四）第四级；

（五）第五级；

（六）第六级。

第十三条　职级的确定

一、为确定起点职级，首次在教育行政当局登记为教学人员者，其职级为第六级，但不影响以下三款规定的适用。

二、同时具有学士学位和教育行政当局认可的师范培训者，首次在教育行政当局登记为教学人员时，其起点职级为第五级。

三、曾在其他国家或地区任职教学人员者，首次在教育行政当局登记为教学人员时，教育行政当局根据教学人员专业委员会提供的专业意见确定其起点职级，而教学人员专业委员会提供专业意见的主要依据包括以上两款的规定以及该教学人员已有的工作经验。

四、为适用上款的规定，教学人员须提供其在其他国家或地区任职教学人员的情况的证明。

五、在本行政法规生效前离职，且具备第六条所规定的任职条件者，再次在教育行政当局登记为教学人员时，其职级按经适当配合后的第五十九条的规定确定。

六、在本行政法规生效后离职，再次在教育行政当局登记为教学人员时，其职级按离职时的职级确定。

第二节　晋升

第十四条　晋级

一、教学人员的晋级取决于下列三个因素：

（一）服务时间；

（二）工作评核；

（三）专业发展。

二、晋升至第五级须达到以下要求：

（一）在第六级提供服务满 3 年；

（二）在第六级工作评核累计 3 年达“满意”或“满意”以上；

（三）在第六级完成专业发展活动累计达到 90 小时或 90 小时以上。

三、晋升至第四级须达到以下要求：

（一）在第五级提供服务满 3 年；

（二）在第五级工作评核累计 3 年达“满意”或“满意”以上；

（三）在第五级完成专业发展活动累计达到 90 小时或 90 小时以上。

四、晋升至第三级须达到以下要求：

（一）在第四级提供服务满 5 年；

（二）在第四级工作评核累计 5 年达“满意”或“满意”以上；

（三）在第四级完成专业发展活动累计达到 150 小时或 150 小时以上。

五、晋升至第二级须达到以下要求：

（一）在第三级提供服务满 5 年；

（二）在第三级工作评核累计 5 年达“满意”或“满意”以上；

（三）在第三级完成专业发展活动累计达到 150 小时或 150 小时以上；

（四）具有学士学位和教育行政当局认可的师范培训。

六、晋升至第一级须达到以下要求：

（一）在第二级提供服务满 7 年；

（二）在第二级工作评核累计 7 年达“满意”或“满意”以上；

（三）在第二级完成专业发展活动累计达到 210 小时或 210 小时以上；

（四）具有学士学位和教育行政当局认可的师范培训。

七、为晋级的效力，在第三十五条第六款所指专有法规实施前，第二至第六款所指专业发展活动时数的要求予以豁免；在本章第三节所指工作评核实施前，第二至第六款所指工作评核的要求予以豁免。

八、为晋级的效力，下列期间不计入服务时间内：

（一）丧失薪俸的期间；

（二）工作评核未达“满意”的服务期间。

第十五条　提前或越级晋升

一、有特别表现或成就者可以申请提前或越级晋升。

二、申请者所在学校须就该教学人员的表现或成就，向教学人员专业委员会提供意见。

三、教学人员专业委员会就提前或越级晋升的申请提出专业意见，教育行政当局负责认定。

第三节　工作评核

第十六条　目的

教学人员的工作评核以促进教学人员的专业发展和优化人力资源管理为目的。

第十七条　接受评核的人员

一、在教育行政当局登记的教学人员均须接受工作评核，但不影响下款规定的适用。

二、担任校长或学校其他中、高层管理职务的教学人员无须接受评核，其评核结果以上一次的评核结果为准，若之前无评核结果则视为“满意”；但学校评核规章另有规定者除外。

第十八条　评核结果的等次

评核结果的等次依次至少分为“优秀”“满意”和“未如理想”。

第十九条　评核的期间

一、学校须于学年结束前为教学人员进行一次工作评核。

二、为晋级的效力，任职至学年结束者，上款所指工作评核的效力涵盖至该学校年度结束。

三、在评核所针对的学年内实际服务时间不足 6 个月者无须接受评核，其评核结果视为“满意”。

第二十条　评核委员会

一、学校须成立教学人员评核委员会，制定评核规章，并将其提交予教育行政当局备案。

二、学校须将上款所指规章的内容向其教学人员公布，以便教学人员可获悉及索取副本。

三、教学人员评核委员会由不少于3位教学人员组成。

第五章　教学人员的工作条件

第二十一条　适用制度

教学人员在劳务、年假及缺勤方面受本章规定规范，并补充适用一般劳动法例。

第二十二条　正常工作时间

一、全职教学人员在学校以及由学校安排的校外工作的正常工作时间，每周一般为36小时。

二、教师的正常工作时间包括授课时间和非授课时间。

第二十三条　教师每周授课时限

一、教师每周授课时间：

（一）中学教师：16～18节，每节35～45分钟；

（二）小学教师：19～20节，每节35～45分钟；

（三）幼儿教育教师：20～22节，每节25～40分钟；

（四）特殊教育教师：19～20节，每节30～45分钟。

二、为适用上款的规定，教师在当日二十时之后的授课节数按1.5倍计算。

第二十四条　授课时数之安排

一、在安排授课时数时，应考虑分配给每位教师的科目、年级及班级数目的上限，并考虑相应课程的性质，以确保教学人员在工作上的整体均衡，从而保证有高水准的教学质量。

二、禁止教师在一天内连续授课超过4节。

第二十五条　授课时数之减少

一、担任校长或学校其他中、高层管理职务的教师，可获豁免全部或部分授课时数。

二、担任学校安排的与学校教育相关的非教学工作的教师，可获豁免部分授课时数。

第二十六条　非授课时数

一、教学人员之非授课时数包括为学校提供的个人工作时间及其他与学校教育相关的服务时间。

二、教学人员为学校提供的个人工作，主要包括备课及评估教学进程。

三、为学校提供的其他与学校教育相关的服务，应与学校的教育活动有关，其目的在于促进学校教育计划的实施。

第二十七条　超时工作

教学人员所提供的、经学校领导机关分配的以下工作时间，属于超时工作时间：

（一）超过第二十二条第一款的规定者；

（二）教师每周授课时数中超过第二十三条所规定的上限者。

第二十八条　年假

一、教学人员在实际服务满一学年后，有权于学年完结后至下一学年开始前享受不少于 20 日的有薪年假。

二、年假日数之计算不包括周六、周日及公众假期。

三、教学人员享受年假的时间安排的改变，仅得基于获学校领导人接纳的迫切及不可预见的理由，方可为之。

第二十九条　缺勤

教学人员的缺勤应遵守依适用法例制定的学校章程及合同条款的规定。

第六章　报酬及福利

第三十条　一般制度

一、学校须保证每个学校财政年度教学人员的薪酬及公积金支出占学校固定及长期收入的70%或70%以上。

二、教师应获得与其职级相符的基本工资，学校须保证同一教育阶段不同职级间教师的月基本工资依次保持差幅，第一级教师的月基本工资须为第六级教师的月基本工资的两倍或两倍以上。

三、上款所指基本工资是指教师因提供非超时工作而应获得的定期金钱给付，而不论其名称和计算方式。

四、基本工资应是教师薪酬的主体部分。

五、教学人员每服务满一学年有权在该学校年度总共收取至少12个月之薪酬及学校所定之其他附带报酬。

六、上款的规定不影响教学人员在学年结束后有义务承担学校所安排的属教育范畴的非授课工作。

七、学校聘请的非全职教师的报酬，由劳动合同规定，但须参照其他教师的基本薪酬。

第三十一条　超时工作之报酬

第二十七条（二）项所指的超时工作，须根据合同条款予以补偿，但劳动法例所定之条件较为有利的，则据其予以补偿。

第三十二条　学校的年资奖金

一、教学人员根据其在学校内实际服务的时间享有年资奖金，但仅工作评核为“满意”或“满意”以上的期间方予计算。

二、年资奖金之金额以及其发放、调升所需之时限，由学校的领导机关规定，但有关时限不得逾两年。

第三十三条　教学人员公积金制度

一、私立学校须为教学人员设立公积金。

二、公积金供款由政府、学校及教学人员共同承担。

三、教学人员参加休教进修和脱产进修期间，政府、学校及教学人员须继续维持供款。

四、教学人员有权定期得悉有关账目状况的资料。

五、政府以定额方式供款，其金额由行政长官以公布于《澳门特别行政区公报》的批示制定。

六、教学人员以外的学校其他工作人员亦纳入公积金制度。

第三十四条　教学人员卫生护理制度

一、教学人员可取得由公共卫生机构提供的卫生护理。

二、离职前已在澳门的学校累计服务达25年的教学人员，可继续获得由公共卫生机构提供的卫生护理，直至满65周岁止。

三、以上各款的规定，亦适用于私立学校的其他工作人员。

第七章　专业发展

第三十五条　一般规定

一、教育行政当局和学校为教学人员的专业发展提供条件和资源。

二、教学人员应配合澳门特别行政区教育发展的需求，根据学校的发展和自身的情况，对其专业方面的持续发展作出规划。

三、教学人员的专业发展可通过参与培训、自主学习、研究和实践等多种途径，以灵活的方式进行。

四、教学人员的在职培训旨在使尚未拥有专业资格的在职教学人员获得专业培训和证明，或提高已拥有专业资格者的专业水准。

五、脱产进修、休教进修及校本培训均是在职培训的重要方式。

六、教学人员的专业发展制度由专有法规制定。

第三十六条　专业发展时数的审核

一、教学人员专业委员会负责制定专业发展时数审核的原则。

二、教师专业发展的时数由教师所任职的学校根据上款所指原则进行审核，并将教师专业发展时数提交教育行政当局。

三、教育行政当局根据学校所提交的资料，为教师的专业发展时数作出登记。

第三十七条　专业发展津贴

一、为给教学人员的专业发展提供财政上的支持，教育行政当局向不牟利私立学校的教学人员发放专业发展津贴。

二、专业发展津贴由以下两部分构成：

（一）职级部分；

（二）年资部分。

三、上款（一）项在相邻职级间的级差载于附件一。

四、第一款至第三款的规定亦适用于非全职教学人员，但专业发展津贴的具体金额按其所担任工作的比例确定。

五、专业发展津贴的发放规章及金额的调整，由行政长官以公布于《澳门特别行政区公报》的批示制定。

第八章　教学人员专业委员会

第三十八条　性质

教学人员专业委员会是一个专业组织。

第三十九条　职责

教学人员专业委员会的主要职责：

（一）制定教学人员专业准则；

（二）制定教师专业发展时数的审核原则；

（三）就以下事项向教育行政当局提供专业意见：第十三条第三款所指教师的起点职级；提前或越级晋升申请；教学人员、学生或家长的相关投诉。

第四十条　组成

一、教学人员专业委员会由下列人员组成：

（一）三名学校领导；

（二）两名依法成立的教育领域的社团的代表；

（三）两名具有公认教育功绩的人士和教育领域的专家、学者；

（四）四名全职教师；

（五）两名教育行政当局代表。

二、教学人员专业委员会设主席和副主席各一名，并从上款所指委员中产生。

三、教学人员专业委员会设秘书一名，秘书由教育行政当局指派人员兼任。

第四十一条　成员的委任

一、教学人员专业委员会的主席、副主席和委员，由社会文化司司长通过公布于《澳门特别行政区公报》的批示委任。

二、委员会成员的任期为两年，并可续任。

第四十二条　委任的终止

第四十条第一款（一）至（五）项所指成员的委任因出现下列情况而自动终止：

（一）被法院判罪而有关罪行与委员职务存在抵触者；

（二）连续3次或3次以上无故缺席会议，且缺席的理由不获教学人员专业委员会主席接纳者。

第四十三条　主席的权限

一、教学人员专业委员会主席的权限：

（一）召集和主持会议；

（二）制定会议议程；

（三）邀请任何对会议有利的人士列席会议；

（四）行使法规赋予的其他权限。

二、教学人员专业委员会主席可将上款的权限授予副主席。

第四十四条　副主席的权限

教学人员专业委员会副主席的权限：

（一）在主席不在、出缺或因故不能视事时代任主席的职务；

（二）行使主席授予的权限；

（三）辅助主席；

（四）行使法规赋予的其他权限。

第四十五条　委员的权限

教学人员专业委员会委员的权限：

（一）参与会议；

（二）审议载于议程的事项；

（三）就教学人员专业委员会职责范围事宜提出意见和建议；

（四）行使法规赋予的其他权限。

第四十六条　秘书

一、教学人员专业委员会秘书的权限：

（一）确保教学人员专业委员会的文书往来；

（二）负责教学人员专业委员会会议前的准备工作；

（三）参加会议，但无表决权；

（四）缮立教学人员专业委员会的会议记录；

（五）行使法规赋予的其他权限。

二、秘书有权每月收取相当于公职薪俸表100点的25%的报酬。

第四十七条　行政和财政辅助

教育暨青年局负责向教学人员专业委员会提供行政上的辅助，并承担因教学人员专业委员会运作而引致的财政负担。

第四十八条　运作

教学人员专业委员会的具体运作方式由委员会章程制定。

第四十九条　出席费

出席委员会会议的成员和其他参与人有权按法律规定收取出席费。

第九章　登记和教学人员证

第一节　登记

第五十条　申请实体

学校须为其教学人员向教育行政当局申请教学人员登记。

第五十一条　申请时间

一、对首次登记或重新登记的教学人员，学校最迟须于受聘日起10日内，向教育行政当局办理教学人员登记。

二、上款所指重新登记的教学人员，是指曾于教育行政当局暂停登记或转换任职学校而须再次登记的教学人员。

三、对在原学校继续任职的教学人员，学校须于每年的8月31日或之前，向教育行政当局提交该教学校人员的紧随学年的学年资料登记表。

第五十二条　递交文件

一、首次登记的教学人员需递交以下文件：

（一）已填妥的由教育行政当局制定的个人资料登记表和学年资料登记表；

（二）身份证明档及居留或逗留档副本；

（三）学历证明文件和教育机构发出的成绩总表鉴证本；

（四）有权限实体发出的刑事记录证明书；

（五）有权限实体发出的健康证明书。

二、重新登记的教学人员只需递交学年资料登记表，但在教育行政当局暂停登记超过 180 日者，尚须递交上款（四）项及（五）项所指文件。

第五十三条　更新数据

一、教学人员若需更新个人资料，须填报个人资料登记表，并连同必要的相关证明文件，一并由其任职学校向教育行政当局递交。

二、教学人员于学年期间的授课或非教学工作的安排若有调整，须填报学年资料登记表，由其任职学校向教育行政当局递交。

第五十四条　登记的审核

一、教育行政当局按照本行政法规所订定的教学人员的任职条件，对教学人员的登记申请进行审核。

二、登记不被接纳者，不得执行其申请担任的工作。

第二节　教学人员证

第五十五条　教学人员证

一、教育行政当局向获核准的教学人员发放教学人员证。

二、教学人员证的式样由社会文化司司长以公布于《澳门特别行政区公报》的批示核准。

第三节　教学人员身份的效力

第五十六条　效力期限的计算

一、教学人员身份的效力一般自任职日开始，至所在的学校年度结束为止，但不妨碍以下两款规定的适用。

二、首次登记或重新登记的教学人员，在任职日起计 60 天后才递交登记文件者，教学人员身份的效力自递交申请文件之日起计算。

三、在学年结束前离职者，其教学人员身份的效力至离职日终止。

第五十七条 离职的通知

在教学人员离职后 7 个工作日内，学校须向教育行政当局递交已填妥的由教育行政当局制定的离职通知书。

第十章 处罚制度

第五十八条 适用制度

私立学校因违反或不遵守本行政法规而构成的行政违法行为制度，适用第 38/93/M 号法令订定的处罚制度，并补充适用行政违法行为的一般制度。

第十一章 最后及过渡规定

第五十九条 现职教师的职级

一、2008/2009 学校年度在教育行政当局登记的教师，其职级按以下准则确定：

（一）具备学士学位者的起点职级为第五级，其他教师的起点职级为第六级，但在澳门任职前曾在其他国家或地区任职的教学人员，其起点职级的确定按第十三条第三款和第四款的规定为之；

（二）按第十四条的规定，确定其所能晋升到的最高职级。

二、为在本行政法规生效后晋级的效力，按上款规定确定职级后尚余的服务时间予以计算。

三、按上款规定予以计算的服务时间，在与之相对应的期间内应有的专业发展和工作评核的要求，视为已符合本行政法规第十四条的规定。

第六十条 继续任职

2008/2009 学校年度在教育行政当局登记的教师，可继续任教于该学校年度所任教的教育阶段和科目，而不受第六条所指的任职条件的限制，直至离职。

第六十一条 重新任职

一、同时具备下列条件的非现职教师，在本行政法规实施的首 5 年内可申请重新任职于其曾任教的教育阶段，而不受第六条所指任职资格的限制：

(一) 在本行政法规生效前曾在教育行政当局作教师登记；

(二) 在本行政法规生效前曾在澳门的学校累计任教满 10 年。

二、上款教师如属中学教师，只能任教其重新申请任职前所曾任教的科目。

三、第一款所指条件的审核由教育行政当局负责。

四、为确定第一款所指教师的职级，第五十九条的规定经适当配合后适用之。

第六十二条　继续被视为教学人员

持有 2008/2009 学校年度有效教师证，但不符合第三条（一）项者，继续被视为教学人员，直至离开其任职学校为止。

第六十三条　继续取得卫生护理

第三十四条第二款的规定适用于 2009/2010 学校年度前离职的教学人员。

第六十四条　废止性规定

废止第 15/96/M 号法令，但不影响下条第二款规定的适用。

第六十五条　生效

一、本行政法规自 2009/2010 学校年度起生效，但不影响以下数款规定的适用。

二、第六条第一款及第二款有关任职条件的规定，自 2011/2012 学校年度起实施，实施前继续沿用第 15/96/M 号法令第二条第二款的相关规定。

三、第七条第三款的规定的实施日程，由行政长官以公布于《澳门特别行政区公报》的批示订定。

四、第八条的规定自 2012/2013 学校年度起实施。

五、第三十三条的规定自该条第五款所指行政长官批示生效时起实施。

200　年　　月　　日制定

行政长官　何厚铧

附件一　教学人员专业发展津贴（职级部分）的级差

职级	第六级	第五级	第四级	第三级	第二级	第一级
专业发展津贴（职级部分）	1.0X	1.1X	1.2X	1.3X	1.4X	1.5X

注：X 由政府根据现有的津贴水准、免费教育津贴的提升幅度以及未来的政策方向决定和调整。

说明：私立学校教学人员的晋级条件如下表。

职级	晋级时间	其他晋级条件
第一级	在前一级服务满 7 年	● 评核累计 7 年达“满意”或“满意”以上； ● 完成专业发展活动累计达到 210 小时或 210 小时以上； ● 具备学士或学士以上学位，且有师范培训。
第二级	在前一级服务满 5 年	● 评核累计 5 年达“满意”或“满意”以上； ● 完成专业发展活动累计达到 150 小时或 150 小时以上； ● 具备学士或学士以上学位，且有师范培训。
第三级	在前一级服务满 5 年	● 评核累计 5 年达“满意”或“满意”以上； ● 完成专业发展活动累计达到 150 小时或 150 小时以上。
第四级	在前一级服务满 3 年	● 评核累计 3 年达“满意”或“满意”以上； ● 参加专业发展活动累计达到 90 小时或 90 小时以上。
第五级	在前一级服务满 3 年	● 评核累计 3 年达“满意”或“满意”以上； ● 完成专业发展活动累计达到 90 小时或 90 小时以上。
第六级	—	—

注：从第六级和第五级入职者，正常进入到最高的第一级的时间，分别为 23 年和 20 年。

附录六 《私立学校教学人员制度框架》第二阶段公众意见分析报告

教育暨青年局

2009 年 1 月

第一部分　导　　言

为建立一支高素质的教学人员队伍，从制度上为教师的工作提供切实保障和有效支持，提升教师的专业素养，教育暨青年局（以下简称“教青局”）于 2008 年 2 月 1 日推出《私立学校教学人员制度框架》（简称《制度框架》）法规“初步建议”，向澳门市民和教育界人士公开咨询，收集到各界的意见及问题共 1 346 条。

教青局就收集到的意见及问题进行深入分析和研究，起草了《制度框架》法规初稿。相较之前的“初步建议”，法规初稿在教学人员的任职条件、教师的职级和晋级制度、专业发展津贴、每周教学时数等方面，都做了必要而审慎的调整，并深化或补充了教学人员专业委员会、教学人员登记与发证、教师专业发展时数的登记以及教师的评核等部分的构想。修订的基本思路是，充分吸收和整合各方所提出的积极意见、建议，以提升教学人员的工作保障和专业素养为根本目的，坚持教育发展的正确理念和方向，力图兼顾法规的前瞻性和可行性。

《制度框架》法规涉及学校和教育运作中的许多具体而复杂的问题，而且教学人员的情况也千差万别。为进一步做好法规的起草工作，教青局以认真负责的态度，再次将法规初稿于 2008 年 10 月 29 日至 2009 年 1 月 5 日期间，提交社会各界咨询意见，尤其是前线教学人员和教育界的意见。由于提供意见者众多，内容涉及各个方面，为此，本报告便就咨询期间所收集到的公众意见，进行系统而深入的研究，并做出分类整理及分析。

第二部分　统计及分析

《制度框架》法规“咨询意见稿”在 2008 年 10 月 29 日推出，直至 2009 年 1 月 5 日收到各界人士许多宝贵的意见。

除通过电话、电子邮件、邮寄、报章等途径接收意见外，亦通过教青局举行的校长和教师场讲解会进行意见的直接征集，此类意见征集会共举行了 9 场（其中 3 场为校长场，6 场为教师场），参加意见征集会的人数共 383 人。咨询期所收集的意见及问题共 448 条，见下表。

其中最受关注的条文分别为教学人员的职级、晋升及工作评核、教学人员的工作条件、报酬及福利等。

序号	条文内容	意见数量
第一章	一般规定	19
第二章	职业上的权利和义务	9
第三章	任职条件	30
第四章	教学人员的职级、晋升及工作评核	107
第五章	教学人员的工作条件	101
第六章	报酬及福利	93
第七章	专业发展	29
第八章	教学人员专业委员会	19
第九章	登记和教学人员证	8
第十章	处罚制度	1
第十一章	最后及过渡规定	4
第十二章	其他	28
总计		448

1. 提议者的类别

教师是最积极参与发表意见的群体，占提议者类别的 41%，其次是无说明身份者占 20%。

2. 意见收集渠道

资讯科技越来越发达，通过电子邮件方式所收集到的意见最多，占收集渠道总数的 40%，其次是亲自递交占 22%，而报刊收集占 17%，通过讲座收集则占 13%，再就是通过电话和访谈会晤收集，分别占 7%及 1%。

第三部分　意见摘要

相关条文之意见及建议摘要如下。

第一条　一般规定

意见：

- 学校年度、学年、财政年度的日期不同及不统一会产生问题。
- 未来很可能出现的一种情况就是，同一性质、同一职务的工作，因为学校冠以职称各异，在甲校会被视为教学人员，而在乙校则未被纳入教学人员之列。可想而知，没有有效和严谨的区分来指引，将会导致重大的混乱。
- 将现时符合教师资格的专职人员纳入“教学人员”范畴，以助专职人员的士气，及降低其流失率。

建议：

- 重新清晰和明确地定义法规中“教学人员”的内涵。
- 统一财政年度与学校年度（即统一由每年9月1日至翌年8月31日），使学校行政、管理及会计方面能更有效地处理问题。
- 应清晰并明确地列出哪些条文适用于全职，哪些条文适用于非全职。
- 就全职和非全职的问题，劳工局表示只要劳资双方建立工作关系，双方均须严格遵守《劳资关系法律制度》内的相关规定。而《劳动关系法》亦规定非全职工作由特别法例规范，所以不管全职或非全职的员工均受《劳动关系法》所规范。同时建议对第三条第四款“同一所学校”作出修订，以避免对聘用雇员的实体出现混淆情况，以及修改“工作时间”为“正常工作时间”，避免误会有关工作时间的36小时内尚包括有关超时工作时间。
- 建议不宜提全职或非全职的定义，因《劳动关系法》最终也未能就此下定义，只留待特别法再作规定，故不宜触及未存的法律。

第二条　职业上的权利和义务

意见：

- 现在文稿并没有条文保障教师的专业性及自主性。
- 教师的学术自主及自由，在条文中未能体现，在这方面有何保障？
- 现在私立学校没有为在职教师建立长期聘任制度，缺乏保障，请问《制度框架》如何保障教师就业的基本权益？

建议：

● 在“职业上的权利 ”增补“教师依法享有学术自由，尊重教学自主，发展多元文化”的条文。

● 建立长期聘任制度，以保障教师的权益。

● 建议与《劳动关系法》中的表述一致，修改文稿中的“薪酬”为“报酬”。并建议将第四条第二项修改为“按适用法例享有职业活动上的保障，其中包括工作意外或职业病的保障。”

第三条　任职条件

接受：

●《制度框架》规范了私立学校对教师的聘任及续任，对教师职业其实是一个法定保障。

意见：

● 对教师任职条件有疑问，为何教育学士不能任教于任何教育阶段，这与一些西方国家有别，澳门的教师任职条件过于官僚化。

● 既然要推广通识教育，为何要教师必须对口对科呢？而且澳门大学也未必能提供足够的相应科目的教师。

● 教授中文、英文、数学主科的教师较容易修读师范，但教授闲科的教师接受师范培训的机会又较少，另外笔者也认为读了两年师范也未必变得很会教学。

● 对入职不足 5 年的教学人员仍保留在最高两级的师资培训要求，但对入职已达 5 年或 5 年以上的教学人员作出彻底的师范培训豁免。笔者认为有了 5 年以上的教学经验，再加上参与其他专业发展活动，应该相当于师范培训的效果。

● 作为“一国两制”下的特别行政区政府，澳门在任职、晋升条件方面，若能将本科学历也等同学士学位处理，相信有助于解决很多历史遗留的问题。

建议：

● 把第七条第二点改为“年资”“ 学历”“ 表现”三点，符合其中两点条件者，即可任学校“其他中、高层管理人员”。

● 校长及中、高层管理人员必须具备教育相关的学士学位。

● 建议放宽招聘外籍教师的条件，让学校有其自主权，不宜以《制度框架》现行的条文来规范，否则学校难以聘请到好的外籍教师。

● 师范资格可以以年资作为抵消，如任教满 10 年便具备师范资格。

● 就教师师范培训，政府宜对此定出适当的豁免条例或交由将来的教学人员专业委员会定出相关的豁免办法。

● 就“任职条件的认定”及“登记的审核”，建议设立学术评审机制评审非本地教师的资历。

● 学校一般会在每年 4—6 月与下一年度的教师签约，建议“任职条件的认定”应在学校向评审机构提供数据后最迟 2 周内响应学校，不宜在 9—11 月才有结果，否则会严重影响学校的正常运作。

● 就第八条的“任职年龄上限为 65 周岁”，《劳动关系法》并没有就此事作出规范。而雇主以雇员已达 65 周岁的理由与雇员解除合同，则雇主仍须按《劳动关系法》的规定向雇员支付有关的赔偿。

● 就第九条“被判罪而不得入职”表示“有可能”为一不确定概念，不同的人有不同的解读，但这并不属于合理的解雇理由，此时，雇主仍须按《劳动关系法》内的规定作出补偿。

● 由于《劳动关系法》规定未经雇员书面同意，禁止雇主将雇员让与另一对其行使支配及领导权的雇主。因此，建议对第十一条“任职后的转任”再作考虑。

第四条　教学人员的职级、晋升及工作评核

接受：

● 教学人员整个晋升制度年限缩短为 20～23 年，既是满足客观事实的需求，又能满足教师的意愿。

● 以服务时间为晋升条件之一，大多数教师表示认同，这体现了教师教学经验的重要性和肯定年资长的教师对教育事业的贡献。另外，以专业发展为晋升条件，符合科学观。

意见：

● 对于拥有较高学历的教师，未能充分给予肯定，只在职程晋级时，于第三级升第二级时作参考条件，而不作任何鼓励，这与教青局鼓励教师不断自我进修背道而驰，希望能对拥有硕士或硕士以上学历的教师给予更大的鼓励，使教师能更自觉地不断进修。

● 晋级制度能否以教师开始入职的时间点来计算，而不是以在政府登记时间计算。因为有部分教师已实际任职但没有得到政府的认可，一直在教育岗位上兢兢业业，不断付出，这些对教育做出贡献的时间却被无视。

● 非全职教师可否评级？如何计算其专业发展津贴？因现有的非全职教师皆有年资奖金，既然计算年资为何不能评级？

● 教师可能先要面对的是“去自主”带来的“去专业化”的问题。最重要的

是，由未经专业评核的行政管理者所制定的“评核规章”，真的可以保障教师专业发展吗？

● 认为评核教师对教师不尊重，不人道，不专业。

● 为何校长及中、高层管理人员不用评核？感觉不公平。

● 政府在制定教学人员工作评核上完全放权给各所学校的行政人员，不建立备案和申诉制度，前线教学人员权益难以得到保障。

● 教师评级制度的制定欠缺公平性，促请政府采用双轨制，即政府按职级直接拨发津贴给教师，由私立学校按照各校自身情况，实行原有的薪金评级制度。

● 认为应规定所有在职教师首次评级时，起点职级都由第五级计起。

● 教学人员评核委员会成员包括教师不妥，评核教师应由行政主管或科组长等负责，因为由教师评核教师会影响彼此间的关系，挫伤教师队伍的士气。

● 校内评核易集中于领导或中、高层管理人员，易导致“擦鞋”之风的蔓延。

●“咨询意见稿”未有就学校的职级结构设下框架及为每一职级的职能订立基准。

建议：

● 建议第十四条第八款第（一）项加入条文：如教师完成脱产培训及休教进修的课程，便可把相关时间计算在晋升服务时间之内。

● 就有关对教学人员工作评核结果不满的处理，建议加入相关条文，规定在学校的评核规章中，必须包括对结果不满时的申诉办法，以及要由有教师代表参与的申诉委员会处理等，以保障教师权益。

● 非全职教师也应该进行首次的评定职级，但新法实施后，非全职教学人员则不能晋级。

● 未能正式取得教师证的教学年资也该计算在内，因其真的为澳门教育付出了辛劳。

●《制度框架》对已入职但不具备师范学历的教学人员的免除要求应该更加彻底。既已在前 4 级中作了对师范培训的豁免，干脆彻底对已入职的教师在 6 级的评核中全部豁免。

●《制度框架》对“提前和越级晋升”应作具体和详尽的规定，最好是将有关标准量化。例如：发表论文、举办公开课、编写教材等各算多少个绩点，达到多少个绩点就可提前或越级晋升。如果不能量化，也应该将“有特别表现或成就”的细则及项目罗列出来，供教师和学校参考。

● 建议教学人员评核委员会的组成，必须加入教师代表，其中教师代表的比例不少于 1/2，或至少有 1 名教师在内。教师代表应由校内教师以一人一票的方式选出。

● 建议法规中加入教学人员评核委员会人员的挑选准则，让教师得到更公平的评核。

● 由政府教学人员专业委员会统一制定出教学人员评核委员会的工作指引和评核的一般标准，规定教学人员评核委员会中行政人员和教师人数的比例，再由学校参照有关标准进行初评，在操作上更具可行性。

● 教师所有的职级均由学校教学人员评核委员会作初步评审，再提交政府教学人员专业委员会评定，这样评核将会更加公平、合理。

● 规定所有教学人员都必须接受评核。

● 职级间的薪酬差额制定最低百分比。

● 评核结果只作个人改进之用。

● 修改咨询稿第五十九条“现职教师的职级”的内容，要求基于尊重历史及现实的原因，将所有现职教学人员的起点职级全部定为第五级。

● 建议把“具有学士学位和教育行政当局认可的师范培训”的条件调整为晋升至第三级的要求（由第六级晋升至第三级共有 6 年时间，应该足够），从而保障教师团队的专业性。

● 建议应为学校的职级结构及各职级的职能制定框架。

● 建议第一级至第三级的设置亦为学校的行政人员，可鼓励年轻有为的教师担任管理层。第一级至第三级的比例，建议应按照学校的规模及实际情况而设定。

● 升级后教学人员若表现不佳，建议有制度降其职级。

● 教师的晋升制度应改以量化的方案实施。

● 工作评核的标准：对于“满意”，并不容易制定使各方都满意的标准，建议引入多方面的考虑，并加设“需要培训/学习”一项。

● 建议列明教学人员评核委员会中教师与学校中、高层管理人员的比例，其中教师的人数不得少于委员总额的 1/2，并由教师票选产生，其余名额组成应为校长，中、高层管理人员。

● 就教学人员工作评核，我们建议关注以下几点：

（一）评核机制要公平，应仿照公职评核制度上评下和下评上的方式。

（二）“教学人员评核委员会”的组成要具公平性、客观性、专业性和权威认受性。

（三）学校教学人员评核委员会只具备制定评核准则的权力，未有授其作以评核的权力。

第五条　教学人员的工作条件

意见：

● 中学教师上课节数为16～18节，而特殊教育教师上课节数为19～20节。这是否代表一个教师在特殊教育学校任教中学班级，就要比普通学校的中学教师的授课节数更多，这是不合理的。

● 教师上课节数及超时补偿制度，在没有具可操作性的配套制度下，恐怕难以实行，成为虚设。

● 逐年聘约制度刻意贬低教师的专业地位，与尊师重教的精神背道而驰。

●《制度框架》实施时，每周36小时、每周18节授课时数等条件，对社会而言是否承受得了？有那么多教师吗？学校真的能做得到吗？

● 超时的条件是否可与工作量一样，设上下限？应使该条文更具弹性。

● 36小时不宜订定，尤其非教学时数更难计算。

● 根据第二十五条第一款及第三十条第一款，可能会导致学校中可获豁免授课的中、高层管理职务人员越来越多，落在需要授课的骨干教师身上的教学节数、工作量及责任就越大，而所得的薪酬反而越低。

● 如学校实施打卡制，是否按时间点打卡后，学校可以不计算其回家后的工作是超时工作？

● 幼儿教育多属坐班制，这样在超时工作上存在灰色地带，宜再作考虑，以保幼儿教师的权利。

● 法规规定“全职教师每周工作时间一般为36小时”，这一规定早在第15/96/M号法令中就有规定，但在具体操作时可能还须有更细致的指引。

● 担心教师将教育工作与工时、补水、利益等挂钩，导致教师的修养与操守将会丢失。

● 由于学校的学习活动越来越多样化，走出课堂更是21世纪学生学习的重要环节，故授课时间与非授课时间越来越模糊。36小时的硬性规定只会令学校的运作趋于僵化，从长远来说对学生的学习不利。

● 第二十三条（二）：“为适用上款的规定，教师在当日二十时之后的授课节数按1.5倍计算”，较难在夜中学全职教师中实施。

● 若第二十三条“教师每周授课时限”没有考虑非授课时间的计算，是否以1.5倍计算？一名教师在入职时已与雇主协议授课的时间为夜晚的情况，是否授课节数仍以 1.5 倍计算？该条宜作修改。

建议：

● 建议就有关每周授课时限增加条文，让行政长官有权以批示的形式视情况调整教师每周授课时间的规定，让教师拥有一个逐步改善的前景，亦可增加这一行政法规的灵活性。

● 第二十六条第二款指出，教学人员为学校提供的个人工作，主要包括备课及评估教学进程。建议加入与学生沟通、班级经营、个别辅导。

● 第二十八条第二款规定年假日数计算不包括周六、周日及公众假期，建议删去当中的周六，因为现在大部分学校周六都要上课。

● 不写每周工作时数。若写就写 48 小时，与《劳动关系法》一致，每周工作时数 36 小时是行不通的。

● 教师工作时数改为每周 30～44 小时；教学行政人员驻校时数每周不少于 15 小时。若境外公干日连续不少于 3 个工作日，则可豁免此限。

● 建议把第二十三条第一点教师授课节数改为统一的每周 14～18 节。

● 建议取消“个人工作时间”。

● 认为《制度框架》第三条第一款及第二十五条第一款，必须明确规范“可获豁免全部或部分授课时数”的教学人员与实际的师资比例，及可获豁免时数的比例，而绝不可任意由学校无上限地增加这类人员。

● 认为教师每周工作时间以 34 小时为较适合，16 节教学，16 节坐班（合计 24 小时），再加 10 小时回校办公，最多也不能多于 36 小时。

● 第二十三条，每周上课节数可否改为 14～16 节？

● 建议班主任及科主任指定豁免 4～6 节授课时数，负责校内行政工作的教师应被豁免适当的授课节数。

● 建议教学人员每周 36 小时的工作时数是全年平均数字。因教师的工作在学年中不同时段有紧缓先后之分，若为上限，恐怕在执行上会出现不能操作的局面。

● 建议中学教师的每周授课节数为 18～22 节，小学教师 20～24 节，幼儿教育教师 20～24 节，因担心短时间内难以增聘高素质的师资，会降低教学素质。

● 非授课时间包括备课、批改作业、找数据、组织学生活动等，存在“不可操作性”的困难。建议设定“市场可接受式”的上限，如每周有薪工作时间为 45～48 小时。

● 建议在第二十三条第一项中增加夜中学的全职教师每周授课时数为 13～

15 节，每节 35～45 分钟，以及保留第二十三条第二项，使在回归教育中涉及日间及夜间均需要授课的教师有例可依。

● 建议法规明确保障，体现让教学人员享受教学活动中断的假期。

● 对于超过任职年龄上限者，建议法规留一个弹性的空间让各私立学校自行斟酌处理。

● 就教师工作与休息的时间比例，建议关注以下几点：

（一）每周 36 小时如何衡量，每周工作多少天，每天常规工作起止时间。

（二）每节课相应的备课及评估教学进程的工作如何体现和保证。

（三）过往教师由于工作特殊性所享有教学活动中断的假期，是否继续延用。

● 建议注意第二十一条“适用制度”不能违反《劳动关系法》内的规定，尤其对教育工作者的保障，不能低于该关系法所订立的条件。

● 就第二十八条“年假”，建议修改“教学人员在实际服务满一学年后……”为“教学人员在劳动关系满一学年后……”。而修改后的草案中，教学人员实际可享受的年假不可以少于第 15/96/M 号法令所规定的情况。此外，建议指出公众假期所遵循的对象，如按政府每年所规定的公众假期或按学校规定的公众假期等。

● 政府在订定私立学校教学人员年假方面，不应以私人企业的标准来厘定，应充分考虑教师的工作性质和私立学校体制，年假方面建议加入暑假、寒假的补充性条文。

● 在澳门大部分学校，没有有薪病假的教师，若生病，要自己付款请代课教师，而其他的职业都有基本的有薪病假，因此应设定教师的基本有薪病假。

教师：

a. 年假改为 30 日。

b. 其中不少于 15 日在学年完结后及新学年开始前连续享用，包括周六、周日。

c. 余下的年假安排在学年内，按校方安排，以不影响正常教学为本。澳门公众假期、周六及周日不计算在内。

教学行政人员：

a. 年假改为 30 日。

b. 可于学年完结后至新学年完结前，最多分三段时间享用。

c. 假期包括周六及周日，但澳门公众假期不计算在内。

第六条 报酬及福利

接受：

● 同意各校之间有一定的教师薪酬差距。由于各校办学方针不同，面对的问题各异，难以按职级判断教师的工作压力和工作量。

意见：

● 草案中并没有订立教师的最低薪酬，规定职级薪差也是枉然，没有为教师订立专业薪酬制度。

● 超时补偿制度复杂化，难以计算，按《劳动关系法》制定还是按一小时薪酬计算？不宜设此条文。

● 一名离职的教师，按年资计算能取回多少比例的公积金（校方与政府两方的供款），政府应该提供清晰的指引，避免日后不必要的争议。

● 如何保障教学人员转校后的公积金供款，政府亦应一并说明和提供清晰的条文作为指引。

● 公积金制度只会为校方带来更多麻烦。

● 政府因推行“不少于 20 日的有薪假期”而取消夏令兴趣课程，是变相削减教学人员的薪酬，这对私立学校教师相对其他行业已“薄弱”的薪酬来说，无形是一种打击。

● 过去不重视法例，只重视工作，但随着社会的发展，逐渐会注重自身的福利，甚至会去投诉学校。按《劳动关系法》，雇员 7 日前通知可离职，但这样会对学校造成很大影响。以往教师薪酬与授课节数挂钩，所谓多劳多得，若减负的话，教师薪酬就减少，将会引发很多问题，故实际操作会很难。

●“学校聘请的非全职教师的报酬，由劳动合同订定，但须参照其他教师的基本薪酬”。但非全职教师的报酬没有被规范在这 70％以内，就会引发极其严重的问题。若学校全部聘用非全职教师，多增加的人员只是挂名，不涵盖在 70％之内，而“可豁免授课”的“中、高层管理人员”能分享真正劳心劳力教学的教师的薪酬，那么，如何能保障全职教师在下一个学年不致被编为非全职教师？

● 非全职教师即使任教满一年，全无缺勤，也享受不到《制度框架》第三十条第五款所述：“教学人员每服务满一学年有权在该学校年度总共收取至少 12 个月之薪酬及学校所定之其他附带报酬。”

●《制度框架》对于学校管理及运作方面不符合国际趋势。特别是教师薪酬方面过于规范，不具操作性。

● 现阶段的条文未能保障已退休或面临退休的教师及其退休后的生活保障。

●《制度框架》所规范的卫生护理，退休教师必须教满 25 年者才能取得，认为年期太长，宜缩短为 20 年。

● 幼儿教师的退休年龄可否再作调整，因为普遍来看，现实情况中的幼儿教师较少为年长者，因年长教师难以应付幼儿教育阶段的工作。

● 年资奖金不应与教学表现挂钩。

● 教师的卫生护理在登记的真空期（即新证未批但旧证已失效期间）得不到保障。

● 对第三十条（一）项的规定，存有疑问。教师的超时工作，职员、助教、校工和向其他机构购买服务之有关的服务（如保安、清洁、专业服务等）之薪酬，应在哪一项支出？

建议：

● 除教师外，其直系亲属也可以拥有免费医疗。

● 教师应享有两间医院的免费医疗服务。

● 建议非全职教学人员也该列入公积金制度，因有部分非全职教学人员的付出与全职教学人员不相伯仲，如不计算其公积金，对这些付出辛劳的非全职教师不公平。

● 政府应制定统一的公积金供款比例或提供参数，作为指引。

● 设立统一专户，集中金额，确保教师在传统储蓄方面或投资取向方面都有选择性，提高并保障日后的回报。

● 取消第三十二条第二点。由本法规第十四条“已有晋升制度限制薪酬”及第三十条“已有超时补薪之规定”已有所限制。若表现“满意”，已有升级机会；若“未如理想”，仍要再加两年年资，则校方被迫解雇该员工或只能被迫加薪，难以让该员工有更多自我改善的时间。

● 建议任教多年的教师，退休后亦可享有教师津贴及医疗福利。

● 建议医疗津贴适用于私人诊所或指定之诊所。应针对教师职业病提供支持。

● 建议于《制度框架》中规定教学人员的基本工资。

● 建议政府包办教师的薪酬，或将投放于学校的70%经常性支出改为以教师直接津贴形式发放。

● 针对职级薪酬方面，建议施行双轨制或政府包底措施。

● 建议教师年资及级薪由政府统一发放。

● 建议教师至少有13个月的薪酬。

● 建议凡教青局及政府部门组织学校参与的活动，而令教师超时工作，其超时工作之薪酬由教青局支付。

● 需明确定立超时工作的时薪。

● 建议所有教学人员的薪酬支出由政府按其所属级别统一支薪，而政府亦按该校教师所支薪酬比例，发放其余30%予学校作营运经费。

● 第三十二条有关学校的年资奖金，建议应按各校各自情况而设立，而不是统一要求学校设立年资奖金。

● 建议将第三十条“一般制度”中的基本工资改为基本报酬，以与《劳动关系法》的用语统一；而每周工作时间超过 36 小时，则视为超时工作，雇主须对此作出补偿。

● 建议将第三十三条“教学人员公积金制度”修改为“私人退休基金”；并将“……有关账目状况……”修改为“……属于其私人退休金账目资料……”。

● 在法规第三十二条有关学校的年资奖金的问题上，建议改为在公积金供款比例上，按教师在该校服务的年资从政府供款部分增加其供款比例。

第七条　专业发展

意见：

●《制度框架》有必要将教师专业“生命周期”的概念纳入，对入职教育予以充分肯定，并在行政及资源等方面提供有效支持。

●《制度框架》文本中只规定“教育行政当局和学校为教学人员的专业发展提供条件和资源”，没有明确行政机构和学校在施行上的具体权责，也没有赋予教师以专业发展为理由申请减免课时或课外工作的权利，这对教师的专业发展活动而言，其实是一种非自主的制约。建议《制度框架》文本加入让教师可以在规划专业发展时有更大自主性的保障条文。

● 由于第六级的教师需要更多的专业发展，故专业津贴应该给予 1.5 倍，而第二级的教师则应该获 1.1 倍。

●《制度框架》中未能体现硕士、博士学历的优势，未能具体反映在专业发展的理念上。

建议：

● 第三十六条第三款指出，教育行政当局根据学校所提交的资料，登记教师的专业发展时数，但如果对学校提交的时数存在异议，按现在的《制度框架》咨询稿，亦只能照单全收。建议增加条文，若遇上述情况，可以让教学人员专业委员会审视相关个案并提出专业意见，而教育行政当局可按该专业意见处理相关事宜。

● 建议政府向教师提供脱产培训，因为教师本身亦承受不少工作压力及家庭负担等问题，故应协助他们安排代课老师等。

● 建议《制度框架》文本加入让教师可以在规划专业发展时有更大自主性的

保障条文。

● 建议减少专业发展的时数。

● 建议教育行政当局将现职教师参加或修读师范课程或相关专业的硕士课程视为或等同“专业发展培训课程”，将该等教师的上课时数视为专业发展培训时数。

● 认为除职级津贴和年资津贴外，还应加上幼儿园/小学/中学津贴，三者共同构成教师专业发展津贴。

● 建议在专业发展津贴中附加硕士学位津贴，以鼓励教师取得硕士学位，更以备将来要求与外地看齐。

● 就教学人员专业发展津贴的级差，建议参照教师职级与工资的比例，第一级教师的专业发展津贴为第六级教师专业发展津贴的两倍。

第八条　教学人员专业委员会

意见：

● 教学人员专业委员会之成员，不能同时拥有双重背景。例如：代表社团的委员，不能同时是学校的领导。

● 教学人员专业委员会成员中的教师代表、社团代表、学者代表由澳门教学人员一人一票选举产生。

建议：

● 有关教学人员专业委员会的组成，建议增加教青局代表。另外，亦建议增加条文，规定委员会中因委员的职位发生变化令成员构成不符合规定时的处理方式。

● 建议教学人员专业委员会中的 4 名教师皆不能为有担任学校领导职位的教师，以保障公平性。

● 建议加大全职教师数目，如有半数就较好。

● 制定教学人员专业委员会的产生方法、任期（建议为 3 年）以及具体的权责内容。

● 教学人员专业委员会须定期为澳门私立学校制定出各职级教学人员的薪酬标准指引。

● 就教学人员专业委员会的组成，考虑到教育的最终用家是专业及商业机构，建议不宜由教育界全面担当，应加入专业人士，如律师、会计师、医生、建筑师、商界人士及非教育行政当局代表，以增强客观性及前瞻性。

● 建议教学人员专业委员会不单只处理教学人员、学生或家长的相关投诉，应该同时赋予有审议教师专业操守失当的权力及行使该权力之执行权，亦应有表扬制度。

● 建议教学人员专业委员会的组成人员改为：

（一）官委人士 5 名，包括 3 名教育行政当局代表及 2 名具有公认教育功绩的人士和教育领域的专家、学者。

（二）非官委人士 8 名，包括来自澳门最具代表性的依法成立的教育社团所举荐的 4 名校长代表及 4 名教师代表。

第九条　登记和教学人员证

意见：

● 由于开学前的准备工作较多，希望可以将提交教学人员数据的日期推后一周。

● 由于已规定教学人员提交登记日期，那么教育行政当局也该定一个审核的日期，以及派发教师证的日期，这样才能让教师知道自己的登记是否被接纳。

● 登记不被接纳者，可否有上诉的机会？而学校方面可否有一个宽限期，以便聘请一位符合教青局规定的人员代替其现任的工作？或由教青局代找符合资格的教师，否则教学工作由谁继续，解雇赔偿金是否由教青局负责？

建议：

● 第三章第十条有关“任职条件的认定”及第九章第五十四条“登记的审核”中，建议设立学术评审机制评审非本地教师的资历。

第十条　处罚制度

意见：

● 若学校行政方面出现违规，教育行政当局是否有行政违规或处罚等监管制度？

第十一条　最后及过渡规定

建议：

● 建议不宜于法规尚未充分咨询、定案时匆匆进入执行期，这样会为教育界带来极大混乱与争论。应在法规通过后设有过渡期，过渡期后再检讨修改，然后才落实。

第十二条 其他

接受：

● 赞同《制度框架》的制定，认为有利于提高教师的专业素养。

●《制度框架》使澳门特别行政区的教育工作有一个共同的依据点，对学校来说有一套依据的标准，出发点很好。

意见：

● 现在的文本不切实际，欠缺独立性和灵活性，而且过于官僚化，于学校无益。

● 有教师反映，《制度框架》法规，变相加强了私立学校行政人员“主宰前线教学人员”的权力，前线教学人员在工作评核制度上，处于被动角色。

● 现今大部分私立学校的资源来自教育行政当局，故教育行政当局应落实对私立学校的监管制度，但文稿未见具体条文。

● 法规中把教师、校长和学校其他中、高层管理人员均定义为教学人员，而绝大部分的条文，实质是针对从事教学工作的教师，亦因私立学校的领导机关与教职员工多半属劳资关系，以同一法规来规范劳方和资方未必合适。

●《劳动关系法》与《制度框架》法规相悖时，在法规内没有说明以哪一个法律为准。

建议：

● 学校应每年向其校内全体教学人员及教青局公布财政收支报告。

● 政府应为《制度框架》的顺利过渡定出路线图及时间表，例如3～4年后作一次全面检讨及调整。

● 建议全年上学日为190天，否则学校只能于9月第一周与教师开会，学生需于9月第二周才可上课。190天的建议可试行3年后再检讨。不赞成一下子由180天骤升至200天，没有适应期。

● 澳门学校实行5天上课制。

● 草案文本的内容不能抵触《劳动关系法》内的规定。而且草案文本是否适宜用行政法规制定，亦值得商榷。而且同时以一法律及一行政法规对同一职业的人员作规范，出现两套标准，将会引起一定程度的混乱。此外，从法律的位阶看，不可以以行政法规废止该法令。

第四部分　总　　结

● 在“第一章　一般规定”中，重点意见在于：

（1）统一学校年度与财政年度，才能有利于学校的行政运作。

（2）清晰明确列出哪些条文属全职或非全职。

（3）把专职人员列入教学人员中。

（4）由于《劳动关系法》没有非全职条文，宜删除非全职定义。

● 在“第二章　职业上的权利和义务”中，重点意见在于：

（1）增加有关教师学术自由、自主的条文。

（2）制定长期聘任制度，保障教师的权利。

● 在“第三章　任职条件”中，重点意见在于：

（1）建议以一定的年资取代师范培训。

（2）由于澳门与内地文化不同，及“一国两制”的特点，认为内地早期的本科学历可等同于学士学位。

（3）建议中、高层管理人员必须具备教育学士学位。

● 在“第四章　教学人员的职级、晋升及工作评核”中，重点意见在于：

1. 职级方面：

（1）现职教师在首次评级应由第五级开始计算。

（2）明确列出每职级的职能基准。

（3）非全职教学人员也要进行首次评级，但不作晋升。

（4）明确制订出每职级间薪酬的差额百分比。

（5）教师的晋升制度应改以量化的方案实施。

（6）实行双轨制。

2. 晋升方面：

（1）高学历如硕士、博士，在晋升过程中未能体现其作用。

（2）晋级计算的年资，建议未取得教师证的教学年资也计算在内。

（3）宜订立降级制度。

3. 评核方面：

（1）中、高层管理人员也须接受评核，而教学人员评核委员会中行政人员及教师的比例应明确订定。

（2）建议豁免已任教多年的在职教师的师范资格。

（3）评核结果不宜与职级薪酬挂钩，宜作个人改进之用。

● 在“第五章　教学人员的工作条件”中，重点意见在于：

（1）在每周授课时间方面持不同意见，但最终认为应在法规中留有空间让司长可以批示作适当的调整。

（2）每周工作时间为36小时，建议为全年平均数，让学校在处理上有更大的弹性。

（3）明确列出非授课时数的内容。

（4）对于超过任职年龄上限者，建议法规留一个弹性的空间让各私立学校自行斟酌处理。

● 在“第六章　报酬及福利”中，重点意见在于：

1. 薪酬方面：

（1）应规范享有13个月薪酬。

（2）制定基本工资。

2. 超时工作方面：

（1）制定超时工作时薪。

（2）教青局或政府安排的活动而引致教师超时工作，该超时补偿应由教青局负责。

3. 年资奖金方面：

年资奖金不应与教学表现挂钩。

4. 公积金方面：

（1）应明确为非全职人员加入公积金制度。

（2）在公积金供款比例上，按教师在该校服务的年资从政府供款部分增加其供款比例。

5. 卫生护理方面：

（1）宜为教学人员订立有薪病假。

（2）教学人员之卫生护理福利，其直系亲属也该一同享有。

6. 退休方面：

（1）建议教满20年而又退休的教学人员可享有卫生护理。

（2）退休教师应可继续享有医疗福利及教师津贴。

● 在“第七章　专业发展”中，重点意见在于：

（1）专业发展津贴中应体现博士、硕士的优势，宜加入博士、硕士津贴。

（2）专业发展津贴宜由职级津贴、年资津贴及幼儿园、小学或中学津贴三者组成。

（3）由于初入职者更需要专业发展，建议第六级的专业发展津贴为1.5倍，而第二级则为 1.1 倍。

（4）建议专业发展津贴应与职级差幅相同，第一级与第六级的差幅达 2 倍。

（5）宜减少专业发展时数。

● 在“第八章　教学人员专业委员会”中，重点意见在于：

（1）宜制定专业发展委员会的产生方法、任期以及具体的权责内容，其中部分成员如教师代表、社团代表、学者代表由澳门教学人员一人一票选举产生。同时，还应加入专业人士，如律师、会计师、医生、建筑师、商界人士及非教育行政当局代表，以增强客观性及前瞻性。

（2）建议教学人员专业委员会的组成人员改为：

①官委人士 5 名，包括 3 名教育行政当局代表及 2 名具有公认教育功绩的人士和教育领域的专家、学者。

②非官委人士 8 名，包括来自澳门最具代表性的依法成立的教育社团所举荐的 4 名校长代表及 4 名教师代表。

● 在“第九章　登记和教学人员证”中，重点意见在于：

（1）建议设立学术评审机制评审非本地教师的资历。

（2）宜对登记及审核过程中的时间作出适当的安排，避免因审核过程而延误学校的行政工作及令教师的福利受损。

● 在“第十一章　最后及过渡规定”中，重点意见在于：

应在法令通过后设定过渡期，过渡期后再检讨修改，然后才落实。

● 在“其他”中，重点意见在于：

（1）教育行政当局应落实对私立学校的监管制度，但文稿未见具体条文。

（2）实行 5 天上课制。

（3）建议全年上学日为 190 天，否则学校只能于 9 月第一周与教师开会，学生需于 9 月第二周才可上课。

（4）认为以同一法规来规范劳方和资方未必合适。

（5）从法律的位阶看，不可以以行政法规废止该法令，宜以法律形式起草。

（6）应为《制度框架》的顺利过渡定出路线图及时间表，在一定时间后作一次全面性检讨及调整。

附录七　《私立学校教学人员制度框架》法案（第三稿）[①]

教育暨青年局
2009 年 4 月

前　言

为建立一支高素质的教学人员队伍，从制度上为教师的工作提供切实保障和有效支持，提升教师的专业素养，教育暨青年局（简称“教青局”）便于 2008 年 2 月 1 日推出《私立学校教学人员制度框架》法规“初步建议”，向澳门市民和教育界人士进行公开咨询。经过第一次的咨询及调整后，再于 2008 年 10 月 29 日推出《私立学校教学人员制度框架》法规“咨询意见稿”，向澳门市民和教育界人士进行第二次公开咨询。

在第二次的咨询过程中，除通过电话、电子邮件、邮寄等途径征集意见外，还举办意见征集会共 9 场（其中 3 场为校长场，6 场为教师场），参加者达 383 人。此次咨询所收集的意见及问题共 448 条。

教青局在对上述意见及问题进行深入分析和研究的基础上，起草了《私立学校教学人员制度框架》法案文本。相较第二次的“咨询意见稿”，法案文本在教学人员的任职条件、工作时间、报酬、专业发展等方面，都作了必要而审慎的调整，并深化或补充了教学人员超时授课的补偿方法、优秀教师的奖励以及教师评核的上诉机制等部分的构想。

为进一步做好法规的起草工作，教青局将以认真负责的态度，完善法案文本的修订。

第一章　一般规定

第一条　标的

本法律制定私立学校教学人员制度的框架。

---

① 此稿是第二次公开咨询后，教育暨青年局根据各界意见完成的修订稿，并于 2009 年 4 月在教育暨青年局的网页上公布，以进一步听取意见。

第二条　范围

一、本法律适用于本地学制私立学校的全职教学人员，但另有规定者除外。

二、为适用本法律的规定，全职教学人员是指由同一所学校安排的工作中，每周授课时数达到第二十三条所规定的下限的教学人员。

第三条　定义

为适用本法律的规定，下列各词的定义为：

（一）“教学人员”是指教师、校长和学校其他中、高层管理人员；

（二）“教师”是指在学校主要从事教学工作的人员；

（三）“学校其他中、高层管理人员”是指副校长，以及学校设立的教学、训育或辅导、行政领导机关的主管人员及其他主管人员；

（四）“学校年度”是指自 9 月 1 日至翌年 8 月 31 日；

（五）“学年”是指学校年度内自教学活动开始至其终结。

第二章　职业上的权利和义务

第四条　职业上的权利

教学人员职业上的权利主要包括：

（一）按适用法例享有与其专业地位相适应的报酬、福利和卫生护理；

（二）按适用法例享有职业活动上的保障，其中包括在职意外和职业病的保障；

（三）依法享有教学自主，开展教育、教学及课程研发活动，指导学生的学习和发展，评定其学业成绩和品行；

（四）对学校的教育、教学和管理工作，以及教育行政当局的政策和工作提出意见及建议；

（五）组织和参加专业组织或团体，开展教育研究及学术交流活动，发表相关研究成果及专业意见；

（六）参加在职培训、进修及其他专业发展活动，并获得所需的资讯、技术、经费及物质上的帮助；

（七）由劳动法例中规范劳动关系的规定及有关私立学校章程所衍生的权利，以及在有关合同条款中所明确规定的权利。

第五条　职业上的义务

教学人员职业上的义务主要包括：

（一）遵守法律和第四十一条（一）项所指的专业准则；

（二）组织及举办面向学生的教育活动，特别在任职学校内的教育及教学活动；

（三）落实法定的教育目标、课程框架和基本学力要求，对教学质量负个人责任；

（四）爱护、尊重和公平对待全体学生，促进学生的全面发展；

（五）对教育教学革新持开放的态度，并与人分享自身的经验；

（六）规划自身专业发展，并持续参与培训或进修；

（七）协助建立及发展教育过程中不同文化间互相尊重的关系。

第三章　任职条件

第六条　教师

一、任职幼儿教育教师，须具备以下任一条件：

（一）具有包含师范培训的幼儿教育范畴学士学位或同等学力；

（二）具有大专或大专以上学历，以及教育行政当局认可的幼儿教育范畴的师范培训证明。

二、任职小学教育教师，须具备以下任一条件：

（一）具有包含师范培训的小学教育范畴学士学位或同等学力；

（二）具有大专或大专以上学历，以及教育行政当局认可的小学教育范畴的师范培训证明。

三、任职中学教育教师，须具备以下任一条件：

（一）具有包含师范培训的中学教育范畴且与主要任教学科领域相关的学士学位或同等学力；

（二）具有与主要任教学科领域相关的学士学位或同等学力，以及教育行政当局认可的中学教育范畴的师范培训证明；

（三）具有与主要任教学科领域相关的学士学位或同等学力。

四、在特殊教育班级任教的教师，须具备以下任一条件：

（一）相关教育阶段包含师范培训的特殊教育范畴的学士学位或同等学力；

（二）具备第一款至第三款所指任职成为相关教育阶段教师的条件，并持有特殊教育教师培训证书。

五、第三款（三）项所指教师，须在首次登记为教学人员后任职5年内完成教育行政当局认可的中学教育范畴的师范培训。

六、以上各款的规定亦适用于非全职教师。

第七条　校长及学校其他中、高层管理人员

一、校长的学历，不得低于在其任职学校任教最高教育阶段的教学人员须具备的学历。

二、其他中、高层管理人员的学历，不得低于其任职教育阶段的教学人员须具备的学历。

三、校长及学校其他中、高层管理人员，须在任职前完成教育行政当局规定或认可的相关专业进修。

四、专业进修的相关课程由教育行政当局规划。

五、任职学校教学领导机关负责人，须为具备师范培训和第四级或第四级以上职级的教师，或具备由教育行政当局认可的等同资历；但在本法律生效时已任职者除外。

第八条　任职年龄上限

全职教学人员任职年龄的上限为65周岁，但可任职至年满65周岁之日所在学校年度结束。

第九条　任职条件的审核

教学人员任职条件的审核由教育行政当局负责。

第十条　任职后的转任

一、经教师书面同意，学校可按需要安排幼儿教育教师转任为小学一年级、二年级的教师；安排小学教师转任为幼儿教育教师；亦可安排中学教育教师转任为小学五年级、六年级的教师。

二、上款所指可获安排转任的教师，仅限于全职教师，且在转任前须任职满5年或5年以上，并具备转任前所任职教育阶段的师范培训。

第四章　职级、晋升及工作评核

第十一条　职级的设置

教学人员的职级由高至低分为：

（一）第一级；

（二）第二级；

（三）第三级；

（四）第四级；

（五）第五级；

（六）第六级。

第十二条　职级的确定

一、为确定起点职级，首次在教育行政当局登记为教学人员者，其职级为第六级，但不影响以下三款规定的适用。

二、具有学士学位或同等学力，以及教育行政当局认可的师范培训者，首次在教育行政当局登记为教学人员时，其起点职级为第五级。

三、曾在其他国家或地区任职的教学人员，首次在教育行政当局登记为教学人员时，教育行政当局根据教学人员专业委员会提供的专业意见确定其起点职级，而教学人员专业委员会提供专业意见的主要依据包括上两款的规定以及该教学人员已有的工作经验。

四、为适用上款的规定，教学人员须提供其在其他国家或地区任职教学人员的情况的有效证明。

五、在本法律生效前离职，且具备第六条所规定的任职条件者，再次在教育行政当局登记为教学人员时，其职级的确定按经适当配合后的第六十条的规定为之。

六、在本法律生效后离职，重新在教育行政当局登记为教学人员时，其职级按离职时的职级确定。

第十三条　晋级

一、教学人员的晋级取决于下列三个因素：

（一）服务时间；

（二）工作评核；

（三）专业发展。

二、晋升至第五级须达到以下要求：

（一）在第六级提供服务满 3 年；

（二）在第六级工作评核累计 3 年达“满意”或“满意”以上；

（三）在第六级完成专业发展活动累计达到 90 小时或 90 小时以上。

三、晋升至第四级须达到以下要求：

（一）在第五级提供服务满 3 年；

（二）在第五级工作评核累计 3 年达“满意”或“满意”以上；

（三）在第五级完成专业发展活动累计达到 90 小时或 90 小时以上。

四、晋升至第三级须达到以下要求：

（一）在第四级提供服务满 5 年；

（二）在第四级工作评核累计 5 年达“满意”或“满意”以上；

（三）在第四级完成专业发展活动累计达到 150 小时或 150 小时以上。

五、晋升至第二级须达到以下要求：

（一）在第三级提供服务满 5 年；

（二）在第三级工作评核累计 5 年达“满意”或“满意”以上；

（三）在第三级完成专业发展活动累计达到 150 小时或 150 小时以上；

（四）具有学士或学士以上学位，或同等学力；以及接受过教育行政当局认可的师范培训。

六、晋升至第一级须达到以下要求：

（一）在第二级提供服务满 7 年；

（二）在第二级工作评核累计 7 年达“满意”或“满意”以上；

（三）在第二级完成专业发展活动累计达到 210 小时或 210 小时以上；

（四）具有学士或学士以上学位，或同等学力；以及接受过教育行政当局认可的师范培训。

七、为保证晋级的效力，在第三十七条第六款所指专有法规实施前，对第二至第六款所指专业发展活动时数的要求予以豁免；本章第十六条至第二十条所指工作评核实施前，对第二至第六款所指工作评核的要求予以豁免。

八、为保证晋级的效力，下列期间不计入服务时间内：

（一）丧失报酬的期间，但属合理缺勤者除外；

（二）工作评核未达“满意”的服务期间；

（三）以非全职方式提供的服务时间，但按第六十条第一款（二）项的规定为该条及第六十二条所指教师确定职级者除外。

第十四条　提前或越级晋升

一、有特别表现或成就者可以申请提前或越级晋升。

二、申请者所在学校须就该教学人员的表现或成就，向教学人员专业委员会提供意见。

三、教学人员专业委员会就提前或越级晋升的申请提出专业意见，教育行政当局负责认定。

第十五条　优秀教师

经“教学人员专业委员会”评审，教育行政当局向在教育教学及专业操守方面获得广泛认同的教师，颁授“优秀教师”荣誉。

第十六条　工作评核的目的

教学人员的工作评核以促进教学人员的专业发展和优化人力资源管理为目的。

第十七条　接受评核的人员

一、在教育行政当局登记的教学人员均须接受工作评核。

二、担任校长无须接受评核，其评核结果以上一次的评核结果为准，若无之前的评核结果则视为“满意”；但学校评核规章另有规定者除外。

第十八条　评核结果的等次

评核结果的等次依次至少分为“优秀”“满意”和“未如理想”。

第十九条　评核的期间

一、学校须于学年结束前为教学人员进行一次工作评核。

二、为保证晋级的效力，任职至学年结束者，上款所指工作评核的效力涵盖至该学校年度结束。

三、在评核所针对的学年内实际服务时间不足6个月者无须接受评核，其评核结果视为“满意”。

第二十条　评核委员会和评核规章

一、学校须成立“教学人员评核委员会”。

二、“教学人员评核委员会”由不少于三位教学人员组成，并包括非担任中、高层管理人员职务的教师。

三、“教学人员评核委员会”负责教学人员的评核工作，如有必要，可由其领导多个工作小组进行评核。

四、学校须制定评核规章，其中须包括被评核人对评核结果有异议时的申诉机制。

五、学校须将评核规章提交教育行政当局备案，并向教学人员公布，以便教学人员获悉及索取副本。

第五章　工作时间、年假与缺勤

第二十一条　适用制度

教学人员的工作时间、年假及缺勤受本章规定规范，并补充适用一般劳动法例。

第二十二条　教师的工作时间

教师的工作时间包括授课时间和非授课时间。

第二十三条　教师每周正常授课时数

教师每周正常授课时数为：

（一）中学教师：16～18 节，每节 35～45 分钟；

（二）小学教师：19～20 节，每节 35～45 分钟；

（三）幼儿教育教师：20～22 节，每节 25～40 分钟；

（四）未划分教育阶段的特殊教育班的教师：19～20 节，每节 30～45 分钟。

第二十四条　夜间授课

一、在晚上八时后提供之授课视为夜间授课。

二、如教学人员每周获分配之课时同时包括日间及夜间的授课，为计算授课时数之效力，夜间授课之时数按系数 1.5 计算。

第二十五条　授课时数之安排

一、在安排授课时数时，应考虑分配给每位教师的科目、年级及班级数目的上限，并考虑相应课程的性质，以确保教学人员在工作上的整体均衡，从而保证有高水准的教学质量。

二、禁止教师在一天内连续授课超过 4 节，两课节间的间隔时间达到 30 分钟或 30 分钟以上者不视为连续授课。

第二十六条　正常授课时间之豁免

一、担任校长或学校其他中、高层管理职务的教师，可获豁免全部或部分正常授课时数。

二、担任学校安排的与学校教育相关的非教学工作的教师，可获豁免部分正常授课时数。

第二十七条　非授课工作

学校安排教学人员提供的非授课工作，应与学校的教育活动有关，其目的在于促进学校教育计划的实施。

第二十八条　超时授课时间

教学人员提供的授课时间中，超过学校依第二十三条的规定所确定的每周正常授课节数者，视为超时授课时间。

第二十九条　超时授课的报酬

一、教学人员提供上条所指超时授课时间，有权收取超时授课的正常报酬，但合同条款所定的条件较为有利的，则据其予以补偿。

二、为保证上款的适用，平均每节课的正常报酬按以下公式计算：

$$\frac{Rb\times 12}{52\times n}$$

其中：Rb 表示该教学人员的月基本工资；

n 表示学校依第二十三条的规定所确定的每周正常授课节数。

第三十条　跨日工作

一、以下工作的期间视为跨日工作：

（一）由学校安排离境工作达 24 小时或 24 小时以上者；

（二）由学校安排在澳门全程陪伴学生达 24 小时或 24 小时以上者。

二、教学人员提供跨日工作，学校须根据合同条款以津贴的方式予以补偿，而不适用上条的规定。

第三十一条　年假

一、教学人员在实际服务满一学年后，有权于学年完结后至下一学年开始前享受不少于20日的有薪年假；未满一学年者，以每服务满一个月享有1.5日计算。

二、年假日数之计算不包括周六、周日及强制性假日。

第三十二条　缺勤

教学人员的缺勤应遵守依适用法例制定的学校章程及合同条款的规定。

第六章　报酬及福利

第三十三条　适用制度

教学人员的报酬及福利受本章规定规范，并补充适用一般劳动法例及其他相关法例。

第三十四条　一般制度

一、学校须保证每个学校财政年度教学人员的报酬及公积金支出占学校固定及长期收入的70%或70%以上。

二、教学人员应获得与其职级相符的基本工资，学校须保证同一教育阶段不同职级间教学人员的基本工资依次保持适当差幅，第一级教学人员至第六级教学人员的差幅须达1.8倍或1.8倍以上。

三、上款所指基本工资是指教学人员因提供正常授课工作而应获得的定期金钱给付，而不论其名称和计算方式。

四、基本工资应是教师报酬的主体部分。

五、教学人员每服务满一学年有权在该学校年度总共收取至少12个月之报酬及学校所定之其他附带报酬。

六、上款的规定不影响教学人员在学年结束后，义务承担学校所安排的属教育范畴及正常工作时间范围的工作，但不包括授课。

第三十五条　教学人员公积金制度

一、私立学校须为教学人员设立公积金。

二、公积金供款由学校和教学人员共同承担。

三、教育行政当局为教学人员提供补助，具体金额由行政长官以公布于《澳门特别行政区公报》的批示制定和调整。

四、教学人员参加休教进修和脱产进修期间，学校及教学人员须继续供款；

而教育行政当局也得继续提供补助。

五、教学人员有权定期得悉属于其公积金账目的资料。

第三十六条　教学人员卫生护理制度

一、教学人员可取得由公共卫生机构提供的卫生护理。

二、离职前已在澳门的学校累计服务达 25 年的教学人员，可继续取得由公共卫生机构提供的卫生护理，直至满 65 周岁。

三、以上各款的规定，亦适用于：

（一）非全职教学人员；

（二）学校的其他工作人员。

第七章　专业发展

第三十七条　一般规定

一、教育行政当局和学校为教学人员的专业发展提供条件和资源。

二、教学人员应配合澳门特别行政区教育发展的需求，根据学校的发展和自身的情况，对其专业方面的持续发展作出规划。

三、教学人员的专业发展可通过参与培训、自主学习、研究和实践等多种途径，以灵活的方式进行。

四、教学人员的在职培训旨在使尚未拥有专业资格的在职教学人员获得专业培训和证明，或提高已拥有专业资格者的专业水准。

五、脱产进修、休教进修及校本培训均是在职培训的重要方式。

六、教学人员的专业发展制度由专有法规规定。

第三十八条　专业发展时数的审核

一、教学人员专业委员会负责制定专业发展时数审核的准则。

二、教师专业发展的时数由教师所任职的学校根据上款所指准则进行审核及统计，并提交教育行政当局登记。

第三十九条　专业发展津贴

一、为给教学人员的专业发展提供财政上的支持，教育行政当局向不牟利私立学校的教学人员发放专业发展津贴。

二、全职教学人员的专业发展津贴由以下两部分构成：

（一）职级部分；

（二）年资部分。

三、上款（一）项在相邻职级间的级差载于附件一。

四、非全职教学人员专业发展津贴的金额，依据教学人员所具备的学历及是否具有师范培训制定，但不妨碍下款的适用。

五、在本法律实施前曾在教育行政当局作教师登记者，其专业发展津贴还包括年资部分，此部分的具体金额依其在本法律实施前所累积的年资计算。

六、非全职教学人员的专业发展津贴按其所担任工作的比例发放。

七、专业发展津贴的发放规定，由行政长官以公布于《澳门特别行政区公报》的批示制定。

第八章　教学人员专业委员会

第四十条　性质

教学人员专业委员会是一个专业组织。

第四十一条　职责

教学人员专业委员会的主要职责：

（一）制定教学人员专业准则；

（二）制定教师专业发展时数的审核准则；

（三）评审“优秀教师”；

（四）就以下事项向教育行政当局提供专业意见：第十三条第三款所指教师的起点职级；提前或越级晋升申请；教学人员、学生或家长的相关投诉；教育行政当局交予的其他相关事项。

第四十二条　组成

一、教学人员专业委员会由下列人员组成：

（一）三名学校领导；

（二）两名依法成立的教育领域的社团的代表；

（三）两名具有公认教育功绩的人士和教育领域的专家、学者；

（四）四名全职教师；

（五）两名教育行政当局代表。

二、教学人员专业委员会设主席和副主席各一名，并从上款所指委员中产生。

三、教学人员专业委员会设秘书一名，秘书由教育行政当局指派人员兼任。

第四十三条　成员的委任

一、教学人员专业委员会的主席、副主席和委员，由社会文化司司长通过公布于《澳门特别行政区公报》的批示委任。

二、委员会成员的任期为两年，并可续任。

第四十四条　委任的终止

第四十二条第一款（一）至（五）项所指成员的委任因出现下列情况而自动终止：

（一）被法院判罪而有关罪行与委员职务存在抵触者；

（二）连续3次或3次以上无故缺席会议，且缺席的理由不获教学人员专业委员会主席接纳者。

第四十五条　主席的权限

一、教学人员专业委员会主席的权限：

（一）召集和主持会议；

（二）制订会议议程；

（三）邀请任何对会议有利的人士列席会议；

（四）行使法例赋予的其他权限。

二、教学人员专业委员会主席可将上款的权限授予副主席。

第四十六条　副主席的权限

教学人员专业委员会副主席的权限：

（一）在主席不在、出缺或因故不能视事时代任主席的职务；

（二）行使主席授予的权限；

（三）辅助主席；

（四）行使法例赋予的其他权限。

第四十七条　委员的权限

教学人员专业委员会委员的权限：

（一）参与会议；

（二）审议载于议程的事项；
（三）就教学人员专业委员会职责范围事宜提出意见和建议；
（四）行使法例赋予的其他权限。

第四十八条　秘书

一、教学人员专业委员会秘书的权限：
（一）确保教学人员专业委员会的文书往来；
（二）负责教学人员专业委员会会议前的准备工作；
（三）参加会议，但无表决权；
（四）缮立教学人员专业委员会的会议记录；
（五）行使法例赋予的其他权限。
二、秘书有权每月收取相当于公职薪俸表100点的25%的报酬。

第四十九条　行政和财政辅助

教育暨青年局负责向教学人员专业委员会提供行政上的辅助，并承担因教学人员专业委员会运作而引致的财政负担。

第五十条　运作

教学人员专业委员会的具体运作方式由委员会章程制定。

第五十一条　出席费

出席委员会会议的成员和其他参与人有权按法律规定收取出席费。

第九章　登记和教学人员证

第五十二条　申请实体

学校须为其教学人员向教育行政当局申请教学人员登记。

第五十三条　申请时间

一、对首次登记或重新登记的教学人员，学校最迟须于受聘日起10日内，向教育行政当局办理教学人员登记。

二、上款所指重新登记的教学人员，是指曾于教育行政当局暂停登记或转换任职学校而须再次登记的教学人员。

三、对在原学校继续任职的教学人员，学校须于每年的 8 月 31 日或之前，向教育行政当局提交该教学人员的紧随学年的学年资料登记表。

第五十四条　递交文件

一、首次登记的教学人员须递交以下文件：

（一）已填妥的由教育行政当局制定的个人资料登记表和学年资料登记表；

（二）身份证明文件及/或居留或逗留文件副本；

（三）学历证明文件和教育机构发出的成绩总表的鉴证本；

（四）有权限实体发出的刑事记录证明书；

（五）有权限实体发出的健康证明书。

二、重新登记的教学人员只需递交学年资料登记表，但在教育行政当局暂停登记超过 180 日者，尚须递交上款（四）项及（五）项所指文件。

第五十五条　更新数据

一、教学人员若须更新个人资料，须填报个人资料登记表，并连同必要的相关证明文件，一并由其任职学校向教育行政当局递交。

二、教学人员于学年期间的授课或非教学工作的安排若有调整，须填报学年资料登记表，由其任职学校向教育行政当局递交。

第五十六条　登记的审核

一、教育行政当局按照本法律所规定的教学人员的任职条件，对教学人员的登记申请进行审核。

二、登记申请在审核中未获通过者，不得执行其申请担任的工作。

第五十七条　教学人员证

一、教育行政当局向通过上条所指审核的教学人员发放教学人员证。

二、教学人员证的式样由社会文化司司长以公布于《澳门特别行政区公报》的批示核准。

第五十八条　教学人员身份的效力

一、教学人员身份的效力一般自任职日开始，至所在的学校年度结束为止，但不妨碍以下三款规定的适用。

二、首次登记或重新登记的教学人员，在任职日起计 60 天后才递交登记文件者，教学人员身份的效力自递交申请文件之日起计算。

三、在学年结束前离职者，其教学人员身份的效力至离职日终止。

四、为适用上款的规定，学校须在教学人员离职后7个工作日内，向教育行政当局递交已填妥的由教育行政当局制定的离职通知书。

第十章　处罚制度

第五十九条　适用制度

私立学校因违反或不遵守本法律而构成的行政违法行为，适用第38/93/M号法令制定的处罚制度，并补充适用行政违法行为的一般制度。

第十一章　最后及过渡规定

第六十条　现职教师的职级

一、2008/2009学校年度在教育行政当局登记的教师，其职级按以下准则确定：

（一）具备学士学位或同等学力者，起点职级为第五级，其他教师的起点职级为第六级，但在澳门任职前曾在其他国家或地区任职教学人员者，其起点职级的确定按第十二条第三款和第四款的规定为之；

（二）按第十三条的规定，确定其所能晋升到的最高职级。

二、为保证在本法律生效后晋级的效力，按上款规定确定职级后尚余的服务时间予以计算。

三、按上款规定予以计算的服务时间，在与之相对应的期间内应有的专业发展和工作评核的要求，视为已符合第十三条的有关规定。

第六十一条　继续任职

一、2008/2009学校年度在教育行政当局登记的教师，可继续任教于紧接本法律生效前的两个学校年度内所任教的教育阶段和科目，而不受第六条所指的任职条件的限制，直至离职。

二、上款的规定亦适用于非全职教师。

第六十二条　重新任职

一、在本法律开始生效时没在教育行政当局登记为该学校年度的教师，但同时具备下列条件者，在本法律生效后的首 5 年内可申请重新任职于其曾任教的教育阶段，而不受第六条所指任职资格的限制：

（一）在本法律生效前曾在教育行政当局作教师登记；

（二）在本法律生效前曾在澳门的学校累计任教满 10 年。

二、上款所指教师如属中学教师，只能任教其重新申请任职前所曾任教的科目。

三、第一款所指条件的审核由教育行政当局负责。

四、为确定第一款所指教师的职级，第六十条的规定经适当配合后适用之。

第六十三条　继续被视为教学人员

持有 2008/2009 学校年度有效教师证，但不符合第三条（一）项者，继续被视为教学人员，直至终止在其任职学校的任职为止。

第六十四条　继续取得卫生护理

一、第三十六条第二款的规定适用于 2009/2010 学校年度前离职的教学人员。

二、上款的规定亦适用于非全职教师。

第六十五条　废止性规定

废止第 15/96/M 号法令，但不影响下条第二款和第六款规定的适用。

第六十六条　生效

一、本法律自 2009/2010 学校年度起生效，但不影响以下数款规定的适用。

二、第六条第一款和第二款的规定，自 2011/2012 学校年度起实施，实施前继续沿用第 15/96/M 号法令第二条第二款的规定。

三、第七条第三款的规定的实施日程，由行政长官以公布于《澳门特别行政区公报》的批示制定。

四、第八条的规定自 2012/2013 学校年度起实施。

五、第十六条至第二十条的规定，自 2013/2014 学校年度起实施。

六、第二十三条的规定，自 2012/2013 学校年度起实施，实施前继续沿用第 15/96/M 号法令第七条的规定。

七、第三十五条的规定自该条第三款所指行政长官批示生效时起实施。

附件一　　教学人员专业发展津贴（职级部分）的级差

职级	第六级	第五级	第四级	第三级	第二级	第一级
专业发展津贴（职级部分）	1.0X	1.1X	1.2X	1.4X	1.6X	1.8X

注：X 的金额由第三十九条第七款所指行政长官的批示订定。

说明：私立学校教学人员的晋级条件如下表。

职级	晋级时间	其他晋级条件
第一级	在前一级服务满 7 年	● 评核累计 7 年达“满意”或“满意”以上； ● 完成专业发展活动累计达到 210 小时或 210 小时以上； ● 具备学士或学士以上学位，或同等学力，且有师范培训。
第二级	在前一级服务满 5 年	● 评核累计 5 年达“满意”或“满意”以上； ● 完成专业发展活动累计达到 150 小时或 150 小时以上； ● 具备学士或学士以上学位，或同等学力，且有师范培训。
第三级	在前一级服务满 5 年	● 评核累计 5 年达“满意”或“满意”以上； ● 完成专业发展活动累计达到 150 小时或 150 小时以上。
第四级	在前一级服务满 3 年	● 评核累计 3 年达“满意”或“满意”以上； ● 参加专业发展活动累计达到 90 小时或 90 小时以上。
第五级	在前一级服务满 3 年	● 评核累计 3 年达“满意”或“满意”以上； ● 完成专业发展活动累计达到 90 小时或以上。
第六级	—	—

注：从第六级和第五级入职者，正常进入到最高的第一级的时间，分别为 23 年和 20 年。

附录八 《私立学校教学人员制度框架》法案第三阶段公众意见及建议[①]

教育暨青年局

2009 年 5 月至 12 月

一、从报章收集到的意见及建议

1. 5 月 18 日《澳门日报》

(1) 聆听前线声音，冀教育行政当局接纳“双轨制”。“双轨制”是一个实事求是、互利共赢的制度，能避免“高处不胜寒”的问题，而且较具可操作性。

(2) 冀盼教育行政当局展示更大的承担精神，借落实《私立学校教学人员制度框架》的契机来加大教育投入，并保留每周工作时间不超过 36 小时的条文。

2. 5 月 20 日《澳门日报》

教育界人士认为，教育行政当局应聆听前线教师的声音，采用学校支付薪酬、教育行政当局支付职级津贴的“双轨制”模式，有利于缩小不同学校同一职级教师收入的差距，稳定教师队伍。

3. 6 月 12 日 *Jornal Do Cidadão*

教育界人士认为，制定《私立学校教学人员制度框架》时，要多听取教育界的意见，充分尊重澳门教育的特点。因澳门各校薪金制度有很大不同，教育界认为应采取“双轨制”，职级津贴由政府直接拨给教师，这种办法有操作简便、调控灵活的好处。

4. 7 月 15 日《澳门日报》、《濠江日报》、*Jornal Do Cidadão*

李从正议员希望政府能更广地、更多地听取教师们的意见，令《私立学校教学人员制度框架》的内容更切合教师的实际情况及更具操作性，为教师创造良好

① 这是教育暨青年局于 2009 年 4 月公布《私立学校教学人员制度框架》法案第三稿之后，社会各界于 2009 年 5 月至 12 月就该法案所发表的意见。

及稳定的工作环境及条件。建议政府提出适当的措施，确保学校有足够的资源应对因教师评级而额外增加的薪酬开支。建议政府有必要考虑和采取相关具体措施，在《私立学校教学人员制度框架》中更加强调教师的就业保障和专业发展培训，提升教学水平和竞争力；提出适当的措施确保学校有足够的资源应对因教师评级而额外增加的薪酬开支。促使政府尽早出台措施，有针对性地协助弱势学校实施其发展计划。

5. 7月18日《华侨报》

澳门中华教育会已收到20多个团体会员支持"双轨制"，认为教师职程问题亟待解决。若不采用"双轨制"，不同学校的同级教师会出现不同的待遇，学校财政负担也不堪重荷，造成更多的矛盾，导致教师队伍动荡。

6. 7月19日《华侨报》、《澳门日报》、*Jornal Do Cidadão*

(1) 李从正议员关注《私立学校教学人员制度框架》草案，在推行教学人员评级时，政府有何具体措施减轻学校财政负担，如会否考虑职级薪酬以津贴形式拨发，以及为将退休的年资较长的教师提供保障？

(2) 经评级后，学校不能避免行政支出有所增加，政府在《私立学校教学人员制度框架》中有何考虑和具体措施，让学校在适应新制度的同时又有资源和能力改善其教育环境，推动教师专业发展和提升教学水平，提高竞争力？

(3) 对于年资较长的教师，在《私立学校教学人员制度框架》中如何保障其就业权益和职业流动？另外，政府有关当局会否考虑将《私立学校教学人员制度框架》中的职级薪酬以津贴形式，结合现有的培训津贴，由政府拨发，减轻学校的财政压力？

(4)《私立学校教学人员制度框架》中政府引入教师退休金制度，但未考虑为年资较长的教师提供足够的保障，对于一些将近退休的教师在公积金供款上未有顾及，请问政府有关当局对此有何构想？会否为这群将近退休的教师设立过渡性的措施，解决其供款上的问题？

7. 7月23日《澳门日报》

有教师指出，教育行政当局正修订的《私立学校教学人员制度框架》规范了教师薪酬福利、晋升及职业保障等，但其中建议薪酬与教师职级挂钩，令人担心学校因财政问题，向高职级的教师"开刀"，又或不晋升合资格的教师。

8. 7月25日 *Jornal Do Cidadão*、《澳门日报》

梁庆庭议员质询《私立学校教学人员制度框架》法规咨询至今已历时一年多，而落实制定遥遥无期。教师们十分盼望法规能尽快制定，切实保障教师的福利和有利于专业的发展。请问教育行政当局该法规的制定工作进展如何？有没有一个具体的时间表？如何切实响应教育界的合理要求？在处理职级津贴与学校薪酬方面，教育界提出“双轨制”方案，并多次向教育行政当局反映，但一直没有得到正面响应。请问教育行政当局对“双轨制”方案的看法如何？教育行政当局在职级津贴与学校薪酬方面有没有新的考虑？

9. 7月29日《澳门日报》、*Jornal Do Cidadão*

（1）立法议员梁庆庭指出，教育界与教育行政当局仍然在一些根本性问题上存在分歧，希望教育行政当局能够继续保持开放的态度，与社会各界携手合作，适时完善教育政策，强调制定教师职程不能一拖再拖，教育行政当局必须对教师和社会有明确的交代。

（2）建议先从以下几方面入手：制定以优质教育为核心的中、长期规划；加大资源投入，缩小私立学校和公立学校的资源分配差距；改革中、小学课程设置和评核方式。

10. 8月17日《澳门日报》

教育界倡导“双轨制”保障教师待遇。

11. 9月5日《濠江日报》

教育界期盼尽快落实教师职程。

12. 9月9日《濠江日报》《大众报》

（1）就不同职级教师薪酬的差幅，建议由特别行政区政府通过专业发展津贴的发放，先行体现职级的差距，同时积极加大教育经费的投入，协助学校做好准备。在上述措施实施两年后，将审视学校的具体情况再听取意见，并通过法律的有关程序规范学校实施有职级差距的薪酬制度，因应情况以分阶段的形式落实措施。

（2）特别行政区政府将维持专业发展津贴的总投入预算，并通过调整津贴起点金额，扩大受惠教师的范围，充分保障专业发展津贴的资源投入。

(3) 提出以学校年度为单位计算工作时间的建议，通过灵活的工作时间体现教师的专业特性。

13. 9月10日《澳门日报》

(1) 政府又提出将教师职级津贴差幅调整分两步走，且推翻原定1.8倍的级差，改为1.3倍，这种调整更无法体现教职人员的专业地位，无助于激励、稳定教师团队。

(2) 陈虹认为，在政府财政许可下，不应一再下调级差差距，这种做法不能体现对教职人员的尊重，亦不能吸引新鲜血液进入教育行业，提倡政府采纳“双轨制”响应教师要求。

(3) 政府统一澳门教师“五天工作制”的建议，应该是合情、合理、合法；并希望政府重视教师要求，减轻教师负担，落实提高本地教育素质。

(4) 教师并非朝九晚五的办公室工作，具灵活性，也存在许多不稳定因素，难以用类似政府人员的职程法规按时按节数衡量，否则容易出现“教了就算，不理学生懂不懂”的敷衍心态。

(5) 评鉴制度执行人员来自学校高层，教师难免顾忌，一旦要为博上级“高抬贵手”，凡事点头，会否与教学工作相违背，都是在职教师的疑虑。

(6) 多年来教育行政当局向学校投入了大量资源，教师工作量和压力问题却改善不大，个中原因需要正视和查找，否则减少教师工作量只会是口号。

14. 9月11日《澳门日报》

中华教育会曾先后3次向教育暨青年局提交意见书，并先后收到团体会员当中26所学校行政及2 000多名教师交来的意见，大家一致认为，《私立学校教学人员制度框架》必须具可操作性，建议政府实行“双轨制”，即政府承担教师职级津贴，私立学校则维持其各自薪酬制度。

中华教育会认为政府新的建议中，实行分两步走的策略是可接受的，待条件逐步成熟后，学校也应承担部分责任，体现不同职级教师的薪酬差别。但将津贴差幅降至1.3倍，试问如何体现为教育事业奋斗20年的第一级教师的专业地位？另希望公布新建议教师每周工作时间改为学校年度计算的具体方式。

15. 9月15日《澳门日报》《华侨报》

立法议员梁安琪促请政府在制定《私立学校教学人员制度框架》时，向业界作深入咨询，以解决教师教学任务繁重及非教学工作超负荷等问题，并增加对教师的保障。

梁安琪建议政府在着手制定《私立学校教学人员制度框架》法规的过程中，教育界应积极主动地提出意见，与当局及早达成既符合教师利益又符合公众利益、切合实际的《私立学校教学人员制度框架》之共识，使《私立学校教学人员制度框架》法规早日进入立法程序，使广大教师各项待遇得以提升，创造良好的教书育人环境。

16. 9月19日《澳门日报》

政府回复议员书面质询中指出，日后落实《私立学校教学人员制度框架》时，会以分阶段方式实施，同时会预先评估实施该制度框架的各种资源，并筹划人力及技术等方面的准备工作，有计划地加大教育经费的投入，为学校创设必要的条件，让其能落实该制度框架内的各项规定；对高职级教师比率较高的学校，更会考虑向其发放相应的津贴。

17. 10月21日《澳门日报》

（1）教学人员专业委员会趋向认为，初步计划实行教师职级制时，政府会向教师发放专业发展津贴，最高的第一级教学人员与最低的第六级的薪金差幅为1.8倍，让各校先行体现职级的差距，继而政府有计划地投入教育经费金额，协助校方逐步按职级调整教师薪金。教师每周工作保持在36小时，但会规范教学工作与非教学工作时数。

（2）至于教师每周工作时间安排将维持现行的法规，规定每周工作时间为36小时，包括教育工作时间和非教育工作时间。

18. 10月24日《澳门日报》

陈伟智质询有关《私立学校教学人员制度框架》的制定，能否在近期得到解决，并将生效日期追溯至2009/2010学年？澳门特别行政区政府在2008年度对公共教育的支出仅占政府公共财政支出的1.9%，远低于邻近地区香港的5%和台湾的6%，政府会否打算逐步提升对公共教育的投放，并设立专项基金以确保《私立学校教学人员制度框架》中有关教师职薪的部分得以落实？澳门特别行政区政府对非高等教育的持续发展有何中、长期规划，以提高和促进澳门的教学素质，为人才培养和社会的长远发展作准备？

19．11 月 6 日《澳门日报》《华侨报》

李从正质询政府表示待时间适当及条件具备后才发放职级津贴，第二步走将体现职级差距，教育行政当局的第二步走具体内容是什么又该怎样操作？有无具体时间表？职级津贴是教师薪酬的重要组成部分，在政府投放的资源中所占比例多少？

《私立学校教学人员制度框架》的顺利执行还需配以相关的法律法规，例如对学校资金运用的监管，确保公款用得其所，政府在这项法律出台后将会制定哪些补充性的法律法规以确保《私立学校教学人员制度框架》的细化执行？

20．11 月 10 日《华侨报》

中华教育会就《私立学校教学人员制度框架》于 11 月 6 日向教育暨青年局提交第 4 份意见书，提出《私立学校教学人员制度框架》应尽快立法实施，并建议要有追溯期，以及对“双轨制”与“分步走”的具体措施、教师工作时数等问题，再次向教育行政当局提出意见。

中华教育会期待《私立学校教学人员制度框架》能尽快立法实施，也建议要有追溯期，即在政府原来计划实施的时间——2009/2010 学年。

中华教育会一直以来主张，也广被学校和教师接纳的建议，是“教师职级津贴直接由政府支付，学校按其自身情况向教师发放学校薪酬”的“双轨制”。中华教育会认为，“分步走”是可取的，但“分步走”始终未能解决广大教师最为关切的“高处不胜寒”问题。

希望教育行政当局尽快把学年延长、夏令班、课程框架改革等问题一并考虑，创造条件以利学校切实执行有关法令，让教师工作超负荷的问题得到实质上的解决。

“公共教育支出占本地生产总值的比例”和“公共教育支出占政府公共财政支出的比例”两项参考指标都比邻近地区（如香港、台湾、内地）的数字低，这说明澳门的教育投入仍处于一个较低水平。但《私立学校教学人员制度框架》的早日实施有赖“加大教育投入，把资源用到教育发展之实际需要上”。

21．11 月 11 日《澳门日报》

李从正表示，不少前线教师强烈反映，教师期望的“双轨制”与教育暨青年局建议的“双轨制”有出入，担心政府资源难以真正投放在前线教师身上。建议教育行政当局多听取前线教师意见，达成广泛共识。

他指出，政府所指的“共识”，并没有提及职级差距何时落实、职级津贴占整体薪酬比例等，亦没有清晰的法律规范学校严格遵守。他建议教育行政当局设立监管机制，确保学校善用资源，有关法律法规应在立法前必须明确清晰。

李从正质疑何谓“时间适当与条件具备”，直指教育行政当局没有具体时间表，没有规范资金能真正投放在前线教师身上，质疑为何资源到位仍无法立刻实行职级差距。建议教育行政当局应扩大咨询范围，多听取前线教师意见，达成广泛共识。

22. 11月30日《澳门日报》

立法议员、中华教育会理事长何少金质疑倘教师职程不通过政府立法统一制定，其公信力及法律效力难以确定。即使《私立学校教学人员制度框架》即将出台，唯其不能保障教师职级收入差幅，教师不明白其立法意义何在。

何少金指出，“第一步由政府发放教师专业发展津贴先行体现职级差距，若干年后学校根据自身情况按职级调整教师薪酬”，教育界对此“两步走”基本接受，但认为此举始终未能解决教师最关切的“高处不胜寒”的忧虑。

何少金坦言，教育界一贯主张的“双轨制”建议，希望由政府主导发放专业发展津贴及职级津贴，此举既能保障教师薪酬，又不致令学校忧虑财政稳定性。现在政府提出的“两步走”，亦声称将向学校提供足够资源以助学校发放职级津贴。既然两项建议政府投入相当，且按照政府现行财政收入资源应可到位，因此教育界对于政府为何坚持不接受“双轨制”始终未能理解。

二、澳门中华教育会递交的意见及建议

1. 6月9日

对《私立学校教学人员制度框架》再进言，认为实行教师薪酬与职级津贴“双轨制”，《私立学校教学人员制度框架》才具备可行性。

2. 7月28日

（1）各校行政及教师一致认为，实行教师薪酬与职程津贴“双轨制”，《私立学校教学人员制度框架》才具有可行性。

（2）建议统一“学校年度”和“每周工作天数”，希望政府能统一澳门实行“五天上课制”。

(3) 建议将符合教师资格的专职人员列入教学人员之列，以提升专职人员工作效能。

(4) 建议保留“教学人员之工作时数一般为每周36小时，包括上课时数和非上课时数”。

3. 11月6日

(1)《私立学校教学人员制度框架》应尽快立法并实施，并有追溯期。

(2) 主张“教师职级津贴直接由政府支付，学校按其自身情况向教师发放学校薪酬”的“双轨制”建议，认为“分步走”是可取的，但始终未能解决教师们最关切的“高处不胜寒”问题。

(3) 保留工作时数的规定，保障教师工作时数得以减轻。

(4)《私立学校教学人员制度框架》的早日实施有赖“加大教育投入，把资源用到教育发展之实际需要上”。

三、澳门天主教学校联会递交的意见及建议

● 11月4日

(1)《私立学校教学人员制度框架》应提供一个指示性的、涵盖范围广的、可实行的制度供学校参考。

(2) 政府先行1.8倍的津贴，学校可由较低的比例开始，待稳健后教师薪酬起点由各校自由规定。

(3) 每周工作36小时的规定应加上“一般”或应有空间让学校自由选择以一周计算或以一学年的总时数计算。

(4)“授课节数”不宜用“节及分钟数”双规，用每周共多少分钟更能配合学校灵活设计课程，尤以走出课堂的学习为甚。

(5)《私立学校教学人员制度框架》法规凌驾于普通法规之上，特别是《劳动关系法》。

(6) 对于“服务足6个月者”的评核，应加上“一般”，让学校在有需要时可灵活处理。

四、教育工作者协会的意见及建议

- 11 月 3 日

（1）建议采取教育暨青年局局长曾提出的一些国家的做法，同时定下每年可接受的工作时数。

（2）建议行政当局考虑现有的情况，在《私立学校教学人员制度框架》条文中加入过渡条文，让为澳门教育界服务多年的资深教师得到应有的重视。

五、电子邮件收集到的意见及建议

- 5 月 9 日

教师职程框架中的教师工资部分，应该由各学校把教师编制（包括各级教师和教职员工）和花名册送教青局审批后，统一由教育暨青年局编制预算作专项列支，才能保证教师工资的专项发放，把提高教师工资待遇真正落到实处，真正调动教师工作积极性，真正体现政府重视教育，实施教育兴澳和教育强澳措施。

附录九　《私立学校教学人员制度框架》工作进展报告[①]

教育暨青年局

2009 年 7 月

根据社会文化司司长办公室第 1356/GSASC/2009 号来函的要求，教育暨青年局现就有关制定《私立学校教学人员制度框架》（以下简称《制度框架》）法规的工作进展情况报告如下：

1. 制定《制度框架》法规是教育界 10 余年的要求

1.1　教育界一直要求制定教师职程。

自第 11/91/M 号法律《澳门教育制度》在 1991 年颁布之后，由于该法律第五十三条 i）项规定“将颁布教师章程和职程”，教育界一直要求订定教师职程。1992—2001 年，教育委员会曾先后成立了 3 个“专责小组”，以跟进相关事宜。2001 年 7 月 20 日，经全体会议讨论后，教育委员会决定把“教学人员职程”的有关工作纳入澳门教育制度的检讨工作当中。

新的《非高等教育制度纲要法》（第 9/2006 号法律）于 2006 年底正式颁布后，教育暨青年局根据该法第四十条[②]的规定，自 2007 年 3 月起迅速展开《制度框架》的订定工作。可见，《制度框架》是应教育界 10 余年的要求而制定的。

1.2　《制度框架》对教育界主要要求的响应。

教育委员会 3 个“专责小组”10 余年来先后提交了 3 份意见书，并进行了教学人员职程意见调查。教育委员会及教育界提出的以下主要诉求，都在现有的《制度框架》中得到了积极回应：

- 教师职程分成两部分，一部分为教师的权利和义务，另一部分为晋升、薪俸等事项；
- 由教育机构所支付的教职员工薪津福利总支出不应少于政府所给予的免费教育津贴的 75％；
- 教育机构应向教职员工公布每学年员工薪津福利所占之比例；

① 此报告曾上呈行政长官办公室。

② 该法第四十条第六款规定：“私立学校教学人员的工作类型、职级、考评、工作量、退休保障及相应的权利和义务的制度框架，由专有法规规定”。

● 不能将教师职程视为调整教师的直接津贴，两者存在根本上的差别；

● 教师的入职及晋升制度，首先应考虑的因素是学历、工作表现、教龄和进修。

2. 政府在《制度框架》的制定过程中一直与教育界保持密切沟通

2007 年初以来，政府在制定《制度框架》的过程中一直与教育界保持密切沟通，积极听取各方面的意见，到目前为止，《制度框架》已经历了两阶段的公开咨询，并作了三次大的调整。

2.1 “初步建议”的推出。

教育暨青年局的局内专责小组自 2007 年 3 月开始，对《制度框架》进行密集讨论，至 2008 年 1 月提出《制度框架》法规“初步建议”（详见附录二）。

“初步建议”是在深入分析第 15/96/M 号法令及相关研究报告①之后拟定的，其目的是要建立一支高素质的教学人员队伍，为非高等教育的进一步发展奠定基础。“初步建议”的重点包括：

● 制定职级、评核和晋升制度；

● 设立公积金制度，并从制度上保障教学人员享有卫生护理；

● 合理制定教学人员职业上的权利和义务；

● 按照教育发展的需要修订教学人员的任职资格，并增加有关任职年龄的必要规定；

● 合理规定每周上课时数；

● 增加有关“专业发展与培训”和专业发展津贴的规定；

● 增设教学人员专业委员会，以促进教学人员专业制度的发展。

2.2 第一阶段公开咨询收集到的主要意见。

“初步建议”于 2008 年 1 月 31 日在教育委员会全体会议上作商讨后，随即向澳门市民和教育界人士展开第一阶段的公开咨询，时间由 2008 年 2 月 1 日至 4 月 4 日。

咨询过程中除通过电话、电子邮件、邮寄等途径征集意见外，教育暨青年局还举办意见征集会共 51 场（其中 42 场到学校进行讲解），参加者达 2 723 人（参与学校讲解会的有 2 585 人），收集了各界的意见及问题共 1 346 条（详见附录四），其中最主要的是：

---

① 主要包括《澳门教学人员专业发展规划研究报告》《教学人员职程意见调查》和《2001 教师工作压力调查》。

- 认同规范教学人员支出在学校财政中的比例；
- 加强监管私立学校应用公款的机制及透明度；
- 减少职级并调整晋级年限；
- 进一步减少教师授课时数；
- 教师超时工作应获得超时补薪；
- 明确专业发展细则并增加专业发展机会；
- 明确规定教学人员专业委员会及学校评核委员会的构成和运作细则；
- 应保障临近退休教师的生活；
- 解决教师一年一聘出现的问题；
- 任教多年的老教师应被视为拥有师范资格；
- 学校自定基薪，级薪由政府以津贴支付；
- 专职人员应列入教学人员。

2.3　“咨询意见稿”对《制度框架》法规的主要修改。

教育暨青年局在深入分析上述意见以及教育委员会委员们提出的建议后，在2008年10月起草了《制度框架》法规的“咨询意见稿”（详见附录五）。与之前的“初步建议”相比，“咨询意见稿”对《制度框架》作了以下重要修订：

- 减少了教学人员的职级，并压缩了晋级的时间；
- 减少了教师每周授课时数；
- 规定最高职级与最低职级月基本工资的差幅；
- 政府为教学人员发放与职级挂钩的专业发展津贴；
- 用“固定及长期收入”替代“经常性收入”；
- 为曾在其他国家或地区任职教师职级的确定设立特别机制；
- 建立教学人员专业发展时数的登记制度；
- 深化教学人员专业委员会的规定；
- 增加教学人员登记与发证制度。

2.4　进行第二阶段公开咨询。

“咨询意见稿”于2008年10月28日的教育委员会全体会议上听取意见，并在2008年10月29日至2009年1月5日向澳门市民和教育界人士发起第二阶段的公开咨询。

咨询通过电话、电子邮件、邮寄等途径征集意见，并举办意见征集会共9场（其中3场为校长场，6场为教师场），参加者达383人。教育暨青年局还于2008年12月18日，在分别与澳门中华教育会和澳门天主教学校联会代表见面的过程中，就《制度框架》的有关议题坦诚地、详细地交换意见。此阶段的咨询共收集意见及建议 448 条（详见附录六），其中最受关注的有：

- 认同减少教学人员的职级和晋升所需时间；
- 支持减少教师每周授课时数；
- 教育行政当局应落实对学校的监管制度；
- 建议重新检讨教师的工作时间和工作保障的规定；
- 建议增设“特级教师”；
- 建议制定超时工作的补偿办法；
- 建议内地的本科学历可等同于学士学位；
- 建议中、高层管理人员也须接受评核；
- 建议增加职级间专业发展津贴的差幅；
- 建议教学人员的薪酬实行“双轨制”；
- 建议明确定出每个职级之间薪酬的差幅；
- 建议教满 20 年退休即应享有卫生护理；
- 建议以一定的年资取代师范培训。

2.5　《制度框架》最新文本对教育界意见的响应。

教育暨青年局经分析和研究第二阶段公开咨询所收集的意见及建议后，起草了《制度框架》法规的最新文本，并于 2009 年 4 月 21 日再次提交教育委员会全体会议讨论。《制度框架》是按照以下原则进行修订的：

- 以提升教学人员的工作保障和专业素养为根本目的；
- 吸收和整合各方的意见及建议，兼顾各方关切；
- 同时考虑法规的前瞻性和可行性。

《制度框架》的最新文本从多方面响应第二阶段咨询期间教育界所提出的要求：

- 将第一至六级教学人员月基本工资的级差由原来的 2 倍降低为 1.8 倍，以减少学校可能面临的压力，同时将专业发展津贴的级差由原来的 1.5 倍提高为 1.8 倍，以体现政府的积极承担精神；
- 明确规定了超时授课的补偿办法，以响应教师的要求；
- 增加“优秀教师”人数；
- 将“本科毕业”视为学士学位的“同等学力”；
- 将校长以外的学校其他中、高层管理人员纳入评核的范围；
- 修改评核委员会和评核规章的规定；
- 专设条文规范“夜间授课”；
- 为体现教学人员带队工作的补偿，增加“跨日工作”的规定；

● 为非全职教学人员增加确定专业发展津贴的规定；

● 综合分析各方的意见，用“每周授课节数”来定义全职教学人员。

2.6　后续安排。

为进一步完善《制度框架》，经2009年4月21日教育委员会全体会议商讨，决定将《制度框架》法规文本交教育委员会的专责小组进一步商讨。

目前，教育暨青年局正在为相关会议作准备，会议将邀请有兴趣的委员参加。

3. 政府制定《制度框架》的主要理念及关注点

3.1　制定《制度框架》的目的。

制定《制度框架》的根本目的，就是要落实教育界多年来的要求及《非高等教育制度纲要法》的有关规定，为建立一支高素质的教学人员队伍提供制度上的保障，以促进澳门非高等教育的进一步发展。

3.2　《制度框架》须同时关注的两个方面。

要达到上述目的，《制度框架》首先要从制度上为教师的工作提供切实保障和有效支持，同时要从职前培训和在职进修入手，提升教师的专业素养。《制度框架》现有文本在这两方面的措施如下。

● 工作保障和支持方面：

制定职级制度；

制定评核和晋升制度；

设立公积金制度；

保障享有卫生护理；

减少每周上课的时数。

● 提升专业素养方面：

提升教学人员的任职资格；

将教师津贴调整为教师专业发展津贴；

设立工作评核制度；

设立教学人员专业委员会。

3.3　将教师视为一个专业领域人才，肯定其年资及专业经验的价值。

教师是一种专业性的工作，需要有专门的培训，专业经验对其工作的成效具有重要影响，因此在教师的薪酬制度上，不能采取计件工资制，将教师工作作为一种体力劳动来对待，而要体现不同年资和级别教师之间的差异，肯定教师专业经验的价值。唯其如此，方可稳定师资队伍，吸引优秀人才长期从事教育事业，并促进教师不断提高其专业水准。

正因为如此，世界上大多数国家和地区新教师与资深教师的薪酬都有相当程度的差幅。从下表可见，在 2006 年，OECD（经济合作与发展组织）各国新教师与资深教师的薪酬差幅的平均值为 1.66～1.68 倍，欧盟（欧元区）19 国的平均值为 1.61～1.68 倍，最高的葡萄牙达到 2.56 倍。

国家和地区	小学教师	初中教师	高中教师
OECD 各国平均	1.67	1.66	1.68
欧盟(欧元区)19 国平均	1.64	1.61	1.68
芬兰	1.62	1.57	1.74
法国	1.98	1.89	1.89
日本	2.39	2.39	2.46
葡萄牙	2.56	2.56	2.56

资料来源：根据 *Education at a Glance OECD Indicators-2008* 中的 Tab. D3.1 整理。

4. “双轨制”的提出及《制度框架》法规的已有调整

4.1　“双轨制”的提出。

中华教育会在 2008 年 5 月向政府提交的第二份意见和建议中，首次明确提出“双轨制”。“双轨制”建议教师的薪金由“学校薪酬”和“职级薪酬”两部分构成：前者由学校按照原有的薪酬制度支付，后者以目前教师的直接津贴为基础，由政府直接发放给教师。

简言之，“双轨制”的要求有两点：一是学校现有的薪酬制度完全维持不变；二是职级津贴由政府发放。

4.2　薪酬制度上同样值得重视的其他意见。

有必要指出的是，在两个阶段的意见咨询过程中，教学人员在薪酬制度上的其他意见同样值得我们重视。

有教学人员认为，单在政府津贴部分体现职级的价值是不够的，在校内薪酬部分，《制度框架》也应明确规定每一级教学人员之间薪酬的具体差幅，对学校作出必要规范。

4.3　《制度框架》法规的有关调整。

4.3.1　调整的具体内容。

在教学人员的薪酬制度方面，教育暨青年局对包括“双轨制”在内的意见和建议进行认真分析后，没有完全采用“双轨制”，但在第二阶段的咨询结束后对《制度框架》作了以下调整：

- 将第一至第六级教学人员月基本工资的级差由原来的 2 倍调整为 1.8 倍；
- 将专业发展津贴的级差由原来的 1.5 倍提高为 1.8 倍。

职级	第六级	第五级	第四级	第三级	第二级	第一级
专业发展津贴(职级部分)	1.0X	1.1X	1.2X	1.4X	1.6X	1.8X

注:X 的金额由第三十九条第七款所指行政长官的批示订定。

4.3.2　上述调整的意图。

上述调整综合考虑了校方及教学人员的要求，尤其是体现了政府与学校共同承担的精神，同时教学人员月基本工资级差的减少也考虑了学校现有的薪酬制度及未来的承受能力。尤其是专业发展津贴的级差由原来的 1.5 倍提高为 1.8 倍，表明政府在相关事宜上作出了更大的承担。

5.“双轨制”中值得探讨的问题

5.1　法律上的障碍。

“双轨制”把教师津贴视为薪酬的重要组成部分，而要求政府为私人机构的员工直接发放薪酬，这在法律上可能存在障碍：

第一，按照第 9/2006 号法律《非高等教育制度纲要法》的规定，私立学校的举办者和所有者属私人实体，法律允许政府为私立学校提供财政支持，包括免费教育津贴以及通过教育发展基金提供的财政支持等，但并不支持政府为私人机构的员工直接发放薪酬。“双轨制”要求政府以津贴模式支付教师报酬的要求，在法律上受到明显限制。

第二，《非高等教育制度纲要法》规定“政府向不牟利私立教育机构的教学人员提供津贴，以促进其专业发展”。此规定的目的，是要将教师现在的直接津贴转化为专业发展津贴，以促进其专业发展。而“双轨制”要求将此津贴作为薪酬的重要组成部分，与立法的宗旨有差别。专业发展津贴中的级差，只应被视为特别行政区政府尊重教师年资的表现。

5.2　社会公共利益范畴各专业的整体考虑。

“双轨制”认为教学人员从事的是属于公共利益的活动，因而应由政府发放职级津贴。但是，澳门还有社工等同属公共利益范畴的其他行业，政府有必要考虑各领域政策之间的协调性，以及社会大众的可认受性。将教师直接津贴进一步演变成薪酬重要部分的要求，未必符合澳门社会各专业领域间利益的协调性。

5.3 无法充分实现《制度框架》所期望达到的目的。

多年来，澳门大部分学校采用俗称“节薪”的薪酬制度，即无论新任职教师还是资深教师，如教学时数相同，他们的报酬也是相同的。“双轨制”并未有效地改变相关情况，明显不利于澳门教师队伍的建设和教育的长远发展，原因是：

第一，大部分学校的薪酬制度未将教师视作一个专业领域，没有体现对教师的尊重，与大多数国家和地区区分新任职教师和资深教师薪酬的做法背道而驰。

第二，教育界一直呼吁政府减轻教师的工作负担，但学校内的薪酬制度，恰恰是导致教师授课节数太多、教学负担过重的重要原因，也是妨碍教师专业发展的重要因素。即使《制度框架》降低了教师法定的“每周正常授课时数”的下限，若教师的授课节数依旧直接制约其薪酬，教学人员的教学负担不可能真正减轻。因此学校内的薪酬制度若不改变，拟订中的《制度框架》法规就无法减轻教师负担，促进教师专业发展。

第三，由于《制度框架》应教育界的长期要求，规定学校每年用于教学人员薪酬及公积金的支出须达到“固定及长期收入”的70%或70%以上，故无论政府发放的专业发展津贴怎样增加，学校薪酬都必定是教师收入的主体部分，学校应努力使这部分收入的分配更合理、有效，体现职级的差异。但“双轨制”保留了充足空间，对教师薪酬的主要部分继续延用不合理的制度，不利于教师队伍的稳定发展。

总之，从整体上保障教学人员的工作环境，建立一支稳定的、高素质的教学人员队伍，是制定《制度框架》的目的。这就要求学校也要积极改变现有某些不合时宜的运作制度和管理方式。

6. 对中华教育会2009年6月9日所提意见当中有关疑虑的回应

中华教育会于2009年6月9日提出的《建立教师薪酬与职级津贴实行“双轨制”——对〈私立学校教学人员制度框架〉再进言》（以下简称《再进言》），认为只有采取“双轨制”，《制度框架》才具备可行性。

教育暨青年局认为，“双轨制”与教育界一直争取的“职程”，在概念上和运作上都相差很远，完全达不到近20年来教育界所期望达到的、教育行政当局亦不断为之努力的目标，即让教师的专业素质持续提升，亦让教师的工作得到保障。

而对于《再进言》有关《制度框架》不具可行性的疑虑，教育暨青年局认为只要政府积极采取相应措施，疑虑是可以消除的。

6.1 《制度框架》为学校薪酬制度的灵活性留有足够空间。

《再进言》认为，澳门各校薪金制度有很大不同，不仅班主任薪酬、工龄薪酬、科组长薪酬、行政薪酬等的计算方式和薪酬标准都不同，而且高中、初中、小学、幼儿园教师的工资也不一样，“双轨制”的好处之一就是通过学校薪酬的差异可解决校内不同工作应有不同报酬的问题。

实际上，《制度框架》完全无意彻底统一学校的薪酬制度，已充分考虑上述情况，只要求学校应保证任教于该校相同教育阶段的同职级教师，在完成法定的正常工作之后，获得相同的基本工资，且各职级间的基本工资保持合理差幅。换言之，《制度框架》并没有令学校薪酬制度失去灵活性，特别是从以下两方面继续为学校保留了足够的弹性：

其一，对于不同教育阶段（高中、初中、小学、幼儿园）的教师，学校可继续保留薪酬待遇的合理差别。

其二，对于班主任薪酬、工龄薪酬、科组长薪酬、行政薪酬等，学校既可作“抛节”处理，也可继续按现有的方式和标准作为其他报酬处理。也就是说，承担不同工作及对学校作出不同贡献的教师，可继续享有不同报酬。

可见，《制度框架》在教师的薪酬制度上，更能体现原则性与灵活性的统一。

6.2 特别行政区政府将对高职级教师占教师总人数比例较高的学校提供津贴支持。

《再进言》认为，《制度框架》可能令高职级的教师感到“高处不胜寒”，担心饭碗不保，学校为了减少开支而减少高职称教师的比例，既加剧学校与教师之间的矛盾，也增加学校间竞争的不平等。

针对此种情况，政府将制定专门的政策，给高职级教师较多的学校提供相应津贴，以支持学校聘用高职级的教师。

同时我们也相信，高职级教师薪酬的增加有其合理性，学校在决定是否聘用高职级教师的时候，会秉持理性的精神，综合考虑薪酬的高低、全校教师结构的合理性以及资深教师对于学校的贡献等多方面的因素。在政府有关政策的有力支持下，教师薪酬的合理增加与教师饭碗不保之间并不构成必然的联系。

世界各地学校的经验都证明，肯定资深教师的价值是建立高素质的、稳定的师资队伍的重要保证。我们不能抹杀资深教师的贡献，相信绝大部分资深教师无论教学经验、教学能力以及对学生的关注等方面，都与新入职的教师有所不同，他们是每所学校的中流砥柱。同时我们也相信，资深教师本身不会妄自菲薄，他们有能力获得学校的认同和肯定。

6.3 政府将有计划地加大教育投入，确保《制度框架》实施所需的经费。

《再进言》还认为，《制度框架》一方面减少了教师的每周授课节数，令学校须增聘更多教师，同时又要求教师薪酬的级差达到1.8倍，考虑到各校将来每年还有教师升级，学校的财政负担将大大增加，实施《制度框架》的经费没有保障。

学校有上述担心是可以理解的。不过对于特别行政区政府而言，既然我们认定《制度框架》所制定的各项政策措施是必要而迫切的，对澳门的人才培养和社会的长远发展具有重要价值，政府就必将根据实际需要，采取有效措施有计划地加大教育投入，确保《制度框架》实施中所需的经费。按照澳门现有的经济发展情况，上述经费应是可以有保障的。

同时，考虑到澳门教师薪酬制度的历史，对1.8倍的级差也可考虑作适当调整，例如调整至较低的水准1.3倍。而对于一些在发展过程中的确遇到特殊困难的学校，教育暨青年局将继续通过有针对性的资助计划，帮助他们主动实施新的发展规划，从而走出困境。

6.4 实现制定《制度框架》的真正目的比“操作简便”更为重要。

《再进言》还认为职级津贴由政府直接发给教师，有操作简便、调控灵活的好处，而经学校再转给教师，中间加了一道环节，浪费人力、物力，也增加各种矛盾，看不到任何实质意义。

制定《制度框架》的意义除了给教师增设职级和相关津贴外，亦要通过教学人员的任职资格制度、晋升制度、工作时间的规范以及相应的薪酬福利制度的调整，真正减轻教学人员的工作负担，并促进其专业发展。

职级津贴全部由政府发放而不与学校薪酬挂钩，虽然“操作简便”，但其结果是对于现时采用按节计酬方式计算教师薪酬的学校，占其教师每月报酬主体部分的学校薪酬，仍可以继续以传统方式计算和发放，部分教师的薪酬完全取决于授课节数的多少。在此情形下，教师的工作负担不可能真正减轻，教师用于专业发展及与学生交流的时间也不可能获得保障，这显然无助于教育素质的提升，与教育界近年减轻教师工作负担的一贯诉求相悖，也与教育界期望20多年的“职程”相去甚远，我们不能为了操作的简便而放弃制定《制度框架》的真正目的。

7. 总结

综上所述，《制度框架》是因应教育界多年的要求而制定的，其根本目的是要从整体上保障教学人员的工作环境，建立一支稳定的、高素质的教学人员队伍。《制度框架》的现有文本吸收了邻近地区和国家的有益经验，兼顾未来的需要以及澳门教育的现实状况，只要采取适当措施是可以推行的。

“双轨制”尽管在操作上有其灵活性，但该提议保留了充足空间让教师薪酬的主要部分继续延用不合理的制度，从根本上否定了教师工作的专业性及其教育经验的价值，在实施上面临法律的障碍，不利于教学人员的稳定和专业发展以及社会各专业领域之间的协调，难以达到《制度框架》法规所既定的目的，在概念和运作上都与教育界一直争取的“职程”相差很远，达不到保障教师的工作环境和持续提升教师的专业素质的目标。

基于以上原因，我们认为学校有必要，也有责任，与政府一起共同努力改变学校内部不合理的薪酬制度，以促进澳门教育的长远发展。

附件：（略）

（1）教师职程及《私立学校教学人员制度框架》的讨论历程；

（2）《私立学校教学人员制度框架》（初步建议）；

（3）法规“初步建议”公众意见分析；

（4）《私立学校教学人员制度框架》（咨询意见稿）；

（5）法规“咨询意见稿”公众意见分析；

（6）《私立学校教学人员制度框架》（法案文本）；

（7）各地新教师与资深教师的薪酬差幅（2006 年）。

附录十 提交立法会之理由陈述①

非高等教育私立学校教学人员制度框架
（法案）

建立一支高素质的教学人员队伍对于澳门特别行政区非高等教育的长远发展具有十分重要的意义，因此，澳门特别行政区第 9/2006 号法律《非高等教育制度纲要法》第四十条第六款规定，“私立学校教学人员的工作类型、职级、考评、工作量、退休保障及相应的权利和义务的制度框架，由专有法规订定。”而目前规范私立教育机构教学人员的 3 月 25 日第 15/96/M 号法令已实施 15 年。

为了落实第 9/2006 号法律《非高等教育制度纲要法》的上述规定，从制度上为教学人员的工作提供切实保障和有效支持，提升教师的专业素养，澳门特别行政区政府自 2008 年以来不断推进“非高等教育私立学校教学人员制度框架”法规的制定工作，先后于 2008 年 2 月和 10 月分别推出“初步建议”和“咨询意见稿”，并采用多种途径和方式分两阶段进行为期 4 个月的公开咨询，向全社会广泛征询意见。教育界人士、教师、学校、社团、社会人士提出的大量意见和建议，连同教育委员会（相当于现时的“非高等教育委员会”）委员收集到的意见，经整理结集后交委员会“专责小组”进行了多轮讨论，经修订的法规草案也先后五次提交委员会全体会议讨论，并咨询相关部门的意见，最终制定了规定非高等教育私立学校教学人员制度框架的法案。

本法案所建立的制度框架，规范了非高等教育范畴私立学校教学人员的权利和义务、任职要求、职程制度、工作时间、专业发展、薪酬待遇和退休保障等，其实施将对澳门非高等教育带来以下正面影响：

1. 提升教师的任职要求，保证师资的专业水平

师资的专业水平与其职前培训密切相关，考虑澳门特别行政区非高等教育发展的需要，以及教学人员现已具有的条件，法案适当提升了任职教师的学历和其他相关要求，小学及幼儿园教师最少须具备高等专科学位或以上学历，中学教师须具备学士学位或同等学力；同时强调师范培训对教师工作的重要性，小学及幼儿园教师必须具有师范培训证明，中学教师必须具备师范培训证明方可晋升。上

① 2011 年 6 月 29 日提交立法会。

述规定有助于提升教学人员任职前的专业水平，并完善教师的专业认证机制。

2. 促进教学人员的专业发展

教学人员的在职培训是其专业发展的重要方面，为此，法案明确将教学人员任职以后的专业发展作为职级晋升的三大要件之一，并详细规定了每一个职级晋升所需的专业发展时数（平均每年 30 小时）；同时，法案生效后特别行政区政府将把目前教学人员享有的“直接津贴”转为“专业发展津贴”，而津贴的金额在最高的第一级和最低的第六级教师间的差幅将达到 1.8 倍。上述规定将从职程制度和财政支持两个方面，促进教学人员的专业发展。

3. 建立专业的学校领导与管理团队

学校领导与管理团队的专业素质，直接关系学校的发展以及非高等教育的素质。法案规定“校长的学历，不得低于其所任职的学校中任教最高教育阶段的教师须具备的学历”，学校其他中、高层管理人员的学历“不得低于其管理的教育阶段的教师须具备的学历”；同时，任职校长及任职学校其他中、高层管理人员“须在就任前完成教育暨青年局规定或认可的相关专业进修，以确保担任该等职务的人员具备学校领导与发展的专业能力，尤其是学校行政管理、教学管理及财务管理等方面的能力”。上述规定有助于提升澳门私立学校校长以及整个领导与管理团队的专业素质。

4. 促进教学人员的自我约束和专业管理

法案吸收其他地区或国家的经验，规定在非高等教育领域成立“教学人员专业委员会”。该委员会的职权包括制定教学人员专业准则以及教师专业发展活动时数的审核准则，评审“卓越表现教师”，并就教学人员的提前晋升以及学生或家长的各种相关申诉向教育暨青年局提供意见。委员会将以全体会议的方式运作，并由教育暨青年局提供行政和运作费用上的支持。“教学人员专业委员会”的运作，有助于提升教学人员的专业地位，解决教育实际中所产生的相关专业问题，逐步建立非高等教育领域教学人员的自我约束和专业管理机制。

5. 建立教学人员职程制度，鼓励教师长期献身教育事业

为教学人员订定职程是教育界多年来的要求，经反复讨论，法案为教学人员设置了六个职级，规定了进入起点职级的条件，并从服务时间、工作评核和专业发展三方面规定了晋升的条件，新教师入职后晋升至最高一级需要 20～23 年。

法案实施后，教学人员的工作评核主要由学校负责，教育行政当局将提供指引，而职级的确定及教学人员的晋升，将由学校、教育行政当局和教学人员负责合作展开。为激励教师队伍的工作士气，重视优秀人才的贡献，法案设置了提前晋升的机制，以及“卓越表现教师”荣誉。职程制度的建立肯定了教师职业的专业性以及工作经验的价值，响应了教育界多年来的要求，有利于教师及早订定自己的生涯规划，并吸引教师长期从事教育事业。

6. 适当减少教师的授课时数，为提升教育质量创造条件

澳门教师的授课时数普遍比其他地区多，现行法规第 15/96/M 号法令规定教学人员的上课时数一般为每周 800～1 200 分钟，即 20～30 节。法案适当减少了教师每周的授课时数，例如小学教师为 18～20 节，中学和特殊教育班的教师为 16～18 节。另外，现行法规对教师上课时数的规定没有区分不同教育阶段的教师，但实际上各教育阶段学生的上课时数是存在明显差异的，故法案对不同教育阶段教师的每周授课时数作出了区分，同时亦为夜间授课作出适当的规范。上述规定有助于减轻教师的工作负担，让他们有更充分的时间参加专业发展以及照顾学生的个别需要，从而为提升教学素质创造条件。

7. 订定合理的薪酬制度，引导学校合理使用公款

在薪酬待遇方面，法案参考其他地区的经验，并与教育界反复协商，明确规定学校须保证每个学校年度教学人员的报酬及公积金供款支出，达到学校“固定及长期收入”的 70％或 70％以上。同时，为体现教学人员的教育经验的价值以及教师年资的意义，《非高等教育私立学校教学人员制度框架》规定学校须保证同一教育阶段不同职级间教学人员的基本工资依次保持适当差幅，第一级教学人员应为第六级教学人员的“1.3 倍或以上”（此规定的实施日程将由行政长官视学校的条件而以批示订定，参见第六十八条第六款）。上述规定有助于保证教学人员获得合理的薪酬待遇，并引导学校有效分配资源，合理运用公款。

8. 加强教学人员的退休保障

法案根据大多数学校的现况以及教育界的普遍意见，规定私立学校必须为教学人员设立公积金，公积金的供款由学校和教学人员共同承担。这有助于教学人员获得必要的退休保障。

9. 教学人员的免费卫生护理获得制度上的保障

法案规定教学人员可免费取得由公共卫生机构提供的卫生护理，而且在澳门累计服务达 25 年的教学人员，停止担任教学人员职务后仍可继续免费取得由公共卫生机构提供的卫生护理，直至其满 65 岁。这意味着教学人员现已享有的免费卫生护理得到了法律上的保障。

法案有助于为澳门非高等教育的私立学校建立一支高素质的教学人员队伍，其顺利实施将对澳门特别行政区的人才培养和长远发展产生积极和十分重要的作用。

附录十一　立法会第二常设委员会第 2/Ⅳ/2012 号意见书

事由：《非高等教育私立学校教学人员制度框架》法案

一、引　　言

澳门特别行政区政府于 2011 年 6 月 20 日向立法会提交《非高等教育私立学校教学人员制度框架》法案，立法会主席于 6 月 21 日根据《立法会议事规则》的规定接纳了该法案。

上述法案于 2011 年 6 月 29 日在全体会议上进行了引介、一般性讨论及表决，并于同日分派予本委员会进行审议及编制意见书。

为此，委员会分别于 2011 年 7 月 7 日、19 日、25 日和 28 日，11 月 14 日和 25 日及 2012 年 1 月 18 日、2 月 2 日和 20 日召开了会议。政府代表于 2011 年 7 月 19 日、25 日和 28 日，11 月 25 日及 2012 年 2 月 2 日列席了会议，向委员会作出必要的解释。除了委员会的会议外，立法会及政府的顾问为改善法案的技术问题亦展开了多次工作会议。

由于法案广为社会所关注，属其他委员会的多位议员亦曾多次列席本委员会召开的会议，共同分析法案并就其载有的立法政策取向发表意见。

政府于 2011 年 10 月 31 日提交了法案的一个工作文本。之后，委员会对此进行分析并与政府讨论当中的修改，立法会及政府的顾问亦对文本进行了技术上的改善。政府于 2012 年 2 月 14 日提交了法案的最后文本。本意见书内所引述的条文均以法案的最后文本为依据，但在必要时会引述最初文本的条文，属此情况时将加以说明。

在此需特别指出，政府在听取议员的意见时持开放态度，并就委员会提出的很多问题积极寻求解决方法。

二、引　　介

根据法案附同的理由陈述，提出本法案是由于有必要落实第 9/2006 号法律《非高等教育制度纲要法》。该法第四十条第六款规定："私立学校教学人员的工作类型、职级、考评、工作量、退休保障及相应的权利和义务的制度框架，由专有法规订定。"除有这项法律要求外，"目前规范私立教育机构教学人员的 3 月

25 日第 15/96/M 号法令已实施 15 年”，意味着已与现今的教育制度脱节。

如理由陈述所言，为落实第 9/2006 号法律《非高等教育制度纲要法》，本法案规范了非高等教育范畴私立学校教学人员的权利和义务、任职要求、职程制度、工作时间、专业发展、薪酬待遇和退休保障等，其实施将对澳门非高等教育带来以下正面影响：

● 提升教师的任职要求，保证师资的专业水平。

● 促进教学人员的专业发展，将专业发展作为职级晋升的要件之一。

● 建立专业的学校领导与管理团队，规定校长的学历不得低于其所任职的学校中任教最高教育阶段的教师须具备的学历。与此同时，学校其他中、高层管理人员的学历亦不得低于其管理的教育阶段的教师须具备的学历。

● 促进教学人员的自我约束和专业管理，成立“教学人员专业委员会”。

● 建立教学人员职程制度，鼓励教师长期献身教育事业，为此设置了六个职级，规定了进入起点职级的条件，并从服务时间、工作评核和专业发展三方面规定了晋升的条件。此外，还设置了提前晋升的机制，以及“卓越表现教师”荣誉。

● 适当减少教师的授课时数，让他们有更充分的时间参加专业发展以及照顾学生的个别需要。

● 革新现行法律规定，对不同教育阶段的授课时数作出区分。

● 订定合理的薪酬制度，引导学校合理使用公款，确保教学人员的报酬及公积金供款支出达到学校固定收入的一定比例。

● 订定同一教育阶段不同职级教学人员的工资差幅。

● 加强教学人员的退休保障，规定学校必须为教学人员设立公积金。

● 全职教学人员免费享有卫生护理保障。

政府认为“法案有助于为澳门非高等教育的私立学校建立一支高素质的教学人员队伍，其顺利实施将对澳门特别行政区的人才培养和长远发展产生积极和十分重要的作用”。

三、概括性审议

1. 本法案属非高等教育法律制度改革中的一项工作。这项改革始于立法会通过的第 9/2006 号法律《非高等教育制度纲要法》，之后，立法会于 2010 年通过了政府提交的《非高等教育公立学校教师及教学助理员职程制度》，即第 12/2010 号法律。在此基础上，现在要对非高等教育私立学校的法律制度，即 3 月

25 日第 15/96/M 号法令所定制度进行检讨。

2. 私立教育机构教学人员通则的修订，对澳门社会十分重要，因这里有超过 90%的非高等教育机构属私立性质。鉴于澳门这种传统状况，委员会在分析法案时须更为审慎①。由于法案于 2011 年 6 月 20 日才提交，故委员会无法如教学人员、学校及立法会所愿，在 2011 年 8 月 15 日会期完结前完成有关分析。

3. 委员会对教学人员通过不同途径向立法会反映的忧虑甚为关注。他们的忧虑主要与公开咨询的最后文本和提交立法会的文本之间存在差异有关。于全体会议讨论该法案时亦曾就有关差异展开辩论，议员对此也感到奇怪，因公开咨询的最后（第三）文本是教学人员和学校已取得共识的文本。委员会分析法案时再次提出这个问题，认为政府应就咨询文本与提交立法会的文本之间的差异作出解释。法案两个文本之间的主要差异如下：

- 删除了有关超时工作、超时授课及其相关报酬的规定；
- 删除了有关跨日工作及其相关报酬的规定；
- 删除了政府为教学人员作一次性公积金拨款的规定。

4. 除此之外，本委员会及属其他委员会的议员亦提出了很多其他的问题，故此向政府提交了一份详尽的文件，当中反映了议员就法案提出的主要问题。

基于意见书的系统及编排，在此仅列出其中一些议员较关注的问题。

这些问题包括：

- 教师一年一约的聘用惯例，成为教师职业不稳定的因素，且不符合第 7/2008 号法律《劳动关系法》。法案对此没有提供解决方法。
- 欠缺师范培训的认证，致使委员会对其作为入职要件提出质疑。
- 法案有关标的之规定有欠清晰，不清楚法律是否一律适用于澳门特别行政区所有的私立学校，而不论其是否是本地学制或是否是牟利机构。这个问题十分重要，因与学校须确保每个学校年度教学人员的报酬及公积金供款支出达到学校固定及长期收入的 70%或以上的法律规定有关。
- 另一个与上述有关的问题是学校管理人员例如校长的报酬在该 70%中所占比例，曾讨论是否需为这些人员的报酬上限作规范，以保障管理人员和教师报

---

① 立法会在讨论《非高等教育公立学校教师及教学助理员职程制度》时已对非高等教育私立学校教学人员通则大表关注。当时本第二常设委员会已于第 3/Ⅳ/2010 号意见书中表示：“有必要提升教师的专业素养。但同时委员会认为，在立法调整公立学校教师职程时，应充分考虑私立学校和公立学校之间的平衡……”。该意见书同样提道：“政府除在法规方面进行调整外，未来亦将增加教育资金投入，考虑相应提升对私校及教师的支援及津贴等，以达相对平衡”。参阅第二常设委员 2010 年 8 月 5 日第 3/Ⅳ/2010 号意见书第 5-6 页。

酬的分配能在这70%的收入中取得适当平衡。

● 各职级之间的工资差距的计算方式。

● 法案对适用对象作出区分，其制度仅适用于全职教学人员，而不适用于非全职的教学人员。

● 规定任职教师的年龄上限。

● 教学人员的工作表现评核、其相关的目标及保障，包括：

（1）申诉保障；

（2）教学人员评核委员会及专业委员会的组成方式；

（3）取得负面评语的后果；

（4）校长不受评核制度约束；

（5）评核委员会成员的评核及其相关的回避制度。

● 幼儿教育教师的授课时间安排，在法案的最初文本中是以小时而非以节课计算，导致这些教师的授课时间较长。

● 法案没有对学校支付的年资奖金作出规定。

● 法律生效的时间。

5. 政府在与委员会开会时，对该等问题一一作出了解释，并接纳了委员会提出的很多意见和建议。接下来将主要阐述政府的有关解释、所作决策或维持立场以及这些内容如何反映在法案文本中，而且在有需要时将在细则性分析部分作更详尽的说明。

5.1　关于第三份咨询文本与提交给立法会的文本两者之间所存在的差异，政府解释说，提交给立法会的最终文本是政治取向的结果，当中某些事项，例如超时工作将援用《劳动关系法》（第7/2008号法律），因为政府无意为教学人员设立特别的制度。此外，另有一些事项将留待日后规范，包括政府拨予教学人员公积金的款项以及跨日工作的定义和报酬。政府认为，涉及该公积金拨款的事项较适宜以其他法规作出规范；至于跨日工作，由于《劳动关系法》尚未规范有关制度，如本法案对此作出规定则将之变成一个特别的制度，而这样的做法与政府就该事宜所持的政策取向并不一致。由于该情况并非教育界所独有，其他行业也同样存在该问题，所以政府认为可留待将来修改《劳动关系法》时制定能涵盖其他职业的一般规范。直到专门规范出台前，学校将向提供跨日工作的教师发放津贴。

委员会认为，关于政府向教学人员公积金提供的拨款及跨日工作的规定应载于法案内，因为这能使法案就教学人员权利方面的规范更为完整。但是委员会亦能理解政府欲以一般规范来处理该等事项的意向，以加强有关制度的连贯性，因为所有在该等事宜上需要有规范的行业将包含在新设的制度内。然而，就超时工作援用《劳动关系法》方面，法案文本的相关规定既不明确[①]，亦欠缺何为超时授课的定义。因此，委员会认为，即使不想脱离《劳动关系法》而创设特别制度，亦应在法案中明确订定超时工作和超时授课的定义，以及相关补偿形式。政府经了解委员会的关注后，在法案文本中增加了有关该等事项的规定。关于这一点，将在细则性分析部分再作说明。

5.2　至于学校对教师合同一年一聘的现有做法，政府解释，所谓聘书具有传统仪式上的意义，在每年开学典礼上，以此代表学校对教学人员的尊重。法案并没有对续约事宜作出规范，原因是政府认为《劳动关系法》规定的相关制度适用于教师的合同，因此，无须在法案内增设关于教学人员合同的规定。

对于该问题，委员会认为，既然政府意识到该做法的存在，而且该做法并不符合《劳动关系法》的规定[②]，政府有责任提醒相关学校必须完全遵守该法律的规定。根据第38/93/M号法令第三十二条第一款的规定，私立学校须遵守适用的法律规范，此外，根据第9/2006号法律《非高等教育制度纲要法》第三十五条第三款的规定，学校须受政府的监察，因此，政府应在尊重学校所享有的教学、行政和财政自主权的前提下，行使其特权来监察学校作出的行为并确保学校遵守现行法律的规定。

针对上述问题，有部分议员与政府曾讨论能否在将来的法律规范中建立一机制，防止校方在无合理理由的情况下解雇教学人员，以加强对该等人员的保障[③]。

经讨论后，政府认为，由于《劳动关系法》并未设该机制，故不宜在本法案中作规定。由于本法案订立的制度补充适用《劳动关系法》，因此，如教学人员被无理解雇，则适用《劳动关系法》订定的制度，尤其是赔偿的事项。

5.3　委员会曾质疑政府为何在法案中没有关于师范培训学历的认证规定。委员会认为，如缺乏该教师入职要件的认证机制，有可能令人对法案拟提升教学

---

① 参阅法案原文本第三十六条。

② 《劳动关系法》第十九条第一款规定："在不妨碍就业政策特别法例订定的情况下，仅在为了满足企业的临时需要，尤其属季节性、过渡性或特殊性的临时需要，且仅满足有关需要所需期间为限的情况下，方可订立具期限合同。"同条第二款列出，为适用《劳动关系法》，被视为"临时需要"的情况。教师工作并不属于任何一种所列出的"临时需要"（替代缺勤的雇员除外），因此，根据同条第四款的规定，与教师订立的合同属不具期限的劳动合同。

③ 有部分议员担心因工作表现评核而提出声明异议的教师或因职业上的晋级而达到收取最高报酬的教师会遭解雇。

素质的目的产生疑问。专业发展的要件同样出现这个问题。据委员会所知，专业发展活动并不总是针对教学领域，教授的课程有时与教育并没有太大的关系，但却占用了教学人员可用于提升本身专业水平例如研究生课程的学习时间。这些能提升水平的专业培训课程，却完全不在专业发展考虑之列。

据政府向委员会所作的解释，师范培训课程未设任何认证制度，因为对已于教育暨青年局登记的教师，该局在开始聘用时会对有关教师的学历进行认证和认可。此外，还会向学校发出指引，说明聘请教学人员需要遵守的要件。因此，学校绝对不可能在有关教师的学历及其他入职要件与法律规定或教育暨青年局发出的指引不相符的情况下，擅自聘请教学人员。

至于专业发展的要件，同样将由专有法规规范，而有关审核专业发展活动时数的行政规范，则由教学人员专业委员会订定。对于委员会就专业发展的评估所提出的意见，既不应只以时数为基础，亦应考虑有关课程的质量，政府的回应是，如法案第四十五条第六款所规定，该事项将由补充性行政法规订定。

5.4　法案的标的同样成为委员会分析的对象，因为有关的行文有欠清晰，不清楚法案是否适用于所有澳门特别行政区的私立学校，不论其是否属本地学制、是否牟利或是否已加入免费教育制度。这个问题相当重要，因为与学校必须保证每个学年教学人员的报酬及公积金的供款支出占学校固定及长期收入的70%的问题有直接关系。委员会认为这个70%的规定，只对接受公共支持的学校实施才合理。没有加入免费教育网的学校和没有接受公共支持的学校不应纳入此一规定，否则可能会对学校受第9/2006号法律《非高等教育制度纲要法》第三十五条第二款所保障的行政和财政自主造成不恰当的干预。

得悉委员会在这个问题上的立场后，政府解释有关的立法意向是希望将所有本地学制的非高等教育私立学校纳入本法案的标的，包括牟利的学校在内①。由于这个政策取向已得到教育界的认可，因此希望法案能够体现政府与私立学校之间所达成的这个共识。至于强制所有学校将70%的固定及长期收入用于教学人员的报酬及公积金上，据政府说，这是希望提高和保障教育的素质以及学校在教育方面的工作。政府认为向学校给予资助的同时，亦有责任确保所给予的资助能够真正为提高教育的素质和改善教学人员的薪酬待遇起着实质的作用②。然而，

---

①　政府还澄清现时本地学制的学校当中并没有牟利的学校，但不排除将来会出现这类学校，因此希望在法案保留这个可能性。

②　政府的这个责任建基于11月15日第63/93/M号法令，即规范非营利私立教育机构会计格式的运用以便政府能够跟进非营利私立学校的管理活动的法令。

政府认同，没有接受公共支持的学校，其行政和财政自主实际上不应被削弱。基于此，政府同意对法案的有关条文进行修改，明确法律的标的是包括澳门特别行政区所有本地学制的非高等教育私立学校，没有接受公共支持的学校无须遵守将70%的收入用于教学人员的报酬及公积金的规定。

同样就学校必须将70%的收入用于教学人员的报酬及公积金的问题，委员会内有议员提出应否为该70%的收入订定学校管理层的报酬所占比例，甚至订定一个上限，以确保教师的报酬不会因为用于管理层报酬的开支而受影响。尤其是用于校长报酬的开支，由于其金额不受监管，有可能导致管理层与教学人员的报酬失去平衡。

就这个问题，政府认为在法律行文内为管理层的报酬订定一个百分比，或为校长的报酬订定一个上限，是对受《澳门特别行政区基本法》第一百二十二条和《非高等教育制度纲要法》保护的学校自主原则的一种侵越。政府认为应由学校本身为管理层订定报酬的金额，包括校长的报酬。最后，委员会接受了这个观点。然而，为达至法案的目的，委员会认为应提醒和鼓励学校审慎处理订定校长和管理层报酬的事宜，以便合理地平衡他们与教师之间的报酬。

5.5 关于工资的问题，委员会还认为第一级和第六级的工资只有30%的差距会降低有关职程的吸引力。在与政府召开会议的过程中，委员会建议是否能将该差距扩大到1.6倍，以便对教学人员在职业前景上产生更大的激励。此外，委员会认为计算方式的表达过于复杂，容易在法律适用中产生疑问。因此，认为既然第一级和第六级的工资差距是30%，就应该在法律中明确规定。

然而，政府维持其最初的立法取向，即维持有关职程的第一级和最后一级之间的差幅不变。但最后接受了委员会的建议修改有关计算方式的行文，变成现时法律行文中所载的，即第一级和第六级教学人员的工资应有30%的差距。

5.6 法案最初文本的适用对象只有本地学制私立学校的全职教学人员，但另有规定者除外。换句话说，将来法律的适用范围排除了非全职的教学人员，除非另有规定。在这种情况下及按照有关范围的规定方式，整个法案中设有多项规定，有的同时适用于非全职的教学人员，有的则将这些教学人员排除于适用范围之外。这种区别对待的情况在委员会引发了不少的问题。首先是与《澳门特别行政区基本法》第二十五条有关平等原则的规定不一致。对此，立法会已分别在不同时候发表过意见，尤其是在分析劳动关系法[①]和分析一份立法会所收到有关非全职工作法律制度的请愿书时已经发表过意见[②]。其次，由于非全职工作未有规范[③]，所以认为法案不应在澳门特别行政区的法律尚未对此作出规范的情况下就订定有关劳动关系的特别规定。

首次与政府召开会议时委员会已提出该问题。当时政府理解委员会的忧虑，因而适当地对法案的范围作出了修改。因此，将来的法律会适用于在澳门特别行政区非高等教育本地学制私立学校任职的所有教学人员，只在非常特殊的情况下才维持原有的立法取向（主要在取得免费卫生护理方面），对此在细则性审议时将再作说明。

针对该事项，委员会还提出希望知道将来的法律会否包括在私立学校任职的非本地居民的教学人员。政府的回应是正面的，即将来的法律会适用于所有在澳门特别行政区任教的教学人员。所采取的立法取向是，法律不但适用于拥有居民身份的教学人员，无论其是否是永久居民，同时亦适用于仅取得澳门特别行政区逗留许可的人士，即外地雇员。

5.7　法案的最初文本第十二条订明，教学人员任职年龄上限为 65 岁。会上，不论委员会本身或列席会议的非委员会成员，对这个任职年龄上限均有不同的反应。部分议员认为教学工作的要求十分严格，认同把该任职年龄上限定为 65 岁。另一方面，亦有部分议员认为教学人员的年龄上限应如同受私法规范的其他行业一样，交由双方（学校和教学人员）酌情决定。

政府在面对缺乏共识的情况下，撤销了法案文本内关于教学人员任职年龄上限的规定。故此，将来亦由学校和教学人员双方协议任职以及退休的年龄上限，并预计特别行政区公积金制度亦将对此有所规范[④]。

5.8　委员会十分关注教学人员工作表现评核的问题，因为这将会是首次对

---

① 见立法会第三常设委员会 2008 年 7 月 25 日第 1/Ⅲ/2008 号意见书，其中指出：这种对全职工作和非全职工作的区别对待，在法律上应通过按比例的原则及职务内容的对照加以体现，而非排除雇员享有的、与工作时间毫无关系的基本权利。

② 见立法会第三常设委员会 2008 年 8 月 8 日第 2/Ⅲ/2008 号报告书。这份报告书亦指出：“……因合同所定工作时间的安排方式而对雇员有不同的对待，可导致违反平等享受法定权利和保障的原则。这里出现的是一种对具有相同性质、仅在工作时间方面有所不同的情况给予不同对待的状况。归根结底，这里触及《澳门特别行政区基本法》第二十五条规定的‘澳门居民在法律面前一律平等’的原则的问题。”

③ 第 7/2008 号法律《劳动关系法》第三条第三款规定，非全职工作由特别法例规范。这项工作到目前为止还没有进行。

④ 根据第 31/2009 号行政法规，年满 65 岁的参与人可申请提取其特别行政区储蓄制度个人账户内全部或部分款项。

私立学校教学人员的评核进行规范，其对教师所产生的后果成为议员忧虑的事宜。

议员一致认为，教学人员接受工作表现评核，对达成本法案目的之一——提升教学人员的素质尤其重要，以保证澳门学校的优质教育。没有高素质的教师，便不能拥有优质教育。

然而，委员会发现本法案订定的评核制度存在缺失。有关评核目的之规定，特别着重于促进教学人员的专业发展和晋级。然而，委员会认为评核之目的不只是为了专业发展，且人员晋级仅为评核的后果而非其目的之一。工作表现评核主要是为了衡量被评核者的专业表现，但这个标的并未体现在关于评核目的之最初规定中。

法案没有包含任何关于评核之目的、原则和标准的纲领性内容，尤其不存在任何关于评核制度应当遵守的标准和原则之叙述，如客观性、公正、平等、理由说明等。

此外，法案的最初文本建立了不同标准，即学校校长不须接受评核，就该方面是与澳门近年法制发展相违背的，例如公职人员便全都须接受某种形式的评核。

同时，法案没有订明教师接受工作表现评核的后果，尤其是当工作表现欠佳而获得负面评核时。委员会认为如教师得到负面评语，有可能影响教育素质，因而使学生受损。然而，委员会亦认为应给予这些教师机会，以改善他们的专业能力，让他们参加培训课程或对职务重新作出调整。会上还讨论了有关教育暨青年局介入这个问题的可能性，以免得到负面评核的教师受损。

除上述问题外，委员会还提出了其他一些和教学人员在申诉方面的保障有关的问题，认为应改善法案规定的申诉机制，以建立一个更具保障性的、能让教学人员在评核中感到受损时采用而无须顾虑职业状况受影响的机制。在这个问题上，委员会认为向学校声明异议的作用不大。首先，要学校修改其所给予的评核并不容易。其次，这个机制某种程度上会使教学人员因害怕不获续约的后果而不提出异议。最后，委员会认为应考虑澳门的特殊性，在这个地区很多人都互相认识，要向认识且对自己职业前景尤其在续约方面具有决定权的上司声明异议，是会有所顾忌的。委员会认为这将是另一个对声明异议的行使构成限制的因素。委员会希望确保教学人员获得公正的评核，以及其权利和保障不受损害。

教师在教学人员评核委员会所占人数亦是敏感的问题。委员会认为其成员至少 1/3 应是教师，以确保这些专业人员在评核委员会具有适当的代表性。

委员会认为，尽管特别行政区的学校享有自主，但由于工作表现评核将对教学人员的职程及其个人和专业评价产生直接影响（例如获颁授“卓越表现教师”荣誉），法案应更深入处理有关问题，以加强这些人员的保障。

政府向委员会解释时宣称，在这问题上有需要在教学人员的利益和学校自主之间取得平衡，故将有关的评核程序交由学校自行订定，而法案仅作出了最低限度的规范。然而，政府理解委员会的忧虑，因此接纳了在法案中引入一些重要的修改。

首先，新设了一个章节（第六章）专门处理工作表现评核的事宜。引入了有关评核程序之目的、原则及准则的规范——法案最后文本第二十条；订明负面评核（“不大满意”和“不满意”）的后果——第二十二条第二款；规定校长需如其他教学人员般接受评核——第二十四条；订明评核委员会中非担任中、高层人员职务的教师比例不得少于全体成员的1/3；应学校的规模及评核委员会成员的评核需要，得设立多于一个评核委员会；订明评核委员会成员的评核方式，以避免各委员会成员间互相评核；设立评核委员会成员的回避制度——第二十五条；改善评核的申诉制度，载明向评核机关声明异议及向教学人员专业委员会提出上诉的规则；规定就声明异议所作的决定须说明理由；订明提出声明异议及上诉的期限以及上诉机关作出回复和学校就评核作出最后决定的期限。同时亦订明应于5日内把最后决定通知被评核人和教学人员专业委员会。

委员会及政府曾考虑明确规定教学人员要就评核的最后决定向法院提出上诉，但最终认为没有此必要，因根据一般规定，尤其是《澳门特别行政区基本法》第三十六条所述的享有诉诸法律，就侵害私人权益的决定提起诉讼的基本权利。此外，法案已载有上诉权作为一般原则的规定。

5.9　对政府为减少整体授课时数所做的努力，委员会必须表示称许，认为这有利于教师投入其专业发展活动及研究工作，从而自我增值并提高特别行政区的教育水平。然而，委员会不得不向政府查询，有关幼儿教育教师的授课时间以小时而非以节课计算的理由，以及为何与其他教师的情况相反，他们的授课时间将比现行的授课时间更长。现时幼儿教育教师的授课时间为每周800～1 200分钟，而法案原文规定的时间则相当于每周1 650分钟。

关于幼儿教育的授课时间以小时而非以节课计算的问题，政府解释这是因为有关的授课时间涵盖所有的教育活动，故以小时而非以节课安排，这在咨询期已获得教育界的普遍认同。然而，政府亦表明，根据规定，不同教育程度课程组织之指导性框架的第38/94/M号法令，幼儿教育是完全可按节课计算的。

尽管如此，考虑法案拟通过提升教学人员的专业素质，达到提高特别行政区教育水平之目的，委员会认为政府应重新考虑上述问题，因太长的授课时间难以让教师保持其工作表现素质。

鉴于委员会提出的意见，政府把幼儿教育教师的正常授课时间改为如其他教师般以节课计算，定为每周 21～23 节课。这比法案最初文本所规定的时间实际上有所减少。[①]

5.10 法案最初没有关于学校向教学人员发放年资奖金的规定，委员会对此提出疑问，因 3 月 25 日第 15/96/M 号法令第十七条规定学校每两个学年必须向教学人员发放年资奖金。法案没有相关规定，将损及教学人员的既得权利。此外，委员会认为年资奖金有助学校留住其教学人员，让人员忠诚服务，从而建立一支稳固和优秀的教学人员队伍。

政府初时指出，年资奖金已反映在专业发展津贴内。然而，这是由政府承担的津贴，并不以在学校的服务年资为发放前提。因此，委员会认为年资奖金不能视为已包含在专业发展津贴内。

鉴于委员会的这个立场，政府接受参照现行法律的规定，在法案规定年资奖金，以全面保障教学人员的既得权利。

需指出，由于法案涉及教学人员职程的修改，有必要确保新法律制度不能较现行制度差，因此必须对人员的既得权利给予适当的保障，这是特别行政区法律体系已确立的信赖保护原则。

5.11 法律的生效期在委员会引起了广泛的讨论，因法案最初文本第六十八条对某些事项设定了延迟实施，有的更可于法律生效后 4 年才实施。委员会询问政府采取这种方式的原因，以及法律就某些事项是否可产生追溯效力，又或提前实施，例如在公积金、校长及其他人员的培训要件、颁授“卓越表现教师”荣誉、各级教师的工资差幅及专业发展津贴等方面。委员会认为既然法案的标的之一是提升教学人员的素质和保障，没有理由推迟法律的适用，延误该标的的贯彻，甚至认为某些事项例如上述事宜更应实时或在最短时间内生效。

委员会关注上述问题的同时，亦提出了其他忧虑，质疑推迟法律某些规定的实施期是否影响其连贯性和在实际操作上产生问题。

政府向委员会解释，制定如此长的法律待生效期，是基于两个因素的考虑：第一，法律于学年开始时生效有利于学校的执行，因学校是以学校年度作为其活动筹划和人员安排的基础；第二，很多学校尚未做好于太短时间内执行法律的准备，尤其在工资及公积金的事宜上。

---

① 第 38/94/M 号法令附件一及附件二就该教育阶段所定的每节课时数最少为 25 分钟，最多为 40 分钟。

此外，某些事项例如公积金、专业发展、确定职级及工作表现评核等，尚需另作规范，这都需要时间，尤其是由学校负责规范的事项如公积金及工作表现评核等。

尽管如此，政府认为对于某些事项，尤其是有赖学校安排的事宜，可与学校商讨是否有可能把法案规定的实施期提前。

基于此，并顺应委员会的意见，有关各级教学人员的薪差、完成专业进修课程及工作表现评核等规定，现改为提前一年生效，即自法律生效后的第二个学校年度之首日起实施。换言之，就这些事项的待实施期从 3 年降至 2 年。

至于有关职级的配置及专业发展津贴的规定，其效力追溯至法律公布翌月的首日，这相对最初建议的制度是一大改进。

6. 在分析本法案时，同时对相关的补充法例进行了研究，从中发现多项已很陈旧的法律，有些部分已不合时宜但尚未被明确废止，当中有些内容、概念和定义互不协调，有的甚至与法案拟确立的制度相抵触。例如订定从事非高等教育之私立教学机构章程的 7 月 26 日第 38/93/M 号法令，当中关于校长和学校管理机关的权限，以及有关人员制度的规定，与法案的规定并不相符。此外，订定非高等教育机构教学人员的培训制度的 9 月 22 日第 41/97/M 号法令，当中为各种培训方式确立之目标，与《非高等教育制度纲要法》的规定并不完全配合。7 月 18 日第 38/94/M 号法令有关正规教育的组织，亦有异于《非高等教育制度纲要法》即第 9/2006 号法律的规定。对于这个问题，即因旧法未被废止而引致现行法律在系统协调上存在缺陷的问题，在分析《非高等教育制度纲要法》时已提出，当时认为“法案还规定在新的补足法例生效前，以往的补足性法例继续适用，而新的补充法规能否及时制定会直接影响到教育改革的进程以及相关法律制度的配套……”[①]。这种情况不宜拖延下去。

政府被问到这个问题时表示理解，但认为仅应在所有关于非高等教育的法律完全制定，即完成整个制度的检讨后，才废止有关法律。

委员会把政府的这个立场予以记录，并呼吁政府尽早制定所有必需的补充法例，以免就相同事宜在各有效规定中互相矛盾。在此之前应审慎执行其他法规已有规范的法律规定，尽可能使现行法律间互相配合。

---

① 第一常设委员会 2006 年 12 月 5 日第 3/Ⅲ/2006 号意见书第 4 页。

四、细则性审议

除上点所作的概括性审议外，委员会亦根据《立法会议事规则》第一百一十九条规定，分析法案的具体内容是否与法案的立法原则相符，以及确保法律规定在技术上妥善。

在细则性审议期间，委员会一直与提案人保持紧密合作。以下的分析将反映委员会所关注的问题，并以政府提交的法案新文本为依据。在此重申，当进行分析时有需要引述法案最初文本时，将特别为此注明。

第一条　目标与目的

修改了该条的标题，以便更好地反映其内容，尤其第二款所载的规定。同时改善了第二款的葡萄牙文行文，使其内容更易于理解。

第二条　定义

法案对教学人员所作的定义，在现行公立和私立教学制度中均没有相应的规范。法案现把教学人员的定义扩大，涵盖校长和学校中、高层管理人员及教师，而根据现行制度，教学人员的概念仅限于教授不同教育阶段及具备不同学历的教师[①]。政府被问及为何扩大此概念时解释，拟通过这个定义保障不同教学专业人员享有的某些权利，因认为属既得权利，不能予以剥夺。

此外，亦改善了有关校长的定义，使之与所担任的职务更为对应。

第三条　范围

一如意见书概括性部分所作的解释，法案的范围有所扩大，所有非高等教育私立学校的教学人员，不论其提供工作的方式为何，一律包括在内。基于此，相应修改了该规定的行文。

第四条及第五条　权利及义务

对两个条文的中文及葡萄牙文行文均作出了改善。

第六条　校长

删除了该条第一款，因没有必要在订定校长职务时重复之前定义中的概念表述（第二条）。

在职务内容方面，亦新增了载于（一）项及（二）项的职务。

第八条　教师

充实了教师的职务内容，因最初文本在教学职务方面的规定不足，须知教学

---

① 例如可参阅3月25日第15/96/M号法令及11月1日第67/99/M号法令。

职务是教师职务崇高的一面。委员会提请政府注意这个问题，因在原条文中非教学职务所体现的重要性会让人感到非教学职务才是教师工作的崇高职务。基于此，政府在法案中加强了对教学部分的叙述，突显其重要性，使之更为贴近非高等公立学校的制度。

此外，已改善了关于专业发展的规定的行文，使其更接近第12/2010号法律《非高等教育公立学校教师及教学助理员职程制度》。

第四章　任职

该章对系统编列进行修改，分为两节以更好地整理有关事项。章节及条文的标题均应新的编排而有所变动。

此外，教育暨青年局有关规划、规定和认可专业进修课程方面的权限规定最初分散在不同条文中，现由第九条第四款集中处理。

第五章　职级与晋级

该章的标题及结构均有变化，因其最初的范围过于广泛，当中规定的某些事项互不关联，使内容变得难以理解，此外亦不符合立法规则。因此，该章剔除了有关工作表现评核的内容，并编成两节：第一节载有晋级的一般制度，而第二节则包括晋级的特别制度。

除了系统编列上的变更外，多个条文亦有修改，包括：

第十五条　晋级

由于需设立一项保留性的规定，修改了该条第一款的序文。该款最初规定教学人员的晋级取决于服务时间、工作表现评核及专业发展的要件。然而，这只适用于较低层的晋级，晋升至第二级和第一级尚须取决于其他要件，即学士学位或同等或以上学历以及师范培训课程资格。因此，为确保这项规则不被排除，需对第一款的序文作相应调整。

此外，该条的原文过于广泛，把晋级的一般规则与特别规则，以及有关计算服务时间的内容都一并规定。因此，决定把该条分成四个不同条文，以方便有需要查阅法律者理解其内容。这样，第十五条规定晋级的要件，第十七条规定晋级的服务时间，第十八条和第十九条则规定晋级的特别制度，即纳入本章第二节的内容。

第十六条　提前晋级

这条相当于法案最初文本的第十八条。其位置的更改是基于有需要改善法案的系统编列，让法律更为清晰。该条行文虽有很大变动，但立法原意没有改变。委员会认为新的行文能令提前晋级的前提更为清楚。

第十七条　服务时间

这条基本上相当于法案最初文本的第十七条第八款，并新增了第（三）项。

新增的内容，是应委员会就负面评核的后果所作的讨论而加入的。委员会认为被负面评核即被评为“不大满意”或“不满意”的服务时间，不应计算作晋级之用。政府同意委员会的见解，因此在法案中加入第（三）项规定。

由于修改了有关法案范围的规定，该条（二）项的行文亦相应修改，但并没有影响法案在此事宜上的立法原意。政府认为，不符合正常工作时间的服务时间，不应计算作晋级之用。这个立场仍体现在条文中，只是对行文作出相应改动。

第十八条　特别情况

这条相当于法案最初文本的第十七条第九款和第十款，并改善了行文，尤其是葡萄牙文本的行文。

第十九条　豁免要件

这条相当于法案最初文本的第十七条第七款。

第六章　工作表现评核

一如意见书概括性部分已指出，委员会认为法案对工作表现评核的事宜规范不足。工作表现评核能产生多方面的法律效力：对人员的晋级即在职业生涯上的晋升有着重要影响；作为提前一年晋级的条件之一；作为颁授“卓越表现教师”荣誉的必备要件。当然，它必然亦会成为学校决定是否与教学人员续约的考虑因素。因此，法案在处理这个事宜时必须尽量严谨和详细，同时不能忽略是次立法所涉及的主体乃私人实体的事实[①]。基于此，委员会认为应尽可能确立一个较具保障性的教学人员评核制度，订明评核程序应依循的准则和原则。

在此前提下，法案相关条文引入了重大的修改，并以独立一章作出规范，具体规定如下：

第二十条　目的、准则及一般原则

该条在结构上相当于法案最初文本的第二十一条，但内容有了很大变化，现明确规定工作表现评核程序应依循的目的、准则及一般原则，订明工作表现评核的目的是确认与完善教学人员的专业表现，以及促进其专业发展，并应根据客观标准，以公正、平等、无私和具适当说明理由的原则进行。此外，还规定了评核程序的保密性。

委员会不论在内部会议或与政府开会时均对该事宜甚表关注，认为法律应载明评核程序应依循的原则，评核的事宜应以法律规定，而非如政府原意般交由学

---

① 参阅 Rui de Figueiredo Marcos 的“A gestão por objectivos e o sistema de avaliação do desempenho da administração pública（目标管理与公共行政工作表现评核体系）”，Boletim da Faculdade de Direito，STVDIA IYRIDICA 92，2008，Universidade de Direito，Coimbra Editora，第 279 页及续后数页。

校自行规范。

本条对评核程序订定的原则，是任何工作表现评核制度均遵循的原则，故其适用应不会对学校产生困难。相反，它们能作为学校及评核机关工作的准绳。法案订明评核程序需根据客观标准并依据一系列基本原则进行，对教学人员极为重要，因对学校的评核机关和学校本身均构成约束，使其必须按照上述原则和标准行事。

此外，在评核程序开始前须因应教学人员的职务性质订定评核的范畴、项目及指针，对被评核人是一种透明和可预见的保障，因这意味着他们必须获悉有关评核的目的、理据、内容和评分制度。

委员会同时认为，就评核提出声明异议及上诉的权利应明确载于法律，而非如法案最初文本所规定，由学校制定的规章订定。须知就评核提出声明异议及上诉的权利，是对根据法定准则及原则接受评核的教学人员就可能有损其权利的决定作出辩护的必要保障。

第二十二条　质量评语

如本意见书概括性部分所述，法案最初文本对负面评语的后果没有任何规定，引起了委员会的关注。为此，政府在该条新增了一款，订明学校必须向获得“不大满意”及“不满意”评语的教学人员提供专业支持，让其参加进修及培训课程，或重新调整其职务，让其能继续工作。委员会和政府所关注的，一方面是避免获得负面评语的教学人员影响教学素质，但另一方面也不希望教学人员的职业生涯因这些评语而受到影响。现有的第二十二条第二款所提供的方案能响应这些忧虑。

第二十四条　校长的工作表现评核

根据法案的最初文本，校长无须接受工作表现评核。委员会认为所有教学人员包括校长均应接受评核，故法案有需要体现这个立场，并订明由哪个机关或实体评核校长。因此，该条现规定校长的评核由办学实体进行。

第二十五条　中、高层管理人员及教师的工作表现评核

这是新的条文，不仅规定中、高层管理人员的评核，同时亦订明在评核委员会中非担任中、高层管理人员职务的教师所占比例不得少于全体成员的1/3，这在法案的最初文本中是没有适当保障的[①]。对此，委员会希望评核委员会得以均衡地组成，而只有仅担任教育教学职务的教师能有适当的代表，才能达到均衡的目的。

此外，法案在对评核委员会作出规定时，最初也没有考虑学校的规模，即没有考虑因学校的规模而需设立多于一个评核委员会的可能性，同时亦欠缺有关评核委员会成员的评核规范，以及该等成员的回避制度。经与政府讨论这些问题

① 见法案最初文本第二十五条第二款。

后，新增了第二十五条，以规范以上各种事项。

第二十六条　评核规章

本条是从法案最初文本第二十五条独立出来的条文，其最初于第四款规定学校须订定评核规章并向教学人员公布[①]。然而，其行文有欠清晰，亦未对某些事项作出规范。因此，新增了一项专门针对评核规章的条文，并特别规定评核规章应载有被评核人就其所获评核提出声明异议及上诉的权利，以及学校须将评核规章向教学人员公布并向其提供副本一份。

第二十七条　申诉

该条相当于法案最初文本的第二十六条。然而，如本意见书概括性审议部分第5.8点已详细解释，这条的内容有了很大的改变，以加强教学人员在该等事宜上的保障。

第二十八条　卓越表现教师

改善了该条的行文及结构，但没有改变法案原来的理念。

第三十一条　正常授课时间

除幼儿教育教师的正常授课时间如其他教育阶段的教师般改以节课计算外[②]，亦对专门在下午6时至晚上12时任教的教师的授课时间作出规定，这在法案的最初文本是没有载明的。

第三十六条　超时工作和超时授课

这条是法案新增的规定，因超时工作及超时授课的事宜曾载于第三咨询文本，但在提交立法会审议的文本中被删除，现决定将之重新加入法案。相对咨询文本的行文，该条的行文更为完善。

第三十七条　年假

在现行制度下，教学人员享有每年30日的年假，其计算包括每周休息日及公众假期[③]。法案最初文本规定教学人员享有不计算每周休息日及公众假期的20日年假。经谨慎分析现行规定及法案的建议后，发现教学人员的年假日数将减少4天，其中包括2个工作日。这种情况将导致他们的既得权利受损。经与政府商讨后，政府重新考虑了有关问题，并于提交立法会的新文本中规定22日不计算周六、周日及强制性假日的年假，从而保障教师继续享有现行制度赋予的年假日数，尽管计算方式有所不同。

---

① 见法案最初文本第二十五条第四款。

② 在法案最初文本中，幼儿教育教师的授课时间是以时数而非以课节计算的。

③ 3月25日第15/96/M号法令第十二条。

除上述修改外，第二款亦有修订，内容涉及满一个月后的余下时间的计算。根据新增内容的规定，满一个月后的余下时间达 15 日或 15 日以上，教学人员亦享有 1.5 日的有薪年假。

第三十八条　假日与缺勤

该条最初仅对教学人员的缺勤制度作出规定。然而，由于法案没有特别就假日作出规定，故将之加入有关缺勤的条文内，以适用相同的制度。此外，亦修改了最初的行文，以便当《劳动关系法》所定制度比学校章程及合同条款的规定较为有利时，对教学人员适用前者的制度。

第四十条　一般制度①

修改了该条第一款，以规定仅不牟利的私立学校才须保证其收入的 70％或 70％以上必须用于教学人员的报酬及公积金供款的支出。

第三款亦明确了教学人员职级间工资差距的表达方式，让法律的使用者更清楚其内容。

第四十一条　超时工作和超时授课的补偿

一如前述，法案最初文本没有如第三咨询文本般载有任何关于超时工作及超时授课的规定。基于委员会及政府决定将有关内容重新加入法案，本条是相应的新增内容，以规定超时工作及超时授课的补偿方式。由于认为不应另订异于劳工法的特殊制度，故规定超时工作及超时授课的补偿方式以《劳动关系法》为依据，尤其是该制度的第三十七条及第三十八条。

在此需指出，法案的第三咨询文本规定超时工作的额外报酬为正常报酬的 20％，并没有规定因超时工作而享有的有薪额外休息时间②。此外，亦没有规定任何超时授课的额外报酬，对此仅以正常授课的方式给予回报③。

法案现引入的修改，相对其第三咨询文本载有的规定完善得多。根据现在法案第四十一条第一款的规定，有关超时工作及超时授课的报酬，适用《劳动关系法》的规定，这样，如超时工作不论雇员同意与否由雇主预先决定④，又或在《劳动关系法》第三十六条第二款（一）项及（二）项的条件下提供⑤，教学人员有权收取正常报酬 50％的额外报酬。此外，根据《劳动关系法》第三十八条的规定，教学人员尚有权享受有薪额外休息时间。因此，该制度对教学人员颇为

---

① 该条相当于法案最初文本第三十七条。

② 见法案第三咨询文本第三十二条。

③ 见法案第三咨询文本第三十三条第一款。

④ 《劳动关系法》第三十六条第一款（一）项及第三十七条第一款规定，“雇员在上条第一款（一）项规定的情况下提供超时工作，有权收取超时工作的正常报酬，以及 50％的额外报酬。”

⑤ 在发生不可抗力或雇主面临重大损失的情况下，雇主无须征得雇员同意而安排的超时工作。

有利，委员会对此感到十分满意。

第四十二条 年资奖金

由于现行法律规定了一项由学校支付的年资奖金①，如法案不对此作出规定，教学人员便丧失其既得权利，基于这种理解，法案新增了这一条。保留年资奖金有其重要性，有利于教学人员忠诚为学校服务。

第四十三条 教学人员的公积金

虽然政府维持其立法取向，不把第三咨询文本中有关向教学人员公积金拨款的内容加入法案，但委员会仍鼓励政府尽早通过专门法规处理该事宜，并协助和鼓励学校尽快以合理的方式为教学人员设立公积金。因为，很多时候教学人员不受惠于任何能让他们在具尊严条件下过退休生活的公积金制度。在规范的层面上，考虑该等人员曾为特别行政区提供的服务，政府尚应关注教师与学校共同承担的公积金供款额，使之能保障他们有尊严地退休。

第四十四条 免费取得卫生护理

一如在本意见书概括性部分已指出，政府在免费取得卫生护理事宜上的立法原意，是要把未达到工作时数要求的教学人员，按其是否已在职抑或在法律生效后才开始任职作出区分。亦即，在法律生效前已在职的教学人员，继续享有由特别行政区公共医疗机构提供的免费卫生护理；而在法律生效后才开始任职者，则不享有免费卫生护理。政府的这个意向体现在第四十四条第二款，该款把非按第三十条及第三十一条规定提供服务，即未达到工作时数要求的教学人员，排除在享有免费卫生护理者的范围外。这项规定相对现行制度是一种倒退，因现行制度不管提供服务的方式为何，一律确保所有教学人员均享有免费卫生护理。基于委员会的意见，政府就排除未达到工作时数要求的教学人员享有免费卫生护理的立法取向，提出了一个较温和的建议（虽然仍是简单和不足的），有关内容载于第四十四条第六款的规定。据此，未达到工作时数要求的教学人员，如于多所学校任教的总授课节数达到第三十一条规定的下限，仍可享有免费卫生护理②。

在该事宜上还须指出，服务达25年的教学人员，在终止职务后仍可享有免费

① 3月25日第15/96/M号法令第十七条。

② 需指出，政府在这个问题上的政策有所改变，因在讨论《非高等教育制度纲要法》时政府曾向立法会保证，“针对委员会关注的教学人员福利和保障问题，政府响应，迄今为止，教学人员享有免费卫生护理，未来会通过专有法规对此加以规范。同时，为了对教学人员提供更全面的保障，政府会协助和鼓励学校设立退休制度，当然，由于澳门大部分都是私立学校，在教师退休问题上需要学校的配合。但政府强调，无论如何，专有法规一定不会削减教学人员现有的福利及保障。”参阅2006年12月5日第一常设委员会第3/Ⅲ/2006号意见书第12、13页。

卫生护理，直至满 65 岁为止。在这 25 年的时间计算方面，根据法案第四十四条第四款规定，法律生效前未达到工作时数要求而[①]提供的服务时间亦予以计算。在最初提交立法会的文本中，这项规定并不存在，亦即，没有规定未达到工作时数要求所提供的服务时间，可计算在上述的 25 年服务时间之内。因此，对于在法律生效前已在职的教学人员而言，这项新增规定是免费卫生护理制度的另一项改进。

第四十七条　专业发展津贴

因委员会内部及与政府召开会议时所作的分析，发放专业发展津贴的准则有所改变。法案最初文本规定津贴按不同的职级发放[②]，委员会认为学历及师范培训课程同样应在该津贴的发放上产生作用，因提高教学人员素质的法定标的，应在其状况上的各个方面均有所反映。经与政府分析后，政府认为委员会的意见恰当，因而相应修改了发放专业发展津贴的要件，改为按教学人员的学历、是否具备师范培训证明并按所处职级发放。

第四十八条　职权

基于技术性的理由，修改了该条第一款（四）项第（3）分项的行文。

第五十一条　丧失委任

该条第一款新增一项，以规定一些（一）项及（二）项以外的其他丧失委任的理由，例如身故、长期患病等。

此外，亦认为倘出现该条（一）项及（三）项规定的情节，即有教学人员专业委员会成员被法院判罪，或发生任何其他阻碍履行职务的事实时，有需要规定由哪个实体确定有关成员丧失委任。为此，于该条增加了新的第三款。

第六十五条　职级的审核与个人资料的处理

法案最初文本第十九条规定，教学人员职级审核的程序和相关数据的管理方式由行政长官批示订定。这项内容既不符合第 8/2005 号法律《个人资料保护法》，亦违反第 13/2009 号法律《关于订定内部规范的法律制度》。个人资料的处理涉及基本权利，即隐私权，根据第 13/2009 号法律第六条（一）项规定，属立法会法律保留事项，任何行政法规均不得对此作出规范。此外，第 8/2005 号法律关于订定个人资料处理及保护的法律制度规定，任何形式的数据处理均须根据该制度为之，包括资料的互联。就此具体情况，鉴于第 8/2005 号法律第九条第一款的规定，有必要作出规定，授权依法负责处理教学人员个人资料的实体进行上述形式的数据处理。否则，每当有需要进行数据互联时，该等实体必须向负责

① 即非全职的方式。

② 法案最初文本第四十二条。

监察个人数据的收集、储存及使用的公共当局[①]提出请求并取得其许可。基于此，政府修改了法案最初文本第十九条的行文，使之配合《个人资料保护法》的规定。基于系统编列的原因，这个内容置于法案新的第十二章。

第六十七条 现职教学人员的职级

为使内容更为清晰，修改了该条的行文，但没有改变其原文的精神。在此事宜上委员会特别关注第七款的规定，即在法律生效时年满 50 岁且服务时间满 20 年的教学人员，不论在新职程架构的职级配置上，还是在随后职程晋升及发展的晋级上，均不适用学士学位或同等学力及师范培训的要件。也就是说，符合该条规定的年龄及服务时间条件的教学人员，不论晋升至哪个级别、于什么时候晋级，均无须符合学士学位或同等学力及师范培训的要件。

委员会同意这项规定，认为符合澳门实情，同时体现了对教学人员工作经验的重视。

第六十九条 重新任职

法案原来的第二款规定，中学教师重新任职时只能任教于其申请重新任职前所曾任教的科目。随后，在分析法案的过程中，政府认为应更具体订明该规定的范围，故在新文本中规定这些教师仅可教授其停止职务前最后两年所曾任教的科目。通过该修改，重新任教的要件与法案第六十八条有关继续任职的要件相呼应。

第七十二条 权利的保障

这是法案的新增条文，目的是保障教学人员倘有的较有利工作条件。也就是说，若教学人员的工作条件优于法案的规定，在任何情况下均不得因新法的适用而被降低或撤销。

第七十三条 补充法律

该条对《劳动关系法》作一般性的准用，因法案其他条文对劳动法的援引只属个别性质。本条是为了更清楚订明，凡法案未有规定的事宜，即既没有明确规范又没有通过援引劳动法予以规范的事宜，概适用《劳动关系法》。

第七十五条 生效及实施

新法自公布后紧接的学校年度的首日起生效，即于 2012/2013 学校年度开始生效。然而，对于某些事项，法律将有不同的实施时间。这一方面是因为学校需要一定时间配合法律的要求，以及为法律的全面实施创设所需条件，另一方面是因为政府重视教学人员希望能尽早在新职程中获确定职级的要求，让法律的效果能在法律通过后的最短时间内反映在他们的职业生涯中。

---

① 现时的主管实体为个人资料保护办公室。

上述情况，即教学人员一旦被编排在新职级后，便有权按已确定的职级获发专业发展津贴，对此，政府希望津贴的发放能在确定教学人员相应职级后随即进行。基于此，法案第四十七条及第六十七条的规定，尽管与整部法律同步生效，但自法律公布翌月的首日起实施。换言之，就该事项的法律效力，将追溯至法律公布的翌月。

委员会同意政府就该事宜的立法政策取向。

五、法案行文及系统编列的改善

除在系统编列上的改善外，法案尤其是葡萄牙文本的行文亦作了很大幅度的修订。

六、结　　论

经审议和分析法案后，委员会认为：

（1）法案已具备条件提交立法会全体会议作细则性讨论和表决；

（2）建议邀请政府代表列席细则性表决本法案的全体会议，以便提供必要的解释。

2012 年 2 月 20 日于澳门

委员会

陈泽武（主席）
李从正（秘书）
冯志强
崔世昌
吴国昌
黄显辉
陈明金
何少金
麦瑞权

第 76/2012 号社会文化司司长批示 核准专业发展津贴发放规章

社会文化司司长行使《澳门特别行政区基本法》第六十四条赋予的职权，并根据第 6/1999 号行政法规第五条第一款（一）项及第二款、第 123/2009 号行政命令第一款，连同第 3/2012 号法律《非高等教育私立学校教学人员制度框架》第四十七条第三款及第五款的规定，作出本批示。

一、核准载于本批示附件一并作为本批示组成部分的专业发展津贴发放规章。

二、为发放专业发展津贴，不同学历及是否具备相应师范培训情况下第六级教学人员的津贴金额载于作为本批示组成部分的附件二。

三、专业发展津贴相邻职级间的级差载于作为本批示组成部分的附件三。

四、第 66/2004 号社会文化司司长批示订定的直接津贴终止适用于不牟利本地学制私立学校的教学人员，但不影响第 3/2012 号法律《非高等教育私立学校教学人员制度框架》第四十七条第六款规定的适用。

五、本批示自公布翌日起生效，其效力追溯至 2012 年 4 月 1 日。

2012 年 5 月 7 日

社会文化司司长 张裕

附件一　专业发展津贴发放规章

第一条　标的

本规章订定专业发展津贴的发放制度。

第二条　发放对象

专业发展津贴的发放对象为在教育暨青年局登记，任职于澳门特别行政区非高等教育不牟利本地学制私立学校的教学人员。

第三条　发放周期

一、专业发展津贴在每一学校年度，分三期以下列方式发放：

（一）第一期由9月1日至12月31日，于12月内发放；

（二）第二期由1月1日至4月30日，于4月内发放；

（三）第三期由5月1日至8月31日，于8月内发放。

二、教学人员可自各发放津贴月份20日起的首个工作日，在教育暨青年局网页内查询其本人当期津贴发放的数据。

第四条　津贴的计算

一、专业发展津贴按教学人员具有学历的不同及是否具备相应的师范培训订定，并按不同的职级发放。

二、每周工作时间和每周授课时间均未达到第3/2012号法律《非高等教育私立学校教学人员制度框架》第三十条及第三十一条规定的教学人员，其专业发展津贴根据所担任的工作按比例发放。

三、为津贴的计算，教学人员具有的学历或是否具备相应的师范培训的变更，自向教育暨青年局提交相关证明文件的翌月起产生效力。

四、如教学人员于学校年度内晋级，津贴由晋级产生效力时起按新职级计算。

五、在不影响本条第二款的规定下，非于月初开始职务或于月底前终止职务的教学人员，津贴按其于该月份的工作日数的比例发放，其中每日金额为月金额的1/30。

六、在每一学校年度内，津贴自职务起始日发放至该学校年度结束日，但不影响本条第七款及第八款规定的适用。

七、首次登记的教学人员，如在职务起始日起计60日后登记文件才递交至教育暨青年局者，津贴自递交文件之日起算，但基于不可抗力的原因而延迟递交者除外。

八、于学年结束前终止职务的教学人员，其津贴仅发放至终止职务之日。

九、如津贴的计算结果出现小数，小数部分略去不计。

第五条　发放方式

津贴款项通过银行转账形式支付予教学人员指定的澳门特别行政区内的银行账户。

第六条　中止发放

一、在下列情况，津贴中止发放：

（一）丧失报酬的期间，但属合理缺勤者除外；

（二）居民身份证或工作许可续期期间。

二、对于上款（二）项所指的情况，如续期申请获批准，中止期间的津贴可获补发。

第七条　津贴的校正

一、教育暨青年局应依职权或应利害关系人的申请，按照津贴计算的误差，支付不足之数或要求退还不当支付的款项。

二、基于津贴计算误差而提出的补充支付申请，应最迟于津贴所属学校年度结束后 60 日内提出。

第八条　负担

发放专业发展津贴所引致的负担由教育暨青年局的预算支付。

附件二*

不同学历及是否具备相应师范培训情况下第六级教学人员的每月津贴金额见下表。

学历	具学士学位或等同学历		具高等专科学位或等同学历		不具高等学历	
师范培训	具师范培训	不具师范培训	具师范培训	不具师范培训	具师范培训	不具师范培训
代号	X_{LF}	X_{LS}	X_{BF}	X_{BS}	X_{NF}	X_{NS}
金额（澳门元）	6 170	4 930	5 220	4 760	4 210	2 920

* 已更改——请查阅：第 62/2014 号社会文化司司长批示，第 83/2015 号社会文化司司长批示，第 64/2018 号社会文化司司长批示，第 54/2019 号社会文化司司长批示。

附件三

教学人员相邻职级间的津贴级差见下表。

职级	第六级	第五级	第四级	第三级	第二级	第一级
系数	X	$1.1X$	$1.2X$	$1.4X$	$1.6X$	$1.8X$

注：X 的金额根据附件二按不同学历及是否具备相应师范培训确定。

第217/2012号行政长官批示
核准非高等教育私立学校教学人员职级审核的程序

行政长官行使《澳门特别行政区基本法》第五十条赋予的职权，并根据第3/2012号法律《非高等教育私立学校教学人员制度框架》第六十五条第一款的规定，作出本批示。

一、核准作为本批示组成部分的附件，非高等教育私立学校教学人员职级审核的程序。

二、本批示自公布翌日起生效，其效力追溯至2012年4月1日。

2012年8月1日

行政长官 崔世安

附件　非高等教育私立学校教学人员职级审核的程序

第一章　一般规定

第一条　标的

非高等教育私立学校教学人员职级审核程序旨在订定教学人员职级审核的类型、负责实体、正常流程及相关实体须提供的信息。

第二条　职级审核及负责实体

一、职级审核包括：

（一）教学人员的首次入级，包括现职教学人员、重新任职的教学人员及新任职的教学人员；

（二）教学人员的晋级。

二、教学人员的首次入级由教育暨青年局负责。

三、教学人员的晋级，由教育暨青年局根据该人员任职学校所提供的相关信息确认。

第二章　首次入级

第一节　现职教学人员

第三条　初步评级

一、根据第 3/2012 号法律《非高等教育私立学校教学人员制度框架》(以下简称《私框》)第六十七条的规定，应按照教学人员已在教育暨青年局登记的数据，尤其是服务时间以及所具有的学历及师范培训课程资格，确定现职教学人员在该法律生效之日所处的职级。

二、教育暨青年局根据上款的规定初步评定职级后，将结果以书面方式通知教学人员及其任职学校。

三、在教育暨青年局作出通知后，教学人员应自《私框》生效之日起计 180 日内，以书面方式确认上款所指通知的数据。

四、当教学人员认为有关服务时间的计算不正确，或其学历或师范培训课程资格的登记尚未更新，应于上款所指期间内向教育暨青年局申请修改数据，并提供相关的证明文件。

第四条　曾于其他国家或地区任职教学人员

一、曾于其他国家或地区任职教学人员的现职教学人员须自《私框》生效之日起计 180 日内向教育暨青年局提供其曾于该国家或地区任职的证明文件。

二、对于在其他国家或地区任职教学人员的期间，教育暨青年局应听取教学人员专业委员会的意见。

第五条　确定职级

一、教育暨青年局根据第三条及第四条的规定确定现职教学人员的职级，并将结果以书面方式通知教学人员及其任职学校。

二、上款所指通知应载明教学人员的职级及其生效日期，以及倘有的尚余服务时间。

三、倘教学人员未有作出第三条第三款所指确认，又或根据同一条第四款或第四条第一款的规定申请修改数据或提交补充文件，即视为默示确认有关确定职级的资料。

第二节 重新任职的教学人员

第六条 准用

本章第一节的规定经适当配合后适用于《私框》第六十九条所指重新任职的教学人员职级的确定。

第三节 新任职的教学人员

第七条 起点职级的确定

一、新任职的教学人员的起点职级，由教育暨青年局根据《私框》第十四条的规定，按照教学人员的学历、是否具备相应的师范培训课程资格，以及倘有的曾于其他国家或地区任职教学人员的期间予以确定。

二、对曾于其他国家或地区任职的教学人员，教育暨青年局在确定其起点职级前，应听取教学人员专业委员会的意见。

三、上款所指教学人员应自其任职之日起计180日内，向教育暨青年局提供其曾于其他国家或地区任职教学人员的证明文件。

第三章 晋级

第一节 一般规定

第八条 适用范围

本节的规定适用于所有已根据第二章的规定获确定职级的教学人员的晋级，但不包括《私框》第十六条所指的提前晋级。

第九条 向学校提供信息

一、教育暨青年局应于每一学校年度结束前，根据其为教学人员晋级效力所登记的资料，以书面方式通知各学校在该校任职的教学人员中，有可能于下一学校年度内同时符合晋升至较高职级的各项要件的教学人员。

二、上款所指通知应载明教学人员姓名、其服务时间、工作表现评核不低于“满意”的期间及专业发展活动时数，以及该等于下一学校年度尚待满足的要件。

三、倘此次晋级要求学士学位或同等或以上学历，以及教育暨青年局认可的师范培训课程资格，第一款所指通知还应载明该等信息。

四、教育暨青年局应将第二款及第三款所指信息，以书面方式通知教学人员。

五、倘教学人员转换任职学校，当所转任学校为教学人员向教育暨青年局办理重新登记时，教育暨青年局应向该校提供第二款及第三款所指信息。

第十条　向教育暨青年局提供信息

一、为适用上条的规定，于每年 9 月，各学校应在经教学人员本人确认后向教育暨青年局提供下列信息：

（一）上一学校年度教学人员的服务时间；

（二）教学人员截至上一学校年度结束之日的专业发展活动时数及完成相关活动的日期；

（三）上一学校年度教学人员已确定的工作表现评核的评语及其所涵盖的期间。

二、倘教学人员于学校年度结束前离职，学校应于其离职后的 10 个工作日内将该事实连同上款所指信息一并以书面方式通知教育暨青年局。

三、倘就工作表现评核提起申诉，第一款（三）项所指通知应于该工作表现评核结果的最终决定后的 5 个工作日内作出。

第十一条　晋级的确认

一、在不影响下款的规定适用的情况下，各学校应于每年 9 月，以书面方式通知教育暨青年局上一学校年度在该校任职及符合晋级要件的教学人员。

二、倘教学人员于学校年度结束前离职，学校应于其离职后的 10 个工作日内将该事实连同上款所指信息一并以书面方式通知教育暨青年局。

三、上两款所指通知应载明教学人员的晋升级别及其生效日期，以及其已满足第九条第二款及第三款所指尚待满足的要件的信息。

四、各学校应于每年 9 月，将第九条第一款所指通知中未能于上一学校年度内符合晋级要件的教学人员及其尚待满足的要件，以书面方式通知教育暨青年局。

五、教育暨青年局应于收到第一款及第二款所指通知后的 20 个工作日内，对教学人员的晋级进行审核及确认，但不影响下款的规定。

六、教育暨青年局可向学校要求提供其认为必要的信息，以及更正错误。

七、教育暨青年局经审核和确认教学人员的晋级后，以书面方式通知教学人员及其任职学校，其晋升的级别及生效日期。

八、本条所指通知或确认晋级的日期，不影响晋级自符合相关要件翌月之首日起产生效力，尤其在基本工资及专业发展津贴方面的效力。

第二节　提前晋级

第十二条　审批及产生效力

一、教育暨青年局根据《私框》第十六条的规定审议提前晋级申请及作出决定后，以书面方式通知教学人员及其任职学校。

二、倘获批准，提前晋级自教学人员向任职学校提出申请的翌月首日起产生效力，尤其在基本工资及专业发展津贴方面的效力。

第四章　最后规定

第十三条　申诉

就教育暨青年局根据本程序所作的决定，可根据一般规定提出申诉。

第十四条　表格

为良好执行非高等教育私立学校教学人员职级审核的程序所采用的各种表格式样，由教育暨青年局提供。

第147/2012号社会文化司司长批示 订定教学人员专业委员会的运作方式

社会文化司司长行使《澳门特别行政区基本法》第六十四条赋予的职权，并根据第6/1999号行政法规第五条第一款（一）项及第二款、经第29/2011号行政命令修改的第123/2009号行政命令第一款及第3/2012号法律《非高等教育私立学校教学人员制度框架》第五十七条的规定，作出本批示。

一、本批示订定教学人员专业委员会（下称“委员会”）的运作方式。

二、委员会以全体会议和专责小组方式运作。

三、委员会的全体会议分为平常会议和特别会议。

四、平常会议每年召开四次，特别会议由主席提出或应至少1/3成员的要求而召开。

五、全体会议必须在过半数成员出席的情况下，方可运作。

六、会议的决议取决于出席成员以记名方式进行投票的过半数赞同票，且主席的投票具有决定性，但不影响下款规定的适用。

七、为适用第3/2012号法律《非高等教育私立学校教学人员制度框架》第四十八条第一款（一）至（三）项的规定，决议取决于出席成员2/3的赞同票。

八、委员会可议决设立专责小组，负责对委员会交予的事项作研究及跟进，并编制建议书或报告书。

九、专责小组可属常设性质或临时性质，由委员会主席指定不少于三名成员组成，并指定其中一名成员为协调员，负责召集和主持专责小组会议。

十、协调员可邀请对商议事项有认识或有经验的人士列席专责小组会议，但该等人士无表决权。

十一、全体会议和专责小组会议均须缮立会议记录，其内须简述所处理的事情。

十二、委员会及专责小组成员适用10月11日第57/99/M号法令核准的《行政程序法典》第四十六条至第五十三条的规定。

十三、倘委员会处理的事项涉及成员任职的学校，该名成员须回避。

十四、委员会秘书不在、出缺或因故不能视事时，由教育暨青年局指派的另一名工作人员作为替补，该工作人员有权按比例收取每月法定的酬劳。

十五、本批示自 2012 年 9 月 1 日起生效。

2012 年 8 月 2 日

社会文化司司长 张裕

第6/2017号社会文化司司长批示
确认教学人员专业准则

社会文化司司长行使《澳门特别行政区基本法》第六十四条赋予的职权，并根据第6/1999号行政法规《政府部门及实体的组织、职权与运作》第五条第一款（一）项、第112/2014号行政命令第一款，连同第3/2012号法律《非高等教育私立学校教学人员制度框架》第四十八条第二款的规定，作出本批示。

一、确认载于本批示附件并作为本批示组成部分的教学人员专业准则。

二、本批示自2017/2018学校年度之首日起生效。

2017年1月25日

社会文化司司长 谭俊荣

附件　　教学人员专业准则

本准则订定教学人员对自身及对其教育工作的行为规范，维护其专业和社会形象。

一、在教育工作范围内，教学人员应：

（一）树立良好的行为榜样，以育人为本，德育为先的理念培育学生德、智、体、群、美五育均衡发展；

（二）对任教的学习领域或科目不断深化研究，并且按法定的教育目标、课程框架及学生须达到的基本学力要求设计教学计划；

（三）善用教学原理、技巧及方法，理解学生身心发展的普遍性及独特性，课程设计及教学方式须以提升学生的自信和积极性为依归，养成学生终身学习的能力和态度；

（四）善用班级经营技巧，为学生提供良好的学习环境和人际交往平台；

（五）善用多元评量的方式，以客观及科学的方法进行评量，并据此向学生及家长提供及时、准确和有建设性的反馈讯息；

(六)积极提出有利于教育持续发展的专业意见。

二、在师生关系范围内,教学人员应:

(一)平等地对待每个学生,不因国籍、血统、种族、性别、语言、宗教、政治或思想信仰、家庭背景、身心障碍及能力差异等原因而歧视学生;

(二)以学生的全人发展为己任,关注学生的身心健康,培养其正确的价值观;

(三)与学生建立互相信任与尊重的关系,并帮助学生建立良好的同伴关系;

(四)维护学生权益;

(五)认识和了解学生,尊重个体差异,发掘学生的潜能,鼓励学生多元发展,并针对其不同需要,提供适切支持。

三、在伙伴关系范围内,教学人员应:

(一)与同事忠诚合作,尊重个人教育理念,互相分享教育观点和经验;

(二)与家长建立友善的伙伴关系,互相尊重并充分沟通,鼓励其积极参与子女的教育事务;

(三)善用小区资源,推动学校与小区配合,合力营造有助学生身心发展的环境;

(四)致力开拓及维持与其他专业人员、办学团体或专业机构的沟通及合作,促进教育专业的健康发展。

四、就专业态度,要求教学人员:

(一)除具备相关法规所订定的专业资格和能力外,致力提升专业能力和素养,促进教育专业的认受性;

(二)遵守教育专业界别共同承认的行为规范和道德准则,展现良好的品德和公民素养;

(三)遵守法规,支持学校推行教育政策和执行相关的教育法规,切实执行学校领导的工作安排;

(四)回避任何因职务关系而可能获得的不当利益;

(五)持续检视并调整自身的生涯规划,积极参与在职培训和教研活动;

(六)慎重处理及尊重教育工作中所有持分者的隐私。

五、在个人发展范围内,教学人员应:

(一)履行良好公民的义务,积极参与和专业及社会相关的公益活动;

(二)反思教学实践,积极配合法规对专业发展的要求;

(三)响应社会对教育发展的期望,提升教学专业能力。

第88/2018号社会文化司司长批示确认教学人员专业发展活动时数的审核准则

社会文化司司长行使《澳门特别行政区基本法》第六十四条赋予的职权，并根据第6/1999号行政法规《政府部门及实体的组织、职权与运作》第五条第一款（一）项、第3/2012号法律《非高等教育私立学校教学人员制度框架》第四十八条第一款（二）项及第二款的规定，作出本批示。

一、确认载于本批示附件并作为本批示组成部分的教学人员专业发展活动时数的审核准则。

二、上款所指的准则适用于本批示生效日起，在教育暨青年局首次登记的教学人员，但不影响下款规定的适用。

三、对于在本批示生效日前已在教育暨青年局登记的教学人员，仅在其晋升至所处职级紧接的较高职级后，才适用第一款所指的准则。

四、本批示自2018/2019学校年度的首日起生效。

2018年7月10日

社会文化司司长 谭俊荣

附件　　教学人员专业发展活动时数的审核准则

由于根据第3/2012号法律《非高等教育私立学校教学人员制度框架》第四十六条第二款的规定，教学人员的专业发展活动时数是按照该法律第十五条及第十六条规定作为晋级的考虑因素，故本准则订定与教学人员专业发展活动时数审核及计算有关规定。

一、机构开办或组织的教学人员专业发展活动所占的时数百分比

教学人员参加以下机构开办或组织的教学人员专业发展活动的时数占第3/2012号法律第十五条及第十六条规定所指在所任职级须完成的专业发展活动时数的百分比如下。

专业发展活动的类别	开办或组织机构	占须完成的专业发展活动时数的百分比
第一类别	1.教育暨青年局开办或组织	30%～70%
	2.教育暨青年局与其他机构共同开办或组织	
第二类别	1.教学人员任职的学校开办或组织	第一类别的百分比与100%之差
	2.教学人员任职的学校与其他机构(不包括教育暨青年局)共同开办或组织	
	3.其他机构(不包括教育暨青年局和教学人员任职的学校)开办或组织	

二、专业发展活动的类型

专业发展活动的类型包括培训课程、讲座、研讨会、工作坊、学习交流活动。

三、专业发展活动的要件

（一）为根据第3/2012号法律第十五条及第十六条规定晋级而计算的专业发展活动时数，仅考虑同时符合以下要件的教学人员专业发展活动：

（1）有助教学人员在学校及课程发展、班务管理及学生支持、教学实施、教育工作、师生关系、伙伴关系、专业态度或个人发展等各个方面的提升；

（2）与教学人员获学校安排或计划安排的教学职务相关，或与取得教学人员任职资格相关。

（二）如活动通过网上或远距离方式进行，活动须设有评核，且不影响上项规定的适用。

（三）为晋级的效力，仅在本准则生效后教学人员在其所属职级内完成的专业发展活动方视为有效。

四、教学人员的义务

（一）教学人员应按活动的要求完成活动，并在倘有的评核取得合格；

（二）如教学人员参与非教育暨青年局或非其任职学校开办或组织的专业发展活动，须提交载有活动总时数及完成日期的文件。

五、教学人员专业委员会的意见

（一）如教学人员不同意学校审核及计算的专业发展活动时数结果，可通过教育暨青年局向教学人员专业委员会索取意见；

（二）教育暨青年局须将教学人员专业委员会的意见通知教学人员及学校的办学实体。

六、补充性规则

执行本准则所需的补充性规则由教学人员专业委员会订定，并由监督教育范畴的司长认可。

第102/2006号行政长官批示
设立《课程改革及发展委员会》

行政长官行使《澳门特别行政区基本法》第五十条赋予的职权，作出本批示。

一、设立《课程改革及发展委员会》，葡萄牙文缩写为CRDC。

二、课程改革及发展委员会旨在按照教育范畴既定的总目标，构思、规划、执行及评估非高等教育各级别的课程组织新总框架及其相关标准。

三、课程改革及发展委员会有下列职责：

（一）就非高等教育各级别的课程组织新总框架的制定，推动研究进行；

（二）按照政府的指引，订定及提出课程组织总框架的构思和确立应遵照的指导性方针；

（三）制订课程组织总框架发展计划；

（四）订定课程组织新总框架的执行和落实的策略，以及有关标准；

（五）在落实课程组织的新总框架的过程中，与澳门特别行政区的教育机构合作；

（六）就落实课程组织的新总框架后取得的成果，协调相关的定性程序及持续综合评估；

（七）就改良及发展课程组织新总框架的相关行为，对标准及规范提出意见及建议；

（八）在进行评估后，倘认为有需要，指导制作法规草案。

四、课程改革及发展委员会隶属于社会文化司司长，并在其指导下运作，由下列人士组成：

（一）教育暨青年局局长，并由其任主席；

（二）教育暨青年局负责领导教育研究暨资源厅的副局长。

五、课程改革及发展委员会为实现其宗旨，在主席建议下，可向其他部门要求派驻或征用人员，还可根据经12月21日第87/89/M号法令核准的《澳门公共行政工作人员通则》第二十一条的规定或通过订立包工合同聘用人员。

六、课程改革及发展委员会可加入属常设性质或临时性质的专责小组委员会。

七、专责小组委员会的权限、运作期限和运作方式由课程改革及发展委员会订定。

八、因工作需要，社会文化司司长可以许可在教育范畴有公认功绩的人士参加会议。

九、上款所指的人士将根据12月21日第87/89/M号法令核准的《澳门公共行政工作人员通则》第二百一十五条第五款规定获发放出席费。

十、根据上款规定而发放的出席费，须经社会文化司司长许可。

十一、课程改革及发展委员会在运作上所需的后勤、行政及技术辅助，由教育暨青年局的预算承担。

十二、本批示自公布翌日起生效。

2006年4月20日

行政长官 何厚铧

澳门特别行政区
第15/2014号行政法规
本地学制正规教育课程框架

行政长官根据《澳门特别行政区基本法》第五十条（五）项及第9/2006号法律《非高等教育制度纲要法》第二十二条第二款的规定，经征询行政会的意见，制定本补充性行政法规。

第一条　标的

一、本行政法规制定本地学制正规教育的幼儿教育、小学教育、初中教育及高中教育各阶段的课程框架，但不影响下款规定的适用。

二、职业技术教育及特殊教育的课程由专有法规制定。

第二条　适用范围

本行政法规适用于第9/2006号法律《非高等教育制度纲要法》第三十六条所指的公立学校，以及该条第三款（一）项所指的本地学制私立学校。

第三条　定义

为适用本行政法规的规定，下列用语的含义为：

（一）“正规教育课程框架”是指由政府所制定的正规教育的幼儿教育、小学教育、初中教育及高中教育课程的基本架构，其内容主要包括课程发展准则、学习领域的划分、教育活动时间的安排，小学教育、初中教育及高中教育阶段尚包括主要科目的设置。

（二）“半学日”是指学校在午膳时间前或后提供教育活动不少于70分钟，但在每学期末或每段末的考试或评核日则除外。

（三）“一学日”是指学校在午膳时间前及后提供教育活动各不少于70分钟，但在每学期末或每段末的考试或评核日及其他教育活动日则除外；每个考试或评核日，不论其时间长短均视为一学日；其他教育活动日如在一日中达70分钟或

70 分钟以上者，亦视为一学日。

（四）“教育活动”是指由学校按预定计划组织的、教育者及学生共同参与的、旨在促进学生身心发展的活动，包括教学活动、余暇活动及其他教育活动。

（五）“教学活动”是指教育者按照一定的教学目的及教学计划，通过有关的教学内容及教学方法，指导学生学习知识，发展能力，养成良好的态度及价值观的教育活动，主要包括课堂教学及考试或评核。

（六）“余暇活动”是指教学活动以外的另一类教育活动，旨在根据不同基础的学生的需要，充分发展其潜能、个性及各种有益的兴趣，促进其全人发展及自我实现。

（七）“其他教育活动”是指教学活动及余暇活动以外的教育活动。

（八）“学习辅助措施”是指由学校在教育活动时间内所开展的、旨在帮助学生克服学习上的困难及帮助其充分发展的一系列活动。

第四条　幼儿教育课程发展准则

一、幼儿教育课程旨在促使幼儿达到第 9/2006 号法律《非高等教育制度纲要法》第七条第一款所定的目标。

二、为适用上款的规定，政府、学校及教师发展幼儿教育课程时尤须注意下列事项：

（一）为幼儿提供全面的、启蒙性的教育；

（二）课程须切合幼儿身心发展的规律及其学习特点；

（三）关注各幼儿在体格、认知发展及社会文化背景等方面的差异及其教育需要；

（四）重视课程内容的综合；

（五）善用幼儿的好奇心及生活认知，促使其主动学习；

（六）以游戏为基本的学习活动方式；

（七）坚持保育与教育相结合。

第五条　小学教育课程发展准则

一、小学教育课程旨在促使学生达到第 9/2006 号法律《非高等教育制度纲要法》第八条第一款所定的目标。

二、为适用上款的规定，政府、学校及教师发展小学教育课程时尤须注意下列事项：

（一）帮助学生获得全面、均衡及多元化的学习经验，促进其全人发展，培养学生的终身学习能力；

（二）课程须切合学生的年龄特点及其身心发展规律；

（三）关顾学生的个别差异及其教育需要，让学生的潜能及个性得以充分发展；

（四）重视课程内容的整合及科目的相互渗透；

（五）善用学生的生活经验，促进其主动学习；

（六）重视小学教育阶段与幼儿教育阶段及初中教育阶段的课程衔接。

第六条　初中教育课程发展准则

一、初中教育课程旨在促使学生达到第9/2006号法律《非高等教育制度纲要法》第九条第一款所定的目标。

二、为适用上款的规定，政府、学校及教师发展初中教育课程时尤须注意下列事项：

（一）善用各种学习环境，组织多元化的活动，帮助学生获得全面、均衡及多元化的学习经验，促进学生全人发展，培养其终身学习能力；

（二）课程须切合学生的年龄特点及其身心发展规律；

（三）关注学生的个别差异及其教育需要；

（四）提升学生的身心素质，尤其是心理素质，增强其抵御不良影响及承受挫折的能力，促进其健康发展；

（五）提升学生的沟通、协作能力及独立学习的能力；

（六）为学生提供参与社会实践的机会，培养其社会实践的能力及兴趣，发展学生的生涯规划能力；

（七）重视初中教育阶段与小学教育阶段及高中教育阶段的课程衔接。

第七条　高中教育课程发展准则

一、高中教育课程旨在促使学生达到第9/2006号法律《非高等教育制度纲要法》第十条第一款所定的目标。

二、为适用上款的规定，政府、学校及教师发展高中教育课程时尤须注意下列事项：

（一）拓宽学生的知识基础，为其提供多元化的课程，让学生有更多的选择机会，以配合不同学生的志向及兴趣；

（二）促进学生全人发展，培养其终身学习能力；

（三）课程须切合学生的年龄特点及身心发展规律；

（四）关注学生的个别差异及其教育需要；

（五）培养学生正面的价值观及态度，提升其生涯规划能力，为其接受高等教育、就业及未来的发展奠定基础；

（六）鼓励学生积极参与社会实践，提升其公民意识及能力；

（七）重视高中教育阶段与初中教育阶段的课程衔接。

第八条　学习领域及科目

一、学习领域的设立，旨在促进课程统整，确保学生在各教育阶段获得多元化、均衡及完整的学习经验，以促进其全人发展。

二、学校须确保幼儿教育课程至少涵盖下列学习领域：

（一）健康与体育；

（二）语言；

（三）个人、社会与人文；

（四）数学与科学；

（五）艺术。

三、学校须确保小学教育、初中教育及高中教育课程至少涵盖下列学习领域：

（一）语言与文学；

（二）数学；

（三）个人、社会与人文；

（四）科学与科技；

（五）体育与健康；

（六）艺术。

四、学校可根据学生的学习及发展需要以及澳门特别行政区的发展需要：

（一）在幼儿教育阶段设计跨学习领域的综合性的学习主题及单元；

（二）在小学教育阶段、初中教育阶段及高中教育阶段的各学习领域内设置一个或一个以上的科目，亦可设置跨学习领域或跨学科的综合性科目，为学生提供全面、均衡的课程。

五、学校须在高中教育阶段开设选修课程，选修科目应尽可能多样化，并可包括语言、社会与人文及经济类科目、数学及自然科学类科目、体育及艺术类科目、技能导向教育科目。

六、学校应尽可能让高中教育阶段的学生根据个人的兴趣及未来升读高等教育课程或就业的需要，选修上款所指的某一类科目，亦可同时选修不同类别的科目。

七、在遵守相应教育阶段的课程发展准则，以及确保学生达到基本学力要求的前提下，经教育暨青年局预先批准，学校可修改附表二、附表三及附表四中所定的科目。

第九条　学校年度及教育与教学活动时间

一、学校年度是指每年 9 月 1 日至翌年 8 月 31 日。

二、在每个学校年度，学校实际进行教育活动的总时间不得少于 195 学日，但不影响下款规定的适用。

三、在遵守相应教育阶段的课程发展准则及教育活动总时间的前提下，小学教育六年级、初中教育三年级及高中教育三年级不受上款所指的学日数目限制。

四、在相邻的两节课之间，须为学生安排适当的休息时间。

五、在小学教育、初中教育及高中教育各阶段，学校须确保学生每周进行体育运动的时间不少于 150 分钟，但在每学期末或每段末的考试或评核周则除外。

六、上款所指的体育运动时间包括课程计划表中“体育与健康”的教学活动时间。

七、幼儿教育、小学教育、初中教育及高中教育各阶段的教育与教学活动时间的上限及下限，分别载于作为本行政法规组成部分的附表一、附表二、附表三及附表四。

第十条　余暇活动

一、小学教育、初中教育及高中教育各阶段的学生均须参加余暇活动，学校须确保有关的余暇活动分别符合附表二、附表三及附表四的规定，并保证学生选择参加不同种类余暇活动的可能性。

二、余暇活动可由学校组织及安排，亦可由学校与校外其他机构协作举办。

三、学校应调用各种合适及必需的教育资源，以开设多样化的余暇活动，并指导学生自主选择有关活动。

四、学校须制定余暇活动的目标及计划，并将余暇活动列于学校年度教育活动计划内。

五、学校须制定余暇活动的评核准则，并对学生参加余暇活动的情况作出评核及记录。

六、学生参加余暇活动的评核结果不得作为学生升级、留级的依据。

第十一条　学校的课程开发

一、在遵守本行政法规的规定及基本学力要求的前提下，学校可自主开发其课程，尤其就下列各方面作出决定：

（一）学校的课程目标；

（二）各年级课程的结构，包括教育活动时间的规定，幼儿教育阶段教学主题、单元的设立及时间安排，小学教育、初中教育及高中教育各阶段各学习领域内的科目及余暇活动的设置及时间安排，以及教学活动及余暇活动以外的其他教育活动的设置及时间安排，尤其是举办专门的艺术教育活动、文化教育活动、社会实践活动、营会及运动会；

（三）学生须达到的学力要求；

（四）具体的教学内容、教学活动、余暇活动的方式及教学进度；

（五）幼儿教育阶段保育措施的安排；

（六）教材的选用、改编或开发；

（七）课程评核的方式及准则；

（八）校历表。

二、学校的课程开发应重视及体现学校的教育理念及办学特色，并回应学生及社会的发展需要。

第十二条　学习辅助措施

一、学校应采取学习辅助措施，辅助学习有困难或能力不足的学生，以及应支持学有余力或具特长的学生。

二、学校应根据学生的需要，采取灵活及多样的学习辅助措施，尤其是下列措施：

（一）集体或个别的辅导活动，其目的是解决学生学习上的问题及辅助其完成作业；

（二）向学生提供指导及学习建议的计划；

（三）善用课余时间的特别计划；

（四）选择性课程，使用具针对性的教学策略，或对课程内容、课时及教学空间作不同的安排；

（五）具针对性的课程资源，包括以信息技术为载体的课程资源。

三、为执行学习辅助措施，学校在有需要时可请求与公共实体合作。

四、学校所采取的各类学习辅助措施，应根据学生的学习规律安排在学年教育活动期间进行。

五、学校的教学领导机关应定期对所采取的学习辅助措施的成效作总结性评核。

第十三条　课程实施中教师的安排与组织

一、教师的安排与组织应考虑课程计划及学生的需要，以保障和促进学生学习以及教育的成功。

二、学校可按年级、班别、学习领域、科目或课程进度安排及组织教师。

三、在不影响专门学习领域或科目教师队伍的设立的情况下，安排与组织幼儿教育及小学教育阶段的教师时，应确保教学活动的全面性及活动的良好组织。

四、在确保综合教育及对多科目知识的探讨的前提下，在初中教育及高中教育阶段，学校应尽可能确保以一位教师教授一个科目或负责一个学习领域的方式开展教学活动。

第十四条　学校课程评核

一、学校课程评核的目的如下：

（一）检视课程编制的合理性及课程管理的有效性，以促进学校的课程发展，提升教师的课程素养；

（二）检视课程实施及学生学习的成效，提升教学质量。

二、学校课程评核应以相关教育阶段的课程框架及基本学力要求为依据。

三、学校课程评核借学校所进行的内部评核，以及校外实体所进行的外部评核而作出。

第十五条　废止

一、自 2014/2015 学校年度之首日起，废止七月十八日第 38/94/M 号法令的第二条。

二、自 2017/2018 学校年度之首日起，废止七月十八日第 38/94/M 号法令的第一条、第三条至第六条、第十二条及第十三条。

三、自 2019/2020 学校年度之首日起，废止下列规定：

（一）7 月 18 日第 38/94/M 号法令的第八条、第十条及第十四条；

（二）7 月 18 日第 39/94/M 号法令的第一条至第五条；

（三）11 月 10 日第 46/97/M 号法令的第一条至第七条；

（四）7 月 22 日第 18/SAAEJ/93 号批示；

（五）5 月 25 日第 19/SAAEJ/99 号批示的第二款至第四款、附件的第一款至第三款、第五款、第六款及第九款。

第十六条　生效及实施

一、本行政法规自公布翌日起生效，但不影响以下数款规定的适用。

二、第九条第一款至第三款的规定，自 2014/2015 学校年度之首日起在各教育阶段的所有年级实施。

三、第四条至第八条、第九条第四款至第七款、第十条至第十四条分别按下列规定在各教育阶段实施：

（一）自2015/2016学校年度之首日起在幼儿教育阶段各年级实施；

（二）自2016/2017学校年度之首日起在小学教育阶段一至三年级实施，并自二零一七/二零一八学校年度之首日起在小学教育阶段各年级实施；

（三）自2017/2018学校年度之首日起在初中教育阶段一年级实施，并逐年向上延伸一个年级；

（四）自2017/2018学校年度之首日起在高中教育阶段一年级实施，并逐年向上延伸一个年级。

2014年5月9日制定。

命令公布。

行政长官 崔世安

附表一　幼儿教育课程计划表（第九条第七款所指者）

<table>
<tr><td colspan="4">一至三年级</td></tr>
<tr><td rowspan="6">教学活动</td><td>学习领域[1]</td><td>每周的教育活动时间[2]（分钟）</td><td>幼儿教育阶段的教育活动总时间[3]（分钟）</td></tr>
<tr><td>健康与体育</td><td rowspan="6">1 200～1 650</td><td rowspan="6">140 400～193 050</td></tr>
<tr><td>语言[4]</td></tr>
<tr><td>个人、社会与人文</td></tr>
<tr><td>数学与科学</td></tr>
<tr><td>艺术</td></tr>
<tr><td colspan="2">非教学活动[5]</td></tr>
</table>

说明：

1. 学校可设计跨学习领域的综合性的学习主题及单元。
2. 教育活动时间不包括午膳及午睡时间。
3. 幼儿教育阶段每周的教学活动时间不得多于900分钟，而每节课最少25分钟，最多40分钟。
4. 在幼儿教育一年级不得包含写字教学。
5. 学校可根据其需要，在本附表所规定的时间外开办余暇活动。

附表二　小学教育课程计划表（第九条第七款所指者）

<table>
<tr><td colspan="6">一至六年级</td></tr>
<tr><td rowspan="11">教学活动</td><td>学习领域</td><td>科目</td><td>小学教育阶段各科目的教学活动时间[1]（分钟）</td><td>每周的教学活动时间[1]（分钟）</td><td>小学教育阶段的教学活动总时间[1]（分钟）</td></tr>
<tr><td rowspan="2">语言与文学</td><td>第一语言[2]（教学语言）</td><td>49 920～83 200</td><td rowspan="10">1 080～1 400</td><td rowspan="10">224 640～291 200</td></tr>
<tr><td>第二语言[3]</td><td>41 600～58 240</td></tr>
<tr><td>数学</td><td>数学</td><td>33 280～49 920</td></tr>
<tr><td rowspan="2">个人、社会与人文</td><td>品德与公民</td><td>不少于 8 320</td></tr>
<tr><td rowspan="2">常识</td><td rowspan="2">不少于 33 280</td></tr>
<tr><td rowspan="2">科学与科技</td></tr>
<tr><td>信息科技</td><td>不少于 8 320</td></tr>
<tr><td>体育与健康</td><td>体育与健康[4]</td><td>不少于 16 640</td></tr>
<tr><td>艺术[5]</td><td>艺术</td><td>不少于 33 280</td></tr>
<tr><td colspan="2">其他科目[6]</td><td>0～66 560</td></tr>
<tr><td colspan="3">余暇活动</td><td colspan="3">小学教育阶段不得少于 14 240 分钟</td></tr>
<tr><td colspan="3">其他教育活动</td><td colspan="3">教学活动及余暇活动以外的教育活动[7]</td></tr>
</table>

说明：

1. 教学活动时间不包括每学期末或每段末的考试时间，而每节课最少 35 分钟，最多 45 分钟。

2. 如为“中文”，须包括普通话。

3. 如为“中文”，可包括普通话。

4. “体育与健康”每周教学活动时间不得少于 70 分钟。

5. 学校可在此学习领域设置综合的“艺术”科目，亦可设置分科的“视觉艺术”及“音乐”科目，且可包括“舞蹈”及“戏剧”科目。

6. 学校可根据其教育理念及办学特色，以及社会及学生发展的需要，增设本附表所列科目以外的一个或多个科目，尤其是体现课程内容整合及科目间相互渗透的科目。该等科目可涉及本附表内所列的一个或多个学习领域，但不得与已列出的科目相同。

7. 如专门的艺术、文化教育活动、社会实践活动、营会、运动会、校庆活动、开学礼、结业礼、毕业礼、联欢活动等。学校可自主决定及安排其各学校年度的其他教育活动时间，但应注意有关安排的合理性，关注与教学活动及余暇活动的时间安排的协调性。

附表三　初中教育课程计划表（第九条第七款所指者）

<table>
<tr><td colspan="6">一至三年级</td></tr>
<tr><td rowspan="11">教学活动</td><td>学习领域</td><td>科目</td><td>初中教育阶段各科目的教学活动时间[1]（分钟）</td><td>每周的教学活动时间[1]（分钟）</td><td>初中教育阶段的教学活动总时间[1]（分钟）</td></tr>
<tr><td rowspan="2">语言与文学</td><td>第一语言[2]（教学语言）</td><td>20 600～37 080</td><td rowspan="10">1 120～1 600</td><td rowspan="10">115 360～164 800</td></tr>
<tr><td>第二语言[3]</td><td>20 600～37 080</td></tr>
<tr><td>数学</td><td>数学</td><td>20 600～28 840</td></tr>
<tr><td rowspan="2">个人、社会与人文</td><td>品德与公民</td><td>不少于 8 240</td></tr>
<tr><td>社会与人文[4]</td><td>不少于 12 360</td></tr>
<tr><td rowspan="2">科学与科技</td><td>自然科学[4]</td><td>不少于 12 360</td></tr>
<tr><td>资讯科技</td><td>不少于 4 120</td></tr>
<tr><td>体育与健康</td><td>体育与健康[5]</td><td>不少于 8 240</td></tr>
<tr><td>艺术[6]</td><td>艺术</td><td>不少于 8 240</td></tr>
<tr><td colspan="2">其他科目[7]</td><td>0～49 440</td></tr>
<tr><td colspan="3">余暇活动</td><td colspan="3">初中教育阶段不得少于 7 040 分钟</td></tr>
<tr><td colspan="3">其他教育活动</td><td colspan="3">教学活动及余暇活动以外的教育活动[8]</td></tr>
</table>

说明：

1. 教学活动时间不包括每学期末或每段末的考试时间，而每节课最少 35 分钟，最多 45 分钟。

2. 如为“中文”，须包括普通话。

3. 如为“中文”，可包括普通话。

4. 学校可设置综合的“社会与人文”及“自然科学”科目，亦可设置分科的“历史”“地理”“生物”“物理”及“化学”等科目。

5. “体育与健康”每周教学活动时间不得少于 70 分钟。

6. 学校可在此学习领域设置综合的“艺术”科目，亦可设置分科的“视觉艺术”及“音乐”科目，且可包括“舞蹈”及“戏剧”科目。

7. 学校可根据其教育理念及办学特色，以及社会及学生发展的需要，增设本附表所列科目以外的一个或多个科目，尤其是体现课程内容整合及科目间相互渗透的科目。该等科目可列为必修或选修科目，且可涉及本附表内所列的一个或多个学习领域，但不得与已列出的科目相同。

8. 如专门的艺术、文化教育活动、社会实践活动、营会、运动会、校庆活动、开学典礼、结业典礼、毕业典礼、联欢活动等。学校可自主决定及安排其各学校年度的其他教育活动时间，但应注意有关安排的合理性，关注与教学活动及余暇活动的时间安排的协调性。

附表四　高中教育课程计划表（第九条第七款所指者）

<table>
<tr><td colspan="7">一至三年级</td></tr>
<tr><td rowspan="12">教学活动</td><td colspan="2">学习领域</td><td>科目</td><td>高中教育阶段各科目的教学活动时间[1]（分钟）</td><td>每周的教学活动时间[1]（分钟）</td><td>高中教育阶段的教学活动总时间[1]（分钟）</td></tr>
<tr><td rowspan="10">必修</td><td rowspan="2">语言与文学</td><td>第一语言[2]（教学语言）</td><td>18 600～26 040</td><td rowspan="11">1 200～1 720</td><td rowspan="11">111 600～159 960</td></tr>
<tr><td>第二语言[3]</td><td>18 600～26 040</td></tr>
<tr><td>数学</td><td>数学</td><td>14 880～26 040</td></tr>
<tr><td rowspan="2">个人、社会与人文</td><td>品德与公民</td><td>不少于 3 720</td></tr>
<tr><td>社会与人文[4]</td><td>不少于 5 600</td></tr>
<tr><td rowspan="2">科学与科技</td><td>自然科学[4]</td><td>不少于 5 600</td></tr>
<tr><td>资讯科技</td><td>不少于 3 720</td></tr>
<tr><td>体育与健康</td><td>体育与健康[5]</td><td>不少于 7 440</td></tr>
<tr><td>艺术[6]</td><td>艺术</td><td>不少于 5 600</td></tr>
<tr><td colspan="2">其他科目[7]</td><td>0～48 360</td></tr>
<tr><td>选修[8]</td><td colspan="2">语言、社会与人文及经济类科目；数学及自然科学类科目；体育及艺术类科目；技能导向教育科目</td><td>不少于 27 840</td></tr>
<tr><td colspan="3">余暇活动</td><td colspan="4">高中教育阶段不得少于 6 240 分钟</td></tr>
<tr><td colspan="3">其他教育活动</td><td colspan="4">教学活动及余暇活动以外的教育活动[9]</td></tr>
</table>

说明：

1. 教学活动时间不包括每学期末或每段末的考试时间，而每节课最少 35 分钟，最多 45 分钟。

2. 如为“中文”，须包括普通话。

3. 如为“中文”，可包括普通话。

4. 学校可设置综合的“社会与人文”及“自然科学”课程，亦可设置相关的分科课程。

5. “体育与健康”每周教学活动时间不得少于 70 分钟。

6. 学校可在此学习领域设置综合的“艺术”科目，亦可设置分科的“视觉艺术”及“音乐”科目，且可包括“舞蹈”及“戏剧”科目。

7. 学校可根据其教育理念及办学特色，以及社会及学生发展的需要，增设本附表所列科目以外的一个或多个科目,尤其是体现课程内容整合及科目间相互渗透的科目。该等科目可涉及本附表内所列的一个或多个学习领域,但不得与已列出的科目相同。

8.学校可根据学生未来升读高等教育课程或就业的需要及学生的个人兴趣,开设属于本附表“选修”栏目所列类别或跨类别的科目,供学生选修。

9.如专门的艺术、文化教育活动、社会实践活动、营会、运动会、校庆活动、开学礼、结业礼、毕业礼、联欢活动等。学校可自主决定及安排其各学校年度的其他教育活动时间,但应注意有关安排的合理性,关注与教学活动及余暇活动的时间安排的协调性。

附录一　《正规教育课程框架》重点解说

教育暨青年局

2010 年 7 月

1. 制定课程框架行政法规是澳门教育发展的需要

自特别行政区政府成立以来，澳门的经济、政治、文化和社会等方面发生了巨大变化，其快速发展对于澳门居民的整体素质提升和人才培养提出了许多新的要求，教育须回应时代发展的需要及人的发展的诉求。为此，特别行政区政府正全力推动教育改革。

课程品质影响教育的整体质量，历来是世界各地教育改革的核心，课程与教学的改进已经成为今后一段时间澳门教育发展的关键。

借鉴国外及邻近地区课程改革的经验，检视澳门现行课程发展的优势及有待改进之处，有必要在继续保持学校课程多元化的同时，持续提升教与学的效能，以全人发展的教育理念统整学校课程、设置科目，科学安排教育活动时间，以保障师生的身心健康。

澳门现行有关正规教育的三个课程组织法令（第 38/94/M 号法令、第 39/94/M 号法令和第 46/97/M 号法令）是分别于 1994 年和 1997 年颁布、实施的，距今已有 10 多年了，有必要根据澳门教育的现况和未来发展的需要进行修订。为此，根据《非高等教育制度纲要法》的规定，政府开始修订现行的课程法令，制定《正规教育课程框架》行政法规。

2.《正规教育课程框架》改革、调整的重点

（1）整体规划正规教育课程，并凸显各教育阶段特点。

修订现行三个课程法令（第 38/94/M 号法令、第 39/94/M 号法令、第 46/97/M 号法令），并整合为一个《正规教育课程框架》行政法规，以便整体规划各教育阶段的课程，同时凸显各教育阶段课程的特点。

新修订的《正规教育课程框架》包括正规教育之幼儿教育阶段、小学教育阶段、初中教育阶段和高中教育阶段的课程框架，但职业技术教育的课程框架另由法规制定，特殊教育的课程由特殊教育制度的法规制定。《正规教育课程框架》适用于公立学校和本地学制的私立学校。

《正规教育课程框架》把促进学生全人发展，培养终身学习能力的教育理念

贯穿于各教育阶段的课程中，强调遵循各教育阶段学生的年龄特点和身心发展规律，关注学生的个别差异及其不同的教育需求，重视各教育阶段课程的衔接，在此基础上，凸显各教育阶段课程发展的特点。幼儿教育阶段强调启蒙性的教育特点、保育与教育相结合、课程内容的综合性以及以游戏为基本的学习活动方式，从保障幼儿身心发展出发，为避免幼儿教育小学化的倾向，明确规定幼儿教育一年级不得要求学生学习写字；小学教育阶段强调奠基性的教育特点，尤其重视学生潜能和个性的充分发展以及主动学习习惯的养成教育；初中教育阶段从初中生的身心发展特点和需要出发，强调提升其身心素质，尤其是心理素质的教育，重视培养学生的批判思考能力、沟通与协作能力以及独立学习能力；高中教育阶段应尤其加强课程的选择性，特别强调生涯发展教育和公民教育。

（2）适当延长学日数，同时减少每周课时。

科学规划教育活动时间，适当延长每学校年度的学日数，同时适当减少每周上课时数。

学日是指学校的教育活动日，新修订的建议中增加了半学日的概念，一日内只在13时之前或13时之后提供教育活动的视为半学日，同时在13时之前和13时之后提供教育活动的视为一学日，但每学期末或每段末的考试日不受上述规定的限制，每个考试日均可视为一学日。

每学年学校所开展的教育活动主要包括教学活动（其中包括考试）、余暇活动、保育活动（幼儿教育阶段）以及其他教育活动（例如校运会、典礼仪式、国防教育营、艺术教育计划、周会等）。

每学校年度教育活动日数的下限拟由现行的180学日延长至195学日（小学教育六年级、初中教育三年级和高中教育三年级可不受上述学日数目的限制），而每周上课时数将做如下调整：幼儿教育阶段一、二年级的课时上限由900分钟减少至800分钟，三年级的课时上限由1 190分钟减少至900分钟；小学教育阶段的课时上限（包括辅助课程）由一至四年级的1 710分钟和五至六年级的1 800分钟减少至1 440分钟（其中科目课时为1 360分钟，余暇活动平均每周至少80分钟）；初中教育阶段的课时上限（包括辅助课程）由1 850分钟减少至1 600分钟（其中科目课时为1 520分钟，余暇活动平均每周至少80分钟）；高中教育阶段的课时上限（包括辅助课程）由1 800分钟减少至1 680分钟（其中科目课时为1 600分钟，余暇活动平均每周至少80分钟）。同时调整了初中每节课的时间规定（由现行的35～50分钟调整至40～45分钟），以便与高中教育阶段及《私立学校教学人员制度框架》等相关规定保持一致。

如此调整的目的是让学生有足够时间消化当天所学的内容，积累学习经验，同时有更多时间参加余暇活动，发展他们的潜能、兴趣、爱好和专长；亦让教师有更充裕的时间及时为学生提供必要的辅导，以及进行课后反思、备课和参与教研活动，缓解教师和学生的压力，保障师生的身心健康，提升教与学的效能。

（3）立足全人发展，为学生提供全面、均衡、多元的课程。

立足全人发展的改革理念，适当调整课程设置，为学生提供全面、均衡而又多元的课程。

- 在重视基础性科目的同时，又要加强品德与公民教育、体育和艺术教育，确保其在各教育阶段必要的课时；
- 重视文理平衡，避免高中过早文理分组且文理不兼修的现象，促进学生科学素养和人文素养的整体提升；
- 重视选修课程，加强中学教育阶段课程的选择性；
- 将余暇活动这类活动课程纳入正规教育课程计划，重视发展学生的潜能、兴趣、爱好和专长，促进学生健康、全面、和谐、充分而又富有个性地发展。

（4）既引导学校，又给学校足够的弹性空间。

既给予学校必要的引导和规范（确定必修科目及制定各教育阶段的总课时和各科目的总课时），又给学校留有足够的弹性空间（在遵循课程框架相关规定的前提下，允许学校自主安排每个年级的课时、具体的科目设置及选修课程，保障学校的教学自主权），令澳门未来的正规教育课程兼具优质和多元的双重品质。

（5）其他方面的调整。

- 特别关注学校的课程发展，增补了“学校的课程开发”条款；
- 拓宽了学习辅助对象的范围，不仅包括学习有困难或能力不足的学生，还包括学有余力或具特长的学生；
- 强调课程评核的依据为相关教育阶段的课程框架和基本学力要求，评核的方式和途径除了学校的内部评核外，还包括综合评鉴和专项评鉴。

3. 结语

课程改革有赖政府、学校、社会各教育团体以及教师、家长、学生和广大民众的共同参与和努力。我们希望通过社会各界的智慧，集思广益，共同推动课程改革及非高等教育的持续发展。诚挚邀请社会各界，尤其是教育界和前线教学人员就《正规教育课程框架》进一步提供意见。《正规教育课程框架》（征询意见稿）可在教育暨青年局的网页下载。

附录二　《正规教育课程框架》的研制背景与订定过程
——专访教育暨青年局郭小丽副局长

问：可否介绍一下《正规教育课程框架》研制的背景？

答：课程与教学是学校教育的中心环节，其中课程决定学生“学什么”，课程的品质如何，会直接影响教育和学生的整体素质。因此，无论是教育理论专家还是教育实践工作者都明白课程改革的重要性。世界各地近年的教育改革均以课程改革为核心，积极推动当地的课程改革，如中国内地近10年推出的新一轮课程改革，中国台湾地区多年以来推行的9年一贯课程，中国香港从幼儿教育到高中教育的课程改革，以及日本几乎每10年即推出新一轮课程改革等。当前，课程与教学的改进已经成为今后一段时间澳门教育发展的关键。

澳门之所以要推出《正规教育课程框架》（简称《课框》），主要是基于以下几方面的考虑：

（1）澳门现行有关正规教育的三个课程组织法令（第38/94/M号法令、第39/94/M号法令和第46/97/M号法令）是分别于1994年和1997年颁布、实施的，距今已有10多年了，部分条文已不合时宜，有必要根据澳门教育的现状和未来发展的需要进行修订。

（2）时代的快速发展以及澳门特别行政区经济、政治、文化和社会等方面近年发生了巨大变化，对于澳门居民的整体素质提升和人才培养提出了许多新的要求。全球一体化、知识经济和信息时代的到来，要求教育必须帮助学生学会学习，培养终身学习的意愿和能力，具有独立思考、沟通、合作、批判、创新等能力，从而提升澳门人的国际竞争力。而社会的急速转型及其复杂化，要求加大力度、持续推进澳门公民社会的建设，加强对公民特别是青少年的品德与公民教育。另外，澳门按照未来的发展规划要发展成为世界旅游休闲中心和中国与葡萄牙语国家商贸合作服务平台，这要求澳门社会必须保持更高的开放度，凸显文化的多样性，教育要重视“三文四语”，提升澳门人与世界全方位沟通的能力。

我们借鉴了国外及邻近地区课程改革的经验，检视澳门现行课程发展的优势及有待改进之处，认为有必要在继续保持学校课程多元化的同时，持续提升教与学的效能，以全人发展和终身学习的教育理念统整学校课程、设置科目，科学安排教育活动时间，以保障师生的身心健康，提升学校的教学效能和澳门教育质量。

为此，我们根据《非高等教育制度纲要法》的有关规定，对现行的课程法令作出调整，研制了《课框》。

问：制定《课框》的基本原则是什么？重点有哪些调整？

答：《课框》的制定遵循了以下基本原则：一是以学生为本，从学生的现实和未来的发展需要出发，强调关注学生的全人发展，培养其终身学习的能力，避免学生在知识和素养方面出现不应有的明显缺陷；二是在继续尊重学校的教学自主权，保障澳门正规教育课程的多元化特色的前提下，建立教育基准，以保障教育素质；三是注重优化课程结构，完善课程类型，合理制定科目及课时，尤其是避免幼儿教育“小学化”，保证高中学生素养的全面性，通过增加课程的选择性促进学生的个性发展；四是按照学生的学习规律并借鉴先进地区的经验，合理规划学年及每周的教育活动时间，以提升教学效能和教育质量。

在研制《课框》时，我们对澳门现行的课程进行了深入分析，同时借鉴了先进地区课程改革的经验，在此基础上，对现行的课程法令进行了修订，其中重点调整包括：

(1) 整体规划了正规教育课程，同时凸显各教育阶段的特点。修订了现行的三个课程法令（第38/94/M号法令、第39/94/M号法令、第46/97/M号法令），并整合为一个《课框》行政法规。把促进学生全人发展，培养终身学习能力的教育理念贯穿于各教育阶段的课程中，同时又强调幼儿教育阶段启蒙性的教育特点、保育与教育相结合、课程内容的综合性以及以游戏为基本的学习活动方式；小学教育阶段奠基性的教育特点，尤其重视学生潜能和个性的充分发展以及主动学习习惯的养成教育；初中教育阶段重视学生身心素质，尤其是心理素质的教育，加强培养学生的批判思考能力、沟通与协作能力以及独立学习能力；高中教育阶段尤其要加强课程的选择性，特别强调生涯发展教育和公民教育。

(2) 适当延长了每学年的学日数，同时减少了每周课时。将每学年教育活动日数的下限由现行的180学日延长至195学日，同时适当下调了各教育阶段每周的上课时数，以便让学生有足够时间温习功课，消化当天所学的内容，积累学习经验，同时有更多时间参加余暇活动，发展他们的潜能、兴趣和专长；也让教师有更充裕的时间及时为学生提供必要的辅导，以及进行课后反思、备课和参与教研活动，缓解教师和学生的压力，保障师生的身心健康，提升教与学的效能。

(3) 立足“全人发展，培养终身学习能力”的改革理念，适当调整课程设置，为学生提供全面、均衡、多元的课程。在重视基础性科目的同时，又加强品德与公民教育、体育和艺术教育，确保其在各教育阶段必要的课时；重视文理平衡，避免高中过早文理分组且文理不兼修的现象，促进学生科学素养和人文素养的整体提升；重视选修课程，加强中学教育阶段课程的选择性；将余暇活动纳入正规教育课程计划，重视发展学生的潜能、兴趣、爱好和专长，促进学生健康、全面、和谐、富有个性地发展。

（4）既给予学校必要的引导和规范，又给学校留有足够的弹性空间。一方面在课程发展方向及课程结构方面做了必要的、基本的规范，制定了各教育阶段课程发展的准则、学习领域，规定了小学至高中的必修科目、各教育阶段教学活动和余暇活动的总课时、各科目在各教育阶段的总课时，以及各教育阶段每周教学活动时数；另一方面也给学校足够的弹性空间，允许学校自主安排每个年级的课时、具体的科目设置、选修课程及每个科目每周上课节数，自主决定开设综合的“社会与人文”“自然科学”和“艺术”，或者相应的分科课程等，以保障学校的教学自主权，令澳门未来的正规教育课程兼具优质和多元的品质。

问：《课框》制定过程中进行过哪些咨询？

答：《非高等教育制度纲要法》在2006年底在立法会获得通过，其中规定由特别行政区政府制定各教育阶段的“课程框架”，教育暨青年局（简称“教青局”）分别于2006年底、2007年和2008年启动幼儿、小学、初中和高中教育阶段课程框架的研制工作。其间，为了使《课框》更符合澳门教育发展的需要，教青局在不同范围内展开多次咨询，包括：

（1）2007—2009年，教青局就《课框》的方向及内容与来自海峡两岸及港澳地区的近10位课程改革顾问进行交流，听取专业意见。

（2）2008年，首先面向澳门幼儿教师召开讲解交流会征询意见，同年亦在教育委员会（简称“教委会”）全体会议上进行咨询。

（3）2009年，就每学年教育活动日数下限等问题，向澳门学校进行问卷调查，并在与澳门中华教育会及澳门天主教学校联会代表召开的会议上进行咨询。

（4）2010年，就《课框》构思稿向澳门中华教育会和澳门天主教学校联会代表咨询，并与之组成专门的工作小组，召开系列会议，就《课框》的构思进行了认真、详细的讨论。之后，根据相关意见对《课框》内容进行了调整。

（5）2010年6月及2011年7月，分别就《课框》咨询稿及修订稿在教委会全体会议上进行咨询。

（6）2010年7—10月及2011年7—9月，开展了两轮公开咨询，面向澳门公众广泛征询意见。在两轮公开咨询过程中，通过讲解交流会、信函、电子邮件、报刊、电话、电台、互联网、教师培训等途径，收集大量意见。教青局在全面考量及综合吸纳各方意见的基础上，对《课框》咨询稿作出完善，并起草了法规文本。

经过上述多阶段的广泛咨询及讨论，《课框》吸收了先进地区课程改革的经验，凝聚了本地教育界的共识，有助于未来的颁布实施。

问：咨询期间主要收集到的主要意见有哪些？对这些意见是如何处理的？

答：从咨询期间已收集的意见看，教育界总体上认同《课框》的内容和精神，尤其是：

（1）认同“以学生为本”的教育理念，认为《课框》对促进学生全人发展、提升教育质量有正面作用。

（2）肯定增加每学年的学日数、减少每日教学时间对于学生掌握知识、优化教学模式及缓解教师压力有积极意义。

（3）认为《课框》提出多元、一贯、统整、开放的课程政策，与国际惯常的课程制度设计贴近，是一大进步，符合社会的期望。

（4）肯定了第一轮公开咨询后的修订稿吸收了教育界不少意见，使其更符合教育规律和学校实际，增加了可操作性。

与此同时，也有对咨询文本及有关问题提出一些意见和建议，其中较受关注的有：

（1）学日的界定：建议再研究学日的内涵，如在定义部分加入时间长度的规定，对一学日的时间下限作出规定等。

（2）课时的调整：建议上调各教育阶段每周教学活动时间上限；增加中文、英文、数学、理化、资讯科技等科目的课时，减少体育、艺术及高中文理兼修课时；中学每节课时间下限由40分钟改为35分钟。

（3）科目设置及相关安排：建议在课程计划表中增加性教育、宗教、中国文化为必修科目；中学阶段不设综合科学，而只设分科的物理、化学、生物；高中教育阶段，只允许学生选修某一类别科目，将艺术由必修改为选修或余暇活动。

（4）体育运动、余暇活动及学习辅助：建议对每周至少150分钟的体育运动及余暇活动的开展作出指引，并为缺乏资源开展体育运动、余暇活动及学习辅助的学校提供支援。

（5）评核问题：建议制定各学科评核准则；明确规定幼儿教育阶段不得采取不适合幼儿年龄特点的书面考试形式。

（6）夏令班的存废：建议继续允许学校开夏令班，同时亦应避免出现因取消夏令班而影响教师收入及学生保底的情况。

（7）教师培训：建议加强学校领导及在职教师培训，以配合《课框》的实施，并适时与澳门大学教育学院沟通，使之在课程设置和教师培养上与《课框》相配合。

(8) 本土教材的开发：建议政府对于开发配合课程改革的本土教材，对于学校开发各具特色的校本课程给予支持。

(9)《课框》与《非高等教育私立学校教学人员制度框架》、“基本学力要求”的配合：三个法律/法规订定及实施的时间、内容应相互配合，以保障课程改革的系统性和功能性。

(10)《课框》的实施：建议《课框》的实施要循序渐进，逐步推行，要做好相关的配套工作。

在修订《课框》时，我们尽可能吸纳各方意见，适度增加了有关课时的弹性，亦兼顾了课程统整，加强中学课程的选择性，重视全人发展，特别是能力培养等课程发展的国际趋势。在确保学校有适当的自主空间的同时，积极引导澳门的课程发展符合时代发展的需要和精神。对于不同的见解，甚至截然对立的意见，也要进行综合分析，采纳合理意见。例如，适当上调了各教育阶段每周课时的上限，以及小学教育阶段第一语文及初中教育阶段第一语文和第二语文的课时上限，将中学每节课的时间下限调整为35分钟，修改了学日的定义，增加了每学日时间长度的规定，研制有关的指引，有序开展教师培训，逐步开发本地教材，加大教育投入，开展相关的配套工作，为学校顺利实施《课框》提供支持。而对有些意见经综合分析后，也进行了妥善处理。例如，一方面坚持设置综合科目这一课程改革的国际取向，另一方面亦给予学校选择开设有关的分科课程的弹性；把性教育、中国文化等内容融入常识、科学、语文等有关的科目中；由于宗教科目并非所有学校都会开设，为此通过“其他科目”给予有意开设宗教等科目的学校自主权；由于现行的第46/97/M号法令虽已把艺术列为选修科目，但学校在高中教育阶段几乎都不开设艺术科，为此决定将艺术设为必修科，但考虑到澳门的现实情况，规定的艺术课时下限也低于邻近地区。

总之，《课框》经广泛征询并综合吸纳了各方意见，进行了多次修订，可以说，这个文本凝聚了大家的心血和共识，相信对于推动澳门学校课程与教学的变革，以及提升澳门教育的整体素质具有积极的作用。

问：为什么《课框》没有规定每周上课5天？

答：《课框》没有统一规定每周上课的日数，主要是基于以下考虑：

(1) 长期以来，澳门不同类型的学校按照各自的特色和办学理念决定每周上课日数，有的每周上课5天，有的每周除了周一至周五上课以外，周六上午亦会安排学生上课或参加余暇活动。据我们了解，两种做法都有一定的现实需求。

(2) 更重要的是，按照《非高等教育制度纲要法》的规定，澳门的学校历来享有教学自主权。政府亦尊重及鼓励学校充分发挥自主性，根据自己的办学理念、发展方向及学校自身的情况，从有助于学生和教师的发展，有助于学校办出自己的特色的角度出发来确定每周上课日数。

(3) 参加先导计划的学校，有的每周上课5天，有的每周上课5天半（周六上午亦上半天课）。有几所学校由原来每周上课5天半改为每周上课5天，参与幼儿教育课程先导计划的几所学校现在已全部为每周上课5天。教青局充分尊重他们的自主安排。

问：《课框》实施后，学校是否还可以开办夏令班？对于不再开办夏令班的学校，教师的收入有可能因此而减少，政府对此有何考虑？

答：澳门特有的夏令班有其历史的成因，夏令班对部分学生的学习起到了保底的作用。

夏令班历来就是一种选择性的教育活动，《课框》实施后，有需要和有条件的学校依旧可以开办夏令班，家长也可继续根据学生的需要决定是否参加此类教育活动，政府与现在一样不会作任何限制，但学校不能强制学生参加。

当然，由于每学年的最少上课日数由180学日延长到195学日，相信有意继续举办夏令班的学校在具体安排上有必要稍作调整。

夏令班是一种选择性的教育服务，不是所有学校都开设，亦非所有教师均参与，因而这并非教师的固定收入。

因应《非高等教育私立学校教学人员制度框架》的颁布实施，政府已逐步加大教育投入。未来，配合《课框》的实施，政府将综合考虑各种因素，持续保障非高等教育的经费投入，以确保学校的顺利运作，以及教学人员的薪酬福利。

问：如何加强《课框》与“基本学力要求”之间的密切配合？

答：“课程框架”和“基本学力要求”是澳门地区课程体系必要的组成部分。前者主要规范课程的整体发展方向及课程结构，而后者则是“课程框架”的延伸和具体化，主要规范学生经过某一教育阶段的学习后所应具备的知识、能力等方面的素养（学生的发展水平）。“课程框架”是制定“基本学力要求”的基础。

我们在制定《课框》时，非常重视与“基本学力要求”的紧密联系及相互配合，通过《课框》的课程发展准则、学习领域及科目的设置、课时的安排等内容的制定，为各教育阶段的课程发展确立了基本方向，也为“基本学力要求”的范围等的确定提供了依据。

在推进“课程框架”研制的同时，也高度重视“基本学力要求”的制定。目前已完成了幼儿教育阶段各学习领域、小学教育阶段各科目以及初中教育阶段大部分科目“基本学力要求”的初稿，各教育阶段的“品德与公民”科目的“基本学力要求”的研制工作也已完成，高中其他科目的研制工作则正在筹备中。

我们知道澳门的课程改革需要一个逐步推进的过程，先实施“课程框架”有利于促进校长和教师教育观念的逐步更新，这可以为稍后推行的“基本学力要求”的顺利实施奠定基础。为此，我们优先推行《课框》，并通过先导计划探索和积累《课框》与“基本学力要求”的实施经验，并在其他学校逐步推广，以推动《课框》与“基本学力要求”的有效落实。目前，幼儿教育课程先导计划已实施了两个学校年度，小学教育课程先导计划亦实施了一个学校年度，之后，课程先导计划将逐步扩展至初中及高中教育阶段，相信这可以为学校的课程改革奠定良好的基础。

另外，我们亦鼓励更多的学校在“基本学力要求”行政法规立法及正式实施之前，逐步试行基本学力要求。这种循序渐进的做法，更有利于课程改革的稳步、有效推进。

问：先导计划已推行两年，《课框》的实施，重点关注了哪些方面？取得了哪些经验？

答： 教青局于 2011/2012 学年及 2012/2013 学年起，分别开始推行幼儿教育阶段及小学教育阶段的课程先导计划，鼓励学校率先实施《课框》及“基本学力要求”。2012/2013 学年有 6 所学校参加幼儿教育课程先导计划，有 8 所学校参加小学教育课程先导计划。

先导计划重点关注的《课框》内容包括课程发展准则，学习领域及科目的设置，每周的教育教学活动时间的规定，每学年学日数下限 195 学日的规定，每周至少 150 分钟体育运动时间的规定，余暇活动的安排，两节课之间必要的休息时间的安排，以及幼儿教育一年级不得包含写字教学等规定。

幼儿教育课程先导计划已实施两学年，小学教育课程先导计划也已实施一学年。其间获得了很多有价值的经验，值得推广及借鉴。例如，每学校年度学日数的安排要配合教学活动、其他教育活动、学年末的相关工作及假期等各方面的合理安排，若学年中的假期过长，或其他活动安排不合理，则可能会导致学年结束过迟而影响暑假长度；若各项活动及工作安排合理，则通常每周上学 5 学日的学校可于 7 月上旬结束学年，而每周上学 5.5 学日的学校，则可于 6 月下旬结束学年；学校可因应学生发展的需要对各年级的科目及课时作不同安排，不必统一，每节课的时间也可不同；幼儿教育阶段低年级的教学活动时间应较少，而保育活动时间应较多；两节课之间的休息时间也可不同，有的可安排 5 分钟的短小休，有的则可安排 20～30 分钟的长小休；每周至少 150 分钟的体育运动时间，除了两节体育课之外，还可以通过早操、课间操、眼保健操等活动来落实，学校可编排利用教室开展的健身操或伸展操，以解决运动场地不足的问题，可由教师带领，也可由高年级学生带低年级学生的方式进行，还可通过播放影片的方式进行；余暇活动通常可安排每周 70～190 分钟，既可在周一至周五下午，亦可在周六上午进行，不同年级还可在不同时段进行，导师可由学校教师担任，也可由校外其他人士担任；有些学校继续开办夏令班，但时间较之前有所减少，通常为2～3 周开办一次。

问：为了配合《课框》的实施，将会推出什么相关配套措施？

答：《课框》即将立法及实施，为配合其有效实施，尤其是每学年教育活动日数的延长，余暇活动和体育运动的规定及课时的调整，教青局会采取以下相关配套措施：

（1）保障非高等教育的经费投入，确保学校的顺利运作。

（2）研制有关的课程指引，修订《学校运作指南》，为学校理解及落实《课框》提供指导。

（3）开展课程先导计划，为落实《课框》积累经验，并将相关资料上载“课程发展资讯网”。

（4）开展学校领导、骨干教师及其他教师的培训，帮助他们更新教育观念，更好地理解《课框》的内容及要求，以及认识课程先导计划的实务经验。

（5）因应学年结束时间的推迟，调整暑期教师培训的时间安排，以及政府主办的学生暑期活动的安排。

（6）加强对余暇活动的支持措施，充分利用社团及有关机构的资源，在师资、场地、活动内容和方式等方面，为学校开展丰富多彩的余暇活动提供更多、更有效的支持。

（7）为学校开展体育运动，在场地、时间、活动内容及方式等方面提供建议和指导。

（8）配合《课框》的实施，调整收集学校相关数据的时间，以及做好审核、监察等工作。

澳门特别行政区
第 10/2015 号行政法规
本地学制正规教育基本学力要求

行政长官根据《澳门特别行政区基本法》第五十条（五）项及第 9/2006 号法律《非高等教育制度纲要法》第二十二条第二款的规定，经征询行政会的意见，制定本补充性行政法规。

第一条 标的

一、本行政法规订定本地学制正规教育的幼儿教育、小学教育、初中教育及高中教育各阶段的基本学力要求，但不影响下款规定的适用。

二、与职业技术教育及特殊教育的基本学力要求有关的规定，由专有法规订定。

第二条 适用范围

本行政法规适用于第 9/2006 号法律《非高等教育制度纲要法》第三十六条所指的公立学校，以及该条第三款（一）项所指的本地学制私立学校。

第三条 定义

为适用本行政法规的规定，基本学力要求是指由政府订定的、要求学生在完成各教育阶段的学习后应具备的基本素养，包括基本的知识、技能、能力、情感、态度及价值观。

第四条 基本学力要求的功能

一、基本学力要求是管理及评核课程、编写及选用教材、指导及规范教学，以及评估学校教学质量的标准。

二、学校应确保学生达到相应教育阶段的基本学力要求。

三、为适用上款的规定，学校根据基本学力要求及其教育理念、办学特色及学生发展的需要，编写、选用各学习领域或科目的教材，选择教学内容，制订教学计划，创设良好的教育环境，组织、实施教育教学。

第五条　基本学力要求的架构及其订定原则

一、基本学力要求按教育阶段划分，并按学习领域或科目订定。

二、幼儿教育阶段的基本学力要求包括以下组成部分：

（一）基本理念；

（二）课程目标；

（三）各学习领域基本学力要求的具体内容。

三、小学教育、初中教育及高中教育各阶段不同科目的基本学力要求包括以下组成部分：

（一）基本理念；

（二）课程目标；

（三）该科目各范畴基本学力要求的具体内容。

四、订定基本学力要求时须考虑学生未来发展及终身学习的需要，并须体现全面性、整体性及发展性。

五、订定各教育阶段基本学力要求时，应遵循以下事项：

（一）第 9/2006 号法律《非高等教育制度纲要法》所定的总目标、各教育阶段的目标，以及课程与教学的相关规定；

（二）第 15/2014 号行政法规《本地学制正规教育课程框架》所定的各教育阶段课程发展准则。

第六条　基本学力要求

一、幼儿教育阶段的基本学力要求按学习领域订定，尤须包括：

（一）健康与体育；

（二）语言；

（三）个人、社会与人文；

（四）数学与科学；

（五）艺术。

二、小学教育阶段的基本学力要求按科目订定，尤须包括：

（一）作为第一语言即教学语言的中文、葡萄牙文或英文；

（二）作为第二语言的中文、葡萄牙文或英文；

（三）数学；

（四）品德与公民；

（五）常识；

（六）信息科技；

（七）体育与健康；

（八）艺术。

三、初中教育阶段及高中教育阶段的基本学力要求按科目订定，尤须包括：

（一）作为第一语言即教学语言的中文、葡萄牙文或英文；

（二）作为第二语言的中文、葡萄牙文或英文；

（三）数学；

（四）品德与公民；

（五）社会与人文；

（六）自然科学；

（七）信息科技；

（八）体育与健康；

（九）艺术。

四、幼儿教育、小学教育、初中教育及高中教育各阶段的基本学力要求的具体内容，由监督教育范畴的司长以公布于《澳门特别行政区公报》的批示按序订定。

第七条　废止

自 2019/2020 学校年度之首日起，废止 7 月 18 日第 38/94/M 号法令第七条及 5 月 25 日第 19/SAAEJ/99 号批示附件第四款。

第八条　生效及实施

一、本行政法规自公布翌日起生效。

二、幼儿教育、小学教育、初中教育及高中教育各阶段的基本学力要求分别按下列规定在各教育阶段实施：

（一）自 2015/2016 学校年度之首日起在幼儿教育阶段各年级实施；

（二）自 2016/2017 学校年度之首日起在小学教育阶段一至三年级实施，并自 2017/2018 学校年度之首日起在小学教育阶段各年级实施；

（三）自 2017/2018 学校年度之首日起在初中教育阶段一年级实施，并逐年向上延伸一个年级；

（四）自 2017/2018 学校年度之首日起在高中教育阶段一年级实施，并逐年向上延伸一个年级。

2015 年 6 月 26 日制定。

命令公布。

行政长官 崔世安

第 118/2015 号社会文化司司长批示
核准幼儿教育基本学力要求

社会文化司司长行使《澳门特别行政区基本法》第六十四条赋予的职权，并根据第 6/1999 号行政法规《政府部门及实体的组织、职权与运作》第五条第一款（一）项及第二款、第 112/2014 号行政命令第一款，连同第 10/2015 号行政法规《本地学制正规教育基本学力要求》第六条第四款的规定，作出本批示。

一、核准载于本批示的附件，并作为本批示组成部分的幼儿教育阶段的基本学力要求的具体内容。

二、本批示自公布翌日起生效，并自 2015/2016 学校年度之首日起在幼儿教育阶段各年级实施。

2015 年 7 月 21 日

社会文化司司长 谭俊荣

（附件　幼儿教育基本学力要求）①

---

① 限于篇幅，幼儿教育基本学力要求此处从略。

第 19/2016 号社会文化司司长批示
核准小学教育阶段基本学力要求的具体内容

社会文化司司长行使《澳门特别行政区基本法》第六十四条赋予的职权，并根据第 6/1999 号行政法规《政府部门及实体的组织、职权与运作》第五条第一款（一）项及第 10/2015 号行政法规《本地学制正规教育基本学力要求》第六条第四款的规定，作出本批示。

一、核准载于本批示的附件一至附件十二，并作为本批示组成部分的小学教育阶段作为第一语言即教学语言的中文、作为第二语言的中文、作为第一语言即教学语言的葡萄牙文、作为第二语言的葡萄牙文、作为第一语言即教学语言的英文、作为第二语言的英文、数学、品德与公民、常识、信息科技、体育与健康、艺术的基本学力要求的具体内容。

二、本批示自公布翌日起生效，并自 2016/2017 学校年度之首日起在小学教育阶段一至三年级实施，以及自 2017/2018 学校年度之首日起在小学教育阶段各年级实施。

2016 年 2 月 18 日

社会文化司司长 谭俊荣

（附件一至附件十二）[①]

---

① 限于篇幅，各科的基本学力要求此处从略。

第56/2017号社会文化司司长批示
订定初中教育阶段的基本学力要求的具体内容

社会文化司司长行使《澳门特别行政区基本法》第六十四条赋予的职权，并根据第6/1999号行政法规《政府部门及实体的组织、职权与运作》第五条第一款（一）项及第10/2015号行政法规《本地学制正规教育基本学力要求》第六条第四款的规定，作出本批示。

一、订定载于本批示的附件一至附件十三，并作为本批示组成部分的初中教育阶段作为第一语言即教学语言的中文、作为第二语言的中文、作为第一语言即教学语言的葡萄牙文、作为第二语言的葡萄牙文、作为第一语言即教学语言的英文、作为第二语言的英文、数学、品德与公民、社会与人文、自然科学、信息科技、体育与健康、艺术的基本学力要求的具体内容。

二、本批示自公布翌日起生效，并自2017/2018学校年度之首日起在初中教育阶段一年级实施，并逐年向上延伸一个年级。

2017年6月13日

社会文化司司长 谭俊荣

（附件一至附件十三）[①]

---

① 限于篇幅，各科的基本学力要求此处从略。

第55/2017号社会文化司司长批示
订定高中教育阶段的基本学力要求的具体内容

社会文化司司长行使《澳门特别行政区基本法》第六十四条赋予的职权，并根据第6/1999号行政法规《政府部门及实体的组织、职权与运作》第五条第一款（一）项及第10/2015号行政法规《本地学制正规教育基本学力要求》第六条第四款的规定，作出本批示。

一、订定载于本批示的附件一至附件十三，并作为本批示组成部分的高中教育阶段作为第一语言即教学语言的中文、作为第二语言的中文、作为第一语言即教学语言的葡萄牙文、作为第二语言的葡萄牙文、作为第一语言即教学语言的英文、作为第二语言的英文、数学、品德与公民、社会与人文、自然科学、信息科技、体育与健康、艺术的基本学力要求的具体内容。

二、本批示自公布翌日起生效，并自2017/2018学校年度之首日起在高中教育阶段一年级实施，并逐年向上延伸一个年级。

2017年6月13日

社会文化司司长 谭俊荣

（附件一至附件十三）①

① 限于篇幅，各科的基本学力要求此处从略。

第 69/2018 号社会文化司司长批示 修改第 56/2017 号社会文化司司长批示及第 55/2017 号社会文化司司长批示第一款

社会文化司司长行使《澳门特别行政区基本法》第六十四条赋予的职权，并根据第 6/1999 号行政法规《政府部门及实体的组织、职权与运作》第五条第一款（一）项及第 10/2015 号行政法规《本地学制正规教育基本学力要求》第六条第四款的规定，作出本批示。

一、第 56/2017 号社会文化司司长批示第一款修改如下：

“一、订定载于本批示的附件一至附件十三，并作为本批示组成部分的初中教育阶段作为第一语言即教学语言的中文、作为第二语言的中文、作为第一语言即教学语言的葡萄牙文、作为第二语言的葡萄牙文、作为第一语言即教学语言的英文、作为第二语言的英文、数学、品德与公民、社会与人文（包括地理及历史分科）、自然科学、信息科技、体育与健康、艺术的基本学力要求的具体内容。”

二、在第 56/2017 号社会文化司司长批示附件九增加初中教育阶段地理及历史的基本学力要求，其内容分别载于作为本批示组成部分的附件一及附件二。

三、第 55/2017 号社会文化司司长批示第一款修改如下：

“一、订定载于本批示的附件一至附件十三，并作为本批示组成部分的高中教育阶段作为第一语言即教学语言的中文、作为第二语言的中文、作为第一语言即教学语言的葡萄牙文、作为第二语言的葡萄牙文、作为第一语言即教学语言的英文、作为第二语言的英文、数学、品德与公民、社会与人文（包括地理及历史分科）、自然科学、信息科技、体育与健康、艺术的基本学力要求的具体内容。”

四、在第 55/2017 号社会文化司司长批示附件九增加高中教育阶段地理及历史的基本学力要求，其内容分别载于作为本批示组成部分的附件三及附件四。

五、本批示自公布翌日起生效，并自 2018/2019 学年起按第 56/2017 号社会文化司司长批示及第 55/2017 号社会文化司司长批示的规定实施。

2018 年 5 月 18 日

社会文化司司长 谭俊荣

（附件一至附件四）[①]

① 限于篇幅，各科的基本学力要求此处从略。

澳门特别行政区
第 16/2011 号行政法规
持续进修发展计划①

行政长官根据《澳门特别行政区基本法》第五十条（五）项，经征询行政会的意见，制定本独立行政法规。

第一章　一般规定

第一条　标的

一、本行政法规订定《持续进修发展计划》（下称“本计划”）。

二、本计划旨在鼓励澳门特别行政区居民借持续进修增长知识，以提升个人素养和技能，从而促进整体进步与发展。

第二条　范围

一、本计划专为根据本行政法规的规定向澳门特别行政区居民提供资助，以参与由下列机构开办并已根据第二章的规定获审批的高等教育课程、持续教育课程或证照考试：

（一）澳门特别行政区依法设立的高等教育机构及非高等教育中的持续教育机构、公共实体、具条件开办课程的社团及其他具教育或培训职能的实体（下称“本地机构”）；

（二）设于澳门特别行政区以外并获所在地主管当局认可的高等教育机构或公立机构（下称“外地机构”）。

二、就外地机构所开办的持续教育课程及证照考试，如相应于本地机构开办并纳入本计划的课程或证照考试，将不获审批。

---

① 《持续进修发展计划》在 2014—2019 年经优化后继续实施，参见第 10/2014 号行政法规《2014 年至 2016 年持续进修发展计划》和第 10/2017 号行政法规《2017 年至 2019 年持续进修发展计划》。

三、第一款所指的资助仅限用于支付课程或认证考试的学费或考试费。

第三条　受益人

于2011年至2013年任一年度12月31日或该日前年满15岁的澳门特别行政区居民，自有关年度1月1日起自动成为本计划的受益人。

第四条　资助金额

一、每一受益人的资助金额上限为澳门币5 000元。

二、教育暨青年局应为每一受益人开立个人进修账户，受益人可于指定的互联网站查阅其使用资助款项的纪录。

第五条　扣除费用及保证金

一、受益人报读或报考本地机构开办的获教育暨青年局批准的课程或证照考试时，该局先从其个人进修账户中扣除学费或证照考试费，再从账户余额中扣除相当于有关学费或证照考试费的30%的金额作为保证金。

二、保证金按下列方式扣除：

（一）每笔保证金须往下调整至澳门币100元的整倍数，不足100元的金额不作扣除；

（二）如账户余额不足以承担保证金，则扣除全部余额；

（三）如账户余额为零，则不作扣除。

三、本地机构向教育暨青年局提交受益人已完成课程的证明或已参加证照考试的证明后，保证金将退回受益人的个人进修账户。

四、经适当证明基于患病或不可抗力的原因而未能完成课程或参加证照考试者，在教育暨青年局批准后亦可获退回保证金。

第六条　支付方式

一、如属本地机构开办的获教育暨青年局批准的课程或证照考试，则资助款项在课程或考试开始后转入有关机构在澳门特别行政区开立的银行账户。

二、如属外地机构开办的课程或证照考试，则资助款项在受益人向教育暨青年局提交已支付学费并完成获批准的课程的证明或已支付考试费并参加获批准的证照考试的证明后，转入受益人在澳门特别行政区开立的银行账户。

三、教育暨青年局具职权处理资助款项的支付程序。

第二章 审批课程或证照考试

第七条 一般条件

一、为适用本行政法规的规定，本地机构或外地机构所开办的课程或证照考试的审批申请，应向教育暨青年局提出。

二、上款所指的课程或证照考试，须于本行政法规生效日至2013年12月31日期间开始。

三、教育暨青年局应自提出申请的月份最后一日起45日内将对有关申请的决定通知申请人。

四、已获审批的课程或证照考试如有任何更改，须重新接受审批。

第八条 本地课程或证照考试

一、本地机构开办的课程或证照考试的审批申请，应由本地机构提出。

二、本地机构应于1月、4月、7月或10月份提出有关课程或证照考试的审批申请，但不影响第二十一条规定的适用。

三、有关课程或证照考试，应于提出申请后紧接的两个季度内开始，但于2013年7月份提出的申请，应为紧接的下一个季度内开始。

第九条 外地课程或证照考试

一、外地机构开办的课程或证照考试的审批申请，应由受益人提出。

二、上款所指的审批申请，可于课程或证照考试开始前提出，或最迟于课程或证照考试结束之日起30日内提出，但不可迟于2013年12月31日。

第十条 评审因素

一、在审批本地机构开办的课程或证照考试时，尤须考虑下列因素：

（一）机构是否属第二条第一款所规定者；

（二）课程及证照考试是否符合提升个人素养和技能的目的；

（三）设施是否适当及具有必要的设备；

（四）导师资格是否适当；

（五）机构举办相同或类似课程及证照考试的经验；

（六）机构的行政管理机关对实施本计划的合作态度；

（七）课程的时数及延续期是否符合教育暨青年局的指引所定范围；

（八）机构性质与课程或证照考试是否有关联；

（九）课程或证照考试费用是否合理；

（十）课程时间表及时数是否合理；

（十一）证照考试的认受性。

二、在审批外地机构开办的课程或证照考试时，适用上款（一）、（二）及（七）至（十一）项的规定。

第十一条　决定

教育暨青年局局长具职权对有关课程或证照考试的审批申请作决定。

第十二条　意见

为作出审批申请的决定，教育暨青年局可请求本地或外地的专家、公共部门、公共或私人实体提供意见。

第三章　义务

第十三条　机构的义务

一、本地机构必须履行下列义务：

（一）为其开办的课程提供合适的场所及合资格的导师；

（二）就其开办的课程或证照考试预先提出审批申请；

（三）公开招生章程及报名表；

（四）遵守第 8/2005 号法律《个人资料保护法》的规定，妥善处理学员及相关人员的个人资料；

（五）接受并配合教育暨青年局的监察或实地审查；

（六）提供正确数据；

（七）遵守教育暨青年局发出的指引。

二、违反上款（七）项的规定，可导致所提出的审批申请不获批准、支付申请不获许可或退回款项。

第十四条　受益人的义务

一、受益人必须履行下列义务：

（一）提供正确数据；

（二）遵守教育暨青年局发出的指引。

二、违反上款的规定，可导致所提出的审批申请不获批准、支付申请不获许可或退回款项。

第四章　监察及处罚制度

第十五条　监察

教育暨青年局具职权监察对本行政法规的遵守情况。

第十六条　罚款

一、违反第十三条（一）至（六）项的规定构成行政违法行为，科澳门币5 000～50 000元罚款。

二、自作出处罚通知之日起30日内仍未缴付罚款时，由财政局税务执行处以处罚批示作为执行名义，进行强制征收。

第十七条　酌科处罚

一、酌科处罚应以违法者的过错、违法行为的严重程度及不履行法定义务可带来的经济利益为依据。

二、科处本章所规定的处罚，不影响按适用法例的规定追究其刑事责任。

第十八条　科处处罚的职权

教育暨青年局局长具职权科处本章所规定的处罚。

第十九条　上诉

对根据本章规定所作的处罚决定，可向行政法院提起上诉。

第二十条　罚款的归属

根据本章规定所科处的罚款，拨归学生福利基金。

第五章　最后规定

第二十一条　接受申请

一、教育暨青年局自本行政法规生效日起15个工作日内，例外地接受本地机构开办的课程或证照考试的审批申请。

二、上款所指课程或证照考试，应于 2011 年第三、第四季度或 2012 年的第一季度开始。

第二十二条 不当收取的款项

教育暨青年局得要求有关机构或受益人退回不当收取的资助款项。

第二十三条 处理及使用数据

为适用本行政法规的规定，身份证明局及教育暨青年局如有需要，可依法以任何方式核实参加本计划的机构的数据，以及根据第 8/2005 号法律《个人资料保护法》的规定，以包括数据互联的任何方式，提供、互换、核实及使用本计划受益人的个人资料。

第二十四条 负担

发放本行政法规订定的资助款项所引致的负担，由登录于澳门特别行政区财政预算第五章的拨款承担。

第二十五条 报告

教育暨青年局具职权跟进及评估本计划的执行情况，并须向监督教育范畴的司长提交相关的中期报告及总结报告。

第二十六条 生效

本行政法规自公布翌日起生效。

第二十七条 终止生效

一、本行政法规的效力于 2014 年 3 月 1 日终止，但不影响下款规定的适用。

二、为适用第六条第三款的规定，所有关于支付的工作应最迟于 2014 年 12 月 31 日完成。

2011 年 7 月 1 日制定。

命令公布。

行政长官 崔世安

供研究参考的法律、法规（索引）

一、宪制性规定

1.《中华人民共和国宪法》
2.《中华人民共和国澳门特别行政区基本法》

二、高等教育

1. 第 10/2017 号法律——高等教育制度（立法会第二常设委员会第 3/V/2017 号意见书）
2. 第 1/2019 号行政法规——高等教育局的组织及运作法规
3. 第 15/2018 号行政法规——高等教育委员会
4. 第 16/2018 号行政法规——高等教育基金
5. 第 17/2018 号行政法规——高等教育素质评鉴制度
6. 第 18/2018 号行政法规——高等教育规章
7. 第 19/2018 号行政法规——高等教育学分制度
8. 第 11/91/M 号法令——关于订定在澳门地区从事高等教育活动的一切公立及私立教育机构的组织和运作
9. 第 8/92/M 号法令——修订 2 月 4 日第 11/91/M 号法令第六、十五、十六及三十三条条文（关于官立高等教育机构人员制度及引进若干规定）
10. 第 41/99/M 号法令——订定住所设在澳门地区以外之机构从事高等教育活动之许可制度
11. 第 11/98/M 号法令——取消高等教育辅助办公室（GAES）项目组，并设立高等教育辅助办公室（GAES）技术办公室
12. 第 6/2016 号行政法规——修改设立高等教育辅助办公室的 4 月 6 日第 11/98/M 号法令

13. 第 26/2003 号行政法规——关于学历审查

14. 第 13/2015 号社会文化司司长批示——核准《学术研究奖学金规章》

15. 第 48/2010 号社会文化司司长批示——核准《大专助学金发放规章》

16. 第 67/2014 号社会文化司司长批示——核准新的《研究生奖学金发放规章》

17. 第 9/2017 号行政法规——2016/2017 学年大专学生学习用品津贴

18. 第 1/2006 号法律——澳门大学法律制度（立法会第一常设委员会第 1/Ⅲ/2006 号意见书）

19. 第 14/2006 号行政命令——核准《澳门大学章程》

20. 第 112/2006 号行政长官批示——核准《澳门大学人员通则》

21. 第 49/91/M 号法令——设立澳门理工学院

22. 第 469/99/M 号训令——核准新之《澳门理工学院章程》

23. 第 45/95/M 号法令——设立旅游培训学校——若干废止

24. 第 47/97/M 号法令——修改旅游培训学院之官方中文名称

25. 第 20/2000 号行政命令——认可澳门科技大学为私立高等教育机构

26. 第 22/2006 号行政命令——认可澳门科技大学基金会为私立高等教育机构澳门科技大学的所有人

27. 第 6/2011 号行政命令——将“亚洲（澳门）国际公开大学”的中文、葡萄牙文及英文名称分别更改为“澳门城市大学”“Universidade da Cidade de Macau”及“City University of Macau”

28. 第 467/99/M 号训令——修改亚洲（澳门）国际公开大学组织章程（即 9 月 28 日第 196/92/M 训令之附件）之第五条，第七条，第九条及第十八条

29. 第 17/2002 号行政法规——核准澳门镜湖护理学院章程——废止 11 月 15 日第 418/99/M 号训令第三条

30. 第 63/2017 号行政命令——修改圣若瑟大学章程

31. 第 5/95/M 号法令——修改澳门保安部队高等学校通则——若干废止

32. 第 34/2001 号行政命令——认可总址设于澳门的“中西创新学院”为私立高等教育机构，并核准其章程

33. 第 33/2001 号行政命令——认可“创新教育社股份有限公司”为一所私立高等教育机构的拥有人，并批准其开办中西创新学院

34. 第 6/SAEC/86 号批示——关于澳门地区与葡萄牙国天主教大学之协议事宜

三、非高等教育

（一）教育制度

1. 第 2/88/M 号法律——本地区收支许可
2. 第 11/91/M 号法律——澳门教育制度
3. 第 1/97/M 号法令——订定停学之制度
4. 第 26/97/M 号法令——学校督道活动之法律体系
5. 第 9/2006 号法律——非高等教育制度纲要法（立法会第一常设委员会第 3/Ⅲ/2006 号意见书）
6. 第 230/2007 号行政长官批示——订定正规教育阶段的学习年限的实施日程
7. 第 16/2007 号行政法规——订定《教育发展基金制度》
8. 第 82/2008 号行政长官批示——核准《教育发展基金财政援助发放规章》
9. 第 24/2009 号行政命令——订定 9 月 10 日为教师日
10. 第 81/92/M 号法令——教育暨青年司组织法规
11. 第 17/2010 号行政法规——非高等教育委员会的组成及运作
12. 第 12/2002 号行政法规——规范青年事务委员会的组织、架构及运作方式
13. 第 6/2012 号行政法规——修改规范青年事务委员会的组织、架构及运作方式的第 12/2002 号行政法规
14. 第 102/2006 号行政长官批示——设立《课程改革及发展委员会》
15. 第 1/2019 号法律——修改第 5/1999 号法律《国旗、国徽及国歌的使用及保护》
16. 第 72/93/M 号法令——家长会

（二）非高等教育各组成部分

1. 第 42/99/M 号法令——订定义务教育范围及有关制度
2. 第 33/96/M 号法令——特殊教育
3. 第 54/96/M 号法令——规范技术及职业教育

4. 第 51/96/M 号法令——职业培训之法律框架
5. 第 213/98/M 号训令——设立中葡职业技术学校
6. 第 34/SAAEJ/96 号批示——职业技术高中教育课程计划
7. 第 32/95/M 号法令——成人教育之组织及发展总框架
8. 第 16/2011 号行政法规——持续进修发展计划
9. 第 10/2014 号行政法规——2014 年至 2016 年持续进修发展计划
10. 第 10/2017 号行政法规——2017 年至 2019 年持续进修发展计划

（三）学生福利及相关事务

1. 第 19/2006 号行政法规——免费教育津贴制度
2. 第 20/2006 号行政法规——学费津贴制度
3. 第 29/2009 号行政法规——书簿津贴制度
4. 第 62/94/M 法令——核准学生福利基金及社会暨教育援助之新制度
5. 第 134/2010 号社会文化司司长批示——核准学费援助、膳食津贴及学习用品津贴发放规章
6. 第 91/2011 号社会文化司司长批示——订定贷学金和补充援助申请人每月家庭人均收入的限额，贷学金、奖学金、特别助学金每月发放金额，以及旅费津贴及住宿津贴金额的上限

（四）教职员职程、专业资格及培训

1. 第 15/96/M 号法令——教学人员通则
2. 第 41/97/M 号法令——培训幼儿园及中小学教师之法律制度
3. 第 13/SAAEJ/97 号批示——个人及社会发展科目组别的教学人员培训模式
4. 第 67/99/M 号法令——核准《教育暨青年司教学人员通则》
5. 第 66/2004 号社会文化司司长批示——给予直接津贴和年资奖金
6. 第 12/2010 号法律——非高等教育公立学校教师及教学助理员职程制度
7. 第 3/2012 号法律——非高等教育私立学校教学人员制度框架（立法会第二常设委员会第 2/Ⅳ/2012 号意见书）
8. 第 76/2012 号社会文化司司长批示——核准专业发展津贴发放规章
9. 第 217/2012 号行政长官批示——核准非高等教育私立学校教学人员职级审核的程序

10. 第 147/2012 号社会文化司司长批示——订定教学人员专业委员会的运作方式

11. 第 168/2014 号社会文化司司长批示——确认“卓越表现教师”荣誉的颁授细则

12. 第 6/2017 号社会文化司司长批示——确认教学人员专业准则

13. 第 88/2018 号社会文化司司长批示——确认教学人员专业发展活动时数的审核准则

（五）课程与教学

1. 第 38/94/M 号法令——学前及小学教育之课程组织

2. 第 39/94/M 号法令——初中教育之课程组织

3. 第 46/97/M 号法令——高中教育课程组织

4. 第 9/96/M 号法令——规定或许可在官立教育机构内进行教学试验

5. 第 51/2000 号社会文化司司长批示——核准以中文为教学语言的公立小学回归教育的课程计划、教学及行政组织，以及评核制度

6. 第 73/2008 号社会文化司司长批示——核准初中和高中回归教育的新课程计划

7. 第 15/2014 号行政法规——本地学制正规教育课程框架

8. 第 10/2015 号行政法规——本地学制正规教育基本学力要求

9. 第 118/2015 号社会文化司司长批示——核准幼儿教育基本学力要求

10. 第 19/2016 号社会文化司司长批示——核准小学教育阶段基本学力要求的具体内容

11. 第 56/2017 号社会文化司司长批示——订定初中教育阶段的基本学力要求的具体内容

12. 第 55/2017 号社会文化司司长批示——订定高中教育阶段的基本学力要求的具体内容

13. 第 69/2018 号社会文化司司长批示 ——修改第 56/2017 号社会文化司司长批示及第 55/2017 号社会文化司司长批示第一款

（六）私立教育机构

1. 第 11/77/M 号法律——给予不牟利教育事业以适当扶助

2. 第 13/77/M 号法律——修正 10 月 22 日第 11/77/M 号法律

3. 第 65/84/M 号法令——给予不牟利私校若干资助方式

4. 第 38/93/M 号法令——私立教育机构通则

5. 第 33/97/M 号法令——修改 7 月 26 日第 38/93/M 号法令（私立教育机构通则）

6. 第 63/93/M 号法令——会计格式

（七）补习社

1. 第 38/98/M 号法令——核准私立补充教学辅助中心之发牌及监察制度

2. 第 34/2002 号行政法规——修改私立补充教学辅助中心的发牌及监察制度

四、教育政策

1.《非高等教育阶段“爱国爱澳”教育实施纲要》（2004）

2.《非高等教育范畴德育政策》（2008）

3.《非高等教育范畴语文教育政策》（2008）

4.《非高等教育发展十年规划（2011—2020 年）》

5.《澳门特别行政区五年发展规划（2016—2020 年）》（有关教育的部分）